Sous la direction de

MOKRANE BOUZEGHOUB
RÉMY MOSSERI

Les Big Data à découvert

CNRS ÉDITIONS

Sous la direction de
Mokrane Bouzeghoub
Rémy Mosseri

Les Big Data à découvert

CNRS ÉDITIONS

Conception éditoriale et graphique :
Elsa Godet - www.sciencegraphique.com

ISBN : 978-2-271-11464-8

Table des matières

- Deuxième partie -

Données, acquisition, stockage

- Troisième partie -

TRAITEMENT DES DONNÉES

- Quatrième partie -

Analyse de données et apprentissage

- Cinquième partie -

Web, réseaux sociaux et recherche d'information

- Sixième partie -

De l'infiniment petit à l'infiniment grand

- Septième partie -

Santé humaine

- Huitième partie -

Individu et société

- Neuvième partie -

Conclusions et perspectives

- Dixième partie -

Compléments

Préface

Alain Fuchs

Les grandes questions qui animent les communautés scientifiques sont aujourd'hui, pour beaucoup, transverses aux champs habituels du savoir : l'environnement et le climat, l'énergie, le vivant, etc. L'ampleur des défis de connaissance qui en résultent, ainsi que les évolutions majeures qui en découleront, imposent de s'adresser aux citoyen.ne.s, celles et ceux qui résistent à l'offensive de la « post-vérité », pour leur fournir dans une forme aussi accessible que possible, des éléments de réflexion scientifique sur ces sujets, certes complexes, mais qui vont contribuer à façonner nos sociétés pour les décennies à venir. La série «... *à découvert* » a été conçue pour cela.

Le nouvel opus de cette série, *Les Big Data à Découvert* est un modèle du genre. Le terme « Big Data » étant aujourd'hui assez galvaudé, il était temps que la science des données massives, dans tous ses aspects, bénéficie d'un éclairage scientifique solide, complet et accessible, issu des plus grands spécialistes francophones de ces sujets. C'est chose faite, grâce à l'initiative de Rémy Mosseri et de Mokrane Bouzeghoub, que je ne saurais trop remercier et féliciter pour avoir conçu et édité cette somme qui fera date. L'ensemble des auteurs, de toutes provenances institutionnelles, doit être évidemment chaleureusement associé à ces remerciements.

Avant-Propos

Mokrane Bouzeghoub et Rémy Mosseri

De la tablette d'argile au cyberespace de données

De tout temps, l'humanité produit et exploite des données à des échelles plus ou moins importantes, avec le savoir et les technologies du moment. Les tablettes d'argile de Mésopotamie constituent sans doute un des premiers corpus de données et de connaissances dans des domaines aussi variés que le commerce (comptabilité), la littérature (l'Épopée de Gilgamesh) et les mathématiques (algèbre et géométrie babyloniennes). Le support de ces données préfigure les notions « modernes » de mémoire volatile (tablette séchée réutilisable par réhydratation) et de mémoire pérenne (tablette cuite non réinscriptible). Quelques millénaires plus tard, l'invention de l'imprimerie a permis une production à des volumes sans commune mesure avec celle de la pléthore de copistes d'avant le XVe siècle. L'émergence de la mécanographie* puis de l'informatique au XXe siècle a constitué une révolution tant au niveau de la numérisation et du stockage de données que dans les méthodes de traitement de ces données. Enfin, Internet, le Web et les objets connectés ont créé un cyberespace où l'on génère en une décennie plus de données que l'humanité n'en a jamais produites auparavant.

La science en première ligne

La science moderne s'est construite autour de l'observation de la nature, de l'expérimentation en laboratoire et de l'élaboration théorique pour essayer de donner du sens aux comportements observés, et d'être également prédictive. Elle a connu une première évolution notoire avec la montée en puissance du calcul haute performance et de la simulation numérique, et fait face aujourd'hui à un nouveau défi, celui de « l'exploration des données », porté par les progrès spectaculaires de l'informatique et des sciences de la communication. Certains, comme l'informaticien Jim Gray, Prix Turing en 1998, dans une conférence de 2007 (disparu en mer deux semaines après sa conférence), voient même là l'ébauche d'un nouveau paradigme* de la science, construit autour du traitement intensif et de l'analyse à grande échelle des données (data-intensive science), susceptible de lever des verrous ou de dépasser les frontières des connaissances actuelles. Nous laisserons aux épistémologues le soin de discuter, avec le recul, de l'impact précis de la science des données.

Ce qui est certain, c'est que les exemples de déluge de données sont légions : dans l'infiniment grand de l'astrophysique, où les observations du ciel engrangent des quantités gigantesques de signaux divers, captés depuis les observatoires terrestres ou par des sondes spatiales (comme la mission Planck partie cartographier ce rayonnement fossile qui témoigne des premiers instants de l'Univers) ; dans l'infiniment petit de la physique des particules, comme au CERN* où l'analyse d'une seule expérience mobilise un réseau mondial de centres de calcul ; dans les sciences de la Terre où des multitudes de capteurs auscultent notre planète, pour en mesurer les ressources, enrichir les recherches sur le climat, contribuer à anticiper les événements extrêmes. Le vivant n'est pas en reste, en particulier *via* le séquençage* haut débit, que ce soit au niveau global de la biodiversité (ainsi, les scientifiques sont loin d'avoir épuisé la richesse des enregistrements de la mission Tara Océan), de la classification des espèces, ou bien des organes et organismes individuels, permettant, par exemple, de détecter des maladies génétiques ou d'isoler la souche de certaines bactéries. Les sciences humaines et sociales sont également largement concernées, de façon probablement différenciée selon les domaines, comme dans la prise en compte des signaux très divers échangés dans les réseaux sociaux, ou bien encore par les perspectives ouvertes par la numérisation massive de la production humaine et les algorithmes de fouille des données qui permettent des analyses nouvelles. Il parait donc clair, que dans le domaine de l'observation, l'activité scientifique est, et sera toujours plus, tributaire des progrès dans ce domaine. Progrès qui pourront irriguer l'ensemble des activités humaines, tant il est vrai que les données y jouent un rôle de plus en plus important.

Le Big Data à découvert

De la tablette mésopotamienne au monde numérique. © C. Valette/jaylopez. ■

Le terme « Big Data » est désormais consacré pour désigner un ensemble de concepts, de techniques et d'usages liés à l'exploitation intensive des grandes masses de données. Bien que ce vocable ne mette en exergue que l'aspect volumétrique des données, d'autres propriétés — comme leur diversité et leur hétérogénéité, la vélocité de leur acquisition et leur variabilité, leur qualité et leur valorisation — sont des facteurs importants pour caractériser la complexité des données et des traitements associés. Le cycle de vie d'un processus Big Data comporte généralement quatre grandes phases : une phase d'acquisition et d'enrichissement des données, une phase d'intégration et d'homogénéisation, une phase d'analyse et d'extraction de connaissances et une phase de visualisation et d'interprétation. Nombreux sont les domaines d'application qui s'appuient sur ces phases pour élaborer des décisions complexes ou acquérir un niveau de connaissances élevé sur des clients, des patients ou les citoyens. Ces derniers, loin d'être de simples sujets d'étude, profitent également de ces avancées technologiques qui accroissent leurs capacités cognitives et facilitent l'analyse de situations dont la complexité ne cesse d'augmenter.

Sur le volet social, les phénomènes « Big Data », « Open Data » et « Linked Data » cristallisent la réflexion autour de problématiques nouvelles, telles que les effets induits par l'accumulation de données, leur ouverture au marché, la monétisation de données personnelles, les traces numériques et la protection de la vie privée, la qualité des données ou la transparence des algorithmes. Des débats intenses ont lieu impliquant des scientifiques, des philosophes, des sociologues et des politiques. Comme dans tous les débats de société à fort contenu scientifique, le citoyen, balloté entre des avis « d'experts » parfois divergents, peine à se faire une opinion.

Objectifs de l'ouvrage

L'objectif de cet ouvrage est précisément de faire le point sur les enjeux des Big Data, leur traduction en défis scientifiques pour les informaticiens et les mathématiciens, et la nécessaire synergie avec plusieurs autres disciplines (physique, biologie, chimie, sciences humaines et sociales), basé sur l'utilisation intensive des données, toute la rigueur nécessaire à sa crédibilité dans le domaine scientifique et dans ses applications.

Cet ouvrage trouve naturellement sa place dans la collection « à découvert » de CNRS Éditions, sur le modèle de présentations synthétiques, faites par un large panel d'experts du monde académique, et destinée à un large public non expert mais averti des questionnements soulevés dans ce domaine. Le livre, constitué de près de 150 articles, est organisé en un ensemble de chapitres thématiques, couvrant l'état de l'art aussi bien au niveau technologique qu'applicatif. Chaque chapitre est constitué de plusieurs articles courts illustrant soit des résultats théoriques saillants, soit des applications emblématiques, soit un débat de société autour des données.

Cet ouvrage n'aurait pu être réalisé sans de multiples soutiens. Nous tenons tout d'abord à remercier Alain Fuchs, Président du CNRS, qui a soutenu le projet et accepté de préfacer l'ouvrage. Un grand merci aussi à Philippe Baptiste, qui a eu l'idée de ce projet. Nous souhaitons aussi remercier les membres du comité éditorial pour leur implication dans la conception initiale de cet ouvrage et la relecture de plusieurs articles. À chacun des auteurs, nous exprimons notre reconnaissance pour la qualité de sa contribution et pour la patience dont chacun a fait preuve durant le processus de relecture. Enfin, la qualité de cet ouvrage ne serait pas ce qu'elle est sans le professionnalisme d'Elsa Godet qui, douée d'une rare perspicacité, a su non seulement relire, illustrer et mettre en forme les articles, mais aussi apporter des améliorations sensibles dont les auteurs eux-mêmes ont salué la pertinence.

- Première partie -

Big Data : enjeux et défis

Page précédente :

© Onlyyouqj - Freepik.com / E. Godet sciencegraphique.com. ■

1. Introduction

Rémy Mosseri et Mokrane Bouzeghoub

La période récente est marquée par la montée en puissance des données ; certains observateurs parlent même de « déluge » des données. La croissance exponentielle des objets connectés donne de plus, pour qui sait ou saura la lire, une précision spatio-temporelle inégalée à cette récolte d'informations. Mais si le terme « Big Data » est aujourd'hui largement connu, il n'est pas certain que le concept soit d'une part bien compris au-delà des experts du domaine, et d'autre part qu'il recouvre le même sens pour tout le monde. Le citoyen commence à prendre conscience de ce phénomène du fait de l'impact que la récolte et le traitement de données toujours plus nombreuses peuvent avoir sur son mode de vie. Les défenseurs de cette évolution en marche savent en énumérer les bienfaits potentiels, par exemple pour la santé, le transport, ou encore la gestion des ressources. Mais les critiques commencent également à pointer sur les risques, comme ceux relatifs à la vie privée. Comprendre cette évolution en cours est l'objectif de cet ouvrage, dont ce premier chapitre entend résumer quelques éléments saillants.

Bien comprendre une évolution requiert une mise en perspective historique (cf. I.2), l'accumulation d'informations ayant accompagné, sous des formes diverses, l'Histoire de l'humanité. Dans sa version moderne, la science des données met en avant les 3 « V » (cf. I.3) : le Volume toujours croissant des données (qui se mesure non plus en méga ou giga octets*, comme chacun le fait sur sa tablette ou son ordinateur portable, mais en péta ou zetta octets), leur Variété (nombres, textes, images, sons...) et leur Vitesse d'acquisition et de transmission (débits des disques et des réseaux). D'autres « V » concourent aussi à caractériser le phénomène, comme la Véracité (ou leur qualité) ou la Valeur tirée de l'exploitation de ces données (valeur économique ou scientifique). Toutes ces caractéristiques n'auraient d'ailleurs pas de réalité si le Big Data n'avait pas été accompagné de progrès technologiques déterminants (cf. I.4) qui ont rendu possible cette apparente « dématérialisation » des données. Ainsi le « Cloud » n'est-il pas gazeux, mais construit sur de grandes installations informatiques, d'ailleurs fortement consommatrices d'énergie.

Une fois ce paysage dessiné, ce chapitre analyse l'impact des Big Data, soutenus par de grandes initiatives nationales et internationales (cf. I.11), dans une large palette de domaines, permettant d'en mesurer la place croissante et les évolutions qualitatives. Ainsi, la météorologie (cf. I.6), depuis longtemps grande consommatrice de données (l'ensemble des relevés locaux et des prédictions), voit dans le couplage avec des objets

connectés divers de nouvelles possibilités de développement ciblé. La santé (cf I.8), quant à elle, vit une mutation dans les outils et les pratiques de diagnostic, thématiques qui font l'objet dans cet ouvrage d'un chapitre à part entière (ch. VII). Le déluge des données affecte l'humain, tant au plan individuel que dans ses relations sociales (cf. I.9), mais la dimension économique n'est pas en reste, avec le V de « Valeur » et des relations entreprise/client en profonde mutation (cf. I.5). À des degrés divers, l'ensemble des disciplines académiques voient leurs pratiques modifiées. Dans ce chapitre, l'exemple est pris de la géographie (cf. I.7), consommatrice de données, tant statiques (cartes) que sur les flux. Enfin, si des promesses sont présentes, les écueils existent, qui nous invitent tous à des pratiques responsables qu'il convient de préciser et d'adopter rapidement (cf. I.10).

2. La déferlante des données : une courte mise en perspective d'une longue histoire

Valérie Schafer

Dans leur étude *How Much information ?* Peter Lyman et Hal Varian évaluaient la masse d'informations nouvelles produites et stockées dans le monde en 2002 à 5 000 pétabytes (10^{15} octects) de données, dont 92 % conservés sur support magnétique, majoritairement des disques durs. Dix ans plus tard, une multinationale de grande distribution comme Wal-Mart génère à elle seule plus de 2,5 pétabytes de données par heure et Facebook traite près de 2,7 milliards d'actions sur son bouton « J'aime » par jour. L'inflation des données a également touché de nombreux champs de la recherche scientifique, que ce soit dans le domaine de la génomique*, de la physique, de l'informatique ou des sciences humaines et sociales, au point que certains ont pu annoncer l'entrée dans un quatrième paradigme* scientifique et dans « l'âge des pétabytes », à l'instar du journaliste Chris Anderson en 2008 dans la revue Wired. Sans surprise, les historiens réunis en 2013 à l'Institut Max Planck pour l'histoire des sciences de Berlin insistaient, eux, lors d'un colloque dédié à la mise en perspective des Big Data, sur l'importance de prendre en considération l'histoire des sciences et des technologies pour mieux saisir cette évolution. Rompant avec les discours sur la nouveauté radicale, ils notaient un besoin de définition et d'historicisation de cette notion qui émerge notamment à la fin des années 1990 dans le milieu entrepreneurial derrière John Mashey à Silicon Graphics.

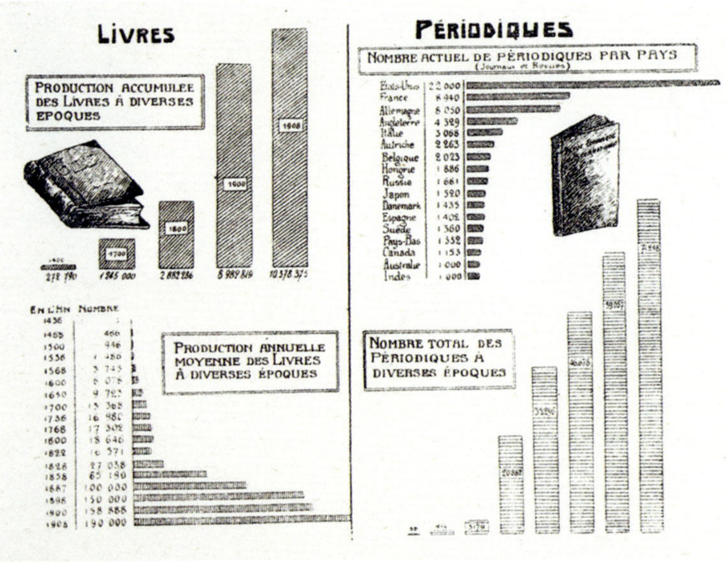

Fig. 1 – Évolution et comparaison de la production de livres et de périodiques. Traité de documentation, par Paul Otlet (1934). Domaine public, commons.wikimedia.org. ■

À chaque époque son déluge

Dès 1934, dans son Traité de documentation, Paul Otlet soulignait l'inflation documentaire à l'œuvre, notant à propos des livres et documents : *« Leur masse énorme, accumulée dans le passé, s'accroît chaque jour, chaque heure, d'unités nouvelles en nombre déconcertant, parfois affolant. [...] D'eux comme de l'eau tombée du ciel, on peut dire qu'ils peuvent provoquer l'inondation et le déluge ou s'épandre en irrigation bienfaisante »* (figure 1).

Si celui qui est salué comme le père de la documentation, mais aussi par certains comme un père conceptuel de l'hypertexte, cherchait dès la première moitié du XXe siècle les moyens d'ordonner ce flot de documents, on peut avec l'historien Robert Darnton constater que « *chaque époque, à sa manière, a été un âge de l'information* ». Spécialiste d'histoire des sciences, Bruno Strasser rappelle ainsi que les notions de surabondance informationnelle et de déluge de données ont émergé de manière répétitive depuis la Renaissance et que pendant plusieurs siècles l'histoire naturelle a fondé son travail sur le traitement massif d'informations. Soulignant les limites d'une comparaison en termes de volume et de nature des données entre l'époque moderne et contemporaine – les pétabytes de données scientifiques qu'exploitent aujourd'hui les sciences du vivant dépassant de loin les données analogiques des époques précédentes –, il déplace la question du côté des capacités de stockage et d'analyse. Ainsi, explique-t-il, une grande partie de la collection de Louis Agassiz au Museum of Comparative Zoology (Harvard) est restée dans des boîtes closes et n'a pas été analysée, à l'instar de bien des données massives actuelles (figure 2).

De la représentativité à l'exhaustivité

C'est même à l'Antiquité que remonte Michael Geselowitz, directeur du IEEE History Center, rappelant que la dynastie Han avait conduit un recensement de 59,6 millions d'individus et 12,36 millions de foyers, tandis qu'au XIe siècle William I lançait en Angleterre le vaste Domesday Book, destiné à recenser les propriétaires et exploitations à des fins de taxation. Et c'est à partir des travaux du bureau de recensement états-unien qu'Herman Hollerith propose en 1884 son système électromécanique qui ouvrit la voie à la mécanographie*. Toutefois, pour Rob Kitchin, professeur à l'Université irlandaise de Maynooth, cette généalogie a des limites. Il distingue la tendance qu'ont pu avoir les milieux industriel, académique et gouvernemental à prélever des échantillons se voulant représentatifs d'une population, avec les caractéristiques des *Big Data* marquées par la génération continue, la volonté d'exhaustivité, la finesse de grain et d'échelle, la flexibilité et la scalabilité*. S'il reconnaît que la production de ces *Big Data* a pu exister dans certains domaines, comme la télédétection, la météorologie et les marchés financiers, selon lui, l'informatique ubiquitaire*, le fonctionnement généralisé en réseau, de nouvelles conceptions des bases de données et solutions de stockage créent un basculement autorisant également de nouvelles formes d'analyse de données. Celles-ci accompagnent par ailleurs d'autres mouvements scientifiques nés de l'entrée dans l'ère informatique : dès les années 1960 la montée en puissance des ordinateurs permet des simulations numériques et, comme le rappelle Jean-Gabriel Ganascia, expert en intelligence artificielle, dès 1989 le mathématicien Pedro Miramontes forge la notion de science *in silico*, sur le modèle de sciences *in vivo* et *in vitro*, pour désigner des expériences qui se déplacent des êtres vivants et tubes à essai vers le cœur des ordinateurs et sur des puces de silicium. Les nouveaux paradigmes* liés aux Big Data héritent aussi de toute une réflexion dans le champ des théories de l'information, depuis la cybernétique de Norbert Wiener et des articles et ouvrages comme *Science since Babylon* de Derek Sola Price en 1961 ou *Tracking the flow of information* de Ithiel de Sola Pool dans Science en 1983.

Fig. 2 – Photographie de Jeremiah Trimble, Département d'ornithologie, Museum of Comparative Zoology, Université d'Harvard. CC BY 2.5. ■

Si Sina Aral, professeur de management au MIT, a pu dire « *Revolutions in science have often been preceded by revolutions in measurement* », ces révolutions de la mesure procèdent aussi des révolutions scientifiques passées, ou plutôt de mouvements longs, qui sans nier les ruptures impliquent aussi d'en interroger les continuités.

Références bibliographiques

- J.-G. GANASCIA – *Sciences, réseaux et cognition après le déluge*, in V. SCHAFER (dir.), *Information et communication sicentifiques à l'ère du numérique*, CNRS Éditions, 2014.
- M. GESELOWITZ – *Census and Sensibility. A Little History of Big Data*, www. http://theinstitute.ieee.org, 2014.
- R. KITCHIN – *Big Data, New Epistemologies and Paradigm Shifts*, Big Data & Society, 2014.
- B. STRASSER – *Data-Driven Sciences: From Wonder Cabinets to Electronic Databases*, Studies in History and Philosophy of Biological and Biomedical Sciences 43, 2012.

3. La diversité des données

Nicole Bidoit-Tollu et Anne Doucet

Le mot « données » est aujourd'hui communément employé au pluriel (comme le data anglais) pour désigner des éléments d'information de granularité variable. Les données les plus élémentaires sont des valeurs qui, isolément, ne véhiculent pas d'information. Le nombre 19, par exemple, est un âge lorsqu'il est associé au nom d'une personne mais, associé à l'identifiant et au type du capteur qui l'a produit, ce peut être une température. Les données numériques sont, de plus, contraintes par le format binaire (10011 pour le nombre 19) imposé par les mémoires et le fonctionnement de l'ordinateur, qui reposent sur deux états physiques (0 et 1, cf. II.13). L'explosion des ressources numériques impose de résoudre, de toute urgence, le fossé entre données (l'élément codé « 10011 » ou « 19 ») et informations (l'élément intelligible « l'âge 19 »), un défi universel immémorial. Le volume des données stockées jamais atteint et sans limite exige aujourd'hui de combiner puissance de stockage, puissance de calcul et intelligence des algorithmes*. La variété des données mobilise l'usage et le développement de formats et de programmes spécifiques. La vitesse de production des données modifie leurs traitements et exige des résultats en temps réel.

Volume

Le développement du Web, suivi par celui des technologies des capteurs, des robots, des smartphones et des objets connectés en général (cf. I.4), contribue à l'explosion du volume de données. À tout moment, en tout lieu, des quantités de données de toutes sortes (signaux GPS*, vidéos, photos, tweets,...) sont produites et stockées. Les applications scientifiques d'astrophysique, de climatologie et de biologie, grands utilisateurs de capteurs, génèrent quotidiennement des masses de données : les archives de l'Observatoire européen austral contiennent plus de 10 millions d'images, l'équivalent d'environ 90 millions de livres de 1000 pages chacun ! Le phénomène est tel qu'on assiste aujourd'hui à une surenchère quantitative peu vérifiable, où les gigaoctets (1 Go équivaut à 700 photos de 4 millions de pixels chacune) sont tombés dans l'oubli pour laisser place aux téraoctets (10^{12} octets) et aux pétaoctets (10^{15} octets) déjà surpassés par les zettaoctets (10^{21} octets), sans qu'on ait même eu le loisir de s'imaginer entre-temps l'exaoctet (10^{18} octets).

Variété

La variété des formats de données fait référence aux différents codages binaires pour représenter des nombres (réels, entiers), des caractères (pages Web, documents, rapports), des sons (bruitages, musique ou parole), des images (photographies, vidéo)... Premier niveau d'abstraction, ces formats répondent aux traitements spécifiques de chaque type de données avec un objectif d'efficacité. Prenons deux exemples : les nombres et les images. Le traitement des nombres et les nombres eux-mêmes sont de natures différentes : les entiers pour les compteurs ; les flottants et leurs trois codifications IEEE 754-1985 pour le calcul scientifique. Les images sont des données plus complexes avec de nombreux formats : bitmap, TIFF, JPEG, PNG... pour les images fixes ; QuickTime, MPEG*, AVI... pour les images animées ou vidéo (cf. II.7).

L'autre façon de classifier les données repose sur l'utilisation ou non d'un « modèle » qui sert à décomposer l'information et à l'organiser en utilisant un nombre restreint de types de base (chaînes de caractères, entiers...) et de constructeurs (tableaux, listes, ensembles, graphes...). Ainsi, les bases de données relationnelles* sont

Tournoi	Année	Nom Joueur	Prénom Joueur	Cl.	Nationalité
Roland Garros	2015	Wawrinka	Stan	1	Suisse
Roland Garros	2015	Williams	Serena	1	USA
Roland Garros	2014	Nadal	Rafael	1	Espagne
Roland Garros	2013	Nadal	Rafael	1	Espagne
Roland Garros	2009	Federer	Roger	1	Suisse
Roland Garros	2004	Gaudio	Gaston	1	Argentine
Roland Garros	2003	Henin	Justine	1	Belgique
Roland Garros	1992	Courier	Jim	1	USA
Roland Garros	1989	Chang	Michael	1	USA
Roland Garros	1988	Wilander	Mats	1	Suède
Roland Garros	1988	Graf	Steffi	1	Allemagne
Roland Garros	1987	Lendl	Ivan	1	Rép. Tchèque
Open Australie	2016	Djokovitch	Novak	1	Serbie
Open Australie	2016	Murray	Andy	2	Royaume Uni
Open Australie	2015	Sharapova	Maria	2	Russie
Open Australie	2014	Wawrinka	Stan	1	Suisse
Open Australie	2014	Nadal	Rafael	2	Espagne
Open Australie	2013	Djokovitch	Novak	1	Serbie
Open Australie	2013	Murray	Andy	2	Royaume Uni
Open Australie	2011	Na	Li	2	Chine
Open Australie	2010	Federer	Roger	1	Suisse
Open Australie	2010	Murray	Andy	2	Royaume Uni
Open Australie	2008	Ana	Ivanovic	2	Serbie

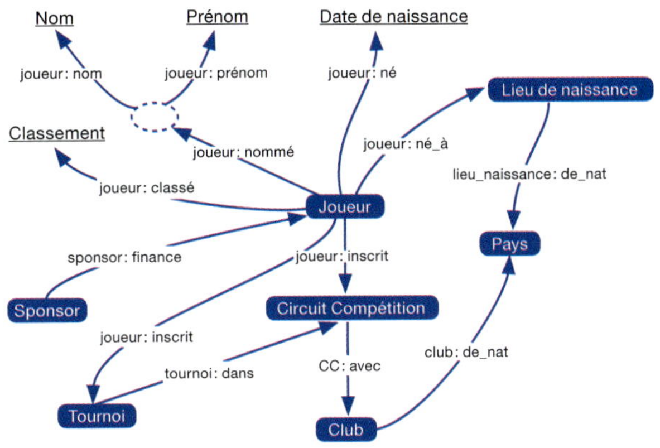

Exemple de données ordonnées sous forme de table (à gauche) et de graphe (à droite). ■

structurées en utilisant une représentation exclusivement tabulaire de l'information (cf. III.5). Grâce au concept de table et à une algèbre de composition de tables, le modèle relationnel a permis d'effectuer un premier pas de géant vers la gestion de très grands volumes de données parce qu'il a été accompagné d'une technologie (des algorithmes efficaces et spécialisés de stockage et de recherche sur disque), qui continue encore aujourd'hui à dominer le marché. En revanche, une table est une structure trop simple et trop contraignante pour modéliser aisément n'importe quelle information. Des relaxations ou des extensions ont été explorées, comme imbriquer des tables pour se rapprocher d'une structure de formulaire, ou stocker des « objets » (texte, des images,...) dans les cellules et donc mélanger de manière élémentaire données structurées* et non structurées, ou encore composer les données élémentaires par des liens formant un graphe de données.

Les données non structurées sont celles pour lesquelles il n'existe pas de représentation entre leur codage binaire et leur perception : les textes, les images, les sons sont des données que l'être humain lit, regarde et écoute. Du fait de l'évolution du monde numérique, les données non structurées dominent les données structurées par leur volume, la densité et la richesse de l'information qu'elles véhiculent.

Vitesse

Du scribe sculptant les données sur une tablette aux capteurs générant des milliers de données à la seconde, la vitesse d'acquisition des données a incroyablement changé d'échelle ! Un des enjeux du Big Data est de pouvoir traiter et analyser ces flux de données au fur et à mesure de leur acquisition, et de produire des résultats immédiats. Les applications du renseignement, de sécurité civile, de détection de fraudes, par exemple, en ont un très fort besoin. Dans le domaine de la publicité aussi, il est très important de réagir immédiatement aux actions de l'utilisateur, pour pouvoir afficher à la seconde les publicités correspondant aux produits recherchés, ou aux restaurants et commerces à proximité (cf. IV.17). Le traitement en temps réel des données est rendu possible grâce à l'évolution des architectures parallèles, qui offrent une très forte puissance de calcul associée à de bonnes performances, mais aussi grâce aux capacités de stockage à bas coût permettant une réplication à grande échelle des données, évitant ainsi une concentration de requêtes sur la même ressource.

Le volume, la variété et la vitesse ne sont que quelques-uns des volets du défi des données. D'autres « V » mériteraient d'être abordés comme celui de la « véracité » qui confronte volume et qualité des données (cf. II.11), celui de la « visibilité » qui permet de faire émerger de la masse de données des structures et des faits pertinents pour l'analyse, celui de la « valeur » qui estime le bénéfice attendu de l'usage des données, ou encore celui de la « vie privée » qui pose le problème du respect des données personnelles* (cf. VIII.19).

Références bibliographiques

• K. CUKIER et V. MAYER-SCHOENBERGER – *Big Data, la révolution des données est en marche*, Robert Laffont, 2014.
• P. DELORT – *Le Big Data*, Que sais-je ?, 2015.
• www.winshuttle.com/big-data-timeline.

4. Les technologies au service du Big Data

Hervé Fanet et Marc Duranton

Le terme « Big Data » intègre aujourd'hui différents systèmes jusque là faiblement interconnectés : le réseau Internet, les réseaux de télécommunication, les réseaux de terrain et domestiques, les systèmes portés par les personnes, les robots et les capteurs de toutes sortes. Ils manipulent tous des données numériques et ont recours à des technologies microélectroniques. Par ailleurs, toutes les applications associées font appel aux mêmes fonctions : récolter les données et les numériser, transporter ces valeurs numériques, en stocker une grande partie, calculer et traiter les données pour en extraire de l'information (figure 1). Un certain nombre de technologies ont disparu (tubes à vide, bipolaire, disques souples), mais d'autres existent depuis les années 1950 et continuent de progresser (stockage magnétique, techniques radio, traitement centralisé).

La technologie microélectronique

En 2015, environ 10^{22} octets nouveaux ont été générés et ce nombre devrait être multiplié par 5 en 2020. La technologie microélectronique doit faire face à cette explosion et constamment améliorer ses capacités. La « loi de Moore* » (qui constate le doublement tous les deux ans du nombre de transistors* par unité de surface de silicium) ne suffit plus à absorber cette augmentation exponentielle et les densités* d'intégration de la technologie silicium sont maintenant telles que les limites imposées par la physique seront bientôt atteintes et limiteront la croissance (figure 2).

Les centres de calcul et de stockage continuent de croître et contribuent au succès du *cloud computing**, mais le bon sens pousse à traiter localement les données pour en extraire l'information pertinente, la seule devant être transmise. Parallèlement, le manque d'efficacité énergétique de la technologie microélectronique se traduit par des consommations électriques économiquement non viables pour les centres de calcul (cf. II.20) et par un manque d'autonomie des systèmes portables ou enfouis. Les raisons sont inhérentes à la technologie à base de semi-conducteurs et à l'augmentation inéluctable des courants sous le seuil* avec la miniaturisation. Les architectures multicœurs et les techniques de parallélisation du logiciel permettent de résoudre partiellement le problème de performances, mais elles ne peuvent faire gagner les ordres de grandeur en efficacité réclamés par les applications du Big Data. D'autres solutions devront être mises en œuvre aux niveaux de la technologie des commutateurs* de données et des architectures de calcul.

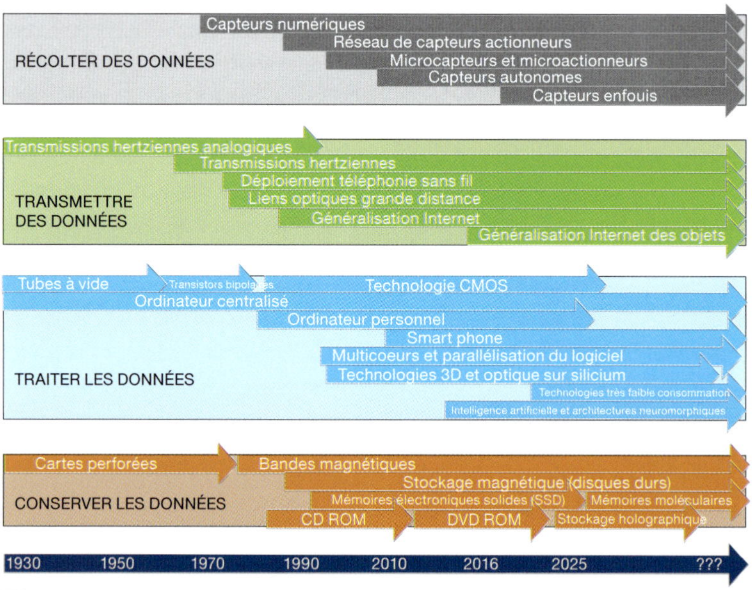

Fig. 1 – **Les technologies passées, présentes et futures du Big Data.** ■

Les capteurs

Dans l'Internet des Objets*, les capteurs et imageurs (cameras) sont d'importants producteurs de données (cf. II.12). Depuis une quarantaine d'années, les capteurs et imageurs sont en majorité numériques, et ils sont très souvent miniaturisés, bénéficiant des technologies mises au point pour la micro-électronique. Ces évolutions ont conduit à une diminution des coûts de production et ont donc permis un développement important du nombre de capteurs embarqués dans les objets et portés par les personnes (cf. IX.3). L'autonomie énergétique est à présent la première préoccupation des fabricants, avec une perspective plus large de minimisation et d'intégration des opérations de calibration et de maintenance. Cette recherche de l'autonomie nécessite, cependant, de réaliser des progrès très importants dans l'efficacité énergétique de l'électronique de traitement et de transmission des données (cf. II.14). À noter, enfin, le développement des capteurs enfouis dans les matériaux et objets au moment même de leur fabrication.

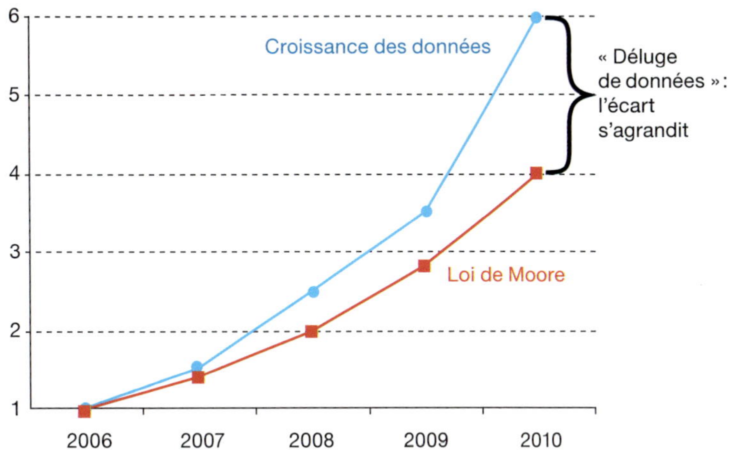

Fig. 2 – **La loi de Moore* ne suffit plus.** Les grandeurs sont sans unité et sont des taux d'augmentation. ■

Liens optiques à longue et courte distances

Trois technologies sont utilisées pour transmettre des données : les câbles électriques (technologie la plus ancienne qui a fait le succès d'Internet), les transmissions hertziennes (qui ont fait le succès de la téléphonie sans fil) et les liens optiques (technologie qui progresse le plus aujourd'hui). Les principales différences entre les transmissions par câble et par fibre concernent le débit de données, plus important pour une transmission par fibre que par câble, et l'énergie consommée, qui dépend assez peu de la distance de transmission pour les fibres optiques, alors que dans une transmission par câble, elle est directement proportionnelle à la distance. Les liens optiques sont donc particulièrement intéressants quand il s'agit de transmettre une grande quantité de données à grande distance. Les transmissions hertziennes, quant à elle, répartissent l'énergie dans tout l'espace et sont beaucoup moins efficaces d'un point de vue énergétique. Elles ne s'imposent que par leur confort d'utilisation.

Les liens optiques ont été utilisés dans une première étape pour relier les systèmes informatiques entre eux à grandes distances, puis pour relier des systèmes dans un même centre de calcul et maintenant pour relier des circuits sur une carte électronique. Dans l'avenir, cette technologie pourra être mise en œuvre sur les puces électroniques elles-mêmes, à la condition d'améliorer les performances des diodes d'émission et des modulateurs.

Des ruptures technologiques inéluctables

Les progrès incrémentaux réalisés dans les technologies microélectroniques et optiques ne suffiront cependant pas à satisfaire les besoins illimités du Big Data, en particulier en ce qui concerne la croissance de la consommation énergétique. Les aspects liés à la sécurité et à la protection des données privées devront être également pris en compte de manière plus rigoureuse (cf. I.10). De nouvelles technologies sont donc attendues, plus efficaces énergétiquement pour le calcul et le transport et plus intégrées pour le stockage.

Références bibliographiques

- www.emc.com/collateral/analyst-reports/idc-digital-universe-2014.pdf.
- www.hipeac.net/publications/vision.
- www.intel.fr/content/www/fr/fr/it-managers/moores-law-technical-evolution.html.

5. Place et influence des Big Data dans le commerce et l'économie

Marc Vanhuele

Dans une enquête réalisée en ligne fin février 2016 auprès de presque 1 500 Français, 59 % des répondants indiquaient ne pas savoir ce que signifie le terme « Big Data ». Pourtant, dans le monde de l'entreprise, le terme est bien connu, même si beaucoup de dirigeants et cadres ne sauraient probablement pas le définir ou expliquer en quoi les Big Data sont différents des données numériques tout court. Ils feraient probablement référence au volume plus conséquent des données, mais ils oublieraient de citer deux caractéristiques plus importantes : la variété et la vélocité. Pour la plupart des entreprises, la maîtrise de l'aspect volume n'est pas le souci majeur. Le véritable défi pour l'utilisation commerciale des Big Data est de combiner des données souvent peu structurées, souvent incomplètes et provenant de sources différentes. Par exemple, pour bien connaître un client, afin de de proposer les bons produits et services, il faut idéalement combiner les données qu'il a communiquées avec une analyse de ses achats, ainsi qu'avec tous les enregistrements de son comportement de navigation sur Internet et ses activités publiques sur les réseaux sociaux. L'intégration de ces données et une analyse productive demandent des compétences spécifiques. Le deuxième défi est de traiter des données qui arrivent de façon continue, à une grande vélocité, et de prendre les bonnes décisions ou engager des interventions adéquates. À quel moment faut-il intervenir si l'information change tout le temps ? Une trop grande réactivité peut provoquer des actions impertinentes.

Impacts des Big Data dans l'économie

Les Big Data pertinents pour le secteur économique sont une combinaison de données classiques, déjà stockées dans des bases (comme toutes les transactions faites par un client d'une banque), de données créées en continu par des utilisateurs d'Internet et de la téléphonie mobile (simplement se déplacer produit déjà des données) et de données émises par des objets connectés (comme une imprimante qui communique son état de fonctionnement). Ces données influencent le secteur économique essentiellement de trois façons différentes.

Les Big Data sont d'abord en train de révolutionner la gestion de la relation avec le client (mais aussi le patient ou le citoyen). Le terme CRM (*Customer Relationship Management*) fait référence à un système de gestion de cette relation, basée sur un recueil et une analyse de toutes les informations connues sur le client (cf. IV.4). Traditionnellement ces données étaient saisies dans le système par les clients eux-mêmes, les vendeurs et un service support. Mais à présent, avec Internet et la téléphonie mobile, ces données arrivent par voie informatique automatisée. Par ailleurs, les nouvelles technologies de communication donnent aux entreprises la possibilité de faire des propositions à leurs clients d'une manière plus ciblée, en adéquation avec ses besoins du moment et en fonction de l'endroit où ils se trouvent. Contrairement au libraire du coin, Amazon sait exactement ce qu'un client a cherché et peut même faire de bonnes recommandations

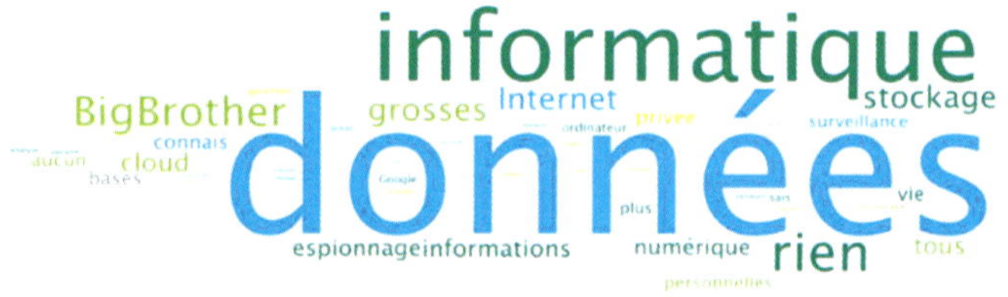

Enquête Harris Interactive. Quels sont tous les mots, toutes les expressions qui vous viennent à l'esprit quand vous pensez au « Big Data » ? ■

d'achat, basées sur les achats de clients aux profils similaires (cf. IV.17).

Ensuite, les Big Data permettent aussi d'améliorer les processus opérationnels de beaucoup d'entreprises, comme la localisation d'une flotte de camions pour optimiser leur utilisation, et même la géolocalisation de chacun des objets transportés dans ces camions. Les machines de production, dans une usine, peuvent également envoyer de façon continue des données sur leur fonctionnement, ce qui permet au fabricant d'anticiper des problèmes et de faire des interventions de maintenance préventives (cf. VIII.12). Cette technologie permet même de revoir complètement l'orientation des entreprises qui ne vendent plus des produits, éventuellement avec des services associés, mais des prestations. Ainsi, un fabricant de réacteurs d'avion peut vendre des heures de vol aux compagnies aériennes et un fabricant de pneus des kilomètres de route à un transporteur. Ils peuvent le faire au bon prix, souvent calculé sur mesure, parce qu'ils ont les données sur l'utilisation des avions et les camions. Cette possibilité de prédire et de prévenir sur la base de données recueillies et analysées dans le passé permet aussi d'améliorer le niveau de service, pas uniquement dans le commerce, mais aussi dans le secteur médical et le service public.

Enfin, les Big Data forment aussi la base de modèles complètement nouveaux de création de valeur. Par exemple, l'installation d'un boîtier connecté dans une voiture permet à un assureur d'adapter son tarif au style de conduite de l'automobiliste. Normalement, les deux parties y gagnent financièrement et l'automobiliste reçoit, en plus, une analyse de sa conduite avec, par exemple, des suggestions pour économiser du carburant. Les données d'un traqueur d'activité sous forme de bracelet donnent un retour à son utilisateur sur son activité physique (cf. VII.2), mais ces données peuvent aussi être envoyées au constructeur (ou à une autre entreprise) afin de vendre des recommandations à l'utilisateur. Le secteur de la santé préventive peut se développer maintenant grâce à l'existence d'outils de mesure qui se connectent souvent à des smartphones qui transmettent les données pour analyse, ou qui les analysent eux-mêmes pour lancer ensuite des alertes si besoin.

La bataille pour les données

Les données sont une richesse dans la nouvelle économie numérique et une entreprise qui en détient un grand nombre peut bouleverser les acteurs classiques. Ainsi, Apple, Google et TomTom sont des concurrents potentiels des assureurs, car ils ont accès aux données de conduite de leurs utilisateurs. Les entreprises doivent maintenant se battre pour l'accès à toutes les données concernant leurs propres clients. Prenons l'exemple de la presse qui vit en grande partie de la publicité, de plus en plus sur Internet. Le plus souvent, les lecteurs arrivent sur la page d'un journal *via* un clic sur un média social. Les sites des journaux eux-mêmes ne détiennent plus les informations sur ces lecteurs et ce sont les réseaux sociaux qui enrichissent leurs connaissances clients. Au même temps, chaque entreprise a aussi le potentiel de recueillir des données sur ses clients, et accéder ainsi à de nouveaux marchés. Une banque propose, par exemple, une application smartphone gratuite à ses clients qui évalue leur bonne conduite en voiture et donne de façon ludique une analyse. Cette banque compte en effet proposer des assurances voiture, mais uniquement aux bons chauffeurs. Elle prévoit même des propositions de crédit-bail pour des voitures à ces bons chauffeurs. Et tout cela démarre avec une application gratuite et, à première vue, innocente.

Détenir les données n'est bien sûr pas suffisant : il faut aussi savoir les analyser pour prendre les bonnes décisions et programmer les actions les plus pertinentes. Beaucoup d'entreprises n'arrivent pas à centraliser les données pour obtenir une approche intégrée. Et il manque souvent l'expertise qui permet une analyse des données vraiment utile pour l'entreprise. Les Big Data dans les mains des entreprises suscitent aussi une inquiétude. Dans l'enquête mentionnée au début de cet article, 61 % des Français indiquaient ne pas vouloir recevoir de publicités ciblées en fonction de leur historique de recherches et ne pas souhaiter offrir la possibilité aux entreprises et pouvoirs publics de les localiser... À quel degré est-ce que les Big Data présentent donc une menace pour la liberté individuelle (cf. I.10) ? Un client fidèle à un magasin ou une marque souhaite être reconnu et traité en adéquation avec son statut. Mais il veut également savoir quelles données sont recueillies sur son comportement. Certains souhaitent même une transparence sur les algorithmes utilisés. Le défi pour les Big Data dans le secteur économique n'est donc pas seulement d'ordre purement technique, il concerne aussi la protection et l'utilisation des données personnelles*. Big Data ne devrait pas impliquer Big Brother.

Référence bibliographique

- Harris Interactive – *« Big data », qu'en pensent les Français ?*, http://harris-interactive.fr/opinion_polls/big-data-quen-pensent-les-francais/.

6. Big Data et météorologie

Philippe Dandin

La météorologie exploite massivement des informations numériques variées, volumineuses et en croissance continue, qu'elle ingère, génère et délivre en permanence : observations satellitaires, calcul haute performance, ensembles de modélisations numériques... Cette mécanique planétaire bien coordonnée repose sur des réseaux d'observations maîtrisés, des systèmes informatiques et des centres de production très standardisés ; elle livre une information générique, segmentée en grands secteurs d'activité. Sa culture n'est pas celle des Big Data, qui promettent disparité, puissance décentralisée ou encore des données aux caractéristiques peu limpides – non-structurées*, issues d'acteurs divers, distribuées çà et là et sans lien préconçu avec l'emploi qu'une analyse intelligente leur trouvera plus tard... Pourtant, les techniques du Big Data pourraient l'aider à ouvrir quelques verrous. Les météorologues reconnaissent qu'ils pourraient mieux tirer parti de la connaissance de leurs clients et de leurs activités, qu'ils doivent faire face à la croissance vertigineuse des volumes d'informations et que de nombreux enjeux échappent à leurs moyens d'observation classiques. Les Big Data promettent de nouveaux progrès à une météorologie douée d'évolution, avide de mieux servir, tout en lui imposant de formidables défis culturels et scientifiques.

L'envie d'inventer

Les météorologues rêvent de capteurs originaux sublimant les technologies actuelles, de dispositifs opérationnels plus interactifs, d'une relation aux utilisateurs plus efficace pour la prise de décision. La météorologie équipe depuis toujours des plateformes d'opportunité (bateaux, avions...) de capteurs qui émettent en temps réel ; elle sait aussi exploiter des produits issus de réseaux n'ayant pas été conçus pour son besoin propre (à l'instar de perturbations des GPS* ou GSM liées à l'humidité). Nos voitures, connectées, recevant des informations et émettant leurs mesures (battements d'essuie-glace, bruit de l'eau sur le capot, intensité des feux, signaux des radars inter-véhicules...) constitueraient une extension moderne de tels systèmes contribuant à l'observation. Des démonstrations sont en cours avec des équipementiers ou des opérateurs téléphoniques ; le passage à grande échelle ne demandera que du temps et de la volonté.

Des myriades connectées

Depuis le XIXe siècle, marins, agriculteurs, pisteurs, citoyens bénévoles... sont de précieux auxiliaires associés au recueil de données, en routine et sur sollicitation. Aujourd'hui, nos concitoyens sont connectés et publient images et textes sur les réseaux sociaux. Ils sont entourés d'objets familiers, bardés de capteurs communiquant. Le *crowdsourcing** et ses flots tumultueux d'informations et de mesures peuvent indéniablement compléter les dispositifs d'observation, renseigner sur les conditions météo, attirer l'attention, mettre en alerte ou aider la science à progresser. Météorologie urbaine, conditions extrêmes ou situations à enjeu bénéficieront de telles dynamiques participatives (cf. V.13). Réussir à transmuter ces Big en Smart Data constitue un réel défi scientifique et technique, mais s'impose comme un enjeu politique essentiel pour une météorologie citoyenne.

La multitude de données récoltée ainsi ne servira qu'en étant explorée avec une intelligence précise, ciblant le complément d'information qu'elles procureront à des systèmes performants et en mutation permanente. Il faudra prouver que les grands nombres permettront de pallier une moindre maîtrise des conditions de leur génération, mais aussi accéder à ces mesures, ainsi qu'aux données complémentaires qui s'avéreront indispensables à leur exploitation. Il faudra traiter ces masses d'informations déstructurées, réparties ici et là... Ainsi, des mesures de pression ou de température glanées à partir de routeurs Internet et autres objets connectés seraient précieuses pour stimuler la météorologie urbaine, sous réserve d'accéder à leur type, leur localisation et de pouvoir explorer les modèles numériques tridimensionnels permettant de les situer – ces informations seront-elles accessibles ? Le passage de la démonstration à l'échelle opérationnelle imposera de traiter des aspects de qualité, de traçabilité ou de disponibilité des données, de confidentialité, de sécurité, de propriété et droit d'usage, de modèle économique. Les Big Data augmentent notablement les difficultés par rapport aux systèmes maîtrisés actuellement par les services météorologiques.

Le calculateur de Richardson, vu par François Schuiten pour Météo-France. Richardson avait imaginé bien avant les ordinateurs et le calcul numérique de découper l'atmosphère en cubes élémentaires, et d'assigner à chacun une équipe de calculateurs chargés de faire évoluer les variables météorologiques puis de les transmettre, sur demande, à un régulateur central chargé de répartir les informations aux cubes voisins. Les modèles numériques actuels procèdent de la même façon sur des super-calculateurs dont les performances s'expriment en Pflops (10^{15} opérations par seconde) et bientôt Eflops (10^{18}), qui gèrent des téraoctets (10^{12}) de données et produits. ■

Mieux servir ?

Grâce à la disponibilité d'objets et d'agents connectés, un service de masse, mais ciblé, exploitant les techniques de profilage, pourra s'organiser. Des applications apparaîtront, fondées sur la réaction de ces différents acteurs aux conditions météorologiques. Il sera possible, avec une connaissance accrue des activités et comportements, de renseigner les utilisateurs ou de leur commander des actions particulières, en fonction des prévisions. Autant de perspectives enthousiasmantes pour une qualité de service augmentée ; autant de risques de développement d'une météorologie complice d'intrusions : consommation électrique, mesurée « intelligemment » (cf. IV.3), croisée avec la météo pour inciter à la modération ; comportement risqué en dépit de signalements de « voisins » confirmant les prévisions poussées sur votre tablette...

La communauté météorologique est prête à explorer ces nouveaux horizons, poursuivant le cheminement de progrès initié il y a deux siècles, nourri de sciences, d'évolutions et de ruptures technologiques, comme l'ont été l'informatique et l'observation spatiale. Constellations de nano-satellites, modèles sophistiqués intégrant l'environnement et ses évolutions, centres de calcul à haute performance ou traitements à bord seront ainsi complétés d'éléments intimes qui permettront de parfaire la prise de décision. Soyons prêts pour une ère dans laquelle tout citoyen sera acteur du temps, chaque objet évaluera son environnement, et tous pourront moduler leurs actions grâce à une information sur mesure.

De nouveaux espaces apparaissent, de possibilités, de défis et de sujets scientifiques, techniques et éthiques. Les Big Data invitent d'abord à une réflexion agile et curieuse, et doivent susciter autant d'envies que de questions. Dès à présent, nombre de données qui seraient utiles ne sont pas accessibles. Comment, par qui, pour quoi le seront-elles demain ? Le très grand nombre supposé compensera-t-il une moindre maîtrise individuelle ? Comment évoluera l'obligation de moyen qui prévaut encore en météorologie ? Les Big Data imposeront-elles une nouvelle régulation de la météorologie ? Sera-t-elle cantonnée à des fonctions de veille et d'alerte, pour laisser place à des opérateurs ciblant la valeur économique ? À partir de quand l'architecture professionnelle qui fonde la météorologie actuelle sera-t-elle jugée inutile alors que des nuées de signaux sembleront indiquer que l'on peut s'en dispenser ?

Références bibliographiques

• *Des prévisions plus précises grâce au crowdsourcing et au Big Data chez le champion américain de la météo*, La revue du digital, 2014.

• M. PARNAUDEAU – *Big Data, corrélation et causalité*, Meteo Protect, 2015.

7. La géographie et les données massives

Denise Pumain

La géographie est depuis longtemps familière des grandes masses de données, sous au moins deux formes qui ont précédé de quelques décennies le déluge récent des Big Data : des millions de pixels des images satellites traités pour réaliser, par exemple, des cartes d'utilisation du sol ; et des « interactions spatiales », échanges de toutes sortes (migrations de personnes, commerce de biens, circulation d'information...), dont le nombre élève au carré celui des unités géographiques considérées (par exemple, plus d'un milliard de relations entre les quelque 36 000 communes françaises), qui ont posé maints défis face aux capacités jusqu'à récemment limitées des ordinateurs.

La géographie s'est aussi très vite jetée dans la déferlante des Big Data, car beaucoup de ces données apportent des nouveautés intéressantes, du moins dans leur forme : elles sont individuelles, ce qui intéresse toutes les sciences sociales, mais surtout elles sont très souvent géolocalisées, qu'elles soient issues de capteurs disséminés dans l'environnement (cf. II.12), des multiples usages de l'Internet, ou d'objets connectés mobiles (cf. VIII.9). Là où les géographes se heurtaient bien souvent autrefois à la frilosité des opérateurs et des statisticiens, réticents (pour des raisons éthiques ou commerciales) à communiquer les précieuses coordonnées nécessaires à la cartographie et porteuses du risque d'identification, le nombre a permis de balayer ces craintes en les noyant sous des masses plus facilement anonymisables. Désormais, grâce à leurs coordonnées, les informations individuelles peuvent être intégrées dans des systèmes d'information* géographique pour être mises en relation avec des structures et des dynamiques spatiales d'entités géographiques à différentes échelles.

Collecte des données d'observation

Comme l'indique Michael Goodchild, le défi majeur pour les géographes, parmi les fameux trois « V » qui caractérisent les Big Data (cf. I.3), n'est pas tant le volume des données, non plus que leur variété, mais leur vélocité et sans doute aussi la véracité ou la validité qu'il est possible de leur attribuer (cf. II.11). S'agissant de vélocité, des applications « en temps réel » ont été conçues : par exemple, pour localiser les foules rassemblées à la faveur de grands événements en utilisant les traces de téléphonie mobile ; ou pour analyser les pulsations de la vie urbaine ; ou encore pour restituer rapidement des cartographies d'accidents catastrophiques, comme le séisme de 2010 en Haïti. Les quantités d'information sont telles que des méthodes adaptées sont nécessaires et désormais disponibles pour extraire (« moissonner ») ces données, pour les traiter (analyses statistiques multivariées, cf. IV.10 ; analyses des réseaux avec la théorie des graphes, analyses des contenus sémantiques...), pour en visualiser les grandes structures (cf. IV.16) ou pour faire comprendre les résultats de leurs traitements. Non seulement ces données exigent de nouvelles méthodes informatisées, mais pour certains auteurs elles conduiraient aussi à transformer les bases épistémologiques du travail scientifique, en apportant un substitut à la démarche classique des enquêtes et des expériences. La masse des informations compenserait leurs imperfections, et leur finesse de résolution (en général il s'agit d'informations à un échelon « individuel ») permettrait de réviser les fondements de certaines théories construites pour d'autres niveaux d'observation.

Partage des données géographiques

Encore faut-il pouvoir se fier à la qualité des données, et se donner la capacité d'intégrer des informations variées et multisources. Cette question a fait l'objet de nombreux débats et expériences, par exemple autour de l'*Openstreetmap* (cartographie des routes réalisée par des bénévoles à partir de sources GPS*), considérée comme un succès mondial. Cependant, plutôt que de considérer qu'il s'agit d'une « néogéographie », les spécialistes s'accordent désormais pour parler plus modestement de « géographie volontaire » au sujet de l'apport et du partage d'informations géographiques par de multiples et diverses personnes remplaçant leur distribution centralisée par des institutions dûment estampillées. Les outils de visualisation employés, par exemple, pour figurer l'expansion des réseaux sociaux à la surface du globe ont aussi fait l'objet de débats. En effet, la plupart des documents cartographiques « bruts » représentant les flux échangés sur les réseaux sociaux, ou les émissions de messages sur Twitter, ne montrent pas tellement des images de la mondialisation des échanges, mais illustrent d'abord la localisation des principales masses de la population connectée, celle des pays riches, tout autant que l'expression sur les échanges de la « première loi de la géographie » selon laquelle deux individus proches ont plus de chances d'interagir que deux individus éloignés, si bien que ces cartes n'apportent guère de nouveauté en matière de théorie géographique, ou bien à la marge seulement. Ainsi, Carlo Ratti et ses collègues (2010) ont pu montrer que la carte du réseau construit par les échanges téléphoniques en Grande Bretagne identifiait des noyaux de relations les plus fréquentes selon des configurations très proches de la délimitation des régions administratives (figure).

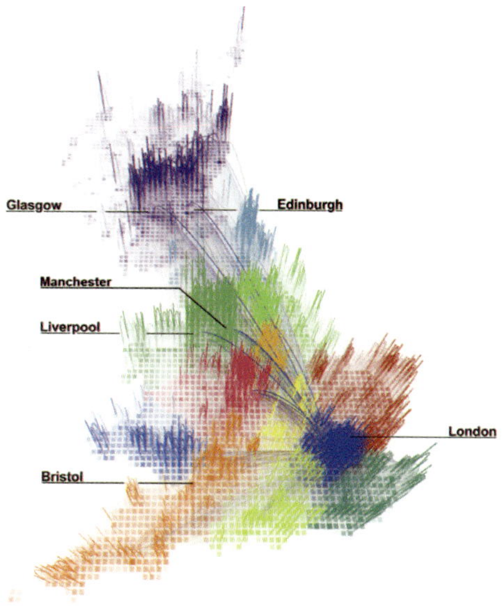

Géographie des échanges téléphoniques en Grande Bretagne. La figure montre les liens les plus forts (80 % du total) entre des zones du pays mesurés selon la durée des communications. L'opacité de chaque lien est proportionnelle au temps d'appel total et les différentes couleurs identifient des régions regroupées par une analyse d'optimisation de la modularité du réseau (prédominance des liens internes à la région sur les échanges externes). C. Ratti *et al.*, 2010. ■

Traitement des données de synthèse

Une exploitation bien plus prometteuse des Big Data en géographie concerne celle des données de synthèse engendrées par des modèles de simulation, qui pour la première fois permettent de valider des modèles multi-agents employés en sciences sociales comme substitut à l'expérimentation. Au lieu des quelques centaines de simulations effectuées pour calibrer un modèle « à la main », les algorithmes évolutionnaires et le calcul distribué ont permis d'en calculer des centaines de millions et d'explorer dans sa quasi-totalité l'espace de variation des paramètres du modèle. Cela produit un saut qualitatif dans la validation des hypothèses théoriques introduites dans le modèle, dont il est désormais possible d'affirmer les caractères « nécessaire » et « suffisant ». Les Big Data d'observation et de synthèse deviennent ainsi des instruments complémentaires au service de l'avancement de la science géographique.

Références bibliographiques

- J. FEN-CHONG – *Organisation spatio-temporelle des mobilités révélées par la téléphonie mobile*, Université Paris I, thèse de doctorat, 2012.
- M. F. GOODCHILD – *GIS in the Era of Big Data*, Cybergeo: European Journal of Geography, http://cybergeo.revues.org/27647, 2016.
- T. JOLIVEAU – *500 millions d'amis, la carte de Facebook*, https://mondegeonumerique.wordpress.com, 2011 et 2013.
- C. SCHMITT, S. REY-COYREHOURCQ, R. REUILLON et D. PUMAIN – *Half a Billion Simulations, Evolutionary Algorithms and Distributed Computing for Calibrating the Simpoplocal Geographical Model*, Environment and Planning B, 2015.

9. Big Data, individu et société

Pascal Buléon

Un grand nombre de données concernant les activités humaines est généré par le mouvement d'informatisation touchant l'ensemble des activités. La masse considérable de données ouvre de larges possibilités. Aucune n'est produite par la simple accumulation. L'intérêt et les bienfaits, comme les risques pour les personnes et les sociétés, sont totalement liés au sens et aux intentions des dispositifs qu'une société met en place pour produire, conserver, organiser, traiter, interconnecter, et diffuser ces données.

Le vertige du grand nombre ne doit pas laisser traîner l'illusion que les données en soi génèrent de l'idée (cf. IV.12). Seule la construction du raisonnement et de la compréhension peut le faire. Cette prééminence ne retire rien au potentiel et à la puissance décuplés offerts par les Big Data. Elle en situe les conditions de possibilités, mais aussi les conditions de responsabilité. La construction du raisonnement et la compréhension se situent totalement dans le registre du sens, au plus fort du terme. Des données massives, des Big Data pour faire quoi ? Pour quel usage ? Quel intérêt pour l'humain ? Pour l'humain en société ? Le rappel de cette prééminence porte autant sur les nouvelles possibilités ouvertes par la capacité à générer des Big Data et de les utiliser pour une amélioration du sort de l'humanité dans son ensemble, pour une amélioration de la connaissance, que sur les risques et les protections qu'elles appellent. Dans les deux cas, elles résultent du sens et de l'intention, puis des cadres opérationnels créés pour donner réalité au sens et aux intentions. Le progrès de la connaissance et de la compréhension passe par l'articulation entre traitement de flux et constitution d'enquêtes de tailles diverses, de bases de données qui ne sont pas du registre du « big ». Celles-ci font l'objet d'un effort important de la recherche publique française et internationale, pour développer la compréhension des phénomènes. C'est le rôle d'une très grande infrastructure de recherche PROGEDO, qui développe l'accès aux données documentées et la culture des données.

La protection des individus

L'irruption des Big Data fait naître des risques. L'utilisation de multiples données individuelles, par des organismes d'État et des entreprises, bouscule les règles établies par les sociétés démocratiques sur la protection des individus. La question de la protection des individus se trouve essentiellement rebattue au regard de deux logiques : une logique de sécurité, qui est allée crescendo depuis septembre 2001 et qui s'est accélérée avec l'apparition de l'État Islamique et les attentats meurtriers multiformes perpétrés en différents endroits du monde ; une logique de fond, moins aiguë, mais très importante, celle de l'exploitation commerciale des données individuelles. Ces deux logiques constituent des points cruciaux du rapport entre les Big Data, la protection des individus et les enjeux de démocratie.

C'est, bien entendu, avec les nouvelles firmes du Web que la question est devenue aiguë. Les données personnelles* accumulées par Yahoo, Google, Apple, Facebook, Amazon (cf. VIII.22) sont considérables et dépassent en précision et détails toutes les bases qui existaient antérieurement.

Dans tous les pays où une opinion publique peut s'exprimer, même lorsque le fonctionnement démocratique est très déficient, comme dans tous les pays où existe un État de droit, protégeant mieux les individus et ayant des règles de démocratie confirmées, la question de la protection des individus face à la montée en puissance des Big Data a été largement présente dans les débats publics et institutionnels de la dernière décennie.

Élaboration progressive de mesures aux États-Unis et en Europe

Dans les années 1960, cette question de la protection de la vie privée se confondait avec les droits individuels de manière plus générale, elle se manifestait essentiellement sous l'aspect de protection des individus par rapport aux institutions et fichiers d'État. Aux États-Unis, dès 1973, le *Code of fair information practices*, puis en 1974 le *Privacy Act*, ont été les premières pierres d'une série de lois des années 1990. En Europe, les directives de 1995 sur la protection des données, puis celles de 2002 mènent aux dispositions actuelles (cf. VIII.19).

Dans l'année 2016, à côté des débats, lois et dispositifs de chaque pays, le Parlement européen a adopté deux ensembles de dispositions sur les données personnelles et la protection des individus : le « paquet » sur la protection des données personnelles et la directive sur le PNR (*Passenger Name Record*), qui concerne l'information sur les voyageurs du transport aérien (cf. VIII.20). Cette dernière a fait longtemps l'objet de divergences, mais la situation dramatique des attentats a conduit à son adoption, ce qui a relancé, une fois de plus, le débat entre la nécessité de protéger la société d'attaques meurtrières et la nécessité que les libertés individuelles restent protégées par l'État de droit.

Plus généralement, la question de l'interconnexion des fichiers et de la protection de la vie privée fait l'objet de débats et mesures. Les domaines de la santé, de l'assurance et de la banque sont directement concernés.

L'irruption des Big Data dans notre société est parfois vécue comme le nouveau Big Brother. Pour que la révolution numérique soit au service d'améliorations pour l'humanité, il est nécessaire de développer des dispositifs de protection de la vie privée, tels que le consentement éclairé et des mesures juridiques adaptées. © Bedneyimages - Freepik.com. ■

Non seulement l'existence de bases de plus en plus précises (de façon utile), mais la progression (elle aussi utile) de l'interopérabilité* rendent possibles et plus faciles les interconnexions, mettant en évidence des informations concernant une personne. Au niveau de l'OCDE, un groupe d'experts a produit en 2016 un nouveau rapport concernant la recherche et les données individuelles. Ses conclusions essentielles convergent avec les orientations du « paquet données » du Parlement européen. Le consentement explicite est désigné comme l'une des clés principales de la protection des données individuelles. Sur la question de fond de l'utilisation des données à des fins commerciales, le consentement éclairé des personnes concernées, le droit au retrait et le droit à l'oubli constituent les points majeurs (cf. VIII.21). Il en est de même pour l'interconnexion des données, en particulier de santé (cf. VII.8).

Cette garantie pour les individus est étroitement liée à la qualité du fonctionnement démocratique des sociétés. Elle ne peut véritablement s'appliquer que dans des sociétés d'État de droit, où le respect des personnes et le droit des individus sont une préoccupation constante et sont garantis par le fonctionnement des institutions. Plus généralement, la discussion et les mesures de protection des données individuelles sont, elles aussi, concernées par l'interrogation sur le sens et l'intention. Sens et intention de collecter telles données, de les conserver, de les organiser, les interconnecter, les diffuser. Il ne fait guère de doutes que l'équilibre compliqué entre développement des Big Data, protection des individus et impératif de sécurité, fera l'objet de nouveaux débats, nouvelles contradictions et nouvelles tentatives de résolution dans un avenir proche. C'est un fort enjeu de société.

Références bibliographiques

- G. BABINET – *Big Data, penser l'Homme et le monde autrement*, Le Passeur, 2015.
- D. CARDON – *À quoi rêvent les algorithmes*, Le Seuil, 2016.
- Principales mesures et procédures européennes, www.europarl.europa.eu/oeil/popups/thematicnote.do?id=2059000&l=fr.

10. L'analyse massive de données : dérives et bonnes pratiques

Serge Abiteboul et Julia Stoyanovich

Dans de nombreux domaines, scientifiques ou non, les données s'accumulent et les puissances de calcul pour les analyser sont à présent disponibles. Les analyses massives de données, appelées « Big Data », sont devenues des moteurs de la recherche et l'innovation. Leur pouvoir considérable s'accompagne de risques tout aussi immenses. Il est donc nécessaire d'établir une forme de « responsabilité des données », c'est-à-dire de dégager les propriétés que nous sommes en droit d'exiger des analyses massives de données : équité, vie privée, transparence, diversité et neutralité.

Équité

Le choix des données brutes peut créer un biais dans les résultats d'une analyse, comme de choisir des données provenant uniquement de quartiers difficiles pour une étude générale sur la criminalité. Un biais peut également provenir du choix d'un algorithme* qui refléterait les préférences politiques, religieuses, ou autres, de ses concepteurs. À titre d'exemple de partialité commerciale, l'Union européenne a condamné récemment Google, accusée de biaiser les résultats de son moteur de recherche en faveur de ses propres produits. L'utilisation de certaines variables « protégées », comme l'origine ethnique, le sexe et l'âge, peut être interdite. Pourtant, un algorithme peut reconstruire les valeurs de telles variables, et ensuite prendre des décisions basées sur ces valeurs. Ces biais peuvent être contraires à l'éthique, ou même illégaux, et conduire à des comportements commerciaux inacceptables, comme l'offre de produits financiers moins avantageux pour les membres de groupes minoritaires. L'équité est typiquement difficile à spécifier et à vérifier.

Vie privée

Nos données les plus personnelles sont attaquées sur deux fronts : par les gouvernements, y compris dans les pays démocratiques (comme la Loi sur le Renseignement en France) ; et par les grandes plateformes Internet, avec, par exemple, les publicités intrusives. Dans le monde numérique, de plus en plus d'informations personnelles, comme les courriels, les localisations GPS*, les messages dans les réseaux sociaux... deviennent disponibles. Au-delà même des données qui sont explicitement présentes, le croisement des sources et les analyses massives de données peuvent faire émerger les informations les plus intimes. La seule manière de protéger sa vie privée ne devrait pas être de s'exclure du monde numérique (cf. VIII.19). En Europe, le grand public et les gouvernements sont de plus en plus conscients de l'importance du problème.

Transparence

Il existe un déséquilibre entre des services qui détiennent des masses d'information sur leurs utilisateurs, alors que ceux-ci n'en ont parfois même pas conscience. Ainsi, Facebook a été critiquée pour le manque de transparence de son traitement des données personnelles* – ce qui l'a conduit à modifier sa politique de confidentialité. La transparence dans l'analyse de données est essentielle au-delà du simple contexte des données privées. Elle permet de vérifier qu'une analyse de données se comporte comme elle le devrait et comme elle l'annonce. Une telle vérification est facilitée par les données ouvertes et les codes en *open source*, mais reste difficile à réaliser.

Diversité

Une analyse, correcte et équitable, peut se faire au détriment de la diversité, notamment dans le classement des résultats. Les moteurs de recherche (cf. V.3) ou les systèmes de recommandation (cf. IV.17), par exemple, privilégient la popularité. Les choix statistiquement moins importants, pouvant pourtant représenter une majorité, se retrouvent donc exclus. Cela conduit à des frustrations avec des personnes, des produits et des sociétés jamais proposés, et provoque un rétrécissement de l'horizon informationnel pour les individus, voire des replis communautaires.

Neutralité

La neutralité d'Internet et des plateformes a pour but d'éviter des discriminations entre des services proposés. Dans le même esprit, nous entendons ici par neutralité l'absence de discrimination dans l'accès aux données et aux puissances de calcul. Aujourd'hui, quelques entreprises contrôlent les données et disposent de la puissance de calcul nécessaire pour les analyser (cf. VIII.22). Elles disposent ainsi des moyens d'éliminer toute concurrence dans des pans entiers de l'économie. La situation est plus contrastée dans la recherche, où des mécanismes de partage de données, et de puissance de calcul, se mettent en place, même s'ils sont encore insuffisants (cf. IX.8). Reste que la grande majorité des entreprises et des laboratoires de recherche est aujourd'hui exclue de cet immense outil au service de la recherche et de l'innovation qu'est le Big Data.

Pour tendre vers plus de responsabilité dans l'analyse de données, un effort doit être coordonné dans plusieurs directions. Il faut d'abord éduquer les utilisateurs pour qu'ils puissent comprendre et évaluer de manière critique les processus de collecte et d'analyse des données. Ils doivent ensuite pouvoir s'organiser pour engager un dialogue avec les entreprises, spécifier de meilleures pratiques, et prévenir les pratiques déloyales ou opaques. De plus, les politiques publiques doivent participer à la définition des principes, à l'évaluation des analyses utilisées et doivent légiférer dans ce domaine.

La R & D en informatique, enfin, peut aider en offrant de meilleurs outils, qui encouragent des comportements plus éthiques des analystes de grandes masses de données. Les performances ont été, depuis des dizaines d'années, l'enjeu principal. Face aux déluges informationnels, il fallait développer les infrastructures et les logiciels pour pouvoir analyser des Gigas, puis des téraoctets de données. Maintenant que nous savons le faire, le défi s'est déplacé des performances vers l'éthique.

Premier chantier : aider les analystes à réaliser des analyses plus éthiques. Il faut développer des outils d'analyse qui accompagnent l'analyste dans la sélection des données de base, dans le choix des traitements, en l'aidant à vérifier l'absence de biais, la diversité des résultats. Il faut l'aider à publier des informations qui garantiront une certaine transparence, à expliquer les choix. De tels outils permettraient de réaliser des analyses « éthiques *by design* ».

Sur un autre front, il faut fournir des outils pour pouvoir vérifier les propriétés de résultats d'analyses fournis par d'autres, en s'appuyant sur la vérification de programmes et sur des tests statistiques. Ces derniers ont déjà été mis à contribution pour vérifier la confidentialité des données (*differential privacy*) et on commence à utiliser des techniques similaires pour vérifier l'équité ou la transparence. La vérification de programme a surtout été utilisée pour vérifier la sûreté ou la fiabilité. Cette technique pourrait aussi se mettre au service de l'éthique dans l'analyse de données.

Des efforts dans ces quatre directions – éducation et organisation des utilisateurs, leviers politiques et solutions techniques – sont nécessaires pour éviter les écueils du Big Data, tout en lui laissant la possibilité de réaliser ses promesses d'amélioration de la vie de chacun et d'accélération de la recherche scientifique et de l'innovation.

Références bibliographiques

• S. ABITEBOUL et J. STOYANOVICH – *Data, Responsibly,* ACM Sigmod Blog, https ://hal.inria.fr/hal-01248054v1, 2015.

• J. STOYANOVICH, S. ABITEBOUL et G. MIKLAU – *Data, Responsibly: Fairness, Neutrality and Transparency in Data Analysis*, https ://hal.inria.fr/hal-01290695/file/16.DataResponsibly.pdf, HAL, 2016.

11. Les grandes initiatives favorisant l'exploitation des Big Data

Christine Collet et Pierre Gançarski

La révolution Big Data transforme le développement des sciences et les mécanismes sociaux et humains, ainsi que l'activité industrielle et économique. Selon une étude menée par MarketsandMarkets, le marché du Big Data mondial pourrait atteindre 66,79 milliards de dollars en 2021. Cela représenterait une croissance de 18,45 % par an. Gouvernements et entreprises s'organisent et s'interrogent sur les meilleures stratégies à développer et sur les actions à entreprendre pour y faire face tout en investissant de plus en plus massivement dans le domaine.

Les stratégies proposées

Le programme américain « *The federal Big Data research and development strategic plan* » propose sept stratégies clés (*e.g.* « augmenter la valeur des données en favorisant le partage et la gestion des données », « comprendre l'utilisation de celles-ci au regard de la vie privée, la sécurité et l'éthique ») pour des recherches et développements dans le domaine. Le programme européen Horizon 2020 (H2020) intègre aussi ces priorités. Le rapport de la Stratégie Nationale de la Recherche (SNR) se concentre sur l'articulation des programmations nationales et européennes et encourage la disponibilité et l'exploitation des grandes masses de données ou encore l'extraction de connaissances. Enfin, le rapport de la commission Innovation2030 identifie clairement « la valorisation de données massives » comme une ambition ciblée sur les nouveaux usages et le gain de productivité.

Ces rapports sont organisés en fonction des grands défis sociétaux : énergie, environnement, santé, mobilité et systèmes urbains durables, évolutions sociales, renouveau industriel, art et culture, nouveaux modes de gouvernance... On trouve également des rapports plus spécialisés, dédiés aux disciplines au cœur de la science des données : fouille et gestion des données et connaissances, visualisation, statistiques, calcul haute performance, aide à la décision. Ils préconisent tous des initiatives concentrées sur la capacité d'innovation impulsée par le Big Data (nouvelles connaissances, nouveaux services et métiers).

Les programmes gouvernementaux

Dès 2010, les agences de financement ont mis en place des programmes ciblés sur le Big Data et la science des données et ont intensifié les actions d'investissement. En fournir une liste exhaustive est impossible, mais on pourrait citer aux États-Unis, les initiatives donnant suite au rapport Obama et à celui du *National Research Council*. Depuis 2012, le département de la Défense américain investit plus de 250 millions de dollars (M$) par an dans le Big Data. Le gouvernement américain possède six des dix plus puissants supercalculateurs de la planète. La *National Security Agency* (NSA) dispose d'un *data center* pouvant stocker jusqu'à un yottaoctet (10^{24}) d'informations collectées.

Les programmes européens, quant à eux, fédèrent disciplines et compétences. Les aspects Big Data sont présents dans les technologies et infrastructures de l'information et de la communication (TIC), mais également largement dans les programmes liés aux défis sociétaux, comme pour l'amélioration de la santé et du bien-être, la gestion intelligente des smartgrids, des transports, des villes... Dans les appels à projets H2020 de 2016, près de 55 millions d'euros (M€) sont destinés aux projets explicitement Big Data, auxquels s'ajoutent les projets autour de l'Internet des Objets* ou de l'informatique en nuage, soit environ 100 M€ sur un total de 460 M€. L'Union européenne a, par ailleurs, investi 2,5 milliards d'euros dans l'exploitation des masses de données notamment au service de la santé.

En France, l'Agence Nationale de la Recherche (ANR) finance de nombreux projets dans les axes « Données,

Connaissances, Données massives » et « Simulation numérique : du calcul intensif aux données massives » du DEFI 7 – Société de l'information et de la communication. Le domaine « Données massives » étant transverse, certains projets relèvent aussi d'autres défis sociétaux. En 2016, l'ANR s'est associée à 10 partenaires en provenance de trois continents pour lancer l'appel à projets « Au cœur des données numériques 2016 », premier programme international de subvention de la Plateforme transatlantique en sciences humaines et sociales.

Le phénomène Big Data doit aussi être abordé dans sa dimension thématique, voire sociétale. Ainsi, par exemple, dans le domaine de l'environnement, le *Belmont Forum E-Infrastructures and Data Management Collaborative Research Action* réunit des scientifiques des domaines liés à l'environnement, des spécialistes des données, des juristes, des sociologues et autres experts de plus de 14 pays pour établir des recommandations sur la manière de mettre en œuvre une approche globale, durable et coordonnée du financement de la recherche mondiale sur le changement environnemental.

Initiatives industrielles

Les grands groupes industriels, SSII ou cabinets d'étude et, bien évidemment, ceux pour qui la donnée est l'objet d'étude (Google, Facebook, Instagram, Netflix...) ont tous dédié une activité ou un centre R & D aux Big Data. Pour des raisons évidentes de concurrence, il est difficile de juger de l'ampleur du phénomène et de donner précisément les axes de recherche et développement prioritairement soutenus. Le plan Big Data 2014 à destination de ces entreprises représenterait en France, à l'horizon 2020, un marché de 9 milliards d'euros et un potentiel de création ou maintien de 137 000 emplois environ, dont 80 000 emplois nouveaux. Parmi les 14 mesures phares du plan figurent l'ouverture d'un centre de ressources technologiques pour faciliter l'accès des startups aux données d'entités publiques et privées et aux infrastructures nécessaires à leur traitement, la formation de spécialistes des données (*data scientists**) et le soutien aux accélérateurs de startups et fonds d'amorçage dédiés au Big Data.

D'un point de vue plus technologique, le *National Institute of Standards and Technology* (USA) et la *Big Data Value Association* (EU) regroupent des industriels, des académiques ou des représentants gouvernementaux pour discuter et développer des définitions et taxonomies consensuelles, pour travailler sur des architectures sécurisées de référence et une feuille de route technologique pour le Big Data.

Initiatives académiques

Faire un inventaire exhaustif des initiatives de recherche et de formation pour le Big Data (Master, MOOC...) lancées par les universités est impossible tant elles sont nombreuses et variées. Il faut par contre souligner que de nombreuses collaborations internationales se mettent en place, comme les six centres de recherche académique soutenus conjointement par les agences scientifiques américaines et japonaises autour du Big Data et de la gestion de phénomènes catastrophiques (inondations, tremblements de terre...) pour un total de 3,6 M€ par an pendant 3 ans. Parallèlement, la *Research Data Alliance* (créée, entre autres, par la Commission Européenne), la *National Science Foundation* et le Département australien de l'Innovation regroupent près de 1 600 membres de 70 pays autour de la promotion des données ouvertes et partagées.

En France, les grands centres de recherche nationaux se sont, eux aussi, engagés dans des programmes favorisant les recherches ou animations interdisciplinaires. On peut ainsi citer « *cloud computing* et Big Data* » du Programme d'Investissements d'Avenir, qui a bénéficié de 23M€ d'aide et le défi Mastodons du CNRS sur les grandes masses de données scientifiques, qui a soutenu 26 projets pour de plus de 3 M€. Enfin, la création des laboratoires et des initiatives d'excellence ont permis de donner naissance à des Instituts de sciences des données offrant des plateformes (avec jeux de données, démonstrateurs, simulateurs et outils de traitement, d'analyse et de stockage) couplées à des recherches amont interdisciplinaires et des formations ciblées.

Références bibliographiques

- V. MAYER-SCHÖNBERGER et K. CUKIER – *Big Data. A Revolution That Will Transform How We Live, Work and Think*, John Murray, 2013.
- Stratégie Nationale de Recherche – *France Europe 2020*, www.enseignementsup-recherche.gouv.fr/cid86688/strategie-nationale-de-recherche-france-europe-2020.html.
- *Big Data : un changement de paradigme peut en cacher un autre. Académie des technologies*, www.academie-technologies.fr.
- www.agence-nationale-recherche.fr/fileadmin/aap/2017/aap-data-2017.pdf.

- Deuxième partie -

Données, acquisition, stockage

Page précédente :

1. Introduction

Henri Verdier

De temps en temps, dans l'Histoire, une ressource rare devient abondante, occasionnant une réorganisation brutale de l'ensemble des relations économiques et sociales. Ainsi, la maîtrise de l'agriculture, puis celle de l'imprimerie et de l'énergie ont marqué de telles ruptures. En bouleversant les modes d'organisation, de production, de communication, elles ont lancé de nouvelles civilisations. Avec les données, nous vivons aujourd'hui une de ces révolutions. Sans en avoir toujours conscience, la science, l'économie et la politique s'étaient construites autour d'un postulat jamais interrogé : les données étaient une ressource rare, précieuse et coûteuse. Elles pouvaient être thésaurisées, dissimulées, commercialisées. On reconnaissait le chercheur confirmé à sa frugalité, à sa capacité à ne les recueillir qu'après avoir mûrement réfléchi. Nous sommes en train de sortir de ce monde.

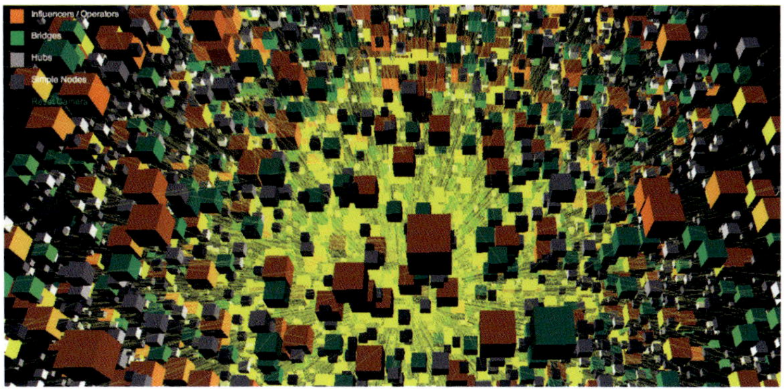

Le projet *Innovation Ecosystem* saisit, à partir des réseaux sociaux, les données en temps réel produites par les discussions liées à l'innovation. Il utilise les techniques d'analyse du langage naturel, de géocodage, d'analyse de réseau et d'apprentissage automatique pour cartographier la topographie de l'innovation. © AOS. ■

Sous l'effet d'innombrables progrès, beaucoup présentés dans cet ouvrage, nous produisons à des coûts décroissants une quantité sans cesse plus impressionnante de données. Elles viennent de capteurs de moins en moins chers, de plus en plus petits, qui s'insinuent dans toutes les dimensions de la vie physique. Elles viennent de l'informatisation rapide d'innombrables processus. Elles viennent de traces d'utilisation que nous consentons à partager. Elles viennent de comportements sociaux qui auraient fait frémir nos parents. Nous sommes entrés dans l'ère de la donnée ambiante, nous pensons et agissons dans une « copie numérique » du monde. Face à cet afflux de données, un cycle d'innovation technologique s'est amorcé. Stocker, manipuler, traiter ces données coûte de moins en moins cher. Il est temps de raisonner comme si le coût de stockage et de traitement récurrent (ou intensif) d'un même volume de données tendait vers zéro, même si l'on sait que l'explosion de ces données n'est pas sans créer un véritable coût énergétique et économique.

C'est également un changement de paradigme*, car les rentes fondées sur la mobilisation d'un capital ne peuvent plus tenir. D'innombrables conséquences découlent de cette situation, et pas seulement techniques ou industrielles. La plus importante peut-être tient à la sociologie de l'innovation. De petites équipes mobiles et engagées, sans réel capital, invisibles sur le radar des grandes organisations, peuvent bouleverser les trajectoires bien balisées. Les stratégies industrielles, comme les politiques de recherche et de développement économique doivent en tenir compte. C'est l'ère de l'*open innovation*, des écosystèmes ouverts (figure), de l'agilité.

Sur ce double socle, constitué des données et des technologies, se déploie une troisième révolution, silencieuse et essentielle. Les stratégies fondées sur la donnée évoluent insensiblement. La statistique n'est plus la seule manière d'agir avec les données. *Feedback Loop*, *datadriven strategies*, *evidence based decision*, référentiels ouverts, communs numériques entrent dans la palette stratégique des États et des organisations.

2. La place des données en physique

Rémy Mosseri et Hugues Chaté

Si l'avalanche des données impacte toutes les sciences, ces dernières sont-elles alors toutes transformées de façon fondamentale ? Il est tentant d'interroger ici la physique, qui a souvent servi de creuset à l'analyse épistémologique, que ce soit à travers les statuts du dialogue expérience/théorie, ou bien encore la dualité entre une approche réductionniste visant des mécanismes « élémentaires » et la pertinence des changements d'échelle pour expliquer l'émergence de nouveaux comportements.

La physique entend faire découler les phénomènes observés dans la nature de grandes lois universelles. La mécanique triomphante du XVIIIe siècle pensait possible de calculer le futur de tout système physique à partir d'une loi et de la connaissance à un instant donné de toutes les positions et vitesses des particules qui le composent (les « données » du problème), voire même de « remonter le temps » en inversant, instantanément, toutes les vitesses. Ce rêve n'a pas résisté aux développements ultérieurs : d'une part, à la théorie du chaos qui prédit des devenirs largement divergents quand bien même les données initiales seraient très proches (le fameux « effet papillon ») ; d'autre part, à la physique quantique, indispensable pour décrire le monde microscopique, qui interdit l'accès à une précision infinie sur ces données, tant pour des raisons expérimentales que sur le plan théorique (les relations d'incertitudes de Heisenberg).

Les données physiques

Mais qu'appelle-t-on une donnée ? Il y a, bien sûr, celles, statiques et communes à la physique et la chimie, qui caractérisent toutes les formes à l'équilibre de la matière : une batterie de quantités (masse, organisation géométrique des composants, réponse optique, électrique...) décrivant atomes, molécules, formes cristallines... Ce bestiaire est régulièrement enrichi, comme avec les découvertes du graphène, des quasi-cristaux, certains matériaux supraconducteurs*... Ces données sont, pour l'essentiel, stables et considérées comme validées. Mais en amont, le physicien manipule une quantité bien plus importante de données, dans trois circonstances principales : *i)* dans une expérience de laboratoire, où il cherche à isoler un phénomène particulier, dans des conditions contrôlées et répétables ; *ii)* dans l'observation de la nature (comme le ciel), où les conditions sont imposées, et souvent datées ; *iii)* et, enfin, dans un calcul numérique sous la forme de données initiales et de données calculées. Le choix du montage expérimental, des capteurs et des algorithmes* résulte d'une vision théorique a priori, mais généralement incomplète.

Les frontières de la physique aux deux infinis (petit et grand) engendrent des flux de données gigantesques, souvent à la limite de ce que les systèmes Big Data savent gérer. Si l'unification des lois fondamentales, qui se nourrit de ces recherches, reste un objectif majeur, la pratique quotidienne de la physique n'est pas construite sur un réductionnisme généralisé, mais plutôt sur un empilement de niveaux de description associés à des échelles croissantes. C'est d'ailleurs dans cet emboîtement de niveaux que se construit un troisième horizon, l'infiniment complexe, également peu avare en données, qui s'ouvre à des interfaces riches, comme celle du monde vivant.

L'exemple de l'eau

À l'échelle sub-nanométrique, l'attention est portée sur les liaisons chimiques, analysées dans le cadre de la théorie quantique : le liquide est le siège d'un ballet incessant de réorganisation des liaisons entre molécules, et des dynamiques complexes peuvent opérer, par exemple au contact de macromolécules biologiques. Décrire cette eau-là, et sur des durées importantes, est déjà un challenge numérique. À plus grande échelle,

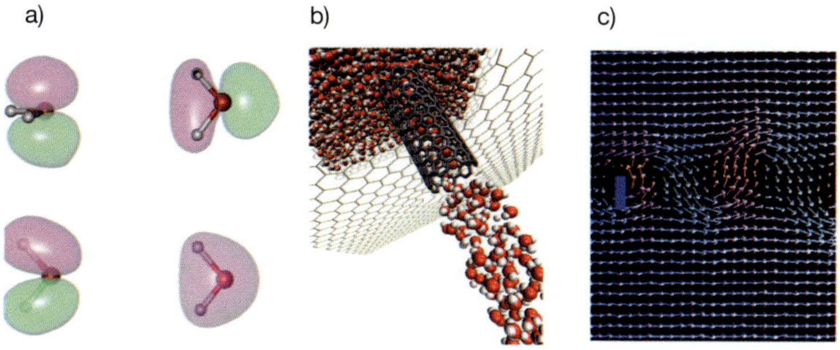

Représentation physique de l'eau à différentes échelles. (a) Échelle atomique : états électroniques d'une molécule d'eau. (b) Nanofluidique : les molécules d'eau interagissent au travers d'un nanotube de carbone, © J. Reese. (c) Échelle macroscopique : champ de vecteurs donnant la vitesse moyenne des molécules d'eau dans l'espace : ici, franchissement d'un obstacle, © Rivet. ■

la physique classique prend le relais, et l'eau (liquide ou gazeuse) sera vue comme une assemblée d'un très grand nombre de molécules H_2O, caractérisées par leurs positions, rotations et vitesse et soumises à un jeu subtil d'attractions et répulsions. Nouveau challenge pour la simulation !

À l'échelle macroscopique, cette description moléculaire cède à son tour la place à l'hydrodynamique (aucun ordinateur ne saurait manipuler l'ensemble des données microscopiques) et le mouvement de l'eau est alors décrit localement par un vecteur donnant la vitesse moyenne des molécules autour d'un point, vecteur dont le devenir est codé dans les équations de Navier-Stokes. Notons d'ailleurs que la phase de traitement numérique de ces équations rediscrétise l'espace (et le temps) dans un maillage totalement déconnecté des positions moléculaires initiales. À cette échelle, le fluide est maintenant uniquement caractérisé par des grandeurs comme sa viscosité, ou le type d'écoulement (de laminaire à turbulent).

Les données qui accompagnent ces niveaux de description, toutes en grand nombre, que ce soit les liaisons chimiques, les positions moléculaires, ou le champ de vecteur continu, ont chacune leur degré de pertinence et requièrent en amont une vision théorique des phénomènes en jeu. Ce point devient encore plus important aux interfaces entre ces niveaux, lorsque des propriétés « émergentes » voient le jour.

Émergence et universalité

Les forces d'interaction entre les molécules d'eau ne changent pas de nature si elles sont refroidies à 0 °C. Comment, alors, celles-ci décident-elles, telle l'armée la mieux ordonnée, de se positionner immanquablement et avec précision à des positions périodiques dans l'espace ? Le solide (la glace) acquiert alors de nouvelles propriétés (il résiste au cisaillement, ne coule plus...). Ceci est un exemple simple d'un domaine de recherche très actif, la physique statistique, qui vise à relier les mondes microscopiques et macroscopiques, comprendre les transitions de phases, analyser et prédire les propriétés émergentes. Au-delà des transitions de phase, émergence et universalité se retrouvent également au travers des changements de niveau de description. Ainsi, avec l'hydrodynamique, les particularités moléculaires sont oubliées, les équations de Navier-Stokes décrivant des comportements universels, partagés par des systèmes très divers sur le plan microscopique. Les données, toujours plus nombreuses et précises, sont convoquées ici pour mieux caractériser les phénomènes. Mais elles ne remplacent pas l'élaboration théorique, qui vise à la compréhension et s'appuie sur quelques grands principes, comme l'analyse des symétries en jeu.

Les théories qui décrivent le monde matériel et les visions du monde qu'elles sous-tendent, à toutes les échelles, sont le fruit d'une histoire riche, faite d'allers-retours avec les données expérimentales (que ce soit comme stimulation ou comme validation), mais aussi de tâtonnements, d'hypothèses, de controverses. Certains, qui voient dans le Big Data une forme de « fin de la théorie », pensent que l'acquisition de nouvelles connaissances devrait maintenant essentiellement résulter d'une fouille statistique des données toujours plus nombreuses. Nous ne le pensons pas. Et s'il est vrai que cet afflux de données enrichit, *via* l'analyse scientifique, la quantité d'informations sur les phénomènes et irrigue le raisonnement et la connaissance du monde, il reste un champ d'investigation scientifique considérable qui ne peut être exploré que par l'intuition et l'intelligence humaine. Aucun algorithme d'apprentissage n'aurait pu permettre l'émergence des deux révolutions fondamentales que furent la relativité et la physique quantique. Il en va probablement de même pour la plupart des théories scientifiques, qui vont continuer de paver la quête de connaissance et de sens.

Références bibliographiques

- A. EUZEN, C. JEANDEL et R. MOSSERI (dir.) – *L'eau à découvert*, CNRS Éditions, 2015.
- G. PIETRYK (dir.) – *Panorama de la physique*, Belin, 2012.

3. Les données pertinentes pour décrire le vivant

Michaël Manuel

Décrire le vivant est une tâche d'une ampleur vertigineuse, car les organismes sont extraordinairement divers, leurs constituants sont multiples et emboîtés aux différentes échelles spatiales d'une manière hautement complexe, et enfin les objets biologiques ne sont pas des entités figées, mais, au contraire, des systèmes dynamiques. Historiquement, ce cahier des charges ne s'est dévoilé que progressivement, puisque longtemps le vivant n'a été perçu que macroscopiquement et dans une perspective principalement utilitaire (à travers les services rendus à notre espèce). C'est vers la Renaissance que les naturalistes ont commencé à prendre conscience de l'ampleur de la diversité des espèces et à ambitionner de décrire le vivant selon des critères qui lui sont propres. La biologie au sens moderne est née au XIXe siècle grâce à plusieurs avancées : l'appréhension des échelles cellulaire, biochimique, mais aussi écologique ; l'intégration de la dimension temporelle, notamment à travers l'embryologie et la théorie de l'évolution* ; et, enfin, l'essor de l'approche expérimentale. Le cortège des données pertinentes pour décrire le vivant s'est encore étoffé considérablement au XXe siècle avec la génétique, la biologie moléculaire et, plus récemment, la génomique* et les autres « omiques* » (cf. VI.11) dont l'approche intégrée constitue la « biologie des systèmes ».

Les données nécessaires

Connaître un organisme, c'est d'abord disposer de données décrivant sa structure aux différents niveaux d'organisation. Ainsi, pour décrire un individu biologique pluricellulaire (comme une plante ou un animal vertébré) à un stade donné, il faut d'abord caractériser sa géométrie, sa morphologie globale, son anatomie, son histologie*. Lorsqu'ensuite est achevée la description des types de cellules et de leur agencement, le plus gros morceau du travail reste à faire, car une complexité encore bien plus grande se cache à l'échelle intracellulaire, domaine de la biologie cellulaire et moléculaire. À chacun de ces niveaux d'organisation correspondent des techniques d'observation et d'analyse appropriées. Bien entendu, les données descriptives ne suffisent pas à caractériser le vivant : il faut leur adjoindre les données fonctionnelles. Cela représente un saut qualitatif gigantesque, du fait de l'immense variété des interactions possibles entre entités biologiques et de leurs effets potentiels. Il est à souligner que la connaissance des structures n'est pas moins importante que celle des fonctions et qu'ainsi le travail d'un morphologiste contribue tout autant à la connaissance du vivant que celui d'un généticien. Certaines données se situent d'ailleurs à l'interface entre structure et fonction en même temps qu'à celle entre morphologie et molécule, comme les données d'expression de gènes au cours du développement.

Force est de reconnaître au génome* un statut particulier parmi les données qui décrivent le vivant, car celui-ci renferme l'information qui gouverne la construction et le maintien de l'organisme. Est-ce à dire que les données génomiques suffisent à décrire le vivant ? Ce serait peut-être le cas si l'information s'y présentait à la manière d'une notice de construction. Or, on ne peut pas déterminer le phénotype* d'un organisme (sa morphologie, les types de cellules qui le composent, etc.) à partir de la seule connaissance de son génome. Cela reste vrai même en ajoutant à la succession linéaire des nucléotides* (la séquence) le décodage de son contenu informationnel (position et structure des gènes, des séquences régulatrices...) et les modifications chimiques (dites « épigénétiques ») qui affectent l'expression des gènes indépendamment de la séquence. Le génome délivre ses instructions pas à pas, dans une sorte de dialogue permanent entre le contexte cellulaire (lui-même soumis à des influences provenant du reste de l'organisme et de son environnement) et la séquence des nucléotides de l'ADN*. Ainsi, les données concernant le génome ne peuvent se substituer aux autres types de données qui décrivent le vivant ; au contraire, l'ensemble doit être abordé de manière intégrée (figure).

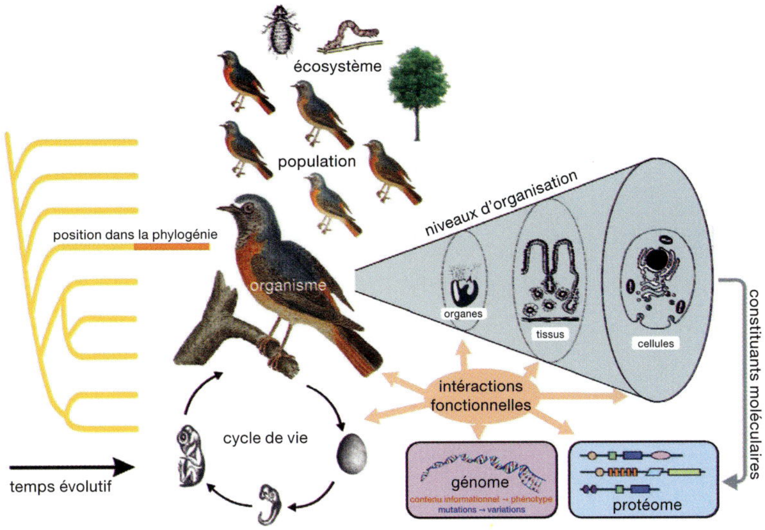

Décrire le vivant, c'est non seulement décrire les organismes, aux différents niveaux d'organisation et sous l'angle structural aussi bien que fonctionnel, mais aussi les intégrer au sein des cycles de vie, des populations, des écosystèmes et de l'arbre phylogénétique du vivant. ■

Traitement des données du vivant

La systématisation de l'archivage et du traitement des données décrivant le vivant est un objectif ambitieux, qui mobilise actuellement beaucoup d'efforts (comme la constitution de bases de données d'expression de gènes ou de propriétés des protéines). Certains objets biologiques s'y prêtent particulièrement bien du fait d'une homogénéité inhérente (séquences d'ADN, de protéines), mais il s'agit d'exceptions, car, en règle générale, les entités biologiques se plient mal aux catégories standardisées que nous pouvons créer. Ainsi, par exemple, la constitution d'une base de données couvrant la morpho-anatomie des organismes vivants selon un codage standardisé et précis représente un défi fantastique, quoique certainement porteur d'avenir pour la biologie comparative*.

Les données décrivant le vivant sont reliées entre elles à différentes échelles de temps. Les données fonctionnelles (que ce soit dans le cadre physiologique ou pathologique) intègrent nécessairement une dimension temporelle, tout comme celles concernant le comportement (données éthologiques). À des échelles de temps supérieures, les formes se succèdent au cours du cycle de vie d'un organisme (de la minute à plusieurs années) ; les populations et les écosystèmes subissent des modifications (à l'échelle des années, des siècles et au-delà) ; et, bien entendu, les organismes se transforment dans le cadre de l'évolution biologique (sur une échelle allant jusqu'aux milliards d'années). L'approche évolutive est d'ailleurs ce qui permet de faire émerger du sens à partir de l'extraordinaire diversité des organismes. Cette diversité résulte en effet d'une histoire et elle concerne tous les niveaux d'organisation et de fonctionnalité du vivant, ce que n'a pas encore complètement réalisé une grande partie des biologistes, formés à la logique simplificatrice des modèles, selon laquelle on travaille sur tel organisme dans le but de produire des données pertinentes pour l'ensemble du vivant. La description et la classification des espèces fruits de cette histoire demeurent un immense défi qui mériterait plus d'efforts. Nous pouvons en grande partie reconstituer la généalogie historique des lignées biologiques ayant conduit aux organismes actuels, depuis l'échelle des populations jusqu'à celle de l'arbre du vivant*, grâce à des méthodes adaptées de traitement des données, comme, par exemple, la phylogénie* moléculaire ou l'analyse des fossiles. Cette généalogie éclaire en retour la multiplicité des données qui décrivent le vivant, comme l'avait exprimé le généticien Theodosiys Dobzhansky : rien n'a de sens en biologie, si ce n'est à la lumière de l'évolution.

Références bibliographiques

• S. J. GOULD – *La structure de la théorie de l'évolution*, Collection NRF Essais, Gallimard, 2006.

• G. LECOINTRE et H. LE GUYADER – *Classification phylogénétique du vivant*, tome 1, 4e édition, Belin, 2016.

• E. MAYR – *Histoire de la Biologie. Diversité, évolution et hérédité*, Fayard, 1989.

• P. RAVEN, G.-B. JOHNSON, K. MASON, J. LOSOS et S. SINGER – *Biologie*, 3e édition, De Boeck Supérieur, 2015.

4. Les collections muséologiques

Pierre Joly et Régine Vignes

Les collections naturalistes (herbiers, spécimens naturalisés, fossiles, jardins botaniques, banques de graines…) sont des gisements considérables de données sur les plans scientifique, historique, pédagogique et muséologique. Pour la systématique (domaine décrivant, nommant, répertoriant et classant les organismes vivants), les collections sont indispensables, car elles hébergent, notamment, les spécimens qui ont servi à établir toute nouvelle espèce. De façon plus large, la richesse des collections réside dans le potentiel porté par chaque spécimen (biométrie, ADN*, composition isotopique…) associé aux informations contenues dans l'étiquette et/ou la notice qui l'accompagne (lieu de collecte, date, environnement…). Ainsi, les spécimens fournissent sans cesse de nouvelles données selon l'évolution des outils d'investigation (séquenceurs, spectromètres de masse, tomographe) ou d'analyse (bio-informatique, modélisation). Au spécimen peut être substitué un modèle, comme un dessin, une photographie, un moulage, une représentation numérique, qui permet de réaliser des mesures morphométriques. Ces spécimens virtuels sont particulièrement valorisés par les outils modernes de communication qui permettent un accès universel.

Fig. 1 – Une part d'herbier du Muséum national d'Histoire naturelle numérisée dans le cadre du programme ReColNat. La plante est l'ortie de Magellan (*Urtica magellanica*) originaire d'Amérique du Sud et collectée par Philibert Commerson à Port Galland, baie Bouguainville, près du détroit de Magellan, en 1767. ■

Histoire et géographie des collections

Les collections naturalistes se sont constituées dès la Renaissance dans les cabinets de curiosités, mais aussi à l'échelle des nations. Le Muséum national d'Histoire naturelle (dont les collections remontent à Louis XIII) possède aujourd'hui 2,7 millions de fossiles, près de 10 millions de végétaux, et 46 millions d'animaux dont 40 millions d'insectes (figure 1). En France, 68 établissements exercent une activité muséale dans le domaine des sciences naturelles et hébergent au total 4,5 millions de végétaux, 3 millions de fossiles et 9,5 millions d'animaux. Les universités ont aussi constitué des collections naturalistes, souvent en relation avec leurs activités de recherche et de formation : elles détiennent 9 millions de parts d'herbier et d'exciccata, 880 milles échantillons zoologiques et 13,4 millions de fossiles ou d'échantillons géologiques.

Organisation de l'accès aux collections

L'informatisation des collections sous forme de bases de données a débuté dès les années 1980 avec une dynamique importante en Europe (programmes BIOCISE, ENHSIN, BioCASe). Si les collections sont diverses en termes de nature des spécimens conservés (à sec ou en alcool, organismes entiers naturalisés, fragments ou empreintes…), leur informatisation est aussi hétérogène (choix techniques, modèles et nature des données). Au niveau mondial, le groupe TDWG (*Taxonomic Database Working Group*) propose des formats et des standards communs, afin d'échanger

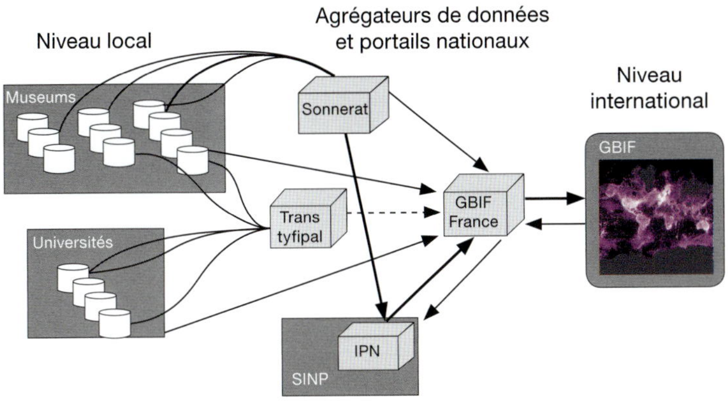

Fig. 2 – **Le paysage des systèmes d'informations* impliquant les collections forme un réseau complexe, dans lequel les données d'une collection locale transitent parfois par plusieurs agrégateurs de données avant d'être accessibles aux niveaux national et international.** En retour, la France et son inventaire national (INPN) s'enrichissent des données produites par d'autres pays et rendues accessibles *via* le portail international du GBIF. ■

et de mettre ses ressources en réseau. En 2001, un portail international commun (GBIF) a été lancé pour la mise à disposition de ces données primaires sur la biodiversité (collections et observation). Aujourd'hui, plus de 640 millions d'enregistrements sont accessibles en ligne pour de l'analyse des données et de l'apprentissage automatique profond concernant de larges échelles, tant sur le plan taxonomique que spatial ou temporel. Les réseaux d'informatisation sur les collections se déclinent à des niveaux plus locaux. En France, citons les portails Transtyfipal en paléontologie, Sonnerat-Bryomyco en botanique et mycologie, ou encore e-ReColNat, infrastructure nationale de recherche, dont le but premier est de numériser les collections. Les associations naturalistes participent à cette mise en réseau avec, par exemple, les recensements d'herbiers effectués par Tela-Botanica. Dans ce paysage complexe des systèmes d'information*, le nœud national du GBIF assure l'ouverture des données nationales vers l'international, et le respect des formats et standards internationaux, et se coordonne avec d'autres instances transversales, comme le SPN (Service du Patrimoine Naturel) chargé de coordonner l'inventaire national du patrimoine naturel, et le SINP (Système d'Information sur la Nature et les Paysages) tourné vers les données d'observation. La Conférence Permanente des Muséums de France (CPMF), fondée en 2011, assure une coordination entre les collections muséales (figure 2).

À quoi servent les collections ?

Si la mission première des collections naturalistes est d'ordre systématique (*via* la préservation des spécimens et des types porte-nom), les outils modernes d'investigation permettent de les utiliser pour répondre à de nombreuses questions de recherche sur le fonctionnement de la planète : fonctionnement passé avec la reconstitution de paléoenvironnements, distribution actuelle des espèces, prévision en fonction de scénarios climatiques, étude de l'histoire évolutive du vivant (phylogénie*), anatomie comparée, interactions entre les espèces et leur environnement, recherche de molécules originales, biomimétisme... Les collections permettent, par exemple, d'explorer l'évolution des infections parasitaires ou des espèces invasives en modélisant leur niche écologique. Dans le domaine agronomique ou médical, elles permettent de reconstituer l'histoire des espèces que nous exploitons. Les collections sont particulièrement précieuses par rapport aux données d'observation de terrain, puisqu'elles seules permettent de revenir aux données sources pour des vérifications scientifiques.

Les collections naturalistes jouent aussi un rôle pédagogique de premier plan, mis en lumière par les interfaces muséologiques, mais aussi de multiples lieux d'exposition et de diffusion de la culture scientifique. Dans les universités, elles sont, bien entendu utilisées pour la formation initiale des étudiants en biologie, médecine et sciences de la Terre. La numérisation et la mise à disposition des documents virtuels par Internet permettent aux pays d'origine ou en voie de développement d'avoir accès aux échantillons appartenant à leur propre patrimoine naturel et d'entreprendre des recherches sur ce patrimoine.

Références bibliographiques

- L. ALLORGE *et al.* – *L'herbier du Museum. L'aventure d'une collection*, Arlys et Muséum national d'Histoire naturelle, 2013.
- A. CANARD, J.-C. BEAUCOURNU, J. BOUSTIE et D. BERNARD, *Importance des collections de Sciences naturelles pour la connaissance de la biodiversité*, La Lettre de l'OCIM, 2010.
- B. DAUGERON – *Collections naturalistes : entre science et empires (1763-1804)*, Muséum national d'Histoire naturelle, 2009.

5. Les données dans l'art

Philippe Codognet

L'utilisation des données en art n'est pas nouvelle et remonte au moins aux années 1960. Cependant, l'évolution durant ces dernières décennies des nouvelles technologies (ordinateur, Internet, capteurs...) et leur appropriation par les artistes, ainsi que la multiplication exponentielle des données, ouvrent un champ nouveau dont le dessein serait de donner une nouvelle vision du monde, voire de révéler une architecture abstraite du réel. Bien sûr, les données utilisées par les artistes peuvent sembler modestes au regard des quantités actuelles engendrées par le Big Data, mais ces œuvres sont surtout novatrices par leur apport conceptuel et préfigurent un nouveau genre artistique clairement amené à se développer dans les prochaines années.

Les premiers projets d'archivage

Depuis la fin des années 1960, de nombreux artistes, qui ont grandi durant les Trente Glorieuses dans un contexte de production en série d'objets de consommation et de mémoire traumatique de la Deuxième Guerre mondiale, se sont tournés vers la monstration d'objets multiples et d'archives (réelles ou imaginaires) comme support de leurs gestes artistiques. Christian Boltanski, né en septembre 1944 et actif à partir de la fin des années 1960, est connu pour ses installations qui piochent dans des archives particulières, montrant des ensembles de visages, de tas de vêtements, ou des annuaires téléphoniques comme autant d'indices (ou d'index au sens de C.S. Pierce) de personnes disparues. Ainsi, son projet *Les Archives du Cœur* (2010), installation permanente dans l'île japonaise de Teshima, montre une collection entreprise depuis 2008 de plus de 30 000 enregistrements de battements du cœur d'individus de différentes parties du monde, tentative irréaliste de faire une archive globale du genre humain en son organe essentiel, physiologiquement et métaphoriquement. Chaque visiteur peut aussi enrichir cette œuvre/archive par l'enregistrement de son propre cœur. Né en 1942, l'artiste espagnol Antoni Muntadas utilise l'archivage des données dans un but plus politique, en opposition à la censure. Son installation *The File Room*, a été montrée publiquement sous forme de cabinets métalliques et fiches papier dans différents lieux depuis 1994, mais est également sur Internet et reste en perpétuelle évolution.

L'utilisation du temps réel dans l'art

D'autres artistes préfèrent, quant à eux, sortir du carcan de la mémoire et se concentrer sur un présent éphémère, utilisant la transmission de données en temps réel pour rendre appréhendable par les sens une réalité invisible, car géographiquement éloignée ou non perceptible. Ainsi,

Fig. 1 – George Legrady, *Des souvenirs plein les poches/Pockets full of Memories*, 2001. ■

avec la popularisation d'Internet dans les années 1990, la visualisation de données numériques en provenance de capteurs a donné lieu à de nombreux projets artistiques. L'œuvre pionnière DWTKS - *Dialogue with the Knowbotic South* (1995) du collectif allemand KR + cF, présente une projection vidéo interactive de structures visuelles et sonores influencées par des données provenant en temps réel de capteurs sur la glace des icebergs du pôle Sud. Dans une optique similaire, le musicien Ryuichi Sakamoto (fondateur du groupe de pop électronique Yellow Magic Orchestra, 1978-1984) et l'artiste Daido Manabe ont créé *Sensing streams – invisible, inaudible* (2014) qui rend visible, sur un écran géant 4K de 7x4 mètres, et audible les ondes électromagnétiques captées par des antennes placées dans plusieurs lieux de la ville d'exposition. Le spectateur peut interactivement changer les fréquences captées (80 MHz – 5,2 GHz) et faire évoluer en permanence l'installation.

L'exploitation artistique des données massives

George Legrady, artiste canadien et professeur à l'Université de Californie (Santa Barbara), s'est intéressé à vider les poches des visiteurs de son installation *Des souvenirs plein les poches* (*Pockets full of memories*) présentée au Centre George Pompidou en 2001, et à en extirper les données (figure 1). Chaque visiteur pouvait ainsi scanner des objets qu'il avait dans ses poches (clés, bouts de papier, jouets, cartes de sécurité sociale...) et le qualifier à l'aide de mots-clés et d'une dizaine d'attributs pouvant prendre une valeur de 1 à 10. Ces données (image scannée et attributs numériques) étaient ensuite insérées dans l'œuvre virtuelle : la projection video d'un graphe dynamique (une carte auto-adaptative) qui regroupait les objets par affinité selon leurs attributs et mots-clés. Outre l'apparition éventuelle d'une propriété émergeante de ces objets archivés, l'idée était de faire une cartographie des objets personnels des visiteurs. En 2001, avec plus de 20 000 visiteurs qui ont scanné et intégré 3 000 objets, cette installation préfigure la prolifération de données personnelles numérisées et leur publication sur Internet par Facebook (2004), Twitter (2006), Instagram (2010) et autres.

Fig. 2 – ***Superysymmetry [experience]*, audiovisual installation, 2014.** © Ryoji Ikeda. Photo by Ryuichi Maruo. Courtesy of Yamaguchi Center for Arts and Media [YCAM]. ■

Mais, plus que les réseaux sociaux, c'est la recherche scientifique elle-même qui est actuellement la plus grosse productrice de données. Le CERN* produit ainsi plus de 1 pétaoctet de données par jour (plus de 200 000 DVD) en provenance des expériences du *Large Hadron Collider* (cf. VI.3). L'artiste japonais Ryoji Ikeda (basé à Paris) a fait une résidence de plusieurs mois au CERN dans le cadre du programme *Ars Electronica Collide @ CERN* en 2014-2015 (figure 2). Son installation sonore et visuelle *Supersymmetry* (2014), même si elle n'utilise pas les données réelles du CERN, place cependant le spectateur sous une avalanche de données pour l'inviter à une sorte de vertige cognitif, dans lequel il ne peut plus appréhender ni interpréter l'ensemble des données et images présentées simultanément sur 2 rangées de 20 moniteurs, symétriques, bien sûr...

On remarque dans ce bref panorama la prégnance de la présentation et de la visualisation des données au détriment de l'analyse algorithmique ou de l'interprétation, faute d'outils facilement accessibles actuellement. Le Big Data Art a donc du chemin à parcourir et gageons que de nombreuses collaborations entre scientifiques et artistes pourront ainsi émerger !

Références bibliographiques

- R. CONTE et N. HILLAIRE (éds.) – *Les arts numériques : Anthologie et perspectives*, numéro spécial Art Press2, n° 39, novembre 2015.
- A.-M. DUGUET (dir.) – *Anarchive - Archives numériques sur l'art contemporain*, collection de 6 CD-ROMs, éditions du Centre Pompidou/Éditions Anarchives, 1999-2016.
- D. MOULON – Art contemporain, nouveaux médias, Éditions Scala, 2011.
- C. PAUL (éd.) – *A Companion to Digital Art*, Wiley-Blackwell, 2016.

6. Les Big Data dans la littérature

Alexandre Gefen

Lorsque les joueurs de Pokémon Go ont envahi nos rues en 2016 à la recherche de Pokéstops, nichés partout et y compris dans le musée d'Auschwitz, ils ont découvert en réalité augmentée plus de 80000 sites historiques ou patrimoniaux géolocalisés partout dans le monde. Ils ont pris conscience incidemment d'une « datafication » (transcription en données) de la mémoire culturelle désormais bien avancée et de la capacité à peupler massivement l'espace commun par une mémoire culturelle d'une richesse quantitative incomparable. Par-delà cet exemple anecdotique, le Big Data dans la littérature et les arts, c'est d'abord la numérisation massive de corpus patrimoniaux par les bibliothèques ou les musées au profit d'ensembles documentaires de taille parfois gigantesque et d'une profondeur historique souvent considérable.

Des corpus gigantesques

Plus de 6 millions de documents numérisés et plus de 4,6 millions d'images pour la base Collections du Ministère de la Culture, 53 millions de documents pour la bibliothèque européenne Europeana en 2016, 2,7 millions de vidéos, 3 millions d'enregistrements sonores accessibles en open Access sur archives.org, 15 millions de livres sur la bibliothèque virtuelle Google Books : ces chiffres donnent le vertige. Et il faut leur ajouter les catalogues de documents qui ne comprennent pas les documents eux-mêmes, les gigantesques bases d'articles scientifiques, qu'elles soient ouvertes ou propriétaires, les bases de données de faits culturels (comme les statistiques des ouvrages prêtés par les bibliothèques de la ville de Paris), ou encore des bases généralistes (telles que Wikidata), des ontologies de référence ou des référentiels cartographiques sur lesquels peuvent s'adosser et s'enrichir les expériences de fouille de données (cf. IV.8) en matière de culture. Si la quantité est censée suppléer la qualité et les outils de fouilles statistiques supposés pouvoir travailler avec des données « sales » en éliminant le « bruit », comme pour les autres domaines du savoir, c'est autant la richesse des bases et corpus que leur capacité à être croisés qui importe : la taille compte, mais elle n'est qu'un point de départ.

L'intérêt scientifique de ces bases peut être classé selon deux critères essentiels : leur qualité en termes de contenus et de métadonnées et leur ouverture, au sens technique et juridique du terme. Commençons par le caractère scientifiquement utilisable des Big Data : il y a en effet loin entre des bases de données maîtrisées, documentées par des « curateurs », conservateurs ou bibliothécaires, des documents relus et balisés et de simples photos ou résultats bruts de numérisation. C'est la différence qu'il y a pour le domaine de la littérature, entre la librairie numérique Hathitrust, qui offre des corpus cohérents et organisés accompagnés par des outils de recherche et de statistique avancés permettant des requêtes complexes sans programmation et un simple répertoire de PDF bruts n'ayant même pas été soumis à une opération de reconnaissance de caractère... La fermeture à cause de problèmes de droit des corpus conduit certaines bases

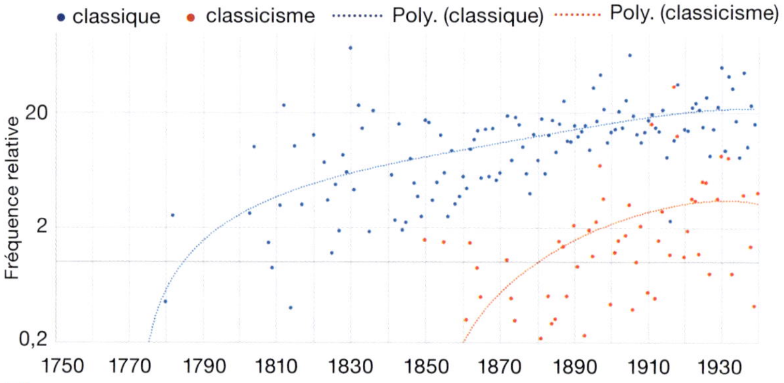

Fig. 1 – **L'émergence des concepts de « classique » (en bleu) et de « classicisme » (en rouge), vus à travers leur fréquence d'occurrence (en échelle logarithmique) dans un corpus de textes de critique littéraire française.** Les courbes « poly » représentent une tentative de modéliser ces variations historiques par une croissance polynomiale. Source A. Gefen. ■

à être disponibles uniquement sous la forme d'une interface de requêtes : c'est le cas d'un outil de « *culturonomic* » (quantification culturelle) massif comme Google NGram, aussi intéressant et puissant que difficile à utiliser dans un contexte scientifique, car il nous impose un corpus dont les règles de constitution et de validation ne sont pas régies par des principes scientifiques ou du moins explicites. D'autres, comme Data BNF offrent des interfaces de programmation (API*) permettant des interrogations à distance complexes ou la récupération des données brutes pour des traitements locaux. À ce titre, la loi sur le numérique qui prévoit une « *exception text et data mining* » au droit d'auteur pour la fouille profonde des bases commerciales est une importante nouvelle pour la communauté scientifique en permettant de faire des expériences de fouille sur des corpus restant protégés par le droit d'auteur.

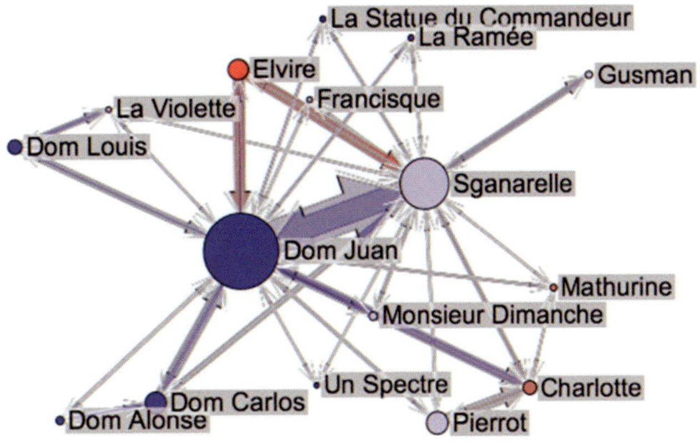

Fig. 2 – **La carte des relations entre personnage d'après les échanges de répliques dans *Dom Juan*.** Source F. Glorieux. ■

Extractions de connaissances

La finalité de ces analyses culturelles peut être traditionnelle : la recherche par sérendipité, la contextualisation d'œuvres ou de faits culturels ou linguistiques (utiliser Gallica pour comprendre, par exemple, une situation historique ou sociale avec le vocabulaire et les modes de représentation d'une époque), l'évaluation des problèmes de sociologie de la culture, par exemple dans la droite ligne de l'histoire quantitative des Annales, ou, de manière assez différente, la réponse à des questions théoriques ou historiques. C'est ce que Franco Moretti nomme l'« opérationalisation » c'est-à-dire la tentative de formalisation et de transcription en données quantifiables d'une affirmation qualitative ou d'une interprétation, par exemple sur l'histoire littéraire. Ainsi, pour mesurer l'émergence supposée du classicisme au XIXe siècle, il suffit de relever la fréquence relative du mot dans la critique littéraire tout au long du siècle (figure 1). Pour comprendre les rapports de force entre personnages dans une pièce de Racine, on peut cartographier le nombre d'échanges de répliques par des vecteurs (figure 2). Dans ces expériences empiriques, l'administration de la preuve devient alors très différente des méthodes herméneutiques et impressionnistes traditionnelles et les biais deviennent ceux de toute expérience scientifique en sciences dures : la sélection d'un corpus *ad hoc*, la circularité des questions et des résultats, l'inadéquation des méthodes de mesure, etc.

En dehors de cette logique vérificationniste, la simple représentation visuelle sous la forme de cartes ou de graphes (de réseaux, d'influences, de déplacements) est une « forme spécifique de savoir » (Moretti) tout à fait nouvelle. Mais les modes de projection et de représentation visuelles imposent leur propre méthodologie et qu'ils ne sont en rien neutres épistémologiquement : il suffit de changer le mode de représentation visuelle d'un graphe ou certains de ses facteurs pour influencer fortement le résultat. Sans compter ici la complexité mathématique à laquelle nous exposent les outils statistiques modernes, tels que ceux utilisés par le *topic modeling* (analyse thématique), les cartes de réseaux ou les modes de classement promis par le *deep learning* (cf. IV.14). Textes compris à distance sans être lus, phénomènes culturels cartographiés sans être identifiés individuellement. Ces nouvelles techniques d'apprentissage et de démonstration doivent être coproduites par des historiens, mais aussi par des statisticiens et des informaticiens. Elles sont séduisantes, visuelles et terriblement efficaces au point de proposer des prédictions pertinentes, mais peu intuitives, voire opaques lorsque l'on doit, par exemple, expliquer des résultats issus d'opérations statistiques probabilistes complexes ou faire comprendre les règles présidant au tracé d'une carte de réseaux. C'est dans ce paradoxe que se situent les résultats offerts par les méthodes d'analyse contemporaines des Big Data.

Référence bibliographique

- F. MORETTI – *Graphes, cartes et arbres. Modèles abstraits pour une autre histoire de la littérature*, Les Prairies ordinaires, 2008.

7. Les données multimédias

Olivier Cappé et Vincent Claveau

Des signaux à leur interprétation

Les données multimédias (qui mélangent textes, images, sons vidéos...) sont omniprésentes dans notre vie numérique, qu'elle soit professionnelle (vidéosurveillance, MOOC, Web...) ou personnelle (TV, réseaux sociaux, vidéos familiales...). Face à ces quantités de données, les besoins et les opportunités sont multiples : l'utilisateur veut pouvoir stocker les données (quelques jours pour des vidéos de surveillance jusqu'à indéfiniment pour des vidéos personnelles), les indexer pour les retrouver facilement, détecter les duplicatas (fraude aux copyrights, détection de plagiat), les résumer ou les enrichir avec d'autres informations, les présenter sous une autre forme (transcription, traduction, description textuelle d'une vidéo)...L'approche dominante pour aborder ce type d'applications consiste à recourir à des techniques d'apprentissage artificiel pour entraîner un modèle à effectuer la tâche attendue à partir d'exemples de données multimédia, de préférence annotées par un expert (au moins partiellement). Chaque modalité (texte, son, vidéo...) a ses propres particularités, mais les données multimédias sont avant tout destinées à la perception humaine. Toutes les applications évoquées ci-dessus nécessitent donc que l'ordinateur soit capable d'en appréhender le contenu, comme le ferait un humain. Ce passage d'un ensemble de valeurs numériques à une représentation du contenu est l'un des axes principaux de la recherche dans le domaine des données multimédia. Enfin, la qualité du résultat attendu dépend essentiellement du contexte. Ainsi, la génération d'une description textuelle d'une vidéo doit être parfaite si elle est à destination de malvoyants, mais peut supporter quelques erreurs si elle sert de base à l'indexation automatique de la vidéo. L'évaluation dans le domaine du multimédia est donc principalement fondée sur le test sur des données réelles et sur des tâches bien identifiées.

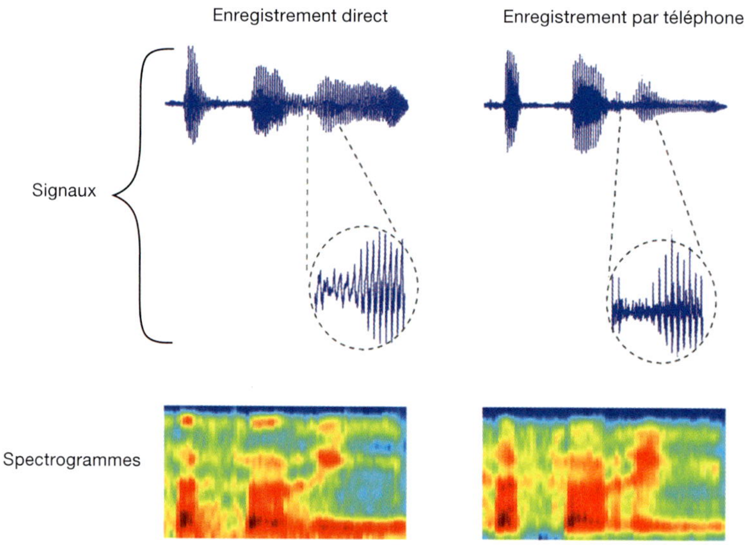

Fig. 1 – **Représentation classique d'un signal audio, dite « spectrogramme », pour un même extrait de parole (le mot « safari ») enregistré dans deux conditions différentes.** Si les formes d'ondes des signaux ne sont pas directement comparables (la zone circulaire correspond à un dixième de seconde de signal), les deux spectrogrammes révèlent clairement des motifs caractéristiques communs. ■

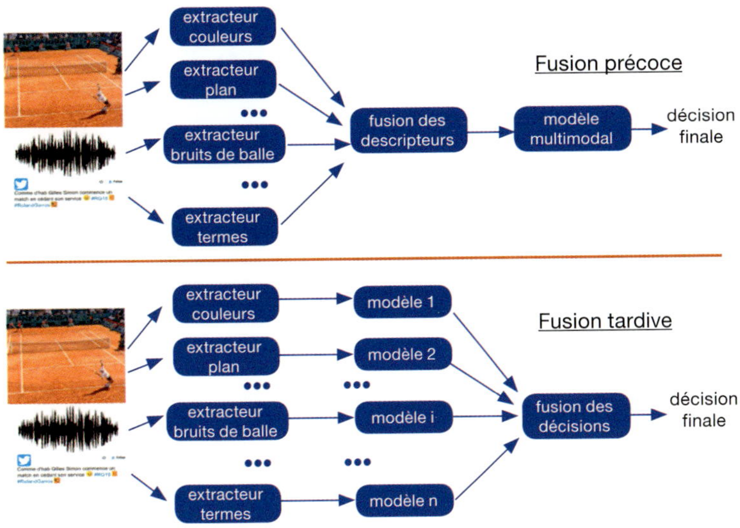

Fig. 2 – **Synchronisation des indices multimodaux d'une vidéo selon deux approches différentes.** La fusion tardive est souvent plus simple à mettre en œuvre que la fusion précoce, mais cette dernière permet de mieux tirer parti de la complémentarité des indices multimodaux. ■

Représentation des données

La caractéristique principale des données brutes correspondant aux signaux multimédias est leur très forte redondance. Les signaux audio (parole, musique) comportent des sections où le signal enregistré apparaît comme périodique (avec un motif qui se répète), les images peuvent contenir de larges zones d'aspect uniforme (aplat de couleur) ou répétitif (texture). Cette redondance est exploitée par les techniques de compression, qui sont particulièrement efficaces pour ce type de données (formats JPEG, MP3*...). De surcroît, la perception humaine est robuste vis-à-vis de distorsions ou de dégradations des signaux (bruit de fond ou écho pour les signaux sonores ; flou, pixellisation, distorsion des couleurs pour les images), qui peuvent être relativement élevées sans pour autant remettre en cause le contenu sémantique des données même si leur qualité est altérée de façon perceptible (cf. III.12).

Les représentations (ou descripteurs*) typiques des données multimédias doivent donc présenter trois caractéristiques principales. Tout d'abord, elles doivent être compactes, pour éliminer au mieux la redondance mentionnée ci-dessus et assurer un stockage et une manipulation efficaces. Elles doivent également être robustes vis-à-vis de distorsions du signal qui altèrent sa qualité perçue sans pour autant changer son contenu informationnel. Enfin, elles doivent permettre de calculer rapidement des indices de similarité entre signaux, pertinents du point de vue de la perception (figure 1).

Modélisation et multimodalité

Les modèles utilisés pour réaliser les différentes tâches mentionnées en introduction à partir des représentations vues précédemment reposent en général sur des concepts statistiques (cf. IV.10) ainsi que sur l'utilisation de procédures d'optimisation (cf. IV.15). Dans des applications complexes, il est nécessaire de combiner les connaissances que l'on sait extraire de chacun des médias composant les données multimédias. Ainsi, dans une vidéo de tennis, les bruits de balle, les applaudissements et la parole sont extraits de la bande-son ; la vidéo peut être segmentée en plans et chaque plan caractérisé (plan large, gros plan...) ; et les images fournissent d'autres informations (incrustations de scores, présence dominante de vert, reconnaissance de visage ou d'objets...). Des informations externes peuvent aussi être collectées, comme les tweets se rapportant au match. La difficulté est alors de synchroniser ces différents indices dits « multimodaux » au sein d'un modèle pour accéder à une compréhension fine de la vidéo. Pour ce faire, plusieurs approches sont possibles (figure 2) : les représentations de chaque média peuvent être combinées en une représentation globale ensuite utilisée en entrée du modèle (fusion précoce), ou un modèle par média peut être appris et leurs décisions ensuite combinées (fusion tardive).

Plus récemment, l'apprentissage profond (cf. IV.14) a permis d'apprendre directement des représentations multimodales sans reposer sur l'expertise humaine pour définir des représentations adaptées à chaque type de signal. Ce type d'approche ouvre de nombreuses perspectives pour le traitement des données multimédia.

Références bibliographiques

- P. GROS – *L'indexation multimédia : description et recherche automatiques*, Traité IC2, Hermès-Lavoisier, 2007.
- Conférences TREC – http://trecvid.nist.gov.
- Conférences CLEF – http://www.clef-initiative.eu/web/clef-initiative/home.
- Ateliers MediaEval – http://www.multimediaeval.org.

8. Les données personnelles

Claire Levallois-Barth

Parmi les nombreuses données traitées dans le cadre du Big Data, les données personnelles* constituent une catégorie particulière. Ainsi, leur collecte, usage et transmission répondent à des règles juridiques spécifiques, l'objectif étant notamment d'assurer le respect de la vie privée des personnes, de protéger leur liberté de déplacement ou d'éviter les discriminations.

Définition

Les données personnelles sont définies par la directive 95/46/CE de l'Union européenne comme une information concernant une personne physique. Il peut s'agir d'une personne « identifiée » – par des éléments qui composent son identité, comme ses noms et prénoms – ou « identifiable », à savoir une personne « *qui peut être identifiée, directement ou indirectement, notamment par référence à un numéro d'identification ou à un ou plusieurs éléments spécifiques, propres à son identité physique, physiologique, psychique, économique, culturelle ou sociale* ». Dans ce contexte, il convient de prendre en compte l'ensemble des moyens mis en œuvre pour permettre l'identification, à la fois les moyens utilisés par l'entité qui traite directement les données et ceux utilisés par toute autre personne. Ainsi, une information qui peut être reliée, même de façon ténue, à un individu sans connaître son identité constitue une donnée personnelle. Il peut s'agir de son numéro de téléphone ou de carte bancaire, de ses goûts, de son adresse mail, de son image captée par un système de vidéosurveillance, de ses données de géolocalisation ou biométriques, de son adresse IP si elle permet de remonter au titulaire du contrat d'abonnement en passant par le fournisseur d'accès à Internet (figure 1).

Cette définition, très large, figure également dans la loi Informatique et Libertés qui transpose la directive 95/46/CE. Cette dernière sera abrogée le 25 mai 2018. À cette date, seul le Règlement Général sur la Protection des Données adopté le 27 avril 2016 s'appliquera. La définition de la donnée personnelle restera la même, étant précisé que les données personnelles qui ont fait l'objet d'une pseudonymisation et qui pourraient être attribuées à une personne physique par le recours à des informations supplémentaires doivent être considérées comme des données personnelles.

Collecte, utilisation et transmission

Toute utilisation de données personnelles doit être conforme aux principes-clés fixés par la directive 95/46/CE. Avant même de collecter une donnée personnelle, il faut d'abord déterminer les finalités du traite-

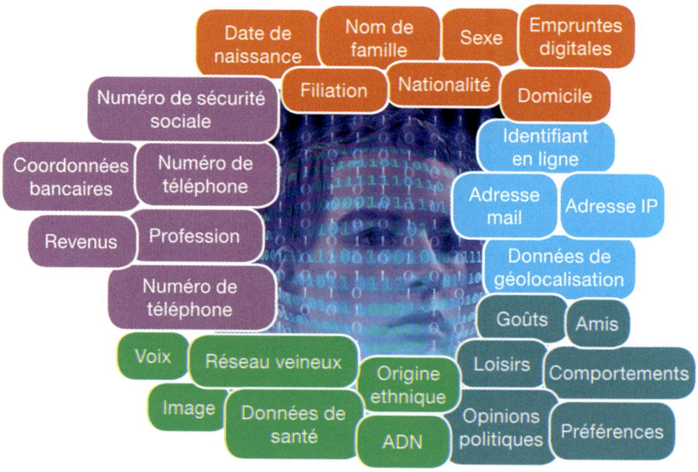

Fig. 1 – Quelques données personnelles. ■

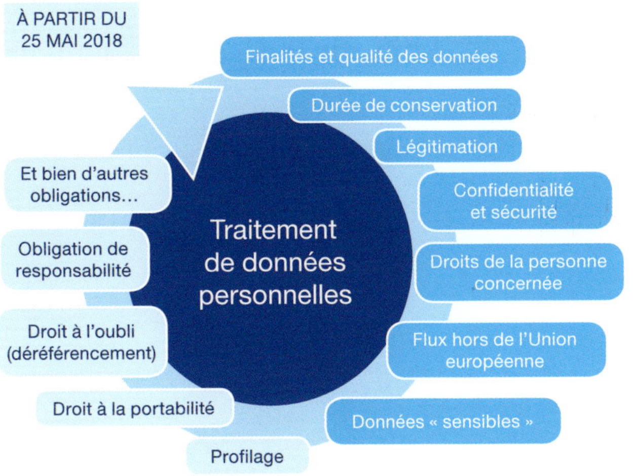

Fig. 2 – Principes clés de protection des données personnelles. ■

ment, qui doivent être explicites et légitimes et s'assurer que seules des données adéquates, pertinentes et non excessives au regard des finalités sont traitées. Ensuite, il convient de fixer une durée de conservation des données qui ne dépasse pas la durée nécessaire aux finalités. Passé ce délai, les informations doivent être supprimées ou anonymisées de façon irréversible. Il faut également pouvoir recueillir le consentement de la personne ou s'assurer que le traitement répond à l'une des conditions de légitimation, par exemple qu'il est nécessaire au respect d'une obligation légale ou à la sauvegarde de l'intérêt vital de la personne. Bien sûr, il faut garantir la confidentialité et la sécurité des données et respecter les droits de la personne concernée en l'informant que ses informations sont collectées. Elle pourra ensuite exercer son droit d'accès aux données et au besoin les faire rectifier ou supprimer. Il s'agit aussi d'offrir à la personne la possibilité de s'opposer au traitement de ses données. Si les données quittent l'Union européenne, il faut s'assurer que le transfert a lieu vers un pays offrant un niveau de protection « adéquat ». Si tel n'est pas le cas (les pays se conformant à ce critère sont peu nombreux), il convient de recourir à des clauses contractuelles ou à des règles contraignantes d'entreprise ou au dispositif spécifique en ce qui concerne les États-Unis (cf. VIII.20). Enfin, il est nécessaire d'identifier les données personnelles « sensibles », c'est-à-dire les informations « *qui révèlent l'origine raciale ou ethnique, les opinions politiques, les convictions religieuses ou philosophiques, l'appartenance syndicale* », les données relatives à la santé et à la vie sexuelle, les identifiants de portée générale, comme le numéro de sécurité sociale et de se conformer à la réglementation.

En pratique, l'application de ces principes clés est loin d'être aisée. Par exemple, le principe de finalité, qui impose d'anticiper les utilisations possibles des informations et le principe d'une collecte minimaliste des données se trouvent en contraction avec la définition même du Big Data. Dès lors, comment le Règlement Général sur la Protection des Données adapte-t-il ces règles ? Il les conserve et en impose de nouvelles (figure 2). Apparaissent notamment un droit à la portabilité des données personnelles et un droit à l'oubli, qui prend la forme d'un droit au déréférencement (cf. VIII.19). Le droit de ne pas faire l'objet d'une décision prise sur le seul fondement d'un traitement automatisé et qui produit des effets juridiques concernant la personne ou qui l'affecte de manière significative est réaffirmé. Le règlement s'applique notamment au profilage, qui vise à analyser ou prédire le comportement, la situation économique ou la localisation d'un individu. La nouvelle obligation de responsabilité signifie, quant à elle, que l'entité qui traite les données personnelles doit être en mesure de démontrer qu'elle respecte la réglementation (par exemple, en appliquant un code de conduite, en recourant à un mécanisme de certification, en réalisant une étude d'impact ou des audits).

Enfin, en cas de non-respect de ces obligations, les amendes administratives pourront atteindre 20 millions d'euros ou, pour une entreprise, 4 % de son chiffre d'affaires annuel mondial. Nous serons donc loin des 150 000 euros d'amende maximale que la Commission Nationale de l'Informatique et Libertés (CNIL) peut aujourd'hui imposer !

Références bibliographiques

- C. LEVALLOIS-BARTH – *Identités numériques*, Chaire Valeurs et Politiques des Informations Personnelles, Cahier de la Chaire n° 1, https ://cvpip.wp.mines-telecom.fr/cahiers, mars 2016.
- Site de la CNIL – www.cnil.fr.
- *Directive n° 95/46/CE du Parlement européen et du Conseil du 24 oct. 1995*, J.O.C.E.L., 23 nov. 1995.
- *Règlement (UE) 2016/679 du Parlement européen et du Conseil du 27 avril 2016 abrogeant la directive 95/46/CE*, http://eur-lex.europa.eu/legal-content/FR/TXT/?uri = CELEX: 32016R0679, 2016.

9. L'univers des métadonnées

Omar Boucelma

« *Par ma foi ! Il y a plus de quarante ans que j'utilise des métadonnées sans que je n'en susse rien...* ». Ainsi aurait pu s'exprimer de nos jours M. Jourdain, s'il avait consulté le catalogue d'une bibliothèque. Il aurait pu aussi, en navigant sur Internet, afficher le code HTML d'une page Web, et y découvrir les données « meta » (figure 1) qu'utilisent les moteurs de recherche pour un référencement optimisé d'un site Web. Ces données (URL*, nom, contenu, format, liens entrants et sortants, etc.), qui décrivent une autre donnée (ici, une page Web), sont appelées « métadonnées ». Autres exemples de métadonnées : celles associées à un livre (titre, auteur, éditeur, copyright, etc.), à une image (type, résolution, etc.), à un morceau de musique (titre, artiste, etc.), ou à une base de données (structure, droits d'accès, etc.). Ces métadonnées sont donc des descripteurs* d'objets, servant à les identifier, les indexer, les classer, les décoder, les utiliser ou plus généralement « à en parler » sans détailler leur contenu.

Les métadonnées sont codées avec des langages standardisés. Elles sont spécifiques à des domaines et favorisent l'interopérabilité* des systèmes qui manipulent les données qu'elles décrivent (figure 2).

```
<!-- This site is optimized with the Yoast SEO plugin v3.4.2 -->
<meta name="description" content="Le bourgeois gentilhomme au Théâtre Michel.
     Mr Jourdain est un riche bourgeois ..."/>
<meta name="twitter:title" content="Le bourgeois gentilhomme au Théâtre Michel"/>
<meta property="article:tag" content="Le bourgeois gentilhomme"/>
```

Fig. 1 – **Exemple de métadonnées.** Source : www.theatre-michel.fr. ■

Les métadonnées pour les ressources bibliographiques

Les bibliothèques ont une pratique ancienne, mais en constante évolution, des métadonnées. Par exemple, les notices bibliographiques peuvent être décrites en FRBR (*Functional Requirements for Bibliographic Records*), un modèle conceptuel indépendant de toute implémentation. La description en FRBR ou « FRBRisation » permet à des bibliothèques, comme la BNF par exemple, de diffuser sur le Web des notices au format RDF*. Par ailleurs, pour exposer sur le Web sémantique (cf. V.5) une plus large catégorie d'objets (journaux, livres, etc.), on peut utiliser l'ontologie* FaBIO, dérivée de FRBR, qui permet de référencer des entités bibliographiques encodées avec une autre ontologie.

Un autre exemple concerne les citations des ressources numériques (un article, une conférence, etc.) par des chercheurs. Ces derniers ont besoin de citer les travaux d'autres chercheurs et de s'assurer que les leurs peuvent être cités. Les citations sont décrites avec le vocabulaire *Datacite Schema* promu par l'ONG DataCite, qui fournit aussi un identifiant d'objet numérique unique (DOI) à chaque ressource.

Enfin, une œuvre (culturelle, scientifique, etc.) peut être sujette à des droits (copyright), et toute personne détentrice de ces droits peut les céder en totalité ou en partie *via* une licence *Creative Commons* (CC). Les métadonnées associées à cette licence sont générées automatiquement en HTML, en vue de leur publication sur le site Web de l'œuvre.

Les métadonnées associées aux ressources multimédias

Pour accommoder la diversité des ressources multimédia (texte, son, image, vidéo) et de leurs supports (télévision numérique, Web), il existe plusieurs normes et métadonnées. Par exemple, le standard MPEG-7

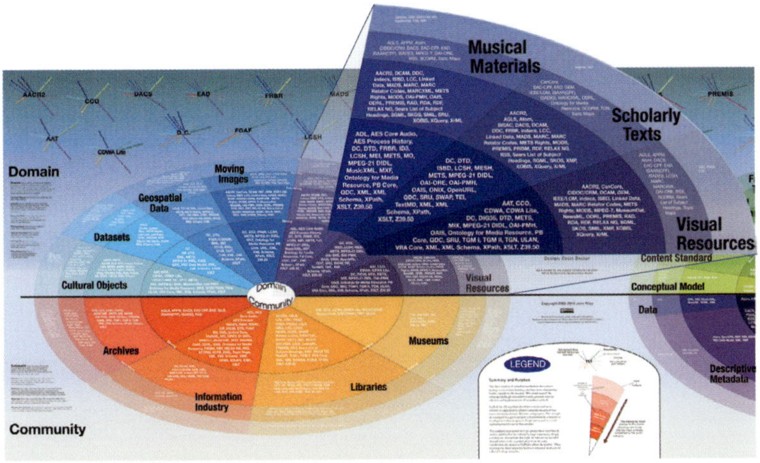

Fig. 2 – **Zoom sur l'« univers des métadonnées », formalisé par Jenn Riley, et chercheuse bibliothécaire numérique,** dans lequel elle répertorie 105 standards du patrimoine culturel. Source Riley and Becker 2009-2010, CC by NC SA 3.0. ■

permet l'indexation et la recherche de documents multimédia à l'aide de descripteurs, comme le titre d'un document, l'histogramme des couleurs, ou le timbre d'un son. Dans le domaine du e-Learning et des MOOC, qui fait un usage intensif de ressources diverses, un cours est décrit en LOM (*Learning Object Metadata*), et les systèmes de e-learning (LMS) sont construits selon les directives du modèle SCORM pour structurer le contenu d'une formation e-learning.

Les métadonnées géographiques

Avec des éditeurs de carte collaboratifs en ligne comme OpenStreetMap ou Wikimapia, la production de données et de métadonnées géographiques n'est plus l'apanage du seul spécialiste. Un utilisateur peut, par exemple, éditer une carte pour baliser de nouveaux chemins de randonnées en récupérant des traces GPS* : on parle alors d'information géographique participative (VGI). Grâce aux métadonnées standard ISO 19115 ou bien celles du FGDC (USA), l'utilisateur peut décrire aussi bien des attributs géographiques (latitude, longitude, etc.) que des attributs de qualité, comme l'exactitude (l'objet est représenté au bon endroit sur une carte) ou la précision (la taille de l'objet est très proche de sa taille réelle). La qualité des données est très importante pour la prise de décision et le principe d'« aptitude à l'emploi » (*fitness* for use*) des données.

Les métadonnées pour la préservation des données numériques

L'archivage et la préservation des données sont cruciaux pour certaines disciplines. Pouvoir lire et traiter des données vieilles de plusieurs décennies est un enjeu important, comme l'illustre l'histoire du « projet valise », rapportée par Guillaume Garvanèse dans le Journal du CNRS : une équipe de chercheurs a « exhumé » des données vieilles de vingt ans, stockées sur des bandes magnétiques rangées dans une valise. Les chercheurs ont pu décrypter ces données, suite à un laborieux travail de récupération et de lecture des bandes. Avec un standard comme PREMIS, qui décrit les formats de données, les supports de stockage, les traces de modification entre deux dates, la technologie du support utilisé, etc., le décryptage aurait été sans doute plus facile. La préservation à long terme des données nécessite des métadonnées riches décrivant le contexte dans lequel les données ont été produites, les technologies de stockage et de lecture utilisées, leur degré de fiabilité en fonction de la durée du stockage, les risques d'altération physiques ou chimiques, et toute information restituant le contexte historique permettant l'interprétation des données.

L'univers des métadonnées ne cesse d'évoluer grâce, notamment, aux avancées du Web sémantique (cf. V.5) et à l'émergence du Web des données ouvertes (*Linked Open Data*). Pour une gestion durable de cet univers, il est nécessaire de concilier les standards de droit (normes ISO) et de fait (communautés d'utilisateurs) en assurant la publication et la maintenance des différents vocabulaires, comme le propose le projet LOV.

Références bibliographiques

- G. CARVANESE – *Préserver les données de la recherche à l'ère du Big Data*, Le Journal du CNRS, 09/09/2016.
- J. RILEY et D. BECKER – *Seeing Standards: A Visualization of the Metadata Universe*, http://jennriley.com/metadatamap, 2009-2010.
- *Understanding Metadata*, NISO Press, www.niso.org/publications/press/UnderstandingMetadata.pdf, 2004.

10. Des métadonnées aux connaissances et ontologies

Marie-Christine Rousset

Votre appareil photo numérique associe à chacune de vos photos la date à laquelle elle a été prise ainsi que les coordonnées GPS* du lieu. Ces informations sont des « métadonnées », très utiles pour classer vos photos, mais aussi pour pouvoir visualiser sur une carte l'itinéraire suivi lors de votre reportage photo. Vous pouvez aussi ajouter vos propres métadonnées pour décrire plus finement le contenu de vos photos en utilisant les termes d'une « ontologie* » pour décrire des « connaissances » utiles sur des lieux ou des personnes. Ainsi, la connaissance que Belledonne est une montagne et que Lac_Achard est un lac situé dans Belledonne permettra de retrouver qu'une photo prise le 14 juillet 2010 et annotée par le terme Lac_Achard correspond à la recherche de photos de lacs de montagne prises en été.

Métadonnées

Les métadonnées sont des descriptions attachées à des données ou à des documents, dans le but de faciliter leur classement et l'accès à leur contenu informationnel. Elles peuvent être utilisées pour nommer, décrire, cataloguer et indiquer la propriété intellectuelle ou le droit d'auteur. Les notices bibliographiques sont des métadonnées associées à des ressources documentaires, qui ont été normalisées et informatisées dès le début des années 1960 par la définition du format MARC*. Des métadonnées sont associées désormais à toute ressource électronique et des standards sont définis pour normaliser des jeux de métadonnées génériques, ou spécifiques à certains domaines. Par exemple, le Dublin Core est un standard international de métadonnées génériques, qui comprend 15 éléments de description (titre, créateur, éditeur, sujet, description, langue...). RDF* (*Resource Description Framework*) est le standard défini par le consortium W3C* de standardisation du Web pour associer des métadonnées à n'importe quelle ressource référencée sur le Web par un URI* (*Uniform Resource Identifier*) en déclarant des propriétés sur ces URIs dans une base de métadonnées constituée de triplets RDF et interrogeable à l'aide du langage de requêtes SPARQL.

À titre d'illustration, http://fr.dbpedia.org/page/Paris et http://fr.dbpedia.org/page/François_Ozon sont deux URIs qui identifient dans DBpedia.fr la ville de Paris et l'acteur cinéaste François Ozon, et (http://fr.dbpedia.org/page/Paris, http://fr.dbpedia.org/ontology/birthPlace, http://fr.dbpedia.org/page/François_Ozon) est un triplet RDF* qui exprime que la ville de Paris est le lieu de naissance de François Ozon en reliant ces deux entités par la propriété « avoir pour lieu de naissance » identifiée elle-même par l'URI http://fr.dbpedia.org/ontology/birthPlace.

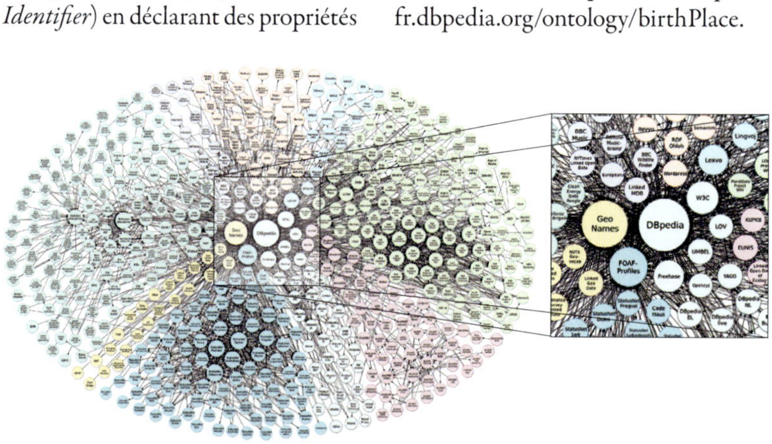

Fig. 1 – **Le Web des données,** centré sur DBpedia qui sert de référentiel pour des sources de données bibliographiques (en vert), mais aussi des bases de données du domaine biomédical (en rose). ■

Contrairement aux vocabulaires de métadonnées comme Dublin Core, restreints à un ensemble fermé de termes prédéfinis, RDF permet de combiner dans une même base différents vocabulaires de métadonnées (provenant d'espaces de noms différents) et de définir ses propres métadonnées qui peuvent être à leur tour réutilisées par d'autres. Cette flexibilité et cette expressivité ont permis le déploiement rapide du Web des données (*Linked Data*). Le Web des données (figure 1) regroupe actuellement plusieurs centaines de milliards de triplets RDFs répartis dans plusieurs milliers de bases de données RDF, comme DBpedia.fr, accessibles et interrogeables par des points d'entrée SPARQL sur le Web. Le traitement automatique de métadonnées à l'aide de connaissances formalisées dans des ontologies est la clé de voûte du Web sémantique (cf. V.5).

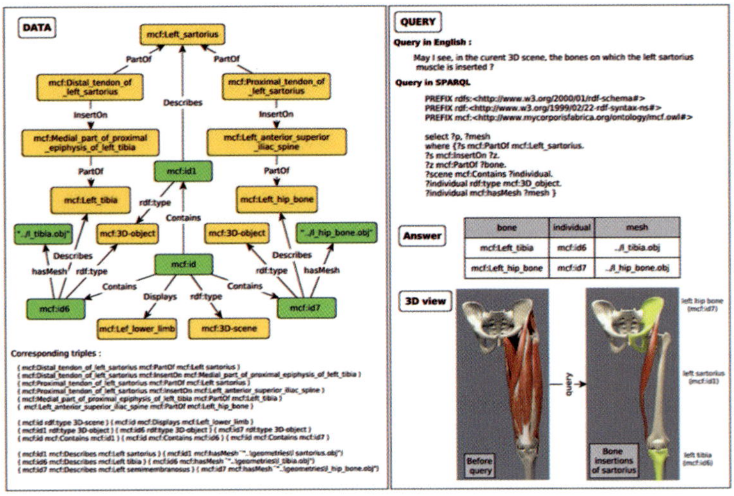

Fig. 2 – Extrait de l'ontologie* My Corporis Fabrica, qui intègre différents types de connaissances liées à l'anatomie pour une visualisation 3D à la demande. ■

Ontologies

La représentation de connaissances est une branche de l'Intelligence Artificielle qui vise la formalisation de connaissances à l'aide de la logique, de façon à pouvoir automatiser divers traitements par inférence. Il existe des limites intrinsèques au raisonnement automatique sur des connaissances. Ainsi, en informatique, un résultat fondamental exprime que, sans restriction sur les formules logiques autorisées pour exprimer des connaissances, un algorithme* ne peut décider de façon certaine et en un temps fini si une formule logique quelconque est conséquence logique d'une autre formule. De nombreux formalismes de représentation de connaissances, comme les logiques de description, ont été proposés qui garantissent la décidabilité du problème de raisonnement associé, tout en fournissant des bornes de complexité pour son automatisation par des algorithmes d'inférence. Les logiques de description ont fourni le cadre formel de la définition du langage OWL (*Ontology Web Language*) devenu le standard du W3C pour représenter les ontologies du Web sémantique.

Les ontologies sont des connaissances formalisées, partagées par une communauté, sur les classes/concepts et les propriétés/relations d'un domaine d'application. Certaines ontologies « légères » peuvent être exprimées en RDF. Par exemple, la connaissance que la classe des acteurs est une sous-classe de la classe des artistes peut être déclarée par le triplet RDF suivant : (http://dbpedia.org/ontology/Actor rdfs : subClassOf http://dbpedia.org/ontology/Artist). Ce triplet doit être interprété comme une règle générale permettant d'inférer pour tout x que si x est un acteur alors x est un artiste. Interroger des données décrites par des ontologies devient un problème de raisonnement et des algorithmes d'inférence sont nécessaires pour pouvoir inférer l'ensemble des réponses à une requête, même simple. Ainsi, en l'absence d'algorithme d'inférence permettant d'activer la règle ci-dessus, François Ozon, déclaré comme instance de la classe « Actor », ne sera pas trouvé comme réponse à la requête mot-clé « Artist ».

De nombreux domaines se dotent progressivement d'ontologies métiers pouvant être interconnectées. La figure 2 illustre le liage entre une ontologie sur l'anatomie et une ontologie sur les objets graphiques. L'exemple introductif montre l'intérêt des ontologies pour améliorer la recherche par le contenu dans des bases de données multimédia (cf. II.7).

Références bibliographiques

• S. ABITEBOUL, I. MANOLESCU, P. RIGAUX, M.-C. ROUSSET et P. SENELLART – *Web Data Management*, Cambridge University Press, 2011.

• F. GANDON, C. FARON-ZUCKER et O. CORBY – *Le Web sémantique. Comment lier les données et les schémas sur le Web ?*, Dunod, 2012.

• O. PALOMBI, F. ULLIANA, V. FAVIER, J.-C. LÉON et M.-C. ROUSSET – *My Corporis Fabrica: an Ontology-Based Tool for Reasoning and Querying on Complex Anatomical Models*, Journal of Biomedical Semantics, 2014.

11. La qualité des données : champs de recherche et enjeux

Laure Berti-Equille

Les problèmes de qualité des données sont omniprésents, quels que soient le type et la structure des données, ou encore la technologie ou la plateforme utilisées pour gérer et partager les données. Ils affectent tous les domaines d'application, tant gouvernementaux que commerciaux, industriels ou scientifiques, et ils ont des répercussions financières et humaines considérables, car ils biaisent les prises de décision. Avec la multiplication des sources d'informations et l'accroissement des volumes de données maintenant accessibles, la qualité des données et, plus largement, la qualité des informations ont pris une place de premier plan, non seulement au sein des entreprises mais de plus en plus dans le domaine de la recherche.

Champs de recherche

Le champ de recherche dédié à la qualité des données se définit à la convergence de plusieurs disciplines que sont les statistiques, les bases de données, l'ingénierie des connaissances et la gestion des processus métiers. Chaque discipline contribue à la définition des dimensions qui caractérisent la qualité des données, à la conception de modèles articulant ces dimensions, au développement de techniques et d'outils pour quantifier ou corriger les anomalies et enfin à des méthodologies permettant d'orchestrer le tout, selon des approches tantôt préventives, diagnostiques, correctives ou encore adaptatives.

S'intéresser à la qualité des données signifie tout d'abord détecter en continu les erreurs, les incohérences, les valeurs manquantes, les données incomplètes, incertaines, obsolètes, aberrantes, les doublons ou les informations fausses. À l'origine, les premiers codes correcteurs d'erreurs ont été introduits pour corriger les erreurs de transmission ou de lecture de données numériques, ou les erreurs survenant au cours de leur inscription sur un support physique (bande, CD) ou encore lorsque les données subissent une altération sur le support de stockage. Mais les erreurs de types très divers peuvent être intriquées, rendant leur détection d'autant plus complexe et nécessitant de multiples itérations et bien souvent, l'intervention d'experts des données ou du domaine. Il s'agit ensuite de corriger les problèmes, d'unifier les données, de les consolider, de les enrichir, tout en comprenant et rectifiant les sources d'erreurs, en sélectionnant et explicitant les traitements adaptés, et enfin, en communiquant et en expliquant de façon appropriée l'ensemble de la démarche aux utilisateurs des données et aux décideurs. Ceci constitue un cycle alliant technologies en science des données et ingénierie des connaissances (figure).

Dans le domaine des bases de données structurées*, gérer la qualité des données consiste à vérifier et à assurer la cohérence des données, principalement au moyen de contraintes et de dépendances fonctionnelles pour détecter les cas de violations et ensuite « réparer » la base en la ramenant à un état cohérent satisfaisant les contraintes par un nombre minimal de mises à jour. D'autres travaux de recherche se sont

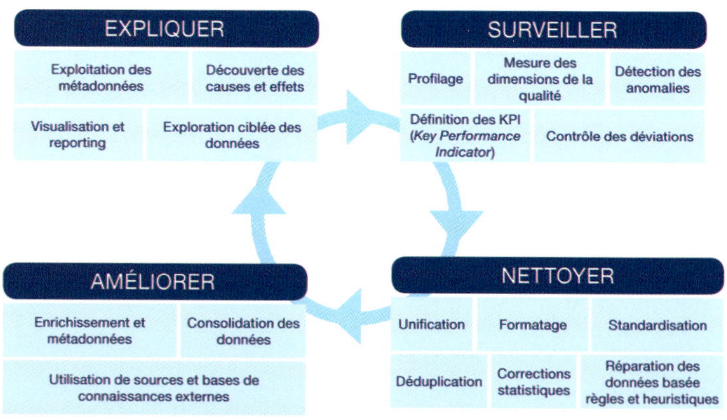

Gérer la qualité des données : un cycle vertueux. ■

focalisés sur les données imparfaites afin de quantifier l'incomplétude et l'incertitude des données et d'en retracer le lignage (ou la provenance), notamment en étendant l'algèbre relationnelle (cf. III.5). Des modèles probabilistes ont également été proposés pour modéliser l'incertain dans les bases de données et permettre la résolution de conflits de données lorsque plusieurs valeurs contradictoires coexistent et qu'il est nécessaire de les fusionner. L'extension des langages de requêtes pour le nettoyage des données a également suscité bon nombre de travaux de recherche et développement dans le but de proposer des outils pour corriger, transformer, unifier et formater les données, intégrant notamment des techniques d'appariement d'enregistrements et de déduplication (pour la fusion des doublons).

Enjeux

Depuis plus d'une cinquantaine d'années, un large éventail de méthodes d'analyses statistiques a été proposé pour tester diverses hypothèses sur les jeux de données, notamment en les comparant à des modèles de distribution de référence. De nombreux travaux ont été proposés pour identifier et caractériser les valeurs aberrantes (ou anormales) et traiter les valeurs manquantes, pour au final, soit les rejeter systématiquement, soit les remplacer par des techniques d'imputation (substitution de valeurs manquantes par des valeurs dérivées de l'analyse des autres informations), ou bien adopter des méthodes dites « robustes » qui minimisent leur impact sur les résultats d'analyse. Plus récemment, des méthodes d'apprentissage automatique ont été appliquées pour que la détection des anomalies soit initialement guidée par l'expert et « apprise » par le système sous forme d'entraînement et que la détection et la correction soient ensuite propagées au reste des données. D'autres approches comparables exploitent, quant à elles, la connaissance d'une foule en mesure d'identifier ou de corriger certains problèmes (cf. V.14), comme ceux liés à la véracité des données. Cependant, les nombreuses solutions théoriques existantes restent souvent à valider en pratique pour que l'évaluation et la maîtrise de la qualité des données ne soient plus *ad hoc* et passent à l'échelle, notamment du Web.

Aujourd'hui, plusieurs verrous scientifiques sont identifiés. Tout d'abord, l'hétérogénéité et la diversité des données multisources, tant il est difficile d'évaluer la qualité des données qui sont produites, agrégées, relayées par différentes sources d'informations, puis intégrées alors qu'elles possèdent déjà différents niveaux d'abstraction. Un même jeu de données peut potentiellement intégrer plusieurs « strates de données » ayant chacune subie plusieurs types de prétraitements statistiques, ce qui nécessite une très grande précaution dans l'analyse. Le deuxième verrou concerne la richesse et la complexité des données telles que les séries spatio-temporelles, les données extraites du Web et les données multimédias (combinant texte, audio, vidéo, image) pour lesquelles on ne dispose pas (ou très peu) de métriques définissant la qualité transverse entre plusieurs modalités de données (par exemple, comment évaluer la véracité d'une image Instagram annotée ?). Par ailleurs, les très gros volumes des données rendent de nombreuses méthodes de détection et de nettoyage inapplicables et laissent comme seule option l'utilisation d'échantillons pour approximer le nombre de données erronées ou les corriger de façon ponctuelle et locale. Enfin, la dynamique des données et de leur qualité est le dernier verrou. En effet, les données capturent une portion du monde réel en constante évolution. Or, dans le même temps, la qualité des données peut devenir obsolète. Le processus d'évaluation et de contrôle de la qualité doit être constamment reconduit en fonction de la dynamique du monde réel modélisé ainsi que des changements des centres d'intérêt ou de l'attention particulière portée à certaines données. Ce phénomène est exacerbé dans le cadre des données partagées sur les réseaux sociaux et dont la qualité et la crédibilité sont très dynamiques et difficilement mesurables.

Pour conclure, la multiplicité et la complexité des problèmes de qualité et de véracité des données offrent plus que jamais d'intéressantes perspectives de recherche sur le long terme pour toutes les communautés contribuant aux Sciences des Données pures et appliquées. Pour les entreprises et les industriels, détenteurs et garants de grandes masses de données, la qualité des données demeure un problème au cœur de toutes les préoccupations. Les conséquences de la non qualité des données (ou de leur qualité médiocre) sur les prises de décision et les coûts financiers qu'elle engendre sont considérables. À titre d'exemples, elles sont de l'ordre de centaines de milliards de dollars par an pour l'économie américaine et les indicateurs des agences de cotation, s'ils sont erronés, affectent les marchés financiers et l'économie d'une nation. Il est évident qu'il faut apporter des solutions autant valides sur le plan théorique qu'opérationnelles. Le transfert technologique tissé par d'étroites collaborations entre le monde académique et le monde industriel est donc indispensable pour la recherche dans le domaine de la qualité des données.

Référence bibliographique

- L. BERTI-EQUILLE (éd.) – *La qualité et la gouvernance des données au service de la performance des entreprises*, Hermès-Lavoisier, 2012.

13. L'acquisition des données : du continu au discret

Laurent Daudet

Les Big Data peuvent être de différentes natures : soit directement issues de l'observation, avec tous types de capteurs (d'image, de sons, de paramètres physiques... cf. II.12), soit issues de calculs numériques (images de synthèse par exemple), soit un mélange des deux (comme en météorologie, où les données mesurées par satellite permettent d'initialiser des codes de calcul issus de modèles physiques, cf. I.6). Mais quelle que soit leur nature, il faut avant tout les mettre sous forme compréhensible par les ordinateurs : c'est l'étape de la numérisation.

Les données binaires

Les ordinateurs ne peuvent traiter que des données binaires, suites de 0 ou de 1. Or, nous leur demandons de stocker, d'analyser et de modifier des données, dont la nature profonde est bien différente de données binaires, comme des données génétiques, des paramètres physiques, mais aussi des images, de la parole, de la musique, ou des films. Comment s'effectue le passage à ce monde tout numérique, entièrement quantifié et « binarisé » ? Tout dépend de la nature de ces données. En ce qui concerne le texte ou le code génétique, ils sont représentés par des séquences de symboles : les lettres et autres caractères alphanumériques, ou les 4 bases C-G-A-T de l'ADN*. Dans ce cas, parce que le nombre de symboles est fini, il est assez simple d'établir une correspondance entre chaque caractère et un nombre entier, par exemple a = 1, b = 2... lui-même pouvant se représenter par un code binaire. Pour le texte, le code ASCII* est un bon exemple : 8 bits (un octet*) permettent de représenter 28 = 256 caractères, soit l'ensemble des caractères alphanumériques d'un texte standard. Pour un fragment d'ADN, il est également facile de concevoir un code binaire, par exemple C = 00, G = 01, A = 10, T = 11, ce qui permet de représenter n'importe quelle séquence génétique en binaire.

Pour beaucoup d'autres données, comme les images ou les sons, le problème est plus difficile, parce qu'elles ne sont pas constituées de suites de symboles. Prenons l'exemple des sons, parole ou musique. Un son est une variation temporelle de la pression acoustique. Un microphone qui capte cette variation de pression p (t) dépendante du temps t, la transforme en variation de tension électrique V (t) proportionnelle à p (t). Un convertisseur analogique-numérique va alors transformer ce signal analogique en un tableau de nombres pouvant se représenter sous forme binaire. Ce convertisseur effectue deux opérations successives : l'échantillonnage, puis la quantification.

L'échantillonnage

L'échantillonnage prend la fonction V (t) qui existe à tous les temps et la transforme en une suite de valeurs instantanées : des instants t1, t2, t3... régulièrement répartis sont choisis, tels que la connaissance de la valeur instantanée V à ces instants, V (t1), V (t2), V (t3)... (les « échantillons ») nous

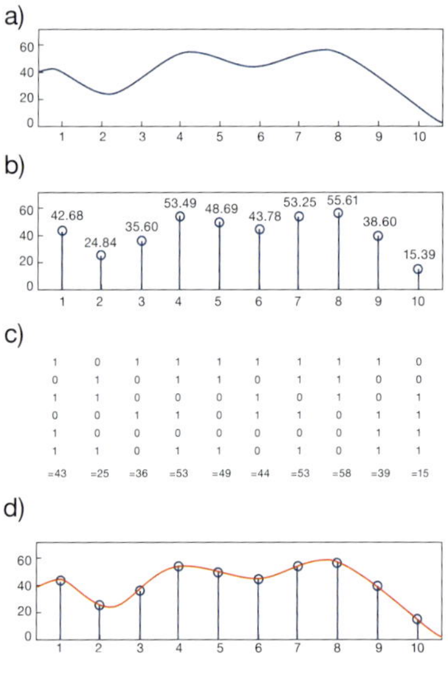

Fig. 1 – **Principe de la numérisation d'un signal.** a) Signal original. b) Étape d'échantillonnage. c) Étape de quantification : les échantillons sont arrondis et représentés sous forme binaire. d) Reconstruction : à partir des échantillons arrondis, on peut reconstruire une version approchée de la courbe de départ. ■

renseigne suffisamment sur V. Comme pour un sondage, où un échantillon* de la population est supposé donner une image fidèle de la population totale, on espère ici que les échantillons sont suffisamment nombreux pour conserver toute l'information contenue dans le signal, mais pas plus nombreux qu'il n'est nécessaire, pour ne pas avoir à traiter de trop grosses tailles de données (cf. III.12). La théorie de l'échantillonnage, formalisée en particulier par Claude Shannon pendant la Seconde Guerre mondiale, pose les bases de la théorie moderne des communications. D'après son théorème, il ne peut pas y avoir de perte d'information par échantillonnage si les échantillons sont choisis à une fréquence d'échantillonnage* (Fe) au moins égale à 2 fois la fréquence maximale contenue dans le signal. Pour une musique stockée sur un CD, où la fréquence d'échantillonnage doit être au moins le double de 20 kHz (fréquence audible la plus aigüe), le standard CD utilise Fe = 44,1 kHz. Cette opération est réversible et si le signal n'avait au départ que des fréquences inférieures à Fe/2, il est possible, à partir de l'ensemble des échantillons V (t1), V (t2), V (t3)... de reconstruire exactement le signal V (t) à toute valeur du temps, en d'autres termes d'interpoler entre les échantillons.

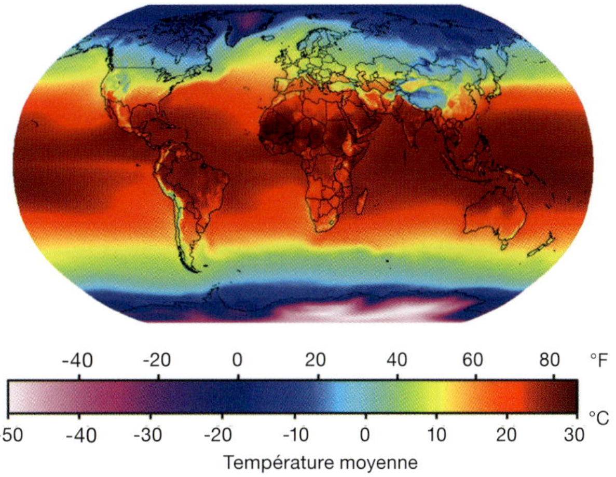

Fig. 2 – Exemple de données hybrides. Carte globale de températures moyennes : mélange de données observées et de données interpolées par calcul numérique. Global Warming Art, Creative Commons BY-SA 3.0. ■

La quantification

Mais nous n'avons parcouru qu'une moitié de chemin. Les échantillons V (t1), V (t2), V (t3)... peuvent prendre n'importe quelle valeur réelle et il faut les remplacer par des valeurs approximées, elles-mêmes représentées par un code binaire, c'est-à-dire une séquence de bits de longueur fixe (par exemple 16 ou 32 bits). Cette opération se fait à l'aide d'un « quantificateur », c'est-à-dire un opérateur qui à toute valeur V (ti) lui fait correspondre son code binaire. Cette opération d'arrondi ne conserve pas toute l'information contenue dans le signal : le quantificateur n'est pas réversible. Si les contraintes matérielles le permettent, il est toutefois possible de choisir une quantification sur un nombre de bits tel que l'erreur d'arrondi soit négligeable. Plus le nombre de bits est élevé, plus les signaux seront représentés sur une grande dynamique (rapport entre le signal le plus faible et le plus fort), mais plus les données seront volumineuses.

Reprenons l'exemple du CD : la dynamique de l'audition humaine est d'environ 100 dB, entre le son à 0 dB tout juste perceptible, et les sons au-delà de 100 dB proches du seuil de la douleur. 1 bit de quantification augmente la dynamique d'environ 6 dB : la quantification du CD sur 16 bits permet donc une dynamique théorique de 96 dB, largement suffisante pour tout type de musique. Quelle quantité de données faut-il donc pour représenter numériquement une seconde de son stéréo ? Chacun des 44 100 échantillons, par canal, est représenté sur 16 bits : le total est donc de 1,4 million de bits... soit à peu près 180 ko, soit encore ce qu'il faut pour stocker le texte de 60 pages d'un livre sous forme ASCII. L'industrie a donc dû développer des standards de compression pour réduire les flux de données : MP3* pour la musique, JPEG pour les images, MP4* pour les films... et une myriade d'autres standards adaptés à chaque type de données.

Face à l'augmentation vertigineuse de la quantité de données issues de capteurs de toutes sortes, la recherche actuelle s'intéresse en particulier aux chaînes de traitement de données, qui intègrent dès l'étape d'acquisition à la fois des modèles de données, mais aussi des informations sur le type de traitement à effectuer sur ces données (cf. III.7). Ces techniques d'« échantillonnage compressé » faisant appel à l'aléatoire permettent de gagner en efficacité, en acquérant moins d'échantillons, plus informatifs.

Références bibliographiques

- G. ASCH *et al.* – *Acquisition de données. Du capteur à l'ordinateur*, Dunod, 2011.
- F. COTTET – *Traitement des signaux et acquisition de données*, Dunod, 2015.

14. Autonomie et énergie des capteurs communicants

Gilles Grimaud et Nathalie Rolland

À la fin des années 1990, l'équipe du professeur Kristofer Pister décrivait l'idée originale d'un déploiement de nombreuses puces électroniques censées opérer individuellement de manière autonome, dans un environnement donné et communiquant entre elles *via* des liaisons sans fil. Ces puces avaient pour fonction principale de relayer l'ensemble des informations mesurées jusqu'à un terminal de centralisation des données. Dès lors, est née l'idée de « poussière intelligente » (Smart Dust). En 2020, 50 milliards d'objets devraient être connectés dans le monde. Tous ces capteurs fournissent des données qui enrichissent les bases des centres de calcul, gros consommateurs d'énergie. En partant de l'hypothèse que chaque objet a besoin d'une source d'énergie de 15 kJ (soit 1 pile 2A), 50 milliards d'objets connectés consomment $0{,}75\ 10^{15}$ Joules. De plus, les infrastructures des centres de calcul sont énergivores. Ainsi, en France, les infrastructures du *cloud** ont consommé 1 500 térawatts par heure en 2013. L'optimisation énergétique est donc devenue un défi important tout au long de la chaîne de traitements, des capteurs jusqu'aux centres de calcul.

Fonctionnement d'un capteur communicant

Un capteur communicant est constitué de 4 parties (figure 1) : un module radio permettant la transmission des données ; un module capteur constitué des différents dispositifs nécessaires à la perception et au contrôle de l'environnement ; un module « intelligence » constitué d'un microprocesseur, d'une mémoire, de convertisseurs... ; et un module microsource d'énergie. Le fonctionnement du capteur se déroule en trois phases : d'abord une phase de mesure, de traitement des données et de gestion optimale de l'énergie ; puis une phase de transmission de données ; et enfin, une phase de mise en veille. Tous ces paramètres doivent être optimisés en fonction de l'application pour permettre un transfert de données dans les meilleures conditions et pour garantir à chaque instant que la microsource d'énergie puisse assurer l'autonomie énergétique du nœud de capteur. La transmission de données est la phase qui nécessite le plus d'énergie (figure 2). Des études ont démontré que le coût de transmission des données dépendait fortement de la taille des paquets* et du mode d'utilisation des réseaux, notamment en 3G. La mise en veille du capteur permet d'obtenir une phase durant laquelle sa consommation d'énergie minimale peut être voisine de zéro. Toutefois cette mise en veille pose un problème dans la mise en réseau des capteurs communicants, puisqu'il faudra déterminer le protocole adéquat pour réveiller le capteur et pour assurer la connectivité du réseau.

En général, les capteurs ne disposent pas d'une source d'énergie pérenne, mais plutôt de différents moyens de stockage temporaire

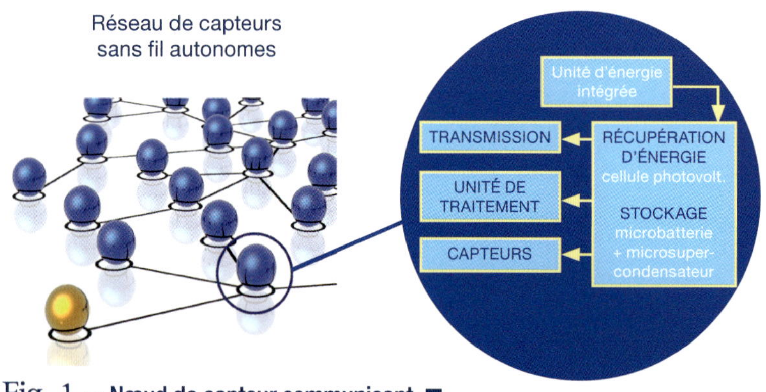

Fig. 1 – **Nœud de capteur communicant.** ■

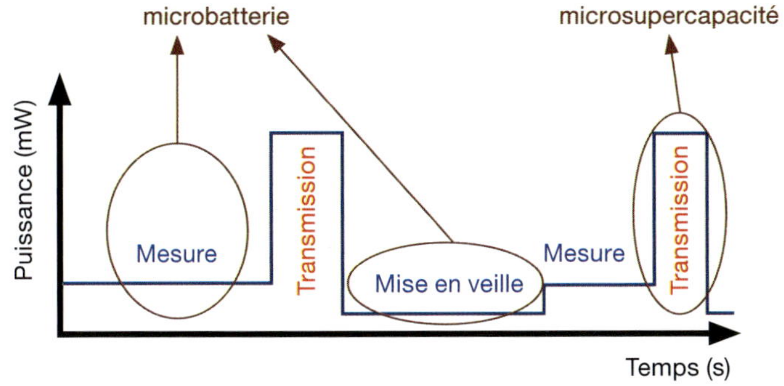

Fig. 2 – **Cycle de fonctionnement d'un nœud de capteur.** ■

d'énergie, souvent rechargeables. Il est en effet difficilement envisageable de remplacer manuellement les piles des capteurs communicants dans le cas d'un déploiement à grand échelle et impossible dans le cas de non-accessibilité des capteurs, comme la surveillance structurale de grands édifices ou les capteurs sont noyés dans le béton. Une microsource d'énergie rechargeable est composée d'un élément de récupération d'énergie (photovoltaïque, thermoélectrique, vibrations...), d'une unité de gestion et d'une unité de stockage, qui doit répondre à deux types de sollicitations : l'alimentation à long terme et la réponse aux pics de courant. Le premier type de sollicitation est majoritairement assuré par l'utilisation de piles ou microbatteries qui répondent partiellement aux besoins en termes de densité d'énergie. Cependant, leur durée de vie est limitée entre 1 000 et 10 000 cycles de charge/décharge. Le second type de sollicitation est assuré par les microsupercondensateurs, qui possèdent une durée de vie 100 fois supérieure à celle des microbatteries et permettent de répondre aux besoins d'énergie pour des temps de charge ou de décharge compris entre 1seconde à 6 minutes. Pour répondre aux temps de décharge inférieurs à 1 s, les condensateurs* électrostatiques ou électrolytiques classiques sont les composants les plus adéquats. Pour les temps de décharge supérieurs à 6 min les microbatteries sont plus adaptées. Les contraintes de tailles des objets communicants ont orienté les travaux de recherche sur des dispositifs en topologie 3D, qui permettent d'augmenter le volume des électrodes du dispositif sans modifier sa surface.

Intelligence embarquée

La gestion de l'énergie et, donc, de la durée de vie consiste essentiellement à intégrer une contrainte au déroulement des opérations de collecte des données, de traitement préliminaires et de transmission des données utiles vers le centre de calcul. L'enchaînement de ces opérations est assuré par des logiciels *ad hoc* embarqués dans un microcontrôleur, qui présentent deux problématiques.

Tout d'abord, les concepteurs de logiciels embarqués réutilisent fréquemment les mêmes logiciels, en les adaptant à des matériels différents et le logiciel qui pilote le matériel n'est pas conçu avec la connaissance précise du matériel sur lequel il va opérer. Le concepteur du logiciel n'est donc pas en mesure d'établir la consommation énergétique précise du service qu'il délivre. Il peut également avoir établi cette consommation énergétique pour un environnement initial, et son logiciel s'avérer incapable de fonctionner sur un matériel au fonctionnement identique, mais avec une emprunte énergétique différente. Pour rendre prédictible le coût énergétique d'un logiciel embarqué sur un matériel spécifique, des analyses permettent de déterminer statistiquement et automatiquement les différents niveaux de consommation énergétique d'un matériel en étudiant les traces de consommation observées au cours du temps. Ces modèles assistent l'informaticien dans le développement ou le portage d'un logiciel embarqué sur un nouveau matériel et dans l'optimisation de son logiciel, en y rapportant, par exemple, les pics de consommation observés sur des traces, afin qu'il soit en mesure de modifier son programme pour le réduire.

Par ailleurs, les concepteurs doivent composer avec la très grande variabilité de la consommation engendrée par des matériels semblables. Des études ont montré qu'entre deux circuits fonctionnellement identiques et issus des mêmes usines, des écarts de consommation énergétique de l'ordre de 20 % apparaissent, ce qui donne une borne supérieure aux capacités prédictives des modèles de consommation d'énergie. La gestion de l'énergie dissipée par les capteurs au moment de leur conception n'est qu'une première étape, et une gestion « au fil de l'eau » de cette consommation est nécessaire pour obtenir un résultat tout à fait optimal. Cela implique que le logiciel embarqué dans le capteur soit en mesure de scruter sa propre consommation énergétique. Sur cette base, de nouveaux algorithmes embarqués sont développés, avec pour mission de scruter les coûts énergétiques effectifs et de modifier le comportement du capteur, afin de tirer le meilleur parti de l'énergie restant disponible.

Référence bibliographique

• P. HUANG *et al.* – *On-Chip and Free-Standing Elactic Carbon Films for Micro-Supercapacitors*, Science 351, 2016.

15. Les réseaux de capteurs

Nathalie Mitton et Laurent Clavier

La collecte des données est une composante essentielle de nombreux domaines d'activité. Ces données peuvent être de natures diverses (voix, vidéos, textes...) et, pour certaines, fournies par des capteurs disposés dans l'environnement (température, humidité, luminosité...) (cf. II.12). Ces capteurs communiquent *via* des liaisons sans fil, afin de transmettre les données à un serveur pour les analyser et les utiliser. Ce sont de petites entités matérielles contraintes en termes d'énergie, de mémoire et de capacité de calcul (figure 1) qui font partie intégrante de l'Internet des Objets* (IdO).

Pour quels usages ?

De tels réseaux peuvent être déployés pour des applications très diverses et dans toutes les disciplines. S'ils existent déjà dans certains domiciles (domotique*), de nouvelles applications apparaissent très régulièrement. Les contextes de l'environnement, de la personne, de la ville intelligente (cf. VIII.9), de l'industrie 4.0 (cf. VIII.12) ou des transports, en particulier pour la voiture autonome, ouvrent d'énormes champs de développement. Les capteurs peuvent, par exemple, être utilisés pour surveiller les feux de forêt ou pour guider des secouristes en cas de sinistres : ils peuvent indiquer des sources de chaleur permettant de localiser le foyer d'un incendie ou la présence d'humains sous des décombres. Ils sont également utilisés pour l'étude des habitudes et la protection des animaux (figure 2), comme dans le projet PREDNET (cf. VI.19). Les relevés automatiques de compteurs (cf. IV.3), la disponibilité des places de parking... permettent d'aider les industriels ou les usagers. Ils peuvent également faciliter la tâche des médecins pour suivre et comprendre les transmissions de maladies (projet MOSAR).

Cette multiplication des usages, et donc des objets connectés, change drastiquement le paysage des réseaux de télécommunication. Jusqu'à présent, les efforts portaient sur la capacité : plus de débit pour plus de confort d'usage. Mais les capteurs requièrent surtout une faible consommation et une faible complexité embarquée.

La contrainte énergétique

Les capteurs installés ne seront pas remplacés régulièrement et certains déploiements devront rester fonctionnels plusieurs dizaines d'années sans qu'il ne soit envisageable de remplacer les batteries. En conséquence, les contraintes énergétiques sont majeures. Initialement déployées dans des bandes de fréquence libres d'usage, plusieurs stratégies ont été envisagées. Dans un premier temps, l'idée était de réduire les distances de transmission et donc la puissance d'émission, la radio étant considérée comme le consommateur majeur. En contrepartie, une couverture globale ne pouvait être réalisée qu'en permettant aux paquets de transiter d'objet à objet jusqu'à leur destination finale. C'est,

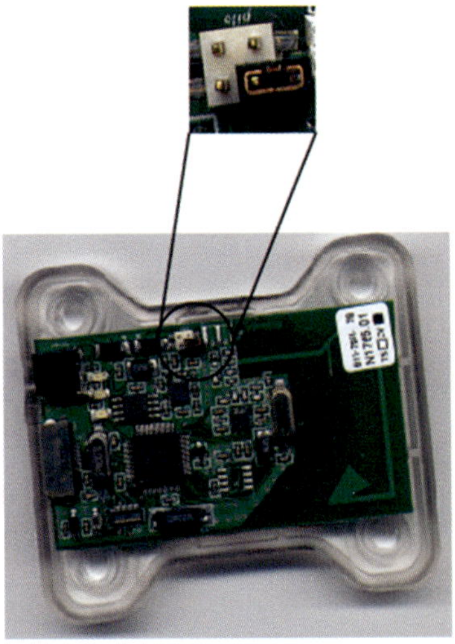

Fig. 1 – Exemple d'un capteur communicant captant son, lumière et température (WSN430). ■

Fig. 2 – Expérimentation de suivi des rhinocéros en Afrique du Sud. ■

par exemple, la philosophie du protocole Zigbee* basé sur la norme IEEE 802.15.4*. À l'usage, cette approche par « sauts multiples » s'avère complexe à mettre en œuvre, en particulier pour la gestion de l'accès à la ressource radio et pour le routage. D'autres acteurs proposent également des solutions : Bluetooth Low Energy pour de très courtes distances ; Low Power WiFi permet d'étendre la couverture d'un point d'accès Wifi et de gérer un grand nombre d'objets ; et, plus récemment, les technologies basse consommation grande couverture, comme LoRa et SigFox. Elles permettent des communications très bas débit sur plusieurs kilomètres : une couverture est alors assurée avec peu de points d'accès, ce qui simplifie la gestion de la radio et apporte une solution au routage complexe des approches multi-sauts. Si les solutions, souvent propriétaires, sont nombreuses, elles souffrent de fonctionner sur les bandes sans licence. L'interférence qui résulte de la multiplication des objets (et également de la présence du Wifi) ne permet pas de garantir un taux de transmissions réussies très proche de 1 ou un délai de réponse extrêmement court. C'est pourquoi les opérateurs s'intéressent aussi à la question et les solutions 4G ou 5G, réservant une bande spécifique à ce type d'application, permettront peut-être de répondre à l'ensemble des défis.

Les enjeux

Les problématiques autour de ces réseaux restent encore nombreuses. Chaque application a ses propres contraintes, mais des objets agiles permettraient de sortir des applications de niche et d'envisager un réel changement d'échelle. La fiabilité, la latence, la gestion de l'interférence, la couverture globale, l'adaptabilité à l'environnement et la mobilité sont autant de défis à relever dans des objets contraints en coût et en énergie. Côté matériel, les recherches visent à miniaturiser les composants, à les rendre plus performants, à produire des batteries plus efficaces, tout en réduisant l'impact sur l'environnement (biodégradabilité). Côté logiciel, les recherches se concentrent sur la conception d'algorithmes* qui permettent aux capteurs de détecter les nœuds avec qui ils peuvent communiquer directement, de savoir vers lequel de ces nœuds envoyer un message pour que ce dernier soit correctement acheminé, de savoir quand il peut se mettre en veille... tout cela en respectant les contraintes matérielles, en utilisant le moins d'énergie possible pour maximiser la durée de vie du réseau et en tenant compte de la topologie dynamique du réseau, due à la fois à l'instabilité des liens radio et au fait que les nœuds peuvent s'endormir ou se déplacer (capteurs mobiles). Au-delà de ces défis liés au réseau lui-même, il ne faut pas perdre de vue que ces capteurs répartis envoient des données en quantités gigantesques. Si ces réseaux permettent de répondre au défi de la collecte, il reste les défis du stockage, du partage, de la protection et du traitement de ces données.

Les réseaux de capteurs et les communications entre machines feront partie des moteurs économiques de la 5G. Ils modifient cependant complètement les façons de communiquer et de revoir les approches considérées pendant plus de 50 ans. D'un objectif en capacité de lien nous arrivons à un objectif en capacité partagée sous contrainte d'énergie et de coût.

Références bibliographiques

- R. ACAS *et al.* – *Objets connectés, La nouvelle révolution numérique*, ENI, 2016.
- J. COLOMBAIN, Y. LECOMTE et F. SOREL – *Ces objets connectés qui vont changer votre vie*, First, 2015.
- C. LOCQUENEUX – *Le guide de la maison et des objets connectés. Domotique, smart home et maison connectée*, Eyrolles, 2016.
- G. SYLVAIN *et al.* – *The IOT Book*, http://theiotbook.com, 2015.

16. Quels réseaux de communication pour les Big Data ?

Walid Dabbous

Un déluge de données est à prévoir dans les années à venir. Les utilisateurs de réseaux sociaux et l'Internet des Objets*, pour ne citer que ces deux exemples, génèrent déjà de grands volumes de données variées qui devront être transmises, enregistrées et traitées à grande vitesse (cf. I.3). Les architectures et protocoles réseaux devront donc être suffisamment flexibles pour supporter la collecte et le traitement de ces Big Data à différentes échelles.

Collecte des données

Pour collecter les données émanant des objets connectés, différents réseaux bas débit, tels que Sigfox et LoRa, s'opposent, avec des approches différentes. Grâce à une technologie radio qui n'occupe que très peu de bande passante (*Ultra Narrow Band* ou UNB), Sigfox déploie un réseau à longue portée et à bas débit qui permet la communication, à un coût très faible, de données de taille réduite (12 octets, 140 messages par jour) entre les appareils connectés sans passer par un téléphone mobile. Les applications ne manquent pas : surveiller le fonctionnement ou connaître la localisation d'objets, vérifier l'état des plantes, voire des citoyens connectés... Cette technologie économe en énergie, utilise les bandes de fréquences ISM* disponibles sans licence. De son côté, l'alliance LoRa déploie un réseau à l'image des réseaux 3G/4G des opérateurs, mais avec un protocole de communication adapté permettant des messages plus longs (50 kilo-octets), et s'appuie sur les acteurs mobiles en place pour construire son réseau.

Stockage et traitement des données

Dans les domaines du stockage et du traitement des données, une mutation importante se produit dans les réseaux de centres de données (*Data Center Networks*). En plus du trafic serveur-client qui caractérise l'entreprise traditionnelle ou les serveurs Web, se greffent des flux de trafic plus lourds serveur-à-serveur (pour le calcul distribué, dans le cadre d'applications exploitant le *cloud computing**) ou serveur-réseau de stockage (pour les copies de sauvegarde des données). Dans une telle architecture virtualisée et distribuée, avec des ressources qui doivent se coordonner à travers une interconnexion, la disponibilité et la résilience* du réseau sont cruciales. La diversité de chemins entre les ressources est également nécessaire pour s'assurer de la continuité du service en cas de panne. D'autre part, la nature du trafic en rafale (*bursty traffic**) impose l'usage de mécanismes de contrôle de congestion dans le réseau permettant une régulation individuelle des flots de données et fonctionnant efficacement à des vitesses très élevées, jusqu'à 100 Gigabits par seconde (Gbps). Les délais de transmission des données doivent aussi être prédictibles et faibles pour assurer une bonne synchronisation des tâches et, donc, une performance constante au niveau des applications.

Les réseaux de centres de données

Les réseaux de centres de données s'organisent classiquement autour d'une arborescence à trois niveaux de commutateurs* (accès, agrégation et cœur de réseau). Chaque commutateur d'agrégation permet de relier plusieurs commutateurs d'accès entre eux. Les commutateurs relient les commutateurs d'accès entre eux et permettent de relier le réseau du centre de données à Internet. Des architectures de type « FatTree », basées sur une interconnexion spécifique de commutateurs sur étagère, permettent un débit élevé à tous les niveaux de la hiérarchie.

D'autre part, les réseaux de centres de données se décomposent en trois parties (figure). Tout d'abord, le réseau de communication pour les applications, qui utilise les technologies IP et Ethernet en raison de la transparence du support des échanges entre les applications, et ce, malgré la possibilité de pertes de paquets* et la variabilité des délais de transmission. Le deuxième réseau pour l'interconnexion des serveurs impliqués dans le traitement des données a recours à la technologie InfiniBand (IB), nécessitant des cartes d'accès propriétaires. Afin d'accélérer l'accès aux données, des techniques d'accès direct à la mémoire du serveur distant (RDMA ou *Remote Direct Memory Access*) sont aussi utilisées. Elles déchargent les unités centrales des serveurs des opérations de transmission de données, et permettent donc de les réserver aux traitements des données. Ces techniques nécessitent cependant une synchronisation parfaite des deux interlocuteurs et se basent sur des cartes réseaux InfiniBand permettant aussi un fonctionnement sans perte à des débits élevés (40 Gbps). Enfin, la troisième partie consiste en une interconnexion des ressources de stockage mutualisées utilisant souvent la technologie FibreChannel. Dans ces réseaux de « stockage » (*Storage Area Network* ou SAN) les commutateurs FibreChannel à 4 ou 8 Gbps garantissent l'absence de pertes et des délais de transmission faibles et prévisibles, permettant la sécurisation des données et l'optimisation des performances des applications. Le déploiement et la gestion de trois réseaux séparés induisent des coûts d'investissement et d'opération élevés. Il y a donc besoin d'une convergence de ces réseaux.

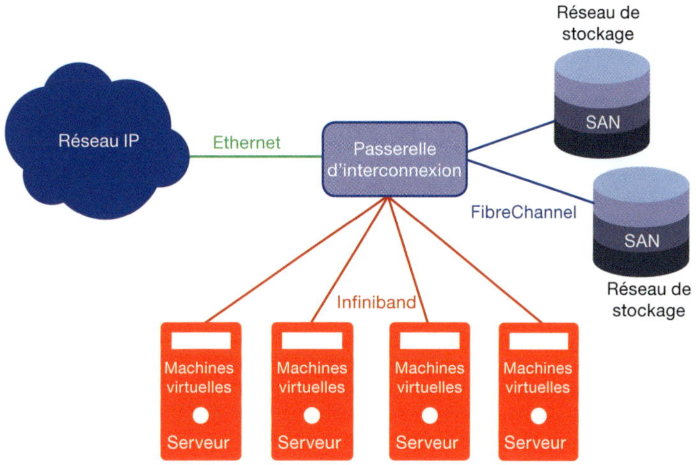

Architecture d'un réseau de centre de données. ■

Évolution des réseaux pour le Big Data

Les architectures classiques hiérarchiques des réseaux de centre de données ne sont plus convenables pour le traitement des applications Big Data. En effet, les commutateurs du cœur de réseau risquent d'être rapidement saturés, car ils sont un point de passage obligé pour tout le trafic entre des applications distribuées. Aujourd'hui, les technologies migrent vers une architecture dite « plate » de réseau unifié (*Unified Fabric*) avec la suppression de la hiérarchie et en s'appuyant sur une topologie maillée. Le maillage permet d'assurer des chemins multiples pour chaque flux, augmentant ainsi la résilience* et l'efficacité du réseau, tout en évitant la saturation. Le protocole Ethernet connaît, de son côté, des améliorations avec l'ajout de tampons mémoire et de mécanismes de contrôle de flux pour permettre un fonctionnement sans perte (version dite *Converged Ethernet*). Les mécanismes permettant de supporter l'accès direct à la mémoire du serveur distant ont aussitôt vu le jour avec cette nouvelle version d'Ethernet. Ethernet est donc bien parti pour être le protocole d'interconnexion universel pour les réseaux de centres de données, que ce soit entre les machines virtuelles* tournant sur les serveurs ou pour l'accès aux serveurs de stockage. Des travaux de recherche sont en cours actuellement pour améliorer les mécanismes de contrôle de flux dans ces réseaux. L'essor des Big Data repose donc sur des réseaux de collecte et de traitement de données filaires et sans fil efficaces et performants.

Références bibliographiques

- C. MASSON – *La bataille des réseaux bas-débit pour l'IoT : Sigfox vs LoRa*, Aruco, www.aruco.com/2016/03/strategie-reseaux-iot-sigfox-lora.
- S. YU, X. LIN, J. MISIC et X. SHEN – *Networking for Big Data*, Chapman and Hall/CRC, 2015.
- Y. ZHU *et al.* – *Congestion Control for Large-Scale RDMA Deployments*, Proceedings of SIGCOMM 15, August 17 – 21, 2015.

17. Stockage de l'information : de la peinture rupestre aux data centers

Marc Bocquet et Christophe Muller

Les premières formes « d'enregistrement et de transmission de l'information » ont été les peintures rupestres et la gravure sur pierre. Avec les progrès de l'humanité, les supports de transmission ont constamment évolué en devenant plus légers, mais aussi plus fragiles. Les informations apposées sur des supports naturels, comme le papyrus ou le papier, étaient directement accessibles, moyennant la compréhension du langage associé (codage). C'est avec l'apparition de la boîte à musique, en 1796, que le décodage d'une information nécessita une machinerie de lecture. Puis, la machine analytique imaginée par Charles Babbage en 1834 conduisit à l'exécution du premier programme en utilisant, comme support de stockage, des cartes perforées. Cette machine ouvrit la voie de la révolution informatique et, avec elle, la nécessité de stocker des informations binaires (ou bits), sous la forme de 0 et de 1, en quantités de plus en plus grandes. Aujourd'hui, la mémoire digitale est largement présente dans notre quotidien (figure 1). La mémoire idéale se voudrait infiniment rapide, dense, endurante et apte à conserver l'information de manière permanente. Mais comme elle n'existe pas, les technologies actuelles reposent sur un compromis entre deux caractéristiques s'opposant généralement : le temps d'accès et la densité*. Avec les architectures Von Neumann et Harvard (1944), une hiérarchie mémoire s'est mise en place (figure 2), en rapprochant les mémoires les plus rapides – mais aussi les moins denses et les plus chères – du cœur de calcul, et en éloignant les mémoires de forte densité et/ou d'archivage.

Mémoires volatiles et non volatiles

Les mémoires opérant en lien direct avec le processeur sont constituées de transistors*, dont les performances ne cessent de s'améliorer et confèrent des temps d'accès très courts. La mémoire SRAM (*Static Random Access Memory*), constituée de 6 transistors, est la plus utilisée dans les premiers niveaux de cache, mais une alimentation permanente est nécessaire pour conserver l'information. La mémoire centrale est classiquement une mémoire DRAM (*Dynamic RAM*) constituée d'un transistor et d'un condensateur*, l'ensemble permettant la mémorisation d'un bit. Elle est la solution faible coût pour le stockage haute densité. Néanmoins, elle requiert un rafraîchissement périodique pour conserver l'information, en contrepartie d'une consommation d'énergie et de temps. Il existe enfin une vaste « zoologie » de circuits (DDR3, GDDR5, SDRAM…) qui correspondent à des déclinaisons architecturales spécifiques de mémoires DRAM, adaptées à chaque application.

Les mémoires non-volatiles, quant à elles, conservent l'information en l'absence d'alimentation électrique. Le support magnétique a longtemps été le moyen d'archivage par excellence pour les particuliers et les industriels : cassette audio, cassette vidéo VHS, Betamax, disquette ZIP… Puis, en 1967, IBM lance la disquette souple, qui sera l'un des supports d'échange et d'archivage le plus répandu jusque

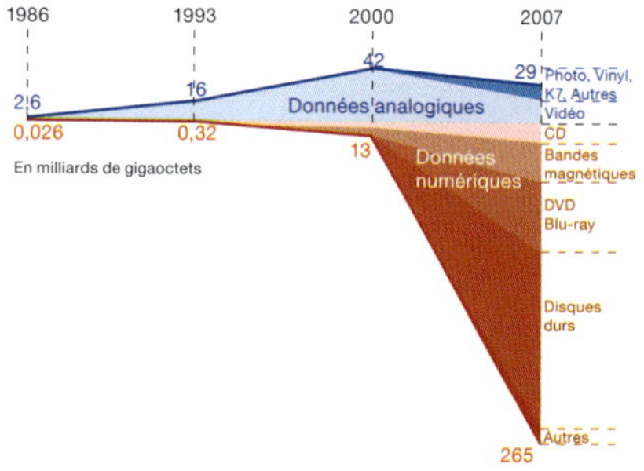

Fig. 1 – Évolution dans le temps de la quantité mondiale de données stockées sur des supports analogiques et numériques. ■

dans les années 2000. Même si cette technologie est aujourd'hui dépassée, le stockage sur bande magnétique reste compétitif avec un coût/bit très inférieur à celui des disques HDD (*Hard Disk Drive*).

Stockage de masse

Le stockage de masse a été longtemps dominé par le disque dur HDD associant un plateau magnétique rigide tournant à une tête de lecture/écriture fixe. Mis au point par IBM en 1956, il a fait l'objet d'évolutions spectaculaires en termes de vitesse, débit, fiabilité… et en passant d'une densité de quelques mégaoctets dans les années 1960 à quelques téraoctets aujourd'hui. Cette explosion de la densité de stockage s'explique par l'avènement, dans les années 1990, de l'électronique de spin*, qui exploite les propriétés électrique et magnétique de l'électron. Moins de 10 ans ont été nécessaires entre la découverte en laboratoire par Albert Fert et Peter Grünberg (prix Nobel 2007), à la fin des années 1980, de l'effet de la magnétorésistance géante*, ouvrant la voie à la spintronique*, et la commercialisation des premiers disques durs utilisant cette propriété par IBM en 1997.

Le développement des médias optiques explique la disparition de la plupart des supports magnétiques sur bandes souples. L'invention du CD (*Compact Disk*) par Philips en 1979 a conduit au bouleversement des supports de stockage pour l'audio et la vidéo. Le stockage de l'information correspond à une alternance de creux et de bosses créés et lus par un faisceau laser. Dans les CD-R (inscriptibles), les données sont gravées sur un support en polycarbonate alors que les CD-RW (réinscriptibles) reposent sur la modification de l'indice optique* d'un matériau à changement de phase passant d'un état amorphe* à un état cristallin* sous l'effet d'une impulsion laser. La diminution des longueurs d'onde du laser et les substrats* multicouches ont permis l'augmentation de la densité de stockage et l'apparition de nouveaux standards, comme le DVD en 1997 et, dans les années 2000, le développement du HD-DVD de Toshiba ou du disque Blu-ray de Sony.

Les mémoires électroniques

Le panorama des technologies de stockage de masse a été profondément bouleversé par l'émergence des mémoires électroniques fabriquées sur un substrat en silicium. Historiquement, les mémoires électroniques étaient scindées en 2 familles : les mémoires vives RAM (mémoire à accès direct permettant le stockage des variables des programmes) et les mémoires mortes ROM (*Read Only Memory*), dont le contenu, non réinscriptible, est réservé à l'exécution de codes. Sur la base de progrès technologiques, les développements se sont davantage focalisés sur la non-volatilité de l'information avec des évolutions progressives jusqu'à la technologie Flash. La mémoire Flash, avec son architecture NAND (la plus dense et la moins coûteuse), a vu son marché exploser avec le stockage de données dans les applications nomades (clés USB, appareils photo, smartphones…) dès les années 2000. La réduction du coût/bit la positionne en concurrence des disques HDD, avec l'apparition des mémoires Flash SSD (*Solid-State Drive*) plus robustes, plus rapides et moins gourmandes en énergie. Leur utilisation est croissante dans les *data centers* avec l'apparition de baies hybrides* associant les technologies SSD et HDD.

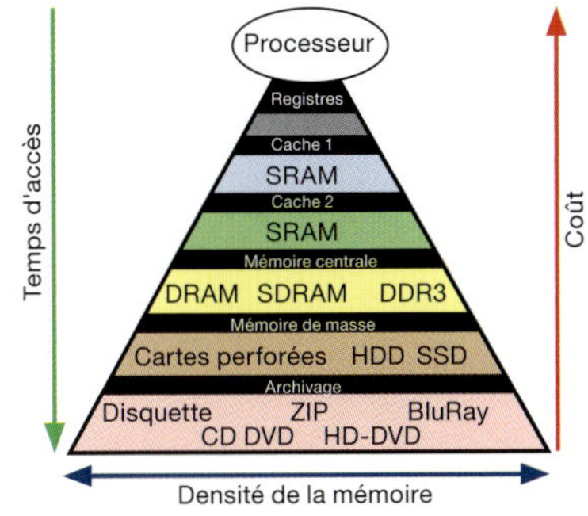

Fig. 2 – Hiérarchie des mémoires imposée par leurs performances intrinsèques (temps d'accès en particulier), leur coût et l'architecture-même des ordinateurs actuels. ■

Force est donc de constater une évolution technologique extraordinaire permettant l'émergence de nouvelles solutions aux performances toujours améliorées. On peut néanmoins s'interroger sur le vecteur numérique comme seul élément de mémoire de la connaissance de l'humanité. En effet, même si on parle aujourd'hui d'exaoctets (10^{18} octets), la durée de vie des moyens de stockage fait pâle figure au regard de la pierre de Rosette ou des papyrus de la mer Morte.

Références bibliographiques

• M. HILBERT et P. LÓPEZ – *The World's Technological Capacity to Store, Communicate and Compute Information*, Science, vol. 332, www.martinhilbert.net/WorldInfoCapacity.html, 2011.

• *Les nouveaux défis de la spintronique*, Le Journal du CNRS, vol. 285, https://lejournal.cnrs.fr/articles/les-nouveaux-defis-de-la-spintronique, 2016.

18. Préservation et archivage

Cristinel Diaconu et Marion Massol

Avec le développement d'Internet et la dématérialisation de l'information, chacun de nous dispose et produit chaque jour une très grande quantité d'informations sous forme numérique, dont un sous-ensemble nécessite d'être conservé à moyen ou long terme : photos de famille, courriels, relevés bancaires, dossiers médicaux... La vie dans le monde numérique nous paraît formidable jusqu'au jour où l'on s'aperçoit que, paradoxalement, ces données sont en péril et que nous avons déjà commencé à en perdre. Notre trésor électronique aura définitivement disparu si nous ne disposons pas des politiques et des techniques pour les préserver. Ce problème est aggravé par l'explosion et la diversification des données, car, en les dématérialisant, elles deviennent fragiles. La communauté scientifique est l'une des premières à en avoir fait les frais. Ainsi, les données produites par les sondes Viking dans les années 1970 ne sont plus exploitables, car le logiciel de lecture a été perdu et les bandes magnétiques sont devenues inutilisables. Les scientifiques à la recherche des preuves de vie microbienne sur Mars n'ont donc pas pu réexploiter ce qui avait été considéré à l'époque comme un « signe d'activité chimique sans intérêt ».

Perte des données

Avec une croissance explosive des données scientifiques, le problème n'est pas prêt d'être résolu : en effet, l'intérêt d'un plan de management de données à long terme est toujours largement sous-estimé. Ceci a pour principales conséquences : une explosion des coûts (stockage inutile de données non réutilisables), un impact écologique significatif (*data centers* toujours plus énergivores, cf. II.21), et la poursuite de la perte de ces données, très souvent obtenues au prix d'efforts humains et matériels considérables. Des initiatives permettant de rendre les données accessibles et pérennes, comme celles des observatoires virtuels en astrophysique (cf. IX.9) et l'initiative OPENDATA du CERN* (cf. VI.3) vont dans la bonne direction, mais le problème subsiste dans la plupart des domaines scientifiques, qui n'ont pas encore pleinement intégré cette vision à long terme.

Outre la disparition des logiciels de lecture, l'information numérique est exposée à trois autres risques inéluctables : la détérioration et l'obsolescence du support (*i.e.* altération de la succession de 0 et de 1, suite à des réactions chimiques ou magnétiques sur le média, disparition des médias comme les disquettes et/ou de leurs lecteurs matériels) ; les évolutions du format du fichier ; ou encore la perte de la localisation et de la signification du contenu (*i.e.* manques de description, de structuration de la collection, de métadonnées, URL* inaccessibles...).

Fig. 1 – **Robothèque contenant un des exemplaires (sur bande magnétique) des archives conservées au CINES.** Le bras articulé (au centre de la photo) se saisit des cartouches jusqu'à trouver la bonne. Il charge ensuite la cartouche dans le lecteur (à l'extrémité du laser rouge), qui déroule la bande magnétique contenue dans la cartouche jusqu'à trouver la portion de média contenant l'information demandée. Chaque cartouche contient environ 850 mètres de bande magnétique. ■

Préservation

D'un point de vue technique, garantir la pérennité des données nécessite avant tout de mettre en place des infrastructures hautement fiabilisées et sécurisées, qui assurent une pleine maîtrise de l'environnement (température, poussière, hygrométrie, approvisionnements électriques, climatiques et réseau, personnel sur site 24h/24 – 7j/7, service d'astreinte...), évitant ainsi la perte ou la détérioration de ces données pour des raisons physiques externes au processus de conservation. C'est le cas, par exemple, au Centre Informatique National de l'Enseignement Supérieur (CINES), qui propose des solutions économiques, personnalisées, agrées et mutualisées pour l'archivage à moyen et long terme des informations produites par la communauté scientifique française. La qualité organisationnelle des services d'archivage du CINES repose, notamment, sur une gestion des risques, sur une définition des processus métier en respectant les normes et standards du domaine, ainsi que sur une formalisation des processus métier selon l'ISO 9001 et BMPN. Les accès, tant physiques (entrée dans le *data center*, les salles machines...) que logiques (piratage), y sont protégés afin d'assurer la confidentialité et l'intégrité des informations archivées.

La corruption silencieuse des médias est tolérée par les lecteurs, jusqu'au moment où l'information ne peut plus être retournée (crash disque, par exemple). Au CINES, l'intégrité de la donnée est garantie par le stockage de plusieurs exemplaires sur divers types de médias, dans des bâtiments distincts et avec au moins un exemplaire sur un site géographiquement distant de plusieurs centaines de kilomètres (en cas d'incident majeur sur le site principal). Par ailleurs, en plus des dispositifs proposés nativement par les matériels, le CINES utilise régulièrement des algorithmes spécifiques (empreintes numériques), qui lui permettent d'intervenir bien avant que l'information ne soit perdue (figure 2).

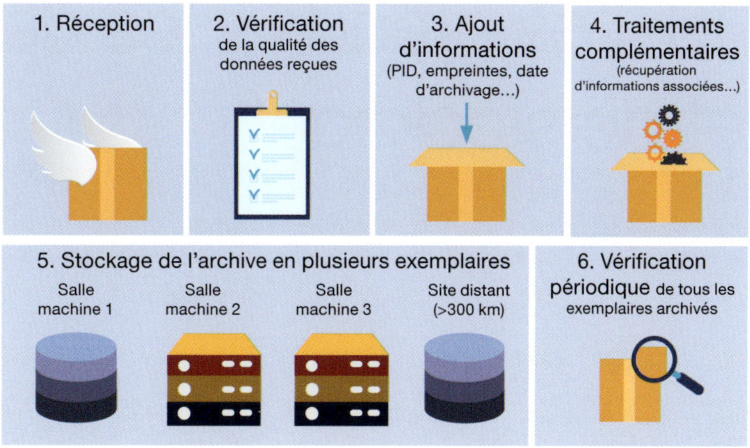

Fig. 2 – Le processus d'archivage implémenté dans les systèmes du CINES (conforme à l'ISO14721). ■

Garantie d'intégrité

La garantie de lisibilité de l'information peut être assurée soit par une stratégie d'émulation (imitation du fonctionnement du vieux système), soit par une stratégie de conversion périodique du format des fichiers. Lorsque c'est possible, les « experts formats » du CINES favorisent la seconde option. Dans tous les cas, les formats privilégiés pour l'archivage sont libres, spécifiés, largement utilisés et contrôlables.

En plus d'être intègre et lisible, la donnée doit être intelligible : seules les métadonnées et la structuration de la collection permettent de retrouver l'information efficacement (un identifiant pérenne est affecté à la ressource), d'en comprendre le contexte et, par conséquent, de la réutiliser. Dans le contexte des données scientifiques, il est donc important de comprendre et de documenter le flot des données dans un projet scientifique, aussi complexe soit-il (figure 2). Par le développement de cursus de formation et de groupes de travail, tels que le groupe PIN (association Aristote), la Bibliothèque scientifique numérique (BSN) ou le projet MASTODONS-PREDON du CNRS, les décideurs devraient être de plus en plus sensibilisés à ces questions de pérennité numérique, et donc décider l'affectation de ressources financières et humaines significatives à ces projets. À terme, des solutions d'archivage électroniques plus nombreuses et plus performantes pour les professionnels et les particuliers pourraient ainsi se développer.

Références bibliographiques

- F. DAUMAS et M. MASSOL – *Au cœur d'un centre d'archivage*, Pour la Science, n° 433, novembre 2013.
- C. HUC – *Préserver son patrimoine numérique : classer et archiver ses e-mails, photos, vidéos et documents administratifs (guide à l'usage des particuliers et entrepreneurs)*, Eyrolles, 2011.
- C. LEBLOND (dir.) – *Archivage et stockage pérennes : enjeux et réalisations*, Lavoisier, 2009.

19. Les grands sites de calcul et de stockage

Michel Daydé et Denis Veynante

Un *datacenter* (centre de données) regroupe tous les équipements constitutifs du système d'information* d'une entreprise ou d'un organisme de recherche (serveurs, baies de stockage*, composants réseaux...) dans un environnement contrôlé (climatisation, sécurité, alimentation électrique...) incluant des systèmes de secours en cas de défaillance. La multiplication de ces centres engendre des enjeux importants en termes de maîtrise de la consommation électrique et de la dissipation de la chaleur produite par les serveurs et les dispositifs de stockage. Deux grands types de centres sont considérés ici : les centres de calcul nationaux ou régionaux orientés vers le calcul haute performance (*High Performance Computing*, cf. III.13), dont le centre national de calcul du CNRS (IDRIS) et un certain nombre de centres de calcul régionaux ; et les centres plus orientés vers le traitement haute performance des données (*High Throughput Computing**), dont le Centre de Calcul de l'INP2P3. Ces datacenters assurent un fonctionnement 365 jours par an et 24h/24 et offrent souvent un support aux utilisateurs.

Le calcul haute performance et le traitement des grands volumes de données sont au cœur des pratiques de multiples communautés, ce qui explique en partie l'explosion des demandes de *datacenters* constatée lors du récent Contrat de Plan État-Région en 2014. Plus généralement, la part du numérique (ordinateurs, smartphones, tablettes, box, calculateurs...) dans la consommation électrique mondiale est estimée actuellement à 10 % avec une projection à 20 % pour 2020. Une telle croissance est évidemment difficilement soutenable dans le contexte actuel.

Le paysage européen du calcul haute performance est structuré autour du supercalculateur* PRACE (*Partnership for Advanced Computing in Europe*) et d'une hiérarchie des moyens de calcul s'appuyant sur les « Tier-0 » (centres européens avec une performance cumulée de 19 Pétaflops pour les 6 machines disponibles dont une française), les « Tier-1 » (centres nationaux avec des performances de l'ordre de quelques Pflops), les « Tier-2 » (centres régionaux avec des performances de l'ordre de quelques centaines de Téraflops) jusqu'au niveau local des « Tier-3 » (dans les laboratoires). Cette structuration se retrouve dans certaines communautés (physique des hautes énergies, sciences de l'univers, biologie...) qui, confrontées depuis longtemps à la problématique des données, ont déployé leurs propres infrastructures.

Les infrastructures françaises

L'IDRIS est le centre majeur du CNRS pour le calcul haute performance et offre une puissance cumulée de 1,5 Pétaflops. Sous la coordination du Grand Équipement National du Calcul Intensif (GENCI), il participe à la mise en place de ressources informatiques nationales pour le calcul de haute performance. Il accueille deux supercalculateurs : ADA, qui est un *cluster** de nœuds à large mémoire partagée (128 ou 256 Go par nœud) avec 10 000 cœurs de calcul (pour des applications nécessitant une large mémoire et à taux de parallélisme moyen) ; et TURING, qui est une machine massivement parallèle comportant 100 000 cœurs et qui permet de préparer les communautés scientifiques au Tier-0 de PRACE et d'anticiper le passage au parallélisme massif. L'IDRIS dispose par ailleurs d'un système partagé de fichiers, d'une capacité de 5 pétaoctets (Po), d'un système d'archivage sur bandes qui peut héberger plusieurs dizaines de pétaoctets et de quatre nœuds à très grosse mémoire (1 téraoctet par nœud) disponibles pour le pré/post traitement des applications. Le centre héberge plusieurs millions de fichiers utilisateurs (143 sur disques et 37 sur bandes). Les données stockées et accédées sont essentiellement celles issues des grandes simulations numériques menées à l'IDRIS.

La mission du centre de calcul de l'IN2P3 est, quant à elle, de répondre aux besoins de la physique des particules. Le CC-IN2P3 est l'un des 11 centres mondiaux qui traite les données issues des expériences installées sur le collisionneur LHC (cf. VI.3). Il fournit environ 10 % des ressources informatiques mondiales pour le LHC, avec des contraintes d'exploitation, de fiabilité et de disponibilité particulièrement importantes. Pour cela, il dispose d'une ferme de calcul de 20000 cœurs et d'un système de stockage sur disques de 21 Po et un système sur bandes magnétiques de 31 Po, utilisés à 80 % par les expériences LHC. Ce stockage est accessible *via* divers logiciels ou systèmes de fichiers, dont le système de stockage hiérarchique HPSS d'IBM qui assure un équilibrage automatique entre les données disponibles sur disques et celles copiées sur bande. Il s'agit actuellement de la plus grande capacité de stockage sur disques disponible au sein de la communauté de recherche académique en France.

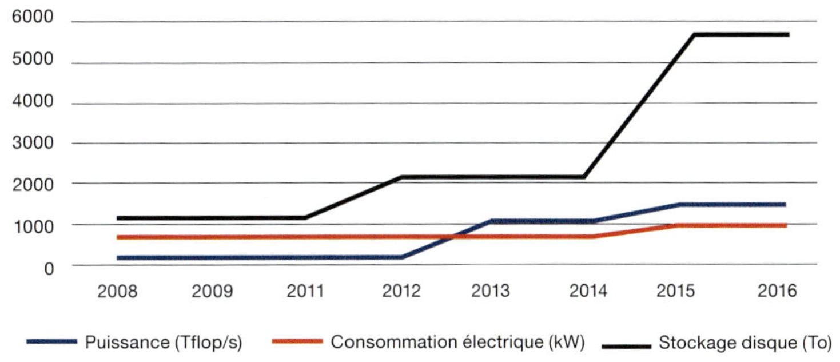

Évolution de la puissance de calcul, du stockage et de la consommation électrique à l'IDRIS entre 2008 et 2016. ■

Coût des *data centers*

La multiplication des besoins et des demandes d'investissement attire aujourd'hui l'attention sur l'évolution du coût des datacenters. Nous ne considérerons ici que les coûts liés au calcul intensif et aux besoins en matière de stockage et traitement des données. Le TCO, pour *Total Cost of Ownership*, (somme des coûts d'investissements, d'opération et de maintenance) étant difficile à évaluer, le COCIN (Comité d'Orientation du Calcul Numérique au CNRS) s'est limité en 2014 à mener une étude à partir des enquêtes du groupe Calcul (groupe de communication et d'échanges de la communauté du calcul en France) et des données recueillies auprès du CC-IN2P3, de l'IDRIS et du centre toulousain CALMIP. Ainsi, entre 2009 et 2014, en moyenne, dans les Tier-2, les performances de calcul ont été multipliées par 30 et les volumes de stockage par 25. Sur la période 2009-2015, on constate au CC-IN2P3 que la consommation électrique a diminué de 9 %, alors que la facture électrique a augmenté de 38 %, tout en multipliant par des facteurs respectivement supérieurs à 3 et 5 les capacités de calcul et de stockage. Les coûts d'investissement sont, eux, restés relativement stables (ce qui n'a pas toujours permis de satisfaire l'intégralité de la demande des utilisateurs) avec des coûts de maintenance informatique stables ou décroissants et des coûts de personnel en baisse. Une étude menée par le Groupe EcoInfo indique que, annuellement, hors investissements informatiques, le coût des personnels est important relativement à la facture électrique annuelle et la maintenance des bâtiments (entre la moitié et les trois quarts de la somme de ces divers postes de dépense selon les centres).

L'un des facteurs majeurs de la dérive des coûts informatiques en matière de calcul intensif et de données est le foisonnement d'infrastructures de calcul et de données au niveau local, aggravé par l'augmentation des demandes non-coordonnées, alors qu'un *datacenter* bien conçu et hébergeant plusieurs machines permettrait dans bien des cas d'optimiser les coûts d'exploitation en mutualisant les infrastructures et le personnel et en optimisant les per formances de la salle (refroidissement…). Les infrastructures de données sont souvent morcelées et désorganisées, alors que les moyens de calcul intensif (pour les Tier-0 et les Tier-1) sont, eux, hiérarchisés et gérés de manière coordonnée. Rationaliser le déploiement des infrastructures informatiques en maîtrisant les coûts électriques et de personnel, en évitant les installations surdimensionnées et en achetant des matériels efficients énergétiquement est donc indispensable.

Références bibliographiques

• COCIN – *Évolution des coûts des infrastructures pour le calcul intensif et le traitement des données à grande échelle*, CCIS, juillet 2014.

• *Rapports du Groupe Calcul sur les méso-centres : 2008, 2009, 2011, 2012, 2014*, http://calcul.math.cnrs.fr.

• GDS EcoInfo, http://ecoinfo.cnrs.fr.

20. Impact énergétique des Big Data

Alain Cappy

Les données sur l'impact énergétique et écologique de la société de l'information et des Big Data sont peu nombreuses et cette question n'est pratiquement jamais évoquée par les acteurs du domaine. Bien que le volume du trafic Internet double tous les trois ans, cette augmentation n'a pas été compensée par une croissance similaire de l'efficacité énergétique du réseau (avec ou sans fil, optique…) et des terminaux (ordinateurs, tablettes, téléphones…). La question énergétique liée au développement des Big Data devient de plus en plus sensible : elle constitue un défi majeur de la société de l'information.

L'univers numérique est en expansion

Comme l'univers physique, l'univers numérique, c'est-à-dire l'ensemble des données générées et stockées dans le monde, est en expansion et sa taille double tous les deux ans environ. En 2013, la taille de l'univers numérique était estimée à 4,4 zettaoctets (10^{21} octets et elle devrait atteindre 40 zettaoctets en 2020 (figure 1), provoquant un « data déluge », terme inventé pour décrire la croissance massive du volume de données générées par les médias numériques, les transactions commerciales, les réseaux sociaux… Toutes les analyses montrent que « l'Internet des Objets* » et ses 50 milliards d'objets connectés vont fortement renforcer cette croissance. Pour donner une image de ces nombres gigantesques, si nous gravions un zettaoctets de données sur des DVD, il faudrait la distance de la Terre à la Lune, soit 300 000 km de hauteur, pour les empiler !

Data déluge et consommation énergétique

Les réseaux de communication (comme Internet) et les terminaux (comme les serveurs) ont, pour la plupart, été développés pour assurer un traitement rapide et une transmission fiable, à des débits les plus élevés possible. La croissance exponentielle de l'univers numérique impose de considérer un nouveau critère de qualité : leur efficacité énergétique. Au niveau mondial, bien que les données de consommation varient en fonction des auteurs et des études, les ordres de grandeur sont maintenant très clairs. En 2012, la consommation électrique nécessaire aux échanges de données numériques était comprise, selon les hypothèses de calcul, entre 600 TWh (1 TWh = 1 milliard de kWh) et 1 500 TWh, soit environ 10 % de l'électricité produite dans le monde et à peu près autant que l'énergie utilisée pour l'éclairage. Pour produire cette énergie

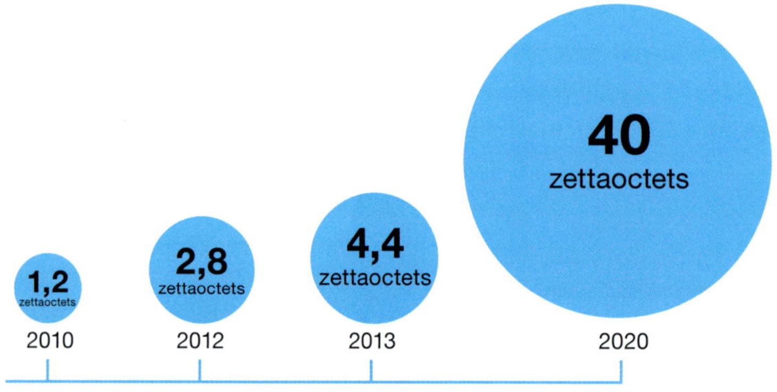

Fig. 1 – **Croissance passée et prévisible de la quantité de données créées dans le monde.** ■

colossale, plus de 350 centrales au charbon (500 MW chacune) ou 180 réacteurs nucléaires sont nécessaires. Aujourd'hui, le « cloud* » représente le cinquième « pays » le plus consommateur en électricité après les USA, la Chine, la Russie et le Japon. La question de la consommation énergétique devient d'autant plus critique que le charbon demeure, et de loin, la source la plus utilisée dans le monde pour produire de l'électricité (40 %), la seconde source étant le gaz (20 %), c'est-à-dire des ressources fossiles non renouvelables et fortes émettrices de $C0_2$.

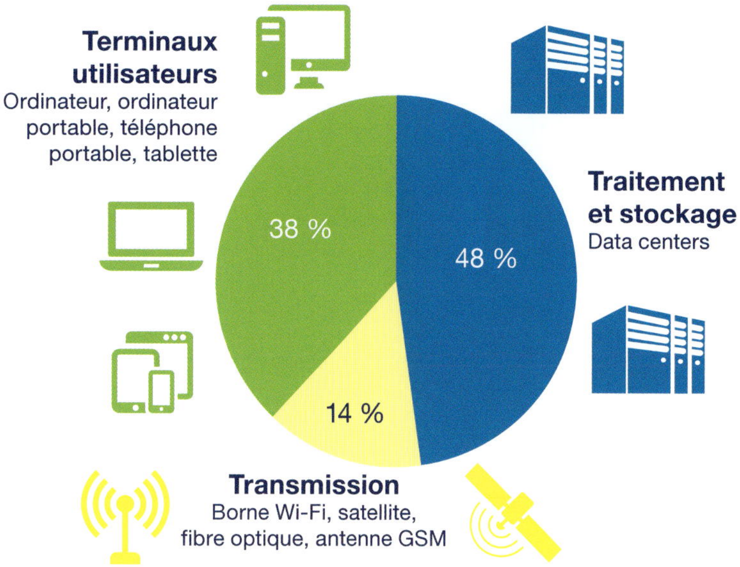

Fig. 2 – **Répartition moyenne de la consommation énergétique pour le traitement et la transmission des données.** ■

La répartition de la consommation électrique

Quand nous échangeons 1 gigaoctets de données, nous utilisons de 2 à 20 kWh d'énergie électrique, la moyenne se situant à 5 kWh. Mais où passe toute cette énergie ? La consommation énergétique nécessaire à la génération, la transmission et le stockage des données dépend beaucoup des technologies utilisées depuis le terminal jusqu'au data center *via* les différents systèmes de communication. Les réseaux sont très hétérogènes et les performances énergétiques des serveurs sont très variables. Cette consommation peut se répartir en trois parties : 38 % pour le terminal utilisateur, 14 % pour la transmission et 48 % pour le data center.

Il est intéressant de noter que l'essentiel de la consommation provient du traitement des données (terminaux utilisateurs et serveurs) et que la transmission, en particulier grâce à l'excellente efficacité énergétique des transmissions optiques, ne pèse que peu dans ce bilan. La principale source de dissipation énergétique étant donc imputée aux terminaux, la communauté scientifique a été amenée à se poser plusieurs questions. Pourquoi le rendement énergétique des systèmes actuels de traitement de l'information est-il si médiocre ? Les paradigmes* actuels de calcul et de mémorisation de l'information seront-ils suffisants dans l'avenir ? Il est maintenant acquis que les raisons fondamentales de la mauvaise efficacité énergétique de la technologie dominante résultent de trois facteurs : *i)* l'utilisation de la charge électrique comme variable d'état binaire qui induit des pertes par effet joule ; *ii)* l'architecture de nos machines qui séparent le traitement et la mémorisation de l'information ; et *iii)* l'impossibilité, pour des raisons technologiques, de réduire la tension d'alimentation des microprocesseurs. Pour surmonter ces limites, plusieurs solutions sont envisageables : soit changer les dispositifs de commutation et/ou utiliser une variable d'état binaire autre que la charge, soit abandonner la logique binaire et utiliser le calcul quantique (cf. IX.6) ou la bio-inspiration.

La maîtrise du rapport performance/énergie dissipée est aujourd'hui la question de fond et le moteur des innovations du domaine du traitement de l'information. Toutes les applications sont concernées : les systèmes embarqués du futur, l'ubiquitaire et l'Internet des objets, les multiples systèmes portables (tablettes, mobiles, PC portables...), mais aussi les serveurs de calcul et les data centers (cf. II.19).

Références bibliographiques

- International Energy Agency – *More Data Less Energy*, www.iea.org/etp/networkstandby, 2014.
- M. P. MILLS – *Clouds Begins with Coal*, www.tech-pundit.com/wp-content/uploads/2013/07/Cloud_Begins_With_Coal.pdf, 2013.

21. Impact écologique des Big Data

Françoise Berthoud et Laurent Lefèvre

À l'heure où l'urgence climatique fait concurrence à d'autres urgences environnementales (pollution, diminution des ressources), il serait suicidaire de favoriser le développement d'un nouveau secteur qui n'aille pas dans le sens d'une diminution des impacts environnementaux, soit directement, soit indirectement. Or, les technologies de l'information et de la communication (TICs) ont subi récemment de nouvelles évolutions architecturales avec le développement du cloud* et du Big Data, qui reposent sur des infrastructures demandant une qualité de service toujours plus élevée. Les utilisateurs veulent pouvoir générer, modifier, stocker et accéder à leurs données en permanence, avec une faible latence et une sécurité et une résilience* garanties. Pour supporter cette contrainte, les équipements terminaux, les réseaux et les grands sites de stockage (datacenters) ont une empreinte environnementale importante. Au niveau mondial, leur consommation électrique en phase d'usage est équivalente à la production d'une centaine de réacteurs nucléaires (cf. II.20). Mais leurs impacts dépassent cette consommation électrique et s'évaluent en termes de gaz à effet de serre, de diminution de ressources non renouvelables, de pollution, d'éco-toxicité, de toxicité humaine…

Cycle de vie des données

La donnée, base élémentaire du Big Data, évolue dans un vaste écosystème technologique, qui va des équipements terminaux jusqu'aux *datacenters* (cf. II.19), en passant par les équipements de transport de données. Le cycle de vie (en 4 phases) associé à cet écosystème commence par les métaux qu'il a fallu extraire pour fabriquer l'objet connecté, le capteur, le smartphone ou le serveur qui a généré la donnée à partir d'informations naturelles ou calculées. Après l'extraction et le raffinage des métaux, vient la phase de fabrication de ces équipements. La donnée sera alors transportée, traitée, stockée, assemblée à d'autres données grâce à l'énergie électrique consommée pendant la phase d'usage de tous ces dispositifs (équipements terminaux, éléments du réseau passifs et actifs, serveurs et espaces de stockage avec leurs environnements). Bien souvent, cette donnée ne sera pas détruite volontairement et elle viendra grossir les quantités extraordinaires de données générées à chaque seconde. Le problème avec cette « immortalité », c'est qu'elle consomme des ressources naturelles. Les conséquences sont, malgré des progrès technologiques impressionnants, une explosion du nombre de serveurs en usage, de datacenters et, donc, de matière, d'énergie et de pollution.

En revanche, contrairement aux données qui peuvent être transférées d'un support à l'autre, les équipements ont une fin de vie. À cette étape, deux problèmes majeurs sont encore à solutionner : d'une part, une collecte largement imparfaite en France (en 2015, seulement 40 % des déchets d'équipement électriques et électroniques ont fait l'objet d'une collecte dans une filière spécialisée) qui aboutit à un traitement inadéquat des équipements. D'autre part, même dans le meilleur des cas du recyclage optimal, les plastiques ne sont quasiment pas recyclés et seulement 17 métaux sont récupérés sur les quelques dizaines d'un smartphone, par exemple. La pollution par les micropolluants (comme les substances organiques volatiles issues des plastiques, les métaux lourds, les retardateurs de flamme...) pose des problèmes sanitaires préoccupants dans les régions du monde où les normes environnementales ne sont pas appliquées. En occident, en dépit des normes et technologies modernes, de nombreux progrès restent à faire pour éliminer toutes ces pollutions.

En résumé, quelle que soit la technologie de support de la donnée (disque dur, SSD ou mémoire flash), le support est composé de matériaux dont les impacts ne sont pas virtuels. Ils peuvent être évalués par une analyse de cycle de vie et sont de différents ordres : émission de gaz à effet de serre, diminution des ressources non renouvelables, écotoxicité aquatique et terrestre, toxicité humaine, eutrophisation des eaux... pour les principaux.

Cycle de vie d'un produit : de l'extraction des métaux au traitement en fin de vie. Une fraction des matériaux qui entrent dans la composition des nouveaux équipements est issue du recyclage de produits divers (pas seulement de la même filière). © N. Yakouleva, macrovector – Fotolia / L. Revellin-Falcoz – CNRS. ■

Solutions

Les pistes de progrès dans le sens d'une réduction des impacts sont nombreuses. Elles sont associées à des aspects législatifs qui contraignent les fabricants, comme la réglementation sur l'utilisation de certains composants et métaux, la réglementation sur la consommation énergétique en état de veille des équipements ou la réglementation sur la fin de vie des équipements. L'éco-conception des TICs et des services logiciels associés doit être encouragée et développée à grande échelle. Les fournisseurs de services Big Data disposent, par ailleurs, d'une vaste palette de moyens matériels et logiciels, en évolution constante, qui permettent notamment de limiter la consommation énergétique des serveurs et éléments de stockage. Les techniques de virtualisation, associées à de la consolidation, ont un potentiel extrêmement important puisqu'elles permettent de remplacer plusieurs serveurs physiques par un seul. La réduction de l'énergie nécessaire au refroidissement est rendue possible par l'introduction de nouvelles méthodes qui utilisent l'eau (*watercooling*) ou l'air extérieur (*freecooling*), mais aussi grâce à l'augmentation des plages de températures de fonctionnement des serveurs. De plus, la chaleur peut être réutilisée en cycle fermé, par exemple pour chauffer l'eau sanitaire des infrastructures. Ces solutions doivent être habilement coordonnées, afin d'impacter favorablement les différentes étapes du cycle de vie. Il faut aussi veiller à éviter les effets rebonds qui peuvent provoquer une sur-consommation énergétique globale. Enfin les usagers sont également au cœur des solutions, dans la mesure où ils ont le choix de conserver ou non les données qu'ils génèrent eux-mêmes ou dont ils ont le contrôle.

Références bibliographiques

- P. BALIN *et al.* – *Les impacts écologiques des technologies de l'information et de la communication*, EDP Sciences, 2012.
- EcoInfo – http://ecoinfo.cnrs.fr.

- Troisième partie -

Traitement des données

Page précédente :

1. Introduction

Iovka Boneva et Hélène Touzet

Le traitement efficace des données est l'un des grands succès de l'informatique du XXe siècle. Au cœur de cette réussite se trouvent les systèmes de gestion de bases de données. Il s'agit de produits logiciels qui offrent un éventail complet de fonctionnalités : organisation et structuration des données, interrogation grâce à des langages dédiés, contrôle des conditions d'accès et régulation des utilisateurs. Ces systèmes sont réputés très fiables et très efficaces. Par exemple, les systèmes bancaires permettent de gérer des milliers de transactions par seconde tout en assurant une continuité de service et la persistance des informations. Toutes ces performances sont assurées par la présence de trois ingrédients : une modélisation théorique, avec le modèle relationnel et l'algèbre relationnelle pour représenter les données et extraire l'information (cf. III.5) ; des algorithmes* spécialisés pour optimiser les temps de traitement (cf. III.4) ; et, finalement, des solutions matérielles et logicielles sophistiquées pour assurer la disponibilité des systèmes et la préservation des données.

Aujourd'hui, tous ces acquis sont bousculés par l'avènement des grandes masses de données, qui poussent les systèmes actuels dans leurs retranchements. On assiste à un changement en termes de taille, mais également de nature et de qualité des données à traiter. Ce sont des données qui peuvent être hétérogènes et distribuées, souvent dynamiques, parfois redondantes, parfois incomplètes, publiques ou privées (cf. III.9). Combiner ces données devrait permettre de répondre à des questions complexes, porteuses potentiellement d'une grande valeur économique, scientifique ou sociale… à condition de savoir mettre en place les analyses et les calculs nécessaires.

L'hétérogénéité vient du fait que les données sont issues de sources multiples complémentaires. Elles parlent de la même chose tout en étant structurées de manière différente. C'est ce qu'on observe, par exemple, lorsque l'on consulte la météo sur des sites Internet variés. Synthétiser automatiquement ces informations pose des problèmes difficiles d'intégration de données, avec pour but de proposer un accès unifié aux données, en cachant à l'utilisateur les divergences de format et de structure. La multiplicité des sources fait également que les données nécessaires pour effectuer une tâche peuvent être physiquement distribuées en des lieux différents. On peut alors acheminer les données à un endroit unique où les calculs seront réalisés, ou bien traiter les données sur place et acheminer les résultats partiels quand nécessaire. Dans les deux cas, il faut prendre en compte les délais et les coûts d'acheminement, de stockage, ainsi que l'éventualité d'une panne (cf. III.11). Une fois ces obstacles surmontés, il reste à faire du sens à partir des données. Cela demande des chaînes de traitement complexes, composées de plusieurs étapes, dont les résultats sont combinés et réexploités afin de produire le résultat final. C'est patent dans le cas du calcul scientifique, avec le développement de langages informatiques dédiés pour décrire les étapes d'une chaîne de traitement, leurs interconnexions et l'automatisation de l'exécution des tâches (cf. III.7). Enfin, la présence de données personnelles* pose des problèmes critiques de protection de la vie privée. Il est quasiment impossible de garantir la non-divulgation d'informations sensibles par une application (*privacy by design*, cf. III.10). Nous avons besoin d'outils qui aident les individus à être acteurs dans la protection de leurs données personnelles.

Le traitement des données permet de révéler l'information cachée au sein des grandes masses de données. ■

Ainsi, les sciences de l'information sont en train d'inventer les méthodes et les logiciels de demain pour permettre l'exploitation des grandes masses de données dans le meilleur respect des contraintes techniques et sociétales.

2. Les traces de l'activité humaine dans le numérique

Mélanie Dulong de Rosnay

Selon une typologie du Forum Économique Mondial, les traces de l'activité humaine dans le numérique désignent les données créées par et à propos des personnes. Elles comprennent : les données volontaires, créées et partagées explicitement par les individus, par exemple les commentaires et les contributions sur les réseaux sociaux ; les données observées, issues de l'enregistrement involontaire des activités, par exemple les données de géolocalisation des utilisateurs à partir de leur téléphone, l'historique de navigation ; et les données inférées à propos des individus, basées sur l'analyse de nos données volontaires ou observées, par exemple l'évaluation de la solvabilité, la déduction de l'âge et de l'origine sociale à partir du prénom.

Le traitement de nos traces par les plateformes prédatrices

Le traitement des traces de l'activité humaine mène à une logique d'encodage de règles dans les dispositifs numériques et algorithmiques, qui peuvent tirer des conclusions et prendre des décisions affectant nos vies (cf. VIII.6), sur la base des informations que nous laissons, consciemment ou non, sur les plateformes, les réseaux, les objets connectés et les villes intelligentes. Collectées à des fins de marketing et de profilage (cf. VIII.18), nos données rémunèrent les plateformes, en échange d'une utilisation gratuite de leurs services.

Le droit européen requiert le consentement explicite et informé des citoyens avant tout traitement de données personnelles, et pose des conditions d'accès, de rectification et de retrait de ces données (cf. VIII.21). Les informations communiquées doivent être transparentes et compréhensibles pour les utilisateurs. Mais la régulation algorithmique* renforce le pouvoir des plateformes sur les utilisateurs, qui n'ont pas toujours la possibilité de faire appel des décisions ou de comprendre le processus de traitement. Nos choix et activités réduisent le champ des articles proposés par les réseaux sociaux dans la curation* des liens qui nous sont présentés sur Facebook, renforçant nos préférences. Les données sur notre santé ou notre conduite automobile issues des objets connectés (cf. VII.2), sportifs ou domestiques, pourront renseigner les assureurs et influer sur le montant de nos cotisations (cf. VIII.16). L'impact du croisement des données est méconnu et sous-estimé ; c'est parfois l'agrégation de deux sources de données anodines de manière isolée qui révélera une information et rendra un individu vulnérable à la discrimination.

Les réseaux sociaux, les applications mobiles et les objets connectés ne sont pas seuls à recueillir et analyser nos données personnelles. Les administrations utilisent des plateformes pour calculer l'impôt, orienter les étudiants, affecter les enseignants, effectuer des statistiques, offrir des données ouvertes... Les règles d'interprétation doivent être portées à la connaissance du sujet d'une décision qui en ferait la demande, mais si le code source de l'algorithme* est fermé, les chercheurs en informatique et les militants des droits numériques ne pourront pas mener d'expertise indépendante. Les chercheurs en sciences sociales se retrouvent donc avec une masse de données issues des plateformes publiques et privées disponibles en ligne, mais ils ne peuvent pas les exploiter sans l'autorisation formelle des contributeurs, ni dans le cas de conditions contractuelles restrictives (comme Twitter). Les potentialités en terme de modélisation des comportements, des relations, de la formation de l'opinion publique sont immenses, et les conséquences pour la vie privée peu maîtrisées, dans la mesure où des données même anonymisées pourraient être agrégées avec d'autres et permettre la ré-identification des individus (cf. VIII.19). Ainsi, la mise à disposition par Wikipédia d'une interface de programmation (API*) permettant de télécharger l'historique des contributions est très utile pour les chercheurs, car elle facilite le traitement de l'ensemble des contributions à un article et l'analyse des controverses. Cependant, un effet secondaire de cette fonctionnalité est, par le traitement automatisé d'informations certes publiques, de révéler les centres d'intérêts et les opinions politiques des contributeurs.

#	Type d'information	Description	Utilisations possibles	Valeur (pour les annonceurs)
A	Démographie	Données personnelles, telles que le sexe, l'âge, la nationalité, l'origine ethnique…	Discrimination. Il s'agit du type d'information le plus réutilisé	Haute. Pour les annonceurs qui veulent cibler des utilisateurs avec des critères démographiques spécifiques
B	Traits psychologiques	Définis par les psychologues (extraversion, ouverture…)	Discrimination, par exemple dans lors d'un entretien d'embauche	Basse
C	Profil sexuel	Statuts maritaux, préférences, habitudes	Discrimination, par exemple dans le milieu du travail, de l'éducation, du logement	Haute. Pour les annonceurs qui veulent cibler les consommateurs en fonction de leur statut marital et de leur mode de vie sexuel
D	Opinions politiques	Soutien à des politiques, adhésion à un parti, militantisme	Discrimination, par exemple sur le lieu de travail ou lors d'un entretien d'embauche	Haute. Pour les annonceurs qui veulent cibler les consommateurs en fonction de leurs opinions politiques
E	Croyances religieuses	Religion déclarée (le cas échéant) et les croyances	Discrimination, par exemple pour la vente ou la location de logements, pour l'embauche ou sur le lieu de travail	Modérée. Pour les annonceurs qui veulent cibler les consommateurs en fonction de leurs croyances religieuses et culturelles
F	Éléments de santé	Addictions (tabagisme, consommation d'alcool…), état de santé, maladies, condition physique (exercices sportifs)	Discrimination, comme le refus d'octroi d'une couverture sociale ou la pratique de prix discriminatoires	Haute. Pour les annonceurs qui veulent cibler les consommateurs en fonction de leurs habitudes
G	Localisation	Caractéristiques de l'endroit et traces des anciens lieux d'habitation	Discrimination, par exemple pour l'assurance habitation, harcèlement	Haute. Pour les annonceurs qui veulent cibler les consommateurs en fonction de leur localisation ou de leur lieu d'habitation
H	Profil consommateur	Produits et marques préférés	Publicité ciblée et discrimination dans l'affichage des prix en ligne	Haute. Pour les annonceurs qui veulent cibler les consommateurs en fonction de leurs habitudes de consommation, et des objets qu'ils utilisent pour se connecter à Internet

Vue d'ensemble des utilisations possibles des traces laissées par l'utilisateur sur sa vie privée. Source : G. PETKOS *et al.*, 2015. ■

Les réponses de la société civile

Face à ces risques, l'utilisateur peut adopter des outils d'anonymisation développés par la société civile pour masquer les traces. Des *plug-ins* pour les navigateurs bloquant la traçabilité aux moteurs de recherche distribués et applications en pair-à-pair*, les alternatives techniques renforçant la *privacy-by-design* sont nombreuses (cf. III.10). Cependant, elles peuvent être difficiles d'accès, leurs interfaces sont peu ergonomiques et elles demandent d'accomplir une démarche pour sortir des plateformes prédatrices, choix pouvant mener à une exclusion de certains services liés.

Des projets de recherche tentent de sensibiliser les utilisateurs et de développer une littératie numérique* et une culture de la vie privée. L'éducation et le développement de connaissances en matière de vie privée (figure) peuvent prendre la forme de sites illustrant comment les réseaux sociaux peuvent réutiliser les données inférées en les contextualisant. Ainsi, l'application Databait du projet européen USEMP montre aux utilisateurs qui donnent accès à leur profil quelles informations peuvent être extraites à partir des données laissées sur les plateformes, et permet de prendre conscience de l'étendue des traces révélées et de la valeur des données personnelles.

En l'absence d'une régulation étatique protectrice et de mécanismes de réappropriation collective, l'autorégulation des plateformes et l'éducation du public restent des solutions limitées face à l'impact du traitement de nos traces numériques sur nos vies et notre libre-arbitre.

Références bibliographiques

• M. DULONG DE ROSNAY – *Vie privée et données personnelles*, in D. FRAU-MEIGS et A. KIYINDOU (dir.), *La diversité culturelle à l'ère du numérique : glossaire critique*, La Documentation Française, 2014.

• M. DULONG DE ROSNAY – *Les Golems du numérique. Droit d'auteur et Lex Electronica*, Presses des Mines, 2016.

• L. MERZEAU – *L'intelligence des traces*, Intellectica, 2013.

• T. VENTURINI – *Great Expectations. Méthodes quali-quantitative et analyse des réseaux sociaux*, in J. -P. FOURMENTRAUX (dir.), *L'ère post-media. Humanités digitales et cultures numériques*, Hermann, 2012.

3. De la donnée à la décision : comment réguler par les données et les algorithmes

David Restrepo Amariles et Gregory Lewkowicz

En droit, le développement des Big Data soulève au moins deux questions complémentaires. La première concerne la protection des données et de la vie privée (cf. VIII.19). La deuxième, dont il sera question ici, porte sur les transformations du droit induites par le Big Data.

L'engouement pour les perspectives offertes par le Big Data dans le champ juridique s'inscrit dans un mouvement de fond, parfois qualifié de « tournant mathématique du droit ». Il vise à améliorer la qualité et l'efficacité du droit en mobilisant les ressources des mathématiques et des sciences de l'ingénieur. Il s'illustre par le recours croissant à des études quantitatives, par la mesure du droit et de son impact par des indicateurs ou encore par l'application automatique du droit par des algorithmes*. Le Big Data complète, dans ce contexte, l'arsenal des autorités publiques et des praticiens du droit.

Le recours au Big Data en droit concerne surtout les domaines dans lesquels d'abondantes données structurées* sont disponibles, tels que le droit bancaire et financier ou le droit de la sécurité sociale. Ce sont pourtant les initiatives fiscales qui ont valeur d'exemple par leur nombre. Une étude (Ernest & Young, 2014) sur les pratiques fiscales de 86 États révélait ainsi que 69 d'entre eux avaient, en 2014, eu recours aux Big Data. L'analyse de la stratégie de l'autorité fiscale britannique (*Her Majesty's Revenue & Customs* – HRMC), fondée depuis 2009 sur l'exploitation d'une base de données et d'un logiciel d'analyse (un système dénommé « Connect »), permet ainsi de circonscrire les effets de la régulation par les données et les algorithmes. En France, la mise en place d'une stratégie similaire au moyen du « logiciel de ciblage de la fraude et valorisation des requêtes » en est encore à ses balbutiements.

Big Data et droit fiscal

Grâce au Big Data, le logiciel Connect fait émerger de l'analyse de très nombreuses données des modèles de comportement de fraude ou d'évasion fiscale et identifie les déclarations fiscales suspectes. Il permet au HRMC d'ouvrir des enquêtes au départ d'indices sérieux de fraude. Il modifie également la manière dont les agents du fisc surveillent le respect du droit fiscal.

Premièrement, le logiciel met à leur disposition des données sur les revenus et les modes de vie des contribuables auparavant difficilement accessibles et qui rendent pour partie obsolète l'examen manuel des dossiers. Connect utilise des techniques de *text* et *data mining** (cf. IV.8) afin d'extraire, d'une part, des informations contenues dans plus de 30 bases de données structurées, telles que celles des fiches de paie ou du registre foncier, et d'autre part, des données non-structurées*, telles que celles issues des réseaux sociaux ou des sites de ventes aux enchères. Un contribuable qui rend public des photographies témoignant d'un mode de vie extravagant par rapport à ses revenus déclarés, ou qui met en location un bien à l'étranger qu'il ne déclare pas, est ainsi signalé par Connect comme une cible pour l'administration.

Deuxièmement, le logiciel limite le pouvoir d'appréciation de l'agent en charge du contrôle quant à l'opportunité d'enquêter. La confiance dans la puissance d'exploration des données de Connect rend en effet difficile de justifier d'écarter l'examen d'un dossier identifié par le logiciel. En 2014, 83 % des enquêtes fiscales ouvertes au Royaume-Uni ont d'ailleurs fait suite à un signalement du logiciel.

Troisièmement, Connect automatise l'application du droit et limite d'autant le pouvoir d'interprétation de la règle par l'agent du fisc. En effet, les algorithmes mis en œuvre intègrent une certaine interprétation des règles juridiques, en fonction de laquelle ils extraient et analysent les données. À terme, le logiciel a d'ailleurs vocation à établir le montant dont le contribuable devrait s'acquitter en appliquant directement les règles fiscales aux éléments factuels collectés. Pour les impôts indirects, on observe d'ailleurs en 2016 que les débats entre le fisc et les contribuables portent de moins en moins sur la soumission à l'impôt de telle ou telle transaction, mais sur le périmètre de l'ensemble de données le plus pertinent pour établir l'impôt.

De la règle au code

Le cas du programme Connect montre que l'utilisation du Big Data dans le domaine fiscal, de la collecte des données à la décision, n'affecte pas uniquement les méthodes de contrôle. En limitant le rôle de l'examen manuel, en définissant le périmètre des informations pertinentes, en identifiant les contribuables à contrôler et en appliquant une certaine interprétation du droit fiscal pour déterminer l'impôt, l'initiative du HRMC modifie le contenu de la règle fiscale, car il en modifie fondamentalement l'application. En pratique, la règle est remplacée par les normes mises en

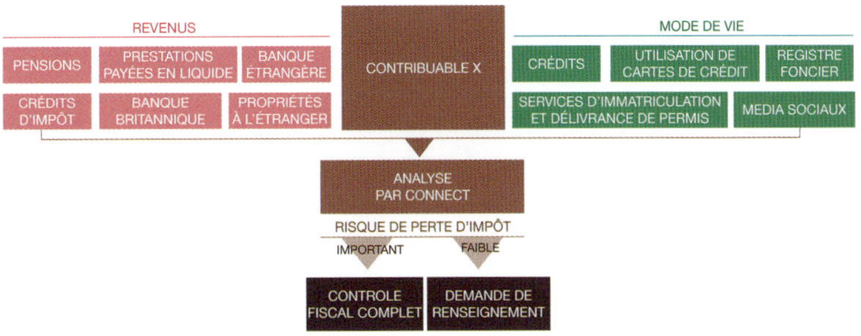

Mode de fonctionnement du logiciel *HRMC Connect*. Source : Accountancy and business advisory firm, BDO LLP. ■

œuvre par le logiciel et les indices de fraude qu'il utilise déterminent les standards à respecter. Les contribuables y adaptent d'ailleurs leur comportement ainsi que leur argumentation dans leurs litiges avec le fisc.

L'exemple fiscal met en exergue les implications générales de la régulation par les données et les algorithmes. Premièrement, la prépondérance de l'opinion experte cède le pas aux données. La rédaction d'un contrat respectant les standards de marché ne se fera plus sur la base de l'expertise de l'avocat chargé de sa rédaction, mais sur la base d'un logiciel tel que Bloomberg Law : Coporate Transactions qui vérifiera les variations entre les clauses du contrat proposé et celles qui sont statistiquement les plus fréquentes dans ses bases de données. Cette évolution n'est pas neutre sur le plan des valeurs véhiculées par le droit. On a ainsi pu montrer que dans le domaine des contrôles policiers, l'utilisation du Big Data pouvait renforcer les discriminations à l'égard de groupes défavorisés de la société en amplifiant celles dont les données de départ portent la trace. Deuxièmement, le droit cesse d'appréhender tout cas comme l'application contestable de règles aux faits de la cause. Le Big Data présuppose un monde déjà juridiquement chargé, où l'appréhension des faits, leur qualification et leur examen à la lumière des règles sont intriqués dans un même processus et quasiment indiscernables. Le code et les opérations du logiciel remplacent aussi tendanciellement la règle juridique. À ce titre, la régulation par les donnés et les algorithmes mérite toute l'attention des pouvoirs publics, des juristes et des citoyens.

Références bibliographiques

- *Big Data entre régulation et architecture*, Statistique et Société, 2014.
- L. B. MOSES et J. CHAN – *Using Big Data for Legal and Law Enforcement Decisions: Testing the New Tools*, University of New South Wales Law Journal, vol. 37, n° 2, 2014.
- OECD – *Technologies for Better Tax Administration. A Practical Guide for Revenue Bodies*, OECD Publishing, 2016.
- D. RESTREPO AMARILES – *The Mathematical turn. L'indicateur 'Rule of Law' dans la politique du développement de la Banque Mondiale*, in B. FRYDMAN et A. VAN WAYENBERGE (éd.), *Gouverner par les standards et les indicateurs. De Hume au Rankings*, Bruylant, 2014.

4. Algorithmes et traitement des données

Christine Froidevaux et Bruno Defude

La notion d'« algorithme* » remonte à l'Antiquité (algorithme d'Euclide qui calcule le plus grand commun diviseur de deux nombres), mais depuis l'avènement de l'informatique au XXe siècle, elle est au cœur de cette science. Aujourd'hui, le terme est utilisé partout et on parle de « *loyauté des algorithmes* » (Christine Balagué), d'« *intermédiation algorithmique* » (Stéphane Grumbach), ou encore de « *gouvernementalité algorithmique* » (Antoinette Rouvroy). Les algorithmes envahissent notre vie quotidienne et seraient responsables de tout, de la détection de réseaux cybercriminels à la victoire au jeu de Go. Ils ont leurs fans et leurs détracteurs. Mais qu'est-ce qu'un algorithme ?

Notion d'algorithme

Le mot « algorithme » provient du nom du mathématicien persan Al-Khoarizmi (IXe siècle), qui fit le lien avec les connaissances mathématiques issues de l'Inde (dont le système de numération décimale). Dans son acception classique, un algorithme est une suite finie d'opérations ou d'actions agencées afin d'effectuer un calcul ou de résoudre un problème. Au-delà des calculs mathématiques, citons les algorithmes de tri dans une table, ou de recherche de plus court chemin des GPS*. Une recette de cuisine peut aussi être vue comme un algorithme.

La première question qu'il faut se poser à propos d'un algorithme est : « que fait-il ? ». Pour y répondre, il faut le spécifier, c'est-à-dire préciser les données qu'il prend en entrée (pour une recette, les ingrédients ; pour le tri, une colonne de noms d'auteurs dans une table) et la sortie attendue après son exécution (un baba au rhum ou la colonne des noms d'auteurs triés selon la relation d'ordre). La question suivante est : « comment le fait-il ? ». Pour y répondre, il faut donner la liste des opérations à effectuer. Le « tri par insertion » (méthode du joueur de cartes qui range ses cartes au fur et à mesure qu'elles sont distribuées) permet de trier successivement les noms du tableau : à une étape donnée, il insère un nom non encore rangé à sa bonne position parmi les noms précédents triés entre eux (figure 1). Ensuite se pose la question de sa correction : « le résultat obtenu est-il le résultat attendu ? » ; et de sa terminaison : « le résultat est-il produit en un temps fini ? ». Ces questions sont fondamentales, car, par exemple, si un automobiliste souhaite aller de Paris à Marseille, il ne veut pas arriver à Caen, et il ne faut pas que le GPS le fasse rouler indéfiniment sur le périphérique sans indiquer de sortie. Plusieurs algorithmes de tri ont la même spécification, mais procèdent différemment. Ces algorithmes, destinés à être implémentés dans un langage de programmation et exécutés sur un ordinateur, ne vont pas avoir la

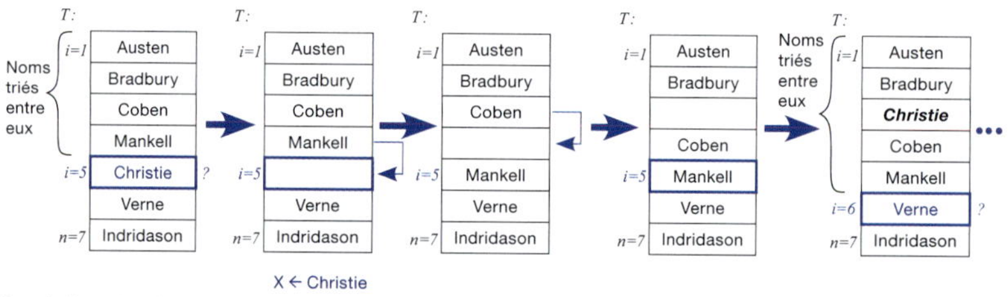

<u>Pour i allant de 2 à n faire</u>
{ ranger T [i] parmi les i-1 premiers éléments triés entre eux en le stockant dans X, puis en procédant par décalage successif des éléments rencontrés jusqu'à trouver un élément plus petit que T [i] ou arriver à la première case du tableau}
<u>finpour</u>;

Fig. 1 – Tri par insertion. ■

même efficacité en termes des ressources utilisées (temps, espace) selon les données en entrée. L'analyse de la complexité d'un algorithme cherche à évaluer l'efficacité d'un algorithme par une valeur dépendant, en général, de la taille des données en entrée. En particulier, il faut se demander si l'algorithme produit un résultat dans un temps raisonnable. Ces questions sont au cœur de problématiques ardues liées aux notions de calculabilité et de complexité.

Algorithme de tri de fichier

Trier une collection de données est un besoin quotidien. Comme il serait difficile de rechercher un mot dans un dictionnaire si celui-ci n'était pas trié ! L'algorithme du « tri par insertion » suppose que l'opération d'insertion a un coût raisonnable. C'est le cas pour les cartes, mais ce n'est pas forcément vrai avec des données. Lorsque la taille des données devient importante (imaginons une collection de plusieurs millions d'éléments), alors le stockage doit se faire dans des fichiers en mémoire secondaire et non en mémoire vive. L'accès est alors beaucoup plus lent et surtout il est séquentiel, c'est-à-dire que l'on ne peut accéder au i-ème élément qu'après avoir préalablement lu les i−1 précédents (comme avec une cassette vidéo). L'insertion nécessite un autre support de stockage, sur lequel on va recopier les éléments en plaçant l'élément à insérer au bon endroit. L'opération est très coûteuse puisque pour chaque insertion, il faut lire et écrire l'ensemble des données. Le tri par éclatement-fusion (figure 2) est plus adapté au tri de grandes collections. Il utilise quatre fichiers : celui qui stocke la collection de données à trier, deux autres qui vont servir à la phase d'éclatement et enfin un quatrième qui va servir à la phase de fusion. La phase d'éclatement lit le fichier d'entrée séquentiellement et va distribuer alternativement chaque sous-séquence déjà triée vers les fichiers intermédiaires. Sur la figure 2, le fichier source comprend trois sous-séquences triées qui sont distribuées sur les deux fichiers intermédiaires (2 sur le premier fichier et 1 sur le deuxième). La phase de fusion prend en entrée les deux fichiers intermédiaires. Elle va fusionner deux à deux les sous-séquences des deux fichiers intermédiaires en une nouvelle sous-séquence de taille égale à la somme des tailles des sous-séquences fusionnées. On itère les phases de fusion/éclatement jusqu'à ce que le fichier fusionné soit trié. A chaque étape de fusion le nombre de sous-séquences est divisé par deux.

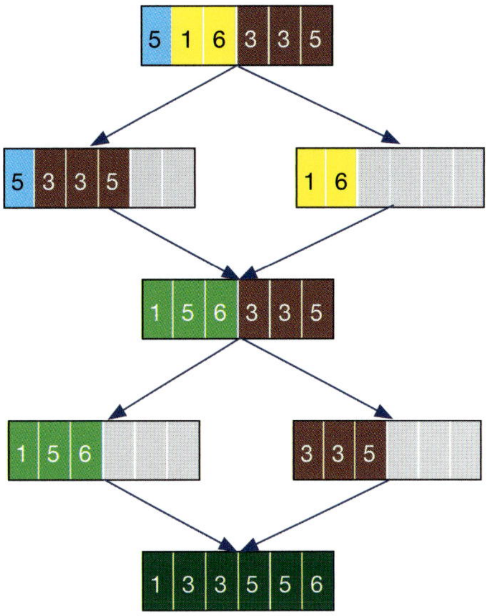

Fig. 2 – Tri par fusion-éclatement. Dans la première phase de fusion, on fusionne la première sous-séquence de chaque fichier intermédiaire (la bleue avec la jaune, pour donner la verte), puis la deuxième (la marron avec rien, ce qui laisse la marron inchangée). ■

Dans le pire cas (la source est triée dans l'ordre inverse et comprend donc autant de sous-séquences triées que d'éléments), il faut de l'ordre de $\log_2(N)$ phases de fusion-éclatement pour obtenir le résultat (N étant le nombre d'éléments du fichier source). À chaque phase on fait N lectures et N écritures, il faut donc de l'ordre de $N \log_2(N)$ opérations.

En conclusion, l'exécution d'un algorithme ne peut produire que ce pour quoi il a été écrit, conformément à sa spécification. La nouveauté, à l'heure des Big Data, est l'exécution d'algorithmes complexes sur des données dont la taille croît exponentiellement. Cela implique un traitement parallèle des algorithmes sur plusieurs dizaines, voire milliers de machines. Ainsi, en 2015, un programme parallèle a trié 100 téraoctets en 377 secondes lors d'un concours (le Sort Benchmark).

Référence bibliographique

- T. H. CORMEN – *Algorithmes. Notions de base*, Dunod, 2013.

5. Approche algébrique de la manipulation des données

François Goasdoué et Virginie Thion

Depuis 1970, l'avènement de l'informatique a profondément bouleversé le fonctionnement de notre société en la faisant basculer dans l'ère numérique. Aujourd'hui, le fonctionnement et la création de richesses des organisations reposent sur l'exploitation de données « métier » numériques, appelées bases de données. Leur stockage et leur manipulation sont dévolus à des logiciels nommés « Systèmes de Gestion de Bases de Données » (SGBD*). Il existe une grande diversité de ces systèmes, qui se distinguent par les modèles mathématiques de représentation des données qu'ils adoptent. Le modèle relationnel, le plus ancien et de loin le plus utilisé aujourd'hui, fut proposé en 1970 par Edgar Frank Codd, alors chercheur chez IBM, qui reçut le prix Turing en 1981 pour ses travaux jugés fondamentaux. C'est sur ce modèle que se fondent les principaux SGBD modernes, qu'ils soient commerciaux (tels Oracle de la société éponyme, DB2 d'IBM et SQL* Server de Microsoft) ou libres (tels MySQL et PostgreSQL).

Modèle relationnel

Le modèle relationnel organise les données au sein de relations (ou tables), au sens de la logique mathématique. Chacune représente un concept d'un domaine d'application décrit par ses caractéristiques d'intérêt appelées « attributs* ». Ainsi, le concept « livre » peut être représenté par un numéro ISBN, un titre, une année et un auteur. Une relation permet de stocker des instances du concept décrit, appelées « tuples » (ou lignes), en donnant des valeurs concrètes à ses attributs (ou colonnes).

Le modèle relationnel permet également d'exprimer des contraintes dites « d'intégrité » sur les données ainsi stockées, afin de les caractériser plus finement. Les contraintes les plus courantes, disponibles dans tous les SGBD, sont celles d'unicité (clef) et d'inclusion (référence). Une contrainte de clef permet d'identifier de façon unique les tuples d'une relation et donc de retrouver tout tuple préalablement stocké. Ceci est réalisé en spécifiant l'ensemble d'attributs, dit « clef », sur lesquels les tuples ne peuvent être deux-à-deux égaux. Par exemple, dans la figure 1, *isbn* est la clef de *Livres* et *id_auteur* celle d'*Auteurs*. Une contrainte d'inclusion (ou référentielle) restreint les valeurs possibles d'un ensemble d'attributs à celles d'un autre ensemble d'attributs d'une même ou d'une autre relation. Ainsi, la contrainte *Livres [id_auteur]* $\subseteq$ *Auteurs [id_auteur]* impose que les livres stockés dans la relation *Livres* n'aient que des auteurs stockés dans la relation *Auteurs*.

Algèbre relationnelle

L'algèbre relationnelle est un langage formel d'interrogation permettant d'exprimer des questions, appelées « requêtes », sur les données représentées selon le modèle relationnel. Le langage de requête standardisé des SGBD modernes, SQL, se fonde sur cette algèbre. Une requête s'exprime à l'aide d'opérateurs algébriques s'appliquant à des relations et produit une nouvelle

Livres

isbn	*titre*	*année*	*id_auteur*
2268068781	*Orgueil et Préjugés*	*1813*	*jausten*
2070415732	*Fahrenheit 451*	*1953*	*rbradbur*
2253160865	*L'île mystérieuse*	*1875*	*jverne*
2753201692	*De la Terre à la Lune*	*1865*	*jverne*
2253029343	*Mort sur le Nil*	*1937*	*achristie*

Auteurs

id_auteur	*prénom*	*nom*	*nationalité*
achristie	*Agatha*	*Christie*	*en*
jausten	*Jane*	*Austen*	*en*
jverne	*Jules*	*Verne*	*fr*
rbradbur	*Ray*	*Bradbury*	*us*

Fig. 1 – **Exemple d'une base de données à deux relations « Livres » et « Auteurs », selon la représentation tabulaire usuelle.** À chaque relation correspond une table dont les colonnes sont les attributs* et les lignes sont les tuples. ■

$\pi_{titre,\ année}(\sigma_{nationalité\ =\ fr\ ET\ année\ <\ 1870}(Livres \bowtie Auteurs))$

titre	année
De la Terre à la Lune	1865

↑ π

$\sigma_{nationalité\ =\ fr\ ET\ année\ <\ 1870}(Livres \bowtie Auteurs)$

isbn	titre	année	id_auteur	prénom	nom	nationalité
2753201692	De la Terre à la Lune	1865	jverne	Jules	Verne	fr

↑ σ

Livres ⋈ *Auteurs*

isbn	titre	année	id_auteur	prénom	nom	nationalité
2268068781	Orgueil et Préjugés	1813	jausten	Jane	Austen	en
2070415732	Fahrenheit 451	1953	rbradbur	Ray	Bradbury	us
2253160865	L'île mystérieuse	1875	jverne	Jules	Verne	fr
2753201692	De la Terre à la Lune	1865	jverne	Jules	Verne	fr
2253029343	Mort sur le Nil	1937	achristie	Agatha	Christie	en

⋈

Livres

isbn	titre	année	id_auteur
2268068781	Orgueil et Préjugés	1813	jausten
2070415732	Fahrenheit 451	1953	rbradbur
2253160865	L'île mystérieuse	1875	jverne
2753201692	De la Terre à la Lune	1865	jverne
2253029343	Mort sur le Nil	1937	achristie

Auteurs

id_auteur	prénom	nom	nationalité
achristie	Agatha	Christie	en
jausten	Jane	Austen	en
jverne	Jules	Verne	fr
rbradbur	Ray	Bradbury	us

Fig. 2 – **Recherche des titre et année des livres d'auteurs français datant d'avant 1870 (à lire de bas en haut).** ■

relation stockant ses réponses. À cette nouvelle relation peut aussi s'appliquer un opérateur afin d'exprimer récursivement des requêtes complexes (des requêtes s'exprimant à l'aide d'autres requêtes).

Parmi les opérateurs disponibles, certains, s'appliquant à une unique relation, permettent d'en extraire des attributs ou tuples, ou encore de modifier des noms d'attribut. Il s'agit des opérateurs de projection π, de sélection σ et de renommage ρ. La requête $\pi_{titre,\ année}$ *(Livres)* extrait les titre et année des livres stockées dans la relation *Livres*. Elle produit une relation dont les attributs sont *titre* et *année*, et dont les tuples sont (*Orgueil et Préjugés*, 1813), (*Fahrenheit 451*, 1953), (*L'Île mystérieuse*, 1875), (*De la Terre à la Lune*, 1865) et (*Mort sur le Nil*, 1937). La requête $\sigma_{nationalité\ =\ fr}$ *(Auteurs)* sélectionne quant à elle les auteurs français stockés dans la relation *Auteurs*. Elle produit une copie d'*Auteurs* restreinte à l'unique tuple (jverne, Jules, Verne, fr), le seul satisfaisant la condition de sélection *nationalité = fr*. Enfin, la requête $\rho_{id\_auteur \rightarrow identifiant}$ *(Auteurs)* produit une copie d'*Auteurs* dans laquelle l'attribut (tête de colonne) *id_auteur* est renommé en *identifiant*. D'autres opérateurs de l'algèbre s'appliquent à deux relations. L'un des plus populaires est la jointure ⋈ qui permet de recouper les données de deux relations sur leurs attributs communs. Par exemple, la requête *Livres* ⋈ *Auteurs* correspond à l'association des livres à leurs auteurs, en joignant les tuples de *Livres* et *Auteurs* coïncidant sur l'attribut commun *id_auteur* (figure 2). D'autres opérateurs existent, par exemple des opérateurs ensemblistes d'union ∪, d'intersection ∩ ou de différence \, manipulant les relations comme des ensembles de tuples.

L'intérêt de l'algèbre va bien au-delà de la possibilité d'exprimer des requêtes complexes. Tout d'abord, la requête est porteuse d'une procédure de calcul de son résultat. La figure 2 illustre ce lien entre requête et calcul pour la recherche « des titre et année des livres d'auteur français datant d'avant 1870 ». Ensuite, c'est ce lien sur lequel se fonde l'optimisation du calcul des requêtes dans les SGBD : il s'agit de trouver automatiquement parmi les requêtes équivalentes à la requête posée, c'est-à-dire aboutissant au même résultat, celle porteuse du calcul le plus performant.

Vers de nouveaux modèles de données

Le modèle relationnel coexiste aujourd'hui aux côtés d'autres modèles organisant les données sous forme d'arbre (JSON*, XML*) ou encore de graphe (RDF*). Les algèbres associées à ces modèles sont largement inspirées de l'algèbre relationnelle. On y retrouve la plupart de ses opérateurs, adaptés à la nouvelle organisation des données, ainsi que quelques opérateurs spécifiques permettant, par exemple, la navigation entre deux nœuds d'un arbre ou graphe sans spécifier explicitement le chemin à emprunter.

Références bibliographiques

- S. ABITEBOUL, R. HULL et V. VIANU – *Fondements des bases de données*, Vuibert, 2000.
- G. GARDARIN – *Bases de données*, Eyrolles, 2003.

7. Les chaînes de traitement de données et le partage d'expériences scientifiques

Sarah Cohen-Boulakia et Patrick Valduriez

Une chaîne de traitement de données permet de découper un processus applicatif en étapes distinctes, correspondant à des opérations sur les données. Avec le Big Data, ces opérations peuvent être nombreuses et complexes, comme le chargement des données d'entrée, le nettoyage, l'intégration, l'analyse et la production de données de sortie. Les données d'entrée peuvent provenir de sources multiples, internes à l'organisation ou externes (bases de données publiques), avec des sens différents, rendant leur unification (ou intégration) difficile. Les opérations sur les données peuvent faire appel à des outils très divers. Ainsi, le développement d'une chaîne de traitement peut se révéler extrêmement difficile, car il faut modéliser la décomposition du traitement en étapes et programmer l'enchaînement des exécutions d'opérations (tâches). Une approche très répandue consiste à utiliser des langages de scripts pour développer ces chaînes, mais cette approche pose de gros problèmes de maintenance et ne favorise pas le partage. De nombreux domaines, comme l'astronomie, la biologie, la climatologie ou la séismologie ne peuvent plus progresser sans de nombreuses expériences numériques qui consomment et produisent de grandes quantités de données à analyser. Ces chaînes de traitement peuvent alors être gérées sous forme de workflows scientifiques, supportés par des systèmes de plus en plus sophistiqués.

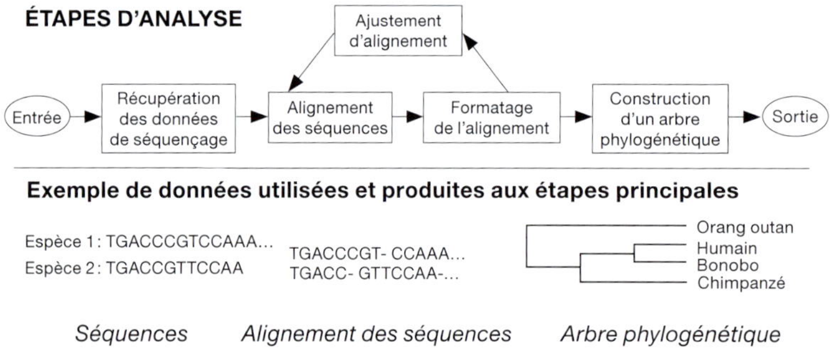

Fig. 1 – **Exemple d'étapes d'analyse de données.** Un ensemble de séquences d'ADN* de plusieurs espèces sont collectées puis alignées, c'est-à-dire comparées pour faire apparaître leurs points communs et leurs différences. L'alignement peut être modifié par l'utilisateur et le résultat doit être mis au format attendu par l'étape de construction d'arbre phylogénétique. Enfin, un arbre phylogénétique est produit, proposant une histoire dans l'évolution des espèces dont les séquences ont été prises en entrée de la première étape (dans l'exemple proposé, l'humain et le bonobo ont un ancêtre commun, qui a lui-même un ancêtre commun avec le chimpanzé...). ■

Workflows scientifiques

Un workflow est l'automatisation d'un processus sous forme de flux d'opérations à réaliser pour accomplir un ensemble de tâches dans un but précis. Les workflows métiers sont utilisés dans les entreprises pour modéliser et automatiser les flux d'information, comme le circuit de traitement d'un document administratif, de sa vérification jusqu'à son approbation. Les workflows scientifiques sont plus complexes, car ils capturent la méthodologie d'analyse suivie par le scientifique et permettent de modéliser et de réaliser des expériences ou simulations numériques.

Un workflow scientifique est en général représenté par un graphe orienté, dont les nœuds représentent les tâches de traitement de données et les arcs les dépendances entre ces tâches, et donc l'ordre dans lequel elles seront exécutées. Cette représentation permet de raisonner sur un aspect essentiel lorsqu'il s'agit de travailler avec de grandes quantités de données expérimentales : les flux de données entre tâches. La description de chaque tâche est précise et inclut les types de paramètres, de données d'entrée et de sortie, les méthodes et outils, ainsi que les ressources de calcul nécessaires. Un workflow peut être exécuté plusieurs fois, en variant les données d'entrée et les valeurs de paramètres, générant ainsi des résultats potentiellement différents. Comprendre et interpréter ces résultats nécessitent de garder la trace précise de chaque exécution. La provenance des données est en effet très importante, elle permet notamment de garantir la reproductibilité des résultats. Face aux niveaux de qualité variable des données scientifiques, qui reflètent des expertises, il convient de toujours se renseigner sur la provenance d'une donnée : source qui la fournit, outils ou techniques et éventuellement autres données ayant été utilisés pour la générer.

Le cycle de vie d'un workflow scientifique décrit en quatre phases ses transitions d'état depuis sa création jusqu'à sa fin : (1) modélisation et composition du workflow ; (2) déploiement du workflow, en associant les outils et ressources nécessaires à son exécution ; (3) exécution du workflow, en lui fournissant valeurs de paramètres et de données ; (4) analyse des données produites par le workflow.

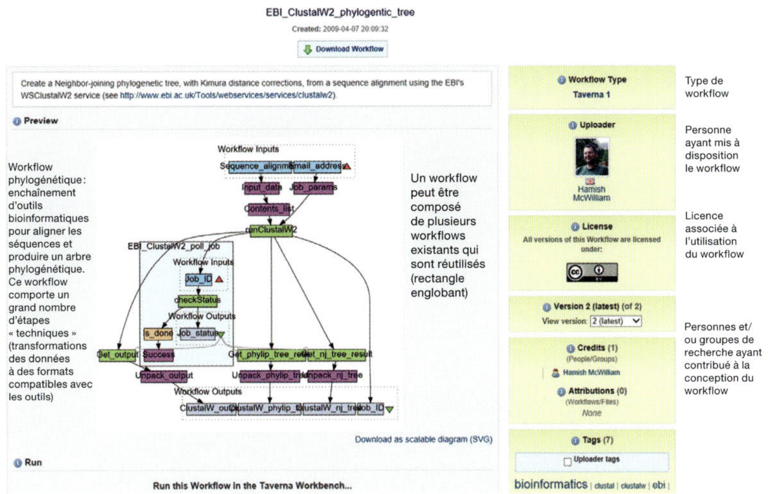

Fig. 2 – Page de myExperiment décrivant un workflow (partagé, réutilisable) pour produire des arbres phylogénétiques à partir de séquences d'ADN. ■

Systèmes de gestion de workflows

Un système de gestion de workflows scientifiques permet de gérer le cycle de vie des workflows et leur monitoring inclut leur exécution dans différents environnements (serveur local, *cluster** de machines, *grid*, *cloud**) et la gestion des données de provenance. Pegasus, Swift, Taverna, Galaxy sont des systèmes très utilisés dans divers domaines scientifiques. Ces systèmes possèdent différentes fonctionnalités (certains ont une interface graphique) et visent divers environnements d'exécution (avec ordonnancement et l'exécution parallèle de tâches dans des infrastructures de type *cluster*, *grid* ou *cloud*). Lorsqu'elles sont représentées sous la forme de workflows, les expériences et les outils qui les composent peuvent être facilement partagés entre utilisateurs. Par exemple, la figure 1 représente une analyse bio-informatique qui vise à construire, à partir de séquences d'ADN, un arbre phylogénétique reflétant l'évolution possible d'un ensemble d'espèces. La figure 2 introduit un exemple de workflow qui implémente concrètement cette analyse (enchaînement automatique d'outils pour générer un arbre). Ce workflow est mis à disposition pour la communauté par l'utilisation de la plateforme myExperiment, qui attire 10 000 utilisateurs et héberge plus de 3 700 workflows. Ce type de plateforme permet la réutilisation d'expériences, depuis la vérification d'un résultat jusqu'à l'adaptation d'une expérience dans un nouveau contexte. L'interrogation effective et efficace du contenu de ces plateformes fait partie des enjeux majeurs du domaine.

Références bibliographiques

• S. COHEN-BOULAKIA et P. VALDURIEZ – *Traitement de données bio-informatiques massives (Big Data)*, Rapport de recherche, Inria Sophia Antipolis, 2016.
• S. COHEN-BOULAKIA et P. VALDURIEZ – *Interrogation et gestion de données bio-informatiques pour la biologie moléculaire*, Techniques de l'ingénieur Analyse et mesure en biotechnologie, 2016.

8. Performance et optimisation

Ioana Manolescu-Goujot

Grâce aux langages déclaratifs pour l'interrogation de données (cf. III.6) les utilisateurs n'ont plus à choisir une méthode d'évaluation efficace pour leurs requêtes. Néanmoins cette tâche reste cruciale, car comme l'a si bien résumé Bruce Lindsay, ingénieur chez IBM, la performance d'usage est la clé de l'utilité et de l'intérêt des données : « *Il y a trois choses dont il faut tenir compte en ce qui concerne les bases de données : il s'agit de la performance, de... la performance et... de la performance.* » Le choix de la méthode à utiliser pour évaluer une requête dans un Système de Gestion de Bases de Données (SGBD*) est confié à un module appelé « optimiseur ». Ainsi, pour une recherche portant sur les titres et années de parutions des livres d'auteurs français d'avant 1870, l'optimiseur commence par traduire la requête en un plan logique composé d'opérateurs élémentaires (comme la jointure, la sélection ou la projection), chacun prenant en entrée le résultat des opérateurs précédents, jusqu'à celui qui calcule le résultat final (cf. III.5). Comme un SGBD fournit plusieurs implémentations pour chacun de ces opérateurs, l'optimiseur doit opérer un premier choix parmi elles, puis un second dans l'ordre relatif de l'évaluation des opérateurs. Si l'on considère une extension de la requête qui récupère aussi les commentaires littéraires parus au sujet de chaque livre satisfaisant la sélection, une jointure (⋈) de plus est nécessaire entre Livre et Commentaires ; et il faudra donc décider du meilleur ordre relatif de deux jointures, une sélection (σ) et une projection (π) (figure 1). Pour une requête sur N relations, le nombre de plans possibles est de l'ordre de *2N*N !*, où *N !* désigne la factorielle de *N*. Une recherche exhaustive pour le meilleur plan est donc impossible, ce qui motive de nouvelles recherches, dont le but est d'identifier en temps raisonnable un plan à performances acceptables.

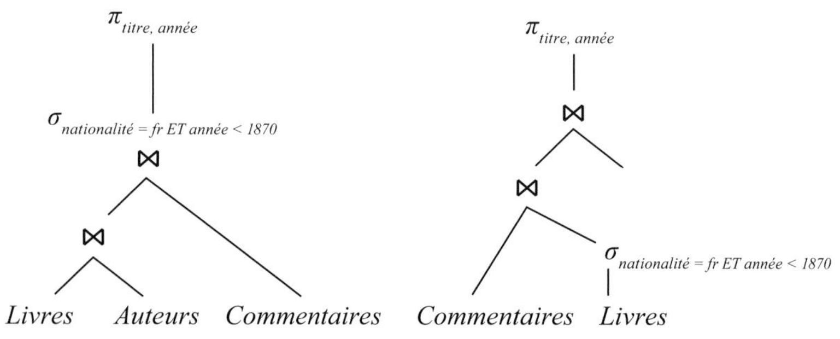

Fig. 1 – **Deux plans possibles pour une requête sur trois relations.** ■

Implémentation des opérateurs algébriques

Comment implémenter la sélection qui recherche les livres écrits avant 1870 et dont l'auteur est Français ? Le plus simple est de parcourir toute la relation *Livres* en vérifiant si chaque enregistrement satisfait les conditions mais le temps d'exécution de cette méthode peut être élevé. Une optimisation* consiste à établir un index, c'est-à-dire une structure de données stockée dans la base tout comme la relation, mais construite pour accélérer un certain type de recherches. Par exemple, un index des livres par la nationalité permet d'accéder directement à tous les livres d'auteurs français ; et il est alors plus rapide de vérifier l'année de parution pour chacun des enregistrements ainsi obtenus. On peut construire des index pour accélérer une recherche par intervalle (comme *année < 1870*), créer un index sur plusieurs attributs à la fois, etc.

Concernant l'opérateur de jointure, l'algorithme naïf permettant son implémentation procède par « boucles imbriquées ». Pour chaque enregistrement d'une relation, on vérifie la condition de jointure entre celui-ci et chaque enregistrement de l'autre relation. Le coût de cet algorithme est très élevé, car il est proportionnel au produit des tailles des entrées. Un algorithme bien plus efficace s'appuie sur la technique de « *hashage* ». Une des deux relations à joindre, disons *Livres*, est partitionnée dans un ensemble de partitions, appelés « *buckets* », de telle sorte que si deux livres ont le même auteur, ils seront certainement dans la même partition, mais le contraire n'est pas forcément vrai. Comme les partitions sont idéalement construites en mémoire, on partitionne la relation la plus petite. Une fois ce partitionnement fini, l'algorithme traverse l'autre relation, disons *Auteurs*, et pour chaque enregistrement, détermine à partir de son attribut *id_auteur* quelle est la partition des *Livres* dans laquelle les livres de cet auteur pourraient se trouver. Cette partition est par la suite examinée et les résultats de jointure s'appuyant sur l'enregistrement courant de la relation *Auteurs* sont construits, s'il y en a (figure 2). L'algorithme continue jusqu'à finir la traversée de la deuxième relation. Cet algorithme plus efficace ne traverse chaque relation qu'une fois.

Une technique d'évaluation des jointures dans un contexte réparti s'appuie aussi sur le partitionnement. Supposons que nous disposons d'un nombre *M* de machines qui peuvent être mobilisées pour évaluer la jointure des *Livres* et des *Auteurs*. On partitionne alors les *Livres* de sorte que tous les enregistrements aient la même valeur pour *id_auteur*, puis on fait de même avec la relation *Auteurs*. Par la suite, les partitions sont réparties entre les *M* machines, prenant soin

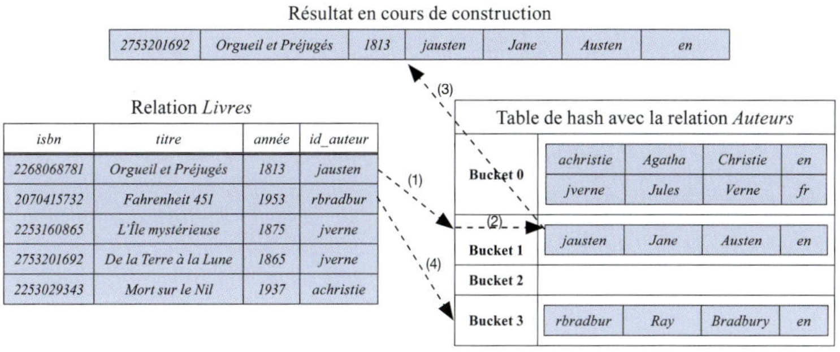

Fig. 2 – Jointure par hashage, état intermédiaire d'exécution. ■

qu'une partition d'*Auteurs* ayant un certain *id_auteur* se trouve sur la même machine que la partition de *Livres* correspondant au même auteur. Une fois les données réparties, chaque machine évalue sa part du résultat de la jointure, puis envoie ses résultats sur le site où le résultat est attendu.

La performance des opérateurs

Chaque algorithme implémentant un opérateur effectue un certain nombre d'opérations : pour lire des données depuis le disque ou en écrire, pour évaluer des opérations arithmétiques dans le processeur, ou pour transférer les données d'un site à l'autre, si les relations sont réparties sur plusieurs sites. La performance d'un tel algorithme est évaluée par le temps mis pour effectuer toutes ses opérations, notamment ses accès au disque, souvent beaucoup plus lents que les opérations en mémoire. D'autres caractéristiques des algorithmes sont prises en compte par l'optimiseur, telles que : les besoins d'espace mémoire, la capacité de produire les premiers résultats rapidement, la consommation d'énergie, ou encore le coût éventuel facturé pour la consommation de ressources système.

La tâche de l'optimiseur est donc d'examiner un sous-ensemble de tous les ordonnancements possibles (plans) pour une requête donnée, tenant compte aussi des implémentations disponibles pour chaque opérateur, et de choisir un plan ainsi qu'une implémentation pour chaque opérateur. Pour cela, l'optimiseur s'appuie sur une fonction d'estimation, qui prédit le coût total du plan ainsi que des consommations (mémoire, réseau, énergie...) Différents objectifs intéressants dans l'optimisation sont mutuellement incompatibles, ainsi le plan choisi résulte d'un certain compromis. Traditionnellement, les optimiseurs des SGBD ont privilégié la réduction du temps d'évaluation d'un plan. Les capacités d'évaluation parallèle disponibles dans les architectures récentes, telles les processeurs multicœur et surtout les plateformes distribuées de type *cluster** ou *cloud**, apportent des grands changements de stratégie dans les optimiseurs modernes, qui privilégient désormais le parallélisme.

Référence bibliographique

- H. KORTH, S. SUDARSHAN et A. SILBERSCHATZ – *Database System Concepts*, McGraw-Hill Education, 2010.

9. L'intégration de données massives, hétérogènes et distribuées

Bernd Amann et Daniela Grigori

Beaucoup d'activités humaines, comme l'économie, la science, la politique ou la guerre dépendent depuis toujours des moyens d'échange et d'intégration d'informations et de connaissances disponibles. Avec l'apparition du Web, ces liens se sont démultipliés, grâce à la possibilité de partager des informations en temps réel et à l'échelle mondiale.

Le défi de l'hétérogénéité

L'intégration des données* a pour objectif de fournir un accès unifié aux données résidant dans des sources nombreuses et diverses. Prenons comme exemple un moteur de recherche qui permet à ses clients de chercher et de comparer des offres et des demandes immobilières proposées par différentes agences. Ce moteur est construit au-dessus d'un système d'intégration, qui rassemble les annonces publiées par les agences immobilières et les combine avec des sources de données sur les prix de vente, sur les facilités urbaines pour chaque quartier (écoles, parcs, activités sportives)... Il offre ainsi à ses clients une interface unique pour poser des requêtes, en évitant l'effort de consulter plusieurs sources, de remplir les mêmes informations dans des formulaires différents et d'agréger les informations obtenues.

Un tel système d'intégration doit résoudre de multiples problèmes liés à la diversité ou à l'hétérogénéité des technologies et des modèles utilisées par les sources pour la représentation et l'accès aux données. Par exemple, une agence A utilise un Système de Gestion de Base de Données (SGBD*) relationnel, qui représente et gère les données sous forme de tables, tandis qu'une autre agence B exploite une technologie NoSQL* pour modéliser et gérer les mêmes types d'informations avec des structures de données plus complexes, comme des arbres ou des graphes. Le concept de « service de données* » s'appuie sur des formats et des protocoles standardisés pour fournir au système d'intégration une interface d'accès uniforme à ces différentes sources et technologies et pour gérer les problèmes de sauvegarde, de sécurité, de protection, de performance... Cette première étape d'intégration physique résout le problème d'hétérogénéité des plateformes matérielles et logicielles en transformant des sources en services de données. Cependant, l'organisation logique des informations n'est pas prise en compte par cette étape et peut varier considérablement entre les différents services de données. Par exemple, les agences de location et de vente utilisent souvent des vocabulaires et des critères différents pour décrire et chercher des logements. L'agence A permet ainsi, par exemple, de chercher un appartement dans un rayon autour d'une adresse précisée, tandis que l'agence B autorise uniquement d'indiquer la proximité avec des points d'intérêts (POI) comme des gares, des écoles ou des centres commerciaux. L'intégration logique consiste alors à définir un schéma d'intégration global, qui sert comme référence pour résoudre cette hétérogénéité entre les sources.

On distingue deux approches générales d'intégration de données. Dans la première approche, dite « entrepôt de données* », les données sources sont extraites et transformées en amont vers le schéma global pour être chargées dans un entrepôt de données (cf. IV.6). Dans la seconde approche, dite « médiation de requêtes* », le schéma d'intégration définit une interface qui ne transforme pas les données sources, mais traduit les requêtes de l'utilisateur en requêtes sources évaluées par les services de données. Les services de données évaluent les requêtes reçues par le médiateur sur les sources, récupèrent les réponses et les transforment dans le format attendu par l'utilisateur. Dans notre exemple, on suppose que le schéma global est identique au schéma local de l'agence B. Une requête utilisateur qui cherche des

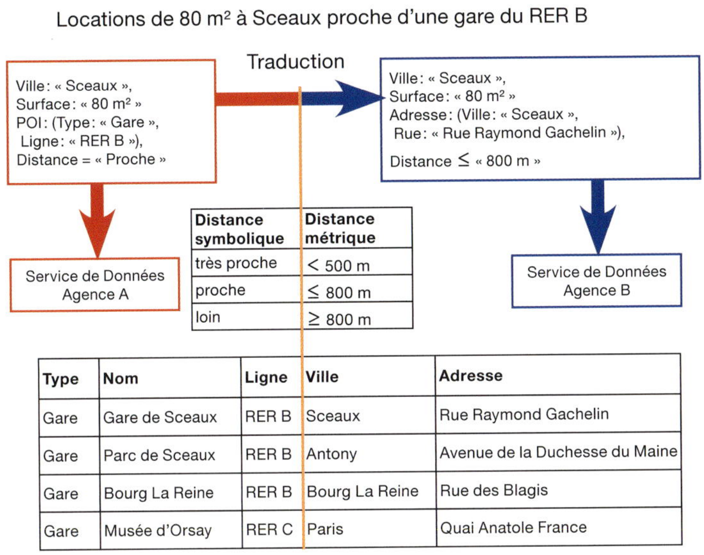

Intégration logique avec règles de correspondances*. ■

appartements dans la ville de Sceaux proche d'une gare de la ligne RER B, peut ainsi être évaluée par le service de données de cette agence sans traduction (à gauche de la figure). Par contre, pour être évaluée par l'agence A, la requête doit être traduite en remplaçant le nom de la gare par son adresse précise avant d'être envoyée au service d'accès correspondant (à droite de la figure). Pour la traduction des requêtes, le système d'intégration exploite des règles de correspondances* qui décrivent les relations sémantiques et structurelles entre le schéma global et les schémas source. La figure montre deux tables de règles avec les correspondances entre le nom d'une gare et son adresse et entre les distances symboliques (très proche, proche, loin) utilisées par l'agence B et les distances métriques utilisées par l'agence A.

Les deux approches, entrepôt de données ou médiation de requêtes, ont toutes deux des avantages et des inconvénients. La matérialisation dans un entrepôt est coûteuse à cause de la réplication des données, mais elle permet l'évaluation des requêtes complexes indépendamment de l'expressivité des services de données. La médiation de requêtes est, quant à elle, bien adaptée à l'interrogation de données distribuées et dynamiques, mais dépend fortement de l'expressivité des services de données et de la complexité de l'algorithme de réécritures de requêtes.

L'intégration de données massives

Les approches classiques d'intégration de données ne sont plus adaptées aux changements d'échelle, qui caractérisent les nouvelles sources de données massives. Le nombre de plus en plus important de sources (cf. I.3) à rassembler dans une seule application requiert une plus forte automatisation des processus d'intégration. L'alignement de schémas consiste à automatiser la recherche de règles de correspondances entre les sources et un schéma global. Il s'agit d'abord d'identifier les relations sémantiques entre les attributs* des schémas locaux et du schéma global par rapport à leur similarité linguistique/sémantique et de générer ensuite les règles de correspondance en prenant en compte les structures des différents schémas. Par exemple, il est possible de détecter et d'aligner d'abord d'une manière automatique ou semi-automatique des noms d'attributs similaires (adresse/contact/coordonnées) ou provenant de différentes langues (prix/price/Preis, rue/street/Strasse...) pour, ensuite, intégrer des éléments de schémas plus complexes décrivant, par exemple, des adresses composées d'une rue, d'un code postal, d'une ville et d'un pays. D'une manière similaire, l'alignement des données consiste à résoudre des conflits au niveau des données. Par exemple, les techniques de couplage d'enregistrements* peuvent automatiquement détecter que « Musée Beaubourg » et « Centre Pompidou » désignent la même entité du monde réel.

Les approches d'intégration plus récentes proposent de stocker toutes les données utiles à des fins d'analyse (données sources brutes, données intégrées, résultats d'analyses...) dans un entrepôt unique, sans schéma, appelé lac de données* (*datalake*). Ces approches soulèvent de nouveaux défis d'intégration pour construire des comptoirs de données (*datamarts**) pour des analyses complexes en prenant en compte les problèmes de volume, de qualité, de sécurité, de confidentialité, et de provenance de données.

Références bibliographiques

• A. DOAN, A. HALEVY et Z. IVES – *Principles of Data Integration*, Morgan Kaufmann, 2012.

• X. L. DONG et D. SRIVASTAVA – *Big Data Integration. Synthesis Lectures on Data Management*, 2015.

• M.-S. HACID et C. REYNAUD – *L'intégration de sources de données*, *Revue Information*, Interaction - Intelligence, juin 2004.

10. Privacy by Design

Philippe Pucheral, Alain Rallet et Célia Zolynski

Le développement fulgurant du Big Data dans tous les pans d'activité, sur tous les types de données, y compris les données à caractère personnel, introduit un challenge majeur dans la poursuite d'un équilibre entre recherche et innovation et protection de la vie privée. Les sources de données concernées et les possibilités de les croiser sont multiples, qu'il s'agisse de données captées par les majors de l'Internet, de bases de données publiques ouvertes au titre de l'*open data* ou de données produites par les individus eux-mêmes, directement (données personnelles* répliquées sur le *cloud**, cf. II.8) ou indirectement (données captées par des appareils domotiques, cf. VIII.11, ou équipements de mesures de soi enregistrant la diversité de leurs activités, leur localisation et leur temporalité, cf. VII.2).

Définition et consécration juridique

Traduction du principe de prévention, la *Privacy by Design* (PbD) est un mode de régulation intégrant la protection des données personnelles dès la conception des outils de collecte et de traitement. Elle est structurée par sept principes fondateurs : la proactivité (prévenir les risques plutôt que d'essayer d'en corriger les conséquences) ; la protection par défaut (protéger l'individu même sans action préalable de sa part) ; la protection par construction (dès la conception du système) ; la somme positive (garantir un service non altéré par la protection de la vie privée) ; la protection de bout en bout (pendant toute la durée de vie d'une information) ; la visibilité et la transparence (permettre d'auditer le comportement du système) ; et enfin la souveraineté de l'individu (le chef d'orchestre autour duquel s'organisent tous les échanges d'information le concernant). La PbD semble être l'instrument parfait pour opérer la balance des intérêts entre protection et innovation et est à ce titre plébiscitée par les autorités de régulation. Le règlement général pour la protection des données dans l'Union européenne lui consacre d'ailleurs une disposition (article 25 du règlement général sur la protection des données personnelles du 27 avril 2016 n° 2016/679). La charge de la PbD pèse alors principalement sur les exploitants de données.

Limites et paradoxe

De nombreux systèmes se réclament du concept de Privacy by Design dès lors qu'ils incorporent quelques outils de protection des données personnelles (comme le chiffrement ou le contrôle d'accès). Pour autant, si les principes de PbD sont simples à énoncer, leur mise en œuvre algorithmique et leur combinaison introduisent des verrous technologiques majeurs. Ils rentrent ainsi en résonance avec des mécanismes techniques, tels que la minimisation (réduction de la collecte de données au strict minimum requis pour l'accomplissement d'un objectif), l'anonymisation (en interdisant toute forme de ré-identification), l'effacement de données (qui doit être irréversible et effectif quel que soit le nombre de copies de cette donnée), l'auditabilité (qui doit présenter des garanties d'infalsifiabilité). De tels mécanismes sont confrontés, tout d'abord, à des contextes de plus en plus ouverts multipliant les copies de données et diluant les responsabilités (*Open Data*, objets connectés, hébergement sur le *cloud*), ensuite à des traitements Big Data impliquant une collecte massive de données et aux objectifs parfois définis ex post

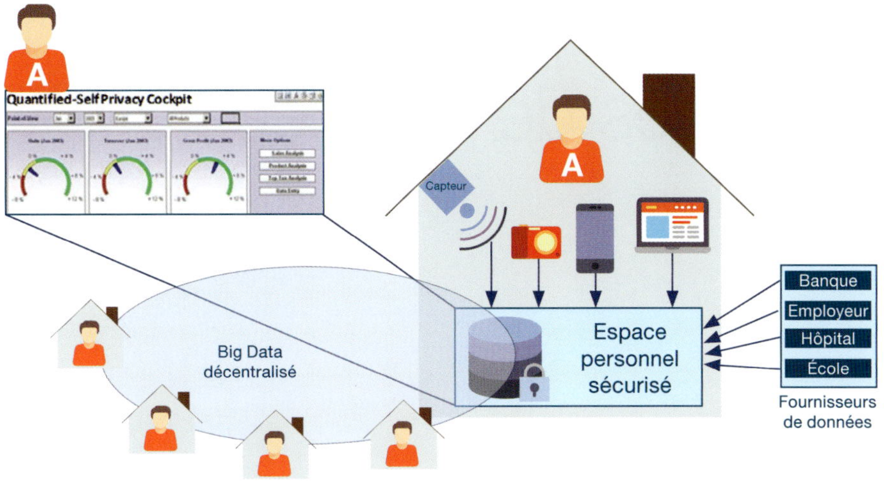

Instance d'architecture *Privacy by Using*. Le tableau de bord indique, par exemple, le type et le volume de données personnelles* collectées par diverses applications, la fréquence de ces collectes, et le degré d'exposition relatif par rapport à une communauté d'individus de référence. ■

par le traitement et, enfin, à des outils techniques souvent imparfaits (compromis entre protection et performance, entre effectivité de l'anonymisation et conservation des usages...). L'incertitude frappe également l'évaluation économique des préjudices imputables à une fuite d'information pour l'individu, conduisant les opérateurs à surévaluer ou sous-évaluer ces risques. La PbD crée ainsi une situation paradoxale : focalisée sur l'incorporation en amont d'une prévention des risques dans des dispositifs techniques, elle implique de nombreux ajustements en aval (veille technologique, analyse périodique des risques, réexamen des arbitrages protection/innovation).

Vers la Privacy by Using

Ces ajustements en aval remettent en jeu le rôle des individus dans la protection de leurs données. Ainsi, une protection décentralisée des données et de leurs modes de traitement au niveau des individus paraît souhaitable, alors qu'un des principes fondateurs de la PbD est de leur assurer une protection sans action préalable de leur part. Il conviendrait donc de promouvoir, aux côtés de la PbD, un nouveau concept de « *Privacy by Using* ». Il s'agirait de développer les instruments technologiques, juridiques ou informationnels permettant de développer une capacité d'apprentissage de l'individu. Celui-ci serait mieux informé de la nature des données collectées, de leur utilisation et des conséquences indirectes et/ou différées de leur divulgation, par exemple au moyen d'un tableau de bord fournissant un diagnostic personnalisé, une sorte de « *quantified self* » de la protection des données personnelles. L'utilisateur serait alors en capacité de construire, par apprentissage, un comportement éclairé de protection. Ceci impose également de reconsidérer l'algorithmique* sous-jacente au Big Data, afin de ne pas recentraliser *a posteriori* l'ensemble de ces données personnelles dans l'unique but d'en faciliter la manipulation.

Ainsi, aucun type de régulation, technique ou juridique, ne peut à lui seul prétendre résoudre les problèmes de protection de la vie privée. Il est aujourd'hui nécessaire de dépasser une approche instrument par instrument pour penser une vision architecturale et holistique de la régulation.

Références bibliographiques

- N. ANCIAUX *et al.* – *Trusted Cells: A Sea Change for Personal Data Services*, 6th Int. Conf. on Innovative Data Systems Research, 2013.
- A. CAVOUKIAN – *Privacy by Design. The 7 Foundational Principles*, www.ipc.on.ca/images/Resources/7foundationalprinciples.pdf.
- I. FALQUE-PIERROTIN, M. GRIGUER et M. MOSSÉ – *Comment gagner la confiance des individus à l'ère du Big data ?*, Cahiers droit de l'entreprise, 2014.
- A. RALLET, F. ROCHELANDET et C. ZOLYNSKI – *De la privacy by design à la privacy by using : regards croisés droit/économie*, Réseaux, 2015.

11. La sûreté de fonctionnement des systèmes de données

Philippe Rigaux

La plupart des systèmes d'information* (SI) s'appuient sur une base de données* (BD) autour de laquelle s'articulent services, interfaces et traitement. Cette BD constitue un composant extrêmement sensible : s'il est souvent possible de tolérer une défaillance ponctuelle de l'application ou l'indisponibilité temporaire d'un accès réseau, la perte ou la corruption de la base ont en revanche des conséquences potentiellement graves. La création des données, leur enrichissement et leur exploitation s'étalent, en effet, sur de longues périodes, ce qui rend leur récupération beaucoup plus longue et complexe que le simple redémarrage d'un composant logiciel. Par ailleurs, une base de données constitue la mémoire de l'institution qui la gère et en dépend. Sa perte, totale ou partielle, ou une indisponibilité temporaire, mettent en danger le fonctionnement même de cette dernière.

Les mesures techniques et organisationnelles qui visent à pallier toute dégradation de la base et à assurer sa disponibilité constituent une préoccupation de premier plan. Nous distinguerons ici deux sources de danger : celles, internes, liées aux pannes et défaillances des composants informatiques (systèmes, logiciels, réseaux, matériel) ; et celles, externes, qui découlent d'une attaque malveillante provenant d'un acteur extérieur. Dans la terminologie en usage dans le contexte des systèmes informatiques, les premières relèvent de la sûreté, et les secondes de la sécurité. Nous nous concentrons dans cette courte présentation sur les problèmes de sûreté.

Transactions et reprise sur panne

Les systèmes de gestion de données (systèmes transactionnels*, systèmes relationnels*) recourent à des techniques sophistiquées pour préserver les données de toute perte ou corruption ; les principales sont les transactions et les méthodes de reprise sur panne.

Les mécanismes transactionnels garantissent aux applications dialoguant avec des serveurs de données que leurs accès, en lecture ou en mise à jour, se feront de manière cohérente et durable. Les transactions fournissent aux concepteurs de logiciels de puissants moyens de contrôle : ils disposent de commandes d'annulation (*rollback*) et de validation (*commit*), et obtiennent du système de données des assurances fortes sur la préservation durable des données manipulées. Bien utilisées, elles constituent un atout très important en offrant aux applications un environnement robuste, fiable et performant qui permet d'envisager une protection totale des données contre des erreurs logicielles.

Que faire en revanche en cas de panne, autrement dit de défaillance affectant les composants matériels ? Le cas le plus bénin est celui d'un arrêt des serveurs de données pour cause de coupure électrique ou de réseau. Les systèmes proposent des techniques de reprise sur panne, maintenant largement répandues, qui permettent de reconstituer l'état du système au moment de la panne, et ce sans intervention manuelle. Elles s'appuient sur une préservation, à chaque instant, sous une forme compacte et sûre, des informations encodant toutes les actions transactionnelles enregistrées par le système. Dans des cas plus graves, comme la perte d'un disque, des méthodes fiables mais plus complexes, impliquant une gestion rigoureuse de sauvegardes et l'intervention d'un opérateur existent.

Assurer la haute disponibilité

La reprise sur panne n'assure pas la disponibilité constante du système de données, puisque ce dernier peut être arrêté pour cause de panne pendant une période allant de quelques secondes (relance instantanée et automatique) à quelques heures (perte d'un disque suivie d'un remplacement, suivie d'une restauration à partir de la sauvegarde). De nombreux systèmes applicatifs ne peuvent pas tolérer une telle période d'indisponibilité. C'est le cas, par exemple, des grands sites de commerce électronique, ou plus généralement des applications dont dépendent de très nombreux utilisateurs (transports, banques...). Les solutions de haute disponibilité — 24 heures sur 24, 365 jours par an — s'appuient sur la redondance des données et des services. Pour être capable de pallier immédiatement la défaillance d'un serveur, il faut un serveur de secours; pour pallier la défaillance d'un disque, il faut un disque de secours. Chaque composant du système informatique est donc associé à un double, passif mais prêt à prendre le relais en cas de panne (figure). En mode normal, le composant « miroir » se contente d'enregistrer toutes les modifications et de surveiller son associé actif. Si le mécanisme de surveillance détecte une défaillance de ce dernier, le miroir prend immédiatement le relais. Pour prendre l'exemple simple des disques, l'application de ce principe de redondance consiste à mettre en place un disque secondaire, image fidèle, à tout instant, du contenu du disque principal. Le passage d'un disque à un autre peut se faire instantanément et renforce considérablement (mais pas infiniment) la sûreté du système.

Si le concept est simple, la mise en œuvre est souvent compliquée et coûteuse, car il faut doubler l'infrastructure (deux fois plus de disques, deux fois plus de serveurs). Il est préférable de répartir ces infrastructures dans des lieux différents pour éviter la dépendance à de grosses pannes électriques ou autre catastrophe affectant tout un centre de données. Il faut mettre en place une architecture logicielle assez lourde, avec le personnel, les procédures de contrôle et de test qui vont avec. Il faut, enfin, assurer la synchronisation des services miroirs et des services principaux grâce à des composants logiciels spécialisés.

Les architectures de haute disponibilité partagent des points communs avec les systèmes de gestion de données distribués. Il est en effet tentant d'utiliser le serveur miroir pour satisfaire des services au lieu de le confiner à un rôle essentiellement passif. Les systèmes relationnels, dans leur version distribuée, associent clairement les deux problématiques. Une des (rares) caractéristiques communes des systèmes dits « NoSQL* » est cette combinaison des fonctionnalités de reprise sur panne et de passage à l'échelle par distribution, au prix de l'abandon de certaines fonctionnalités, comme les langages de requêtes ou les mécanismes de contrôle de l'intégrité.

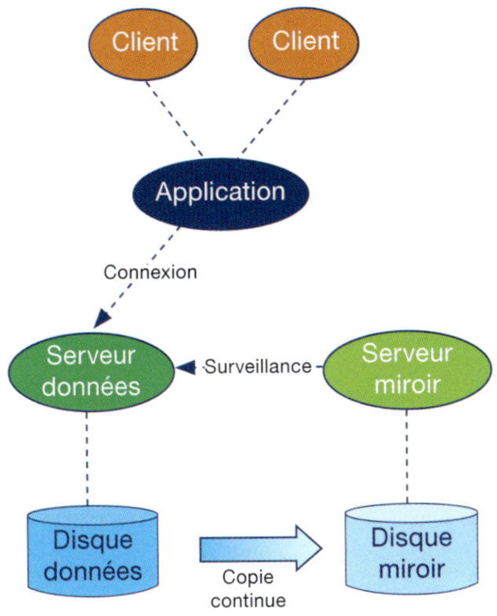

Système de récupération permettant d'assurer la haute disponibilité des données. ■

Pour conclure, les exigences en termes de haute disponibilité dépendent de façon directe de l'application et des coûts induits par une interruption de service. Une panne très courte affectant la base de données d'une centrale nucléaire peut entraîner des conséquences inacceptables. En revanche, l'indisponibilité pendant plusieurs jours de la base d'une association locale aura des conséquences objectivement moins sérieuses. La très haute disponibilité coûte cher, et mène donc à adopter des solutions constituant un compromis acceptable pour les besoins et les ressources du système d'information*.

Références bibliographiques

- G. GARDARIN – *Gestion de transactions*, http://georges.gardarin.free.fr/Livre_BD_Contenu/16-Transactions.pdf.
- P. RIGAUX – *Cours de bases de données, Reprise sur panne*, Creative Commons, http://sys.bdpedia.fr/rp.html.
- https://fr.wikipedia.org/wiki/Haute_disponibilité.

12. La compression des données

Christophe Collet

Depuis près de 50 ans, l'accès et le partage d'informations s'effectuent toujours davantage sous forme numérique, validant ainsi les travaux visionnaires de Claude Elwood Shannon, l'un des pères fondateurs de la théorie de l'information et des communications (cf. II.13) Le transport d'une information analogique de quelque nature qu'elle soit, une fois échantillonnée sans perte et quantifiée (opération de numérisation), doit pouvoir être transmise aussi rapidement que possible, stockée et analysée. Or, ces sources sont extrêmement redondantes : après numérisation, chaque bit de code possède une forte corrélation avec ses voisins. Cette redondance est bien inutile, car elle augmente la taille des mémoires informatiques nécessaires pour le stockage et retarde les temps de transmission de l'information sur nos réseaux. Si elle est utile dans le monde « réel » – le texte lu par un lecteur est redondant, car il permet de pallier aux inattentions ou aux éventuels problèmes d'impression (pour preuve, on peut aisément supprimer une lettre sur cinq sans que ce texte devienne incompréhensible) – cette redondance est inadaptée lorsque le médium de transmission change (ici le medium initial est l'imprimerie).

Compression avec et sans perte

L'échantillonnage fixe la fréquence minimale nécessaire pour prélever les échantillons d'un signal sans perdre l'information contenue dans les variations subtiles de ce dernier entre chaque échantillon*. Associé à l'opération de quantification en amplitude, l'échantillonnage ouvre la voie à la numérisation de n'importe quel signal, quelle qu'en soit sa nature : musique, livre, film, conversations, de l'influx nerveux aux ondes sismiques, tout peut être numérisé puis, si besoin restitué sans perte sous sa forme originelle analogique. Deux autres théorèmes énoncés par Shannon portent sur la mesure de la quantité d'information portée par une source d'information (entropie de la source) ; et la capacité d'un médium (canal de transmission) à transmettre l'information à distance sans erreur. Ces deux théorèmes sont essentiels pour comprendre le principe de la compression avec ou sans perte. La première étape, ou « codage de source », consiste à abréger l'information en supprimant toute redondance dans le message binaire. : après compression, chaque bit porte alors une information qui n'est plus nulle part ailleurs On s'approche, comme la nommait Rabelais, d'une sorte de « substantifique moelle »… numérique. Toute perte d'un bit altère alors gravement et irrémédiablement le message, puisque l'information perdue n'est plus codée nulle part ailleurs. Le problème avec cette opération de compression réside dans la transmission du message après codage de source : le canal de transmission est un canal physique, dans lequel les caractéristiques de transmission (bruit, bande passante) vont engendrer des erreurs de transmission. Autrement dit, certains bits sont erronés une fois transmis à l'autre bout du canal. Pour éviter cela, la deuxième étape (codage de canal) consiste à ajouter de la redondance pour s'adapter au canal de transmission : le message est rendu verbeux grâce à un code dit « correcteur d'erreurs » pour diminuer sa vulnérabilité au canal de transmission et résoudre le problème inverse* de restitution des données d'origines au niveau du récepteur.

Cet impératif de compression sans perte est indispensable dans certains cas, mais pas toujours. Prenons le cas où la compression doit nécessairement permettre un retour possible à l'information d'origine sans erreur : lorsque vous compressez un dossier informatique ou une poésie de Rimbaud, il est impératif de pouvoir le reconstruire sans perte, identique à l'origine. Le principe consiste alors à repérer les séquences fréquentes, afin de construire un dictionnaire adapté (comme le fait l'algorithme de compression zip). À titre d'illustration, le texte que vous lisez existait avant même qu'il ne soit écrit. En effet, ses éléments binaires forment un code ASCII* de lettres et ponctuations, les lettres forment des mots, les mots sont compilés dans le dictionnaire de la langue française, et l'agencement de mots et de signes de ponctuation forme une page, les pages un livre, les livres une bibliothèque, etc. Ce texte peut dont être décrit en une succession de variables binaires (8 bits ASCII), mots (du dictionnaire), pages.

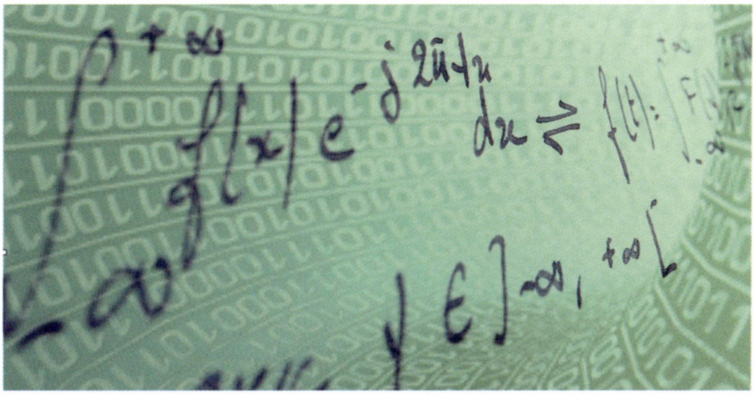

La transformation de Fourier est la clé qui permit à Shannon de trouver un passage du monde analogique vers le monde numérique. En déterminant précisément l'influence de l'opération de numérisation d'un signal sur son spectre en fréquence, il a ouvert la voie pour réaliser un échantillonnage du signal sans perte d'information. © C. Collet. ■

Dans certaines configurations, l'opération de compression de source peut se faire de manière non réversible, avec perte. Par exemple, la compression d'un film ou d'une musique utilisera les propriétés de la perception humaine, visuelle ou auditive, pour réaliser une compression à un taux élevé (avec une compression audio MP3* basique, un album de musique passe de 500 Mo à 50 Mo, soit un ratio de compression de 10:1) avec une dégradation lors de la reconstruction du signal analogique tout à fait acceptable pour une majorité d'entre nous. À l'inverse, en imagerie médicale, par exemple, un radiologue peut refuser d'interpréter une image compressée avec perte, car son diagnostic peut être altéré par les effets de cette compression. Dans un usage courant, nous sommes témoins des avancées considérables des outils de compression avec le passage en 2016 au MP4* pour la télédiffusion terrestre (ratio de compression pouvant atteindre 50 : 1), avec perte bien sûr, mais une perception d'images de bien meilleure qualité. Il n'est d'ailleurs pas certain que votre animal de compagnie qui regarde la télévision (flux vidéo compressé aux formats MPEG2 ou MPEG4) ou écoute de la musique (compressée aux formats AAC*, MP3 ou OGG*) avec vous partage votre enthousiasme : ses systèmes auditif et visuel ne sont probablement pas adaptés à ce type de compression avec perte. Un opéra de Verdi au format AAC peut lui paraître bien indigeste.

Optimisation du ratio de compression

Grâce à Shannon, nous connaissons la valeur maximale possible du ratio de compression sans perte, mais il ne nous a pas indiqué la manière d'y parvenir. Généralement, le principe consiste à réaliser une représentation de l'information grâce à une transformation dans un espace parcimonieux, où peu de coefficients codent beaucoup d'information. Par exemple, une Transformée en Cosinus Discrète ou des ondelettes pour la compression d'images fixes permet des taux de compression de 3:1 au mieux (JPEG2000).

La transition numérique qui s'accélère actuellement s'accompagne de flux de données généralisés, dont la transmission et l'analyse sont chaque jour plus indispensables aux fonctionnements de nos sociétés. La donnée, qu'elle soit massive, hétérogène ou complexe est aussi indispensable à nos modes de vie que l'accès à l'eau, l'air, l'électricité, le gaz ou le pétrole. L'arrivée des objets connectés s'accompagne de nouvelles perspectives, avec les promesses de la 5G en téléphonie mobile pouvant atteindre un débit théorique de 1 Tbit/s au km^2, soit 100 Mbit/s par appareil (le débit théorique de la 4G est de 30 Mbit/s) ; ce qui représente une grande évolution comparée à la 4G et son débit théorique de 30 Mbit/s (comme l'a été cette dernière après les 2 Mbit/s de la 3G ++). Les visions de Claude Shannon sont devenues réalité en moins de 70 ans, et le record mondial de transmission sans fil réalisé par Fujitsu avec 56 Gbit/s en février 2016 place cette performance bien au-delà des débits attendus pour la 5G. Les taux de compression attendus rendent ainsi possible l'arrivée des objets connectés et des Big Data au sein d'une transition numérique désormais globalisée.

Références bibliographiques

• B. PORAT – *A Course in Digital Signal Processing*, Wiley, John & Sons, 1996.

• J. PROAKIS et M. SALEHI – *Digital Communications*, McGraw-Hill Éducation, 2007.

13. La convergence du calcul scientifique et de l'analyse des données

François Bodin

Le calcul intensif est au bord d'une transformation profonde, qui affectera les pratiques scientifiques, tant académiques qu'industrielles. Il est depuis longtemps une composante essentielle de l'exploration scientifique fondée sur la simulation numérique (astrophysique, mécanique des fluides, sismique, fusion nucléaire, climat...). Les supercalculateurs*, instruments initialement dédiés aux calculs de simulations, doivent étendre leurs usages à l'analyse des grandes masses des données. Cette extension, qui est la convergence du calcul intensif (*High Performance Computing*) et de l'analyse intensive de données (*High Performance Data Analysis*), aura des conséquences à long terme.

Visant à atteindre l'Exascale vers 2020 (ordinateur capable d'exécuter 10^{18} opérations par seconde avec une puissance électrique maximum de 20 MW), la transformation du calcul intensif est d'autant plus profonde qu'elle se situe dans un contexte de ruptures technologiques. Structurante à long terme, ce sont d'abord des contraintes de dépenses énergétiques (1 MW annuel représente environ 1 M€ de dépenses de fonctionnement). Les lois de Moore* et de Dennard*, qui permettaient un accroissement de performance à moindre frais, s'essoufflent (cf. I.4). La conséquence majeure est l'introduction du parallélisme massif et hétérogène (avec des accélérateurs matériels, tels que les processeurs graphiques, les *field-programmable gate array*, le Xeon Phi d'Intel). L'exploitation de ce parallélisme oblige à repenser les algorithmes* et les langages de programmation utilisés. À cette liste, il faut ajouter l'augmentation exponentielle du volume de données produit par les capteurs et les simulations. Les méthodes de gestion et d'analyse des données doivent être revisitées. Par exemple, pour la modélisation du climat (cf. VI.7), le volume des données produites par mois de simulation devrait s'accroître d'un facteur 6 500 entre 2016 et 2020. L'ensemble de ces changements va profondément bouleverser les processus de gestion des simulations,

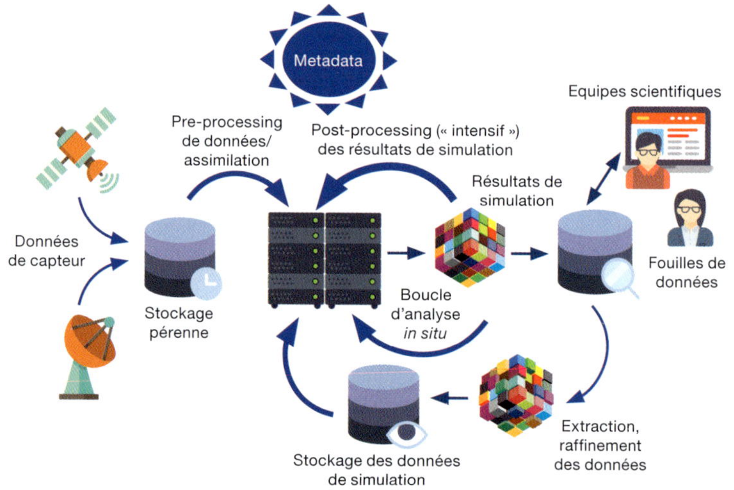

Cycle de vie des données dans une application scientifique. Les mesures produites par des capteurs sont utilisées lors des simulations numériques. Afin de réduire le volume nécessaire au stockage des données, les résultats sont analysés pendant les simulations (*in situ*). De nouvelles simulations sont faites s'il est nécessaire de raffiner les analyses. Un ensemble de métadonnées communes à l'ensemble du cycle permet une gestion efficace des données de simulation et des mesures. ■

imposer une refonte des couches logicielles, du système d'exploitation jusqu'à l'application, et contraindre la conception des nouvelles architectures d'ordinateurs.

Nouvelles analyses et transformations logicielles

Traditionnellement, les données produites par une simulation, représentant des millions d'heures de calcul, sont stockées sur disques à la fin d'une simulation, puis analysées *a posteriori*. Les volumes sont tels que leur stockage complet est impossible. L'analyse devra se faire *in situ*, c'est-à-dire en mémoire du calculateur. D'autre part, il faut distinguer les données « importantes », dont le stockage fiable doit être assuré (comme celles issues de capteurs et non reproductibles) de celles qui peuvent être recalculées. L'ensemble du système doit assurer un cycle de vie des données qui mixe des phases de calculs, des phases d'analyse et le stockage des données (figure) au sein d'un *workflow* (cf. III.7). Les métadonnées permettant des recherches efficaces dans la durée sont transversales à l'ensemble du processus. L'assemblage des briques matérielles et logicielles nécessaires à un tel cycle reste un défi scientifique et technique.

L'introduction d'algorithmes d'analyse de données dans le processus de simulation pose des questions logicielles complexes. D'un côté, il y a l'ensemble des logiciels habituellement utilisés par les applications numériques, qui apporte des fonctionnalités de gestion des ressources matérielles, des bibliothèques de calculs et de communications et des langages de programmation compilés (comme le C ++ ou le Fortran). Cet ensemble vise à permettre aux utilisateurs de tirer le maximum de performances des supercalculateurs. De l'autre côté, il y a les outils d'analyse de données qui proviennent essentiellement de la communauté du Big Data (comme le R ou le Java), dont les développements ont été guidés plus par des considérations de déploiement que de performance. La mise en œuvre du cycle de vie des données et des simulations doit réunir le meilleur de ces deux mondes pour que les applications répondent aux besoins des scientifiques, sans introduire une barrière de complexité. Une partie de la solution se trouve dans les systèmes de virtualisation (issus des technologies du *cloud**) et dans la conception de langages de programmation dédiés. La principale difficulté est que les compétences nécessaires à la conception des nouvelles piles logicielles sont réparties dans des communautés scientifiques différentes.

Modifications matérielles

Du point de vue matériel, l'évolution à venir est aussi extrême. Vue sous l'angle énergétique, la considération principale est d'éviter les mouvements de données : un calcul en virgule flottante* ne consomme que quelques dizaines de picojoules, contre plusieurs milliers pour un accès en mémoire vive (les signaux électriques parcourent une distance plus grande dans la puce). Compte tenu de cette contrainte, l'objectif est de concevoir des architectures capables de faire des traitements numériques et simultanément des analyses de données avec une grande efficacité, par exemple par l'usage des nouvelles mémoires non-volatiles, qui sont peu gourmandes en énergie et potentiellement très denses (cf. IX.5). Il s'agit de rechercher un compromis, car les structures des hiérarchies mémoires adaptées au calcul scientifique ne sont pas nécessairement favorables à l'analyse de données. Cette conception doit aussi répondre à des considérations économiques, car l'essentiel des débouchés pour ces architectures se trouve plus dans le domaine du Big Data que du HPC*.

L'émergence des nouvelles architectures sera l'occasion de rapprocher les communautés « données » et « calcul intensif » pour concevoir les futurs systèmes et algorithmes capables de soutenir les explorations scientifiques (par exemple pour comparer les modèles de climat). Les processeurs graphiques ont ouvert la voie à la généralisation de l'usage des accélérateurs de calculs. Ils sont maintenant au cœur des technologies de *deep learning*. Il est raisonnable de considérer que l'impact de ces processeurs sur l'activité scientifique va encore s'accroître tout en questionnant la capacité des institutions à réussir à mettre en place des organisations interdisciplinaires autour de la convergence calculs-données.

Références bibliographiques

• S. FIORE *et al.* – *Toward Large Scale Distributed Experiments for Climate Change Data Analytics in the Earth System Grid Federation (ESGF) Eco-system*, www.exascale.org.

• J. SHALF, S. DOSANJH et J. MORRISON – *Exascale Computing Technology Challenges*, VECPAR 2010, 2011.

• A. S. SZALAY – *From Simulations to Interactive Numerical Laboratories Abstract*, Proceedings of the Winter Simulation Conference, 2014.

15. Les blockchains

Jean-Paul Delahaye

Conçue fin 2008 par un personnage nommé Satoshi Nakamoto resté anonyme (il peut s'agir d'un groupe de personnes), l'idée de la « blockchain* » (chaîne de blocs) n'a d'abord existé qu'avec le Bitcoin*, la monnaie cryptographique dont la capitalisation vaut aujourd'hui plus de huit milliards d'euros (cf. VIII.17). Cependant, ce concept a rapidement été décliné à d'autres applications, ce qui complexifie la définition d'une blockchain, car il est difficile de savoir jusqu'où il est possible d'assouplir le modèle de la blockchain du Bitcoin, lui parfaitement précis.

Le modèle Bitcoin

Une blockchain est un fichier partagé (ou registre) par tous les nœuds d'un réseau pair-à-pair*. Elle est composée d'une chaîne de pages (ou blocs) liés linéairement les unes aux autres par un système d'empreintes de fonction de hachage assurant son immutabilité. Elle évolue uniquement par ajout de pages. Ce qui est inscrit sur la blockchain y demeure à jamais et elle est sans cesse complétée par de nouvelles pages, sans jamais en enlever, ni n'en modifier aucune. La blockchain du Bitcoin détient, par exemple, les informations sur toutes les transactions entre comptes Bitcoin depuis le début de son existence, le 3 janvier 2009. Ces informations permettent de calculer le solde de chaque compte. C'est la confiance qu'ont les utilisateurs des Bitcoins sur l'indestructibilité de la blockchain, et en ce calcul du solde de chaque compte, qui assure à chacun de retrouver l'argent qu'il garde ainsi sur le fichier partagé.

Pour que la blockchain soit robuste et fiable, il faut que les nœuds du réseau pair-à-pair se surveillent les uns les autres et contrôlent ce qui s'y inscrit en menant des vérifications engendrant un consensus général. À côté des « nœuds principaux » du réseau, qui détiennent chacun une copie de la blockchain et veillent sur son évolution, se trouvent des nœuds simplement utilisateurs. Dans le cas du Bitcoin, il y a plusieurs millions d'utilisateurs et seulement un peu plus de 5 000 nœuds principaux détenant et gérant chacun la copie de la blockchain des transactions. Pour garantir l'existence et la pérennité des nœuds principaux, l'inventeur du Bitcoin a imaginé un système d'incitation. Un protocole attribue une certaine somme de Bitcoins (décroissante avec le temps) à l'un des nœuds principaux. Aujourd'hui 12,5 Bitcoins (environ 6 000 euros) sont distribués toutes les 10 minutes à un nœud principal. Ces 12,5 Bitcoins sont créés *ex nihilo* et tous les Bitcoins qui existent l'ont été par ce procédé.

Pour être le nœud gagnant, il faut réussir à inverser partiellement la fonction de hachage SHA256, ce qui exige d'avoir une certaine capacité à calculer cette fonction. Inverser une fonction de hachage f consiste à trouver un fichier F tel que la valeur par la fonction de hachage f possède une propriété particulière, par exemple « commencer par 5 zéros ». Lorsque f est une bonne fonction de hachage, on ne peut rien faire de mieux que d'essayer au hasard des fichiers F jusqu'à en trouver un tel que $f(F)$ ait la bonne propriété (figure). Concernant le bitcoin, la règle est simple : plus on dispose de capacité à calculer le SHA256, plus la probabilité de gagner est grande. Les utilisateurs intéressés par ce gain ont donc accumulé des capacités de calcul de la fonction SHA256. Pour éviter d'avoir de trop faibles chances de gagner, les utilisateurs qui veulent accéder à ces Bitcoins distribués toutes les 10 minutes

FONCTION DE HACHAGE

Une fonction de hachage f associe à chaque fichier F un autre fichier G. En général F n'est pas limité en taille et G est lui d'une taille fixée (pour f = SHA256, c'est 256 bits). Les fonctions de hachage crytographiques sont telles qu'en changeant un caractère de F on change $f(F) = G$ complètement et de manière imprévisible, comme si la nouvelle valeur était tirée au hasard.

De plus, si on se fixe un G (par exemple 256 bits), il est impossible en pratique de trouver un F qui donne $f(F) = G$. Exemple fictif: partant de F on convient d'une valeur à 8 chiffres binaires pour chaque symbole possible, on additionne toutes les valeurs des caractères de F, cela donne un nombre X et on prend, pour G, les 8 derniers chiffres binaires du nombre $X + X^2 + X^3$ écrit en base 2.

F = *abcdefghijklmn* → G = *01011100*

F' = *abcdefghijklma* → G = *11001111*

se sont regroupés en « pool ». Dans un pool, chacun calcule des valeurs de SHA256 pour gagner, mais un seul gère vraiment la blockchain. C'est ce qu'on appelle « le minage de la blockchain » du Bitcoin. Ceux qui y participent se nomment des mineurs. Il y a environ 100 000 mineurs de Bitcoin pour environ 5 000 nœuds principaux.

Ce mode de fonctionnement particulier de la blockchain du Bitcoin a entraîné une compétition entre les 5 000 pool de mineurs, qui a conduit à une situation un peu absurde. Aujourd'hui le réseau Bitcoin calcule 2×10^{18} valeurs de la fonction SHA256 par seconde, à l'aide de puces spécialisées (ASIC) qui ne savent rien faire d'autre. Une importante consommation d'énergie électrique, d'environ 300 MW pour le minage du Bitcoin, en est la conséquence. L'impact écologique de ce système est certain, mais il l'est également dans bien d'autres domaines (automobile, aviation, chauffage urbain...), sans que cela soit un frein à leur développement. Si les qualités propres du Bitcoin sont reconnues et acceptées (par les législateurs), alors l'impact environnemental ne sera pas un argument suffisant pour stopper cette monnaie. En effet, imprimer des billets, les transporter et les protéger a aussi un coût.

D'autres modèles

Le modèle d'incitation à détenir et à surveiller une blockchain conçu par Nakamoto n'est pas absolument inévitable dans un protocole général de gestion d'une blockchain. Ainsi, pour des blockchains privées, il est possible de définir un nombre fini (fixé à la création du réseau) de nœuds principaux capables d'écrire de nouvelles pages et de décider qu'ils sont les seuls autorisés à accéder à la blockchain en lecture. Dans le cas, par exemple, d'une association de 50 banques voulant gérer rapidement des échanges entre elles à l'aide d'une blockchain, le nœud qui inscrit la nouvelle page toutes les N secondes, peut être choisi au hasard (par une méthode cryptographiquement sûre) ou même peut être fixé par une règle périodique retenue une fois pour toutes: pas de calcul de SHA256 et, donc, pas de récompense nécessaire. La blockchain est mise à jour et surveillée par les 50 banques qui y ont intérêt, car cela simplifie leurs relations et crée de la confiance entre elles, puisque les calculs des mises à jours des comptes sont faits par tous et surveillés à chaque instant collectivement.

D'autres modèles de blockchain sont envisageables, où seuls certains peuvent écrire et tout le monde lire. Si, par exemple, les écoles et universités souhaitent rendre publique collectivement tous les diplômes qu'elles délivrent, elles pourraient créer une blockchain spécialisée. Seules les écoles et universités écriraient (en signant cryptographiquement leurs messages) sur une blockchain, dont chaque école ou université gérerait un nœud. Tout le monde pourrait lire pour s'informer de manière absolument sûre au sujet des diplômes délivrés. Là encore, pas besoin du coûteux système d'incitation prévu pour le fonctionnement de la blockchain du Bitcoin : l'intérêt de chaque école ou université est de participer à la gestion et à la surveillance de cette blockchain, qui d'ailleurs serait en volume et en coût de surveillance très modeste comparée à celle d'une monnaie cryptographique comme le Bitcoin.

Références bibliographiques

• J.-P. DELAHAYE – *Le Bitcoin, première crypto-monnaie*, 1024 Bulletin de la Société informatique de France, www.societe-informatique-de-france.fr/wp-content/uploads/2014/10/1024-4-delahaye.pdf, octobre 2014.

• M. SWAN – *Blockchain. Blueprint for a New Economy*, O'Reilly, 2016.

16. Le tournant des données en traitement automatique des langues

Béatrice Daille et Adeline Nazarenko

Le traitement automatique des langues (TAL) est une discipline à la croisée de l'informatique et de la linguistique qui s'intéresse à la simulation et à l'automatisation des processus cognitifs langagiers, que ce soit la compréhension de messages, la lecture de textes, le dialogue, la traduction, l'acquisition de connaissances à partir de textes, etc. Les chercheurs essaient de mieux comprendre et de mieux modéliser les langues dans leur diversité et leurs usages, tout en proposant des méthodes pour automatiser les opérations linguistiques. Les outils du TAL servent à assister les humains dans leur travail (correction orthographique, traduction ou dictée automatique) ou à opérer à une grande échelle inaccessible à l'humain (moteurs de recherche, fouille de textes et analyse de contenus).

Mutation méthodologique

Le tournant des années 1990 a profondément révolutionné le champ du TAL avec la mise à disposition de grandes quantités de textes, en particulier sur le Web. La taille des données langagières accessibles a changé d'échelle. Des « corpus », des grandes collections de textes de centaines de millions de mots, sont venus supplanter les quelques phrases ou pages précédemment utilisées. La panoplie des genres de textes s'est élargie (articles journalistiques, ouvrages techniques, brevets, textes de loi), dont certains propres au Web ou aux réseaux sociaux (pages Web, tweets). Les langues aussi se sont diversifiées ; le chinois, le russe et l'arabe, pour lesquels des textes étaient difficiles à collecter, sont maintenant fortement représentés sur le Web. Enfin, des grands corpus de textes traduits sont disponibles, comme la retranscription des débats du Parlement européen.

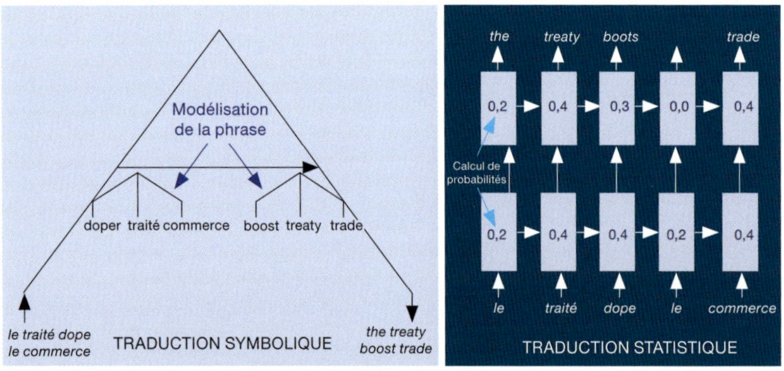

Fig. 1 – **La traduction symbolique (à gauche) construit une représentation partagée par la phrase à traduire et celle traduite.** L'approche statistique (à droite) exploite des probabilités calculées sur des exemples de traduction. ■

Sous la pression de la société, les acteurs du TAL ont cherché à traiter ces textes et ces corpus. Les anciennes approches, qui reposaient sur des modèles fondés sur la logique mathématique et une expertise encodée sous la forme de règles, ont alors montré leurs limites en termes de robustesse, d'adaptation à de nouveaux genres et domaines ou de passage à l'échelle. Des techniques originaires d'autres disciplines de l'informatique, de la fouille de données (cf. IV.8) et de l'apprentissage (cf. IV.13) ont été importées et adaptées au TAL. Il ne s'agit plus de décrire la langue avec des règles mathématiques, mais, à partir de corpus, de recenser le lexique d'une langue, d'induire les règles de sa grammaire ou de découvrir des classes de mots synonymes. C'est un nouveau paradigme* « empirique » du traitement automatique de la langue qui émerge. Très vite, les résultats obtenus par les traitements impressionnent et surpassent les approches symboliques pour nombre

fr	commerce	NOUN	en	trade	NOUN
fr	dope les performances de	VERB	en	boosts the performance	VERB
fr	dopez les performances sur les principaux sites	VERB	en	boost performance on top sites	VERB
fr	dope le commerce	VERB	en	boost trade	VERB
fr	dope les ventes	VERB	en	boost sales	VERB
fr	l'e-commerce dope les ventes des magasins	SENT	en	e-business increases store sells	SENT
fr	a dopé le commerce extérieur	VERB	en	impacted trade flows	VERB
fr	relance le commerce entre les pays	VERB	en	boosts trade between the two countries	VERB
fr	traité sur le commerce des armes	NOUN	en	arms trade treaty	NOUN
fr	le traité a dopé les échanges d'information	SENT	en	the treaty boosted the exchange of information	SENT
fr	a donné un nouvel élan au traité en dopant les échanges d'information	VERB	en	gave new impetus to the treaty and boosted the exchange of information	VERB

Fig. 2 – **La traduction statistique découpe la phrase à traduire en segments, puis recherche dans un tableau, dont voici un extrait, les traductions de ces segments observées en corpus et construit la traduction avec les segments traduits.** ■

de problèmes du TAL (figure 1, pour la traduction automatique). On aurait pu croire à un effet de mode et assister à leur essoufflement, mais c'est l'inverse qui s'est produit. Les approches empiriques ont gagné du terrain sur toutes les facettes du TAL. Elles engrangent les succès et continueront certainement à le faire dans les années à venir. D'abord parce que de nombreuses questions de TAL traitées par des méthodes symboliques commencent seulement à être débroussaillées dans ce nouveau paradigme, comme la génération de texte ou l'analyse des dialogues. Ensuite, parce que de nouveaux publics deviennent consommateurs d'applications du TAL : le commerce, l'éducation, mais aussi le handicap. Nous n'en sommes qu'aux prémices.

Des succès à questionner

L'un des beaux succès des méthodes empiriques reste celui de la traduction automatique. Dans ce domaine, les chercheurs ont obtenu en 10 ans, et à partir de données, des résultats bien supérieurs à ce que 50 ans de recherche avaient pu produire auparavant. En 2016, Google fête ses 10 ans de traduction automatique : il est passé de 2 à 103 langues et de quelques milliers à des centaines de millions d'utilisateurs. En un an et demi, Facebook a réussi à construire son propre système de traduction statistique pour 40 langues et 1 800 directions de traduction (d'une langue vers une autre). Et en 2015, on a assisté à un nouveau bon significatif dans la qualité des résultats avec l'adoption des méthodes de l'apprentissage profond. Des nouveaux besoins sont apparus, comme la traduction technique, la post-édition, l'interprétation des vidéos, la traduction sur des nouveaux supports ; et des nouveaux défis, comme la transcréation, qui permet de recréer un texte dans une autre culture et pas seulement dans une nouvelle langue.

Cette révolution des données soulève néanmoins des questions liées au statut, à la nature et à la qualité des données (cf. II.11) sur lesquelles on peut s'appuyer pour apprendre. L'exemple de la traduction automatique est éclairant. La traduction statistique ne consiste pas à appliquer des règles de traduction (comme remplacer chaque mot par son équivalent dans la langue cible en inversant l'adjectif et le nom) mais sur des bases d'exemples, c'est-à-dire sur des couples de phrases ou de morceaux de phrases qui sont la traduction l'un(e) de l'autre. Ces « mémoires de traduction » s'appuient sur les traductions existantes ou sur les textes qui sont produits en parallèle dans plusieurs langues (figure 2). Le choix de ces données introduit nécessairement des biais que l'on tend à occulter. Qui se souvient que les textes de la communauté européenne ont servi de modèles de traduction pour diverses langues européennes ? Aujourd'hui, ce sont souvent les pages Web bilingues qui sont prises comme « exemples » pour la traduction. Quand on manque de données, comme pour traduire du français vers l'ukrainien ou vice-versa, il n'y a pas d'autre choix que de prendre l'anglais comme intermédiaire, mais la qualité des résultats en pâtit. Enfin, avec l'usage des traducteurs automatiques qui se généralisent, ce sont souvent des traductions artificielles de qualité douteuse qui sont recyclées comme données d'entraînement. Bref, nous sommes tous en train de nous familiariser avec la novlangue des traducteurs automatiques, comme nous avons tous appris à réduire la recherche d'information à quelques mots-clés. Si l'empirisme des approches guidées par les données a permis de grandes avancées, une réflexion éthique et épistémique sur la provenance et l'usage des données langagières est à conduire pour éviter le galvaudage des langues et en préserver la richesse.

Référence bibliographique

• C. D. MANNING et H. SCHÜTZE – *Foundations of Statistical Natural Language Processing*, MIT Press, 1999.

- Quatrième partie -

Analyse de données et apprentissage

Page précédente :

© Onlyyouqj - Freepik.com / E. Godet sciencegraphique.com. ■

1. Introduction

Philippe Besse

Les Big Data, c'est d'abord de l'acquisition, du stockage et de la gestion. Mais tout cela n'a de sens que par la valorisation visée et attendue. Dans des domaines d'application très variés, tels que l'image (cf. IV.18), la langue (cf. IV.5), le texte (cf. IV.9), le commerce (cf. I.5), les neurosciences... la valorisation nécessite des méthodes et algorithmes* tout autant variés pour visualiser (cf. IV.16), fouiller (cf. IV.8), extraire (cf. IV.6) modéliser, prévoir. En résumé, analyser, avec un objectif générique d'aide à la décision, du diagnostic médical à la gestion de centrales électriques (cf. IV.3), en passant par la recommandation en ligne de produits (cf. IV.17). Une première conséquence de cette démarche est la réduction des clivages disciplinaires : informaticiens, statisticiens, mathématiciens, biologistes, linguistes, médecins... sont condamnés à collaborer pour affronter problèmes et enjeux. Citons comme exemple la rencontre de la statistique (cf. IV.7) et de l'apprentissage automatique (cf. IV.13) appliqués aux données génomiques ou cosmologiques.

Chaque article de cette partie présente un état des lieux, décrit les principales avancées scientifiques et technologiques pour la valorisation de plus de données et ouvre sur les nouveaux défis, conséquences des flux et volumes considérables à venir. Les questions émergentes sont tout autant théoriques – « mathématiser » pour comprendre, interpréter l'apprentissage profond (cf. IV.14), distribuer et paralléliser des algorithmes d'optimisation* stochastique (cf. IV.15) – que financières, pour acquérir les moyens de calculs nécessaires pour la recherche publique.

Des succès spectaculaires et largement médiatisés (comme AlphaGo) ne doivent pas masquer les problèmes scientifiques, politiques et éthiques. L'emprise commerciale des entreprises dominant Internet (cf. VIII.22) laisserait penser qu'elle provient, en partie, des qualités exceptionnelles de prévision comportementale grâce au traitement massif ou exhaustif des données acquises. Ce n'est pas la réalité des modèles prédictifs de marketing quantitatif soumis à des sources de variabilité et de biais (cf. IV.10) irréductibles. En revanche, ces entreprises captent une manne financière considérable en partie réinvestie dans une recherche appliquée et fondamentale, mais découplée de tout contrôle institutionnel public. Sans parler des problèmes juridiques (cf. VIII.20) de propriété des données et de leur anonymisation (cf. VIII.19) pour des applications en santé ou en assurance (cf. VIII.16), ou encore de l'absence de transparence des algorithmes, comme ceux analysant le risque de récidive d'un détenu aux États-Unis, très préjudiciable à l'acceptabilité de ces technologies.

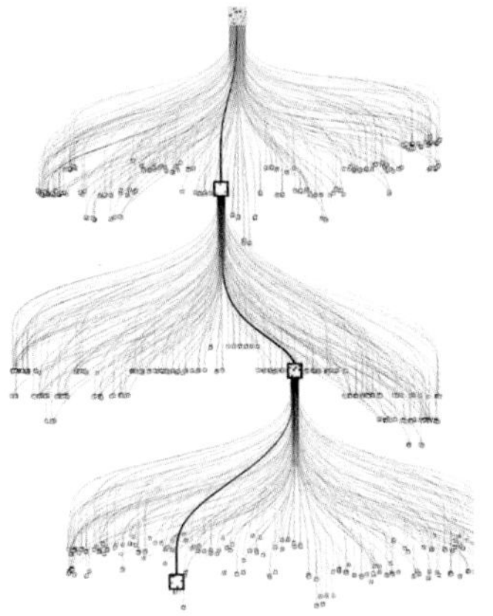

Les algorithmes de prévision les plus performants sont généralement des boîtes noires posant tant des problèmes mathématiques pour leur compréhension, que sociétaux de transparence pour leur acceptabilité. ■

Enfin, si cet ouvrage se limite aux contributions du monde académique, il convient de rappeler ici l'existence de programmes ambitieux de numérisation massive avec des applications, par exemple dans l'aéronautique, de certification virtuelle ou encore de détection/prévision de défaillances en vue d'une maintenance préventive.

2. La prédiction dans le transport

Jean-Michel Loubes et Paola Goatin

Les automobiles sont devenues au cours de la dernière décennie de véritables ordinateurs qui gèrent d'innombrables capteurs auscultant en permanence le comportement de la voiture et de son conducteur. Les améliorations dans le domaine des capteurs embarqués, de l'informatique et de la gestion des flux de données permettent une analyse en quasi temps réel de ces données afin de mieux connaître l'état du trafic routier et son évolution.

Les sources de données pour le trafic

Classiquement, le monitorage du trafic routier s'effectue par des stations de comptage automatique reposant sur des dispositifs matériels fixes, tels que des boucles électromagnétiques* ou des tubes pneumatiques* utilisés pour des comptages temporaires. D'autres sources de données sont représentées par les capteurs vidéo*, fonctionnant par un dispositif de traitement d'images et le badge de télépéage. Ces outils fixes fournissent des informations localisées aux points de mesure. Ces dix dernières années, le déploiement du GPS* dans les systèmes de navigation embarqués et dans les téléphones mobiles a mis à disposition une énorme quantité de données, qui couvre potentiellement l'ensemble du réseau et ne nécessite pas d'infrastructure dédiée. Ces données offrent des informations très détaillées concernant les vitesses et les trajectoires des usagers de la route.

Cette révolution a permis la mise au point de techniques de prévision de l'état du trafic et des temps de parcours très performants, qui sont exploitées par des fournisseurs de services de navigation et d'aide à la décision en matière de circulation routière et de transport. Ce flux de données est en constante augmentation grâce aux applications collaboratives permettant aux conducteurs de partager l'information trafic en temps réel. Nous sommes donc bien face à une problématique Big Data, dont les enjeux sont multiples : acquérir en temps réel toutes les données des automobilistes, les stocker pour en extraire rapidement toute l'information qu'elles contiennent et finalement la retransmettre aux utilisateurs afin d'enrichir leur connaissance de la route.

Les méthodes stochastiques

Les trajets quotidiens des véhicules sont souvent liés à des phénomènes périodiques : déplacement journalier entre le lieu de travail et le lieu de résidence, départs en week-end, départs en vacances, déplacements liés à la fréquentation de centres commerciaux. En observant des déplacements d'un grand nombre de véhicules et grâce à l'apport de technologies d'apprentissage statistique, il devient possible de cartographier les différents types de trajets et ainsi d'apprendre des scénarios d'évolutions de la vitesse sur les axes routiers le long d'une journée. L'utilisation des méthodes de *machine learning* (cf. IV.13), utilisées en classification pour des problématiques de traitement de données en très grandes dimensions, permet d'extraire les caractéristiques essentielles (*features**) des comportements routiers et ainsi d'en dégager les paramètres clés pour les décrire, mais également pour comprendre leur variabilité. De la même manière qu'un moteur de recherche apprend les usages des internautes, ces algorithmes* de type Big Data apprennent les comportements des usagers et anticipent l'évolution des flux principaux de déplacement. L'évolution de la vitesse sur les axes routiers le long d'une journée est, par exemple, considérée comme une fonction. À partir des observations, un programme peut apprendre un dictionnaire d'événements décrivant toutes les évolutions possibles de cette vitesse. En corrélant ces événements et en utilisant au mieux la reproductibilité des trajets du quotidien, les méthodes statistiques permettent de prévoir des évolu-

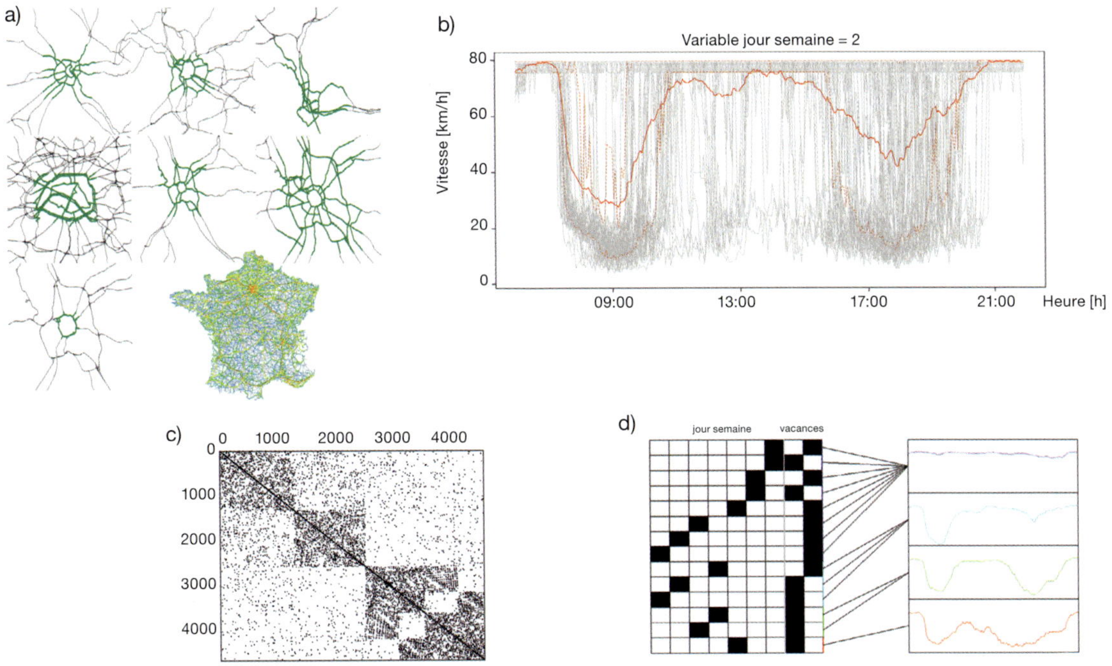

Utilisation de méthodes de factorisation de matrices* et de graphes pour la prédiction du trafic routier. a) réseaux routiers vus comme des graphes ; b) vitesses moyennes en des points adjacents connectés du réseau ; c) matrice d'adjacence ; d) profils moyens estimés par factorisation NMF. ■

tions possibles constituant des scénarios plus ou moins probables pour prédire le comportement à court et moyen terme du trafic routier sur les axes routiers étudiés (figure). Bien entendu, la statistique a ses limites et ne peut pas tout prévoir. Néanmoins, l'utilisation de toute l'expérience acquise par un grand nombre de conducteurs permet de transformer chaque conducteur en un expert capable de mieux anticiper les aléas qu'il rencontrera sur son trajet.

La modélisation du trafic routier

Depuis les années 1950, les ingénieurs, puis les mathématiciens, ont mis au point des modèles mathématiques pour décrire l'évolution du trafic sur le réseau routier. On peut distinguer des modèles dits « microscopiques », qui décrivent les trajectoires de chaque véhicule, et des modèles « macroscopiques », qui gèrent des quantités agrégées telles que la densité de trafic, entendue comme le nombre de véhicules par unité de longueur, et la vitesse moyenne. Les modèles macroscopiques, qui reposent sur le principe de conservation de la masse et s'apparentant aux équations de la dynamique des fluides, se prêtent bien à l'étude de la circulation sur des vastes portions du réseau. Employant un faible nombre de paramètres à calibrer, et reposant sur une théorie analytique bien développée par les mathématiciens pendant les deux dernières décennies, ces modèles sont utilisés en complément de l'approche statistique pour fournir des prévisions à court terme (jusqu'à 1 heure), notamment dans le cas d'événements non-récurrents (accidents, travaux, etc.). En outre, ils servent comme base des outils de simulation à utiliser en phase de conception d'un réseau routier, ou comme aide à la décision dans le cadre d'une politique de régulation du trafic.

Le déploiement massif des nouvelles technologies permet actuellement d'avoir des informations détaillées sur la circulation routière, couvrant entièrement le réseau et sans coûts d'achat et maintien d'infrastructures dédiées. La future introduction de véhicules autonomes et connectés devrait encore accroître la mise à disposition et l'utilisation des données en temps réel, et permet d'envisager des nouvelles stratégies de contrôle et d'optimisation du trafic.

Référence bibliographique

• M. TREIBER et A. KESTING – *Traffic Flow Dynamics. Data, Models and Simulation*, Springer, 2013.

3. Prévision de la consommation électrique

Jean-Michel Poggi

L'électricité ne se stocke pas, ou mal. Les producteurs d'électricité doivent donc toujours maintenir l'équilibre entre production et consommation, pour éviter une panne de courant à grande échelle (black-out) et des surcoûts financiers. La prévision statistique de la consommation est cruciale et plusieurs horizons de prévision sont utiles : du court terme (jusqu'à quelques jours) au long terme (plusieurs années), en passant par le moyen terme (une semaine à un an).

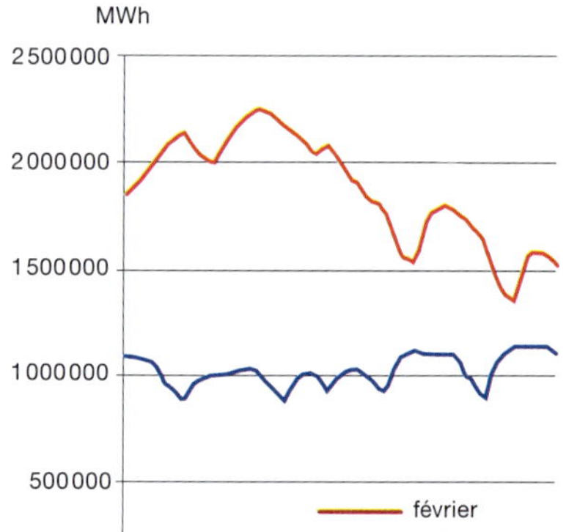

Fig. 1 – Consommations journalières en France un mois d'hiver (février 2012) et un mois d'été (août 2012). Source : RTE. ■

Les deux derniers sont nécessaires pour le dimensionnement, la gestion et la maintenance du réseau, ainsi que des unités de production. Le premier vise à optimiser la charge à produire le lendemain, réaliser les derniers achats et décider des effacements de clients bénéficiant de rabais contre la possibilité de couper leur consommation quelques jours par an. Au niveau agrégé, la consommation française est d'allure régulière. Elle varie dans le temps, comme la superposition d'une tendance à long terme et de trois composantes saisonnières associées aux cycles annuel, hebdomadaire et journalier, dus à l'interaction des rythmes de l'activité économique et de ceux du climat. Une part importante des usages de l'électricité étant, en effet, due au chauffage et à l'éclairage, très liés à la saison et à la météo. La prévision consiste à construire, puis à exploiter la relation statistique entre la consommation et d'autres variables électriques, calendaires et météorologiques à choisir dans une vaste collection. Depuis dix ans, trois évolutions majeures affectent la structure de la consommation et compliquent donc cette tâche.

Les habitudes électriques changent et les mesures déferlent

Tout d'abord, l'ouverture du marché à la concurrence en 2007 rend possibles d'inédits gains et pertes de clients pour le portefeuille des fournisseurs. Ensuite, les usages changent rapidement et cela s'accentue avec la transition énergétique : ampoules basse consommation, climatiseurs, écrans plats, smartphones, bâtiments mieux isolés, voitures électriques... Enfin, de nouvelles technologies de mesure structurent des réseaux intelligents, avec plus d'informations de plus en plus locales. L'installation de plus de 35 millions de compteurs communicants Linky d'ERDF, prévue pour 2021, permettrait de disposer en temps réel des courbes de charge individuelles, et donc de toutes sortes d'agrégats à définir selon un point de vue géographique, électrique ou sociodémographique (par exemple, les consommateurs d'une ville ou ceux desservis par un poste source donné ou encore les entreprises de tel secteur d'activité), ouvrant des perspectives nouvelles pour le pilotage de l'énergie à diverses échelles.

Les deux premières évolutions engendrent une moindre stationnarité*, une plus grande volatilité de la consommation agrégée et impliquent l'adoption de stratégies plus flexibles pour s'adapter aux changements. La dernière évolution constitue un défi plus radical, qui nécessite non seulement d'autres méthodes et leur adaptation au contexte Big Data, mais aussi leur automatisation complète.

Ces nouvelles données présentent toutes les caractéristiques du Big Data : massives et évolutives, elles sont à stocker, transmettre et traiter en temps réel, de plus, elles sont de qualité encore à quantifier et il faut en assurer la confidentialité comme pour toute donnée individuelle.

La prévision statistique à l'heure du Big Data

Les usagers pourraient agir pour maîtriser leur consommation et les fournisseurs pourraient définir des tarifications dynamiques et incitatives pour mieux gérer la pointe journalière de consommation, mieux piloter les effacements de consommations, intégrer la production locale et distribuée des énergies renouvelables et améliorer les prévisions globales au niveau national en sommant des prévisions locales.

Les modèles opérationnels de prévision de consommation, s'ils atteignent d'excellentes performances pour la consommation française agrégée, sont complexes et dépendent de nombreux paramètres, peu évolutifs et difficiles à adapter. Des méthodes, à la fois plus générales et plus flexibles, s'imposent et EDF explore plusieurs pistes en collaboration avec le monde académique. Par exemple, au niveau individuel, on peut développer des outils de prévision du gisement d'effacement chez les clients résidentiels. À un niveau très local, mais déjà agrégé, l'automatisation de la conception de plusieurs milliers de modèles liés à diverses échelles d'agrégation des consommations individuelles (les 2 000 postes sources, qui sont les postes électriques du réseau de distribution d'électricité, ou les 20 000 départs de postes sources) nécessite le développement de nouvelles méthodes de sélection. Un autre exemple consiste à bâtir la prévision en recherchant dans le passé des contextes similaires à la situation présente et prévoir le futur par une moyenne pondérée* des futurs des passés les plus semblables au présent. La notion de similarité est basée sur le découpage de la série chronologique en segments caractéristiques, comme la consommation d'une journée, assimilés à des fonctions, permettant de s'adapter tant aux non-stationnarités classiques qu'à celles plus subtiles issues des pertes ou des gains de clients selon divers scénarios. Un dernier exemple est la désagrégation de la consommation nationale, en regroupant, encore au moyen d'une notion de similarité, les millions de consommations individuelles les plus homogènes pour définir quelques milliers de super-consommateurs. On construit ensuite une hiérarchie de partitions, à l'intérieur de laquelle on peut sélectionner la meilleure pour la prévision désagrégée, ou bien encore, en fonction de la finesse requise, choisir une segmentation utile pour le profilage des clients à des fins commerciales.

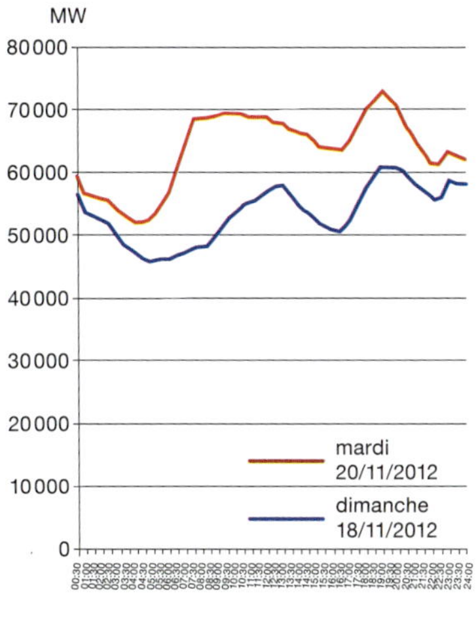

Fig. 2 – Courbes de charge d'un jour de semaine et d'un jour de week-end en France (puissances instantanées en MW). Source : RTE. ■

La récolte de ces nouvelles données permet donc d'affiner le grain de la prévision et d'insérer plus étroitement les consommateurs dans les réseaux d'énergie des cités intelligentes.

Références bibliographiques

• A. ANTONIADIS, X. BROSSAT, J. CUGLIARI et J.-M. POGGI – *Une approche fonctionnelle pour la prévision non-paramétrique de la consommation d'électricité*, Journal de la SFdS, 2014.

• A. BERARD et G. HEBRAIL – *Searching Time Series with Hadoop in an Electric Power Company*, Proceedings BigMine'13, 2013.

• V. THOUVENOT, A. PICHAVANT, Y. GOUDE, A. ANTONIADIS et J.-M. POGGI – *Electricity Forecasting Using Multi-Stage Estimators of Nonlinear Additive Models*, IEEE Transactions on Power Systems, 2015.

4. Gestion des relations client et Big Data

Jacky Akoka

La connaissance client et les indicateurs

En vue d'assurer son développement, toute entreprise doit recueillir, gérer, exploiter et partager la connaissance sur ses clients. Il y a trois types de connaissances client : la connaissance des clients, de leurs motivations et de leurs préférence ; la connaissance par les clients, notamment celle qu'ils possèdent sur les produits, les services et la concurrence ; et la connaissance pour les clients, qui désigne la connaissance fournie par l'entreprise aux clients. Cet ensemble de connaissances, souvent appelé « intelligence client » constitue un atout majeur pour assurer la gestion de la relation client. Elle permet aux entreprises de mieux comprendre les besoins de leurs clients, de les fidéliser et d'en trouver de nouveaux. Des indicateurs permettent de mesurer cette connaissance, comme les attentes du client par rapport à la perception du produit/service, la probabilité de recommander le service à un ami ou à un proche et la satisfaction globale des clients par rapport à l'entreprise.

Il existe pléthore d'indicateurs de performance quantitatifs dédiés, notamment, aux centres de relation client, avec une tendance vers des indicateurs qualitatifs qui mesurent la satisfaction du client et son degré de fidélité. À titre d'exemples, mentionnons : l'accessibilité au service, la maîtrise du coût de traitement d'un contact, l'amélioration de la satisfaction client et l'accroissement de la fidélité des clients. Mais de nouveaux indicateurs émergent pour évaluer l'efficacité du service clientèle. Ainsi, le « *Net Promoter Score* » (NPS) est utilisé pour mesurer la satisfaction du client et la probabilité qu'il recommande la marque à son entourage. Mentionnons également l'existence d'indicateurs proposés par la norme AFNOR (certification NF 345) et la norme européenne (NF EN 15838).

Les indicateurs quantitatifs, tels que le volume d'appels, le temps d'attente, les délais de réponse... sont généralement calculés de manière automatique par les outils de Gestion de la Relation Client (GRC ou CRM en anglais). Certains indicateurs qualitatifs peuvent être calculés en utilisant les « contacts mystères » qui se font passer pour des clients. Une méthode alternative consiste à faire écouter par des superviseurs des échantillons d'appels téléphoniques tirés au hasard. Certains indicateurs sont calculés à l'aide de réponses à des questions. Des techniques d'évaluation complémentaires sont fondées sur des questionnaires de satisfaction, des enquêtes quantitatives, l'interrogation de clients en sortie de caisse, l'agrégation de données...

Le CRM

La collecte, le stockage et le traitement des indicateurs nécessitent l'usage d'un CRM (*Customer Relationship Management*). Son objectif principal est de gérer le « cycle de vie » du client. Il intègre les données clients, les consolide et procède à leur analyse, comme un système d'information*. Il y a trois types de CRM : le CRM opérationnel, qui automatise les processus relatifs à la gestion des centres d'appels et à la gestion de la force de vente ; le CRM analytique qui exploite les données et les connaissances clients, notamment avec des outils de fouille de données (cf. IV.8) et des solutions de Business Intelligence ; et le CRM collaboratif qui gère et intègre les canaux de communication et les points de rencontre pour les interactions avec les clients (figure). Au-delà du CRM traditionnel, trois autres modalités existent : l'e-CRM (pour Electronic CRM) qui intègre les canaux électroniques ; le SCRM (ou Social CRM) qui utilise les réseaux sociaux et le m-CRM (ou mobile

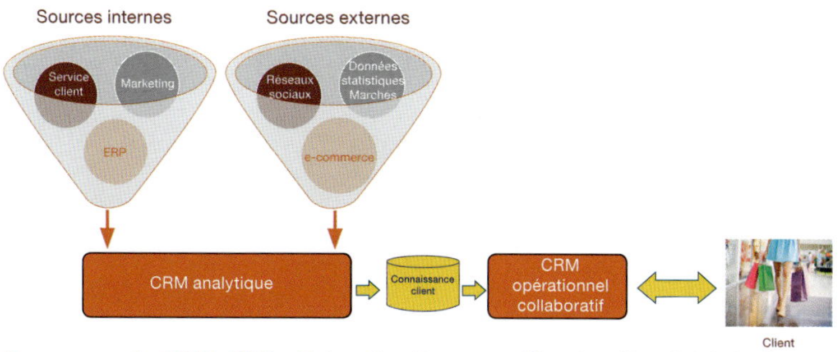

Processus de CRM. ERP: *Enterprise Resource Planning* (Progiciel de Gestion Intégrée). ■

CRM), qui comprend des applications de localisation de points de vente, de réservations et de vente, ainsi que des applications de support client.

Le CRM regroupe un ensemble de technologies allant de la base de données aux outils de centres d'appels et d'automatisation de la force de vente. Parmi ces technologies mentionnons le Couplage Téléphonie Informatique, les logiciels de workflow (cf. III.7), les entrepôts de données (cf. IV.6) et les technologies Internet. Le marché du CRM a connu une croissance de 13,3 % en 2014 et il est estimé à 23,2 milliards de dollars. Les 10 principaux éditeurs (dont Salesforce, SAP, Oracle, Microsoft et IBM) se partagent 60 % du marché. La plupart sont des solutions propriétaires mais il existe des produits Open Source, tels que SugarCRM et VtigerCRM.

Le CRM et les Big Data

Le Big Data impacte fortement le CRM tout comme le *cloud**, la mobilité, la gestion omnicanal (service client sur tous supports) et l'analytique. Aux données recueillies dans le CRM, s'ajoutent celles qui résultent des interactions avec le client aux différents points de contact (passage en caisse, visite des sites Internet, conversations sur les réseaux sociaux, appels téléphoniques, courriers...). De plus, la collecte et l'analyse des données ouvertes (Open Data) permettent aux entreprises d'améliorer le service aux clients, notamment par l'analyse du sentiment. Ce dernier est un champ d'investigation récent, dont le but est d'identifier un sentiment – exprimé, par exemple, sur un produit – et de l'analyser. C'est un processus de classification qui utilise notamment des techniques du *machine learning* (cf. IV.13). L'intégration du Big Data et du CRM analytique permet d'enrichir la connaissance client en repérant des *patterns* (motifs), ou comportements récurrents, permettant notamment d'ajuster l'offre de produit ou de service, d'affiner les segments de clientèle, d'exhiber des corrélations... Elle facilite l'analyse du comportement client, notamment grâce à son interaction *via* les différents canaux (réseaux sociaux, e-mails, Internet et centres d'appels). Elle permet également de caractériser le client à l'aide d'indicateurs (le sentiment client, le degré de rétention, le coût et le revenu d'un appel...).

Les techniques de Big Data permettent de stocker et d'analyser des données massives non structurées provenant du client, mais aussi de nombreuses autres sources. À cet effet, les technologies Hadoop et MapReduce, combinées à des algorithmes pertinents, permettent d'analyser des patterns, de caractériser les sentiments, de décliner l'interaction client avec l'entreprise et de procéder à l'analyse d'influence.

Dérives

Pour conclure, mentionnons deux problèmes importants relatifs à la revente de fichiers clients et à l'intermédiation jouée par certaines organisations. En effet, de plus en plus d'entreprises procèdent à la revente des fichiers clients, favorisant ainsi une stratégie de ciblage de ces derniers. Certes, des modalités juridiques encadrent cette revente de fichiers, notamment les articles 2,14 et 38 de la CNIL. Toutefois, l'accord donné par un client au transfert de ses données privées, est un consentement spécifique qu'il faut renouveler à chaque demande. Mentionnons aussi la norme simplifiée NS-048 qui régit le traitement automatisé de données à caractère personnel relatif à la gestion de clients et de prospects. En ce qui concerne l'intermédiation, certaines organisations, notamment les GAFAM (Google, Apple, Facebook, Amazon et Microsoft), se placent entre les fournisseurs et les clients, et créent ainsi un rideau opaque entre ces derniers (cf. VIII.22). Certains auteurs pensent que de nouveaux algorithmes de cryptage constitueraient une parade à ces deux problèmes.

Références bibliographiques

• F. JALLAT, E. PEELEN, É. STEVENS et P. VOLLE – *Gestion de la relation client. Total relationship management, Big data et Marketing mobile*, Pearson, 2014.
• B.J. GOLDENBERG – *The Definitive Guide to Social CRM*, Pearson, 2015.

5. Corpus et traitement automatique des langues

Claire Gardent

Le traitement automatique des langues (TAL) a pour objectif de « faire parler les ordinateurs ». Plus précisément, il vise à produire des modèles informatiques permettant à l'ordinateur de comprendre ou de générer du texte. Dans ce domaine, le corpus est un élément clé. Un corpus est une collection de documents, comme un ensemble d'articles scientifiques ou d'émissions radiophoniques. Dans les travaux sur le TAL, le corpus prend des formes variées et a des utilisations multiples. Il peut être brut ou annoté ; il peut contenir des documents d'un seul (texte écrit ou texte oral) ou de plusieurs types (texte et images, texte et vidéo) ; et il peut être utilisé soit pour l'observation et l'analyse de données par des linguistes soit pour l'apprentissage et l'évaluation par des linguistes informaticiens.

Corpus non annotés

Le corpus non annoté est un ensemble de documents pris à l'état brut, sans « décorations ». Pour le français écrit par exemple, le *French Gigaword Corpus* est un corpus d'environ un milliard de mots, qui regroupe des dépêches de presse, tandis que Frantext (environ 300 000 mots) est constitué de textes littéraires, philosophiques et scientifiques tirés d'ouvrages du Xᵉ au XXIᵉ siècle. Des corpus non annotés sont aussi souvent extraits de ressources disponibles sur la toile, telles que Wikinews (17 908 articles d'actualité en français fin mai 2016) ou les actes du Parlement européen (61,5 millions de mots pour la période 1996-2011).

Les linguistes informaticiens extraient de ces corpus bruts, des connaissances sur la langue, telle que la probabilité de séquences (n-grammes) plus ou moins longues de mots. En 2006, Google Inc. a ainsi mis à disposition de la communauté scientifique un modèle de langue construit à partir d'Internet qui contient des n-grammes de mots et leur fréquence pour des n-grammes allant de 1 à 5 mots (« vainqueur du Tour de France » est un 5-grammes fréquent, contrairement à « perdant du Tour de France »). Dans des applications, telles que la reconnaissance de la parole ou la traduction automatique, ces modèles de langues permettent d'identifier les séquences de mots les plus probables et, ainsi, de choisir, parmi les multiples phrases produites par le système, celles qui, intuitivement, sont les plus plausibles.

Pour les linguistes, les corpus non annotés servent d'observatoires des données langagières. Ainsi, des méthodes numériques basées sur l'examen des fréquences des formes linguistiques permettent de faire émerger des données, différents

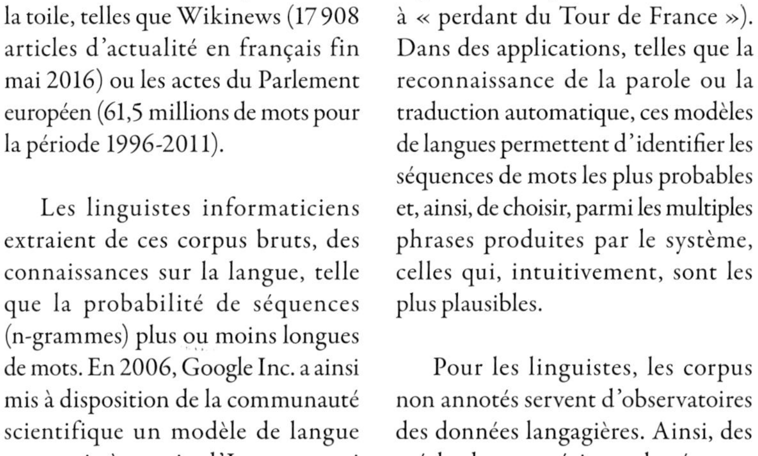

Fig. 1 – Extrait du corpus TCOF (Projet ANR Orfeo) montrant un corpus de français parlé annoté en morphosyntaxe (lemmes et catégories syntaxiques) et en syntaxe (arbres de dépendances). ■

types de séquences de mots (unités terminologiques*, collocations*), de répondre à un questionnement théorique (comment la langue de l'enfant diffère-t-elle de celle de l'adulte ?), ou encore d'étayer une hypothèse structurale (par exemple décrire, comprendre et unifier l'emploi du pronom dans l'œuvre de Flaubert).

Corpus annotés

Les corpus annotés sont à la base de nombreux outils et applications du TAL. Dans un corpus annoté, le texte est associé avec des annotations (catégories grammaticales, structures syntaxiques, traits sémantiques...), qui peuvent être exploitées pour apprendre des modèles statistiques. Ainsi, le corpus arboré du français (environ 20 000 phrases et leur arbre syntaxique*, figure 1) a permis d'apprendre des analyseurs syntaxiques statistiques pour le français, qui parviennent, dans environ 85 % des cas, à produire une analyse syntaxique correcte (identification du sujet et de l'objet des verbes, de l'adjectif modifiant un nom...) pour des phrases de textes journalistiques. De même, des corpus tels que Propbank ou Framenet, dans lesquels les arguments syntaxiques (sujet, objet...) des verbes sont annotés avec des rôles thématiques (agent, patient, instrument...) ont permis d'entraîner des étiquetteurs sémantiques capables d'identifier de façon automatique les événements mentionnés dans un texte et leurs participants (figure 2).

Pour les linguistes, les corpus annotés sont des ressources riches, à partir desquelles des recherches complexes peuvent être mises en œuvre, qui prennent en compte les différents niveaux d'annotation présents (morphosyntaxe, syntaxe, sémantique...) dans le corpus et permettent de quantifier leur corrélation ou non avec les phénomènes linguistiques étudiés (utilisation ou non de la forme pronominale, de la voix passive...).

Corpus parallèles et corpus multimodaux

Certaines applications nécessitent des corpus complexes mettant en jeu soit des données alignées (corpus parallèle) soit des données de nature multiple (corpus multimodal). Les moteurs actuels de traduction automatique, par exemple, sont des modèles statistiques appris à partir de corpus parallèles mettant en regard une phrase et sa traduction. Étant donné un corpus parallèle de taille suffisante, le modèle apprend les correspondances entre séquences de mots de la langue source et séquences de mots de la langue cible. De façon similaire, des corpus multimodaux image/texte sont exploités pour apprendre des générateurs de texte permettant, étant donnée une image, de générer une description de cette image.

Réservoirs de corpus

En France et à l'étranger, plusieurs initiatives visent à centraliser, normaliser et pérenniser les corpus. Au niveau international, le *Linguistic Data Consortium*, créé en 1992, recense et distribue des corpus écrits et oraux pour un très grand nombre de langues. En Europe, le LINDAT fournit une aide technique et une archive digitale ouverte aux institutions et aux chercheurs désireux de partager des données utilisées pour la recherche en linguistique ou dans des domaines connexes ; tandis que CLARIN et META-NET, deux programmes mis en place par la Commission européenne, ont pour but d'enrichir les ressources linguistiques avec des métadonnées appropriées, de les diffuser et de les maintenir. En France, l'équipement d'excellence ORTOLANG offre un réservoir de données (corpus, lexiques, dictionnaires...) en lien avec la très grande infrastructure de recherche Huma-Num pour la gestion sur le long terme des données numériques de la recherche en sciences humaines et sociales.

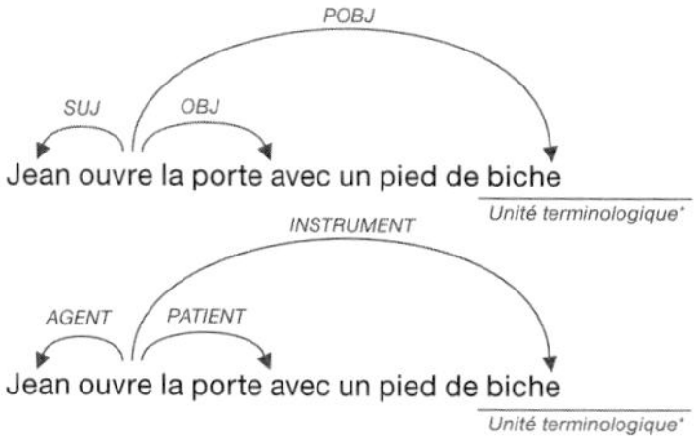

Fig. 2 – **Exemple d'annotations syntaxiques (haut) et sémantiques (bas).** ■

Le corpus a véritablement révolutionné les recherches en linguistique et le linguiste peut à présent développer ses théories à partir d'un grand nombre d'exemples tirés de textes existants, plutôt que d'exemples construits. En linguistique informatique, le corpus a également permis des avancées de taille comme, entre autres, le développement de systèmes de traduction automatique et d'extraction d'information.

Références bibliographiques

• P. BOUILLON – *Traitement automatique des langues naturelles*, Duculot - De Boeck, 1998.

• B. HABERT, A. NAZARENKO et A. SALEM – *Les linguistiques de corpus*, Armand Colin, 1997.

6. Entrepôts de données et OLAP, analyse et décision dans l'entreprise

Jérôme Darmont et Patrick Marcel

D'après le cabinet Gartner, le marché de l'informatique décisionnelle (*business intelligence*) croît de 8,4 % par an et atteindra un chiffre d'affaire mondial de 27 milliards de dollars en 2019. L'informatique décisionnelle vise à améliorer la décision en entreprise sur la base de faits établis et offre à des décideurs non-informaticiens une vision transversale des informations stratégiques de l'entreprise. Elle peut par exemple répondre à la question : « Quelle entreprise du CAC 40 connaît la meilleure évolution de son cours de bourse ? ». Les problèmes qui se posent dans ce contexte sont le volume souvent important des données ; leur hétérogénéité lorsqu'elles sont issues de différentes sources (cf. III.9) ; leur qualité (cf. II.11) et leur niveau de détail, trop fin dans les systèmes d'information* opérationnels pour donner une vision globale de l'activité.

Ces problèmes sont traités grâce aux entrepôts de données (*data warehouses*), *via* un processus en trois phases (figure 1). Premièrement, il s'agit d'extraire automatiquement les données des sources, de les transformer pour les uniformiser (conversion à la même unité de mesure, par exemple) et de les charger dans l'entrepôt (*extract, transform, load* ou ETL*). Deuxièmement, le stockage des données nettoyées est assuré par l'entrepôt, qui est parfois subdivisé en plus petites unités métier ou magasins de données (*datamarts**). Finalement, l'entrepôt est exploité à l'aide de rapports et de tableaux de bord, en fouillant les données entreposées (*data mining**) ou grâce à l'analyse en ligne* (*online analytical processing* ou OLAP).

OLAP vs. OLTP

Dans les systèmes opérationnels ou transactionnels (*OnLine Transaction Processing* ou OLTP) des entreprises, les données représentent l'état d'une information à un moment précis, par exemple la valeur des cours de bourse des entreprises du CAC 40. Ces données sont habituellement l'objet de nombreuses modifications (les cours de bourse évoluent rapidement) et les requêtes d'interrogation qui les ciblent sont relativement simples (afficher le cours de bourse d'une entreprise donnée). De plus, dans les systèmes OLTP, les schémas qui décrivent les données sont fortement normalisés, de manière à garantir la fiabilité des données.

Au contraire, dans le contexte OLAP, les données proviennent de différents systèmes OLTP et sont consolidées et historisées afin, par exemple, d'analyser l'évolution d'un cours de bourse. Les données décisionnelles sont donc rarement modifiées et au contraire enrichies au cours du temps (il est possible de stocker les cours de bourse successifs seconde par seconde). L'OLAP repose sur des requêtes d'interrogation complexes, comme les opérations effectuées avec un tableur (des moyennes de cours de bourse par mois, trimestre et année, par exemple), mais sur de gros volumes de données. C'est pourquoi

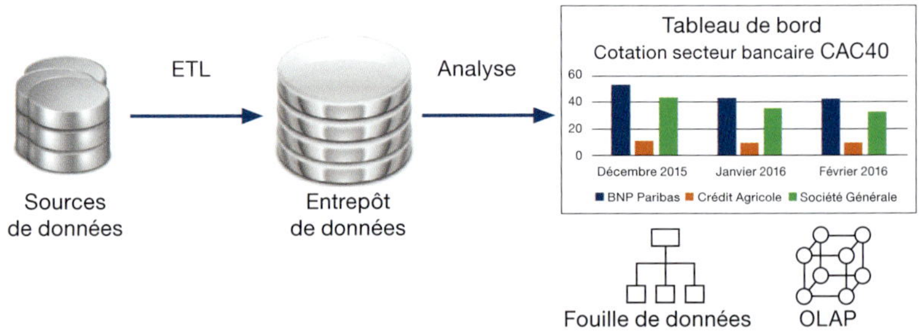

Fig. 1 – Processus d'entreposage et d'analyse de données.

les entrepôts présentent des schémas de description des données dénormalisés, qui visent à optimiser le temps de réponse.

Cube de données* et opérateurs OLAP

L'OLAP repose sur une représentation des données proche des intuitions de l'analyste, permettant l'expression aisée de requêtes complexes. La métaphore du cube (ou hypercube) représente les données à analyser (faits associés à des indicateurs numériques ou mesures) comme des points dans un espace multidimensionnel. Chaque dimension est un axe d'analyse et peut être organisée en hiérarchie. Les dimensions représentent les coordonnées du fait dans l'espace multidimensionnel. La figure 2 illustre un cube de donnée pour l'analyse de transactions boursières par place financière, type d'activité et date. Le fait de la cellule supérieure gauche indique que la mesure « volume d'actions » EDF échangé à Paris est 3,2 millions. La hiérarchie de la dimension date (en rouge) permet par exemple de grouper les données quotidiennes pour les observer par mois ou par années.

L'expression d'analyses se fait *via* une succession d'opérations OLAP afin de comprendre un phénomène observé dans les données. Les opérations les plus populaires sont le *slice-and-dice* pour sélectionner des données, le *roll-up* pour les résumer (somme ou moyenne, par exemple), le *drill-down* pour les détailler, et le changement de la mesure étudiée. Par exemple, dans la figure 2, l'analyste applique un *slice-and-dice* pour se focaliser sur le secteur de l'énergie à Paris et Londres du 4 au 7 janvier 2016. Ensuite, il opère un roll-up pour avoir le total des volumes en Europe.

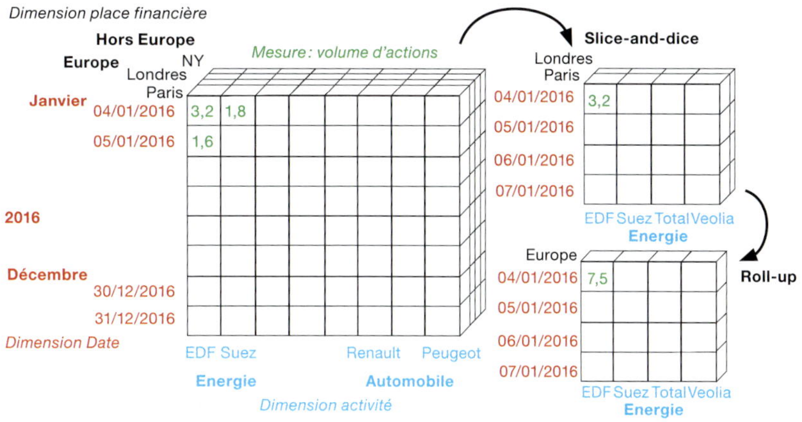

Fig. 2 – **Exemple de cube de données* et d'opérations OLAP.** ■

Une source d'évolutions technologiques

Le succès de la technologie OLAP s'explique par l'évolution des dispositifs d'exécution et d'optimisation, en termes d'organisation logique et de stockage des données, pour le traitement efficace des requêtes. Dans les systèmes OLTP classiques, les données sont habituellement stockées sous forme de tables (cf. III.5), auxquelles un système d'index permet d'accéder rapidement. Dans les systèmes OLAP, les données résumées sont généralement pré-calculées pour accélérer les traitements lors de l'analyse. Des systèmes d'indexation propres aux données multidimensionnelles permettent également un accès rapide à un fait connaissant ses coordonnées. De plus, les données peuvent être partitionnées pour diminuer les volumes accédés lors des interrogations. Enfin, les faits peuvent être stockés sous forme de tableaux multidimensionnels (plus proches de la vue conceptuelle des données), notamment pour les données de faible dimensionnalité ; ou en colonnes, afin de regrouper physiquement les données de même nature.

L'OLAP a suscité de nombreux travaux de recherche et d'innovations menant à ces évolutions. Les principaux éditeurs de bases de données commerciales et le monde du logiciel libre offrent aujourd'hui des suites logicielles pour déployer entrepôts de données et outils OLAP. Actuellement, cette évolution se poursuit dans la mouvance des Big Data, en vue d'offrir au plus grand nombre l'analyse de données en temps réel, *via* des dispositifs mobiles ou à la demande (science des données).

Références bibliographiques

• C. FAVRE, F. BENTAYEB, O. BOUSSAID, J. DARMONT, G. GAVIN, N. HARBI, N. KABACHI et S. LOUDCHER – *Les entrepôts de données pour les nuls... ou pas !* 2e Atelier aide à la Décision à tous les Etages (AIDE), https://hal.archives-ouvertes.fr/hal-01273589, Toulouse, 2013.

• R. KIMBALL et M. ROSS – *Entrepôts de données. Guide pratique de modélisation dimensionnelle (2e édition)*, http://www.vuibert.fr/ouvrage-9782711748112-entrepots-de-donnees.html, Vuibert, 2003.

7. Sciences des données : naissance ou renaissance ?

Gérard Biau et Pascal Massart

La statistique est un domaine scientifique multiforme. Au contact direct de l'environnement socio-économique et des autres disciplines scientifiques *via* les « données », elle propose un corpus de méthodes d'analyse et d'interprétation fondées sur des modèles mathématiques. Ce statut particulier l'expose à des mutations parfois brutales, principalement liées à sa très grande porosité vis-à-vis de l'extérieur. Les nouvelles capacités de recueil et de stockage de l'information engendrent aujourd'hui un véritable déluge de données, dont le gigantisme et l'hétérogénéité rendent obsolète l'emploi des outils d'analyse de données traditionnels, et requièrent de nouvelles compétences pour les statisticiens. Ce contexte inédit place la discipline face à l'une des mutations les plus importantes de son histoire, au travers de ce qu'il convient désormais d'appeler « la science des données ».

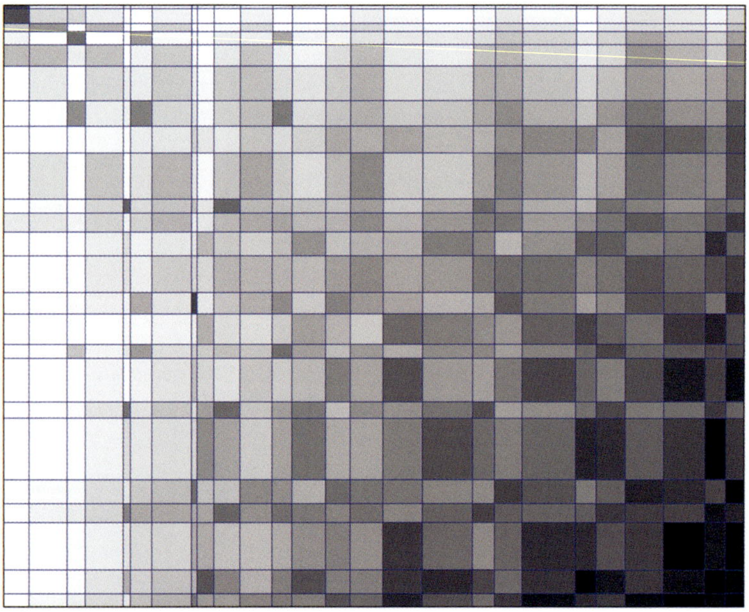

Fig. 1 – **Matrice d'interactions des gènes de la plante *Arabidopsis Thalianan.*** Un bloc noir signifie que les gènes de la classe en colonne influence les gènes de la classe en ligne. La méthode statistique dite « des blocs latents » permet d'effectuer les regroupements en blocs les plus pertinents. © V. Brault. ■

Un peu d'histoire

Dans son formalisme le plus classique, la statistique cherche à extraire l'information cachée derrière un ensemble de variables mesurées sur un certain nombre d'individus. Ces mesures, qui constituent l'échantillon*, prennent le plus souvent la forme d'un tableau de données possédant n lignes (le nombre d'individus) et p colonnes (le nombre de variables). L'inférence statistique, qui repose sur une modélisation probabiliste des données, connaît son apogée au XIXe siècle et dans la première partie du XXe. Pensée au départ pour traiter peu de variables et des échantillons de tailles modestes, elle permet de répondre avec efficacité aux besoins de l'époque tout en accompagnant les progrès de la science moderne. L'étude épidémiologique dite « de Framingham » en est un exemple emblématique. Commencée en 1948, cette étude au long cours visait à mieux comprendre les facteurs de risque des maladies cardio-vasculaires. Elle permettra de tirer des conclusions médicales essentielles à partir d'une base de données* ne dépassant pas les $n = 25\,000$ enregistrements pour un maximum de $p = 100$ variables, toutes collectées sur les habitants de la commune de Framingham (Massachusetts, États-Unis).

La première révolution numérique

Portées par le développement de l'informatique et les capacités de stockage des machines, la taille des échantillons et la dimension des variables collectées vont progressivement s'accroître à partir de la fin des années 1980. Le *data mining**, que l'on peut traduire par « fouille de données », apparaît ainsi au milieu des années 1980 comme une discipline nouvelle, à l'interface de la statistique et des technologies de l'information. On y retrouve des méthodes statistiques bien établies, mais aussi des développements issus de l'informatique moderne permettant d'appréhender de gros volumes de données. Le début du XXIe siècle verra l'apparition de problèmes d'un genre nouveau, principalement issus de la génétique, pour lesquels la dimension du problème p va « exploser », au point de devenir bien plus grande que la taille de l'échantillon. Désormais, les jeux de données peuvent évoluer dans des espaces aux dimensions colossales, proches du milliard pour certains. Face à cette version extrême du « fléau de la dimension », informatique, statistique et optimisation* s'unissent pour former une discipline nouvelle appelée « apprentissage statistique ».

Aujourd'hui, le Big Data

Dernière révolution en date, l'accumulation inédite des données (Big Data en anglais, mégadonnées en français), souvent issues du monde numérique, autorisent désormais n et p à prendre des dimensions astronomiques. Les mégadonnées se singularisent par leur taille, leur variété (nombres, images, textes...) et bien souvent leur flux en continu. Ce contexte nouveau autorise à imaginer des applications inconcevables il y a encore seulement quelques années, telle que la médecine personnalisée, qui est aujourd'hui l'une des voies les plus prometteuses en cancérologie (cf. VII.5). L'évolution de la statistique, désormais liée à l'informatique et aux nouvelles technologies de calcul, permet de mettre en œuvre des stratégies d'inférence* toujours plus sophistiquées, dont l'utilisation aurait été impensable voire absurde au siècle dernier. Citons par exemple les réseaux neuronaux profonds (*deep neural networks*), héritiers des réseaux de neurones artificiels des années 1980 (cf. IV.14).

Et les mathématiques ?

L'enracinement mathématique de la statistique reste plus fructueux et plus varié que jamais. Ceci est vrai non seulement au travers du lien historique avec le calcul des probabilités, mais aussi *via* la théorie de l'approximation* et l'optimisation*. Ainsi, les méthodes dites de *compressed sensing**possèdent-elles une résonance à la fois en théorie de l'approximation en grande dimension et en théorie statistique du signal, tout en reposant fondamentalement sur des propriétés fines de grandes matrices aléatoires. Dans la même veine, les solutions efficaces pour sélectionner au sein d'un grand nombre de variables les plus influentes d'entre elles reposent sur des critères d'optimisation convexe (algorithmes de type Lasso*). Que ce soit pour la conception, l'expérimentation ou l'application des méthodes statistiques, la réflexion mathématique est aujourd'hui indissociable de la réflexion sur les algorithmes permettant son expression, en liaison étroite avec le domaine applicatif dont les données sont issues. La bonne interprétation des résultats extraits des analyses de données massives repose elle aussi sur une réflexion dans laquelle les mathématiques sont appelées à jouer un rôle fondamental. Ce problème renvoie à la question cruciale de la reproductibilité des découvertes scientifiques extraites des données, et motive à l'heure actuelle des développements mathématiques nouveaux et passionnants. Un mouvement désormais inéluctable rapproche les statisticiens de la matière première de leur réflexion, à savoir les données. Une nouvelle ère est en marche, celle de la science des données.

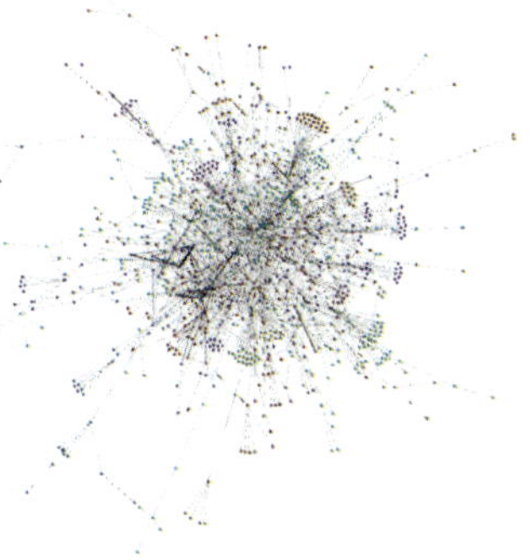

Fig. 2 – **Réseau d'interactions entre internautes sur un forum de discussion.** Les nœuds représentent les internautes et les arêtes sont les échanges de messages. Un algorithme statistique permet de générer automatiquement le graphe et les regroupements pertinents entre les nœuds. © M. Gallopin. ■

Références bibliographiques

• G. BIAU, J. DRONIOU et M. HERZLICH – *Mathématiques et statistique pour les sciences de la nature. Modéliser, comprendre et appliquer*, EDP Sciences, 2010.

• P. MASSART – *Un point de vue non-asymptotique pour la sélection de modèle*, La Gazette des Mathématiciens, n° 114, 20.

8. La fouille de données

Amedeo Napoli et Alexandre Termier

À l'heure actuelle, des données — les documents sur Internet, par exemple — sont disponibles en quantité importante et en qualité variable, sans finalité particulière et précise a priori. Plusieurs questions fondamentales se posent : *i)* est-il possible de comprendre ce que renferment ces masses de données ? *ii)* est-il possible d'y découvrir et d'en extraire « quelque chose d'intéressant » (cf. IV.12) ? *iii)* comment s'y prendre de façon efficace pour mener à bien de telles opérations ? Les éléments de réponse vont servir à résoudre des problèmes de recherche d'information, de classification, de recommandation et d'ingénierie des connaissances (représentation et raisonnement). C'est là que le processus de Découverte de Connaissances dans les Données (DCD) montre tout son intérêt, qui peut se définir comme la recherche dans de grands volumes de données de motifs présentant suffisamment d'intérêt pour être réutilisés. L'expression « motif » est à prendre au sens large et s'assimile à une règle, une classe d'individus, une description ensembliste, une séquence, un arbre, un graphe... La DCD cherche à passer de données brutes (signaux) à des informations (données interprétées) puis à des connaissances (informations prêtes à l'emploi). Ce processus est typique de l'apprentissage machine (cf. IV.13), avec des enjeux comme le passage à l'échelle pour le temps (efficacité des algorithmes*) et l'espace (volumes à traiter), l'interprétation et la réutilisation des motifs en termes de connaissances à destination des agents humains et logiciels (figure).

La découverte de connaissances dans les données

Classiquement, le processus de DCD se divise en trois étapes principales : la préparation des données ; la fouille des données ; et l'interprétation des motifs extraits. De plus, le processus est itératif et interactif : un analyste contrôle le processus et l'oriente selon ses objectifs. *In fine*, les motifs extraits peuvent être interprétés, en fonction d'un modèle du domaine des données, comme des éléments de connaissances de ce domaine et, à ce titre, réutilisables dans un système de connaissances.

Les méthodes de fouille de données sont numériques ou symboliques. Les premières relèvent essentiellement des statistiques, des probabilités et de l'analyse des données. Les secondes s'appuient sur les arbres de décision, la recherche de motifs et de règles d'association, l'analyse formelle de concepts, la classification (*clustering*)... La DCD fait donc appel à une variété de techniques propres à l'apprentissage, à la gestion des bases de données, à l'ingénierie des connaissances, à la calculabilité et, plus généralement, aux mathématiques discrètes et du continu.

La recherche de motifs

Considérons l'exemple célèbre dit « du panier de la ménagère », où les données sont les tickets de caisse des clients d'un ou de plusieurs supermarchés. Un ticket de caisse est constitué d'un ensemble

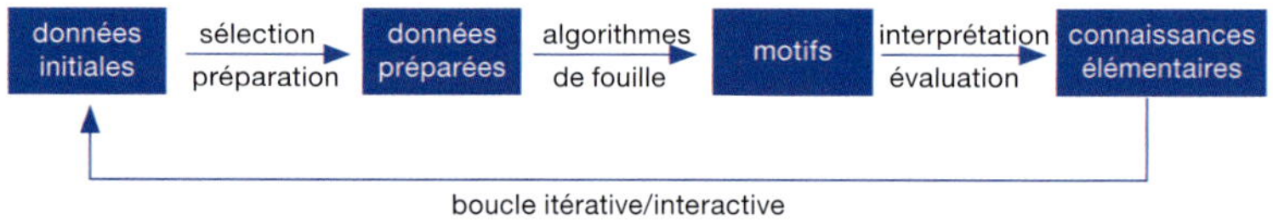

La boucle de la découverte de connaissances dans les données et ses opérations principales. ■

d'articles achetés par un client. Un motif correspond ici à un ensemble d'articles achetés dans un même ticket, par exemple « Pain, Beurre, Chocolat ». Un motif a un support, le nombre de tickets qui contiennent le motif, et une fréquence qui est le support rapporté au nombre total de tickets. Si notre motif « Pain, Beurre, Chocolat » a une fréquence de 17 %, cela signifie qu'il est présent dans 17 % des tickets de caisse, ce qui peut s'avérer une connaissance commerciale importante : elle peut par exemple aider à organiser physiquement les rayons du magasin en éloignant au maximum ces trois articles, afin d'allonger le parcours du client. À partir d'un motif, il est possible d'extraire des règles, par exemple « Beurre, Chocolat → Pain ». Cette règle a une « confiance », qui est la probabilité conditionnelle qu'un client ayant acheté du Beurre et du Chocolat achète aussi du Pain. Là encore, cette règle fournit une connaissance importante : si la règle a une confiance élevée, disons 80 %, cela signifie que faire une promotion sur le beurre et/ou le chocolat augmentera mécaniquement les ventes de pain.

Étant donné une base de données éventuellement très volumineuse — des millions de tickets et des milliers d'articles, par exemple —, un problème majeur consiste à énumérer l'ensemble des motifs présentant certaines caractéristiques, comme celle d'être fréquents. C'est un problème calculatoire difficile, où la difficulté ne peut pas être simplement contournée en rajoutant des machines. En effet, si A est l'ensemble des articles référencés dans le supermarché, la recherche de motifs consiste à parcourir un espace d'états qui correspond à l'ensemble des parties de A dont la taille est $2^{|A|}$, où $|A|$ est le cardinal de A (le nombre d'articles). Dans un supermarché standard, il y a au minimum des dizaines de milliers de références ($|A| > 10\,000$), donc le nombre de motifs dépasse les 2^{10000}, un chiffre beaucoup plus grand que le nombre estimé de particules dans l'univers ($\approx 10^{85}$) !

Motifs complexes

Toutefois, en général, seule une infime partie de ces motifs vérifie les caractéristiques voulues comme la fréquence. Les chercheurs en fouille de données ont pu exploiter cette observation et certaines propriétés mathématiques de l'espace de recherche pour proposer des algorithmes efficaces d'énumération de motifs, dont le plus ancien représentant est l'algorithme Apriori (1994). La recherche de motifs a été étendue à des données et motifs plus complexes, ayant des structures de séquences, d'arbres ou de graphes. Un exemple simple d'extraction de motifs dans une séquence est l'analyse d'ADN* : la donnée d'entrée est une séquence d'ADN et les motifs sont toutes les sous-séquences se répétant fréquemment dans cette séquence. On peut chercher les motifs séquentiels de manière stricte (la sous-séquence ATG a été trouvée 324 fois) ou souple (la sous-séquence ATG**GC a été trouvée 128 fois), où '*' peut être n'importe quel caractère. Les motifs de type graphes, eux, matérialisent des sous-graphes se répétant dans une base de données de graphes. Ils sont particulièrement utiles dans l'analyse de molécules et de réactions chimiques. Ainsi, les motifs extraits correspondent à des sous-structures moléculaires spécifiques pouvant servir de support à des médicaments. La recherche de ces types de motifs plus complexes s'appuie sur le même principe qu'indiqué plus haut : il y a un espace de recherche gigantesque à explorer, mais certaines propriétés permettent d'élaguer des parties importantes de cet espace. Découvrir ces propriétés et les exploiter au mieux est nécessaire pour avoir des algorithmes de découverte de motifs capables de passer à l'échelle sur des volumes réalistes de données.

Toutefois, à l'heure actuelle, le challenge principal en découverte de motifs est ailleurs. En effet, l'exécution des méthodes classiques d'énumération de motifs peut produire des millions de motifs potentiellement intéressants. Un analyste humain ne peut pas exploiter une telle quantité d'information. Les travaux actuels se concentrent donc sur la mise au point de nouvelles méthodes découvrant un petit nombre de motifs particulièrement intéressants. Ainsi, après avoir étudié et développé de nombreux algorithmes très efficaces (aspect quantitatif), la communauté en fouille de données s'oriente actuellement vers des aspects plus qualitatifs liés aux connaissances du domaine étudié faisant intervenir des mesures d'intérêt, des contraintes ou encore des préférences.

Références bibliographiques

- C. C. AGGARWAL – *Data Mining: the Textbook*, Springer 2015.
- J. HAN, M. KAMBER et J. PEI – *Data Mining: Concepts and Techniques*, Morgan Kaufmann, 2011.
- P.-N. TAN, M. STEINBACH et V. KUMAR – *Introduction to Data Mining*, Pearson, 2005.
- M. J. ZAKI et W. MEIRA Jr. – *Data Mining and Analysis – Fundamental Concepts and Algorithms*, Cambridge University Press, 2014.

9. La fouille de texte

François Yvon

La fouille de texte regroupe l'ensemble des méthodes destinées à extraire automatiquement des connaissances nouvelles à partir de textes écrits dans une langue naturelle*. Les textes peuvent être fouillés pour tirer profit des informations factuelles qu'ils contiennent en vue d'alimenter automatiquement des bases de connaissances : suivi de l'actualité et détection de tendances, peuplement automatique d'ontologies... Ils peuvent aussi être exploités pour accumuler des informations sur leurs auteurs et leurs lecteurs : connaître leurs intérêts, leurs goûts, ou encore découvrir leurs réseaux d'« amis ». Les applications sont nombreuses : publicité ciblée, la recommandation d'achats (cf. IV.17), la détection de communautés... Les études « stylométriques » visent, par ailleurs, à caractériser les auteurs à partir de leur style. Enfin, la fouille de texte permet de recueillir des informations sur les usages et la dynamique de la langue : état de l'orthographe, détection de mots ou de sens nouveaux, ou encore, dans le cas de textes parallèles*, identification automatique d'équivalences de traduction (cf. IV.5).

La fouille de texte se distingue de la fouille de données (cf. IV.8), car, d'une part, l'information présente dans les textes est non-structurée et requiert donc des prétraitements appropriés : ainsi, repérer une date dans du texte libre demande d'analyser la phrase et d'identifier les mots correspondant au jour, au mois et à l'année. D'autre part, cette information est souvent enrichie par des métadonnées (cf. II.9) qui renseignent sur l'auteur, la date et le support de publication... L'exploitation conjointe des textes et des métadonnées est donc un enjeu méthodologique majeur de la fouille de texte. Plus profondément, les données textuelles posent des problèmes de modélisation spécifiques : grande dimensionnalité des représentations, multiplicité et opacité des sources de variabilité entre textes, auxquelles s'ajoutent des distributions d'événements très particulières, pour lesquelles les hypothèses de la statistique classique sont mal adaptées.

Méthodes

Le processus de la fouille de texte se décompose en trois étapes principales : les prétraitements linguistiques, l'analyse statistique, l'interprétation et la visualisation. Les prétraitements visent à construire les unités de décompte manipulées par les procédures statistiques, c'est-à-dire au minimum les signes ou caractères qui composent le texte, plus souvent les « formes graphiques » représentant des occurrences de mots, et parfois des unités plus complexes, comme des couples de mots, des groupes syntaxiques... Pour réduire la variabilité lexicale, il est possible de corriger les formes mal orthographiées, puis d'appliquer des méthodes de « lemmatisation* » ou de « racinisation* ». Le filtrage des « mots-outils* » élimine les formes les plus fréquentes, qui sont rarement informatives. Le texte ainsi traité est vu comme une suite de symboles pris dans un inventaire fini V, dont la taille varie entre quelques dizaines (représentations à base de caractères) à des dizaines de milliers, voire bien plus, pour des représentations à base de mots. Un encodage numérique s'en déduit : le plus simple (« sac-de-mots ») encode un texte comme un vecteur V-dimensionnel représentant le profil lexical* du texte. Chaque composant de ce vecteur est une fonction du nombre de fois où un symbole particulier apparaît dans le texte. En plus de leur grande taille, ces profils lexicaux se caractérisent par leur parcimonie : chaque texte n'utilisant qu'un nombre de mots très petit par rapport à la taille de V, les composantes des vecteurs d'occurrences sont presque toutes nulles. Selon cette approche, une collection de documents est modélisée par une matrice représentant un ensemble de profils lexicaux.

Deux grandes familles de méthodes permettent de traiter ces profils d'occurrence. Les méthodes de catégorisation cherchent à prédire une information catégorielle à partir du texte numérisé : son thème, sa polarité*, son degré de nouveauté, sa langue, son auteur... Si l'on dispose d'exemples annotés, les méthodes de l'apprentissage supervisé s'appliquent sans restriction (cf. IV.13) – pour autant qu'elles s'accommodent de la grande dimensionnalité des représentations. Les méthodes de *clustering*, quant à elles,

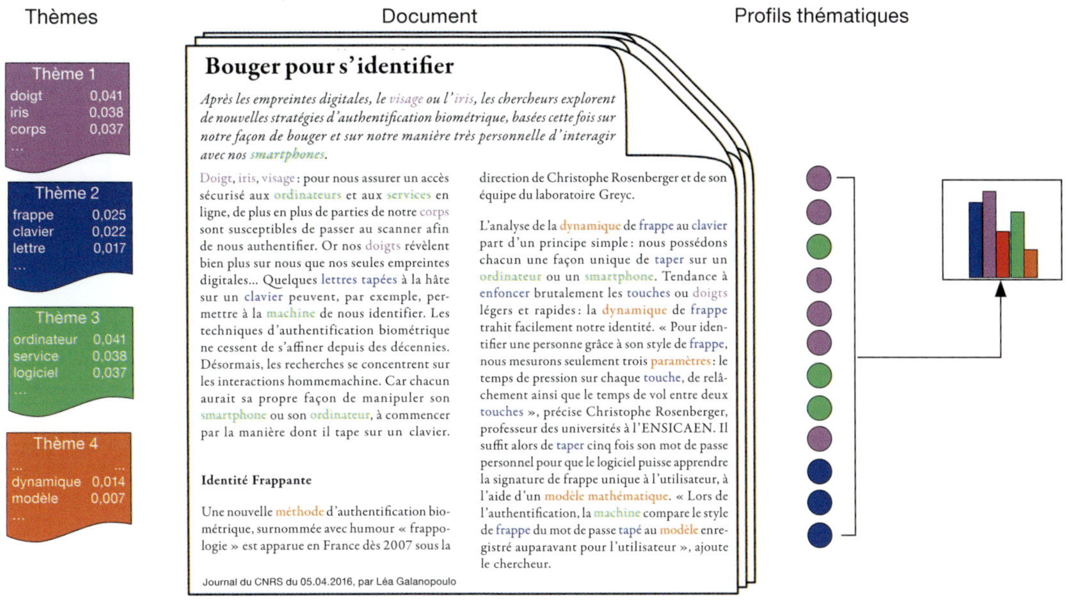

Exemple de fouille de texte sur un article publié dans le Journal du CNRS. Chaque mot du texte est assigné à un thème, figuré ici par une couleur ; chaque thème définit une distribution sur le vocabulaire. L'histogramme des thèmes d'un document fournit une représentation « résumée » du document dans un espace de dimensions réduites. ■

visent à construire des regroupements (*clusters**), ou des plongements des textes dans des espaces vectoriels de faible dimension, en faisant en sorte que les documents regroupés aient des contenus similaires. Ces méthodes produisent des représentations compactes plus faciles à manipuler que les représentations « creuses » dont elles sont issues.

Clustering de textes

Toutes ces méthodes cherchent à expliquer la variabilité lexicale observée dans un ensemble de textes (ils n'utilisent pas les mêmes mots, ou pas dans les mêmes proportions) par des variables catégorielles (observées dans le cas de la catégorisation et non-observées dans le cas du *clustering*). L'approche la plus commune en *clustering* approxime la matrice associant mots et textes comme un produit de matrices de petites dimensions. Dans le cas de l'Analyse Sémantique Latente* (LSA), cette opération est réalisée algébriquement par décomposition en valeurs singulières, mais on peut obtenir un résultat similaire en estimant un modèle probabiliste de cette matrice, tel que le modèle d'Allocation de Dirichlet Latente (LDA).

Le modèle LDA est un modèle de thèmes, qui postule l'existence d'un petit nombre de catégories thématiques, chacune correspondant à un profil lexical prototypique. Les profils observés dans les textes sont obtenus par combinaison linéaire des profils prototypiques : chaque texte combine ainsi, dans des proportions qui lui sont propres, ces différents thèmes. Appliqué à des textes journalistiques, ce modèle fait émerger des thèmes correspondant à des rubriques comme 'culture', 'économie', 'politique', 'santé'... et permet de calculer, pour chaque texte, sa proximité avec chacun des thèmes – ainsi que des similarités et des regroupements entre textes (figure).

Ce cadre probabiliste a été étendu et raffiné de multiples manières : en ajoutant de nouvelles variables explicatives relatives aux auteurs ; en prenant en compte l'ordre des mots, l'ordre de publication des documents ; en modélisant les co-occurrences* entre mots ; en ajoutant une dimension multilingue... Un enjeu majeur pour le déploiement de ces techniques reste leur capacité à traiter efficacement et dynamiquement les centaines de milliards de textes (tweets, courriels, posts...) qui circulent quotidiennement sur Internet.

Références bibliographiques

- É. GAUSSIER et F. YVON (éds.) – *Méthodes Statistiques pour l'accès à l'information textuelle*, Hermès Science, Lavoisier, 2011.
- C. MANNING et H. SCHUETZE – *Foundations of Statistical Natural Language Processing*, The MIT Press, 2001.
- A. N. SRIVASTAVA et M. SAHAMI (éds.) – *Text Mining: Classification, Clustering, and Applications*, Chapman and Hall, CRC Press, 2009.

10. Statistiques sur les données, exhaustivité et échantillonnage

Camelia Goga et Anne Ruiz-Gazen

Les statisticiens cherchent généralement à extraire de l'information concernant une population d'intérêt dite « population cible », à partir de données disponibles uniquement sur une partie de la population. Ainsi, le nombre de chômeurs en France, communiqué tous les trimestres par l'INSEE, est estimé* dans le cadre de l'enquête emploi à partir d'un échantillon* de ménages. Les mesures d'audience des émissions de télévision fournies par Médiamétrie et le nombre de lettres et de colis délivrés par La Poste sont aussi estimés à partir d'un échantillon de ménages ou de bureaux de poste.

Erreur d'échantillonnage

Le fait de n'interroger qu'une partie de la population engendre une erreur d'échantillonnage*, qui a été très largement étudiée dans la théorie des sondages* et qui est relativement bien maîtrisée. De nombreuses méthodes pour le tirage d'échantillons et l'estimation* des caractéristiques d'intérêt d'une population cible existent. Basées sur le calcul des probabilités et développées notamment par des statisticiens français comme Jean-Claude Deville, ces méthodes permettent d'inférer* les résultats obtenus sur l'échantillon à la population cible tout en évaluant et en minimisant l'erreur d'échantillonnage. En particulier, il est possible de donner un intervalle (fourchette) de valeurs, autour de l'estimation fournie, qui a une forte probabilité de contenir la vraie valeur. La longueur de l'intervalle diminue si on augmente la taille de l'échantillon.

Autres types d'erreur

Dans la pratique, l'échantillon est sélectionné aléatoirement dans une liste d'individus appelée « base de sondage », qui, le plus souvent, diffère de la population cible (figure). Cette différence conduit à une erreur de couverture. Ainsi, avant l'arrivée massive des téléphones portables, l'annuaire téléphonique était une base de sondage utilisée pour certaines enquêtes sur les ménages. Or, les ménages sur liste rouge ou sans téléphone fixe ne

Schéma pour illustrer l'erreur de couverture (la population cible est constituée des Terriens tandis que des Martiens se sont glissés dans la base de sondage. Cette base ne couvre pas non plus l'ensemble des personnes âgées), l'erreur d'échantillonnage* (seulement un échantillon extrait de la population cible est interrogé) et l'erreur de non-réponse (certains individus, en gris, ne répondent pas). © C. Gazen. ■

pouvaient pas être échantillonnés. Cette erreur de sous-couverture pouvait conduire à un biais de sélection dans les estimations, si le comportement des individus absents de la base de sondage différait de celui des autres individus. On peut citer, par exemple, l'enquête pré-électorale pour la présidentielle américaine de 1936, qui a conduit à une sous-estimation importante de la part d'électeurs favorables à Roosevelt, probablement parce que l'échantillon avait été sélectionné dans une base d'électeurs possédant une voiture ou un téléphone et donc issus de milieux plutôt aisés.

L'erreur de non-réponse qui provient du fait que les individus échantillonnés ne répondent pas à l'enquête, notamment parce qu'ils sont absents ou ne souhaitent pas répondre, est un autre type d'erreur qui peut aussi conduire à un biais de sélection. On doit aussi généralement faire face à des erreurs de mesure lorsque la réponse de certains individus ne correspond pas à la vraie valeur. Cela peut se produire en pratique si l'appareil de mesure ne fonctionne pas bien ou si les individus font de fausses déclarations. Ce type d'erreur conduit à des biais de mesure. Comparativement à l'erreur d'échantillonnage, les autres types d'erreur sont plus difficilement quantifiables et contrôlables, même si des méthodes existent, notamment pour le traitement de la non-réponse.

Erreurs et Big Data

À l'ère du Big Data, l'utilisation généralisée d'objets connectés (tablette, téléphone, ordinateur...) permet de générer des données, dont on peut penser qu'elles se rapprochent de l'exhaustivité et permettent de réduire l'erreur d'échantillonnage. Toutefois, lorsque l'objectif est d'inférer les résultats obtenus à une population cible, les erreurs de couverture, de non-réponse ou de mesure ne sont pas nécessairement corrigées. Autrement dit, augmenter le volume des données n'implique pas nécessairement une diminution des biais de sélection et de mesure.

Par exemple, imaginons une communauté d'agglomérations qui cherche à établir la carte des déplacements de sa population à partir de données de localisation GPS* fournis par des opérateurs de téléphonie mobile. Il est certain que le comportement des personnes âgées ou à faibles revenus, peu connectées, ne sera pas pris en compte convenablement, même si la taille des données est très grande. Un autre exemple est celui des enquêtes réalisées sur Internet et basées sur le volontariat des participants. De telles enquêtes peuvent conduire à une taille d'échantillon tout à fait acceptable. Toutefois les résultats obtenus sont difficilement généralisables à la population cible, compte tenu de biais de sélection potentiellement importants.

Enfin, malgré la puissance de calcul actuelle, l'information exhaustive disponible est parfois trop volumineuse pour être transférée ou stockée à un coût raisonnable. C'est le cas, par exemple, des mesures de consommations d'eau ou d'électricité réalisées en temps réel et à l'échelle nationale, à partir de compteurs intelligents (cf. IV.3). L'échantillonnage reste alors un bon compromis entre la taille des données à traiter et la précision des estimations.

En présence uniquement d'erreur d'échantillonnage, un échantillon de grande taille va permettre d'obtenir des résultats très précis. Toutefois, d'autres types d'erreurs peuvent conduire à des biais d'estimation qui ne sont pas nécessairement corrigés en augmentant la taille de l'échantillon ni même en accédant à une base de sondage exhaustive.

L'utilisation de nouvelles sources de données, avec notamment l'ouverture des données publiques et, plus généralement, les données ouvertes en complément des données classiques, est l'un des défis actuels de la théorie des sondages. Ainsi, sur l'exemple de l'étude des déplacements dans une communauté d'agglomérations, le croisement des données GPS avec une base de données de prestations sociales pourrait permettre d'accéder aux personnes âgées ou aux populations peu connectées. La gestion de bases de sondages multiples provenant de différentes sources est actuellement un domaine de recherche en plein essor en théorie des sondages.

Références bibliographiques

- P. ARDILLY – *Les techniques de sondage*, Technip, 2006.
- J.-C. DEVILLE – *Peut-on croire aux sondages ?*, Pour la Science, n° 344, 2006.
- P. TASSI – *La data est-elle éthique-compatible ?*, 8e colloque francophone sur les sondages, http://sondages2014.sfds.asso.fr, 2014.
- *L'avenir des enquêtes avec l'émergence des Big Data*, Table ronde au 8e colloque francophone sur les sondages, http://sondages2014.sfds.asso.fr, 2014.

11. La variété dans les Big Data

Françoise Fogelman-Soulié

En 2001, Doug Lancy, du Gartner Group, lance un cri d'alarme : les nouvelles activités, sur Internet notamment, exigent de toutes nouvelles approches pour gérer les données générées, et notamment leurs volume, variété et vitesse. Les 3V, considérées aujourd'hui comme les caractéristiques essentielles du Big Data, sont nées.

Variété

Dans une approche Big Data, les données sont collectées à partir de sources multiples, comme les bases de données classiques, les fichiers de logs sur Internet, les textes, les vidéos, les images, le signal audio, la parole, les interactions sur les sites sociaux ou les sites de commerce électronique, et, de plus en plus, les capteurs de l'Internet des Objets* (cf. II.15)... Bien entendu, ces données sont dans des formats très hétérogènes. La « variété » des données exprime la diversité des sources (cf. I.3), mais aussi le nombre des variables (ou attributs) extraites. Après avoir collecté ces données brutes dans les différentes sources, il faut les nettoyer et les mettre en cohérence, c'est-à-dire, par exemple, regrouper les informations disponibles dans une source pour « Jean Dupont » avec celles pour « M. Jean Dupont » dans une autre source. On aboutit ainsi à un tableau de données (figure 1), où la profondeur indique le nombre d'observations (Jean Dupont, Jacques Durand...) et la largeur le nombre de variables pour chaque observation (nom, prénom, adresse, date de naissance, série de clics sur un site...), c'est-à-dire la variété. Cette étape de préparation des données est de loin la plus longue dans le processus d'analyse des Big Data : elle prend souvent une très grande part du temps total d'un projet (jusqu'à 80 %). Les spécialistes de l'analyse de données sont souvent des experts des méthodes d'apprentissage automatique (cf. IV.13), mais en pratique, leurs résultats dépendent de cette phase de préparation des données plus encore que de l'algorithme* mis en œuvre.

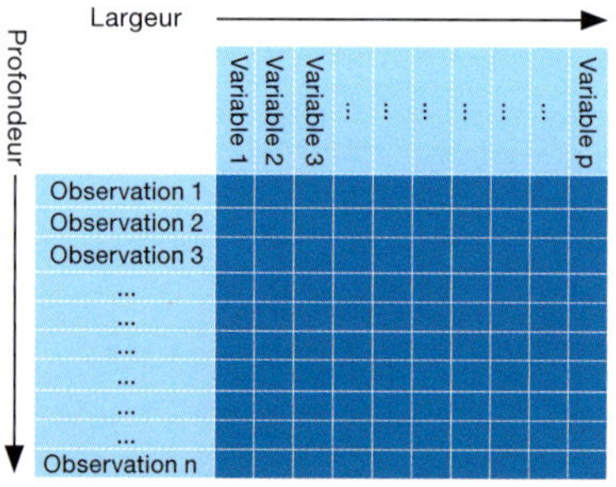

Fig. 1 – Tableau de données pour l'analyse. ■

Génération d'attributs

La collecte des données dans les différentes sources a permis de construire un tableau de données très large, comprenant beaucoup de variables. Mais il faut aller plus loin. Dans une seconde étape de préparation des données, on génère de nouveaux attributs (*feature engineering**). La capacité à générer des variables intéressantes pour le domaine de l'analyse est en effet critique. D'après Pedro Domingos, « *Finalement, certains projets d'apprentissage automatique réussissent, d'autres échouent. Ce qui fait la différence ? Sans hésitation, les attributs utilisés* ». On pourrait espérer dériver automatiquement les attributs intéressants à partir des données brutes : c'est, par exemple l'approche mise en œuvre dans les techniques d'apprentissage profond (*deep learning*), mais elles nécessitent des volumes de données et des dispositifs de calcul très importants. Il peut alors être plus efficace, au lieu de chercher à les apprendre, de définir et de calculer ces variables dans une étape préalable. Ces attributs peuvent être des agrégats géographiques ou temporels (le nombre d'accidents sur un tronçon de route, une ville, une région... ; le nombre de fraudes à la carte bancaire chez un site marchand sur la dernière semaine, le dernier

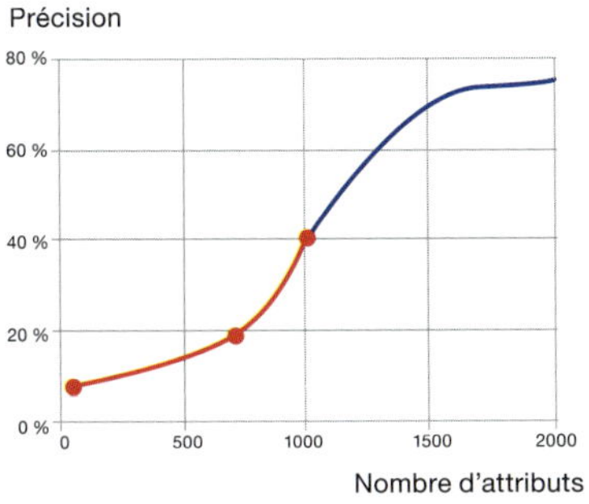

Fig. 2 – **Précision du modèle de fraude à la carte bleue selon le nombre d'attributs.** En rouge, la performance avec les attributs d'origine, enrichis des agrégats temporels puis des variables sociales ; et en bleu, ce qu'on pourrait espérer en augmentant encore le nombre d'attributs générés. ■

mois…) ; des variables issues d'une représentation en graphe (nombre d'amis ayant aimé ce film, montant moyen de la fraude chez les marchands ayant été visités par les mêmes clients que ce marchand…) ; ou toute variable ayant un sens métier. Ce processus de génération d'attributs est gourmand en temps. Cependant, beaucoup d'agrégats temporels ou géographiques sont standards et seule une partie est spécifique à chaque domaine d'étude. L'idéal serait d'automatiser le processus de génération d'attributs, mais les tentatives restent encore partielles.

Impact de la variété

Devant les difficultés rencontrées pour collecter les données, les mettre en cohérence et les enrichir de nouveaux attributs calculés, on doit se demander quels avantages on retire de la variété.

Cependant, même avec des volumes modérés, l'expérience montre qu'une variété importante apporte des bénéfices substantiels, grâce à la puissance apportée par le croisement de données. Prenons l'exemple d'un magasin souhaitant faire ses stocks de crèmes glacées. S'il dispose des historiques de ventes des années précédentes, il pourra prévoir les volumes de ventes et passer commande en conséquence. Mais s'il dispose, en plus, des données météorologiques des années précédentes (pluie, température) et s'il prévoit la météo des semaines à venir, il pourra encore affiner son modèle. Et celui-ci sera encore plus précis grâce aux discussions en cours sur les médias sociaux qui lui indiqueront les types de glaces à la mode, aux calendriers des prochaines fêtes et événements locaux qui donnent des indications sur ce que ses clients prévoient de faire et quand… Croiser les données permet ainsi de prévoir pratiquement tous les attributs d'un individu, même les plus sensibles : statut marital, orientations sexuelles, politiques et religieuses… Plus la variété est grande et plus ces croisements seront performants, ce qui, bien sûr, soulève des questions sur la protection des données personnelles*, puisque les individus peuvent naturellement souhaiter que ces informations ne soient pas divulguées (cf. VIII.19).

Par ailleurs, en ajoutant des attributs calculés bien choisis, les modèles deviennent plus simples et plus faciles à entraîner avec des volumes de données plus faibles. Ils ont également souvent des performances meilleures que si on n'utilisait que les attributs d'origine. Ainsi, par exemple, dans un problème de détection de la fraude à la carte bancaire sur Internet, l'utilisation d'attributs calculés permet de doubler (666 agrégats temporels, comme le montant des achats d'une carte le jour, la semaine précédente…) et doubler encore (294 variables sociales calculées sur une représentation en graphe, comme le montant de la fraude chez les marchands ayant eu des achats des mêmes cartes qu'un marchand donné…) le taux de cartes réellement frauduleuses parmi celles mises en alerte par le système de détection.

La performance augmenterait donc régulièrement avec le nombre d'attributs, mais cette conjecture n'a pas encore reçu de démonstration formelle (figure 2) Cependant, pour obtenir de tels résultats, on doit mettre en œuvre des techniques spécifiques capables de contrôler ce grand nombre d'attributs qui peut conduire à des problèmes de « malédiction de la dimensionnalité » ou de corrélation des attributs.

La variété est donc un facteur important pour obtenir les bénéfices attendus du Big Data. Quelle que soit la richesse initiale des sources de données, on a intérêt à augmenter la variété en générant de nouveaux attributs pour obtenir plus rapidement des modèles plus simples et plus performants.

Références bibliographiques

- D. CARDON – *À quoi rêvent les algorithmes. Nos vies à l'heure des Big Data*, Le Seuil, 2015.
- P. DOMINGOS – *A Few Useful Things to Know about Machine Learning*, Communications of the ACM, https ://homes.cs.washington.edu/~pedrod/papers/cacm12.pdf, 2012.
- F. FOGELMAN-SOULIE et E. VIENNET – *L'analyse des réseaux sociaux*, 1024 – Bulletin de la société informatique de France, n° 8, www.societe-informatique-de-france.fr/wp-content/uploads/2016/04/1024-no8-reseaux-sociaux.pdf, 2016.

12. Prédictions et hasard dans les Big Data

Giuseppe Longo

Peut-on utiliser les données sans connaissance ?

Le travail scientifique s'enrichit aujourd'hui d'un nouvel outil extraordinaire : des immenses bases de données numériques, produites dans le monde entier et, souvent, à la disposition de tout le monde. Des analyses statistiques, basées sur des hypothèses qui explorent les données en évaluant la pertinence de ce qu'on peut en déduire (hypothèses « plausibles » ou « nulles », « seuil de probabilité », « faux positifs* », « faux négatifs* »...) permettent d'utiliser ces données dans de nombreux domaines scientifiques. Chaque fois, une hypothèse est faite, un cadre théorique est supposé, parfois juste esquissé. Les scientifiques peuvent ensuite les corroborer, les falsifier, en proposer des variantes... c'est-à-dire donner un sens aux données et à leurs corrélations, et, donc, construire de la connaissance.

Toutefois, au-delà de cet usage pertinent des données, un mythe est en train de se construire autour de la toute puissance et de l'autonomie de cet outil remarquable. En analysant ces immenses bases de données par des bons algorithmes, les « *data miners* » parviendraient à détecter des corrélations qui permettraient de fonder les décisions, indépendamment de toute analyse de sens. Depuis une décennie, plusieurs textes à grand succès, dont celui de Chris Anderson (2008), nous expliquent que les chiffres parlent d'eux-mêmes : « *We can throw the numbers into the biggest computing clusters the world has ever seen and let statistical algorithms find patterns where science cannot... Correlation supersedes causation, and science can advance even without coherent models, unified theories... No semantic or causal analysis is required* ». Il ne s'agit donc pas d'enrichir la méthode scientifique, qui serait « obsolète », dit Anderson, par des nouveaux outils de recherche numériques qui puissent aider à proposer une « théorie », mais tout bonnement de se passer des théories. Cela permettrait de faire des prédictions, voire de passer directement à l'action. Comme l'a déclaré en 2014 l'ancien directeur de la CIA, Micheal Hayden : « *We kill people based on meta-data* ». Plus le nombre de données est important, plus on peut prédire et agir sur la base de corrélations entre un ou plusieurs observables, sans essayer de proposer et d'analyser des possibles relations (causales, par exemple).

On ne s'étonnera pas que dans sa version la plus extrême, une telle vision, qui semble prendre à contre-pied la démarche scientifique traditionnelle, soit critiquée au sein des communautés scientifiques, peu enclines à délaisser la traque des relations causales. Mais nous voudrions montrer ici qu'elle est critiquable au plan même des outils mathématiques.

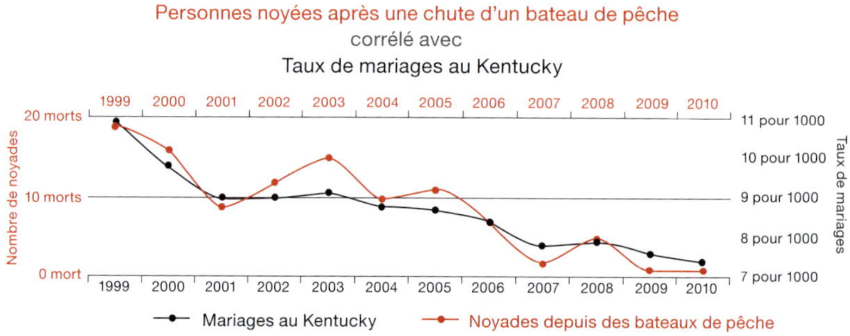

Fig. 1 – Corrélation fortuite, sans relation causale. Source : Spurious correlations. www.tylervigen.com/spurious-correlations, novembre 2015. ■

Prédiction et hasard

Les mathématiques permettent de démontrer les limites de ces méthodes purement algorithmiques*, en montrant l'impossibilité de remplacer la quête du sens par du pur « *data mining** » (cf. IV.8). Ainsi, en appliquant des théorèmes au croisement de la théorie ergodique (qui stipule que la valeur moyenne d'une grandeur calculée de manière statistique est égale à la moyenne d'un très grand nombre de mesures prises dans le temps) et de la théorie de Ramsey (théorie combinatoire des nombres née dans les années 1920), il est possible de contredire cet usage des Big Data. Tout d'abord, la théorie ergodique démontre que la quantité de données (dans le temps et/ou l'espace) nécessaire pour qu'une régularité se répète est énorme. Ensuite, celle de Ramsey permet de prouver que, pour toute corrélation anticipée, il existe un nombre tel que toute base de données* ayant ce nombre d'éléments contient la corrélation donnée. Ce n'est donc qu'une question de taille, dont il est possible de calculer le seuil minimum. Précisez le critère de corrélation que vous cherchez pour des paires, des triplets... le nombre minimal de fois que vous voulez l'observer, dans quel espace ou sur quelle durée, et les théorèmes mentionnés plus haut vous diront combien de données réunir pour y arriver. Plus précisément, il est possible de cerner une régularité dans un ensemble de nombres en fixant au moins trois paramètres. À partir de ces paramètres, on peut alors calculer un nombre q, tel que tout ensemble de nombres A, qui contient au moins q éléments, satisfait la régularité donnée (figure 2). A doit cependant être un ensemble « assez grand », voire énorme, car q est très fortement croissant avec les paramètres. Mais, A étant arbitraire, il peut être engendré par des lancements de dés, un phénomène quantique aléatoire... Or, comment faire un quelconque usage de données dérivant du hasard pour la prédiction ou l'action ? Ce hasard est-il rare ? Pas du tout. Un ensemble fini de nombres est dit « aléatoire », lorsqu'il ne peut pas être engendré par un programme plus petit que son nombre d'éléments. Or, le pourcentage des ensembles de nombres aléatoires en ce sens faible tend vers 100 % quand leur cardinalité croît vers l'infini. Pour les ensembles de nombres qui s'expriment avec 2 000 bits, on frôle le 80 %.

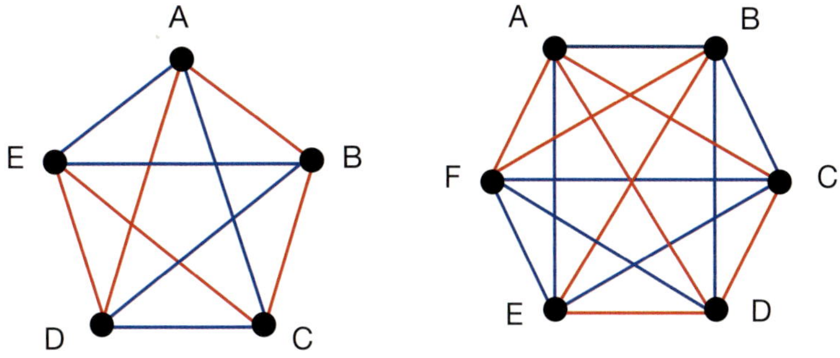

Fig. 2 – **Les limites de l'aléatoire.** La théorie de Ramsey indique que, pour une propriété donnée reliant p éléments dans un ensemble, on peut toujours trouver un groupe assez gros pour que cette propriété soit toujours vérifiée. Prenons un exemple simple : quelle taille N d'un groupe humain assure qu'il contient toujours, soit (i) trois personnes qui se connaissent mutuellement, soit (ii) trois personnes qui s'ignorent ? Cela se traduit dans un graphe à N sites, par des liens bleus si les deux personnes se connaissent, ou rouges dans le cas contraire. La propriété (i) correspond à l'existence d'un triangle bleu, et (ii) à un triangle rouge. Si N = 5 (à gauche), on peut trouver un graphe qui ne contient pas de triangle monocolore. Mais dès que N = 6, tout graphe contiendra au moins un triangle monocolore. Dans l'exemple de droite, on repère un triangle bleu (CEF) et un triangle rouge (ACD). Si l'on se pose la même question pour des groupes de 4 personnes, la taille minimale N qui assure la propriété augmente alors à 18 personnes... ■

Les résultats cités ici sont techniques : ils appartiennent à la théorie combinatoire des nombres et à la théorie des algorithmes. Les défenseurs des « Big Data sans théories » et des algorithmes de *data mining* sans analyse du sens, ignorent, par principe, les cadres théoriques. Or, la théorie ergodique et la théorie des algorithmes démontrent leurs propres limites dans les possibilités de calcul et de prédiction, par ces « résultats négatifs » qui en sont à l'origine et sont propres à la connaissance scientifique.

Références bibliographiques

• C. ANDERSON – *The End of Theory: The Data Deluge Makes the Scientifc Method Obsolete*, Wired Magazine, 2008.

• C. CALUDE et G. LONGO – *The Deluge of Spurious Correlations in Big Data*, Foundations of Science, mars 2016.

• M. HAYDEN – Johns Hopkins University, Debate on Security, May, 2014.

• G. LONGO – *Reflections on Concrete Incompleteness*, in *Philosophia Mathematica*, 2011.

13. L'apprentissage automatique

Jean-Philippe Vert

L'apprentissage automatique est la discipline qui vise à donner à l'ordinateur la capacité d'apprendre et de s'améliorer avec l'expérience, notamment pour faire des prédictions et prendre des décisions (cf. VIII.14). Elle est au cœur de nombreuses applications, comme le diagnostic médical ou la conduite autonome de véhicule (cf. IX.3), et repose sur des théories et des algorithmes* permettant d'inférer des connaissances générales à partir d'exemples et de situations particulières. À l'heure où de nombreux domaines économiques et scientifiques croulent sous une avalanche de données, les techniques d'apprentissage automatiques apparaissent comme une aubaine pour exploiter et valoriser ces données.

Un peu d'histoire

Dès 1950, Alan Turing, le « père de l'informatique », se pose la question de définir l'intelligence d'une machine et propose son fameux test éponyme mesurant la faculté d'une machine à imiter la conversation humaine. Pour réussir ce test, il défend l'idée que la machine doit être programmée de manière à pouvoir apprendre et évoluer, de même que le cerveau possède la capacité d'apprendre par l'expérience et n'est pas entièrement programmé dès la naissance. Peu après, Arthur Samuel, alors ingénieur chez IBM, développe le premier programme basé sur l'apprentissage automatique pour jouer aux dames, qui s'améliore en regardant les coups joués par des experts et en jouant contre lui-même. Des algorithmes plus génériques comme les systèmes experts ou les premiers réseaux de neurones (cf. IV.14) sont ensuite proposés et déployés dans de nombreux domaines d'application, mais leur performance reste globalement en deçà des attentes générées. Le domaine reste essentiellement algorithmique, jusqu'aux travaux de Vapnik et Chervonenkis dans les années 1970 et de Valiant dans les années 1980, qui posent des fondements mathématiques à l'apprentissage dans un langage probabiliste. À partir des années 1990, le croisement fertile des statistiques et de l'informatique aboutit à de nouveaux algorithmes, comme les Machines à Vecteurs de Support* (SVM), le *boosting** ou les forêts aléatoires*, qui jouissent de bonnes propriétés théoriques et font progresser les performances de l'apprentissage automatique dans de nombreux domaines. Depuis 2012,

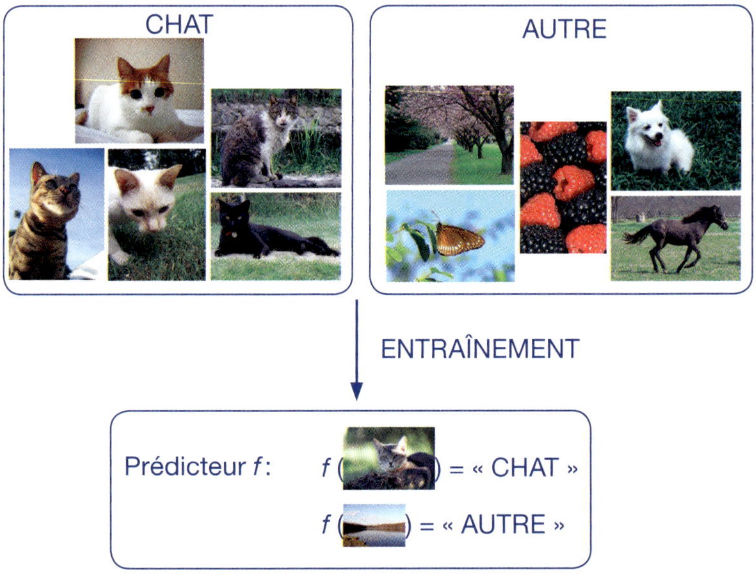

Fig. 1 – **En apprentissage supervisé, on fournit à l'ordinateur un jeu de données annotées,** ici des images annotées avec une étiquette « CHAT » ou « AUTRE » en fonction de leur contenu, et l'ordinateur doit apprendre un « prédicteur* », c'est-à-dire une fonction qui associe une étiquette à chaque nouvelle image qui lui est présentée. ■

on assiste à un renouveau des réseaux de neurones, dont les performances atteignent des niveaux remarquables sur certaines tâches, grâce à l'utilisation de nouveaux matériels, comme les cartes graphiques, permettant d'accélérer considérablement les calculs et d'entraîner les modèles sur de très grandes quantités de données.

Des méthodes génériques pour des applications multiples

Malgré la diversité des applications de l'apprentissage statistique, allant de la finance au commerce électronique en passant par la traduction automatique ou la recherche scientifique, elles reposent sur des théories et des algorithmes relativement génériques. On distingue ainsi quelques grandes classes de problèmes, comme : l'apprentissage supervisé, où l'on fournit à l'ordinateur des données et des étiquettes associées à chaque donnée pour qu'il apprenne à prédire les étiquettes associées à de nouvelles données (figure 1) ; l'apprentissage non supervisé, où l'on fournit juste des données sans étiquette, afin que l'ordinateur trouve une structure dans ces données, comme la présence de sous-groupe ; et enfin, l'apprentissage par renforcement*, où l'ordinateur évolue dans un environnement et doit apprendre une stratégie pour une tâche donnée, sans supervision directe pour chacune de ses actions. Par exemple, pour développer un logiciel permettant d'identifier des images contenant des chats, on pourra utiliser un algorithme d'apprentissage supervisé en fournissant un ensemble d'images annotées par des humains avec une étiquette binaire pour indiquer si elles contiennent ou non un chat. En revanche, pour conduire une voiture autonome, on privilégiera des algorithmes d'apprentissage par renforcement.

Apprendre sans sur-apprendre

Comment fonctionne un algorithme d'apprentissage ? Prenons l'exemple de la classification supervisée, dans laquelle il faut apprendre à reconnaître une étiquette associée à une donnée, comme la présence ou non d'un chat sur une image, à partir d'un ensemble d'entraînements composé de données annotées. De nombreux algorithmes, comme les réseaux de neurones ou les SVM, s'appuient sur le principe de minimisation du risque empirique* : ils cherchent un prédicteur* qui prédit au mieux les étiquettes des données d'apprentissage, parmi un ensemble de prédicteurs candidats. L'ensemble des prédicteurs candidats varie selon l'algorithme considéré, de même que la manière de trouver le meilleur prédicteur, mais on retrouve généralement un algorithme d'optimisation numérique au cœur de l'apprentissage pour trouver un bon prédicteur parmi les candidats. Une difficulté majeure de l'apprentissage automatique est de bien choisir l'ensemble de prédicteurs candidats. Afin de résoudre des tâches non triviales, comme reconnaître un chat (ou n'importe quel type d'objet) sur une image, l'ensemble des prédicteurs candidats doit être suffisamment grand et complexe pour contenir une grande variété de prédicteurs possibles. Cependant, si l'ensemble des prédicteurs candidats est trop grand, il risque de contenir de nombreux prédicteurs prédisant très bien l'ensemble d'entraînement*, mais mal les nouvelles images : on parle de « sur-apprentissage* », qu'on peut assimiler à une forme de mémorisation par cœur (figure 2). Chaque algorithme doit donc trouver un compromis pour travailler sur un ensemble de prédicteurs candidats satisfaisant pour apprendre des prédicteurs complexes sans sur-apprendre. Par exemple, les SVM utilisent des ensembles de fonctions linéaires ou non-linéaires comme prédicteurs candidats, en contrôlant leur complexité par des normes mathématiques adéquates. Les réseaux de neurones, quant à eux, optimisent parfois des millions de paramètres, mais utilisent de nombreuses techniques pour éviter le sur-apprentissage en contraignant la structure du modèle et en bridant le processus d'optimisation, par exemple par arrêt précoce* de celui-ci.

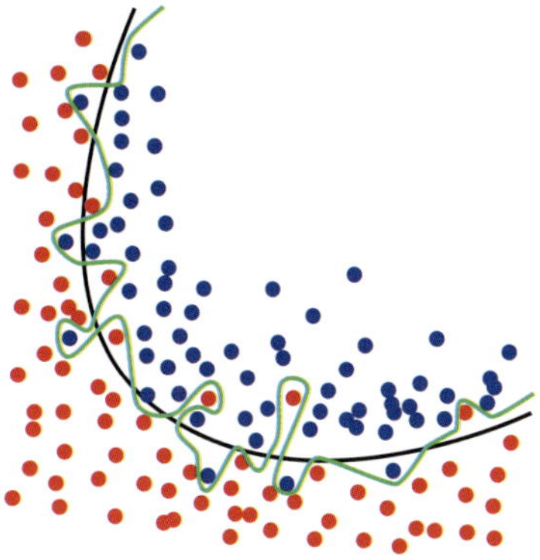

Fig. 2 – **Le prédicteur* représenté par la courbe verte sépare parfaitement les points bleus et rouges, mais sur-apprend manifestement.** On lui préférera le prédicteur représenté par la courbe noire, plus régulière, qui aura certainement une meilleure performance quand il faudra prédire la couleur d'un nouveau point. ■

Références bibliographiques

- A. CORNUÉJOLS et L. MICLET – *Apprentissage artificiel – Concepts et algorithmes*, Eyrolles, 2010.
- T. HASTIE, R. TIBSHIRANI et J. FRIEDMAN – *The Elements of Statistical Learning*, Springer 2002.
- A. TURING – *Computing Machinery and Intelligence*, Mind, 1950.
- V. VAPNIK – *Statistical Learning Theory*, Wiley, 1998.

14. Réseaux de neurones et apprentissage profond

Alexandre Allauzen et Yann Ollivier

Les réseaux de neurones artificiels sont une famille de méthodes pour l'apprentissage automatique, permettant d'apprendre des correspondances complexes entre des entrées (données connues) et des sorties à prédire. Depuis les travaux fondateurs de Warren McCulloch et Walter Pitts en 1943, leur histoire a subi bien des rebondissements : après une longue traversée du désert, les réseaux de neurones connaissent depuis les années 2000 un renouveau grâce à des avancées méthodologiques, techniques et théoriques, et à la persévérance de certains scientifiques (Yann LeCun, Geoffrey Hinton, Yoshua Bengio, Jürgen Schmidhuber...). Ce retour en grâce s'est accompagné de succès retentissants en vision par ordinateur et traitement d'image, en robotique avec les voitures sans pilote, en traitement automatique des langues et de la parole, ainsi qu'avec la victoire récente du système AlphaGo face aux meilleurs joueurs de Go.

Réseaux de neurones artificiels

Un réseau de neurones artificiel est une manière particulière de décrire une correspondance entre des entrées, qui représentent les données, et des sorties à prédire : par exemple, savoir si une image représente un ours en effectuant un calcul complexe sur les valeurs des pixels. Le réseau représente ce calcul par une combinaison de calculs élémentaires effectués par chaque neurone. Ces calculs ont des paramètres ajustables : ces derniers sont appris pour prédire les bonnes réponses sur des exemples d'apprentissage sur lesquels la sortie désirée est connue. Sur un ensemble de « neurones d'entrée » sont encodées les données à traiter (comme les pixels d'une image). Ensuite, des neurones

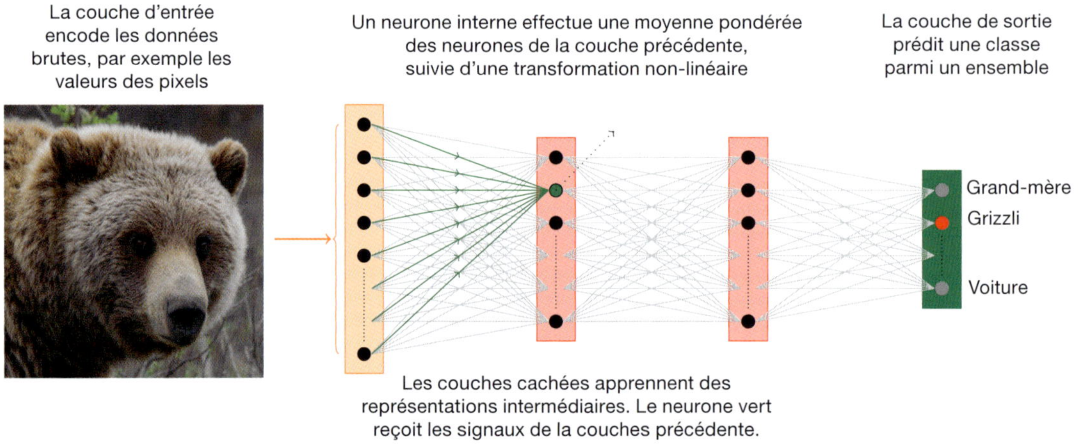

Illustration d'un réseau de neurones artificiels pour la classification d'image. ■

internes calculent des combinaisons simples de ces neurones d'entrées, par exemple des moyennes pondérées avec des poids ajustables, suivies d'une transformation non-linéaire*. D'autres neurones internes peuvent travailler sur les réponses de ces premiers neurones internes, et ainsi de suite jusqu'aux neurones de sortie, d'où doit être donnée la réponse à la question posée sur l'entrée (figure).

Les paramètres ajustables sont donc l'ensemble des poids des moyennes pondérées effectuées par chaque neurone. Le but de l'apprentissage est de trouver des valeurs de ces poids qui donneront de bonnes réponses sur des exemples d'apprentissage — et d'espérer que ces mêmes valeurs marcheront en phase de test. Cela se fait par petites modifications successives des paramètres ajustables dans un sens qui diminue le taux d'erreur (rétropropagation).

Les valeurs des neurones internes constituent une « représentation intermédiaire » de l'entrée, sur laquelle on espère que la réponse se lit de plus en plus facilement. Un point essentiel est que les paramètres permettant le calcul de la représentation interne ainsi que de la sortie sont ajustés conjointement. Ainsi, un réseau de neurones permet de modéliser une correspondance complexe par l'empilement d'opérations simples et ajustables. Si le nombre de neurones intermédiaires est assez élevé, il est en principe possible de modéliser tout type de relation entre entrées et sorties.

Vers l'apprentissage profond

En augmentant le nombre de couches successives (la profondeur) entre entrée et sortie, ces couches apprennent des représentations supposées de plus en plus abstraites des données et peuvent modéliser des relations très complexes. Pour une relation de complexité donnée, une architecture profonde nécessite moins de neurones au total qu'un réseau avec une seule grande couche intermédiaire. Ainsi, un auto-encodeur (un réseau de neurones visant à produire une sortie identique à son entrée, avec la contrainte de passer par des couches intermédiaires simples), entraîné en aveugle sur des millions d'images, peut développer spontanément des neurones internes réagissant à des concepts tels qu'un visage d'homme ou de chat, une illustration de l'hypothèse du « neurone grand-mère* ».

Bien que connues depuis longtemps, ces architectures profondes étaient auparavant limitées par des problèmes d'optimisation*, car le signal de correction d'erreur s'amenuise en passant au travers des couches cachées, limitant le nombre de couches exploitables. L'apprentissage profond (*deep learning*) s'est beaucoup appuyé ces dix dernières années sur des méthodes récentes d'optimisation, ainsi que sur de meilleures stratégies de conception et d'initialisation de ces architectures profondes.

Perspectives et mystères

L'apprentissage profond n'en est qu'à ses débuts et s'il a déjà produit des résultats spectaculaires, de nouvelles architectures et de nombreux domaines d'application restent à explorer. Ainsi les réseaux récurrents sont une architecture voisine dont les perspectives ont été renouvelées grâce à l'apprentissage profond. Adaptés aux données séquentielles (signal temporel, texte...), ces réseaux récurrents introduisent la notion de mémoire et, donc, la possibilité de modéliser des phénomènes dynamiques. Néanmoins, les ressources nécessaires en termes de données d'apprentissage et de puissance de calcul constituent un facteur essentiel – souvent occulté – des succès récents de l'apprentissage profond. Ce facteur favorise également la concentration du potentiel de recherche sur les quelques grands acteurs économiques comme Google, Facebook et Apple, qui sont les seuls capables d'avoir accès à de tels volumes de données et à une puissance de calcul incomparable. De plus, la captation des chercheurs académiques par ces acteurs crée un réel risque de monopole sur l'intelligence artificielle, avec l'impact sociétal que l'on peut imaginer. Enfin, le développement de l'apprentissage profond s'est fait en premier lieu sur le terrain empirique. Sur le plan théorique beaucoup reste à faire, afin de bien comprendre ce qui rend possible l'apprentissage de ces réseaux. Le processus de l'apprentissage profond est en effet difficile à interpréter. Reste à comprendre si ces réseaux de neurones artificiels sont comparables à ceux du cerveau humain (cf. IX.4). Dans l'hypothèse négative, il n'en demeure pas moins que les résultats obtenus constituent des avancées technologiques considérables.

Référence bibliographique

• Y. LECUN, Y. BENGIO et G. HINTON – *Deep Learning*, Nature 521, 2015.

15. Optimisation à grande échelle

Francis Bach

Les données numériques prennent une place croissante dans les mondes scientifiques et industriels, ainsi que dans nos vies personnelles. En effet, les progrès technologiques récents ont permis une collecte et un stockage de données sans précédents, dans des formes diverses, images, sons, vidéos, données textuelles, biologiques...

Apprendre à partir de données massives

Un des buts de l'apprentissage statistique (ou *machine learning*) est de donner du sens à ces masses de données. Nous allons prendre deux exemples concrets : la prédiction du taux de clic d'une publicité sur une page Internet et la prédiction de la présence d'un objet donné dans une image, qui peuvent être formalisés comme un problème d'apprentissage. Dans ces deux situations, l'algorithme d'apprentissage a accès à une grande base de données d'exemples entrée/sortie. Pour la reconnaissance d'objet, l'entrée est une image et la sortie est binaire, égale à la présence ou l'absence de l'objet. Pour la prédiction du taux de clic, l'entrée est le contenu de la page Internet ainsi que l'historique de navigation, et la sortie est elle aussi binaire, clic ou non-clic. Le but de l'apprentissage est de pouvoir généraliser, c'est-à-dire, de prédire la sortie correspondant à une nouvelle entrée jamais vue auparavant. Pour ceci, il est classique de modéliser la dépendance entre l'entrée et la sortie à l'aide d'un certain nombre de caractéristiques : par exemple, dans le cadre de la vision, la présence d'un chat ou d'un chien dans l'image dépendra des couleurs et des différentes formes géométriques présentes dans l'image. Pour la publicité, la visite de certains sites (comme des sites de guides touristiques) sera très prédictive de certains clics (comme une publicité proposant des promotions sur les billets d'avion). Les « poids » caractérisant les importances relatives de chaque caractéristique sont cependant inconnus et doivent être appris à partir de ces grandes bases de données d'exemples, dit « d'entraînement ». Dans les applications modernes, le nombre de caractéristiques (et donc le nombre de poids à apprendre) dépasse le million, alors que le nombre d'observations peut aller au-delà du milliard.

Optimisation à grande échelle

Il est classique de formuler le problème d'apprentissage comme un problème d'optimisation* : pour une paire entrée/sortie donnée et des valeurs de poids pour chacune des caractéristiques, on peut calculer un score, le but final étant de trouver l'ensemble de poids minimisant la somme de tous les scores sur l'ensemble d'entraînement*, aboutissant ainsi à une bonne performance moyenne. L'algorithme* le plus classique pour ces problèmes d'optimisation est celui de la « descente de gradient ». Introduit par Cauchy en 1850, son principe est de se déplacer dans l'espace des poids en suivant les directions de plus grande pente (le « gradient »), c'est-à-dire les directions les plus prometteuses localement. À chaque pas, on recalcule le score et la direction de plus grande pente et on recommence, jusqu'à converger vers un minimum local de la fonction de scoring (un point où localement il n'est plus possible de descendre). À chaque itération de cet algorithme, le score diminue significativement, mais le coût de chacune de ces itérations est énorme, car il demande un accès à toutes les données.

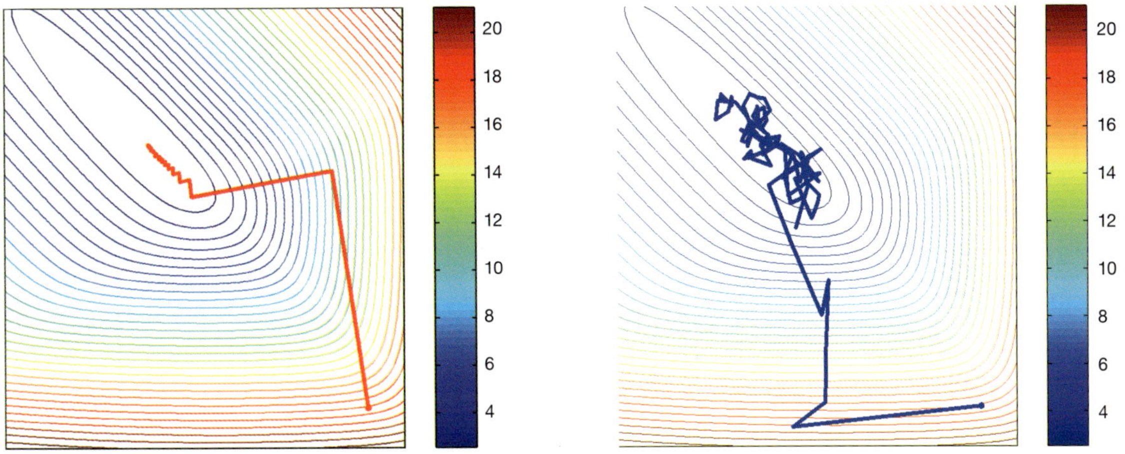

Fonction de score à deux poids représentée par ses lignes de niveaux pour la classification supervisée avec deux poids. Optimisation* en partant du même point (en bas à droite) pour aboutir au minimum global. Gauche : descente de gradient (peu d'itérations très coûteuses). Droite : méthode stochastique (beaucoup d'itérations peu coûteuses). ■

Afin de réduire le temps de calcul, l'algorithme stochastique (aléatoire) de Robbins et Monro (1951) propose de suivre le gradient, non pas sur le score global qui est la somme de tous les scores pour toutes les observations entrée/sortie, mais sur un seul de ces scores pris uniformément au hasard. Le gain en temps de calcul est évident, car il suffit d'observer une seule paire entrée/sortie au lieu de toute la base (potentiellement plusieurs milliards). Par contre, chaque itération fera moins de progrès pour la minimisation du score global. Pire, certaines itérations pourront même faire augmenter le score, si l'exemple choisi n'est pas représentatif du reste du jeu de données. En partant du principe que la direction suivie par l'algorithme stochastique est en moyenne correcte, les itérations finissent par converger vers un minimum local, à une vitesse moindre que la descente de gradient non-stochastique, mais pour les problèmes modernes en apprentissage, quelques passages seulement (souvent un seul) sur l'ensemble des données sont suffisants pour une bonne performance de prédiction. Ainsi, comme présenté dans la figure, il y a plus d'itérations, mais elles sont bien moins coûteuses.

Si l'idée de l'algorithme de gradient stochastique a plus de 60 ans, des progrès récents ont été accomplis pour accélérer sa convergence, en particulier quand la dimension du problème explose (comme le nombre de poids à apprendre). La convexité est une propriété du score à minimiser, qui permet notamment de s'assurer que tout minimum local est global, c'est-à-dire, si localement on ne peut plus progresser, alors il n'est pas possible de trouver un score plus faible, même pour des valeurs éloignées des poids. Grâce à cette hypothèse supplémentaire et à un mécanisme de mémorisation appropriée des gradients de chacun des scores individuels, il est possible d'atteindre la vitesse de progression de l'algorithme qui parcourt tout le jeu de données avec des itérations qui ne regardent qu'un seul score, permettant ainsi une convergence beaucoup plus rapide. La recherche d'un minimum global est grandement simplifiée par l'hypothèse de convexité, qui est satisfaite, par exemple, pour les modèles linéaires utilisés pour la prédiction du taux de clics, mais pas pour les réseaux de neurones utilisés couramment en reconnaissance d'objets.

Apprentissage et optimisation distribués

Si l'optimisation à grande échelle a atteint un bon niveau de maturité et de robustesse quand les données sont stockées et les calculs faits sur une seule machine, il reste encore de très nombreux problèmes ouverts quand les données et les calculs sont distribués sur plusieurs machines. C'est le cas de nombreuses applications dans l'industrie et dans des domaines grands créateurs de données, comme la physique, la biologie et l'astronomie, qui ont besoin des progrès en apprentissage et en optimisation pour avancer.

Références bibliographiques

- M.-R. AMINI – *Apprentissage machine : de la théorie à la pratique*, Eyrolles, 2015.
- C. BISHOP – *Pattern Recognition and Machine Learning*, Springer, 2006.
- S. BUBECK – *Convex Optimization: Algorithms and Complexity*, in *Foundations and Trends in Machine Learning*, 2015.

16. Visualisation de données massives

David Auber et Michel Beaudouin-Lafon

À l'heure des Big Data, la complexité des données numériques nous impose d'utiliser au mieux les capacités du système de perception humain dans nos outils d'analyse de données. La vision occupe une place centrale et mobilise 70 % du cortex. La transmission d'information à l'être humain *via* des représentations visuelles est ainsi l'une des méthodes les plus efficaces et un fait connu de longue date : « une image vaut mille mots ». La visualisation d'informations est donc plébiscitée pour valoriser les données du Big Data. Il y a deux types principaux de visualisation. La visualisation analytique qui permet à un expert d'explorer les données, afin de rechercher des informations ou des phénomènes méconnus ; et la visualisation descriptive, qui permet d'expliquer visuellement un phénomène déjà identifié. Bien que complémentaires, ces deux types de visualisation suivent un processus similaire. L'information doit tout d'abord être traitée, filtrée ou agrégée. Puis il faut transformer cette information en géométrie (2D ou 3D). Enfin, il faut afficher cette géométrie sur un écran. Les systèmes les plus anciens ne permettaient que de créer des visualisations non interactives. Les progrès de l'informatique permettent maintenant d'intégrer complètement l'utilisateur dans le processus de visualisation. Il peut ainsi interagir en temps réel sur toutes ces étapes.

Un peu d'histoire

Un des précurseurs de la visualisation analytique est le docteur John Snow (1813-1858), qui, face à l'épidémie de choléra de 1854 de Londres, a utilisé la visualisation pour trouver la source de l'épidémie. Son idée fut de représenter par un point chaque décès sur une carte de Londres, il fut ainsi capable de détecter visuellement les zones denses. En y ajoutant l'emplacement des sources d'eau potable, il détermina que la source du district de Soho était contaminée. Si les premières visualisations descriptives peuvent être attribuées aux humains préhistoriques, c'est dans les travaux de Charles Joseph Minard (1781-1870), notamment sa représentation de la campagne napoléonienne, qu'apparaît une forme de visualisation rationalisée, qui se distingue nettement de l'œuvre artistique. En effet, il est possible d'appliquer ces visualisations à d'autres jeux de données et il existe une bijection entre l'image et les données (les données peuvent être retrouvées à partir de l'image). Plus tard, le cartographe Jaques Bertin (1918-2010), père de la sémiologie graphique*, formalisa la conception d'une représentation graphique de l'information. C'est dans les années 1990 que les travaux sur la visualisation d'informations sur ordinateur s'accélèrent sensiblement, notamment avec les travaux de Ben Schneiderman (1947-) sur la

Fig. 1 – **Mur d'image de 12 m² et 70 millions de pixels de la plateforme WILDER** (http://digiscope.fr) affichant une partie de l'arbre planaire de la classification des espèces. Dans cette image hybride, le texte lisible de loin n'interfère pas avec les détails visibles de près. ■

visualisation interactive ou ceux de Peter Eades (1952-) sur la représentation automatique des réseaux.

La visualisation

Il existe deux types fondamentaux de données : les entités et les relations. Chacun de ces types peut posséder plusieurs attributs*. Par exemple, pour des individus, chaque personne sera une entité et la couleur de ses cheveux un attribut. Le fait qu'une personne ait un lien avec une autre personne sera représenté par une relation. Par exemple, la relation « travaille pour » entre deux individus pourra avoir comme attribut le salaire. Visualiser des données consiste donc à afficher des entités et/ou des relations sur un écran. Les « attributs visuels » sont les possibilités offertes par la machine pour représenter graphiquement de l'information. Les plus connus sont la position (abscisse, ordonnée), la forme, la couleur (teinte, transparence), la taille (hauteur, largeur) et l'orientation. Ainsi, dans un diagramme de type nuage de points, un point ou une croix sert à représenter l'existence d'une entité et sa position permet de représenter un de ses attributs en abscisse et un autre en ordonnée. Pour représenter le fait que plusieurs éléments sont en relation (par exemple, « sont dans la même université ») on utilise, par exemple, la même couleur. L'association entre les entités/relations et les attributs visuels constitue la « métaphore visuelle ». Le nombre de métaphores visuelles est potentiellement très important, aussi l'un des objectifs de la visualisation d'information est de déterminer les métaphores visuelles optimales en fonction des tâches qu'un utilisateur doit effectuer. De nombreuses visualisations sont utilisées couramment, par exemple les nuages de points, les histogrammes, les camemberts ou les courbes. Cependant, pour représenter les relations entre les entités, il est nécessaire de recourir à des métaphores plus complexes. Par exemple, les diagrammes nœuds-liens*, les matrices ou bien les « *treemaps** » pour les relations hiérarchiques (de nombreux projets, plus ou moins artistiques, sont visibles sur le site *Visual Complexity*).

Passer à l'échelle

La quantité de données à traiter ne permet plus leur visualisation directe sur des écrans standards. Une solution consiste à utiliser des surfaces de plus grande taille, appelées « mur d'images » (figure 1). L'interaction de l'utilisateur avec ce type de plateforme doit être complètement repensée pour utiliser au mieux nos capacités de pointage visuel (œil, tête), de mouvement dans l'espace et de mémorisation spatiale. Une autre solution est de ne plus présenter directement l'information à l'utilisateur, mais des versions plus ou moins résumées de celle-ci en fonction de l'espace disponible. Cette méthode de « visualisation multi-échelles » consiste à agréger récursivement les entités. Les relations entre agrégats sont alors calculées à partir des relations initiales. La conception de métaphores visuelles permettant d'interpréter ces résumés est cruciale pour l'analyse des Big Data (figure 2). Il faut notamment pouvoir passer d'un niveau très résumé jusqu'à la donnée élémentaire, tout en préservant la carte mentale de l'utilisateur. Un autre défi est de tirer parti des capacités de calcul et de stockage des nouvelles infrastructures Big Data pour pré-calculer ou recalculer à la volée les niveaux d'agrégats.

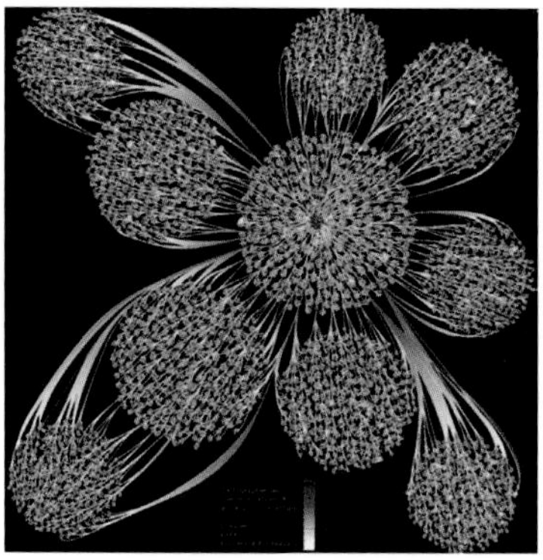

Fig. 2 – **Cette visualisation de type nœuds-liens* représente 20 000 machines ainsi que 200 000 communications entre elles.** Le système de perception est capable de manière pré-attentive de détecter 10 groupes de machines et que ces machines communiquent majoritairement avec le centre du réseau. Il s'agit ici d'une attaque de type « *deny of service* ». ■

La visualisation de données massives est ainsi devenue un outil complémentaire aux techniques d'analyse de données et aux techniques d'apprentissage. Elle peut même se substituer à ces dernières en l'absence de modèle d'analyse ou de méthode d'apprentissage sur certains ensembles de données. Dans tous les cas, c'est un outil de navigation et d'exploration d'espaces de données complexes.

Références bibliographiques

- J. BERTIN et M. BARBUT – *Sémiologie graphique : les diagrammes, les réseaux, les cartes*, Gauthier Villars, 1973.
- J. LAUB, H. BOHNACKER, B. GROSS et C. LAZZERONI – *Design génératif. Concevoir, programmer, visualiser*, Pyramid, 2011.
- T. MUNZNER – *Visualization Analysis and Design*, CRC Press, 2014.

17. Les systèmes de recommandations en ligne

Aurélien Garivier

Quel est le point commun entre un site de vente sur Internet, un système de navigation GPS*, un essai clinique et un moteur de publicité en ligne ? Ils s'appuient tous sur un système de recommandation en plusieurs étapes. On propose d'abord à des agents (clients, automobilistes, patients ou visiteurs) une option (produit, chemin, traitement ou annonce) parmi une liste d'options possibles. Puis on observe le résultat (intérêt ou non pour le produit, temps de parcours, effet du traitement, clic ou non sur l'annonce), et on adapte les propositions suivantes afin d'améliorer la satisfaction globale. La difficulté est double : d'une part, on ne peut pas savoir quel aurait été le résultat si les options proposées avaient été différentes ; d'autre part, le nombre d'agents et d'options est parfois gigantesque, et le gros flux des interactions doit souvent être traité à haute vitesse.

Les situations de ce genre sont identifiées, aussi bien en statistique des essais cliniques qu'en apprentissage automatique, sous le nom de « problèmes de bandits », en référence à la situation archétypique d'un joueur de casino faisant face à une rangée de machines à sous (également appelées « bandits manchots* »), et commençant par les essayer un peu toutes pour se concentrer finalement sur celle qui lui sera la plus profitable. Elles peuvent être représentées par un modèle mathématique simple, pour lequel des stratégies sont étudiées depuis les années 1930. Si les motivations initiales étaient médicales, l'avènement du numérique et ses nouveaux usages en ont spectaculairement élargi le champ d'application : suggestions personnalisées d'actualités, de musique ou de vidéos après la lecture d'un contenu, conseil d'itinéraires (figure), optimisation du prix de réserve dans un système d'enchères, accès opportuniste à un réseau comme utilisateur secondaire, réponses personnalisées apprenant vos préférences par les moteurs de recherche...

Les stratégies de recommandation

Au-delà des spécificités de chaque situation, un bon algorithme de recommandation fait face à deux défis. Le premier est de nature statistique : à chaque instant, il doit estimer aussi bien que possible, à partir des interactions antérieures, la satisfaction que l'on

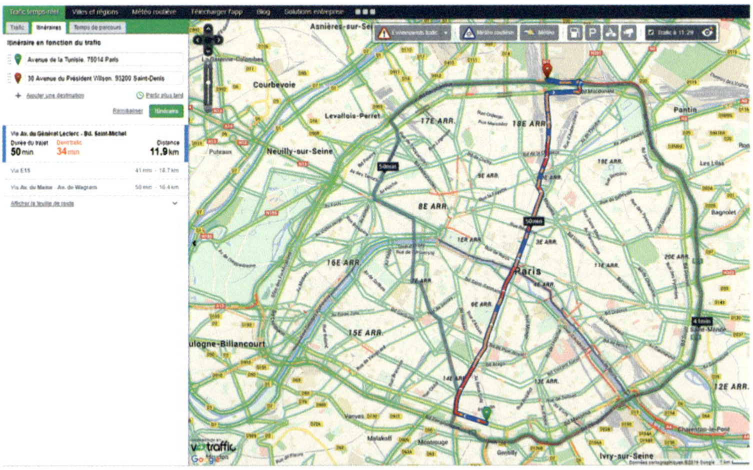

En fonction de votre conduite et de l'état du trafic, quelle est la meilleure route pour vous ? © Mediamobile 2016. ■

peut attendre de chaque option (comme l'efficacité de chaque traitement dans un essai clinique). Une question, en particulier, a soulevé beaucoup d'intérêt : la possibilité de deviner quel serait l'intérêt d'un utilisateur pour une option qui ne lui a pas encore été proposée, quand cet utilisateur a déjà réagi à d'autres options (parfois semblables) et quand cette option a été proposée à d'autres utilisateurs (dont certains lui ressemblent). Une avancée importante, faisant suite à un défi lancé à la communauté scientifique par le loueur de films Netflix, a été le développement des méthodes de factorisation non-négative de matrices – une découverte à l'intersection de l'algèbre linéaire*, de l'optimisation et de l'algorithmique*.

Le deuxième défi relève de la théorie de la décision* : il faut déterminer s'il vaut mieux proposer l'option paraissant préférable à la lumière de l'expérience acquise précédemment, ou bien si l'on doit donner sa chance à une option apparemment moins bonne, mais encore trop mal connue. Si, par exemple, le système de navigation GPS doit recommander le trajet le plus rapide parmi la poignée de trajets déjà souvent empruntés, ou s'il doit en suggérer un autre encore rarement essayé, en espérant qu'il s'avère finalement plus rapide. Cette question, appelée « dilemme exploration-exploitation* », est au cœur de l'apprentissage par renforcement*. Plusieurs stratégies ont été proposées et analysées. Les plus en vogue suggèrent de ne pas se fier à la performance estimée d'une option, mais plutôt à une borne supérieure de confiance de celle-ci, c'est-à-dire à la meilleure performance que l'on peut en attendre si l'on est à la fois optimiste et attentif aux observations passées.

Évaluation et amélioration des stratégies

Chaque stratégie a ses qualités et ses défauts. Il n'est pas simple de les évaluer sur un jeu de données réelles, car cela suppose de simuler des interactions dans lesquelles les observations dépendent des options choisies. Des mécanismes ont toutefois été trouvés et sont mis en œuvre à l'occasion de challenges. L'analyse mathématique des algorithmes de bandits, quant à elle, permet non seulement de savoir précisément ce que l'on peut en attendre dans le monde idéalisé d'un modèle, mais aussi de mettre en évidence l'existence de certaines bornes inférieures de performance décrivant les limites qu'aucune stratégie ne pourra jamais franchir.

Dans les cas les plus simples, on sait ainsi qu'il ne faut plus attendre d'amélioration spectaculaire. La vraie marge de progression réside dans la possibilité d'étendre le modèle rudimentaire initial pour capturer toute la richesse de chaque situation. Voici quelques exemples : l'efficacité moyenne de chaque option peut évoluer au fil du temps (l'intérêt du public pour une nouvelle information sur un site d'actualité est en général divisé par deux tous les jours). Il se peut que non pas une seule, mais plusieurs recommandations différentes doivent être faites au cours de chaque interaction (on doit alors veiller à assurer une certaine diversité dans le panel proposé). Parmi les options recommandées, on peut vouloir assurer une certaine diversité, afin de respecter des contraintes d'allocation ou bien pour élargir le champ d'intérêt de l'utilisateur. La variabilité des résultats peut être en partie expliquée par des éléments de contexte, que l'on a alors intérêt à prendre en compte. Les différentes options peuvent avoir des relations de proximité entre elles : un lecteur manifestant de l'intérêt pour un reportage sur les prochains jeux olympiques a de bonnes chances de s'intéresser à d'autres articles parlant de sport. Une façon de prendre en compte ces phénomènes est de supposer que l'espace des options a une structure combinatoire, comme par exemple un graphe, et de tirer partie de ces structures pour adapter les algorithmes de bandits et accélérer leur apprentissage. De nombreux travaux, des plus théoriques aux plus applicatifs, sont actuellement en cours pour améliorer les stratégies existantes et leur mise en œuvre pratique.

Il est intéressant de noter pour conclure que ces travaux ont des extensions inattendues, comme dans le domaine de l'intelligence artificielle. Le nouveau champion AlphaGo s'appuie, par exemple, sur l'utilisation astucieuse d'algorithmes de bandits pour explorer intelligemment l'arbre des parties possibles en partant d'une situation de jeu, et donc pour estimer au mieux l'intérêt de chaque coup.

Références bibliographiques

• S. BUBECK et N. CESA-BIANCHI – *Regret Analysis of Stochastic and Nonstochastic Multi-Armed Bandit Problems*, Foundations and Trends in Machine Learning, 2012.

• G. KEMBELLEC, G. CHARTRON et I. SALEHTITLE – *Les moteurs et systèmes de recommandation*, ISTE Éditions, 2014.

• F. RICCI LIOR ROKACH et B. SHAPIRA – *Recommender Systems Handbook*, Springer, 2011.

18. Extraction d'informations à partir des images

Cordelia Schmid et Jean Ponce

La vision artificielle est la branche de l'intelligence artificielle consacrée à l'analyse, au traitement et à l'interprétation automatique d'images numériques, avec des applications allant de la recherche d'images sur Internet à l'acquisition de modèles tridimensionnels de sites archéologiques à partir de photographies. En particulier, les travaux portant sur la reconnaissance visuelle sont en plein essor, et ils mettent en jeu des corpus d'apprentissage de très grande taille. Étant donnée une image, c'est-à-dire un tableau de pixels, l'ordinateur doit reconnaître les objets présents dans cette image (figure 1). Détecter dans une séquence vidéo la présence d'une activité, telle que boire une tasse de café est encore plus difficile. Les algorithmes* qui permettent ces reconnaissances sont aujourd'hui utilisés dans de nombreuses applications, comme la détection de visages dans les appareils photo, la détection de piétons et de routes pour la conduite assistée par ordinateur et, étant donnée une image servant de requête, la recherche d'images similaires et des informations qui leur sont associées, comme dans l'application Google Goggles.

Méthodes de reconnaissance visuelle

Les images d'une catégorie d'objets présentent en général un très grand degré de variabilité. Ainsi, une voiture peut être photographiée de face ou de profil, de près ou de loin, de jour ou de nuit… À ces variations propres à un objet donné s'ajoutent celles liées à la catégorie. Une deux-chevaux et une Ferrari n'ont ni la même forme, ni la même couleur, ni le même nombre de portes. Ce sont pourtant deux voitures, clairement reconnaissables en tant que telles pour une personne.

Un algorithme de reconnaissance visuelle s'appuie en général sur trois composantes pour faire face à cette variabilité : des caractéristiques visuelles locales qui capturent l'apparence d'un objet dans le voisinage d'un point, un modèle global de l'apparence utilisant des informations géométriques pour agréger les caractéristiques locales et une technique d'apprentissage statistique (cf. IV.13) permettant d'acquérir automatiquement à partir d'exemples les paramètres d'une fonction de décision qui permettra la reconnaissance. Pour obtenir des caractéristiques visuelles robustes, voire invariantes aux variations de point de vue ou d'illumination, l'algorithme peut soit extraire des descripteurs* locaux invariants à certaines

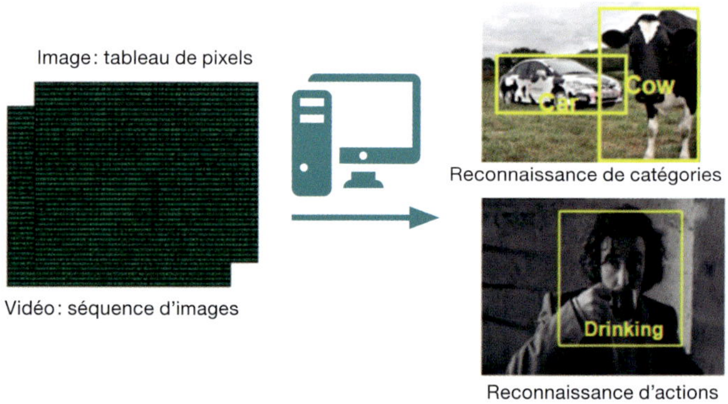

Fig. 1 – Reconnaissance visuelle. Étant donnée une image ou une séquence d'images, le but est de reconnaître les objets et les actions. ■

transformations, soit les apprendre à partir d'exemples. Dans le plus simple des cas (« sacs de mots »), le modèle global agrège ces caractéristiques locales en les groupant en un nombre fixe, puis en comptant dans l'image entière le nombre de descripteurs locaux appartenant à chaque groupe. Enfin, le module d'apprentissage permet à la fois de s'affranchir de la variabilité à l'intérieur d'une catégorie d'objets (comme les voitures évoquées plus haut) et de distinguer des objets appartenant à des catégories différentes (« cette image montre-t-elle une vache ou une voiture ? »). Le principe sous-jacent est d'observer un grand nombre d'exemples représentatifs de chaque catégorie, et d'estimer les paramètres d'une fonction de décision qui classifie aussi bien que possible ces exemples. Une fois les paramètres appris, l'algorithme peut appliquer cette fonction à toute nouvelle image pour décider si c'est bien une voiture ou une vache. Les machines à vecteur de support* (SVM) et les réseaux de neurones profonds* sont les techniques les plus utilisées aujourd'hui (cf. IV.14). Les SVM sont en général appliquées directement aux modèles d'image globaux évoqués précédemment, tandis que les réseaux de neurones intègrent les trois modules de caractéristiques locales, modèle global, et apprentissage statistique en une architecture unifiée, dont tous les paramètres sont appris simultanément. De manière générale de telles méthodes d'apprentissage ont souvent un grand nombre de paramètres et demandent des corpus d'apprentissage énormes pour éviter le « surapprentissage » et la perte de capacité de généralisation : avec trop peu de données, l'algorithme fait des erreurs négligeables sur les données d'entraînement, mais importantes sur les données de test, c'est-à-dire des données non vues lors de l'entraînement, qui permettent d'évaluer la performance de l'algorithme.

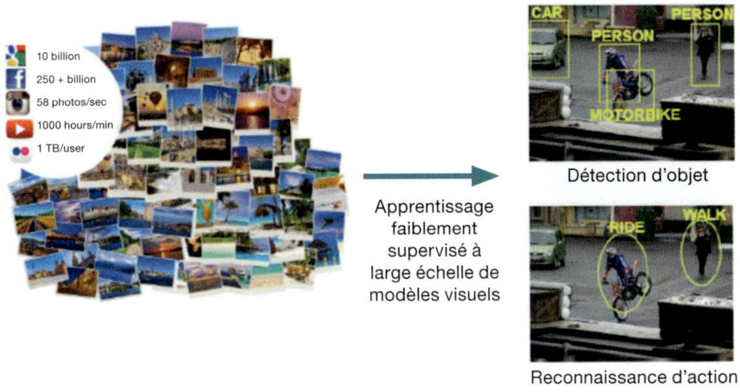

Fig. 2 – **Apprentissage faiblement supervisé. Étant donné un ensemble d'images faiblement annotées, par exemple des images avec des métadonnées textuelles, des informations pertinentes sont sélectionnées de façon automatique.** ■

Corpus de très grande taille

Acquérir les données d'apprentissage nécessaires à la reconnaissance visuelle requiert des campagnes d'annotation à grande échelle, mettant en jeu des centaines de milliers d'images qui doivent être étiquetées (en général manuellement) par le type d'objets qu'elles contiennent, voire par la position de ces objets, ou même par leur silhouette. L'avènement de tels corpus de données depuis le début des années 2000 a permis le développement et l'évaluation rigoureuse des méthodes de reconnaissance visuelle. Il est néanmoins impossible d'annoter l'ensemble des concepts visuels de façon exhaustive et à une granularité suffisamment fine. De nouvelles méthodes utilisant plutôt des annotations « faibles » voient donc le jour (figure 2). Ces techniques remplacent les annotations manuelles par les métadonnées (légendes, articles, scripts, hashtags*, ou même parole et son) qui accompagnent la plupart des photos et des vidéos disponibles sur Internet ou dans les archives audiovisuelles. Par exemple, à partir d'étiquettes d'images, les approches comme le multi-instance learning permettent de retrouver les régions similaires entre les images avec la même étiquette et d'apprendre un détecteur de région pour cette étiquette. Ce type d'approche est très prometteur et les premiers résultats sont encourageants, malgré des difficultés telles que l'extraction de connaissances des métadonnées et l'appariement des contenus visuels et textuels. Une autre piste, actuellement en plein essor, est la création de données synthétiques afin d'obtenir des données d'entraînement avec une variabilité suffisante. Les méthodes de rendu 3D récentes permettent de générer des images d'excellente qualité. Ces images synthétiques complètent avec succès les données réelles lors de l'entraînement des réseaux de neurones profonds.

Références bibliographiques

• C. BISHOP – *Pattern Recognition and Machine Learning*, Springer, 2006.
• D. FORSYTH et J. PONCE – *Computer Vision: a Modern Approach*, Prentice-Hall, 2002.
• R. HARTLEY et A. ZISSERMAN – *Multiple View Geometry in Computer Vision*, Cambridge University Press, 2004.

19. Reconnaissance de forme sur les bases de données iconographiques

Mathias Blanc

Depuis l'amorce, dans les années 1990, des politiques de numérisation des fonds photographiques, de peintures et de dessins, en passant par le développement des sites de partage en ligne dans les années 2000 (Flickr, Instagram...), la mise à disposition quotidienne de sources iconographiques renvoie à des milliards d'unités. Cet accroissement exponentiel fournit une masse de données visuelles qui échappe, dans sa globalité, à toute perception humaine. C'est pourquoi, l'exploration de ces sources implique la mise en place de techniques spécifiques dédiées à leur analyse. Les images étant le produit d'une activité sociale (artistique, scientifique, journalistique, publicitaire, domestique...), il importe de comprendre comment elles témoignent, reproduisent ou transforment notre quotidien, et comment elles circulent historiquement, géographiquement et culturellement. Objet de recherche en histoire de l'art, et par extension en sciences humaines et sociales, les images nécessitent d'être répertoriées, classées en fonction de caractéristiques significatives et visualisées à travers ces filtres analytiques. À ce titre, l'informatique et les sciences de l'ingénieur fournissent des outils et des méthodes appropriées, puisées dans le champ de l'intelligence artificielle, dont la reconnaissance de forme* (*pattern recognition*). Loin de se cantonner à une technologie, la question des formes, des motifs et de leur reconnaissance, traverse le champ des sciences et ouvre la voie vers des recherches davantage interdisciplinaires.

Un verrou à prendre en considération

Les sites de partage en ligne de sources visuelles fournissent par le biais de leurs API* (*Application Programming Interface*) la possibilité de recueillir des millions de photographies accompagnées d'informations relatives à leur usage (utilisateur, contexte de diffusion, recommandations...). De même, les bases de données réalisées dans des perspectives de recherche, tel AGORHA de l'Institut National d'Histoire de l'Art, répertorient des centaines de milliers de visuels (peintures, dessins, photographies) mis à disposition avec des conditions d'exploitation qui diffèrent selon les détenteurs de leur droit. La manière la plus fréquente d'interroger ces différentes bases consiste à effectuer des requêtes à partir des notices documentaires et des métadonnées (auteur, titre, date, mots-clés...) qui servent à indexer les images (cf. II.9). En combinant ces éléments, nous passons d'un ensemble d'images à un sous-ensemble qui viendra constituer un corpus d'étude. Néanmoins, considérons une étude qui porterait sur l'évolution des représentations picturales des sentiments pieux dans la peinture italienne du XIVe au XVIIIe siècle. Une requête avec les mots-clés « vierge » et « enfant » permettrait de nous focaliser sur un certain nombre de toiles mais, faute d'annotations visuelles effectuées systématiquement en amont de la consultation des bases interrogées, cette requête ne pourrait nous fournir

Fig. 1 – **Cartographie d'une catégorisation de motifs sur un corpus d'images à l'aide du dispositif multimédia V-Atlas du projet VISUALL-tek. © M. Blanc, CNRS, ANR VISUALL.** ■

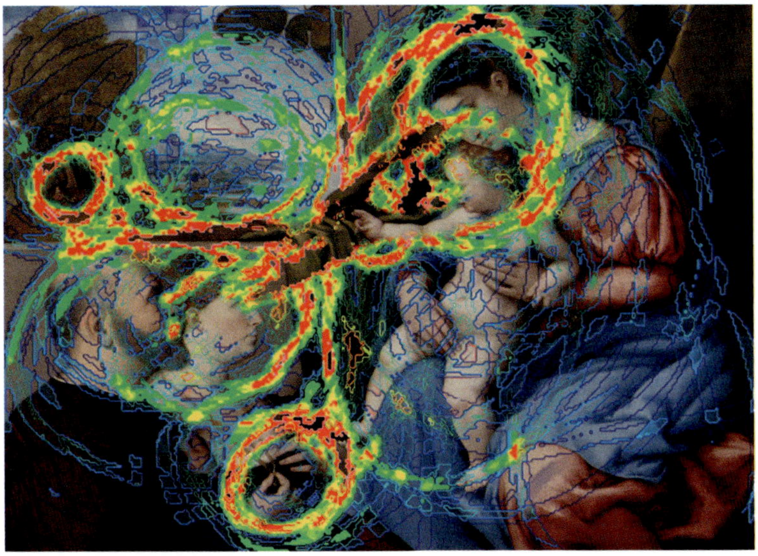

Fig. 2 – **Carte de chaleurs de tracés d'annotations, effectués par *crowdsourcing*,* détourant les éléments picturaux saillants et la dynamique plastique d'une image de Madone** (Lorenzo Lotto, *Vierge à l'enfant avec deux donateurs*, reproduction numérique d'une huile sur toile de 1525-1530, Los Angeles, J. Paul Getty Museum). © M. Blanc, CNRS, ANR VISUALL. ■

la vision d'une forme typique d'expression de piété, et encore moins de son évolution. En d'autres termes, sans annotations visuelles préalables effectuées par un expert, les classes d'objets produites par une approche sémantique ne sont pas suffisamment précises pour effectuer des études comparatives de motifs picturaux.

Un apport interdisciplinaire nécessaire

Pour lever ce verrou, plusieurs approches disciplinaires se développent, dont celles fournies par les sciences de l'ingénieur, qui visent à détecter des formes automatiquement à partir d'un corpus étendu de modèles de motifs. Par exemple, depuis 1985, la manifestation scientifique annuelle *Conference on Computer Vision and Pattern Recognition* (CVPR) de l'IEEE (*Institute of Electrical and Electronics Engineers*) fournit un état des lieux des avancées dans le domaine des systèmes de détections de motifs. Un certain nombre d'études présentées concerne la photographie et la peinture. D'une manière générale, l'approche de reconnaissance de forme vise à identifier par algorithme d'apprentissage des motifs significatifs dans des images sources. Par exemple, des algorithmes de détection de contours ou des histogrammes de gradient orienté* (HOG) sont exploités pour dissocier des individus, en l'occurrence les formes significatives, dans une image de foule. En comparant les caractéristiques du motif détecté avec une trame d'apprentissage, celui-ci est catégorisé dans une classe précise, ou située par rapport à un groupe de classes avec un jeu de probabilités (cf. IV.18). Ceci permet, pour reprendre l'exemple des peintures ayant trait à la piété, de créer des classes de gestes ou d'expressions corporelles dans les visuels d'un corpus.

Avec ces outils, la subjectivité du producteur de l'image (la singularité du trait d'un peintre, le point de vue d'un photographe) et celle de ses récepteurs (les différents regardeurs de ces visuels) sont amenées à être objectivées par le biais d'algorithmes. Néanmoins, un des enjeux de l'exploitation des bases de données iconographiques consiste, notamment à travers l'étude de la résurgence et de la circulation des motifs, à identifier les modes de subjectivation véhiculés par les images aux cours de diverses périodes historiques et au sein d'aires culturelles différentes (figure 1). De fait, le recours aux algorithmes de reconnaissance de forme nécessite d'être combiné aux annotations visuelles (d'experts et de non-experts) et aux métadonnées des images sources. pour s'enrichir mutuellement (figure 2). Les techniques de *crowdsourcing** peuvent ainsi alimenter les processus d'apprentissage automatique.

En résumé, les méthodes et techniques d'exploitation des bases de données iconographiques sont indissociables de la construction des objets de recherche. À ce titre, le bénéfice de ces méthodes prend tout son sens dans une démarche interdisciplinaire. Les sciences humaines et sociales et les sciences de l'ingénieur y trouvent un terrain de recherche commun en pleine expansion.

Références bibliographiques

- C. M. BISHOP – *Pattern Recognition and Machine Learning*, Springer, 2006.
- L. MANOVICH – *Le langage des nouveaux médias*, Presses du Réel, 2010.

20. Les larges corpus d'imagerie cérébrale en neurosciences

Bertrand Thirion

L'imagerie cérébrale est un outil de choix des neurosciences, qui donne accès à des caractéristiques fondamentales de la structure ou du fonctionnement cérébral. En particulier, certaines techniques considérées comme non-invasives, comme l'Imagerie par Résonance Magnétique* (IRM), ont permis un essor important des neurosciences humaines depuis les années 1990. L'imagerie permet, selon les cas, d'observer des caractéristiques anatomiques ou fonctionnelles du cerveau. Le passage à l'échelle sur des plans d'acquisition plus importants ainsi que les méta-analyses* sont récemment devenus des enjeux majeurs du domaine. En nous focalisant sur l'IRM, nous décrivons les motivations de cette évolution, la montée en puissance des jeux de données massives et les enjeux méthodologiques associés.

Des petits aux grands jeux de données

A priori, l'imagerie cérébrale ne se prête pas à l'accumulation de données. Le coût d'acquisition élevé, l'utilisation de différents équipements et paramètres d'acquisition et la complexité des traitements à appliquer aux données ont longtemps cantonné l'imagerie cérébrale à des études de petite taille (environ une vingtaine de sujets par étude). De ce fait, les résultats de ces études sont peu fiables et aboutissent à des conclusions parfois contradictoires, à cause de variations expérimentales difficiles à décrire dans les publications et du manque de puissance statistique, qui ruine la solidité des conclusions tirées de ces études. Or, la puissance statistique est principalement contrôlée *via* le nombre d'observations disponibles. L'accroissement de la taille des cohortes* est donc essentiel pour viabiliser les résultats des inférences statistiques* en imagerie (figure 1). Ce souci est plus important encore pour des études impliquant de nombreux tests.

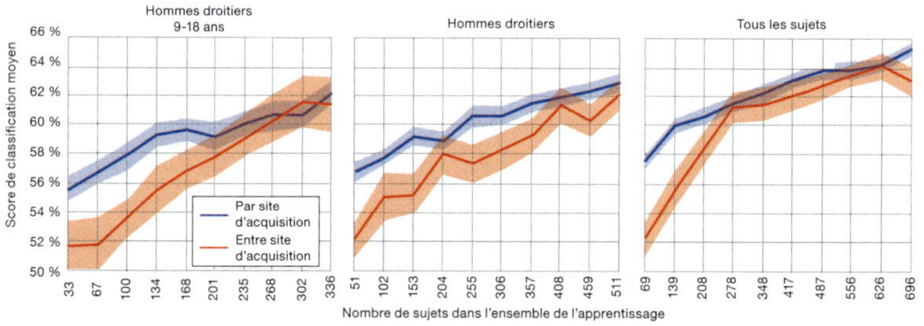

Fig. 1 – Augmentation de la puissance statistique avec l'utilisation de plus grandes cohortes en neuro-imagerie. Dans cette étude, on cherche à distinguer des patients autistes de contrôles en imagerie fonctionnelle (connectivité fonctionnelle). Sur chaque courbe, on voit que le taux de classification augmente avec le nombre de sujets considérés. Par ailleurs, l'utilisation d'une population plus grande mais moins homogène (figure de droite), conduit à un meilleur taux de prédiction. D'après A. Abraham *et al.*, 2016. ■

Les études médicales, par exemple en psychiatrie, s'appuient sur des patients présentant des symptômes, et dont l'état peut être caractérisé par des données comportementales, mais leur classification demeure un problème fondamental. Il est donc particulièrement important d'appuyer la compréhension des maladies et leur modélisation sur des jeux de données nombreux et complémentaires. Par exemple, on peut modéliser l'effet de l'âge sur la forme du cerveau observée par l'imagerie anatomique, et de ce fait mieux caractériser la différence entre vieillissement normal et maladies neuro-dégénératives. Par ailleurs, l'un des espoirs de l'imagerie est de fournir à terme une catégorisation des individus en fonction de caractéristiques anatomiques et fonctionnelles plus fiables que les études comportementales.

Les neurosciences cognitives utilisent l'imagerie pour cartographier les activations cérébrales associées à des processus mentaux impliqués dans la réalisation de certaines tâches (comme la reconnaissance de visage). Une difficulté majeure dans l'intégration des connaissances vient de la difficulté de spécifier les stimuli présentés aux participants : « voir un visage » implique des processus différents selon la façon dont le stimulus est présenté (durée, intensité), mais plus encore en fonction de la tâche réalisée par l'individu au cours de l'expérience de perception et des contrôles expérimentaux utilisés. De ce fait, il est important de chercher quel ensemble de régions cérébrales est impliqué de façon consistante à travers des études similaires, mais différentes. Ceci peut être réalisé par des méta-analyses, qui détectent les effets systématiques à travers les jeux de données.

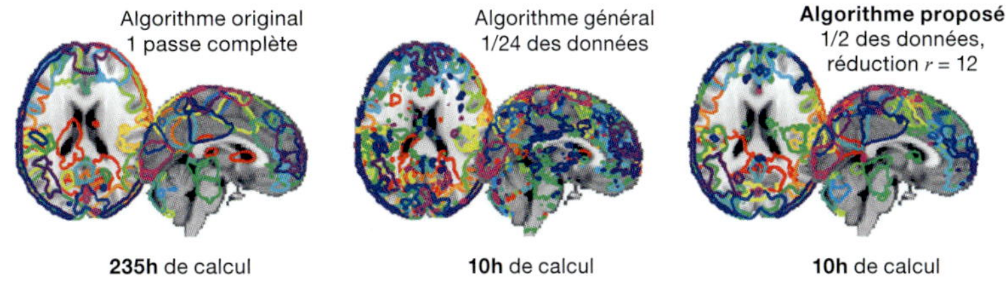

Fig. 2 – Le Human Connectome Project (4 800 volumes par sujet, pour 500 sujets) a pour objectif de délimiter les réseaux de régions ayant une activité cohérente au cours du temps. Le volume de données correspondant est de 2 Térabits. Les méthodes d'apprentissage de dictionnaire de l'état de l'art aboutissent à des temps de calcul prohibitifs (gauche). Réduire la taille de données (centre) améliore le temps de calcul, mais donne une solution moins bonne. L'utilisation de méthodes stochastiques qui chargent les données par morceaux (droite) permet de réduire le coût de calcul (ces méthodes sont parallélisables) tout en gardant une qualité de solution aussi bonne que l'approche originale. D'après A. Mensch *et al.*, 2016. ■

État des lieux

Il y a deux manières de répondre au besoin de passage à l'échelle. D'une part, les neuroscientifiques, neurologues et psychiatres ont entrepris l'acquisition de plus grandes cohortes d'imagerie, permettant de mieux identifier les effets d'intérêt dans la population. Ces études reposent sur des protocoles standardisés, mais généralement acquis à partir d'équipements divers, si bien que la variabilité due à la provenance réduit partiellement le bénéfice d'une étude à large échelle. Par exemple, le projet européen *Imagen* (2007-2012), reposant sur 2 000 adolescents, a étudié à travers divers types d'images, les facteurs de l'addiction et leur relation à la variabilité génétique et l'origine sociale, à partir de 8 centres européens. D'autre part, la mise en commun de jeux de données acquis indépendamment permet d'étudier des effets visibles sur de très grands nombres d'images, au prix d'une diversité encore plus grande due à la provenance diverse des données. L'initiative principale exploitant ce principe est celle du consortium Enigma, qui s'intéresse à la corrélation entre informations génétiques et imagerie. Cette approche est en train de se généraliser, avec le développement de ressources libres pour la communauté, comme OpenfMRI et NeuroVault en imagerie cognitive.

Conséquences pour l'analyse d'image

Le développement de jeux de données riches en échantillons pose des problèmes relativement spécifiques : la taille de chaque image étant importante (10^5 à 10^6 voxels* par volume, selon la résolution utilisée), un tel jeu de données se présente comme un très gros bloc, difficile à gérer pour les architectures de calcul classiques. Avant même d'atteindre les limites physiques des machines, ces données massives induisent des coûts de calcul prohibitifs et rendent le traitement de données très inefficace. Le développement de solutions de compression/réduction pour faciliter l'application de traitement d'image, en particulier pour les routines d'apprentissage et de traitement statistique, est devenu récemment un enjeu important (figure 2). Cette tendance va se poursuivre et s'amplifier, associée à l'utilisation massive de calcul distribué (cf. III.13). Cet usage s'accompagne d'une standardisation nécessaire des formats et des schémas d'organisation des données.

L'accès aux données est probablement le goulet principal pour le développement des neurosciences cognitives et médicales : le travail sur de petits jeux de données conduit à des conclusions faibles et peu reproductibles. Étant donné le coût d'acquisition des données, la culture du partage et de la réutilisation de données est un passage obligé pour la maturation du domaine. Mais le passage à des jeux de données massifs induit des coûts de calcul prohibitifs, qui nécessitent des développements spécifiques pour analyser ces images.

Références bibliographiques

• D. LE BIHAN – *Le cerveau de cristal : ce que nous révèle la neuro-imagerie*, Odile Jacob, 2012.

• J. B. POLINE, P. CIUCIU, A. ROCHE et B. THIRION – *Intra and Inter Subject Analyses of Brain*, in *Handbook of Biomedical Imaging: Methodologies and Clinical Research*, Springer, 2015.

21. L'analyse géographique et sémantique des publications scientifiques

Arnaud Banos, Hadrien Commenges et Denise Pumain

La croissance exponentielle du nombre des articles publiés et la multiplication des revues ont fait entrer les publications scientifiques dans le règne des données massives. Les bouleversements introduits par les usages d'Internet semblent avoir bien davantage contribué à l'explosion des références qu'ils n'ont simplifié le travail des équipes éditoriales ou facilité l'accès des utilisateurs à la littérature scientifique. Les difficultés de la maîtrise de ces données vont bien au-delà de ce qu'Eugène Garfield avait anticipé en créant en 1964 la base de données de l'ISI (*Institute for Scientific Information*), qui devint le Web of Science après rachat par Thomson Reuters. Peu à peu, le bénéfice du travail des « pairs » qui évaluent bénévolement la production scientifique avant publication, principalement par une mise en situation dans les connaissances existantes, a été capté par des sociétés d'édition censées garantir la qualité tout en ponctionnant les bibliothèques universitaires et en dressant des barrières à la diffusion, malgré les injonctions publiques pour un libre accès à la science.

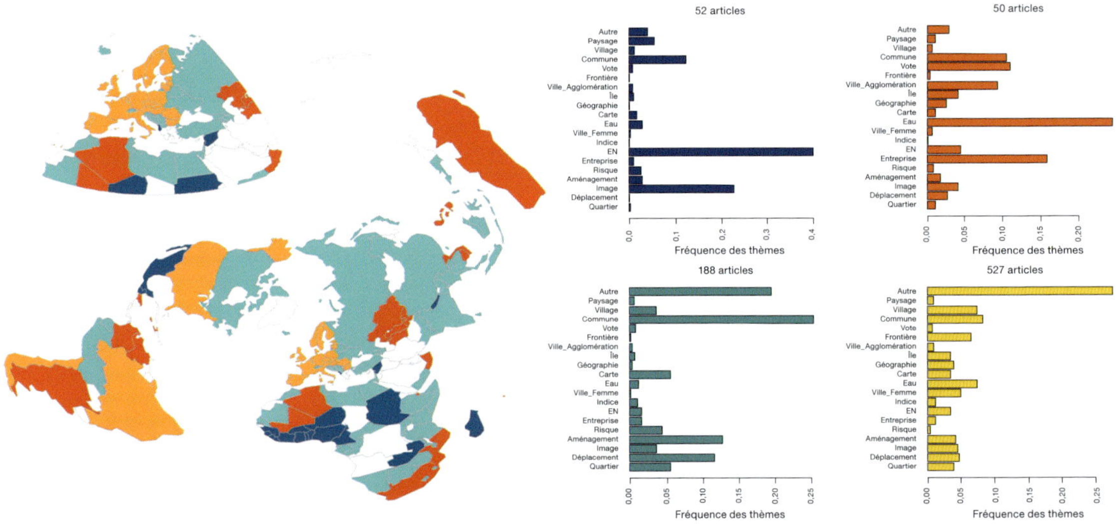

Classification des États étudiés dans Cybergeo en fonction du profil thématique des termes utilisés dans le corps du texte. ■

L'application CybergeoNetworks

La question de la maîtrise de la littérature reste cruciale pour tout scientifique qui souhaite connaître et dresser un « état de l'art ». Elle devient encore plus difficile pour les sujets qui se situent aux interfaces de plusieurs disciplines, et qui risquent, si l'on s'en tient aux « niches » disciplinaires habituelles, d'être traités de manière partielle en réduisant la portée des solutions que la science peut apporter pour résoudre des problèmes sociaux. Les géographes en sont très conscients car depuis longtemps ils construisent une discipline à la charnière des sciences naturelles et sociales, sur des questions d'habitat et d'urbanisme, d'environnement et de santé, d'aménagement et de développement. Ce n'est peut-être pas un hasard si c'est à partir d'une revue de géographie, Cybergeo, qu'un outil a été proposé pour aider à améliorer l'exploration d'un univers de publications.

Les progrès réalisés en matière de collecte et d'analyse des données massives permettent aujourd'hui de s'orienter de manière inédite dans les réseaux de publications scientifiques. L'application CybergeoNetworks, réalisée par Clémentine Cottineau, Juste Raimbault, Pierre-Olivier Chasset et Hadrien Commenges, en libre accès, permet d'explorer le contenu du texte et des mots-clés des quelque 900 articles publiés depuis 20 ans par Cybergeo ainsi que l'ensemble des références citées dans ces articles, ou des articles qui les citent, ou qui citent les mêmes références, parmi toutes les autres revues scientifiques accessibles par Google Scholar, ce qui constitue une base de données d'environ 200 000 articles avec leurs centaines de milliers de mots-clés associés. L'objectif est de permettre aux internautes de réaliser eux-mêmes et à volonté des cartographies des proximités géographiques et sémantiques entre publications et entre zones géographiques en jouant avec ce corpus.

Cartographie et visualisation

Une première possibilité offerte par l'application est de dessiner des cartes montrant l'évolution, pour une période donnée, des États d'affiliation des auteurs ainsi que des États constituant le sujet de l'article. Lorsque l'on croise cette information avec le profil thématique des articles, on fait apparaître une diversité des centres d'intérêt selon la localisation, ainsi qu'une proximité sémantique entre États étudiés avec des termes similaires. Les proximités spatiale et thématique se recoupent par endroits. Ainsi, par exemple, l'Europe institutionnelle est identifiée comme espace de proximité sémantique forte où le champ lexical des frontières est sur-représenté et celui du risque sous-représenté (figure). Par ailleurs, les mots-clés des articles de la revue et des articles cités permettent de connecter les articles qui les utilisent et de constituer des réseaux pondérés en fonction du nombre de ces co-occurrences. La structure de ces réseaux renseigne de manière très fine sur les proximités entre des thématiques, réunies dans des « communautés » identifiées par des couleurs et que l'on peut explorer à plusieurs niveaux de finesse en zoomant sur le graphe du réseau. Cette visualisation montre que des disciplines comme la géographie physique et l'économie géographique sont reliées par leur pratique commune de méthodes comme l'analyse spatiale et les statistiques ou le paradigme* de la complexité. Enfin, l'analyse sémantique du contenu intégral des textes permet de former des nuages de mots regroupés par grands thèmes. On peut faire varier la finesse du regroupement des thèmes et mesurer la fréquence d'apparition des mots dans un thème.

Un outil de partage des connaissances

L'utilité de cet outil pour les auteurs est d'améliorer leur connaissance des thématiques de la revue, et de situer l'apport potentiel d'un nouvel article dans l'univers de ses références et des disciplines voisines qui peuvent être touchées. Pour l'équipe éditoriale, c'est un instrument de pilotage de la politique de la revue, qui peut choisir de maintenir sa ligne plutôt généraliste ou de se spécialiser davantage. Enfin, l'application pourrait être mise au service d'autres publications en ligne. Les grandes sociétés d'édition scientifique proposent des outils d'analyse bibliométrique permettant aux chercheurs et aux revues d'optimiser leur investissement pour se situer au mieux sur le marché de la citation. CybergeoNetworks est, quant à lui, un outil libre d'auto-analyse, conçu pour alimenter la réflexivité et l'intégrité de la recherche.

Références bibliographiques

- D. CHAVALARIAS et J.-P. COINTET – *Phylomemetic Patterns in Science Evolution. The Rise and Fall of Thematic Fields*, PLoS ONE, 2011.
- C. KOSMOPOULOS et D. PUMAIN – *Citation, Citation, Citation: Bibliometrics, the Web and the Social Sciences and Humanities*, Cybergeo, 2007.

22. L'écosystème des Big Data

Balázs Kégl

Les initiatives en Big Data fleurissent depuis quelques années dans le monde entier. De nombreux programmes de financement public ou privé (cf. I.11) sont annoncés avec des destinations diverses : infrastructures, innovations, défis scientifiques, formation, ou tout à la fois. Pour mieux cibler l'investissement et caractériser son usage, il est primordial de comprendre l'écosystème des sciences de données ainsi que les différentes articulations entre ses composantes et ses acteurs. Le traitement des Big Data nécessite une approche interdisciplinaire mobilisant plusieurs métiers distincts et complémentaires.

Les domaines de l'écosystème Big Data

Au centre de l'écosystème Big Data se trouvent trois domaines complémentaires autour desquels gravitent six métiers distincts : trois relevant d'expertise du domaine et trois autres de l'intermédiation entre les domaines (figure). Le domaine des sciences des données adresse plusieurs problématiques liées entre autres à l'analyse des données, la recherche d'information, la visualisation, l'apprentissage et les statistiques. Il est en interaction forte, d'une part, avec le domaine des disciplines scientifiques, qui lui fournit les questions à résoudre, les données et le savoir-faire associé, et, d'autre part, avec le domaine de l'ingénierie logicielle, qui fournit les infrastructures de stockage (*Cloud*) et de calcul (HPC*, grille) ainsi que les outils de base permettant une gestion efficace des ressources.

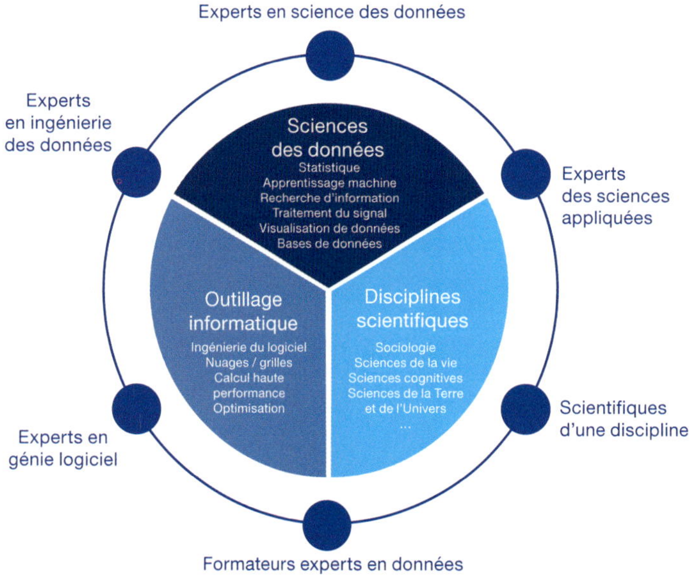

L'écosystème de la science des données : activités et acteurs. ■

Les métiers au cœur des domaines

Aux trois domaines centraux correspondent trois types de métiers bien classiques. Tout d'abord, les experts dans une discipline scientifique élaborent des théories, construisent des instruments et proposent des solutions en exploitant leurs connaissances propres et en faisant appel aux technologies du numérique (outils mathématiques ou informatiques). Ils recueillent ou produisent des données afin d'étudier de nouveaux phénomènes ou de découvrir de nouvelles lois de la nature. Ils sont motivés par la découverte scientifique dans leur discipline et sa diffusion à travers la publication. Ils sont peu concernés par l'envie de faire progresser l'état de l'art dans la science des données, tant que l'analyse des données qui les intéresse est accomplie. Il y a ensuite les experts en science de données (*data scientists**), qui conçoivent et analysent les algorithmes. Ils sont motivés par l'amélioration ou la conception de nouvelles méthodes de traitement de données, plus que par la résolution de problèmes réels, tant que la motivation sous-jacente à leur invention reste plausible et/ou bien acceptée au sein de la communauté. Ils sont particulièrement désintéressés par un problème susceptible d'être résolu par des techniques existantes qui ne sont pas sources de nouvelles publications dans leur domaine. Enfin, les experts en ingénierie logicielle mettent en œuvre les techniques existantes. Ils conçoivent et maintiennent les logiciels, et ils les exécutent en production à grande échelle sur les grandes données et sur les grandes infrastructures de calcul. Ces experts travaillent souvent au profit d'une communauté scientifique restreinte et leurs outils ne sont pas partagés de manière horizontale entre différentes communautés.

Les métiers d'intermédiation entre domaines

L'intermédiation entre les trois domaines de l 'écosystème se fait à l'aide de trois nouveaux types de métiers, ayant une forte compétence interdisciplinaire et une capacité à traduire les exigences d'un domaine en spécifications techniques de l'autre domaine, et à restituer les résultats dans des formes compréhensibles par la communauté cible. Ainsi, les experts en sciences appliquées maîtrisent les concepts et le vocabulaire de leur discipline scientifique, et font émerger des innovations en exploitant les derniers développements dans le numérique et la science des données. Leur rôle est de formaliser des problèmes spécifiques à un domaine dans une langue comprise par les scientifiques de données, et d'identifier les directions innovantes en interaction avec les ingénieurs et scientifiques d'autres disciplines. Les experts en ingénierie des données, quant à eux, sont au courant des derniers développements dans la science des données et, en même temps, des outils et des techniques de l'état de l'art du génie logiciel. Leur rôle est de définir les métadonnées nécessaires à la compréhension des données et de développer des outils logiciels généraux pouvant être réutilisés dans plusieurs domaines. Enfin, les experts en formation ont pour rôle de diffuser le savoir sur l'ingénierie des données et la science des données en direction des scientifiques. Ils doivent les informer des dernières innovations, de leurs limites et des modalités de leurs mises en œuvre. Les formateurs doivent avoir une connaissance étendue des concepts et des technologies liées aux données, même s'ils ne font pas de recherche sur ces sujets et ne participent pas aux projets de développements logiciels.

Ressources et moyens

Aujourd'hui, cet écosystème avec ses multiples acteurs n'existe que dans un petit nombre d'entreprises, comme les GAFAM (cf. VIII.22), ou dans certains laboratoires scientifiques avec de grands projets expérimentaux, comme les Très Grandes Infrastructures de Recherche (TGIR) du CNRS. Dans les petites structures, l'organisation en métiers multiples peut paraître surdimensionnée et coûteuse. Dans ce cas, il faut considérer ces métiers, non comme des postes budgétés, mais comme des rôles discriminés dont certains sont potentiellement assurés par le même expert. L'obstacle principal à la généralisation de cette organisation dans les laboratoires scientifiques est naturellement le manque de main-d'œuvre : il y a un décalage important entre l'offre et la demande dans les trois rôles liés aux données. Le succès récent de la science des données dans l'industrie et les services et les fortes rémunérations proposées, créent un appel d'air défavorable aux disciplines scientifiques, qui peinent à profiter des compétences qu'elles produisent dans leurs formations. L'enjeu est donc double : amplifier les formations pour mettre plus d'experts sur le marché et rendre les métiers de soutien à la recherche plus attractifs dans leur rémunération et dans leur évolution de carrière. Si ces objectifs ne sont pas atteints, les projets de la science de données scientifiques risquent d'être bloqués par le manque de personnels et des problèmes d'organisation, plus que par le manque de solutions techniques.

Références bibliographiques

- B. KÉGL – *The data science ecosystem. Actors, incentives, challenges*, https ://medium.com/@balazskegl.
- https ://www.whitehouse.gov/sites/default/files/microsites/ostp/big_data_press_release_final_2.pdf.
- https ://news.cs.washington.edu/2013/11/23/video-of-white-house-announcement-of-37-8-million-uwberkeleynyu-data-science-award-from-moore-and-sloan-foundations.
- www.moore.org/article-detail?newsUrlName=%20bold_new_partnership_launches_to_harness_potential_of_data_scientists_and_big_data.

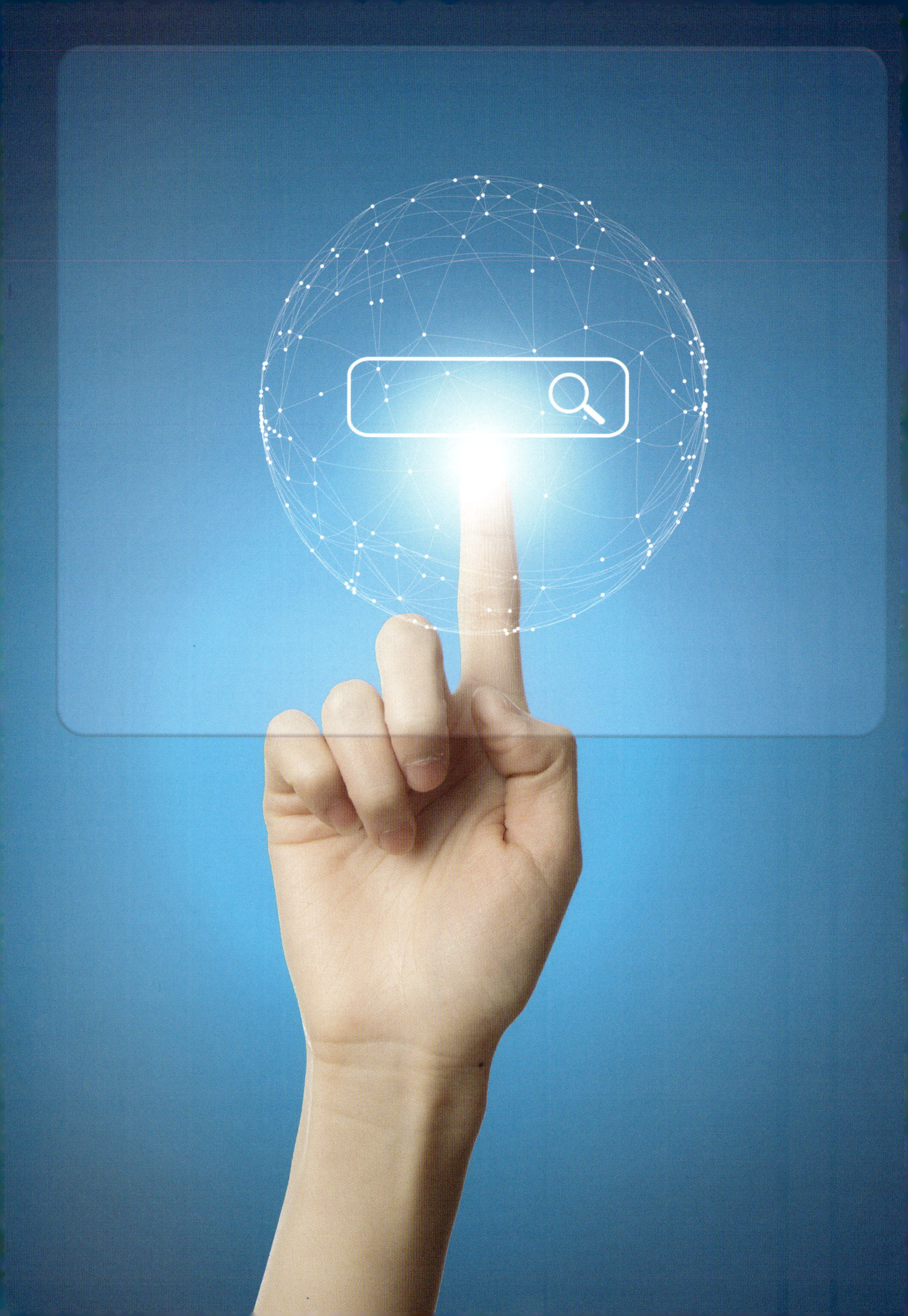

- Cinquième partie -

Web, réseaux sociaux et recherche d'information

Page précédente :

Introduction

Claire Nédellec

Le développement du réseau mondial informatique Internet a non seulement révolutionné les techniques de l'information (sa production, son organisation et son accès), mais aussi la communication sociale en créant de nouveaux outils de mise en relation des personnes et des groupes. Le World Wide Web et ses modes de recherche et de navigation, ainsi que le courrier électronique, les réseaux sociaux en ligne et la messagerie instantanée sont les outils les plus connus du grand public. Mais au-delà de ces exemples, les applications Web et, plus largement, les applications d'Internet sont d'une incroyable diversité qui touche tous les domaines de l'activité humaine.

Le Web, une Toile vivante. © Pixabay. ■

Tout d'abord, la quantité et la variété des informations ont donné lieu à des développements informatiques destinés à organiser l'information et à la mettre à disposition avec plusieurs objectifs. Elle doit être le plus simple possible d'accès (cf. V.3), l'utilisateur doit pouvoir trier rapidement l'information pertinente (cf. V.4) et naviguer d'une information à l'autre au gré de ses intérêts grâce à des liens sémantiques (cf. V.2). Les informations sont de nature textuelle, comme des pages Web, mais surtout sous formes de masses de données plus ou moins structurées.

La production d'information sur Internet est elle-même devenue à la portée de tous. L'époque où il fallait savoir « coder en html » est révolue. Les projets collectifs à but non commercial fleurissent, comme les sites de partage de données personnelles (cf. V.10) ou de partage de connaissances, à l'image de Wikipédia (cf. V.16) et des plateformes de science participative (cf. V.13).

Parallèlement, l'analyse des traces numériques des utilisateurs des technologies de l'Internet est devenue elle-même l'objet de développement d'un grand nombre de nouvelles applications, dont la plus immédiate est la personnalisation de l'expérience de l'utilisateur par le calcul de ses préférences ou de son contexte immédiat (cf. V.7). L'adaptation de la relation commerciale au client par le profilage (cf. IV.4) ou la surveillance des comportements (cf. V.11) sont également bien connues du grand public. Moins connue et plus récente est l'analyse des traces pour améliorer les méthodes pédagogiques de l'éducation en ligne (cf. V.15). Ces applications font l'objet de vifs débats et d'encadrements législatifs au fur et à mesure de l'évolution des techniques d'analyse et de leurs capacités à croiser des données produites indépendamment pour inférer des comportements. La question de la préservation de la vie privée est d'autant plus critique quand il s'agit de l'usage d'Internet dans la mobilisation politique (cf. V.8), ou dans des sujets sensibles comme la radicalisation* (cf. V.12).

L'évolution extrêmement rapide des données de l'Internet motive des projets d'archivage systématique, comme celui du Web (cf. V.17), vu comme un patrimoine d'intérêt historique ou sociologique.

2. Hypertexte et hypermédia : des liens entre corpus

Jean-Marie Pierrel

L'hypertexte désigne tout contenu informatif numérique qui n'est pas assujetti à un ordre de lecture préalablement défini. Par extension, l'hypermédia possède la même caractéristique, mais il ne se limite pas à du texte (cartographie, audio, vidéo...). Tedor Holm Nelson forge le terme « *hypertext* » en 1967 en associant au préfixe « hyper », qui signifie « au-dessus, au-delà » le substantif « texte » pour exprimer cette notion de contenu informatif allant au-delà du texte. Mais l'idée même d'hypertexte, aujourd'hui l'un des fondements du Web, nous vient d'encore plus loin. En 1945, Vannevar Bush, dans son célèbre article *As We May Think* (*Comme nous pourrions penser*), imagine une machine, « Memex », qui serait le prolongement de la mémoire humaine et qui enregistrerait une somme de connaissances énormes et diversifiées, avec des mécanismes d'accès totalement indépendants de toute classification hiérarchique. Sa démarche part du constat du caractère artificiel des systèmes d'organisation et d'indexation des informations scientifiques – classement purement hiérarchique et accès par une seule rubrique – alors que, selon lui, l'esprit humain fonctionne essentiellement par associations totalement improvisées.

Aujourd'hui, la masse des connaissances existantes sous forme numérique ne cesse de s'accroître et leur consultation nécessite d'accéder à des supports divers et multiples : articles, ouvrages, revues, encyclopédies, dictionnaires, etc. Cette surabondance d'informations est devenue ingérable, et le lecteur n'a plus le temps de suivre les parcours prédéfinis qu'imposait l'écrit. D'où cette recherche d'une rupture de la linéarité de la lecture au profit de parcours intertextuels ou intermédias libres, comme généralisés sur le Web.

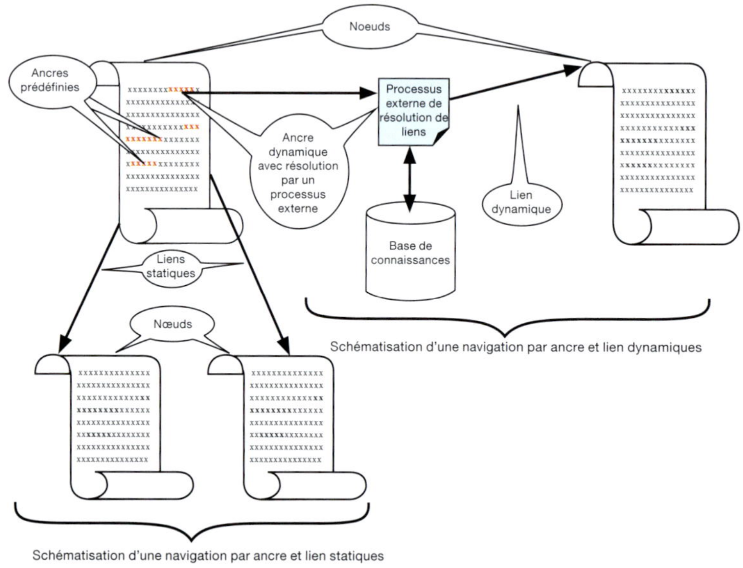

Fig. 1 – Schématisation de principe d'un système d'hypertextes. ■

Concepts fondateurs de l'hypertexte et de l'hypermedia

Tout système hypertexte ou hypermédia s'appuie sur trois concepts clés : les nœuds, les liens et les ancres. Les nœuds correspondent à des unités élémentaires d'information d'un ou plusieurs types : texte, graphique, image, son ou vidéo. Les liens, uni ou bi-directionnels, constituent le moyen principal d'organisation d'un ensemble de documents structuré de façon non-linéaire et non hiérarchique. Ils permettent à un utilisateur de se déplacer d'un document à un autre, d'une partie d'un document à une autre partie du même document ou d'une partie d'un document à une partie d'un autre document. Enfin, les ancres repèrent dans un document des parties support des liens. Dans le cas d'un texte, ce sera une forme ou une unité sémantique ;

pour des objets sonores, graphiques ou vidéo, ce seront des zones ou des régions préalablement définies comme point d'ancrage des liens. La structure ainsi construite, reliant des ancres à des nœuds par des liens, constitue un réseau hypertexte ou hypermédia.

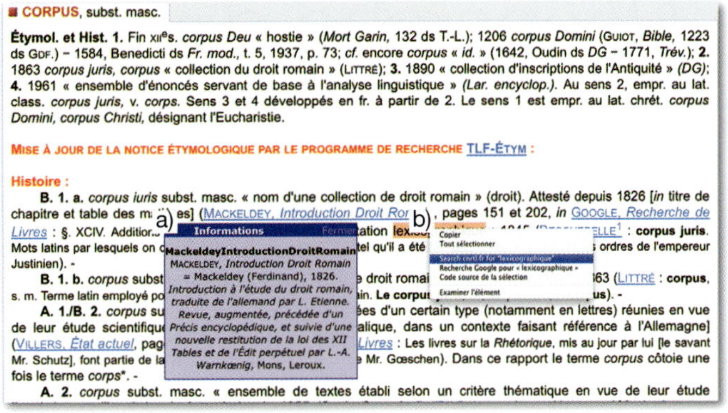

Fig. 2 – Types d'ancres et de liens. a) Ancre prédéfinie « MACKELDEY, Introduction Droit Romain » et lien statique vers la fenêtre mauve d'annotation. b) Ancre dynamique « lexicographique » et liens dynamiques vers Google ou le portail lexical du Centre National de Ressources Textuelles et Lexicales. © CNRTL. ■

Différents types d'hypertexte ou d'hypermédia

D'un point de vue technique, l'implantation d'hypertextes est fortement liée aux choix de réalisation de ces notions de nœuds, de liens et d'ancres. Pour les hypertextes les plus simples, les nœuds correspondent à des documents complets (pages Web), les liens sont unidirectionnels et correspondent à des adresses Web, et les ancres sont statiques et prédéfinies par le concepteur. Mais le modèle peut aussi se réaliser avec des liens dynamiques (calculés automatiquement) ou associatifs et/ou avec des ancres non prédéfinies. Aujourd'hui, la plupart des ancres sont prédéfinies lors de la construction d'un document avec, le plus souvent dans ce cas, un lien statique. Mais il est possible aussi d'utiliser des ancres non prédéfinies à l'avance. C'est le cas lorsque, l'utilisateur sélectionne un mot et que, grâce à un clic droit, il provoque une nouvelle recherche sur le Web ou dans un dictionnaire.

Parmi les liens statiques, on distingue : *i)* des liens associatifs, intégrés à l'intérieur même d'un document ; *ii)* des liens d'annotation permettant, par exemple, d'afficher une note (texte, image, illustration, document sonore ou vidéo) dans une fenêtre spécifique de l'écran ; *iii)* des liens d'inclusion permettant, à partir d'une sorte de document squelette, d'étendre le document initial sur un point précis. Quant aux liens dynamiques, ils ne sont pas codés par le concepteur du document initial, mais calculés automatiquement lors de l'activation d'ancres le plus souvent non prédéfinies, prises en charge par un processus externe au document. La mise en œuvre de ces liens dynamiques peut se faire de différentes façons suivant la manière dont sont exploitées les ancres. Elle peut se limiter à une recherche stricte de l'ancre (suite de caractères). Mais les dernières évolutions des hypertextes vont bien au-delà : ainsi dans le cas d'une navigation vers un dictionnaire, la recherche du mot « peuvent » nécessite préalablement une lemmatisation* (analyse lexicale) de l'ancre permettant de passer de « peuvent » à « pouvoir », voire un étiquetage morphosyntaxique* (association des informations grammaticales) pour passer, par exemple, du mot « portes » à « porter » (verbe) ou « porte » (substantif).

Aujourd'hui, on s'oriente de plus en plus vers le développement de liens dynamiques sémantiques au travers de l'exploitation des techniques du Web sémantique (cf. V.5). Le processus de résolution de liens fait alors appel à une requête sur une base de triplets RDF*, où chaque triplet définit une relation sémantique liant deux ressources. Cette nouvelle orientation ouvre sur des modes d'organisation et de recherche d'information beaucoup plus riches que ceux offert par des systèmes classiques d'indexation. Allant bien au-delà des mécanismes de référencement et de notes de bas de page, elle présente, de plus, une qualité cruciale, sa capacité à passer à l'échelle, en s'appuyant sur des chaînes de références quasi infinies. Dépassant largement le cadre du Web, cette approche sémantique s'impose aussi dans l'édition suivie de documents ou de ressources électroniques (corpus) que plusieurs auteurs peuvent annoter, corriger et enrichir de façon contextualisée (cf. IV.5).

Références bibliographiques

- R LAUFER et D SCAVETTA – *Texte, hypertexte, hypermédia*, PUF, Que sais-je ?, 1992.
- I. SALEH – *Les hypermédias : conception et réalisation*, Hermès Science Publications, 2005.
- C. VANDENDORPE – *Du papyrus à l'hypertexte. Essai sur les mutations du texte et de la lecture*, La Découverte, 1999.

3. Recherche d'information : au cœur des moteurs de recherche

Mohand Boughanem

De grandes quantités d'informations numériques de toutes natures (texte, vidéo, son, image) sont produites tous les jours et on dénombre des milliards de pages Internet et plus de 500 millions de tweets par jour. Ces quantités d'informations n'ont de l'intérêt que si elles sont effectivement lues, puis éventuellement exploitées par des utilisateurs. Il est donc primordial de mettre en place des systèmes automatisés capables de collecter, d'organiser, de stocker et d'accéder à ces informations.

Les Systèmes de Recherche d'Information (SRI), tels que les moteurs de recherche (Google, Yahoo...), sont capables de répondre à l'utilisateur, en recherchant des informations dans des milliards de pages éparpillées sur la toile, et ce en moins d'une seconde. Bien que largement plébiscités pour une navigation sur le Web, on trouve une panoplie de moteurs de recherche qui gèrent des contenus médicaux, juridiques, scientifiques dans des infrastructures spécialisées. Même s'ils se différencient par la nature de l'information qu'ils traitent, ces systèmes sont tous bâtis sur un même socle et partagent les mêmes fonctionnalités.

Architecture, collecte et indexation

Un SRI a pour objectif de sélectionner, dans une collection de documents, ceux qui sont pertinents vis-à-vis d'une requête exprimée par un ou plusieurs mots-clés. Pour atteindre cet objectif, le SRI prépare la collection de documents au préalable, de façon à ne pas devoir y faire une recherche exhaustive pour sélectionner les quelques documents qui répondent à la requête (figure). Un robot logiciel (ou plutôt, plusieurs robots en parallèle) collecte ensuite toutes les pages Internet disponibles et exclut les contenus dupliqués, ainsi que les spams... La fréquence de collecte dépend de la fréquence des mises à jour des sites. Ainsi, ceux qui fournissent des contenus régulièrement mis à jour, les journaux par exemple, sont collectés fréquemment.

L'indexation est la première opération partagée par l'ensemble des SRI. Elle consiste à extraire à partir d'un document l'ensemble

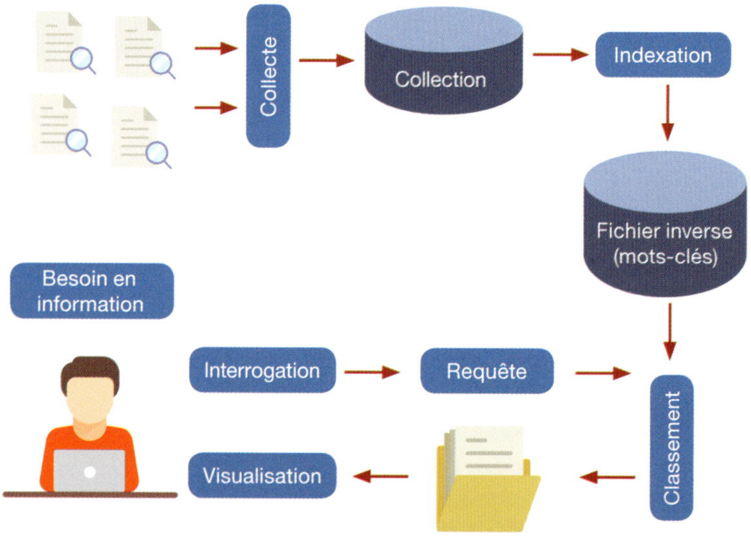

Architecture d'un Système de Recherche d'Information. ■

des éléments permettant de caractériser son contenu. Ces éléments sont souvent des mots-clés simples avec leur nombre d'occurrences dans le document. D'autres caractéristiques peuvent être extraites, comme le passage où le mot apparaît dans le document (titre, corps du texte, adresse, nom du document), sa police de caractères (gras, italique) ou la taille du document. D'un point de vue opérationnel, l'indexation consiste à parcourir le contenu des documents et à extraire les mots simples un à un. D'autres opérations, telles que la suppression des mots communs (articles, pronoms...) ou la « racinisation* » (*stemming*) des mots pour trouver leur racine, peuvent être aussi réalisées. D'autres formes de mots clés plus élaborés, tels que les mots à forte sémantique (concepts) issus d'ontologies ou de terminologies linguistiques peuvent également être extraits. Cette forme d'indexation, appelée « conceptuelle » ou « sémantique », est utile dans des domaines spécifiques, tels que le domaine médical. Les termes ainsi extraits et leurs caractéristiques sont rangés dans un « fichier inverse » (*inverted file*). Cette structure comporte l'ensemble des termes distincts extraits lors de l'indexation ; chacun relié à la liste des documents dans lesquels il apparaît (*posting*). En pratique, dans le cas de collections volumineuses, celles-ci sont partagées en sous-collections, chacune d'elle est traitée par un ensemble d'ordinateurs (*cluster**) et exploite des technologies de type MapR educe et Hadoop.

L'indexation en temps réel des informations arrivant sous forme de flux, tels que les tweets, est également traitée par un SRI. Les approches utilisées sont les mêmes que celles décrites ci-dessus. Leur spécificité est qu'elles maintiennent en mémoire une structure de type fichier inverse qui indexe les tweets dès leur arrivée. Dès que cette structure est pleine, ses données sont déversées dans les fichiers inverses stockés sur le disque.

Interrogation, classement et évaluation

À la réception d'une requête, le SRI recherche les documents pertinents. La notion de « pertinence » (*relevance*) est au cœur de tout SRI. En pratique, le système procède tout d'abord à l'identification des documents candidats grâce à l'accès au fichier inverse *via* les termes de la requête. Ces documents sont ensuite classés en fonction d'un score de pertinence mesuré à l'aide de plusieurs critères. Les algorithmes de classement (*ranking*) sont au cœur de tout SRI et ils sont soigneusement gardés secrets par les moteurs de recherche. De manière générale, le SRI associe à chaque document un score calculé en fonction de plusieurs critères, comme la fréquence du terme dans le document, sa fréquence dans la collection, le PageRank dans les moteurs de recherche... PageRank est un algorithme, inventé par Google, qui exploite les liens hypertextes entre les pages Web pour mesurer quantitativement la popularité ou l'importance d'un site. Outre le PageRank, les moteurs de recherche peuvent utiliser des centaines de critères pour réaliser ce classement.

L'évaluation de la qualité peut être effectuée en fonction de plusieurs critères, tels que le temps de réponse à une requête, l'espace disque occupé par les données, la facilité d'utilisation du système et la présentation des résultats. Cependant, le critère le plus important est, sans conteste, la capacité du SRI à sélectionner les documents pertinents répondant à la requête. Ce critère est mesuré en fonction de deux indicateurs : la précision et le rappel. La précision mesure la capacité d'un SRI à ne trouver que des documents pertinents parmi ceux qu'il sélectionne. Elle est définie par le rapport entre les documents pertinents trouvés et ceux sélectionnés. Le rappel, quant à lui, mesure la capacité d'un SRI à trouver tous les documents pertinents. Il est défini par le rapport entre le nombre de documents pertinents sélectionnés sur le nombre de documents pertinents connus.

Ces différentes mesures permettent certes de comparer les SRI, mais encore faut-il que les évaluations soient faites sur des jeux de données comparables. De nombreux projets ont vu le jour dès les années 1960, pour constituer des collections de tests réutilisables. Ils se sont accentués à partir des années 1990, avec la mise en place du projet le plus ambitieux en la matière, TREC (*Text Retrieval Conference*), opérationnel jusqu'à ce jour. Il a conduit à la création de dizaines de collections et à encourager d'autres organismes et communautés à créer également des collections de tests sur des tâches spécifiques de recherche d'informations.

Références bibliographiques

- M. BOUGHANEM et J. SAVOY – *Recherche d'information états des lieux et perspectives*, Hermès, 2008.
- C. D. MANNING, P. RAGHAVAN et H. SCHÜTZE – *Introduction to Information Retrieval*, Cambridge University Press, 2008.
- G. SALTON – *Dynamic Information and Library Processing*, Prentice Hall, 1975.

4. Ordonnancement de documents sur le Web

Éric Gaussier

L'accès à l'information regroupe des tâches diverses, comme le regroupement des documents qui sont similaires au sein d'une même classe (*clustering*), la recherche de documents (images, vidéos, pages Web...) répondant à une requête précise (cf. V.3), activité pratiquée quotidiennement sur le Web par des millions d'utilisateurs, l'affectation de ces documents dans des catégories préétablies (classification automatique), ou encore la traduction de ces documents dans différentes langues (traduction automatique). Ces tâches ont en commun d'être abordées par un ensemble de méthodes appelé « apprentissage automatique » (cf. IV.13).

De façon schématique, à partir d'un ensemble de documents, tels que des courriels, et d'annotations associées, comme une étiquette spam ou une étiquette non-spam associée à chaque courriel, le but de l'apprentissage automatique est de produire un algorithme* qui fournisse la bonne annotation pour de nouveaux documents. Dans l'exemple des courriels, cet algorithme permettra de qualifier chaque nouveau courriel comme étant ou non du spam. En général, les algorithmes obtenus calculent tout d'abord un score pour chaque annotation, puis retiennent l'annotation qui a obtenu le meilleur score. Dans le cas de deux étiquettes, l'une étant considérée positive et l'autre négative, on se contente de calculer un seul score, dont le signe détermine l'étiquette finalement retenue.

Les annotations peuvent prendre des formes diverses : elles sont binaires (spam ou non-spam) dans l'exemple ci-dessus, mais peuvent être plus complexes dans le cas de la recherche de documents. Des annotations graduées permettent ainsi de quantifier le degré de pertinence d'un document pour une requête, depuis un degré « parfait » jusqu'à un degré « mauvais » en passant par des degrés « bon » et « moyen ». Ce type d'annotations, dans lequel chaque document est jugé indépendamment des autres, est appelé « annotations absolues ». Plus récemment, comme on le verra ci-dessous, des « annotations relatives », dans lesquelles les documents sont comparés deux à deux, ont vu le jour. Mais que ce soit à partir d'annotations absolues ou d'annotations relatives, le but final reste le même, à savoir apprendre à ordonner les documents, pour chaque requête, du plus pertinent au moins pertinent. La tâche de recherche de documents devient alors une tâche d'ordonnancement et l'algorithme réalisant cet ordonnancement étant appris automatiquement, on parle d'« apprentissage d'ordonnancement » (*learning to rank*).

Apprentissage d'ordonnancement

Les annotations les plus importantes, dans le cas de la recherche de documents sur le Web, se présentent, pour une requête donnée, sous la forme d'un ensemble de paires de documents, dans lesquelles le premier document est plus pertinent pour la requête que le second (figure). Ce sont donc des annotations relatives, deux documents étant comparés l'un à l'autre. Cet aspect relatif implique que le premier document de la paire n'est pas forcément un document très pertinent dans l'absolu ; il est juste plus pertinent que le deuxième document.

Pour chaque requête sur une collection de documents, les paires de documents constituent un ordre partiel sur les documents de la collection, seuls quelques documents étant ordonnés les uns par rapport aux autres (les documents numéros 56, 18, 7001 et 33899 pour la requête 1 de la figure, par exemple). Le but est alors, à partir des annotations relatives d'un ensemble de requêtes, de sélectionner (ou d'« apprendre ») automatiquement un algorithme qui, pour n'importe quelle requête, ordonne tous les documents du plus pertinent au moins pertinent. Cette sélection passe en général par les étapes suivantes : transformation des annotations relatives en annotations binaires ; apprentissage « standard » sur les annotations binaires ; ordonnancement des documents à partir du score calculé par l'algorithme obtenu à l'étape 2.

La difficulté de l'apprentissage d'ordonnancement par rapport à l'apprentissage automatique standard réside dans la première étape. En effet, la transformation d'annotations relatives en annotations binaires passe par la construction de nouveaux objets complexes qui correspondent à des triplets formés d'une requête et d'une paire de documents. Un tel objet complexe reçoit une étiquette positive si le premier document de la paire est plus pertinent pour la requête que le second, et négative si c'est le second document de la paire qui est plus pertinent. Ainsi, à partir de la figure, l'objet ($requête_1$, d_{56}, d_{33899}) recevra une étiquette positive (+1, par exemple), le document 56 étant plus pertinent que le document 33899 pour la requête 1, alors que l'objet ($requête_1$, d_{18}, d_{7001}) recevra une étiquette négative (-1, par exemple). De tels objets et annotations sont construits à partir des ordres partiels

$requête_1$ « programmation en haskell » : { ($d_{56} > d_{33899}$), ($d_{7001} > d_{18}$)}
$requête_2$ « recherche d'information » : { ($d_3 > d_{4167}$), ($d_{123} > d_{874}$),…, ($d_{779345} > d_{34}$)}
…

Pour la requête « *programmation en haskell* », le document numéro 56 est plus pertinent que le document numéro 33899 ; de même, le document numéro 7001 est plus pertinent que le document numéro 18. De telles annotations sont en général disponibles pour un nombre conséquent de requêtes. ■

illustrés dans la figure, et servent de base aux étapes 2 et 3. En pratique, afin de pouvoir traiter de grandes masses de données, les algorithmes sélectionnés dans l'étape 2 utilisent des fonctions très simples, comme les fonctions linéaires, pour le calcul du score.

Cette approche, très populaire pour l'apprentissage d'ordonnancement, est appelée « *pairwise* », car les objets complexes utilisés reposent sur des paires de documents qui sont à la base des annotations d'ordre partiel.

Quelles annotations d'ordre partiel ?

On peut bien sûr imaginer construire manuellement les annotations d'ordre partiel en faisant appel à des humains. Mais cette approche est très coûteuse et doit être renouvelée fréquemment, car les pages Web et les requêtes évoluent sans cesse. Une étude, menée par Thorsten Joachims de l'Université Cornell (USA), a montré qu'il était possible de construire automatiquement de telles annotations. En effet, quelques règles simples, du type : « si l'utilisateur a cliqué sur le $k^{ième}$ document de la liste, mais n'a pas cliqué sur le document précédent (rang k-1), alors le document de rang k est plus pertinent que celui de rang k-1 » ; ou encore « si l'utilisateur a cliqué sur le $k^{ième}$ document de la liste, mais n'a pas cliqué sur le document suivant (rang $k + 1$), alors le document de rang k est plus pertinent que celui de rang $k + 1$ », permettent aux propriétaires des moteurs de recherche sur le Web d'acquérir automatiquement des annotations d'ordre partiel suffisamment fiables pour être utilisées par des systèmes d'apprentissage d'ordonnancement. Cette acquisition est entièrement transparente pour l'utilisateur et fournit, de façon entièrement automatique, la matière de base nécessaire à l'apprentissage d'algorithmes d'ordonnancement sur le Web. Les moteurs de recherche sur le Web intègrent de nos jours de tels algorithmes.

Références bibliographiques

• M.-R. AMINI et E. GAUSSIER – *Recherche d'information : Applications, modèles et algorithmes*, Eyrolles, 2013.
• T. JOACHIMS, L. GRANKA, B. PAN, H. HEMBROOKE et G. GAY – *Accurately Clickthrough Data as Implicit Feedback*, Proceedings of the 28th annual international ACM SIGIR conference on Research and development in information retrieval, 2005.
• T. -Y. LIU – *Learning to Rank for Information Retrieval*, Springer, 2011.

5. Web de données liées et Web sémantique

Fabien Gandon

L'évolution du Web documentaire vers le « Web des données » repose sur des principes et standards, permettant de tout identifier, de tout décrire sur la toile, et de tisser ainsi un graphe de données mondial. Le « Web sémantique », dans un second temps, permet la formalisation, la publication et le liage des vocabulaires utilisés dans ces descriptions. Ces évolutions permettent aux applications d'utiliser plus efficacement les données du Web en reconnaissant les différents types de ressources et de liens qu'elles rencontrent, et en exploitant le sens et les raisonnements qui leur sont attachés. Une application peut ainsi faire la différence entre des ressources nommées « Charles de Gaulle » mais de types différents (le général, une rue, une résidence, le poète, l'aéroport, le porte-avions...).

Identifier des ressources sur le Web

Le Web de données met en relation des sources de données plus ou moins grandes en reposant sur l'architecture classique du Web : *i)* des identifiants universels (URI* pour *Universal Resource Identifier*) pour nommer sur le Web n'importe qu'elle ressource sur le Web ; *ii)* un protocole (HTTP pour *Hypertext Transfer Protocole*) pour, à partir d'une adresse (URL* pour *Universal Resource Locator*), interroger une ressource et d'obtenir une représentation de celle-ci ; *iii)* un langage (HTML pour *Hypertext Markup Language*) pour représenter et communiquer ces représentations.

Le Web de données n'échange plus nécessairement des documents HTML, mais des données en général et dans différents formats. Ce ne sont donc plus uniquement des pages qui sont liées sur le Web, mais des identifiants de ressources arbitraires. Lorsqu'un identifiant est consulté, les serveurs répondent en fournissant des données décrivant la ressource sans que celle-ci soit nécessairement sur le Web (*e.g.* une voiture, une espèce animale, une protéine, un auteur...). L'appellation « Web de données » insiste donc sur la possibilité d'ouvrir nos silos* de données de toutes tailles, depuis notre carnet d'adresses jusqu'aux immenses bases de génomique*, et de les échanger, de les relier, de les composer selon nos besoins. En particulier, l'initiative des Données Ouvertes Liées (LOD pour *Linked Open Data*) promeut la mise en ligne de données en respectant des règles simples constituant cinq niveaux de qualité de publication des données (figure 1).

Décrire les ressources dans un graphe de données mondial

Représenter ces données requiert des modèles, des structures, des formats et des langages. RDF* (pour *Resource Description Framework*) est au Web de données ce que HTML est au Web documentaire : le langage qui permet de représenter et de relier des données à propos de ressources. RDF respecte l'architecture du Web, et notamment les URI pour identifier les ressources et relations décrites (figure 2). De telles descriptions peuvent provenir de n'importe quelle source sur le Web et être fusionnées avec d'autres. Le terme de « gigantesque graphe global » (*Global Giant Graph*) désigne parfois cette toile de données d'envergure mondiale tissée

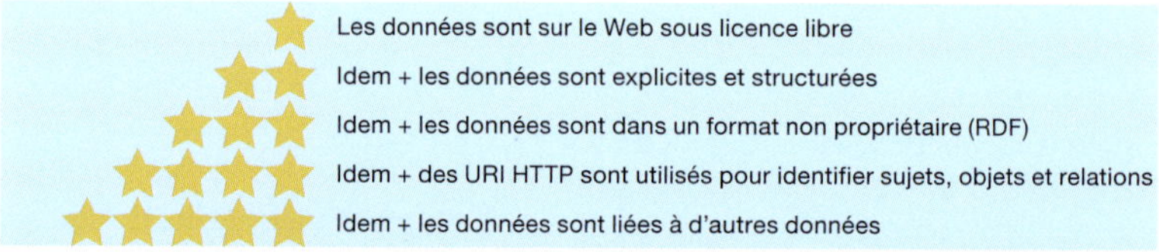

Fig. 1 – Les cinq étapes et critères incrémentaux de qualité pour la publication de données ouvertes liées sur le Web. ■

par des milliers de descriptions distribuées sur le Web déclarant des liens entre des nœuds identifiés par des URI.

Par ailleurs, RDF fournit également un modèle de données servant de fondation à d'autres standards. Ainsi, au-dessus de RDF, la recommandation SPARQL fournit principalement trois outils pour l'échange des données : *i)* un langage d'interrogation et de modification des graphes RDF ; *ii)* des formats pour les résultats d'une requête ou d'une modification ; *iii)* un protocole pour soumettre une requête à un serveur distant et recevoir les résultats, notamment au-dessus d'HTTP. Par exemple, sur le site DBpedia (cf. V.16), on peut demander en SPARQL tous les URI des ressources nommées « Paris » en français. À partir des identifiants reçus, on peut à nouveau interroger le site pour avoir des données supplémentaires et ainsi passer de données liées en données liées comme on passerait de page en page.

Vocabulaires et connaissances formelles

Différents types de modèles sont conçus pour fournir des vocabulaires permettant de décrire notre monde sur le Web (comme les ontologies ou les thésaurus). En interrogeant et en raisonnant sur ces modèles informatiques, il est possible d'améliorer des fonctionnalités existantes et d'en proposer de nouvelles. Au-dessus de RDF se dresse ainsi la pile des langages de schémas, ayant une expressivité et un coût de calcul croissants : plus l'on monte dans la pile et plus les définitions logiques du vocabulaire permettent de capturer précisément les structures et le sens des données, mais aussi plus les raisonnements sur ces schémas sont coûteux en termes de complexité et temps de calcul. Le premier niveau dit « des schémas légers » est celui de RDFS (*RDF Schema*) permettant de déclarer et de nommer les classes de ressources (comme les livres, les films, les personnes...) et leurs propriétés (comme l'auteur, l'acteur, le titre...) et d'organiser ces types dans des hiérarchies. Au-dessus de RDFS, la recommandation OWL (*Ontology Web Language*) permet de représenter formellement les définitions et s'organise en plusieurs fragments d'expressivité plus ou moins étendue, qui permettent des déductions supplémentaires en contrepartie de temps de calculs plus longs (figure 3).

```
< http://www.uniprot.org/uniprot/P43121.rdf#_5034333132310030 > a rdf: Statement;
:citation < http://purl.uniprot.org/citations/2602381>,
< http://purl.uniprot.org/citations/8378324>;
rdf: object < http://purl.uniprot.org/tissues/614>;
rdf: predicate: isolatedFrom;
rdf: subject < http://purl.uniprot.org/uniprot/P43121>.
```

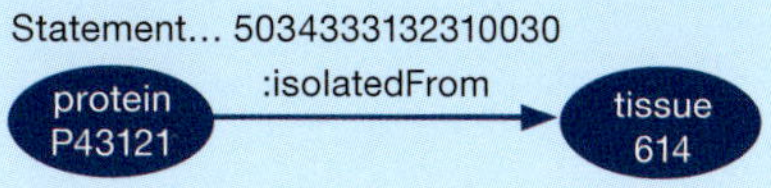

Fig. 2 – **Sous-graphe extrait de la description d'une protéine (P43121) identifiée sur le Web par l'URI* http://purl.uniprot.org/uniprot/P43121.** Ces données indiquent dans un format standard, directement sur le Web, qu'une protéine a été isolée à partir d'un tissu et chaque élément et relation sont identifiés par un URI permettant de découvrir des données supplémentaires. ■

Dans la continuité du Web de données, le « Web sémantique » met donc l'accent sur la possibilité d'échanger les schémas de nos données et la sémantique associée. Formalisés et publiés selon des standards, ces modèles permettent d'enrichir la gamme des traitements automatiques qui peuvent être appliqués aux données. En ouvrant les données et leurs modèles, le Web de données et le Web sémantique ouvrent l'ensemble des utilisations qu'il est possible d'en faire.

```
foaf: mbox a owl:
InverseFunctionalProperty;
rdfs: domain foaf: Agent.
```

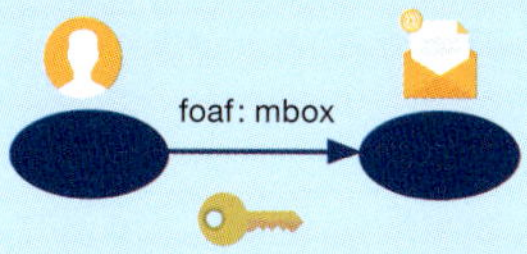

Fig. 3 – **Extrait du vocabulaire FOAF permettant de décrire des personnes et utilisant les standards RDFS et OWL.** La propriété mbox permet d'indiquer une adresse mail pour une personne ou un groupe. Cela implique que la ressource décrite peut être automatiquement classée dans la catégorie des agents (*domain*) et que deux agents ayant la même adresse sont les mêmes agents (*Inverse Functional Property*), l'adresse mail fournissant une clé d'identification de l'agent. ■

Références bibliographiques

• F. GANDON, C. FARON-ZUCKER et O. CORBY – *Le Web Sémantique Comment lier les données et les schémas sur le Web ?* InfoPro, Dunod, 2012.

• T. HEATH et C. BIZER – *Linked Data: Evolving the Web into a Global Data Space.* Synthesis Lectures on the Semantic Web: Theory and Technology, Morgan & Claypool, http://linkeddatabook.com, 2011.

6. Extraction d'informations

Fabian Suchanek

Un moteur de recherche comme Google aide à trouver les pages Web qui correspondent à des requêtes. Pour certains types de requêtes, la réponse est obtenue en cherchant les documents contenant les mots-clés de la requête (cf. V.3). Pour d'autres types de requêtes, le processus de recherche est plus complexe et nécessite l'exploitation de connaissances plus élaborées que les index de documents (termes fréquents). Par exemple, considérons une requête qui demande la date de naissance d'Évariste Galois. Si on demande : « Quelle est l'année de naissance d'Évariste Galois ? » le moteur de recherche répond directement : « 25 octobre 1811 ». Mais comment a-t-il pu élaborer cette réponse ? Sans doute a-t-il juste consulté la page Wikipédia d'Évariste Galois contenant la phrase « Galois est né en 1811 ». Mais pour un ordinateur, cette phrase n'est qu'une séquence de caractères. Elle a autant de sens pour lui que la phrase « 伽罗华出生于1811年 » pour quelqu'un qui ne sait pas lire le chinois. Revenons à la phrase française « Galois est né en 1811 ». Comment le système de recherche d'information (SRI) comprend-il que « Galois » est une personne ? Comment peut-il savoir que ce Galois est le même que l'objet de notre requête (et pas Antoine Galois, le général de brigade de la Révolution française, par exemple) ? Enfin, comment est-ce que le système peut comprendre que l'année 1811 est bien la date de naissance de Galois (et non la date à laquelle il a commencé ses études, par exemple) ?

Reconnaissance d'entités nommées et désambiguïsation

Une première tâche, la « reconnaissance des entités nommées », consiste à trouver que le mot « Galois » dans notre phrase fait référence à une personne. Les techniques les plus courantes utilisent l'apprentissage automatique. Étant donné un corpus de documents dans lequel les noms de personnes ont été annotés manuellement, le système de recherche d'information (SRI) peut apprendre les signaux qui indiquent qu'un mot identifie une personne : par exemple, le mot apparaît avec une majuscule, il est peut-être précédé par un titre tel que « M. » et il est à proximité d'autres mots tels que « né », « enseigne », etc. Ces informations peuvent ensuite être utilisées pour reconnaître les personnes dans d'autres textes. La reconnaissance d'entités nommées fonctionne aujourd'hui avec une très bonne précision pour un grand nombre de langues, dont le français et l'anglais.

Pour compléter ce processus, il faut s'assurer que notre phrase parle bien d'Évariste Galois, le mathématicien, et non d'Antoine Galois, le général. Cette tâche s'appelle la « désambiguïsation* ». Elle a comme but d'apprendre à distinguer plusieurs entités qui portent le même nom. Par exemple, le mot « Galois » apparaîtra avec les mots « théorie », « mathématique » et « duel » s'il est question d'Évariste Galois, et avec les mots « artillerie », « général » et « Verdun » s'il est question d'Antoine Galois. Le SRI établit un dictionnaire de ces mots pour chaque signification possible du mot « Galois » et détermine ensuite avec une précision assez bonne de quel Galois un texte donné parle. Certes, notre requête initiale sur Google n'offre peut-être pas un tel contexte. Mais le SRI peut utiliser son vaste corpus de requêtes pour déterminer que la plupart des utilisateurs qui cherchent le mot « Galois » vont ensuite sur la page d'Évariste Galois.

Extraction de connaissances

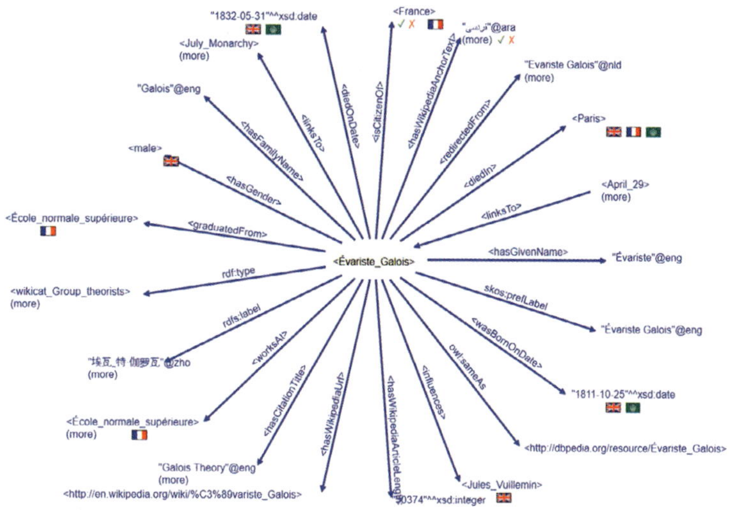

Évariste Galois dans la base de connaissances YAGO. ■

Le SRI peut alors établir que la phrase et la requête parlent bien de la même personne. Mais que signifie la phrase « est né en 1811 » ? Supposons que le SRI connaît déjà la date de naissance d'une autre personne, Elvis Presley. Disons aussi qu'il a trouvé la phrase « Elvis Presley est né en 1935 ». Le SRI apprend alors qu'une phrase de la forme « X est né en Y » indique probablement une date de naissance. Comme ce motif se retrouve également dans la phrase « Galois est né en 1811 », le SRI va déduire que Galois est né en 1811. C'est ainsi que le système accumule des faits sur Évariste Galois. Ces faits peuvent ensuite apparaître sous d'autres formes dans le Web. Par exemple, on peut trouver la phrase « Galois vit le jour en 1811 ». Le système va alors ajouter la phrase « X vit le jour en Y » à son dictionnaire. Cela lui permet d'apprendre d'autres couples de personnes et de dates de naissance, ce qui lui donne accès à plus de phrases, et ainsi de suite.

Le rêve de Sergey Brin, le co-fondateur de Google, était que le SRI puisse ainsi construire une grande base de données avec des faits et des phrases. Mais dans la pratique, ça ne fonctionne pas. L'algorithme se perd rapidement à cause de phrases comme « Galois prouva son premier théorème en 1811 », qui lui font croire que « prouva son premier théorème » indique une date de naissance. Il n'y a pas encore une solution à ce problème, mais plutôt différentes techniques pour limiter ses effets de bord. Une approche standard est de n'utiliser que certains types de motifs textuels – définis à la main ou par une foule d'utilisateurs (*crowdsourcing**). Le traitement automatique du langage aide à identifier les interprétations erronées des phrases (cf. IV.5) et des techniques statistiques permettent d'estimer la confiance d'une extraction (cf. IV.10). Par ailleurs, grâce au raisonnement automatique, l'algorithme sait qu'une personne ne peut pas être née après sa date de décès, et il peut donc filtrer les extractions erronées. D'autres approches existent, qui ne visent pas les données textuelles, mais les données sous forme de tableau. Par exemple, une page Internet peut contenir un tableau de personnalités publiques avec leurs dates de naissance. S'il contient des personnes dont on connaît déjà la date de naissance, on peut déduire la signification des colonnes du tableau et extraire d'autres dates de naissance. Une technique similaire est appliquée sur Wikipédia par les projets YAGO et DBpedia, où elle donne de très bons résultats (cf. V.16).

Aujourd'hui, plusieurs projets construisent des bases de connaissances par l'extraction d'information. Du côté industriel, ces approches sont notamment développées par Microsoft, Amazon et Google ; du côté académique, il y a, entre autres, les projets YAGO, DBpedia, TextRunner, et NELL. Ces bases de connaissances contiennent des millions d'entités : des chanteurs, des politiciens, et des scientifiques, mais aussi des universités, des entreprises, des films, des pays et des villes. Elles contiennent également des millions de faits sur ces entités, extraits des pages Internet publiques : quel acteur joue dans quel film, quelle ville se trouve dans quel pays, ou quel politicien a eu son diplôme et à quelle université. Ainsi, la figure montre ce que la base de connaissances YAGO sait sur Évariste Galois. C'est grâce à une telle base de connaissances que Google sait que Galois est bien né le 25 octobre 1811.

Référence bibliographique

• F. GANDON, C. FARON-ZUCKER, et O. CORBY – *Le Web sémantique. Comment lier les données et les schémas sur le Web ?*, Dunod, 2012.

7. Personnalisation et adaptation au contexte

Patrice Bellot et Gabriella Pasi

La recherche d'information renvoie à des tâches diverses. Il peut s'agir d'obtenir des suggestions de lecture, de retrouver un document déjà lu ou encore de rechercher une information précise. La recherche d'information actualisée par un moteur de recherche produit un ordonnancement des pages Web, filtrées selon les contraintes exprimées dans une suite de mots-clés (requête) et un certain nombre de facteurs. Ceux-ci incluent la pertinence thématique dépendant des requêtes seules, la notoriété des pages Web, la dimension temporelle, mais aussi des informations qui représentent les préférences des utilisateurs eux-mêmes (cf. V.3). Celles-ci sont représentées dans un profil, défini sur la base d'informations explicitement fournies par les utilisateurs *via* des formulaires en ligne, ou sur la base d'une collection d'informations capturées d'une façon implicite par le moteur de recherche au fur et à mesure des interrogations et des consultations des résultats. S'il est possible de répondre efficacement à un grand nombre de requêtes de façon générique, *i.e.* indépendamment des utilisateurs et des contextes, certaines autres nécessitent des approches dédiées.

Personnalisation

L'exploitation des historiques de recherche et de consultation a permis d'améliorer le processus d'appariement des requêtes et des documents (apprentissage automatique de fonctions d'ordonnancement), mais aussi de considérer la notion de profil de manière individuelle. Le profil d'un utilisateur ne se réduit alors plus seulement à des informations fournies explicitement (âge, catégorie socio-professionnelle, centres d'intérêt ou d'expertise...), qui sont difficiles à obtenir et très souvent incomplètes ou imprécises.

À l'opposé, les informations implicites contenues dans l'historique des recherches et des navigations, les messages échangés, les traces sur les réseaux sociaux, les achats effectués... sont très riches et nombreuses. Ces données personnelles* et sensibles peuvent être accessibles aux moteurs de recherche grâce à leur usage seul ou *via* des accords commerciaux avec d'autres services Web. Elles permettent de lever une partie de l'ambiguïté ou de l'imprécision des requêtes en les enrichissant automatiquement, d'améliorer l'ordre des réponses en privilégiant des thèmes selon les habitudes de l'internaute, de déterminer le niveau d'expertise ou de complexité linguistique souhaité (selon l'âge, l'habilité linguistique ou certaines pathologies), d'identifier des groupes d'utilisateurs ou des pratiques (modèles basés sur les clics des utilisateurs). Les réseaux sociaux, les sites de commerce, les services de messagerie qui sont proposés par les moteurs de recherche leur permettent d'augmenter significativement la quantité d'informations personnelles dont ils disposent, surtout si ces services sont utilisés en mode « connecté » par l'utilisateur (ils permettent une identification plus fiable que la localisation ou les adresses IP). Ces données constituent une ressource primordiale. Il n'est ainsi pas rare de se voir proposer par des moteurs de recherche de consulter des sites Web qui sont liés à des achats effectués sur des sites de commerce.

Il serait important de permettre au moteur de recherche de distinguer les requêtes qui nécessitent une réponse personnalisée de celles qui sont satisfaites par des réponses génériques. Un autre thème important concerne la visualisation des réponses sous forme alternative aux listes, comme de cartes conceptuelles auto-organisées et adaptives, de sous-graphes du Web présentant des voisinages thématiques ou la visualisation des profils eux-mêmes, qui sont à la base de la personnalisation (cf. VIII.19).

Contextualisation

Les possibilités de géo-localiser le lieu à partir duquel les requêtes sont posées et d'identifier le matériel utilisé ont aidé à affiner la notion de « contexte (géographique) de recherche ». La géolocalisation permet de privilégier les réponses qui concernent les lieux proches de l'utilisateur ; mais aussi, en croisant la liste des lieux fréquentés et leur temporalité, de distinguer des contextes professionnels et personnels. Par ailleurs, identifier qu'une requête est posée *via* un téléphone peut conduire à privilégier des réponses courtes, rapidement consultables. Les documents ciblés sont eux-mêmes contextualisables : les collections et les sites Web, leurs auteurs, les hyperliens et les références bibliographiques, mais aussi les personnes et lieux mentionnés, permettent de situer les documents entre eux et de les qualifier pour mieux cibler la recherche.

Au-delà, certains travaux très prospectifs exploitent les neurosciences. Les modèles de la lecture et de la mémoire qui distinguent mémoires lexicale, phonétique et sémantique inspirent de nouveaux modèles de recherche qui pourront aider à associer des mots et des thèmes d'une façon personnalisée et dynamique. L'électrophysiologie du langage peut aider à mesurer la charge cognitive d'une session de recherche et distinguer lecture facile ou difficile, ou encore à mieux pondérer les mots des documents et ainsi mieux isoler les thèmes.

Ces pistes complètent celles exploitant le temps de lecture pour estimer la lisibilité d'un texte ou encore les mouvements oculaires et de dilatation des pupilles pour déterminer les zones les plus remarquables d'un document. Elles permettront peut-être d'affiner les modèles estimant la pertinence d'un document, du moins à condition qu'elles puissent être généralisées ou que les internautes souhaitant un accès personnalisé les acceptent. À ce titre, il nous paraît important de favoriser les approches effectuant une personnalisation localement, sur le matériel personnel de l'internaute, par opposition à un seul traitement distant par le moteur de recherche, qui ne respecte pas les conditions fondamentales de respect de la vie privée.

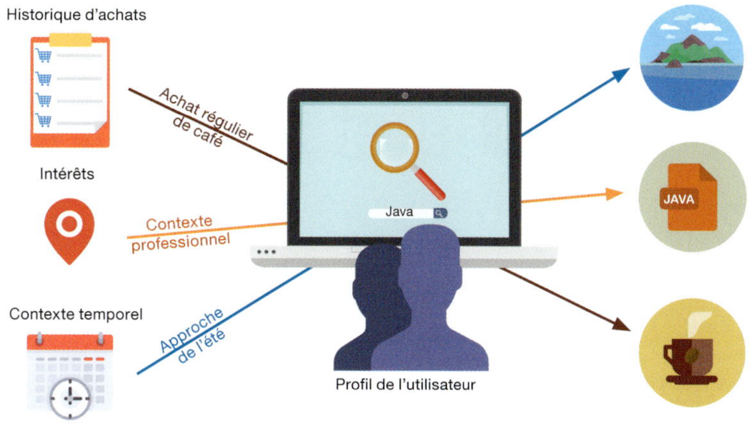

Problème de la contextualisation de la recherche. Lorsqu'un utilisateur tape le mot « Java » dans un moteur de recherche, plusieurs résultats peuvent être produits. La prise en compte du contexte et la personnalisation permettent de privilégier l'un ou l'autre des résultats. ■

Les aspects théoriques liés à la notion d'information et à son traitement automatisé à grande échelle doivent prendre en compte des points de vue ergonomiques, psychologiques et juridiques. L'enjeu est aussi politique, tant le moteur de recherche prend une part croissante dans l'accès à l'information. Un algorithme* procède selon des hypothèses et des *a priori* qui déterminent son déroulement et sa finalité (cf. III.4). Si ces hypothèses sont implicitement validées par les utilisateurs, elles n'en demeurent pas moins empiriques, pas toujours généralisables, et basées sur le degré de satisfaction de l'utilisateur. À trop vouloir satisfaire un utilisateur, le risque de ne lui proposer que ce qui lui plaît grandit au détriment de l'objectivité. À l'opposé, trop peu personnaliser la recherche peut conduire à une uniformisation de l'opinion en privilégiant la pensée dominante au détriment de la diversité. L'équilibre entre ces deux extrêmes implique transparence, droit à l'oubli, pédagogie et des modèles compréhensibles qu'il serait possible de modifier de façon personnalisée et interactive.

Références bibliographiques

• P. BELLOT (dir.) – *Recherche d'information contextuelle, assistée et personnalisée*, Lavoisier, 2011.
• G. PASI – *Issues in Personalizing Information Retrieval*, IEEE Intelligent Informatics Bulletin, décembre 2010.

8. Réseaux sociaux et émergence d'opinions et de mobilisation

Jean-Philippe Cointet et Patrick Gallinari

L'écosystème informationnel dans lequel nous vivons a très largement été bouleversé durant ces trois dernières décennies. L'information nous arrive de manière plus horizontale et plus personnalisée à travers les réseaux sociaux, les agrégateurs d'actualité, les forums... En simplifiant les conditions de sa production et de sa diffusion, Internet a donné la parole à tout un ensemble d'individus jadis inaudibles rendant de plus en plus poreuse la séparation entre les producteurs et les consommateurs d'information. Confronté à ces mutations sociales et technologiques, un journalisme de données émerge, qui transforme en profondeur la profession et le rapport de la presse à son lectorat (cf. VIII.20).

Ces mutations ont naturellement été initiées par des innovations technologiques, mais c'est bien les conséquences sociales et politiques qu'elles ont entraînées qui nous intéressent ici. Comment l'espace public a-t-il été transformé ? Plus précisément, nous nous interrogerons sur l'influence des technologies du Web sur les dynamiques de mobilisation sociale. Alors que certains n'hésitent pas à faire du printemps arabe la première « révolution numérique », quel(s) rôle(s) ont véritablement joué Facebook, Twitter, ou la blogosphère dans l'occupation de la place Tahrir ?

Les révolutions sociales et numériques

Le printemps arabe, débuté en décembre 2010, a touché quasiment l'ensemble du monde arabe. Il a abouti à la chute des dirigeants historiques de la Tunisie, de l'Égypte, de la Libye et du Yémen. Ce mouvement de protestation soutenu s'est également propagé et a donné lieu à des marches populaires, manifestations, occupations de l'espace public en Syrie, au Bahreïn, en Algérie... Ces mouvements d'insurrection ont largement fait appel à des techniques de résistance civile traditionnelles, mais les médias et les analystes ont également beaucoup insisté sur la place primordiale jouée par les réseaux sociaux dans ces soulèvements populaires. Dans ce contexte, l'usage des technologies du Web 2.0* sert trois fonctions principales : *i)* relayer à travers des messages écrits ou des photos transmis de façon quasi-instantanée des informations sur les actions menées localement par les activistes ; *ii)* créer des liens entre activistes et renforcer le sentiment d'une communauté d'opposants unis derrière une même cause ; et *iii)* rechercher le soutien de la communauté internationale derrière les protestataires et renforcer ainsi les ressources symboliques et la légitimité des mouvements citoyens.

Mais le printemps arabe n'est qu'un exemple parmi tant d'autres mouvements sociaux ayant fait un usage large de ces nouvelles technologies. Depuis, il y a eu le mouvement *Occupy WallStreet* initié en septembre 2011 et qui s'est rapidement internationalisé (*Occupy*), notamment grâce à un usage mixte de technologies Web, telles que Twitter et Facebook, avec les canaux de discussion IRC ou Skype. Mais d'autres exemples plus anciens sont encore dans les mémoires, tels que les actions contre le sommet de l'OMC organisées à Seattle en 1999, qui faisaient déjà largement usage de listes de diffusion par mail et des téléphones portables pour mobiliser de façon non centralisée des activistes venus des quatre coins du monde. Nombre de soulèvements populaires récents ont fait un usage original des technologies du Web comme les *Indignés* espagnols (2011), les manifestations au parc Gezi en Turquie (2013), ou plus récemment le mouvement *nuit debout* (figure) qui s'appuyait sur l'application Periscope pour diffuser les vidéos des débats sur la place de la République. Le cas des manifestations ayant éclaté au Guatemala en 2009 suite à la diffusion sur Youtube d'une vidéo posthume, rapidement devenue virale, de l'avocat Rodrigo Rosenberg accusant le président Álvaro Colom d'être le responsable de son assassinat est un exemple remarquable. En effet, ce mouvement a entièrement été organisé en ligne avant de descendre dans la rue, à tel point que les médias ont alors parlé de révolution Twitter avant même la révolution verte en Iran en 2009.

Mobilisation en ligne à l'occupation de la Place de la République, l'exemple de Nuit Debout. Michel Euler/AP. ■

Vices et vertus des réseaux sociaux

Certaines voix dans le monde universitaire se dressent contre une interprétation trop idéaliste et souvent trop occidentale de ces soulèvements populaires. Dans un livre, paru en 2011 aux États-Unis, Evgeny Morozov, chercheur américain d'origine biélorusse, dénonce ainsi les « cyberutopistes » qui idéalisent Internet comme un instrument d'émancipation des peuples opprimés. D'après lui, l'importance de ces technologies dans les mouvements de mobilisation est largement exagérée. Celles-ci devant également être jugées pour leurs effets potentiellement pervers pour la démocratie.

Un argument défendu par de nombreux chercheurs est notamment que l'engagement en ligne est insuffisant pour créer les conditions de confiance requises pour une mobilisation collective. Est-ce que le « slack-activisme » – qui permet de s'engager d'un simple clic pour des causes variées – diluerait la notion même d'engagement et, paradoxalement, l'engagement politique et la possibilité dans le monde « réel » d'une véritable action collective ? La question est délicate à trancher, néanmoins, certaines études empiriques semblent montrer que l'exposition aux médias sociaux a contrario de l'exposition aux canaux d'information traditionnels est largement corrélée à la participation « hors-ligne ».

De plus, il est des pays où un simple message posté sur un forum consiste en un vrai acte politique. Le rôle d'Internet est donc plus ambigu qu'il n'y paraît de prime abord, car les traces numériques peuvent être utilisées à des fins répressives par un régime se sentant menacé. Ces mêmes technologies d'émancipation peuvent donc se retourner contre leurs utilisateurs. En Iran, les photos des manifestants collectées sur Flickr ont ainsi été utilisées par les autorités iraniennes pour tenter d'identifier les protestataires en 2009.

Reste que le contrôle des réseaux en Chine ou en Russie est sans doute la démonstration la plus flagrante de la crainte inspirée par les médias sociaux par les régimes autoritaires. Si le rôle d'Internet dans les soulèvements sociaux récents de par le monde a pu parfois être exagéré par les médias, la tentative de Mubarak de fermer les communications cellulaires et Internet égyptiennes le 28 avril 2011 montre bien qu'il n'est pas négligeable pour autant.

Références bibliographiques

- S. HARLOW – *Social Media and Social Movements: Facebook and an Online Guatemalan Justice Movement That Moved Offline*, New Media & Society, 2012.
- M. LIM – *Clicks, Cabs, and Coffee Houses: Social Media and Oppositional Movements in Egypt, 2004-2011*, Journal of Communication, 2012.
- E. MOROZOV – *The Net Delusion: The Dark Side of Internet Freedom*, PublicAffairs, 2012.
- J. REBICK – *Le mouvement Occupy. Nous sommes les 99 %*, Presses de l'Université de Laval, 2013.
- Z. TUFEKCI et C. WILSON – *Social Media and the Decision to Participate in Political Protest: Observations From Tahrir Square*, Journal of Communication, 2012.

9. Des réseaux sociaux aux réseaux écologiques

Cédric Sueur

Si vous venez à entendre le terme « réseaux sociaux », vous penserez probablement à Facebook ou Twitter. De la même manière que les humains, les animaux interagissent et communiquent, que ce soit pour partager des informations quant aux sites d'alimentation ou dans le cas de la reproduction. La manière dont ces animaux interagissent a une influence sur les propriétés du réseau social* émergent, qui, à son tour, peut influencer la survie et/ou la reproduction des membres de la population à travers, par exemple, la transmission des maladies ou de l'information, ou la coopération. Robert Hinde, en tant qu'éthologiste qui étudie le comportement des espèces animales, a introduit une approche ascendante (*bottom-up*) dans l'étude des structures sociales, alors qu'Alfred Espinas (1878) ou encore Edward Osborne Wilson dans son livre majeur, *La sociobiologie* (1980), favorisent une approche descendante (*top-down*) de la structure sociale, essayant de classer les réseaux et de comprendre le pourquoi de ces différences structurelles. L'Analyse des Réseaux Sociaux* (SNA pour *Social Network Analysis*) permet d'intégrer ces deux approches en un seul programme de recherche. En effet, en analysant la structure du réseau social et de ses processus, vient naturellement la question : pourquoi cette structure, cette forme ?, et donc les fonctions adaptatives. De la même façon, en analysant la structure dans sa globalité, en découle la question des mécanismes permettant son émergence, et donc les processus sociaux : quelles sont les règles d'agrégation et d'interactions ?

L'analyse des réseaux sociaux est un outil utilisé pour étudier la structure sociale des sociétés à différentes échelles, de l'individu à la population (figure 1). Les SNA permettent de déterminer comment le comportement d'un animal influence le réseau social, mais aussi de comprendre l'influence du réseau social sur la valeur adaptative (« *fitness** ») des animaux constituant la population. Chez certaines espèces, il apparaît que les individus socialement plus centraux vivent plus longtemps, qu'ils ont une progéniture ayant une plus grande espérance de vie, et/ou qu'ils ont un succès reproducteur plus élevé. La valeur adaptative peut se voir également affectée négativement par la centralité sociale* du fait d'un risque d'infection par des pathogènes* plus élevé. Par ailleurs, l'effet du changement climatique sur la structure du réseau social est de plus en plus étudié, afin de comprendre comment les pressions environnementales affectent les interactions entre individus d'une population et de mieux connaître les avantages et inconvénients de la centralité sociale.

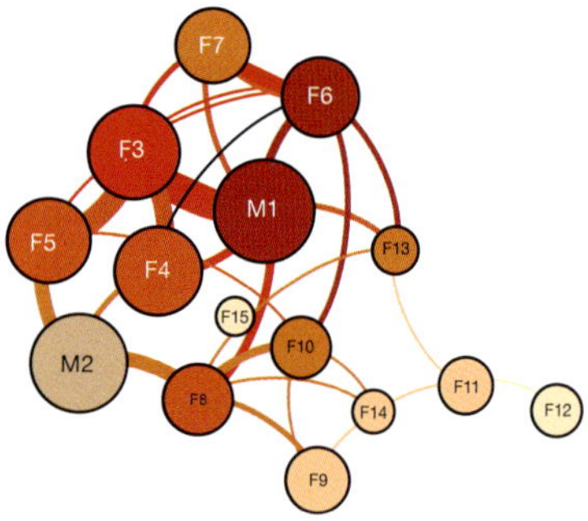

Fig. 1 – Un réseau social* est un ensemble d'entités sociales, dits « nœuds » et représentant les individus, et de liens, aussi dits « relations entre ces entités ». Ici, les nœuds représentent les membres d'un groupe de macaques rhésus. La première lettre indique le sexe des individus et le nombre indique le rang de dominance. La taille des cercles renseigne sur la dominance de ces derniers (plus la taille est importante, plus l'individu est dominant) tandis que la couleur renseigne sur la centralité sociale* (plus le nœud est rouge, plus l'individu est central. Ici, la centralité sociale est liée à la dominance avec le mâle dominant, M1 étant l'individu le plus central. De même, on observe un regroupement en fonction de la dominance, les dominants formant un sous-groupe et les individus subordonnées en formant un autre. ■

Mesure des réseaux sociaux

Une interaction est souvent éphémère et peut passer par des voies de communication différentes de celles utilisées par les êtres humains ; il convient donc de la décoder. De plus, une interaction peut exister à certains endroits et à certaines fréquences, et impliquer différents individus de façon inégale et souvent simultanée. Ces caractéristiques rendent la mesure des réseaux sociaux complexe, puisqu'il faut observer des comportements spécifiques chez plusieurs individus à la fois, ainsi que sur le long terme. Alors qu'une grande majorité des études a été réalisée sur des groupes d'individus en captivité ou en environnement contrôlé, la mesure des réseaux sociaux en milieu naturel nécessite le développement de nouvelles technologies adaptées.

Ainsi, les enregistreurs de proximité sont des appareils électroniques ayant pour particularité d'émettre et d'enregistrer simultanément. Quand deux individus équipés sont suffisamment proches l'un de l'autre, chaque enregistreur conserve une trace de ce rapprochement. Ces systèmes sont particulièrement intéressants pour l'étude des réseaux sociaux, car ils enregistrent sur le long terme et de manière continue les relations entre individus à travers la fréquence et la durée des contacts, ce qui permet de visualiser les réseaux. Les proximités et interactions entre les membres d'un groupe ou d'une colonie peuvent également se faire à travers l'utilisation de puces RFID* et de QR codes* (figure 2). Cette technologie permet d'associer une identité unique à chaque membre du groupe ou de la colonie. Chez les insectes sociaux, de telles étiquettes peuvent être collées sur le thorax des ouvrières. Elles sont aussi utilisées pour marquer des oiseaux (ou chauve-souris) et les suivre lorsqu'ils rentrent dans leur nid ou leur mangeoire. À partir de ces informations, il est possible de reconstruire le réseau d'interactions et de caractériser la dynamique du réseau social.

Fig. 2 – **Fourmis *Lasius niger* marquées individuellement par des codes-barres de la librairie Aruco. https://sourceforge.net/projects/aruco. © O. Bles** ■

Analyse des réseaux sociaux

Les logiciels utilisés pour analyser des paramètres globaux d'un réseau ou des mesures individuelles ou pour dessiner les réseaux sociaux sont SOCPROG*, UCINET* ou Gephi*. RSIENA, quant à lui, permet de répondre aux questions concernant l'évolution temporelle des réseaux : comment le réseau change-t-il en fonction des saisons ? du réchauffement climatique ? du départ et de l'arrivée de nouveaux individus dans le groupe ? Combinées à la modélisation telle que les modèles multi-agents, les SNA permettent de mieux comprendre les effets de causalité entre différents facteurs et les mécanismes sous-jacents. Les données simulées peuvent être ensuite comparées aux données empiriques pour expliquer les interactions souvent complexes entre différents facteurs ou pour l'étude des dynamiques de nombreux phénomènes de grande échelle.

La structure sociale du groupe refléterait l'adaptation des membres du groupe à leur environnement socio-écologique. Les réseaux sociaux pourraient tendre vers une structure optimale quant aux pressions environnantes, dont, entre autres, la nécessité d'acquérir les informations et la diminution de transmission des pathogènes. De récents résultats montrent, en effet, un lien entre l'efficience d'un réseau et des caractéristiques individuelles, telles que les capacités cognitives. Cette hypothèse permettrait d'expliquer, entre autres, l'hyper-culture et l'hyper-connectivité des êtres humains et permettrait de mieux comprendre l'évolution des sociétés animales, dont celles de l'espèce humaine.

Référence bibliographique

• C. SUEUR (dir.) – *Analyse des réseaux sociaux appliquée à l'éthologie et l'écologie*, Éditions Matériologiques, 2015.

10. Reconstitution des données personnelles

Amélie Marian et Arnaud Sahuguet

Tel le Petit Poucet, nous laissons derrière nous une trace numérique de notre passage, véritable registre de nos vies, sous forme de « miettes de données* » : un courriel, un texto ou un appel téléphonique envoyé ou reçu ; la localisation de notre téléphone mobile, une recherche sur le Web ; une vidéo visionnée ; une transaction bancaire ; un achat en ligne ; un déplacement en vélo, taxi ou transport en commun ; la lecture d'un article ou d'un livre ; un voyage ; une publicité… (cf. III.2) De même, nos démarches administratives, nos résultats médicaux, notre consommation électrique… (cf. IV.3) sont enregistrés et stockés dans différentes bases de données.

Big Data *vs* small data

Les miettes de données sont le sous-produit numérique de nos activités quotidiennes. Elles peuvent être générées volontairement ou passivement, souvent à notre insu, avec ou sans notre consentement.

La « révolution Big Data » s'est portée sur l'analyse de masses de données similaires produites par de très nombreux utilisateurs, afin d'identifier des tendances à grande échelle. Par contraste, les « *small data** » se concentrent sur les schémas des comportements individuels, pour une analyse « à visage humain » (figure 1).

Les miettes de données personnelles sont enregistrées par diverses administrations et entreprises pour leur propre usage. L'administration fiscale et le Ministère de l'Intérieur peuvent aisément recouper les informations d'un citoyen par le biais d'identifiants uniques, afin de les analyser. Le modèle d'affaires des entreprises technologiques est aujourd'hui centré sur l'analyse à grande échelle des données de leurs utilisateurs, qui sont devenues des marchandises qui s'échangent à prix d'or sur le marché des « *data brokers** », car elles permettent d'établir le profil des utilisateurs pour anticiper leurs besoins et cibler les campagnes publicitaires (cf. IV.4). Cette monétisation des informations personnelles n'est pas sans créer de nombreux problèmes liés au droit à la vie privée, à la possession des données et à l'éthique (cf. VIII.19).

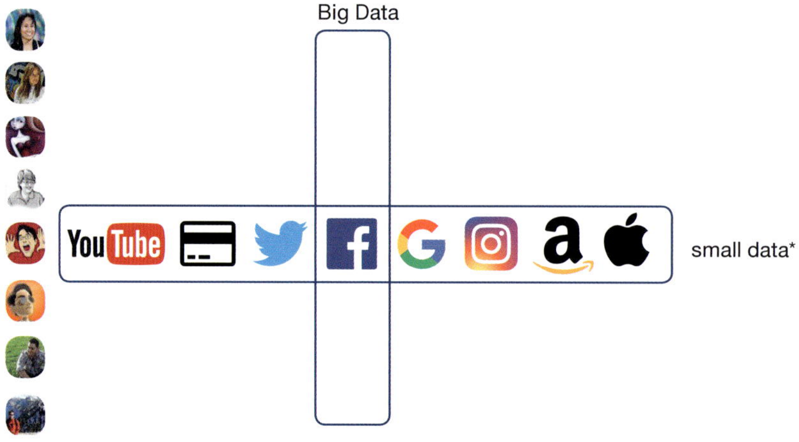

Fig. 1 – **Big Data contre small data*.** Le Big Data se concentre sur l'analyse de données homogènes d'un grand nombre d'utilisateurs, le small data analyse, au contraire, les données venant de plusieurs sources pour un seul utilisateur. ■

Utilisation à vocation personnelle

En dehors des problèmes éthiques, l'un des aspects les plus frustrants pour un utilisateur est la difficulté d'accéder à ses propres données. L'ensemble des informations recueillies par une entreprise sur un utilisateur est rarement accessible à des fins de vérification, modification, ou juste de consultation. Lorsque ces informations sont accessibles, c'est au travers d'interfaces Web ou d'APIs qui ne donnent accès qu'à une petite partie des données, changent constamment et sont souvent inaccessibles pour le néophyte. Le manque de contrôle sur ses propres données est une motivation principale des systèmes de gestion des données personnelles (*Personal Information Management Systems* ou PIMS*). Néanmoins, l'accès à ses propres données n'est que le premier défi de l'utilisation des miettes de données à des fins personnelles. L'hyper-fragmentation des données dans des silos* en limite l'utilisation : les données fragmentées et hétérogènes doivent être intégrées, recoupées, analysées et comprises (cf. III.9). Il est indispensable de pouvoir lier les données entre elles en fonction de leurs connexions dans différentes dimensions : temps, lieux, personnes.

Prenons pour exemple Alice, qui veut retrouver le nom du restaurant dans lequel elle a dîné avec Bob lors de son dernier voyage à Bordeaux. L'information existe dans ses données personnelles, mais nécessite plusieurs connexions : trouver les dates de son voyage à Bordeaux dans ses courriels, retrouver le rendez-vous avec Bob parmi ces dates dans son calendrier et recouper avec ses transactions bancaires pour retrouver le nom du restaurant. On peut imaginer la création de bases de connaissances personnelles qui connecteraient toutes les miettes de données d'un utilisateur entre elles, permettant de retrouver des informations par connexions en imitant les processus de mémoire. Ces bases de connaissances pourraient être exploitées pour analyser les comportements individuels pour des raisons diverses : suivi médical, finances personnelles...

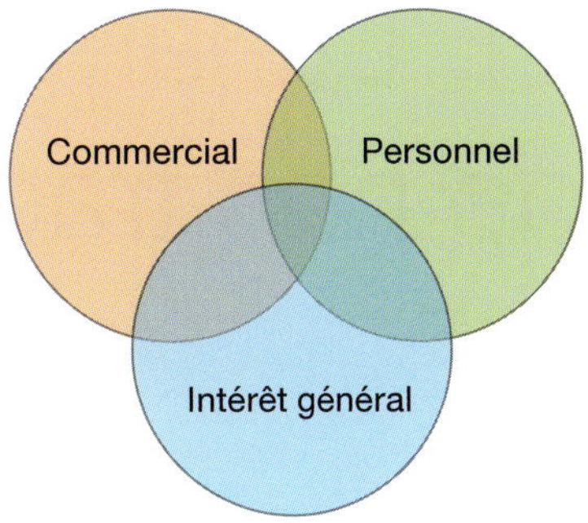

Fig. 2 – Les vocations d'utilisation des miettes de données*. ■

Utilisation pour l'intérêt général

Nos miettes de données sont devenues la monnaie d'échange entre partenaires publics et privés. Mais si ces données ont acquis une telle valeur, pourquoi ne pas les mettre en commun pour l'intérêt général ? De la même façon que je peux donner mon sang, pourquoi ne ferais-je pas don de mes miettes de données personnelles ? Mes rythmes de sommeil, mes itinéraires à vélos, mes temps de parcours dans les transports en commun, ma consommation énergétique, mes dépenses alimentaires, à des fins de recherche médicale, d'urbanisation, de politique énergétique, etc. Aujourd'hui, il reste beaucoup plus simple de donner son sang que ses données personnelles, pour les raisons techniques mentionnées plus haut (fragmentation, API*, hétérogénéités), mais aussi à cause du risque pour les utilisateurs (confidentialité, respect de la vie privé) et d'un vide juridique certain. Donnerais-je mon sang sans garantie sur la propreté de l'aiguille qui pénètre mon bras, le traitement du produit sanguin une fois extrait, l'usage qui en sera fait et le destinataire final ? Malgré un intérêt grandissant pour le don des données numériques personnelles, ces obstacles nous privent des nombreuses innovations dans les domaines médicaux, citoyens, artistiques, éducatifs...

La révolution numérique – notamment *via* les grands acteurs du domaine comme Amazon, Facebook, Google (cf. VIII.22) – encourage et amplifie la création de miettes de données. Les méthodes de gestion de ces miettes sont encore à leurs balbutiements, tant sur le plan d'une réduction de notre empreinte numérique que sur celui d'une gestion personnelle et transparente. Ces miettes ont une immense valeur pour les secteurs privé et public, et pour l'individu, mais également pour la société, dans l'intérêt de tous (figure 2).

Références bibliographiques

• S. ABITEBOUL, B. ANDRÉ et D. KAPLAN – *Votre vie numérique dans un Pims*, http://binaire.blog.lemonde.fr/2014/07/31/votre-vie-numerique-dans-un-pims, 2014.

• A. MARIAN et A. SAHUGUET – *Accommoder les miettes de données*, BDA, https://goo.gl/dgAWnp, 2015.

• F. PASQUALE – *The Black Box Society, les algorithmes secrets qui contrôlent l'économie et l'information*, Broché, 2015.

11. L'analyse à grande échelle de nos traces numériques

Matthieu Latapy et David Chavalarias

En pleine révolution Internet, suite à la généralisation des objets mobiles et/ou connectés, une part importante des activités économiques et sociales migre vers des supports numériques. Ceci engendre des traces à une échelle sans précédent, contribuant largement au phénomène Big Data: déplacements, relations sociales, rencontres physiques, échanges de messages, flux financiers, navigation Internet, données de recommandation ou de consommation, données médicales, photographies...

Ces données peuvent être exploitées à des fins inappropriées par toutes sortes d'acteurs, qui tirent parti des supports numériques pour en détourner les usages: soit en commettant des infractions ou des crimes rendus possibles par le caractère virtuel de ces environnements, soit en exploitant les données privées à des fins qui vont à l'encontre des intérêts des acteurs qui les ont produites. Ceci engendre un dilemme du numérique: les moyens à mettre en œuvre pour prévenir les usages illégaux mettent en danger la vie privée et les libertés individuelles.

Les activités criminelles numériques vont de la fraude financière à l'exploitation sexuelle d'enfants, en passant par le rançonnage, l'espionnage, l'usurpation d'identité, les attaques sur des services, et de nombreux autres. Parce qu'elles ont lieu dans ces espaces numériques, ces activités laissent des traces. Celles-ci seraient exploitables à des fins de prévention ou d'investigation pour autant que nous enregistrions les activités de l'ensemble de la population. Dès lors, on peut légitimement poser la question de la conservation et de l'exploitation de ces traces numériques, et en creux, la question des atteintes à la vie privée. Sommes-nous prêts à réduire notre anonymat sur Internet pour faciliter la traque des pédophiles? Sommes-nous prêts à autoriser l'enregistrement de nos achats pour permettre la détection de fraudes?

Comment traquer les crimes numériques?

Le compromis entre sécurité et préservation de la vie privée est toujours délicat. En témoignent les débats houleux qui ont précédé l'adoption de la loi sur le renseignement en mai 2015, et qui ont vu le conseil constitutionnel plusieurs fois saisi. La législation actuelle évolue vers l'enregistrement d'un volume toujours plus important de traces, sur lesquelles les forces de l'ordre se reposent aujourd'hui de façon cruciale pour mener leurs investigations. Les malfaiteurs l'ont bien compris, et ils sont passés maîtres dans l'art de la dissimulation, de la discrétion, et de l'effacement de traces. Il s'agit pour eux de rendre indistinguables leurs traces de celles d'activités légitimes, voire d'éviter qu'elles soient enregistrées. Dans certains cas, il est extrêmement difficile de cacher les traces d'une activité illégale. Pour les cas d'usurpations d'identité, par exemple le vol d'une carte de crédit, les comportements du malfaiteur sont rarement en cohérence avec les habitudes de la victime. Ces incohérences peuvent éveiller des soupçons sur des transactions, qui seront confirmés ou infirmés facilement suite à une vérification auprès de la victime potentielle. S'il n'est en général pas possible de retrouver l'auteur de la fraude, on peut au moins bloquer la carte et empêcher ainsi son utilisation frauduleuse.

Ces types d'activités illégales engendrent ce qu'on appelle des « signaux faibles »: dans une énorme masse de données et de traces d'activités légitimes, ils constituent une partie extrêmement minoritaire de l'ensemble. Par exemple, le taux d'échanges de fichiers à caractère pédopornographique a été estimé à environ deux pour mille dans certains systèmes pair-à-pair*. De même, les usurpations d'identité lors de transactions financières en ligne restent extrêmement minoritaires. Il s'agit de signaux faibles typiques. La détection de tels signaux soulève de nombreux défis scientifiques, qui commencent dès l'évaluation du résultat de la détection: si un détecteur de fichiers à caractère pédopornographique affirme systématiquement que le fichier qui lui est soumis n'entre pas dans cette catégorie, il aura raison 99,8 % des fois ; or il sera complètement inopérant ! À l'inverse, il est crucial d'éviter que de très rares déviances invalident un système complet. Il est ainsi souvent affirmé qu'il faudrait limiter l'usage du pair-à-pair ou même d'Internet, au motif qu'ils sont sources de fichiers ou d'informations à proscrire ; pourtant, l'essentiel des échanges qu'ils soutiennent est légitime. De même, le commerce électronique est sévèrement freiné par la défiance des utilisateurs par rapport aux usurpations d'identité, pourtant exceptionnelles.

De nombreux efforts sont menés pour développer des méthodes et outils pour la détection de tels signaux faibles. On pourrait être tenté de mener une collecte indifférenciée et massive de données, comme l'analyse simultanée de comportements de toute une population, ou le croisement de données d'un même utilisateur sur plusieurs types de bases. Ce sont ces traitements complexes qui sont concernés par l'évolution de la législation : pour détecter des individus déviants et prédire les activités criminelles, il faudrait tout collecter, tout traiter, tout exploiter. Edward Snowden a, par exemple, révélé en 2013 l'application outre-Atlantique de cette doctrine de surveillance de masse suite aux attentats du 11 septembre 2001 (figure).

S'il est probable que ces approches aient permis de démanteler des réseaux criminels ayant commis quelques imprudences numériques, des doutes importants subsistent sur l'efficacité réelle de telles mesures pour la détection de signaux faibles. Ceux-ci seraient plus susceptibles d'être décelés par des opérations ciblées. Ainsi, un rapport de 2013, commandé par la Maison Blanche à un panel d'experts, a conclu que le programme de surveillance globale de la NSA « n'avait pas été essentiel dans la prévention d'attaques » et que la plupart des éléments qu'il a permis de collecter en enregistrant indistinctement toutes les données de la population « auraient pu facilement être obtenus dans des délais appropriés en utilisant des autorisations conventionnelles. »

Les dérives des programmes de surveillance

Sans présager des progrès futurs qui pourraient améliorer l'utilité de l'analyse des Big Data dans un cadre préventif, il est important d'évaluer les programmes de surveillance de masse à l'aune de leurs limites et dérives avérées ou potentielles. Comme le démontrent les révélations Snowden, les dérives même au sein d'une démocratie sont multiples, touchent largement les citoyens et corrompent les libertés les plus fondamentales : espionnage politique ou industriel, opérations de dénigrement, etc. Des actions ont également lieu à l'encontre de citoyens d'autres pays. Par exemple, en Nouvelle-Zélande, des militants pro-démocratiques ont été privés de leurs droits fondamentaux suite à une dénonciation de la NSA, qui avait mal interprété leurs courriels. La France n'est pas en reste. La collaboration d'une société française avec la Libye quelques mois avant la chute de Kadhafi a permis de déployer des technologies de surveillance de masse, dont on sait désormais qu'elles ont permis d'identifier des opposants au régime, par la suite torturés ou éliminés.

Edward Snowden est un informaticien américain, ancien employé de la CIA et de la NSA, qui a révélé les détails de plusieurs programmes de surveillance de masse américains et britanniques. Il a été inculpé en 2013 par le gouvernement américain d'espionnage, vol et utilisation illégale de biens gouvernementaux. © J. Rodriguez/Truthout ■

Cette société vantait un produit pensé « *pour aider les autorités en charge de l'application de la loi et les organismes de renseignement à réduire le niveau de criminalité, se protéger d'une menace terroriste, et identifier toute atteinte potentielle à la sécurité de leur pays.* »

Les outils de surveillance de masse constituent donc une épée de Damoclès pour nos démocraties, épée qui sera en outre toute prête à servir contre les concitoyens de celles qui seraient amenées à changer de nature. La question du Big Data n'est donc pas seulement un défi scientifique ou technologique : le dilemme du numérique qui leur est associé constitue un défi éthique pour nos sociétés modernes, qui ne peut se résumer à une opposition caricaturale entre atteinte à la vie privée et laxisme en termes de sécurité.

Références bibliographiques

• D. CHAVALARIAS – *The Unlikely Encounter between Von Foerster and Snowden: when Second-Order Cybernetics Sheds Light on Societal Impacts of Big Data.* Big Data & Society, 2016.

• G. GREENWALD – *Nulle part où se cacher,* Jean-Claude Lattès, 2014.

• M. LATAPY, C. MAGNIEN et R. FOURNIER – *Quantifying Paedophile Activity in a Large P2P System,* Information Processing and Management, 2013.

12. Le rôle des réseaux sociaux dans le développement de la radicalisation

Yousri Marzouki

Le processus de radicalisation en ligne

Avant l'arrivée d'Internet, l'accès à l'information était exclusivement unidirectionnel et les utilisateurs ne pouvaient se fier qu'à des sources externes. Aujourd'hui, avec le développement technologique des outils de communication, nous sommes tous devenus à la fois fournisseurs et consommateurs de l'information. L'avènement des réseaux sociaux a modifié de façon significative notre façon de communiquer et nous assistons à un phénomène de collusion entre le monde virtuel et le monde réel, où l'incessante interaction entre ces deux réalités est devenue un fait. Les réseaux sociaux ont prouvé à travers plusieurs situations (révolutions, buzz, actes collectifs de solidarité...) leur effet catalyseur, qui se traduit par un ensemble de mécanismes, dont un rétrécissement de l'espace, un raccourcissement du temps, un renforcement de l'anonymat, une minimalisation des efforts de socialisation et une rapidité dans la transmission des informations assimilée souvent à une vitesse virale.

« Se radicaliser » fait appel à un ensemble de mécanismes amenant un individu à adopter des positions extrêmes au niveau de sa pensée, qui le poussent éventuellement à recourir à des formes variées de violences, afin d'atteindre ses objectifs (figure). La radicalisation* est devenue l'un des comportements-cibles des effets de facilitation favorisés par des plateformes de médias sociaux et les jeunes sont les plus enclins à recourir à ces plateformes et, donc, les plus susceptibles à devenir la cible des tentatives de recrutement en ligne par les groupes radicaux. Depuis 2014, on a recensé en France plus de 8 000 cas d'individus signalés comme radicaux, dont le quart est représenté par des mineurs. Des études lancées par Google Ideas ont permis de révéler que 45 000 comptes Twitter appartiennent à des sympathisants actifs de Daesh avec 90 000 à 200 000 messages envoyés par jour. Ce succès phénoménal est attribué à l'efficacité des contenus destinés aux jeunes. Pour des jeunes socialement en désarroi, l'appel séduisant de l'idée de la fraternité peut être irrésistible. Ainsi, une étude britannique réalisée sur un large échantillon de journaux publiés entre le 5 août 2013 et le 4 août 2014 couvrant des témoignages de Britanniques convertis à l'Islam radical a montré que 76 % de ces convertis avaient les cheveux roux. Ces résultats viennent renforcer l'argument de désarroi identitaire parfois causé par un rejet de la société *via* un regard stigmatisant.

Le rôle des Big Data

L'architecture du Web 2.0* a permis aux réseaux sociaux et aux micro-blogs générateurs de radicalisation de résister efficacement aux contrôles opérés verticalement par les gouvernements au sein de l'environnement d'Internet. Le partage pair à pair (P2P), la réplication massive des contenus (textes, vidéos) et la messagerie cryptée, voire éphémère, permettent sinon d'échapper à la répression des gouvernements et le contrôle des fournisseurs de services Internet, du moins de la rendre caduque car trop coûteuse. Comme exemple, le magazine numérique « Inspire », dédié à la propagande islamiste et publié exclusivement en ligne depuis 2010, avait lancé au printemps 2014 un numéro spécial écrit entièrement par des adhérents et sympathisants actifs du groupe Daesh. Il contenait des démonstrations et des tutoriels sur la fabrication d'une bombe et avait largement inspiré les attentats du marathon de Boston survenus l'année même.

La littérature scientifique des dix dernières années sur l'apprentissage automatique (cf. IV.13) et le forage des données (cf. IV.8) a permis d'identifier certains algorithmes* couramment utilisés pour prédire des comportements en ligne. Parmi ces algorithmes figurent le partitionnement des données (*clustering*), la régression logistique, l'expansion dynamique de requête et la modélisation graphique. Jusqu'à présent, il reste difficile de trancher en faveur d'une méthodologie robuste concernant l'identification et la prédiction de la radicalisation en ligne à partir de l'analyse des Big Data. Pour cause, la nature éminemment dynamique des plateformes des médias sociaux et la nature erratique des comportements humains rendent cette tâche d'identification précoce extrêmement difficile. Par ailleurs, plusieurs projets de recherche lancés récemment par différentes universités se sont attelés à la tâche et des outils tels que LookingGlass permettent de récupérer, catégoriser et analyser des Big Data pour cartographier la propagation en ligne des influences extrémistes et contre-extrémistes. La disponibilité de données massives a également rendu possible l'examen de la distribution statistique générée à partir d'une large base de données englobant tous les événements terroristes majeurs dans le monde depuis 1968 jusqu'au 2015. Les résultats ont révélé que l'occurrence des attaques terroristes suit une loi de puissance et qu'une attaque mineure a de fortes probabilités d'être suivie d'une attaque plus conséquente.

Aujourd'hui, il est évident que bannir de tels sites ne se fait pas sans coût, notamment pour les chercheurs. En effet, non seulement des tentatives dans ce sens-là ont prouvé leur échec (en mars 2015, 4 des 5 sites de propagande terroriste bannis en France par le Ministère de l'Intérieur ont repris leur fonctionnement habituel un jour après avoir été déclarés inopérants), mais surtout l'investigation risque de perdre un énorme espace d'observation dans le domaine de renseignement, à l'image du Global Terrorism Database, qui offre une base de données incontournable pour extraire des informations, révéler des motifs (patterns) cachés et idéalement prédire de futures actions terroristes.

En 2014, des chercheurs du projet Dark Web de l'Université d'Arizona ont compilé les données du site djihadiste Ansar AlJihad Network afin de les soumettre à un algorithme de détection automatique de messages destinés au cyber-recrutement. Le degré d'accord entre les performances des juges humains sur le classement « recrutement/non recrutement » de 192 messages pris de façon aléatoire et la performance du programme automatique de détection est de 89 %. La détection automatique du recrutement terroriste en ligne est donc une tâche réalisable. De plus, la mise en place de sites de veille, d'évaluation et de pilotage de ce qu'on appelle « le CVE » (la Contre-Violence Extrémiste), comme www.globalcenter.org, permet d'améliorer les stratégies de profilage des groupuscules et des sources radicalisés en ligne.

Finalement, la récente initiative de l'UNESCO en 2015, sous forme d'une conférence internationale intitulée : « *Youth and the Internet: Fighting Radicalization and Extremism* », est très constructive. Cette initiative vise à amener les jeunes à prendre part au combat contre la radicalisation en ligne en les invitant à proposer des idées et des solutions. La meilleure façon de protéger les jeunes contre la radicalisation c'est de mieux dialoguer avec eux et non pas de les ostraciser.

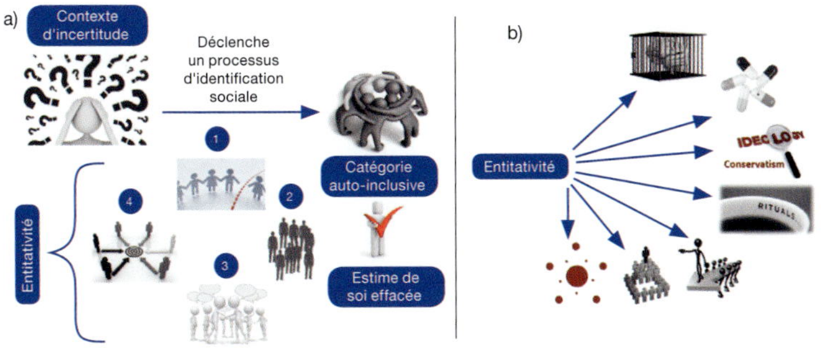

Le processus de radicalisation* à la lumière de « la théorie de l'incertitude-identité » de Hogg et Smith (2007). Dans la figure (a) un contexte d'incertitude déclenchera un processus de recherche d'identité sociale permettant à l'individu d'adhérer plus facilement à un groupe qui n'exhorte pas une image très élevée de soi. Suit après : 1) une délimitation plus claire du groupe du reste de la société ; 2) un sentiment de ressemblance avec les membres de l'endo-groupe ; 3) plus de cohésion entre les membres du groupe, et finalement 4) une focalisation du groupe sur un objectif commun. Ces éléments sont à la base de l'« entitativité* » ou la capacité des individus à devenir interchangeables entre eux au sein d'un même groupe. Poussée à l'extrême, l'entitativité génère les éléments représentés dans la figure (b) : un renfermement de l'esprit, une encapsulation des comportements, l'émergence d'une idéologie conservatrice, la mise en place de rituels, un leadership autoritaire, une hiérarchie « bien rigide et structurée », et finalement un sentiment très saillant d'ethnocentrisme, qui se traduit souvent par un rejet violent de la société. ■

Références bibliographiques

- S. ATRAN – *L'État islamique est une révolution*, Les liens qui libèrent, 2016.
- P.-J. SALAZAR – *Paroles armées. Comprendre et combattre la propagande Terroriste*, Lemieux Éditeur, 2015.

13. Les sciences participatives et les sciences du numérique se complètent-elles ?

Sihem Amer-Yahia, Jean-Gabriel Ganascia et Jean-Marc Ogier

Les sciences sont qualifiées de « participatives » lorsque des non-professionnels y contribuent. Elles prennent aujourd'hui un essor considérable, car beaucoup de tâches, comme la collecte de données *via* des questionnaires, l'annotation d'images avec leur contenu, ou la détermination du sentiment positif ou négatif exprimé dans un texte, sont plus faciles à exécuter par des humains que par des ordinateurs. Les plateformes participatives sont développées tant par les industriels, comme Amazon Mechanical Turk (AMT), que par le milieu académique, comme Crowd4U de l'Université de Tsukuba au Japon. Les participants peuvent être compensés financièrement (comme sur AMT), ou participer en tant que volontaires (comme sur Crowd4U ou FoldIt).

Les sciences du numérique sont doublement impliquées. D'une part, certaines disciplines comme l'intelligence artificielle, bénéficient des sciences participatives, car ces dernières aident à acquérir des grandes masses de données annotées permettant aux algorithmes d'apprentissage machine de faire des classifications automatiques. D'autre part, elles concourent au développement des sciences participatives en facilitant la collecte d'information et en développant des algorithmes de recommandation de tâches aux participants en fonction de leurs profils. Dès lors, elles servent à systématiser et améliorer ces pratiques communautaires.

Les sciences participatives au service des sciences du numérique

Aujourd'hui, il est de plus en plus nécessaire de recourir à de grands corpus annotés pour mettre en œuvre des techniques d'apprentissage supervisé où la performance des algorithmes dépend de la disponibilité de corpus annotés. Par exemple, pour la reconnaissance de scènes sur des images ou pour l'extraction du sentiment positif ou négatif de textes courts comme les tweets, les algorithmes doivent être entraînés sur des corpus d'images ou de textes pour lesquels les scènes et les sentiments ont été identifiés au préalable. Cette identification est effectuée sur les plateformes de sciences participatives, où des centaines, voire des milliers d'images et de textes peuvent être annotés par des participants. Ces corpus annotés servent également à évaluer les algorithmes de classification d'images ou de textes. Enfin, il existe toute une tradition de recueil d'observations en astronomie ou en sciences naturelles, en particulier en botanique et en zoologie.

Outre l'activité consciente et volontaire des participants, les chercheurs peuvent aussi recourir à leur coopération passive. À cet égard, le projet CrowdHealth du CNRS est illustratif (cf. VIII.4), puisqu'il s'agit de rassembler les tweets échangés sur la santé et l'alimentation, en les géo-localisant par étiquetage géographique (GeoTagging), puis d'analyser la santé des individus sur la base de leurs propos. Cette analyse automatique permet d'identifier des maladies par régions géographiques et de les corréler avec l'alimentation des individus (cf. IV.13).

Exemple d'interface issue du site *Fold It* qui permet de calculer le repliement de protéines. ■

Les sciences du numérique au service des sciences participatives

Les sciences participatives apportent de nouveaux défis aux sciences du numérique. Une première question tient à la décomposition des tâches en sous-tâches. Afin de faire participer le plus grand nombre de contributeurs, les tâches sont décomposées en micro-tâches simples à réaliser (comme les plateformes InnoCentive et Idea-Connection). Une seconde question porte sur l'assignation des tâches aux utilisateurs : doit-on donner une seule tâche à chaque contributeur ou plusieurs ? Ainsi, si l'on annote des bandes dessinées pour les numériser et permettre une recherche par mots-clés, faut-il demander à la fois de reconnaître le contenu textuel des bulles et des phylactères, le nom des protagonistes et les lieux ? En pratique, une même tâche est assignée à plusieurs contributeurs et les résultats sont confrontés. Cette confrontation se base sur une agrégation des contributions individuelles et doit intégrer des approches de détection de contributions frauduleuses. Le vote majoritaire est souvent utilisé, mais on a aussi recours à des méthodes collaboratives permettant aux participants de modifier les annotations des uns et des autres. Un autre axe de recherche consiste à modéliser les facteurs humains des participants, tels que l'expertise des participants, leur disponibilité, et la nature de leur motivation. Ces facteurs interviennent dans la conception d'algorithmes d'allocation de tâches aux participants et de validation de leurs contributions. Parfois, il apparaît nécessaire de faire coopérer les contributeurs, afin qu'ils échangent et se concertent (par exemple, dans des tâches de traduction de texte). Cela pose des questions relatives à la taille des groupes et à la complémentarité des compétences, ce qui relève plus de la sociologie des organisations que des sciences du numérique.

Recrutement des participants

Pour recruter des participants potentiels il faut les motiver, ce qui tient soit à l'intérêt intellectuel de la tâche, soit à son caractère ludique, soit encore à la stimulation produite par l'envie de contribuer à l'avancée des connaissances. C'est le cas pour *Fold It* (figure), une plateforme sur laquelle les participants sont invités à participer à un jeu de repliement de protéines. Cette motivation prend aussi parfois la forme d'une rétribution financière, ce qui pose tout naturellement la question du montant de cette rétribution. En effet, l'expérience montre qu'une indemnité importante attire une grande masse de personne mues uniquement par l'appât du gain. À l'inverse, une rétribution symbolique peut conduire à un sous-prolétariat investissant massivement son temps pour un salaire indécent.

Dans chaque opération de science participative en ligne, il faut construire des sites pour mettre en œuvre le recueil informatique de données et de connaissances. Ce travail de programmation assez lourd et coûteux est grandement facilité par l'utilisation de plateformes génériques de *crowdsourcing**. Cependant, beaucoup reste à faire pour alléger le fardeau de ceux qui souhaitent se lancer dans cette entreprise, en particulier pour les aider à décomposer les tâches et à trouver des participants. Aujourd'hui, la plateforme la plus utilisée est AMT du fait du nombre de participants potentiels. Cependant, celle-ci semble plus dédiée à des opérations commerciales qu'aux sciences participatives, car elle repose d'abord sur une rétribution financière des exécutants. Il en existe d'autres comme Crowd4U et, en logiciel libre, PyBossa, mais le recrutement y est moins aisé car il n'est pas rémunéré et qu'il repose sur des milieux plus restreints, comme le milieu académique pour Crowd4U et les cercles d'amis pour PyBossa.

Pour conclure, les sciences participatives sont d'un grand apport, à la fois pour l'avancement des sciences, pour la diffusion du savoir scientifique et pour la familiarisation des citoyens avec les méthodes scientifiques. Il convient cependant d'y associer des techniques d'agrégation et de validation les réponses, pour évaluer leur qualité, détecter les anomalies systématiques, ainsi que les éventuels biais et les bruits inhérents à une collecte distribuée. La prise en compte de facteurs humains ouvre également de nouvelles perspectives. Ainsi, les plateformes de sciences participatives pourraient devenir des environnements permettant aux participants de parfaire leurs facteurs humains. Par exemple, une plateforme pourrait permettre aux participants de se former dans la traduction de textes. Une autre pourrait leur offrir des opportunités de créer des liens professionnels en participant à des tâches collaboratives. Le développement d'outils et d'interfaces permettant aux participants de trouver des tâches adaptées à leur besoin du moment et à leur profil devient alors un axe de recherche à part entière.

Références bibliographiques

• S. MISHRA, V. LEROY et S. AMER-YAHIA – *Discovering Characterizing Regions for Consumer Products*, DSAA, 2015.

• S. SIDANA, S. MISHRA, S. AMER-YAHIA, M. CLAUSEL et M.-R AMINI – *Health Monitoring on Social Media Over Time*, SIGIR, 2016.

14. Les enjeux du crowdsourcing

David Gross-Amblard et Romain Julliard

Le *crowdsourcing** définit le recours à un grand nombre de participants en ligne, sous la forme d'une consultation ouverte, pour résoudre une tâche difficile pour les ordinateurs. Cette approche s'est illustrée par plusieurs succès : succès commercial avec, par exemple, la plate-forme Internet Amazon Mechanical Turk, offrant chaque jour en moyenne 300 000 tâches rémunérées à plus de 500 000 participants inscrits ; succès scientifiques pour le projet Foldit (cf. V.13), où des internautes contribuent à la découverte de nouvelles formes de protéines impliquées, par exemple, dans le Sida (publication dans Nature, avec en particulier certains participants non professionnels comme co-auteurs).

Avoir accès à de telles plates-formes est un enjeu important, tant pour les entreprises que pour la communauté scientifique. Elles permettent à une échelle sans précédent d'avoir accès à l'intelligence de masse, pour corroborer des avis sur un produit, extraire de l'information d'un catalogue, structurer ou enrichir des données brutes et même innover.

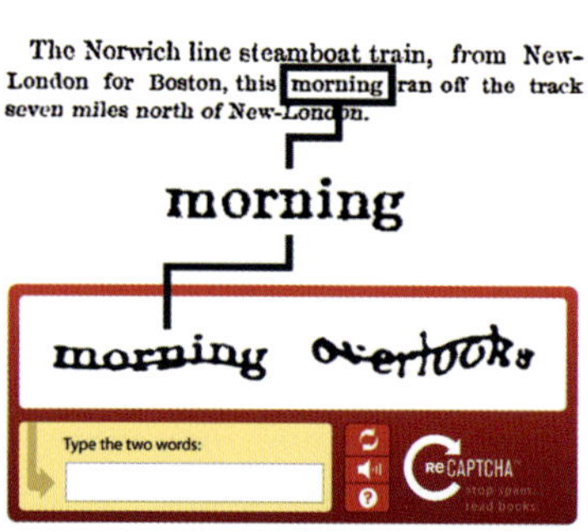

Fig. 1 – **Exemple de Recaptcha.** ■

Rémunération des plateformes

Plusieurs plateformes proposent du *crowdsourcing* rémunéré, comme Amazon Mechanical Turk aux USA ou FouleFactory en France. Dans ces plateformes, un grand nombre de tâches est proposé, comme traduire un court extrait sonore en texte, contre une faible rémunération et, parfois, pour une échéance précise. Certaines plateformes comme CrowdFlower agissent comme intermédiaires pour d'autres. Les enjeux informatiques principaux sont l'affectation et l'optimisation du travail (s'assurer que les tâches progressent pour respecter leur date limite) et la fixation du prix des tâches, mécanisme qui, dans certains cas, fait appel à des techniques d'enchères et de théorie des jeux.

D'autres plateformes se focalisent sur le *crowdsourcing* non rémunéré, principalement pour enrichir des documents numériques dans le cadre de projet de sciences participatives. Les exemples sont nombreux, les plus importants étant Zooniverse (qui regroupe toute sorte de projets, tels que déterminer le sens de rotation de galaxies, identifier des photos d'animaux prises automatiquement autour d'une mare du Serengeti ou déchiffrer les étiquettes de planches d'herbier scannées) et Crowdcrafting (plateforme généraliste pour mettre en ligne son propre projet d'enrichissement de documents numériques). Les problématiques scientifiques associées sont, d'une part, la gestion de la représentativité des données collectées auprès du public (classe d'âge, couverture géographique) et, d'autre part, la gestion des incitations. En effet, comme il n'y a pas de rémunération financière, les intérêts à participer sont multiples : reconnaissance de son expertise, sa fiabilité, intégration a une équipe de référence, bonne réputation auprès des autres participants.

Que le *crowdsourcing* soit rémunéré ou non, un enjeu commun est celui de la qualité des résultats, les réponses à une question pouvant être très diverses. La technique classique consiste à poser la même question à plusieurs personnes indépendantes et de choisir le résultat majoritaire. Une autre problématique est aussi la présence d'utilisateurs malveillants (et d'une manière générale, de compétence inégale), qui souhaitent obtenir une rémunération en répondant le plus vite possible aux questions (par exemple en répondant au hasard). Pour s'en prémunir, le contrôle de certaines réponses connues à l'avance permet de calculer des scores de confiance et d'exclure progressivement les tricheurs ou de donner un faible poids aux contributeurs imprécis.

Crowdsourcing explicite et implicite

Les plateformes citées précédemment sont explicites : les participants savent qu'ils contribuent à un projet précis. D'autres techniques permettent d'avoir recours à des participants de manière implicite, comme le système Recaptcha (figure 1), utilisé par des sites Internet pour vérifier qu'un humain les consulte plutôt qu'un programme. Dans ce système, deux images contenant deux mots difficiles à lire sont présentées à l'utilisateur qui doit retranscrire ces mots. Le système connaît l'une des bonnes réponses, ce qui permet de vérifier que l'utilisateur est un humain et qu'il est fiable. Ce qui est astucieux, c'est que l'autre mot n'est pas connu, mais provient d'un problème de numérisation de texte difficile, par exemple portant sur un ancien manuscrit. Si plusieurs utilisateurs indépendants donnent la même réponse, la numérisation du manuscrit progresse d'un mot, et ce mot enrichit la base des questions.

Une dernière approche nommée « ludification » (*gamification*) consiste à transformer le problème à résoudre en un jeu, proche ou éloigné du problème. Le projet suisse MMOS (*Massively Multiplayer Online Science*) exploite ainsi le temps disponible dans le jeu vidéo en ligne EVE Online (quand les joueurs attendent que les autres joueurs se regroupent dans un lieu du jeu) pour proposer une nouvelle mission d'identification de cellules extraterrestres dans des prélèvements de sang suspect (figure 2). En réalité, les images, légèrement retouchées pour respecter les codes visuels de ce jeu de science-fiction, proviennent d'une véritable étude sur de cellules cancéreuses, difficiles à localiser de façon automatique.

Limites et dérives

Si ces plateformes sont en pleine expansion, elles ne sont pas sans soulever certaines questions, notamment concernant leur sécurité. Comment empêcher que les plates-formes payantes ne servent à blanchir de l'argent à l'échelle internationale, ou qu'elles ne servent à coordonner des actions malveillantes (mailing, fausses opinions, franchissement de Recaptcha pour logiciels). Leur équité peut également être questionnée. Comment garantir une rétribution minimale, en accord avec le droit du travail en vigueur dans chaque pays, et que chacun puisse accéder équitablement aux tâches, quelle que soit son origine ? Comment équilibrer la relation entre donneur de tâches et participants ? À ce titre, des outils tels que Turkopticon ont

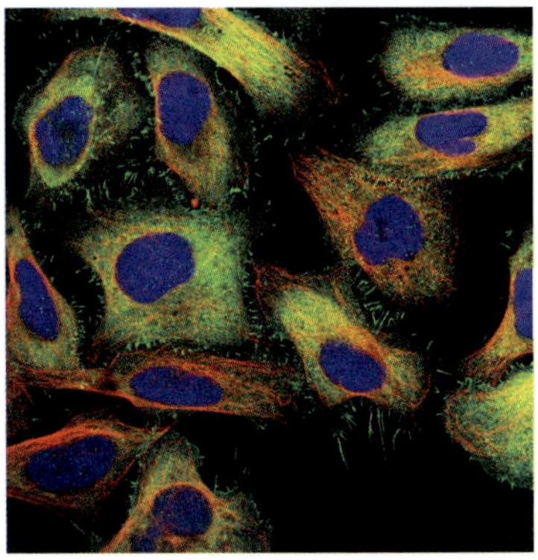

Fig. 2 – **Jeu vidéo ou identification de cellules cancéreuses ? Les deux.** © Human Protein Atlas, www.proteinatlas.org. ■

été ajoutés par les participants à Amazon Mechanical Turk pour pouvoir noter les donneurs de tâches et signaler les abus. Enfin, la propriété intellectuelle des résultats obtenus par *crowdsourcing* a besoin d'être précisée. Certains projets de science participative incluent les participants dans leur publication scientifique, mais les participants de certaines plates-formes payantes doivent signer un accord préalable transférant leur droit à la plate-forme. Dans les plateformes explicites volontaires, ce qui a été produit par la foule doit retourner à la foule, sous la forme de données ouvertes.

Si de nombreux défis scientifiques, technologiques et législatifs demeurent, le déploiement de larges plateformes de *crowdsourcing*, en particulier dans le cadre des sciences participatives, constitue un nouveau lieu d'engagement des citoyens, étudiants, élèves, pour contribuer à des enjeux contemporains, comme la surveillance de l'environnement ou les études de santé publique.

Référence bibliographique

• J. HOWE – *Crowdsourcing: Why the Power of the Crowd Is Driving the Future of Business*, Random House Publishing, 2008.

15. Éducation et analyse de l'apprentissage

Anne Boyer

Les techniques d'analyse de l'apprentissage (plus communément, *learning analytics*, en anglais) sont récemment apparues avec l'émergence des technologies Big Data, la généralisation du numérique éducatif (espace numérique de travail, e-manuels et ressources éducatives libres, services numériques en ligne, tablettes et ordinateurs dans les écoles...) et, par conséquent, la disponibilité de données digitales massives sur l'apprentissage. Elles constituent un domaine émergent à la confluence de l'informatique, des sciences de l'éducation et des mathématiques, et peuvent se définir comme la mesure, la collecte, l'analyse et le traitement de données sur les apprenants et leurs contextes, afin de comprendre et optimiser l'apprentissage et les environnements dans lesquels il se produit. De la maternelle à l'université, en passant par l'apprentissage tout au long de la vie, les institutions éducatives collectent des informations nombreuses et variées sur les apprenants, lors des inscriptions administratives, des examens ou en bibliothèque, mais aussi lorsque les apprenants interagissent avec les environnements numériques d'apprentissage mis à leur disposition. Les données peuvent alors correspondre à des actions explicites de l'apprenant (devoirs, tests...) ou à des actions tacites, y compris les interactions sociales en ligne, les activités parascolaires, les messages sur les forums, activités qui ne sont pas généralement prises en compte dans l'évaluation académique traditionnelle de la progression de l'apprenant.

Les données éducatives

Les données issues de l'éducation ont des caractéristiques qui rendent leur exploitation complexe. Elles sont indubitablement massives, souvent hétérogènes (textes en langage naturel, clics, logs, votes...), éventuellement ambiguës (une pause constatée dans les données peut correspondre à une pause réelle de l'apprenant ou à la consultation d'un livre, à une question à un enseignant...) et dans des formats divers, car collectées *via* des dispositifs multiples – notamment par les grandes plateformes de MOOC (*Massive Open Online Courses*), comme « FUN MOOC » en France ou « Coursera » aux États-Unis ; les *serious game**; les portails qui diffusent des ressources éducatives libres, comme ceux des Universités Numériques Thématiques ; les *eye trackers**; les boîtiers de vote électronique... L'analyse des données collectées requiert donc des techniques d'exploration et de modélisation complexes, capables d'intégrer leur ambiguïté, leur validité, leur redondance, leur persistance, leur contradiction, leur dynamicité... issues de la fouille de données (cf. IV.8) ou du *machine learning* (cf. IV.13).

Les technologies du Big Data rendent possibles la collecte et l'analyse automatique des données éducatives. Dès lors, les travaux de recherche en *learning analytics* se multiplient, avec l'objectif d'améliorer la qualité des dispositifs, de permettre aux enseignants de mieux évaluer les processus d'apprentissage et aux apprenants d'être plus efficaces dans leur démarche d'apprentissage. Les modèles d'analyse qui traitent et affichent les données sous une forme lisible facilitent la définition et la planification d'actions pédagogiques efficaces et pertinentes. Ils permettent aussi aux enseignants d'adapter les enseignements aux besoins et aux capacités de chaque élève. Les *learning analytics* ne se concentrent pas uniquement sur la performance des apprenants et peuvent également être utilisées par les étudiants eux-mêmes. Selon Giuseppe Abbamonte, directeur « Médias et Données » à la Commission européenne, les *learning analytics* offrent des opportunités considérables : la réussite aux examens dans les universités américaines ayant adopté ces techniques aurait progressé de 30 %.

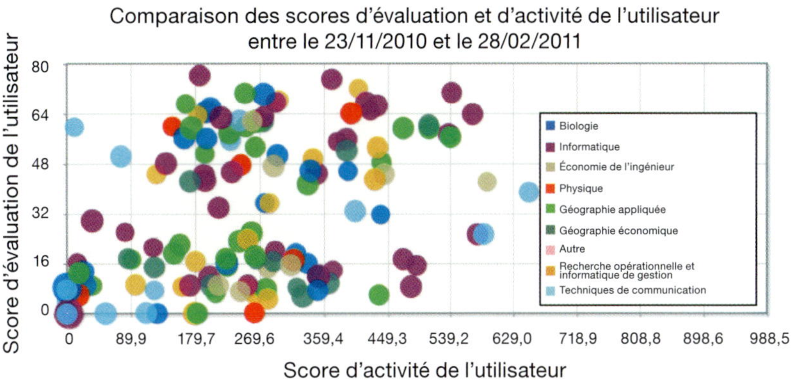

Exemple d'un indicateur graphique à destination des enseignants : un diagramme à bulles met en relation les résultats des étudiants avec des scores d'activité calculés à partir des traces d'usage pour différents domaines (une couleur par domaine). D'après Dyckhoff, 2014. ■

Prédiction et amélioration des performances

Éviter les décrochages est un défi majeur en éducation. Or, dans les MOOC, le taux d'abandon est de plus de 90 %. En 2014, Sherif Halawa et son équipe ont proposé un modèle capable de prédire les abandons en fonction des usages des apprenants au sein du MOOC dans près de la moitié des cas, alors même que les étudiants sont encore actifs. Steven Lonn utilise des combinaisons des notes des étudiants et de leur fréquence de connexions sur le site du cours pour repérer en avance les étudiants en risque d'échec. Des tableaux de bord peuvent alors être conçus pour les apprenants ou pour les enseignants (figure).

Les *learning analytics* répondent à des questions du type « que s'est-il passé ? », « pourquoi est-ce arrivé ? », « que va-t-il se passer ? » ou « que faut-il faire pour que cela se produise ? ». La majeure partie des travaux de recherche publiés ces dernières années concerne les deux premières interrogations. Ainsi, les systèmes de recommandation (cf. IV.17) sont encore très peu explorés dans le domaine des *learning analytics*. Pourtant, la recommandation d'actions, de ressources éducatives libres, d'autres apprenants pour mener des travaux collaboratifs, en fonction du parcours académique, du profil de l'apprenant, du contexte d'apprentissage... est un domaine prometteur. De même, peu de travaux s'intéressent à la modélisation prédictive, pourtant l'un des pans majeurs de la fouille de données. D'autres aspects liés aux performances et au passage à l'échelle (mieux exploiter les méthodes d'analyse issues du Big Data pour développer une meilleure compréhension des processus d'apprentissage dans des espaces d'apprentissage ouverts) ou la personnalisation (pour une industrialisation massive de l'individualisation de la formation, partiellement ou totalement en ligne, impensable sans automatisation) restent à développer. Toutefois les défis ne sont pas uniquement techniques, mais aussi organisationnels et éthiques, puisque des questions aussi fondamentales que « comment rendre compte de son activité à un apprenant sans le décourager ou le démobiliser ? » doivent être résolues. Des approches de type *privacy by design* (cf. III.10) ou anonymisation des données personnelles (cf. VIII.19) sont des aspects fondamentaux des learning analytics.

Références bibliographiques

• G. ABBAMONTE – https://community.jisc.ac.uk/blogs/regulatory-developments/article/learning-analytics-oecd-and-eu.

• A. L. DYCKHOFF – *Action Research and Learning Analytics in Higher Education*, Thèse de doctorat de l'Université technique de Rhénanie-Westphalie, 2014.

• S. HALAWA, D. GREENE et J. MITCHELL – *Dropout Prediction in Mooc Using Learners Activity Features*, eLearning papers, 2014.

• S. LONN, A. E. KRUMM, R. J. WADDINGTON et S. D. TEASLEY – *Bridging the Gap from Knowledge to Action: Putting Analytics in the Hands of Academic Advisors*, in *Proceedings of the Second International Conference on Learning Analytics and Knowledge*, Vancouver, 2012.

16. Wikipédia, une encyclopédie en communs

Alexandre Monnin

L'encyclopédie en ligne Wikipédia constitue l'encyclopédie mondiale de référence. À ce titre, ses racines plongent jusqu'au Moyen Âge (Isidore de Séville), en passant par l'époque des Lumières (Diderot et d'Alembert). L'espace ouvert par le numérique a modifié en profondeur la chaîne éditoriale qui préside à la création d'une encyclopédie comme Wikipédia. Prolongeant les possibilités techniques offertes par le wiki*, inventé dès 1994 par Ward Cunningham, Wikipédia s'est dotée de règles visant à ouvrir l'ensemble de ses articles à la contribution tout en ménageant une place à l'expertise. Celle-ci s'est déplacée de l'auteur, figure solitaire responsable de sa production, vers les sources, qui, seules garantissent le bien-fondé de contributions désormais pseudonymes. L'importance prépondérante des sources dans Wikipédia (y compris comme idéal régulateur de pratiques) se mesure au paradoxe dont elle allège la tension : si chacun a désormais la possibilité de contribuer à l'édifice mondial du savoir c'est moins en tant qu'auteur, porteur d'une singularité, qu'en tant que scripteur, au sens le plus large du terme. Outre l'écriture de textes, cette figure se manifeste dans des activités telles que la compilation de citations, l'établissement de bibliographie ou encore le choix de références.

Neutralité et vérifiabilité

Wikipédia repose sur une tripartition des sources, dont découle l'ensemble de ses règles de contribution. Les sources primaires, tels les témoignages, y sont globalement dépourvues d'autorité. Les sources secondaires occupent, en revanche, une place centrale : c'est sur elles que sont censées reposer les contributions des Wikipédiens. La règle veut qu'elle soit même proscrite au motif qu'aucun travail original n'est acceptable sur Wikipédia. Si les sources secondaires doivent acquérir une crédibilité, celle-ci le sera obligatoirement ailleurs, sous peine d'autoréférentialité. Enfin, l'encyclopédie elle-même sur le modèle d'une « source tertiaire », conçue à la manière d'un rassemblement de sources secondaires (au passage, le texte des articles ne rentre dans aucune de ces trois cases).

Le caractère « NPOV » (*neutral point of view*), règle la plus connue et sans doute la moins bien comprise de Wikipédia, établit moins la neutralité de toute forme de savoir que la nécessité de déléguer l'adoption d'un point de vue à des sources faisant autorité. Ces choix sont ensuite pondérés en fonction de la crédibilité des sources qui s'y rattachent. Ce qui revient à articuler une pluralité de points de vue lors de la rédaction de chaque article. La vérité une et unique est donc bannie de Wikipédia au profit de la vérifiabilité. Ce qui n'est pas sans évoquer une forme de « positivisme des sources », au motif que les faits sont moins l'expression de réalités intangibles que de savoirs scientifiques en constante évolution. En effet, les sources secondaires, à partir desquelles les « faits » sont construits, se conçoivent avant tout sur le modèle des articles scientifiques. Leur validité est temporaire et la factualité, sur Wikipédia, transitoire. Pour toutes ces raisons, l'*open access* constitue la condition *sine qua non* d'une authentique démocratisation de la contribution des usagers. À cet égard, les « bibliothèques pirates », dont la finalité est d'étendre l'*open access* et les communs du savoir, quitte à franchir les limites de la légalité, n'en répondent pas moins de manière optimale aux impératifs découlant des règles éditoriales de Wikipédia, en particulier la nécessité d'accéder au plus grand nombre possible de sources secondaires. Ainsi le site *aaaaarg.fail* a-t-il développé des outils de citation permettant de référencer et d'accéder avec une extrême précision aux passages des ouvrages cités en générant des URI* correspondantes.

De l'accumulation à l'interpénétration

Deux lectures de cette entreprise s'offrent à nous. La première, partagée par une partie de la communauté des contributeurs, y voit la poursuite du projet des Lumières, sur le mode positiviste d'une accumulation infinie du savoir. L'autre perspective, bien illustrée par *Bouvard et Pécuchet*, pointe le caractère illusoire de cette accumulation de sources, dont les multiples points de vue laissent les personnages démunis et en butte aux échecs successifs. Le roman s'achève sur une note sceptique, lorsque les deux antihéros endossent à nouveau leurs habits de copistes pour se livrer au seul exercice encore envisageable au milieu des contradictions du savoir, à savoir la rédaction d'un dictionnaire... des idées reçues !

Une troisième lecture nous semble toutefois à considérer, à partir de l'architecture du Web. Dans cette perspective, rompant avec les conceptions documentaires héritées de l'hypertexte, les URI sur lesquelles repose le système de nommage du Web identifient ce que l'on appelle des « ressources ». Autrement dit, des objets, et ce quelle que soit leur nature. À ces objets sont associées des « représentations http » (les « pages »). Constamment calculées et recalculées, celles-ci évoluent sans cesse et leurs contenus, à l'image de leurs formats, ne connaissent aucunes limites. Ces représentations, en droit sinon de fait, ne sont jamais identiques les unes aux autres. Chacune en revanche se doit d'être fidèle à la ressource identifiée par l'URI y donnant accès.

Les ressources sont relativement stables tant qu'on les isole de leurs représentations. Elles apparaissent alors comme le facteur en fonction duquel ces dernières sont générées de manière régulière, au double sens temporel et normatif du terme. En revanche, pour peu que l'on appréhende les ressources en lien avec leurs représentations et les sous-réseaux extrêmement divers qui s'y rapportent, les frontières de celles-ci se font plus floues et le Web, comme appareil de désignation, dresse alors le portrait de collections en devenir qui s'interpénètrent les unes les autres, rompant, et c'est tout leur intérêt pour qui peut parcourir ces nouveaux réseaux, avec les frontières relativement claires des objets du sens commun (mésoscopiques, c'est-à-dire de grain moyen).

Formalisation du sens commun

L'Intelligence Artificielle, sur son versant logique, visait précisément à formaliser ledit sens commun, au moins depuis les travaux de McCarthy et Hayes, afin de permettre aux machines de raisonner à partir du même univers de discours que les humains. Un projet comme CYC (pour enCYClopédie), né dans les années 1980, prolongeait cet effort en mettant au travail une poignée d'experts en ingénierie des connaissances afin de formaliser les axiomes du sens commun nécessaires à la bonne compréhension du savoir encyclopédique. Aujourd'hui encore, ces formalisations issues de l'IA que sont les ontologies informatiques privilégient une représentation de grain moyen (paradoxalement issue de la philosophie, comme en atteste la prévalence des modèles hérités de la substance aristotélicienne).

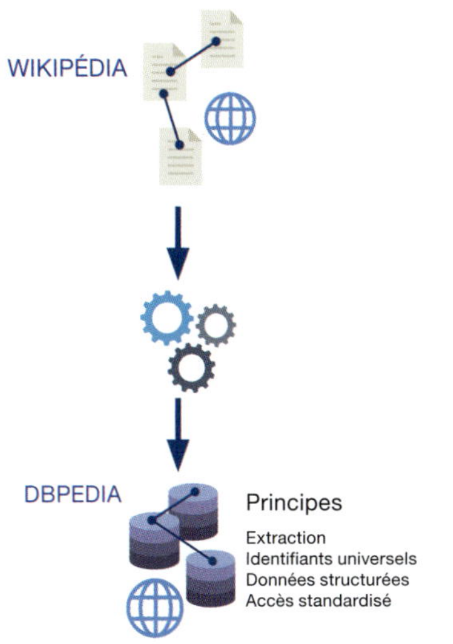

Schéma d'après F. Gandon, 2012. ■

Il existe cependant d'autres manières d'aboutir à un accord sur des collectifs d'objets, comme DBpédia, jeu de données extraites à partir de Wikipédia, qui constitue à ce jour le projet-phare du Web de données (cf. V.5). DBpédia propose, depuis 2007, des connaissances structurées destinées à stabiliser une caractérisation des objets s'appuyant à la fois sur des prédicats du sens commun (issus d'ontologies informatiques) et des sources secondaires. Le tout afin de fournir un référentiel en constante évolution aux applications du Web. En somme, si le Web constitue un appareil de désignation à grande échelle, Wikipédia permet aux humains (sans oublier les robots, responsables d'environ 30 % des actes d'éditions sur Wikipédia en français) de négocier, à partir de sources établies, un tri répertoriant les entités composant un monde commun. À son tour, DBpédia étend cet effort aux machines au moyen des langages et ontologies du Web de données.

Référence bibliographique

• A. MONNIN – *Du cycle de vie des données au cycle de vie des objets*, in L. CALDERAN, B. HIDOINE et J. MILLET (dir.), *Le document numérique à l'heure du Web de données*, ADBS Éditions, 2012.

17. Archivage du Web

Pierre Senellart

Le World Wide Web est la plus vaste source d'informations ayant jamais existé. Mais ces informations sont très volatiles : la moitié du contenu disparaît en moins de quelques années. Ce caractère éphémère de l'information est encore plus évident dans le Web social*, dont le contenu est fourni par les utilisateurs du Web, et dans lequel l'accès à l'information, contrôlé par quelques grandes entreprises (cf. VIII.22), n'est parfois plus possible après un certain délai.

L'archivage du Web* est un processus de collecte, de sélection, d'enrichissement, de stockage, de préservation et de mise à disposition des informations du Web actuel, afin qu'elles restent accessibles aux utilisateurs dans l'avenir. L'objectif de cette démarche est de permettre, par exemple, à un historien dans trente ans de pouvoir étudier la manière dont un événement politique a été commenté par les parties prenantes, les médias et les simples utilisateurs du Web ; à un juge de pouvoir décider dans cinq ans si telle action était en violation des termes d'utilisation d'un service Web tels qu'ils étaient formulés à l'époque des faits ; ou encore, à un sociologue de réaliser dans vingt ans une étude diachronique* d'une communauté à travers les traces que cette communauté a laissées sur le Web.

Des organisations à but non lucratif, telles qu'Internet Archive aux États-Unis (qui met à disposition une archive temporelle de plusieurs centaines de milliards d'URL*), Internet Memory en Europe, des bibliothèques nationales comme la BNF et d'autres organismes, tels que l'INA en France, œuvrent à l'archivage de parties du Web au sein de l'IIPC (*International Internet Preservation Consortium*). Ils utilisent pour cela des logiciels de parcours du Web nommés « robots Web » ou « *crawlers* ». Malgré cela, une grande partie de l'information volatile du Web n'est pas archivée et devient inaccessible aux générations futures.

Un Web infini et en constante mutation

Il n'y a pas de limite au nombre de pages Web existantes, chacune associée à une URL (adresse Web) distincte. Par exemple, un service d'agenda en ligne comprenant un lien « mois suivant » permet de parcourir le calendrier de mois en mois et donc de cliquer un nombre arbitraire de fois sur le lien, ce qui engendre de nouvelles pages Web, toutes à des URL distinctes. Une telle succession sans fin de pages Web est appelée « piège à robot ».

Cette infinité virtuelle du Web rend impossible la tâche d'archivage de l'intégralité du Web. Il faut donc mettre en place des stratégies de collecte sélective et de filtrage, qui se concentrent sur certaines pages, et implémenter des robots qui évitent de tomber dans les pièges que nous venons de décrire, soit en limitant le nombre de pages par site Web, soit en mettant en place des parcours du Web les plus larges possibles. Une alternative, plus ambitieuse, est de se focaliser sur les pages Web importantes, ou sur celles traitant d'un sujet donné. Cette tâche est délicate, car on ne peut connaître l'intérêt d'une page Web qu'une fois celle-ci récupérée. Il faut donc mettre en place des techniques de fouille de données (cf. IV.8) et d'apprentissage statistique (cf. IV.13) pour estimer cet intérêt.

Par ailleurs, outre son infinité, le Web est en constant changement. Certaines informations disparaissent quelques heures, voire quelques minutes, après avoir été publiées. D'autres pages Web, à l'inverse, ne changent pas pendant des décennies. Il est crucial pour un robot Web* de capturer cette dynamique, en revisitant régulièrement les pages changeant régulièrement, tout en visitant plus rarement celles qui sont plus stables. Mais cela demande de pouvoir prédire le taux de changement d'une page, pour en déduire un taux de revisite optimal. Trop de revisites inutiles entraînent un coût important en utilisation du réseau et en temps de calcul ; trop peu de revisites peuvent rendre une archive Web incomplète.

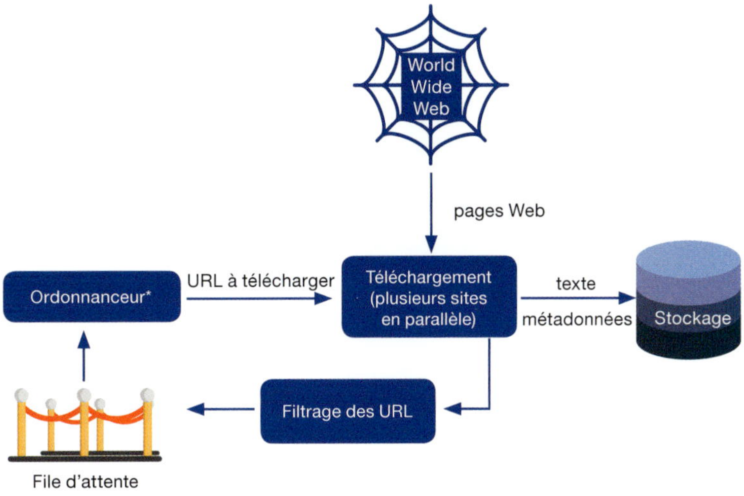

Architecture d'un robot Web*. ■

Les contraintes de collecte, d'accès et de stockage

Les robots Web traditionnels ont une vision un peu archaïque : ils considèrent que chaque page Web distincte d'un site est formée de contenu statique distinct de tous les autres contenus se trouvant sur le même site. Or, les sites Web modernes présentent l'information d'une manière de plus en plus dynamique, avec, par exemple, des commentaires chargés au milieu d'une page Web au moment où l'utilisateur clique sur un bouton, au lieu de les présenter sur une page à part. Ces sites Web présentent également l'information de manière redondante : plusieurs URL distinctes peuvent inclure le même contenu. Le robot doit donc être capable de réaliser des interactions complexes avec une page Web (ce qui nécessite des technologies avancées, comme un « orchestrateur de navigateur* ») et d'identifier les redondances d'un site de manière à le parcourir plus efficacement.

De plus, le Web actuel est devenu en grande partie un Web social et la majorité des contenus sont publiés par des internautes sur des sites de réseaux sociaux, comme Twitter ou Facebook. Il s'avère délicat, voire impossible, de collecter l'information de ce genre de site avec des outils traditionnels. À la place, il est souvent indispensable d'utiliser les interfaces de programmation (API*) fournies par les sites de réseaux sociaux, qui permettent de récupérer une description structurée de contenu. Mais ces API viennent presque toujours avec de très fortes restrictions d'accès. Par exemple, il n'est pas possible de faire plus de 450 recherches sur Twitter toutes les 15 minutes. Il est donc indispensable d'optimiser l'utilisation des API de réseaux sociaux, afin d'archiver le plus grand nombre d'informations pertinentes dans un temps le plus court possible.

Enfin, se pose la question du stockage pérenne dans le cas des archives Web. Le problème classique, auquel sont confrontés les bibliothécaires et archivistes, quel que soit le contenu, est : comment faire en sorte que les supports physiques de l'information ne se détériorent pas et restent lisibles pour les générations futures ? Cela passe par de la réplication de l'information, des sauvegardes régulières sur supports optiques ou bande magnétique en plus de la copie principale de l'archive sur disque, ainsi que par l'utilisation de formats standards, comme WARC*, pour représenter le contenu et les métadonnées (cf. II.9) d'une archive. Un problème plus spécifique au Web est celui de la taille gigantesque des archives, en particulier pour des archives génériques du Web. Ainsi, on estime à plusieurs pétaoctets la taille de l'archive constituée par Internet Archive. Le stockage et l'accès à l'archive requièrent donc une architecture distribuée, formée de grappes de plusieurs milliers de machines.

Références bibliographiques

- M. FAHEEM et P. SENELLART – *Crawl intelligent et adaptatif d'applications Web pour l'archivage du Web*, Ingénierie des Systèmes d'Information, vol. 19, n° 4, 2014.
- G. ILLIEN – *Une histoire politique de l'archivage du Web*, Bulletin des bibliothèques de France n° 2, http://bbf.enssib.fr/consulter/bbf-2011-02-0060-012, 2011.
- J. MASANÈS – *Web Archiving*, Springer, 2006.

- Sixième partie -

De l'infiniment petit à l'infiniment grand

Page précédente :

Introduction

Giuseppe Baldacci et Rémy Mosseri

À toutes les échelles, les sciences expérimentales font face au déluge des données : les nombres d'objets observés (des particules aux étoiles), la fréquence des événements et leur diversité. À ces infiniment petits et grands s'ajoute la volonté pour les sciences de la Terre d'une couverture spatiale et temporelle très fine, pour suivre l'évolution des océans, des sols et sous-sols, et de l'atmosphère. Les sciences du vivant ne sont pas en reste, avec la dimension de l'infiniment complexe en ligne de mire, associée à la diversité du vivant et à la combinatoire de l'information génétique.

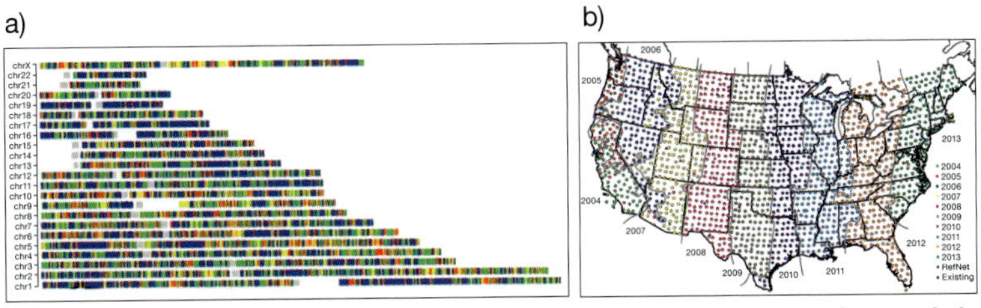

Aujourd'hui, les Big Data interviennent à tous les niveaux, comme en sciences de la terre et de la vie. a) Distribution de domaines chromosomiques répliqués en même temps dans les chromosomes de 6 lignées cellulaires humaines. Source : D. Hadjadj *et al.*, 2016. **b) Le réseau USArray est constitué de 400 sismographes et capteurs atmosphériques**, qui quadrillent régulièrement le territoire américain. Source : http://www.usarray.org/maps. ■

Les enjeux sont importants sur le plan de la recherche fondamentale : la compréhension des forces fondamentales qui régissent le monde physique ; la connaissance de l'Univers (cf. VI.2), de sa structure comme de son histoire ; l'analyse des dynamiques essentielles à l'œuvre dans le « système Terre » (cf. VI.4-6), la possible entrée dans une nouvelle ère baptisée « anthropocène » ; la compréhension de ce qui fait la spécificité du vivant (cf. VI.14), de sa phylogénie* (cf. VI.12), des règles de fonctionnement des organismes vivants (cf. VI.10).

Mais ces enjeux ne sont pas moindres sur le plan des conséquences sociétales : le « changement global », dans ses dimensions climatiques et de biodiversité, que l'on recherche à le limiter ou à s'y adapter ; la santé humaine, que ce soit pour maintenir notre corps en bonne santé, trouver des parades contre les maladies, ou utiliser les ressources animales et végétales pour notre bénéfice.

Dans toutes ces sciences, pour lesquelles l'observation fine d'une réalité complexe joue un rôle important, le développement des Big Data change la donne. En biologie, les recherches sur l'ADN et son expression ont été centrales. La mise au point de technologies de séquençage* à haut débit a été le préalable indispensable à la compréhension de l'information génétique propre à chaque espèce, à l'étude de sa duplication, de son expression et de sa transmission (cf. VI.11). On est bien alors dans un registre de Big Data, avec l'analyse des génomes de milliers d'espèces vivantes et celle des molécules qui permettent l'expression et la réalisation des programmes génétiques (cf. VI.10), l'identification de génomes d'espèces inconnues, ou aujourd'hui disparues (cf. VI.13). Ces avancées ouvrent également la voie à la possibilité de modifier les espèces vivantes, ce qui suscite des nombreuses interrogations de nature éthique.

L'objectif de ce chapitre est de décrire, dans tous ces domaines scientifiques, les progrès récents associés à l'obtention, mais également à la manipulation maîtrisée de données massives. La disponibilité de capteurs extrêmement performants, parfois minuscules, l'obtention d'un grand nombre de données brutes, leur transmission à haute vitesse, leur stockage sécurisé et leurs analyses très performantes permettent aujourd'hui de comprendre comment des modifications d'apparence mineures de notre environnement peuvent engendrer des conséquences imprévues et lourdes. L'interdépendance profonde de tous les éléments qui conditionnent la vie sur Terre doit nous inspirer un regard critique : les Big Data sont à ce titre un instrument puissant pour évaluer les espoirs et les risques de nos actions.

2. Exploitation des données en astronomie

Emmanuel Gangler et Farouk Toumani

L'astronomie est une science de l'observation, où le partage des informations joue un rôle important pour leur interprétation. Le travail des astronomes relève d'une longue tradition de fabrication et de consultation des catalogues, sortes de bases de données avant l'heure contenant des informations associées à ce qu'on appelle, de façon générique, des « objets » célestes (planètes, étoiles...). Vers la fin du XXe siècle, l'arrivée des capteurs CCD a changé la donne : grâce au format numérique, il est devenu possible d'extraire automatiquement les informations à l'aide de logiciels informatiques. Depuis, la collecte des données d'observations s'est considérablement accélérée : en 1986, le *Supernovae Cosmology Project* permettait d'acquérir environ 6,7 Ko/s, la caméra du relevé SDSS (Sloan Digital Sky Survey), démarrée en 2000, affichait une cadence de 4,3 Mo/s alors que le télescope de nouvelle génération LSST (*Large Synoptic Survey Telescope*), qui sera mis en service au début des années 2020, permettra d'acquérir les données à une cadence moyenne d'environ 400 Mo/s. Le LSST permettra de générer en fin de programme un volume d'environ 60 pétaoctets de données brutes et de 15 Po supplémentaires après leur traitement. Ce sont des données complexes avec de nombreuses interdépendances. Se pose alors la question de la gestion d'un tel volume, défi ainsi résumé par Andrew Connolly, de l'Université de Washington : « *les volumes de données LSST sont si importants que la limitation de notre capacité à faire la science ne sera pas notre capacité de recueillir les données, mais notre capacité à les comprendre* ».

Les systèmes de gestion de données

Pendant longtemps, les astronomes se sont appuyés sur un modèle simple pour exploiter les données : ils récupéraient une copie des données pertinentes à partir d'une archive *via* un transfert de fichiers, et utilisaient ensuite des outils d'analyse statistique pour parcourir les données stockées en local à la recherche de motifs intéressants (modèle « ftp-grep »). À l'ère du pétaoctet, ce modèle, finalement très artisanal, est devenu totalement obsolète et particulièrement lorsqu'il s'est agi d'ouvrir les données de manière plus large au public (cf. IX.8). Des approches plus « industrielles » de gestion de données sont donc devenues nécessaires. Dans les années 2000, Jim Gray, lauréat du prix Turing, a mené des travaux pionniers visant à établir un pont entre les technologies de gestion de données et les besoins en astronomie. Une révolution culturelle s'est opérée depuis. Aujourd'hui, les solutions recherchées pour gérer les données des observations s'appuient sur les technologies les plus modernes. Elles sont basées sur des infrastructures composées de grands *clusters** avec une forte concentration de nœuds de calculs et de dispositifs de stockage distribués (cf. II.19) qui, grâce à l'informatique dans les nuages (*cloud**), permettent d'intégrer de manière unifiée des équipements hétérogènes existants, tout en tirant profit des innovations technologiques les plus récentes. Le système de gestion de données en lui-même est constitué d'un système distribué complexe, doté de capacités de parallélisation massive. La répartition des données, la capacité de transférer les requêtes à travers le réseau pour être exécutées au plus près des données (cf. V.6) ainsi que la tolérance aux pannes, très fréquentes dans ce contexte, sont des éléments clés de ces systèmes.

Exemple des données LSST

Le catalogue de données LSST est constitué de tables relationnelles (cf. III.6) ayant des tailles allant jusqu'à 4 Po (environ 500 attributs* × 5 000 milliards de *n*-uplets*). De telles tables ne pouvant pas être stockées dans un seul nœud d'un *cluster*, un partitionnement spatial des données est donc envisagé. Le ciel est découpé en zones de même taille (figure) et les objets appartenant à la même zone sont regroupés dans des fragments de données qui sont ensuite répartis de manière équilibrée sur les nombreux nœuds du *cluster*. De manière très intéressante, en se basant sur ce choix de conception, une classification pragmatique de la difficulté des requêtes est proposée par le groupe de gestion de données LSST. Trois classes sont identifiées. La première classe contient les requêtes qui seront supportées par le système de gestion de données, comme le fait d'interroger un groupe d'objets localisés dans la même zone réduite du ciel. L'efficacité de traitement vient ici du fait qu'une requête de ce type peut être traitée par chaque nœud de manière indépendante (un logiciel médiateur est en charge de diriger la requête vers les nœuds qui contiennent les données pertinentes).

Cependant, si les astronomes étudient les objets du ciel individuellement, ils s'intéressent également au ciel dans son ensemble. Les requêtes sous-jacentes sont difficiles à supporter. On retrouve dans cette catégorie les requêtes de voisinage impliquant des grandes distances ou bien les requêtes qui portent sur des fenêtres d'espace coulissantes, comme la question de trouver toutes les régions d'une dimension donnée ayant une densité d'objets particulière. La présence d'une dimension temporelle dans les données LSST (prises d'images répétées de chaque partie du ciel) rajoute une difficulté supplémentaire, car un partitionnement spatial ne favorise pas les requêtes portant sur la dimension temporelle, et inversement.

Partitionnement des données LSST. Source : www.lsst.org/gallery/data. ■

Indépendamment des choix de conception, certaines requêtes sont intrinsèquement difficiles, voire impossible à supporter, comme celles qui renvoient un résultat, final ou intermédiaire, de très grande taille, ou celles qui demandent un temps de calcul important. Par exemple, les requêtes de jointures nécessitent de croiser les données entre elles (cf. III.4). Leur complexité théorique en fonction des données est de l'ordre de n^2, où n est la taille des données en entrée, ce qui devient problématique lorsque le volume de données à traiter est important. Par exemple, s'il est possible aujourd'hui de parcourir entièrement 1 To en moins d'une seconde moyennant une parallélisation massive de l'opération de lecture, lorsqu'il s'agit d'une table d'un milliard d'objets, procéder à 10^{18} lectures de cette table reste hors de portée des technologies actuelles.

Le traitement des requêtes de LSST ne permet finalement de résoudre que la partie « ftp-grep » du problème de l'astronome. Or, la découverte de nouveaux phénomènes astronomiques rares et l'analyse statistique massive demandent de pouvoir effectuer des calculs complexes sur un gros volume de données. Il faut donc attendre les innovations en algorithmique* de fouille de données (cf. IV.7), domaine qui n'en est encore qu'à ses balbutiements, et on ne sait pas encore aujourd'hui quels seront ses apports aux résultats scientifiques du LSST.

Références bibliographiques

- J. GRAY et A. SZALAY – *Where the Rubber Meets the Sky: Bridging the Gap between Databases and Science.* MSR-TR-2004-110, 2004.
- D. L. WANG *et al.* – *A Distributed Shared-Nothing Database for the LSST Catalog*, International Conference for High Performance Computing, Networking Storage and Analysis (SC).
- PETASKY – *Gestion et exploration des grandes masses de données scientifiques issues d'observations astronomiques grand champ*, Revue ISI, 2014.

3. Le CERN et les Big Data

Fairouz Malek

Le LHC, acronyme anglais pour *Large Hadron Collider*, est le plus puissant accélérateur de particules subatomiques au monde. Les particules sont accélérées à une vitesse proche de celle de la lumière et circulent dans un anneau de 27 km de circonférence enterré à 100 m sous terre, situé à cheval sur la frontière franco-suisse près de Genève. Mis en œuvre par le laboratoire européen du CERN*, le LHC et les équipements expérimentaux associés ont été conçus et construits par une collaboration internationale. À partir de 2009, il a livré des données de collisions de protons de 7 Téra électronvolts ($7x10^{12}$ électronvolts ou 7 TeV), de 8 TeV, puis de 13 TeV dans le centre de masse de la collision. Quatre gigantesques expériences, mobilisant plus de 10000 scientifiques, ont permis d'observer des collisions entre les particules accélérées pour tenter de percer quelques-uns des mystères fondamentaux de l'origine de l'Univers, et, notamment, de découvrir le boson de Higgs* en 2012.

Chaque collision proton-proton dans le LHC est « similaire » à un « mini Big-Bang ». Près d'une centaine de milliards de particules sont accélérées quasiment à la vitesse de la lumière et entrent en collision toutes les secondes. En théorie, un seul boson de Higgs est produit tous les 10 milliards de collisions. Chaque collision génère des milliers de particules secondaires qui traversent les sous-détecteurs des expériences. Si le détecteur était parfait (avec une « acceptance* » de 100 %, une efficacité de détection des particules de 100 % et sans fausses identifications), les scientifiques auraient pu observer environ 500 000 bosons de Higgs pendant les 2 ans de prise de données. Or, nous n'en avons détecté qu'une centaine. L'ampleur de la tâche s'apparente donc à rechercher une aiguille dans une énorme botte de foin !

Traitement des données

Le passage d'une particule dans un détecteur se traduit par des impulsions électroniques, à partir desquelles les physiciens peuvent déterminer sa trajectoire et sa nature. Les millions d'impulsions électroniques créées par chaque collision sont alors numérisées par des circuits électroniques intégrés aux détecteurs, avant d'être transmises par fibres optiques aux ordinateurs d'acquisition de données. Les données numériques y sont regroupées sous formes de fichiers binaires de « données brutes ». Chaque collision constitue, au niveau de chacune des quatre expériences, un événement dont la taille en données brutes est de l'ordre du million d'octets* (1 Mo). Afin de réduire la quantité de données, un tri est réalisé en un temps ultra court (moins d'une seconde) pour ne garder que les événements potentiellement intéressants. Ce tri réduit le taux d'acquisition dans une première étape à 100000 événements par seconde, puis, dans une deuxième étape, à environ 200 événements intéressants par seconde, cette fois-ci en traitant les informations à l'aide de

Fig. 1 – Transfert des tâches et des données entres les centres de calcul de l'infrastructure mondiale WLCG*. https://cds.cern.ch/record/1541893. © 2013-2016 CERN. ■

ressources (fermes de calcul) et d'algorithmes dédiés. Les données brutes, après tri, sont finalement enregistrées à un taux équivalent à 2 CD de 700 Mo par seconde pour les 4 expériences. Si toutes les données brutes avaient été enregistrées sans filtre préalable, il aurait fallu disposer de 400 000 CD par seconde. Empilés les uns sur les autres, la tour de CD ferait l'aller-retour Terre-Lune près de 10 fois par an.

Gestion des données

Traiter les données accumulées au LHC représente un véritable défi informatique, autant pour les flux, de l'ordre du gigaoctet par seconde (10^9 octets) que pour leur volume, 30 pétaoctets chaque année (10^{15} octets). À tout instant, quelques milliers de chercheurs du monde entier sollicitent des ressources de calcul et de stockage pour analyser ces données. Pour faire face à ce défi, la solution du calcul distribué, ou grille de calcul, s'est imposée. Elle a été mise en œuvre par la collaboration WLCG* et formalisée par un protocole d'accord (MoU*). Le principal intérêt de ce système fondé sur la mise en commun des ressources réside dans ses capacités quasi infinies et dans son évolution en continu à la différence des machines massivement parallèle. Il suffit en effet d'ajouter de nouvelles entités pour augmenter d'autant les capacités de calcul de la grille. Celles-ci peuvent égaler les supercalculateurs* en puissance de calcul, bien qu'elles soient limitées par les capacités de transfert entre processeurs, mais leur principal atout est de traiter des quantités énormes de données réparties sur la grille. Si nous évaluons les capacités des supercalculateurs en Tflops/sec (*floating-point operations per second*), ce sont, pour les grilles informatiques, les pétaoctets de données stockées, échangées et distribuées qui sont la bonne mesure. Les grilles sont centrées sur l'analyse d'énormes quantités de données en s'appuyant sur de très nombreux ordinateurs, mondialement distribués (figure 1). Ceci permet, dans une certaine mesure, de partager le coût mondialement et proportionnellement aux ressources mises à disposition par chacun des pays contributeurs. Actuellement, la grille WLCG compte près de 200 sites répartis sur 4 continents, dont une dizaine en France. Lorsqu'une requête est formulée par un utilisateur à partir de l'un des nombreux points d'entrée du système, la grille de calcul établit l'identité de l'utilisateur, vérifie ses autorisations, recherche les sites disponibles et susceptibles de fournir les ressources requises, en termes de stockage, de capacité de calcul, de disponibilité des logiciels d'analyse... pour finalement satisfaire la requête de l'utilisateur sans que ce dernier ait à se soucier du détail du processus. Elle est hiérarchisée en quatre niveaux, ou rangs, appelés « Tier » (figure 2). L'appartenance à un rang donné fixe la nature et la qualité des services qu'un centre de calcul doit fournir. Pour traiter l'ensemble des données enregistrées par les expériences, les besoins en capacité de calcul atteints en 2015 sont de plus de 1 000 000 d'ordinateurs de bureau et plus de 300 Po de disque, équivalent à 100 millions de DVD.

À partir de 2022, la capacité d'acquisition des données du LHC devrait être au moins supérieure d'un facteur 100 à celle d'aujourd'hui. Pour accompagner cette augmentation de la consommation en énergie et de la luminosité (taux d'événements susceptibles d'être traités) les technologies de calcul et de stockage devront être améliorées. Ainsi, le calcul parallèle permettra de gagner en vitesse de calcul pour traiter plus d'événements et le GPU* (*Graphics Processing Unit*) améliorera la vitesse des algorithmes, en particulier ceux qui permettent la recherche des traces de particules chargées au plus près de la collision. Le stockage, cependant, reste encore un problème. Le cloud* n'est pas une solution optimale, car l'accès aux données de manière intensive ne s'y prête pas bien, et, le stockage dans un site type Tier2 implique une gestion quotidienne trop lourde. L'alternative pourrait être de constituer des sites sans stockage, qui iraient lire les données à distance, mais ce processus est encore au stade expérimental.

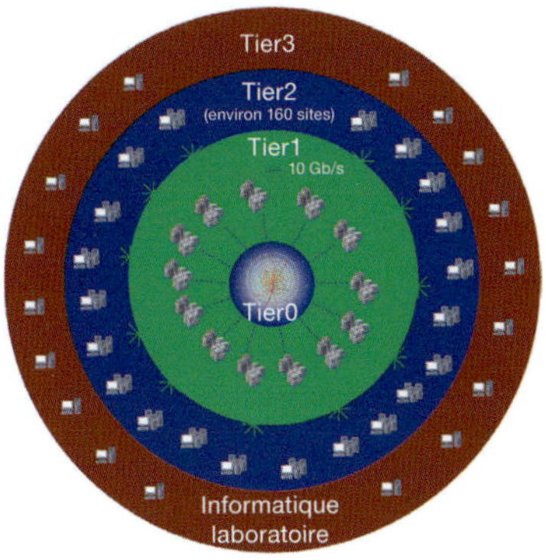

Fig. 2 – L'infrastructure WLCG* selon les rangs appelés « Tier ». Le Tier0 collecte les données brutes des expériences et les distribue aux Tier1 qui les stockent et les traitent pour en tirer des données « physiques ». Ces derniers les distribuent aux Tier2 pour un traitement exploitable par les physiciens. Le Tier3 sert à l'analyse *in fine* et est localisé dans un laboratoire, un institut ou tout simplement un PC. Des réseaux haut-débit spécialement conçus pour le LHC, (quelques 10 Gbits/s), connectent le Tier0 aux Tier1. Les Tier2 sont connectés aux Tier1 et aux Tier2 par des réseaux de l'ordre de 1, voire 10 Gbits/s pour certains. ■

Références bibliographiques

• F. MALEK – *Les pétaoctets du LHC*, Pour la Science, 36-37, 2013.
• F. MALEK – *Le calcul scientifique des expériences LHC. Une grille de production mondiale*, Reflets de la Physique n° 20, 11-15, 2010.

4. La Terre : un système d'informations

Catherine Jeandel

« *De même que l'hiver survient dans les saisons de l'année, ainsi, au cours d'une longue période de temps survient un grand hiver [...]. [Ces phénomènes] se produisent si progressivement et si graduellement et pendant des périodes de temps si longues par rapport à notre vie, qu'ils passent inaperçus, et, avant qu'on puisse les enregistrer du début à la fin, des nations entières périssent ou sont détruites.* » Cet extrait des *Météorologiques* d'Aristote laisse à penser que le philosophe avait compris le fonctionnement de la planète, du climat et de ses variations. Cependant, l'analyse complète des textes d'Aristote révèle une connaissance géologique très parcellaire et émaillée de nombreuses erreurs. La réflexion ci-dessus est donc plus probablement le fait d'un faisceau d'intuitions que celui d'un raisonnement logique.

Un réservoir de données

La présence de fossiles au cœur des montagnes et à bonne distance des rivages a longtemps interrogé les humanistes et naturalistes. Certains attribuaient leur présence à une élévation des terrains liée à des séismes, d'autres à ce que la Méditerranée aurait été plus haute dans un passé lointain et mythique... et les premiers défenseurs de la chrétienté les lurent comme témoins de la véracité du Déluge. De fait, aucun écrit de l'Antiquité ne témoigne d'une compréhension de la formation des chaînes de montagne. Émettre une hypothèse cohérente en observant ces étranges « cailloux », était admettre que la mer avait été là où se dressent des cimes enneigées, que le bivalve ou la feuille pétrifiés avaient été vivants et qu'il avait fallu beaucoup de temps pour les faire passer d'organique à minéral. Cette notion de durée, concept clé en géologie, a probablement été un frein majeur à son développement. Elle se heurtait en particulier au poids de la religion s'appuyant sur la Bible pour arguer d'une création du monde en 6 jours. L'absence d'instruments de mesure géodésique, gravimétrique, de réseaux permettant de globaliser les observations fit le reste. On s'accorde en général pour considérer que la publication par Charles Lyell des *Principes de Géologie* en 1830 marque la naissance de la géologie moderne.

Ainsi la géologie est une discipline récente, et son *alter ego* pour les mers, l'océanographie, encore plus. La particularité des sciences de la planète et de l'univers est que leurs fondements relèvent de l'observation et de la mesure de l'objet étudié. Or, observer et mesurer le magnétisme profond, les mouvements de masse, les circulations de la matière et des fluides internes ou externes requièrent des instruments adaptés et sophistiqués. La déduction des causes de ces mouvements nécessite la couverture globale des mesures, donc des réseaux d'observation et des développements cohérents dans les différents pays du monde... tant d'obstacles qui complexifient la tâche.

La théorie d'Alfred Wegener sur la dérive des continents illustre parfaitement le difficile chemin de l'épistémologie en géologie. En 1912, ce chercheur allemand émit l'hypothèse que les continents « dérivaient » à la surface de la Terre, tout en ne pouvant en quantifier les causes. De violentes controverses en oublis, ce n'est qu'en 1968 que la tectonique des plaques fut « démontrée » par le Français Xavier Le Pichon qui s'appuya sur l'essor des mesures du paléomagnétisme terrestre, l'exploration des fonds marins, la découverte des rides médio-océaniques et de leur volcanisme, les cartes mondiales de foyers sismiques, le développement des communications scientifiques... Un grand pas fut donc franchi pour la compréhension de la dynamique de la Terre, dont on venait tout juste de connaître l'âge.

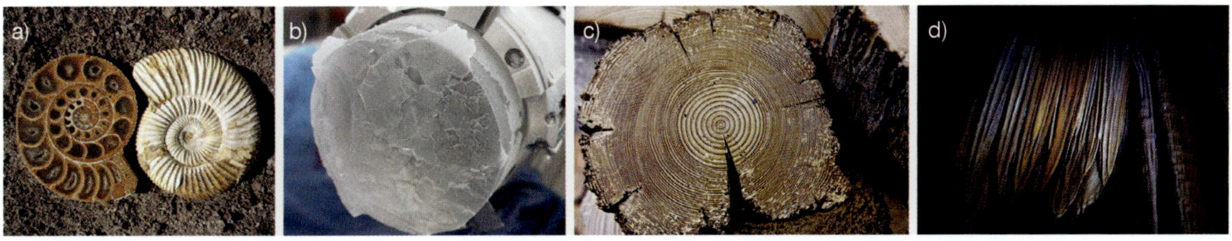

La Terre est une mine d'informations. Elle enregistre les événements qu'elle subit : a) dans les fossiles, b) dans la glace profonde, c) dans les troncs des arbres, ou encore d) dans les concrétions géologiques... Crédits : a) S. Jackson b) L. Augustin/CNRS Photothèque c) T. Vergoz/IMBE/CNRS Photothèque d) E. Godet. ■

Analyse et interprétations

En effet, depuis sa « naissance », la succession d'environnements et d'événements que subit la planète s'enregistre dans les coquilles des organismes vivants, les sédiments lacustres et marins, les roches, les stalagmites, les glaces, les troncs d'arbre (figure)... Ces archives de l'histoire de la Terre permettent de reconstituer ces environnements sur 5 000 ans (troncs d'arbres), plusieurs millions d'années (sédiments marins), voire 3 milliards d'années (roches). Encore fallait-il pouvoir décoder le livre. Le développement dans l'après-guerre de la spectrométrie de masse et de l'analyse isotopique des roches, sédiments et eau dans les laboratoires va permettre l'essor de la géochimie, contribuant à révolutionner la compréhension du système Terre. Son âge, déterminé en 1953 par Clair Patterson, fut déduit de la mesure d'isotopes d'éléments radioactifs naturels dans des météorites. La géochimie isotopique a aussi permis de retracer les différentes glaciations, grâce à la mesure des bulles d'air emprisonnées dans les carottes de glace en Antarctique ou au Groenland. Ces bulles d'air ont gardé la mémoire de la composition de l'atmosphère de l'époque de leur formation. Les travaux de Claude Lorius et de Jean Jouzel, médailles d'or du CNRS, ont révélé que les rapports entre les isotopes lourds et légers de l'oxygène et de l'hydrogène ainsi piégés étaient d'excellents thermomètres. Ils ont ainsi reconstitué les cycles glaciaires et interglaciaires qui ont rythmé le Quaternaire récent. La mesure du CO_2 dans les mêmes bulles témoigne de la rapidité de l'augmentation de sa concentration dans l'atmosphère depuis 1850. Celle-ci atteint aujourd'hui des niveaux jamais observés au cours des 800 000 dernières années. Les modèles reproduisant les climats passés et décrivant notre climat actuel établissent clairement le rôle de l'activité humaine et de la consommation en énergies fossiles dans cette augmentation, cause du réchauffement climatique.

Ces modèles découlent de la compréhension actuelle des échanges entre océans, atmosphère, continents, végétation et glaces, connaissance indispensable à leur construction. Il reste cependant beaucoup d'incertitudes, en particulier sur des phénomènes planétaires se produisant à des échelles de temps relativement courtes. Depuis une trentaine d'années, de nouveaux outils d'observation sont embarqués sur des satellites, permettant à nouveau un grand bond en avant dans les connaissances : la météorologie a fait des progrès fantastiques et avec elle la prévision des crises ; la mesure altimétrique de haute précision de la surface de l'océan permet de détecter les circulations océaniques les plus fines, mais aussi la montée du niveau des mers sous l'influence du réchauffement climatique ; les capteurs de couleur de la mer permettent un suivi continu de l'activité biologique de surface ; et la surveillance des calottes de glace de l'Antarctique et du Groenland révèle les zones de fonte et permet d'estimer les pertes de masse. Pour fournir les indispensables et complémentaires données de terrain, géophysiciens et géochimistes déploient des réseaux d'observations continues sur terre ou en mer : les chercheurs « écoutent » les vibrations de la Terre grâce aux réseaux sismiques, des champs de bouées surveillent les pulsations de l'océan comme le phénomène El Niño (cf. VI.5) et les campagnes en mer s'organisent entre les nations. On ausculte aujourd'hui la planète comme jamais auparavant, avec pour conséquence la génération de millions de téraoctets de données stockées dans des banques en *open source*. En sciences de l'univers, le collaboratif l'emporte sur le compétitif, au bénéfice de la connaissance.

Références bibliographiques

- F. ELLENBERGER – *Histoire de la Géologie*, 2 tomes, Éditions Lavoisier, Technique et Documentation, 1988.
- J.-F. STASZAK – *À la recherche du climat dans les météorologiques et dans l'œuvre d'Aristote*, Géographie et cultures, 1992.

5. Océan et Big Data

Guillaume Maze et Rosemary Morrow

L'étude de l'océan et de ses propriétés (température, salinité, courants) repose sur notre capacité à analyser des mesures, dont la variabilité recouvre une large gamme d'échelles spatio-temporelles allant du millimètre au millier de kilomètres et de la seconde au millénaire. La difficulté naît du fait que toutes ces échelles sont liées les unes aux autres et que les systèmes d'observations ne mesurent, ou que les modèles numériques ne représentent, qu'une partie de cette gamme d'échelles.

Collecte des données

À la grande différence de l'atmosphère, l'océan est totalement hermétique aux rayonnements électromagnétiques. Il est donc impossible d'observer à distance l'intérieur de l'océan avec des radars. La recherche océanographique a donc longtemps reposé sur l'analyse des données obtenues en se déplaçant sur zone, *in situ*, avec un bateau. Au cours de ces campagnes de mesures, les courants et la distribution verticale des propriétés de l'eau de mer peuvent être observés, mais pour une fraction limitée du spectre spatio-temporel de la variabilité océanique*. De plus, ces campagnes sont très difficiles à mener dans les régions reculées ou en hiver, quand les tempêtes limitent les manœuvres de bord. Une vision globale de l'océan et plus riche du spectre de sa variabilité a donc longtemps été impossible.

C'est au cours des années 1980 et 1990 que ces limites ont été levées grâce au développement des satellites pour l'observation de la surface de l'océan et des sondes dérivantes autonomes pour l'observation de l'océan intérieur. Le satellite Topex-Poséidon, lancé en 1992, a permis, pour la première fois, de visualiser la hauteur de la mer en temps réel à l'échelle du globe. En 1994, les sondes dérivantes autonomes ALACE et MARVOR ont commencé à fournir des mesures automatiques des courants profonds. Avec, en particulier, les séries de satellites JASON et de sondes autonomes dérivantes et profilantes Argo* lancées au début des années 2000 (figure 1), les systèmes globaux d'observation de l'océan fournissent désormais une quantité sans précédent de mesures physiques, et de plus en plus biogéochimiques, en temps réel et avec une couverture globale (figure 2). Pour les 2 000 premiers mètres de l'océan, le réseau de sondes Argo délivre 30 fois plus de mesures *in situ* en 1 année que 150 ans de mesures par bateaux. Une constellation de satellites comme JASON fournit en 10 jours une couverture globale de mesures de la hauteur de mer, tout simplement inaccessible par d'autres moyens.

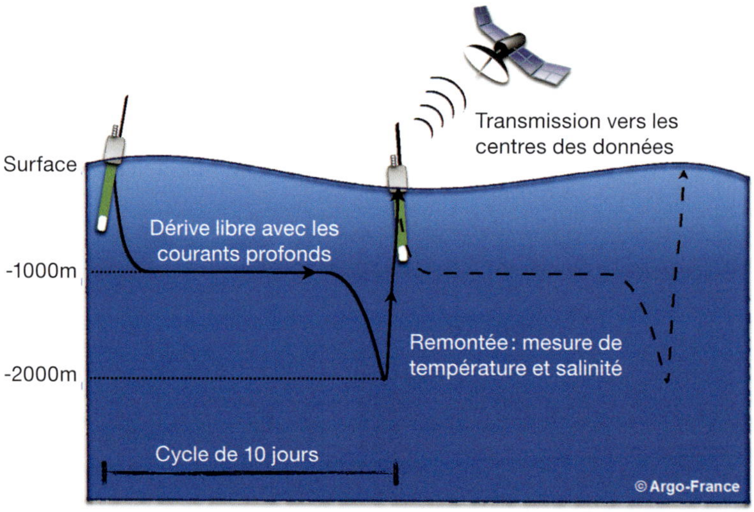

Fig. 1 – **Cycle typique d'une sonde autonome dérivante et profilante du réseau d'observation Argo.** Chaque sonde effectue 150 cycles de 10 jours au cours de sa vie. Actuellement, plus de 3 500 sondes de ce type peuplent l'océan global. ■

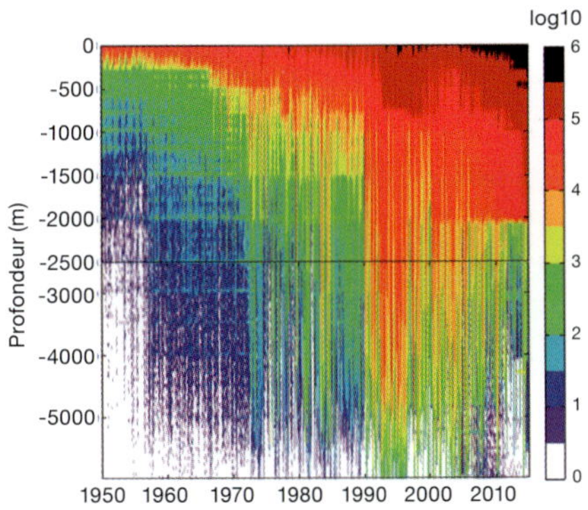

Fig. 2 – Évolution depuis 1950 du nombre de mesures océaniques acquises à différentes profondeurs, par tranches de 50 m. Très peu de données sont acquises sous 500 m jusqu'aux années 1990. À partir de 2000, on voit l'apport progressif et considérable des sondes Argo qui mesurent l'océan jusqu'à 2000 m de profondeur. Les évolutions technologiques des plateformes de mesure nous permettent d'aller toujours plus loin vers l'observation des abysses. Source : base de données *in situ* CORA4.1. ■

Jamais autant de données n'ont donc été disponibles pour étudier l'océan. Cependant, issues de plateformes de mesures, d'instruments et de capteurs très différents, toutes les données ne sont pas identiques et ne fournissent pas la même information. Ainsi, la révolution « océan et Big Data » des 10 dernières années est plus associée à l'explosion de la diversité et à l'hétérogénéité des données qu'à leur quantité. Même si les mesures altimétriques passeront de quelques gigaoctets de données par jour aujourd'hui, à des téraoctets par jour en 2020, il est très limitant de ne discuter que des aspects quantitatifs des bases de données, car l'essentiel réside dans l'information extraite de chaque mesure pour mieux comprendre l'océan. Pour cela, il est nécessaire de maîtriser deux aspects des données : leur qualité et ce qu'elles représentent du spectre spatio-temporel de la variabilité océanique.

Construction des modèles

Pour construire les modèles, il est nécessaire d'adresser deux problématiques : la première concernant la qualité et la fiabilité des données ; et la seconde ce qu'elles représentent du spectre spatio-temporel de la variabilité océanique. S'assurer et maintenir la qualité des données est une tâche fondamentale pour l'établissement de longues séries temporelles et la « jonction » des séries de données issues des instruments de mesure disponibles à une époque donnée. Être en capacité de combiner la qualité des mesures actuelles avec celles plus anciennes est primordial pour la détection des changements climatiques. De plus, l'amélioration en continue des algorithmes* de traitement de données et les corrections apportées aux données conduisent au retraitement périodique de toutes les séries historiques. Pour cela, il faut archiver les données et tous leurs paramètres d'étalonnage.

Déterminer et comprendre la représentativité spatio-temporelle des données est également fondamental, car sur cette représentativité reposent notre interprétation des mesures et la construction des modèles physiques de l'océan. Est-ce que la série temporelle de la hauteur de mer du marégraphe de Brest est représentative de la Bretagne, de la façade ouest Européenne ? Quelles structures en profondeur ont une signature en surface observable par satellite ? Les scientifiques étaient jusqu'ici très limités par la faible diversité des jeux d'observations à confronter aux modèles théoriques pour répondre à ces questions. La « révolution Big Data » offre aujourd'hui la possibilité de considérablement enrichir la robustesse et l'exhaustivité de ces confrontations observations/modèles, dont naît notre compréhension de la variabilité et de la structure de l'océan. Les dernières évolutions utilisent des méthodes de classification pour construire des modèles qui capturent les corrélations complexes, voir occasionnelles, entre différentes variables. Cela permet de faire des prédictions plus performantes : pour construire des champs de nouvelles variables, reconstruire des champs incomplets d'une variable observée ou déterminer comment deux variables interagissent préférentiellement. Il est parfois possible, voire nécessaire, de contraindre les méthodes statistiques avec des principes physiques, mais nous n'en sommes qu'aux balbutiements de ces évolutions.

Une caractéristique essentielle des évolutions technologiques liées à l'observation de l'océan est donc l'élargissement considérable du spectre spatio-temporel des données disponibles. Que ce soit à partir de modèles physiques et/ou statistiques, apprendre à combiner ces données hétérogènes pour créer des modèles de compréhension de la variabilité et de la structure océanique, dont dépend notre capacité à prédire l'évolution de l'état de l'océan, constitue une formidable opportunité, mais certainement aussi un des grands défis de la communauté océanographique pour les années à venir.

Références bibliographiques

• G. MAZE, H. MERCIER, R. FABLET, P. LENCA et J.-F. PIOLLÉ – *Brève introduction à la fouille de grandes bases de données océaniques*, Ifremer, http://archimer.ifremer.fr/doc/00216/32710/31075.pdf, 2014.

• *Les technologies de l'information au service de la recherche marine : nouveaux défis et solutions*, http://wwz.ifremer.fr/bigdata, 2013.

6. Sismologie et Big Data

Josselin Garnier et Jean-Pierre Vilotte

La sismologie est l'étude des vibrations de la Terre, des sources qui les génèrent, des structures et propriétés physiques du milieu au sein duquel elles se propagent profondément sous forme d'ondes.

Réseaux d'observation et données

Les systèmes d'observation sismologiques intègrent aujourd'hui des réseaux de capteurs numériques, les sismomètres, déployés globalement, régionalement ou localement et opérés au travers de collaborations internationales ; ainsi que des systèmes de transmission par satellite, micro-ondes ou Internet, vers les centres de données. Ils enregistrent, en fonction du temps et sur une large bande de fréquences, les trois composantes du mouvement du sol, les sismogrammes*, associés aux ondes sismiques générées par des sources naturelles ou anthropiques.

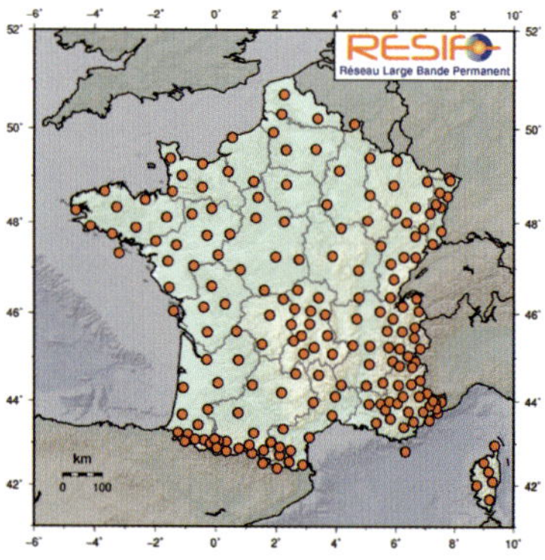

Fig. 1 – Réseau sismologique large bande français. Source : RESIF. ■

Les mêmes sismogrammes permettent d'étudier les structures du globe, les tremblements de terre, les éruptions volcaniques, et d'autres processus. Cet attribut multi-usages des signaux sismiques a conduit très tôt la communauté à promouvoir un accès libre aux données, articulé autour de fédérations de centres de données, des formats standardisés de données et des systèmes de requête et d'échange de données.

Méthodes et applications

La sismologie est une science fondée sur les données. La recherche repose sur des méthodes quantitatives et statistiques sophistiquées pour analyser, extraire, simuler et inverser la mine d'informations contenue dans ces signaux temporels sur : les sources sismiques, associées à la dynamique interne ou aux couplages avec la dynamique des enveloppes fluides externes (océan, atmosphère) ; les structures multiéchelles de la croûte à la Terre profonde ; et la dynamique du système Terre. Une riche panoplie d'applications d'intérêt sociétal a émergé de ces méthodes, comme la surveillance et la prévention des risques naturels (tremblements de terre, éruptions volcaniques, tsunamis, glissements gravitaires*...), ou la surveillance et la vérification du traité de non-prolifération d'essais nucléaires.

Par ailleurs, la sismologie joue un rôle central dans l'exploration, l'exploitation et la gestion de ressources d'hydrocarbure. Les ondes générées par des sources actives contrôlées (explosions, camions vibreurs, canons à air...) sont enregistrées par des systèmes d'acquisition denses sur terre et en mer. Ces techniques permettent d'imager à haute résolution (quelques mètres), *via* des méthodes de tomographie* et de migration*, la subsurface* dans des régions susceptibles de contenir des hydrocarbures.

Big Data : les nouveaux défis

Aujourd'hui, les données en sismologie explosent en raison de l'amélioration des systèmes d'acquisition, avec des réseaux de plus en plus denses (milliers de capteurs enregistrant et transmettant en continu plusieurs dizaines de téraoctets de données par jour), mais aussi grâce à l'évolution des capacités de calcul, avec des simulations multiphysiques dans des milieux géologiques complexes qui génèrent des centaines de téraoctets de données. L'exploitation de telles quantités nécessite aujourd'hui un changement de paradigme*, ainsi que des capacités de stockage et de puissance de calcul énormes. La plateforme Pangea de Total à Pau intègre ainsi une puissance de calcul de 6,7 pétaflops et une capacité de stockage de 26 pétaoctets.

Un premier enjeu est de fédérer de manière flexible des infrastructures distribuées d'archives intégrant de nouveaux systèmes de gestion de données et de requêtes permettant d'accéder et transférer de gros morceaux de données *via* une représentation plus abstraite de leurs structures et des plateformes de calcul intensif intégrant systèmes de stockage tampon et architectures parallèles optimisant les flux de données. Un second enjeu réside dans le développement de méthodes d'analyse statistique exploitant la cohérence spatiale et temporelle des signaux, de classification et d'apprentissage statistique, et d'imagerie assimilant de gros volumes de données.

De nouvelles méthodes d'interférométrie sismique* permettent de reconstruire, par corrélations croisées, l'information cohérente présente dans le « bruit » sismique ambiant, enregistré en continu en tout point du globe et généré par des sources aux interfaces entre Terre solide et enveloppes fluides externes. Ces méthodes transforment un ensemble de N enregistrements sismiques continus en une énorme matrice de N × N réponses impulsionnelles, associée à un réseau « virtuel » de N sources et capteurs. Elles ouvrent des approches originales pour l'étude des sources de bruit ambiant et des changements dans les environnements océaniques et atmosphériques, ainsi que pour le suivi des variations temporelles de la subsurface, utile pour optimiser la production d'un réservoir pétrolier ou pour surveiller un site de stockage de CO_2.

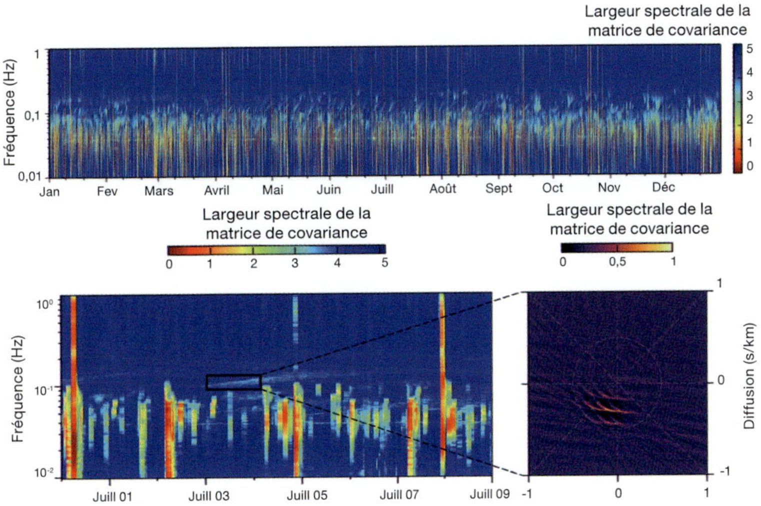

Fig. 2 – **(a) Largeur spectrale de la matrice de covariance du réseau, après normalisation en temps et en fréquence des signaux.** Des valeurs proches de zéro (en rouge) indiquent des signaux cohérents. Des valeurs proches de cinq (en bleu) indiquent du bruit sismique se propageant de manière non cohérente. (b) Zoom sur la matrice de covariance et (c) analyse par technique de formation de faisceaux du signal dispersif, obtenu après moyenne en temps et fréquence, et interprété comme une onde de Rayleigh générée par les interactions entre la houle et la côte. Seydoux *et al.*, Geophys. Res. Lett., 23, 2016. ■

De nouvelles méthodes statistiques permettent d'exploiter la cohérence des signaux temporels non stationnaires enregistrés par un réseau *via*, par exemple, des techniques issues de la théorie des matrices aléatoires* appliquées à la matrice de covariance du réseau, pour la détection et la restauration du large spectre de sources internes associées aux zones de déformation actives, comme des tremblements de terre aux « séismes lents » (récemment découverts grâce à ces méthodes), ainsi que des sources caractérisant des changements environnementaux et des processus de surface, incluant les mouvements des glaciers et les glissements gravitaires.

Ces nouvelles méthodes orchestrent des phases de traitement du signal (filtrage, segmentation) de complexité linéaire (croissant linéairement avec la taille des données), et des phases de calcul intensif (corrélations croisées, déconvolution multidimensionnelle) de complexité quadratique, ainsi que les mouvements de données entre ces phases.

La gestion et l'exploitation de ces données massives constituent un des principaux défis de la sismologie impliquant une approche multidisciplinaire associant sismologie, mathématiques, physique, statistique, calcul scientifique et science des données.

Références bibliographiques

- Réseau sismologique et géodésique français – www.resif.fr.
- USArray – www.usarray.org.
- La fédération internationale des réseaux de sismomètres numériques – www.fdsn.org.

7. L'usage massif des données pour les études climatiques

Jean-Louis Dufresne et Sébastien Denvil

Le climat peut se définir comme le comportement statistique du temps qu'il fait et son étude nécessite, par définition, des séries de données les plus complètes possibles. C'est un système chaotique, c'est-à-dire que l'atmosphère et l'océan fluctuent naturellement et que tout changement, même infinitésimal, de leurs états initiaux conduit à des états très différents, au bout de quelques jours pour l'atmosphère et de quelques semaines ou mois pour l'océan. Ces différences n'empêchent pas que les propriétés statistiques de ces états, c'est-à-dire le climat, puissent être identiques. De façon générale, plus les séries de données utilisées seront longues et détaillées, plus elles permettront d'affiner les caractérisations statistiques, d'aller au-delà des moyennes climatologiques et d'étudier des événements climatiques rares, extrêmes ou particuliers.

Mais étudier le climat, c'est aussi étudier les lois physiques à l'origine de ces caractéristiques statistiques ou de ces événements climatiques. Ces études nécessitent de suivre tout un ensemble de variables, d'analyser leurs évolutions croisées et de chercher s'il existe des lois macroscopiques ou des phénomènes physiques clés qui permettent de les comprendre. Comme les lois qui relient ces variables sont non-linéaires, on ne peut généralement pas les étudier à partir de valeurs moyennes et il faut des fréquences d'acquisition élevées (plusieurs fois par jour, voire par heure).

En observation de la Terre, le nombre croissant de satellites et le développement de nouveaux instruments permettent d'avoir une description toujours plus précise et plus complète du système climatique. En modélisation, l'accroissement de la puissance des ordinateurs permet de prendre en compte de nouveaux phénomènes, de résoudre les équations avec une résolution spatiotemporelle croissante, de faire davantage de simulations ou des simulations plus longues. Tout ceci conduit à une augmentation considérable du volume des données à analyser.

Comment gère-t-on de telles masses de données ?

Cette augmentation du volume de données à analyser est beaucoup plus rapide que celle de la performance des systèmes de stockage (figure). Ceci impose de multiples défis à la communauté du climat et engendre des bouleversements rapides dans les pratiques et les technologies utilisées pour la gestion, la distribution et l'analyse de ces données. Certaines pratiques

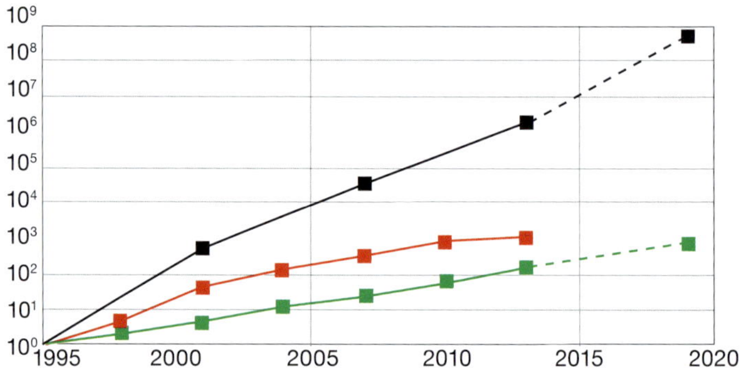

Évolution au cours des années récentes du volume de données générées par les projets coordonnés de simulations climatiques (en noir) et de la quantité de données qui peut être stockée par unité de surface pour les disques (en rouge) et les bandes magnétique (en vert). Sur la figure sont tracées les valeurs d'une année particulière normalisées par la valeur pour l'année 1995. Sur 20 ans, de 1995 à 2013, le volume de données a été multiplié par 1 million, tandis que la densité de stockage a été multipliée par 1 000 pour les disques et 150 pour les bandes. Sources : Williams *et al.*, 2016 (simulations climatiques) ; Frank, 2012 (densités de stockage). ■

conventionnelles, qui consistent, par exemple, à transférer toutes les données originales depuis un dépôt central sur les ordinateurs du laboratoire, où elles sont traitées et analysées, sont de plus en plus difficiles à mettre en œuvre. Par ailleurs, pour organiser la gestion et la distribution des données, une organisation en grille est de plus en plus souvent adoptée, pour laquelle un réseau de nœuds de données distribue les résultats de simulations climatiques à tout un ensemble de machines accédant à cette grille de données. Chaque nœud héberge une fraction unique de l'ensemble des données, et, dans certains cas, une réplique d'un sous-ensemble d'entre elles. Les usagers intensifs recopient les données dont ils ont besoin sur des mésocentres alliant gros espace de stockage et puissance de calcul pour les analyser.

Pour que ces données puissent être largement utilisées, il y a en amont une standardisation des fichiers qui les contiennent, de leur format et de leur documentation : contenu, origine, signification des variables, description de l'instrument ou du modèle dont elles proviennent... Des systèmes assurant la traçabilité et permettant l'annotation de ces données se mettent progressivement en place. Cette documentation, tout au long du cycle de vie de la donnée, est une condition impérieuse à leur bonne utilisation.

Alors que la communauté du calcul haute performance (cf III.13) envisage les systèmes exaflopiques (10^{18}, soit un milliard de milliards d'opérations en virgule flottante* par seconde) d'ici à 2020, qui permettront des simulations de plus haute fidélité et la simulation de phénomènes qui étaient inaccessibles dans le passé, il y a un consensus de plus en plus large pour affirmer que de nouvelles approches révolutionnaires sont nécessaires pour le stockage et l'analyse des données de simulations. On peut citer, par exemple, les systèmes de fichiers de type HDFS (*Hadoop Distributed File System*) ou les initiatives visant à lever les contraintes des standards POSIX (*Portable Operating System Interface UNIX*) des systèmes de fichiers, en ayant à l'esprit l'impact important de ces initiatives sur les outils d'analyse couramment utilisé de nos jours, qui ne sont pas adaptés à ces nouveaux paradigmes*.

Des données très largement utilisées

Les modèles et les observations du climat sont très souvent utilisés pour mettre à l'épreuve des hypothèses. Quelle aurait été l'évolution du climat depuis un siècle sans les perturbations dues aux activités humaines ? Qu'est-ce qui peut expliquer les variations rapides des paléoclimats* ? Comment va évoluer le climat dans le futur selon différents scénarios d'évolution des activités humaines ? La question sous-jacente est de savoir quelle est la part de ces variations due au caractère chaotique du climat (variabilité interne), à des perturbations naturelles (variations solaires, éruptions volcaniques...) et aux activités humaines (gaz à effet de serre, aérosols...).

Pour aborder ces questions, malgré la complexité du système climatique et les limitations des modèles, une vingtaine de groupes dans le monde développe des modèles climatiques et réalise des simulations en suivant un même protocole, et met à la disposition de tous les résultats selon un même format et des mêmes règles. Ces résultats sont ensuite analysés avec des perspectives très différentes : soit pour chercher les résultats sur lesquels les modèles convergent, et les raisons de cet accord, soit, au contraire, pour quantifier les différences entre modèles et chercher les phénomènes ou les approximations qui en sont l'origine. Mais ces différences sont aussi utilisées pour comprendre le fonctionnement du système climatique, avec l'idée sous-jacente que chacun de ces modèles est une représentation approchée, mais physiquement cohérente, de la Terre.

Les résultats issus de modèles ou d'observations sont utilisés d'abord par la communauté scientifique, servent de base à différents rapports, dont ceux du GIEC*, et sont utilisés depuis peu par des « services climatiques » partout dans le monde, et par des sociétés de différents secteurs (assurance, énergie, infrastructures...). Le volume de données et le nombre d'utilisateurs ne cessent d'augmenter et il continuera de croître très fortement, ce qui devrait provoquer une évolution importante des pratiques et des techniques dans les années à venir.

Références bibliographiques

• P. D. FRANK – *Information Storage Industry Consortium*, private communication, www.insic.org/news/2012Roadmap/PDF/21%20Roadmap%20-%20TechOverview%20V4.1.pdf.

• C. JEANDEL et R. MOSSERI (dir.) – *Le climat à découvert*, CNRS Éditions, 2011.

• D. N. WILLIAMS *et al.* – *A Global Repository for Planet-Sized Experiments and Observations*, BAMS, 2016.

8. Les grandes infrastructures analytiques de recherche : l'exemple de l'Institut Laue-Langevin

Charles Simon

Depuis presque 50 ans, l'Institut Laue-Langevin (ILL), créé en 1967, fournit à ses utilisateurs du monde entier des données sur l'interaction des neutrons* et des échantillons de toute nature. Même s'il a été inspiré par d'autres projets préexistants, l'ILL est le modèle sur lequel ont été créées les autres infrastructures analytiques de la recherche, que sont les sources de neutrons nationales, les synchrotrons* et les lasers à rayons X*. Tous ces instituts, grandes infrastructures analytiques de recherche (nationales ou internationales) fonctionnent aujourd'hui sur ce type de modèle. Ils sont des outils indispensables de la science des matériaux modernes, utilisés par des communautés très variées allant des matériaux biologiques au matériaux magnétiques en passant par la matière molle et la métallurgie. Les données qu'ils produisent sont exploitées par un petit groupe de scientifiques en charge du projet. Elles construisent par touches successives les grandes bases de données, qui contiennent le savoir sur les matériaux.

Fonctionnement

Sélectionné par un conseil scientifique formé par leurs pairs sur la base de l'excellence de leur projet scientifique, un groupe de chercheurs (physiciens, chimistes, biologistes, historiens...) réalise une mesure utilisant le rayonnement synchrotron, les neutrons ou le laser à électrons libres et l'un des appareils mis à la disposition des visiteurs dans l'infrastructure. Puis, il repart avec les données enregistrées pendant le temps qui lui a été attribué (de quelques heures à quelques jours, quelques mois ou plus rarement quelques années). Pour simplifier le propos, nous nous limiterons à deux exemples : la diffraction*, technique très éprouvée pour déterminer la position des atomes très précisément, et la spectroscopie, technique visant à caractériser le matériau par ses niveaux quantifiés d'énergie possibles. Dans

Statue de Jean-Robert Ipoustéguy marquant l'entrée de l'ILL et intitulée « L'Homme forçant l'unité » symbolisant pour certains la production de données par une grande infrastructure analytique de recherche. © ILL/Artechnique. ■

ces deux cas, les quantités de données enregistrées ont explosé avec l'augmentation des possibilités de les stocker et de les analyser (une multiplication par 1 million en moyenne pour une même durée), elle-même provenant de la taille et de la résolution des détecteurs, mais aussi de l'augmentation des flux incidents de particules et de la résolution temporelle ou en énergie. Ces données doivent comprendre toute l'information complémentaire disponible sur l'échantillon* mesuré, sa taille, son orientation dans l'espace au moment de l'enregistrement des données, sa température, sa pression, son histoire, ainsi que toutes les caractéristiques de l'instrument de mesure au même moment (son étalonnage en position, en sensibilité...).

Dans les années 1970, à l'ILL, les résultats étaient stockés sur du papier imprimé, puis traités à la main. Par exemple, pour déterminer le plus précisément possible l'intensité d'un pic en prenant en compte la résolution de l'appareil et la sensibilité du détecteur, il fallait tracer à la main le pic sur du papier millimétré, puis le découper et le peser. Avec ces techniques rudimentaires, les pionniers du domaine ont réussi de nombreux tours de force. Aujourd'hui, les techniques les plus modernes d'analyse des données sont en place, inspirées des jeux vidéos et utilisant les mêmes processeurs de cartes graphiques bon marché et efficaces.

En plus des outils informatiques performants qui ont été développés au cours des années, l'ILL a aussi tracé une voie en ce qui concerne la politique de l'usage de ces données. Un embargo de trois ans réserve cet usage au groupe qui les a obtenues. Ensuite, les données passent dans le domaine public avec une référence officielle, l'infrastructure assurant la qualité de ces données. Cette politique a permis au cours des années de maintenir un haut degré de publication des résultats, les mettant rapidement à la disposition du monde scientifique pour en poursuivre l'analyse. En ce qui concerne la détermination de la structure cristalline, les résultats sont insérés dans les bases de données cristallographiques existantes. Pour la spectroscopie, les bases de données ne sont pas aussi structurées, mais les méthodes modernes de recherche bibliographiques permettent d'y accéder facilement. En ce qui concerne les synchrotrons, la progression du domaine se produit avec une puissance de travail décuplée par rapport aux sources de neutrons, de part leur nombre très importants et leurs utilisateurs plus nombreux.

Les enjeux aujourd'hui

Pour la prochaine génération de synchrotrons, de sources de neutrons et de lasers à rayons X, le contexte Big Data modifie complètement la façon de prendre et de stocker les données. La méthode d'origine qui consistait à stocker pour toujours toutes les données brutes est progressivement abandonnée. Les données sont prétraitées par un programme d'analyse automatique qui doit contenir tout le savoir-faire du physicien, afin de n'en sauver que le contenu informatif. Ensuite, l'information recherchée devient de plus en plus complexe. Dans les années 1980, les chercheurs étudiaient la structure d'un système périodique simple à quelques atomes par maille, mais aujourd'hui ils s'intéressent à des systèmes biologiques complexes, avec des millions d'atomes par maille, et la représentation de l'objet dans l'espace réel est essentielle pour permettre d'en comprendre la fonction biologique. Le développement d'outils d'interface avec le cerveau du chercheur est un des premiers enjeux de cette nouvelle science, surtout dans les communautés des chimistes des matériaux et des biologistes, qui n'ont pas pu passer dans leur formation le temps nécessaire à préparer leur cerveau à l'analyse des données dans un espace de paramètres assez éloigné de l'espace réel. Par exemple, l'instrumentation d'aujourd'hui de l'ILL permet de localiser un proton dans sa fonction biologique couplée à l'analyse structurale. Les outils de visualisation de ces résultats dans l'espace réel sont à rendre plus conviviaux et, de ce point de vue, la complémentarité des techniques (grandes infrastructures, mais aussi microscopie, résonance magnétique nucléaire*, spectroscopie Raman...) est un point important à prendre en compte dans l'outil à développer.

Enfin, dans ces gigantesques bases de données fabriquées en science des matériaux et en biologie, il va aussi falloir créer des outils spécifiques pour y trouver des structures et des modélisations du futur, en bref de la nouvelle science. Il reste donc à créer l'interface de demain entre la base de données et le cerveau du chercheur.

Références bibliographiques

- Présentation de l'Institut Laue-Langevin – www.ill.fr.
- Présentation des infrastructures de recherche en France – www.cnrs.fr/fr/recherche/tgir/feuilles-route-infrastructures.htm.
- Présentation du synchrotron soleil – www.synchrotron-soleil.fr.

9. Le Genoscope et les infrastructures nationales

Jean Weissenbach, Claude Scarpelli et Pierre LeBer

La connaissance de l'information génétique contenue dans la séquence de l'ADN* a été l'un des objectifs majeurs de la biologie moléculaire. Le séquençage* de l'ADN est devenu techniquement possible vers la fin des années 1970. L'acquisition de cette information s'est accélérée au point de nécessiter, dès le début des années 1980, la création de banques de données de séquence, dont le rôle est de conserver les données et de les rendre accessibles publiquement sous des formats adaptés aux besoins des utilisateurs académiques, industriels ou autres. Par ailleurs, la nécessité, principalement financière, de passer à l'échelle industrielle dans de grosses unités centralisées de production de données s'est imposée dans les années 1990. Ces centres de séquençage se sont efforcés de fournir des données de séquence de qualité élevée et de les déposer sans délais sous une forme annotée dans les banques publiques.

Les infrastructures

Après avoir joué un rôle pionnier avec le laboratoire Généthon dans la génomique* à grande échelle, la France a créé, avec un certain retard, en 1997, un centre de séquençage national, le Genoscope, ayant pour missions principales de participer au projet génome humain, ainsi qu'à d'autres grands projets de séquençage internationaux ; de maintenir la technologie du centre au niveau de l'état de l'art ; et d'assurer le service à la communauté scientifique nationale pour les projets de séquençage à grande échelle.

En 2006 ont commencé à apparaître de nouvelles techniques de séquençage, dites NGS (*New Generation Sequencing*) qui ont provoqué une baisse des coûts de 5 à 6 ordres de grandeur en quelques années. Dans des domaines très variés de la biologie, des projets restés inenvisageables, car trop chers, sont donc devenus accessibles. Du fait de son caractère incontournable, le séquençage continue de mobiliser des moyens financiers et humains conséquents. En France, la structuration des plateformes NGS (grande et moyenne échelle) s'est faite dans le cadre de France Génomique (FG), une infrastructure de recherche financée par les Investissements d'Avenir. La mission de FG reprend les objectifs initiaux du Genoscope : maintenir le séquençage au meilleur niveau de compétitivité et de performance et à la pointe de l'état de l'art à l'échelle internationale dans la production et l'analyse des données de génomique. FG inclut les plateformes nationales de l'Institut de Génomique du CEA (Évry), que sont le Genoscope et le Centre National de Génotypage (CNG), et dont les capacités permettent la réalisation de projets à grande échelle, ainsi que 8 plateformes régionales (soutenues par certains organismes de recherche et des universités). Alors que le CNG est dédié aux projets santé avec re-séquençage de génomes humains, le Genoscope se consacre aux autres aspects de la génomique. Les plateformes régionales de séquençage et de bio-informatique, de dimensions plus modestes, ont quant à elles chacune leurs expertises, technologies et domaines d'applications spécifiques.

FG propose ainsi à la communauté scientifique nationale l'accès aux plateformes françaises, un accompagnement des projets, un haut niveau d'expertise et de compétences mutualisées, ainsi que la possibilité de participer à des projets collaboratifs ambitieux au niveau national et international. Les très grands projets peuvent être soumis aux plateformes nationales *via* des appels à projets périodiques et peuvent être cofinancés par FG, après sélection par des comités scientifiques indépendants. Les projets portent principalement sur le séquençage de génomes inédits (séquençage *de novo*) et de métagénomes, le re-séquençage de génomes humains individuels dans des buts de recherche sur les pathologies et le séquençage pour la recherche de variants de séquence d'intérêt dans tous types d'organismes.

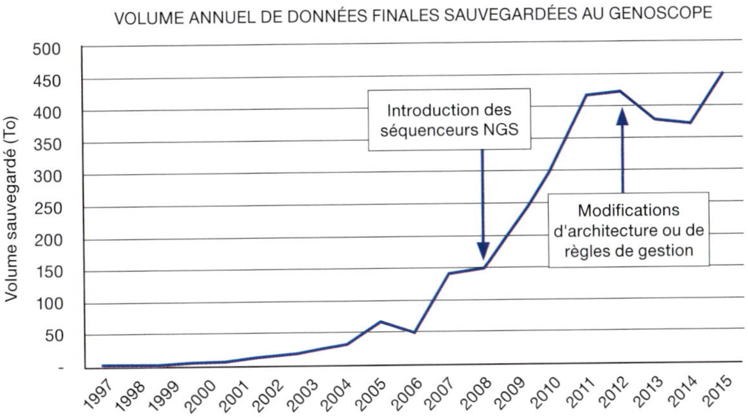

Évolution du volume de données cumulées dites « finales ». Les données brutes de production ayant été l'objet d'une opération d'archivage ne sont pas prises en compte. ■

Big Data et génomique

Du fait de leur volume (l'Institut de Génomique produit 100 Tbases de données/mois) souvent accumulées sur plusieurs années, voire au delà), de leur variabilité et de la vitesse des flux de production, les données de séquence sont à considérer dans le champ du Big Data. Elles sont notamment issues : *i)* de l'exploration de la diversité du vivant, en particulier des écosystèmes complexes comme les océans dans le projet *Tara* (cf. VI.18) et *ii)* de la collecte d'ensembles de données massives et hétérogènes de la médecine de précision. Elles ont des exigences particulières sur le stockage. Ainsi, pour les données médicales, la qualité des diagnostics et des pronostics dépendra de la capacité à mettre en œuvre des systèmes informatiques capables de stocker de manière pérenne (durées de 10 à 20 ans) des données mobilisables efficacement et en permanence sur des unités de calcul dans un contexte de sécurité particulier.

Le domaine de la génomique* se caractérise par une très importante production, principalement académique, de codes (quelques milliers), adaptés à la fois à la nature des données et des biais qui les affectent, ainsi qu'aux applications rendues accessibles par les technologies de séquençage. La quasi-totalité de ces codes sont écrits pour des systèmes UNIX, et dépendent donc de l'interface POSIX. À ce jour, la plupart de ces codes ne sont pas prévus pour être utilisés à des échelles aussi importantes que celles auxquelles nous sommes confrontés aujourd'hui, et encore moins demain. Aussi, un travail important est consacré à l'environnement d'exécution de ces codes, à la parallélisation et à l'orchestration du calcul, ainsi qu'à la réconciliation du résultat.

La génomique doit disposer de centres de stockage et de traitement présentant aux calculateurs des systèmes de fichiers accessibles. De telles quantités de données ne peuvent se mouvoir facilement. Les mobiliser efficacement impose qu'elles soient proches des unités de calcul. Se posent aussi les questions de préservation de ces données, qui seront souvent uniques. De tels volumes (quelques Po à quelques centaines de Po) ne sont pas accessibles aux techniques traditionnelles de sauvegarde et d'archivage. Des solutions ont donc été développées dans le cadre du modèle de stockage hiérarchique. Enfin, la confidentialité des données est cruciale. Rien n'est plus identifiant que la séquence génomique d'un individu, qui porte, en outre, des informations prédictives, et au-delà des informations touchant ses descendants. Des solutions élégantes sont en train d'apparaître, sous le terme de « chiffrements homomorphes* ». Ce domaine de recherche a été clairement identifié comme un contributeur aux questions de confidentialité dans le domaine de la génomique médicale.

Depuis sa création, le Genoscope a dû maîtriser le stockage et les traitements des données dont le volume s'est accru d'un facteur 100 (figure). Le système informatique, son architecture (data-centrée) et son dimensionnement ont fait l'objet d'une montée en puissance périodique pour répondre à des besoins en fort accroissement, voire en explosion. La configuration atteindra en 2016 1 Po et 1 000 cœurs. Les volumes de données à stocker et à traiter étant en croissance exponentielle, les partenaires de FG peuvent aussi s'appuyer sur le centre de calcul HPC* du CEA, où ont été implantés des équipements dédiés, sécurisés et évolutifs de stockage et de traitement, adaptés aux besoins de la génomique. Ces moyens sont principalement utilisés pour les grands projets mentionnés ci-dessus.

Références bibliographiques

• J. M. HEATHER et B. CHAIN – *The Sequence of Sequencers: The History of Sequencing*, Genomics, 2016.
• B. JORDAN – *Le Boom des séquenceurs de nouvelle génération*, Médecine Sciences, 2010.
• www.ebi.ac.uk.

11. Les enjeux du séquençage haut débit pour la biologie contemporaine

Gaëlle Lelandais et Jean-Michel Camadro

À l'ère du séquençage de l'ADN à haut débit

Cela fait tout juste 20 ans que le premier séquençage* intégral d'un génome eucaryote, celui de la levure *Saccharomyces cerevisiae* a été publié, après plusieurs années de travail d'une communauté d'environ 600 chercheurs dans le monde. Cet effort considérable contraste avec les facilités du séquençage dit « à haut débit », liées à des avancées technologiques remarquables, qui existent aujourd'hui. En une seule journée, il est possible de réaliser le séquençage intégral des génomes d'une vingtaine de souches différentes de *S. cerevisiae*. Les résultats de ce séquençage se présentent sous la forme de centaines de millions de courtes séquences de quelques centaines de bases (les *reads*). Les outils de la bio-informatique travaillent ensuite pour comparer automatiquement les *reads* au génome de référence (tel que celui de 1996), permettant, par exemple, de repérer des variations dans les différents génomes.

Ainsi, les laboratoires de recherche en biologie sont devenus en seulement deux décennies, de très importants producteurs de données expérimentales massives. Ils alimentent les bases de données publiques, dont le volume croît de manière exponentielle. À ce jour, des dizaines de milliers de génomes complets sont disponibles, avec depuis deux ans une explosion du nombre de génomes bactériens identifiés par des approches métagénomiques du microbiote* humain, du sol ou des océans. La base de données d'expression génique du *National Center for Biotechnology Information* contient les résultats de plus de 2 millions d'expériences. Ces chiffres ne représentent toutefois qu'une partie des données produites, car elles résultent, le plus souvent, de l'obligation faite aux chercheurs de déposer leurs données brutes sur des serveurs publics lors de la publication finale de leurs résultats, c'est-à-dire celles ayant été exposées à la communauté scientifique *via* la rédaction de publications dans des journaux de recherche.

Séquencer n'est pas comprendre

La génomique* fait souvent référence à la connaissance de la séquence d'un génome. Si cette connaissance est indispensable, elle ne suffit pas à comprendre le fonctionnement d'une cellule. Ainsi, d'autres techniques expérimentales qualifiées de « omiques* » ont été développées. Elles permettent l'observation de différents composants cellulaires (ARN*, protéines, métabolites...). Longtemps, la transcriptomique* (mesure de l'abondance des ARNm), a été utilisée de manière exclusive dans les laboratoires, *via* les techniques de puces à ADN (fondées sur le principe d'hybridation moléculaire des acides nucléiques), puis dans le séquençage des ARN (technique RNAseq). Aujourd'hui, les progrès de l'instrumentation en spectrométrie de masse permettent une description qualitative et quantitative des protéoformes associées aux ARNm, une fois traduits en protéines. L'analyse parallèle des transcriptomes et des protéomes permet d'établir des corrélations indispensables à la compréhension du vivant. L'étape suivante consiste à appréhender l'état fonctionnel des protéines par les approches de métabolomique*. Celles-ci visent à identifier et quantifier les petites molécules organiques (acides aminés, sucres, lipides...) produites par l'activité des enzymes du métabolisme.

Résultats bruts d'un séquençage à haut débit

```
@no02rep3_SRR352271.1 HWI-EAS283_0006:2:1:0:157 length=42
NTCCGTATTCCCTATGCCTCGTACAAATTNCTTNCAAATCCT
+no02rep3_SRR352271.1 HWI-EAS283_0006:2:1:0:157 length=42
%198387:;699;96/56;838:::9:58%/;1%/999::::
@no02rep3_SRR352271.2 HWI-EAS283_0006:2:1:0:1006 length=42
NCAATTGCAATTTCCAATGTCTATCATACAAATCCTCTTCTT
+no02rep3_SRR352271.2 HWI-EAS283_0006:2:1:0:1006 length=42
%0;<<717;6;<<<:<<7/7<<<979;;;;;<999999<8;;
@no02rep3_SRR352271.3 HWI-EAS283_0006:2:1:0:1599 length=42
NCTCCTAATTTCAATTTATACAATATTGTGGTTTTTTTTTCA
+no02rep3_SRR352271.3 HWI-EAS283_0006:2:1:0:1599 length=42
%0;;;<999<<;<<<<<<<<:;######################
@no02rep3_SRR352271.4 HWI-EAS283_0006:2:1:0:37 length=42
NCAATGTTTTCATCAGGAATACCAACTTTTTTGAAAAAATCA
+no02rep3_SRR352271.4 HWI-EAS283_0006:2:1:0:37 length=42
%/996/6<<979::7/2679:9999<<<<<<3(298989:::
@no02rep3_SRR352271.5 HWI-EAS283_0006:2:1:0:1785 length=42
NACTTCATCAAACTACCCCCCTCTTTAATCAACTTCTTCAAC
+no02rep3_SRR352271.5 HWI-EAS283_0006:2:1:0:1785 length=42
%.9;::9:::;:9:9886698:8:;;:9:;879:828::;99
```

Outils de visualisation des séquences sur le génome de référence

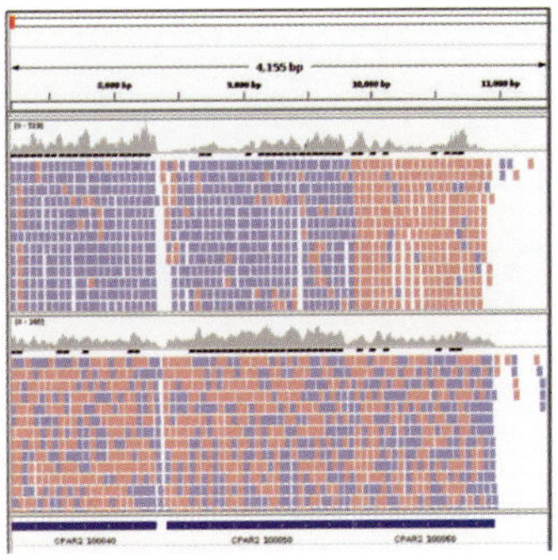

Les résultats d'un séquençage à haut débit se présentent sous la forme d'un fichier texte (à gauche), dans lequel plusieurs centaines de millions de séquences (les *reads*) sont écrites à la suite. Ces fichiers sont de taille très volumineuse (plusieurs Go) et sont difficiles à appréhender. Après le traitement bio-informatique, les outils de visualisation permettent de regarder les *reads* différemment. Sur cette image, les *reads* sont représentés par les boîtes bleues et roses et ils sont positionnés sur chaque brin d'ADN du génome de référence (en bleu foncé). Le paysage transcriptionnel de la cellule devient alors directement observable (en gris sur la figure). ■

Exploitation des données « omiques »

Un fichier de résultat issu d'un séquenceur à très haut débit est composé de plusieurs centaines de millions de lignes de séquences (figure, à gauche). Ainsi, son exploitation par le chercheur est conditionnée à l'utilisation de ressources informatiques adaptées. C'est un réel défi pour les laboratoires expérimentaux. Aussi, des efforts importants sont réalisés pour proposer des outils simples d'utilisation et intuitifs, grâce à une visualisation des résultats d'un séquençage (figure, à droite). Cette visualisation est essentielle pour la réflexion du chercheur (efficacité du couplage œil/cerveau) face aux données « omiques* ». Le processus d'analyse (choix des programmes et des paramètres statistiques adéquats) est nécessairement itératif et représente un questionnement important pour les biologistes qui appréhendent pour la première fois ce type d'analyses.

Conclusion

Les techniques omiques s'installent dans un contexte sociétal plus général, où les flux d'informations et de données sont perpétuels et sans cesse plus volumineux. L'analyse des tendances de la littérature scientifique, montre une très nette association entre les terminologies *omics*, *Big Data* et *personalized medicine*, ce domaine de la biologie qui considère que l'établissement d'une description précise de l'individu aux niveaux de son génome, transcriptome, protéome et autres « -omes », doit permettre une meilleure prise en charge médicale du malade par des approches prédictives, préventives, participatives et personnalisées (P4). Le génome humain est en effet connu depuis 2004 et des projets « omiques » de grande ampleur ont été ensuite lancés, tel que le projet ENCODE, (dont l'objectif est de définir toutes les parties essentielles du génome humain). Alors que les conséquences éthiques de l'accumulation d'informations sur les génomes des populations humaines ne sont pas encore bien cernées, les projections sur l'augmentation de la volumétrie de ces données sont sans précédent. Dans les laboratoires, un champ entièrement nouveau de recherche pluridisciplinaire s'ouvre pour appréhender, stocker, sécuriser et analyser ces volumes de données. Une dimension critique du problème sera liée à la mise en place d'enseignements spécifiques, permettant la formation d'une nouvelle génération de biologistes aptes à exploiter au mieux les données massives. Nous sommes en effet passés d'une phase de la biologie centrée sur un certain « pointillisme moléculaire » à une phase où le niveau de description du vivant apporté par les données massives « omiques » devient indispensable dans des approches dites « de biologie des systèmes ».

Références bibliographiques

- ENCODE Project Consortium – *An Integrated Encyclopedia of DNA Elements in the Human Genome*, Nature, 2012.
- S. ISTRAIL – *Whole-Genome Shotgun Assembly and Comparison of Human Genome Assemblies*, Proc Natl Acad Sci USA, 2004.
- www.ncbi.nlm.nih.gov/geo.
- www.youtube.com/watch?v=6M1oe8tBDvY.

12. Comment les Big Data font évoluer les recherches en phylogénie

Éric Bapteste et Philippe Lopez

La phylogénie* moléculaire vise à reconstruire l'histoire évolutive des séquences génétiques, et éventuellement des organismes qui les portent. Or, les données de séquences génétiques s'accumulent de façon exponentielle, constituant un véritable « Big Data moléculaire ». Ces séquences proviennent en partie d'organismes cultivables en laboratoire, mais elles proviennent aussi de microbiomes*, c'est-à-dire de communautés d'organismes vivant dans divers environnements (figure 1). Ces « séquences métagénomiques » correspondent soit à des séquences d'un marqueur phylogénétique* donné, soit à des séquences provenant de familles de gènes choisies au hasard, ou encore à des génomes isolés par des méthodes de *Single Cell Genomics**, ciblant des cellules d'un environnement donné.

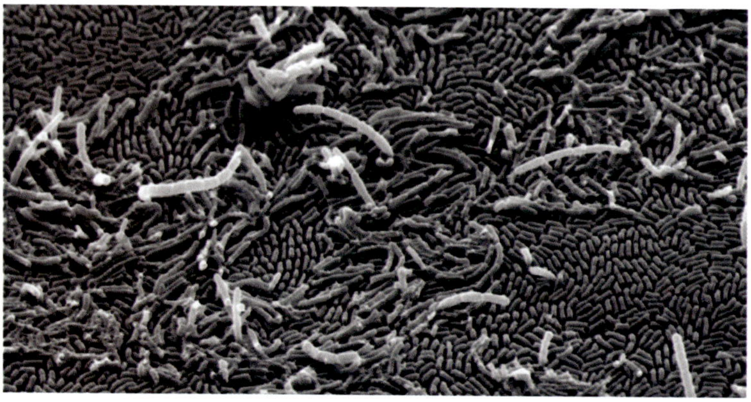

Fig. 1 – Une communauté bactérienne vivant sous la carapace d'une crevette vue en microscopie électronique à balayage. © M. Zbinden. ■

Le « Big Data moléculaire »

Bien qu'abondantes, les séquences métagénomiques ne sont pas nécessairement représentatives de la diversité, et par conséquent elles peuvent conduire à des phylogénies biaisées dans leur échantillonnage. Ainsi, les taxa les moins abondants dans les environnements (aussi connus sous le nom de « biosphère rare ») ont moins, voire peu, de chance de figurer dans les arbres phylogénétiques. D'autre part, le protocole de séquençage* n'est pas sans incidence sur l'estimation de la diversité, c'est-à-dire sur les séquences analysées par la phylogénie. Par exemple, les approches de metabarcode* basées sur différentes régions de l'ARN18S peuvent proposer des compositions environnementales différentes. Dans ce cas, les analyses de la diversité méritent d'être réconciliées. De même, la recherche ciblée sur des ARN16S ne permet pas de détecter toutes les bactéries, à l'instar des ultra-petites bactéries CPR récemment découvertes, dont l'ARN16S est inhabituel. De plus, de nombreux gènes, obtenus par séquençage aléatoire, ne ressemblent à aucun gène déjà connu dans les bases de données. Ces séquences orphelines ne trouvent donc jamais leur place dans des phylogénies. Nombre d'entre elles proviennent peut-être de cellules ou de virus encore inconnus, virus qu'il est par ailleurs très compliqué de classer. Ces considérations suggèrent que l'approche phylogénétique classique, bien qu'importante, est en train de devenir un outil parmi d'autres pour analyser la diversité et son évolution. Pour autant, les Big Data ont aussi fait évoluer la phylogénétique, grâce à la découverte de nouveaux organismes qui révisent soit nos classifications, soit nos conceptions de la manière de représenter l'évolution.

Révision des phylogénies

Les séquences environnementales qui le peuvent ont logiquement été incluses dans des arbres phylogénétiques. Pour certains auteurs, intégrer ce flot de données ne pose pas de problèmes spécifiques. Les groupes de micro-organismes porteurs de ces nouvelles séquences s'inséreraient dans les groupes existants, pour lesquels on dispose de génomes de référence provenant d'organismes cultivables. Ces groupes environnementaux pourraient donc être nommés et recevoir une classification compatible avec les structures hiérarchiques établies. Néanmoins, la découverte de nouvelles lignées, telles que les CPR, vient bouleverser l'image traditionnelle de l'arbre du vivant*. Cette lignée de bactéries ultra-petites et ubiquitaires ajoute (au moins) une branche entièrement nouvelle et considérable par sa diversité à cet arbre. Et cette extension n'est possiblement pas achevée ; des études de réseaux de similarité de séquences*, capables d'inclure des séquences trop divergentes pour être analysées par des méthodes de phylogénétique, suggèrent que d'autres familles microbiennes attendent d'être identifiées dans la nature (figure 2). La découverte de telles lignées profondes peut, par définition, transformer les inférences évolutives, en changeant nos connaissances des derniers ancêtres communs.

D'autre part, la découverte de nouvelles archées dans les grands fonds sous-marins, appelées Loki, alimente des débats sur la pertinence d'une représentation de la phylogénie sous forme d'arbre. En effet, l'inclusion de ces taxa dans les arbres du vivant fait des eucaryotes* les plus proches parents de Loki, et les branche à l'intérieur du domaine des Archées*. Comme d'autre part, les protéobactéries* ont également contribué à l'eucaryogenèse*, les eucaryotes apparaissent dotés de deux parents, l'un au sein des archées et l'autre au sein des bactéries. Pour paraphraser Eugene Koonin, ce scénario de symbiose défie frontalement l'idée que toute l'histoire de la vie pourrait être représentée par un seul arbre, et questionne sur le nombre de domaines ancestraux du vivant. Plus généralement, la découverte d'un nombre croissant de symbioses, c'est-à-dire d'histoires évolutives impliquant plusieurs lignées, à plusieurs reprises durant l'évolution, pose des défis à la phylogénétique. Par conséquent, le Big Data moléculaire joue ici un rôle essentiel : pas seulement parce qu'il peut permettre de découvrir des lignées particulièrement basales, mais aussi parce qu'il contient des informations sur des lignées intermédiaires, elles-mêmes impliquées dans des symbioses et des transferts de gènes entre lignées différentes. À cet égard, les CPR décrites plus haut semblent dotées d'une biologie remarquable : leurs petits génomes en font de très vraisemblables symbiontes*. Autrement dit, la découverte de ces nouveaux acteurs invite à explorer de nouvelles relations de co-évolution dans le monde vivant. De même, les données de microbiomes ont révélé l'ampleur des transferts latéraux de gènes dans les communautés microbiennes, qui affectent notamment l'évolution de leurs hôtes. Or, cette imbrication hôte-microbiome et cette co-évolution au sein d'holobiontes*, bien que de plus en plus manifestes grâce au Big Data, sont encore mal modélisées en phylogénie.

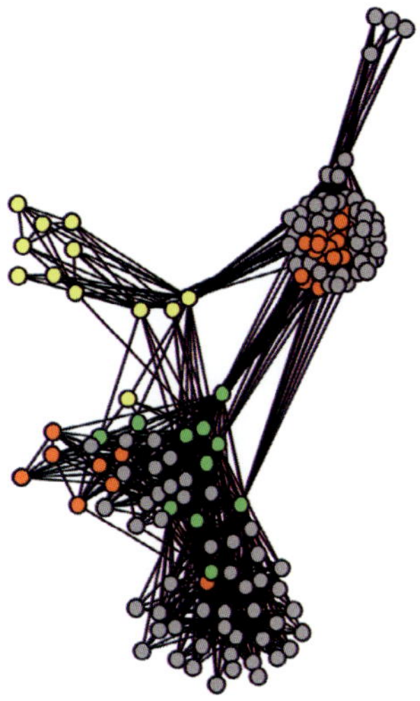

Fig. 2 – Un réseau de similarité de séquence. Sur des séquences d'ABC transporteur* (bactériennes en vert et archée en jaune) viennent s'agréger des séquences environnementales (en gris et orange). Les séquences oranges sont particulièrement différentes des séquences d'organismes cultivés et sont potentiellement portées par de nouveaux organismes. © P. Lopez. ■

Le Big Data moléculaire, en révélant la diversité des processus évolutifs, invite à développer une diversité de patrons susceptibles de les analyser et, à ce titre, peut contribuer à étendre la démarche phylogénétique classique. Parmi les défis qui se posent, on notera l'inclusion des virus et des cellules les plus divergentes dans ces représentations, la description de l'évolution des symbioses et des holobiontes, possiblement traitables par des approches de réseaux et pas seulement d'arbres phylogénétiques.

Références bibliographiques

• É. BAPTESTE – *Les gènes voyageurs : l'odyssée de l'évolution*, Belin, 2013.

• É. BAPTESTE – *Conflits intérieurs, fable scientifique*, Éditions Matériologiques, 2015.

13. Biodiversité passée et paléogénomique

Eva-Maria Geigl et Thierry Grange

Depuis un peu plus d'une trentaine d'années, les chercheurs analysent l'ADN* préservé dans des échantillons biologiques anciens pour interpréter aussi bien des contextes archéologiques et historiques que l'évolution des environnements et des populations végétales, animales et humaines. Ce domaine, la paléogénétique, s'est d'abord reposé sur la PCR* (*Polymerase Chain Reaction*) pour amplifier des régions génétiques d'intérêt à partir de traces d'ADN. Pour chaque projet, il faut optimiser les méthodes pour obtenir la sensibilité permettant de détecter des molécules parfois uniques en obtenant suffisamment d'information génétique pour interpréter les données de manière intéressante. Il faut aussi éviter les faux positifs* dus à des traces d'ADN moderne contaminant, et pour cela le paléogénéticien travaille dans des conditions de haut confinement (figure 1). Il prévient la contamination en combinant de multiples approches physiques, chimiques et enzymatiques concernant aussi bien les échantillons et leur prélèvement, que les réactifs utilisés et les procédures expérimentales d'analyse. En revanche, le volume de données produites par PCR reste limité.

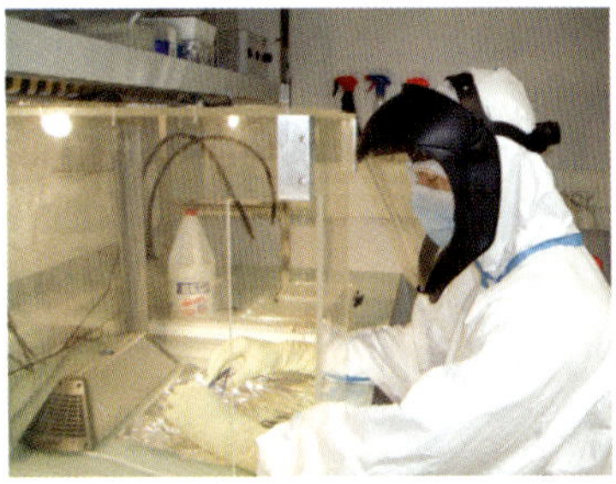

Fig. 1 – Le travail expérimental de paléogénétique dans le laboratoire confiné de l'Institut Jacques Monod. © E.-M. Geigl. ■

NGS et paléogénomique

Le développement spectaculaire des méthodes de séquençage dites de « nouvelles générations » (NGS) a transformé ce domaine (cf. VI.10) en permettant l'analyse de tout l'ADN contenu dans les échantillons anciens, sans a priori sur l'information génétique ciblée. La technologie Illumina qui vise à séquencer en une fois plusieurs dizaines, voire centaines, de millions de fragments d'ADN d'une centaine de nucléotides* est particulièrement adaptée à l'état très fragmenté des molécules d'ADN ancien. Cette approche a permis de récupérer de l'information génétique contenue dans des fragments d'ADN de très petite taille (entre 30 et 100 nucléotides), et de reconstruire des fragments de génomes, voire des génomes entiers, de spécimens âgés de quelques dizaines à quelques centaines de milliers d'années. Une des retombées les plus spectaculaires a été le séquençage des génomes d'une Néanderthalienne* et d'une Dénisovienne*, représentante d'une nouvelle lignée humaine archaïque identifiée par la paléogénomique. Ceci a affiné considérablement, voire réécrit, l'histoire de l'évolution de la lignée humaine au cours des dernières centaines de milliers d'années.

L'approche paléogénomique a permis de mieux comprendre les propriétés de l'ADN contenu dans les échantillons anciens et de mettre en évidence certaines des modifications de séquences induites par les réactions chimiques diagénétiques* affectant l'ADN au cours du temps, utilisées maintenant comme critères d'authentification des séquences anciennes. Elle a aussi permis d'observer que l'ADN endogène est la plupart du temps très fortement dilué dans de l'ADN environnemental, lui aussi très dégradé, pouvant représenter de 95 à 99,9 % de l'ADN total, sauf échantillons exceptionnellement préservés. Cet ADN environnemental peut provenir de bactéries, champignons, protistes*, invertébrés, plantes et même de vertébrés (figure 2). Il peut avoir pénétré dans les échantillons anciens à tous les stades, avant la mort, lors des phases de décomposition post-mortem, et tout au long de l'enfouissement du spécimen

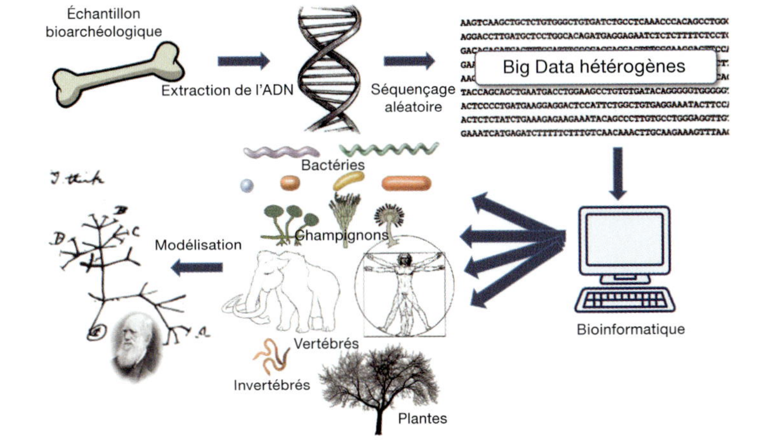

Fig. 2 – Approche paléogénomique : de l'échantillon ancien aux Big Data. ■

dans les sédiments. Bien que la majeure partie de cet ADN environnemental soit d'origine récente, on a pu parfois identifier et reconstituer des génomes d'organismes pathogènes, bactéries, virus, parasites, ayant infecté l'organisme de son vivant, voire ayant causé sa mort. Ceci a permis de retracer l'évolution de certains pathogènes, comme ceux responsables de la peste ou de la lèpre. La reconstruction de l'évolution des pathogènes ou des environnements anciens représente l'un des intérêts majeurs du séquençage* de cet ADN environnemental qui contamine les échantillons anciens. Par contre, l'interprétation de ces séquences est extrêmement délicate, surtout parce que la diversité biologique dans les sédiments est encore très mal caractérisée et que la plupart des séquences obtenues ne correspondent pas à des génomes connus. Le risque est alors important que l'on confonde des séquences d'organismes inconnus avec des séquences d'organismes connus phylogénétiquement proches, et que l'on produise des génomes chimériques qui faussent les inférences évolutives.

Pour enrichir les séquences obtenues en séquences d'intérêt, il est de plus en plus fréquent de recourir à la capture de séquences par hybridation à des appâts de séquences connues. Cette approche qui se rapproche de la démarche initiale d'amplification de séquence d'intérêt permet toutefois d'obtenir beaucoup plus d'informations de séquences par échantillon.

Les défis des données massives de paléogénomique

La généralisation de la production de séquences à partir d'échantillons anciens aboutit déjà à un véritable défi analytique pour explorer toutes les informations obtenues et les recouper avec les très grands volumes de séquence obtenus à partir des organismes actuels visant à caractériser les populations et individus humains et leurs pathologies, les animaux, plantes et micro-organismes d'intérêt scientifique, agronomique ou industriel, ainsi que la diversité des organismes dans de multiples environnements. De grandes avancées dans la compréhension de l'évolution des espèces et des environnements sont à attendre de l'analyse croisée de toutes les données contemporaines et passées. En effet, la compréhension du passé est essentielle à la fiabilité des prédictions des évolutions futures. Par contre, il faudra prendre en compte correctement l'hétérogénéité des données produites pour pouvoir les intégrer avec fiabilité. Ainsi, les données paléogénomiques sont loin d'être aussi fiables que celles de génomique* « moderne ». La petite taille des fragments d'ADN ancien et la grande hétérogénéité et diversité des séquences produites augmentent fortement la probabilité d'assignation erronée d'une séquence à un génome. De plus, un certain nombre des séquences obtenues peut être faussé par les transformations diagénétiques des molécules d'ADN. Finalement, la détection des traces d'ADN ancien est sensible aux traces de contamination d'ADN moderne, particulièrement lorsque la PCR est utilisée, que ce soit en tant que tel ou dans le cadre de la capture de séquences. Il faut donc s'attendre à un certain taux de pollution des données par des faux-positifs, en proportions (variables selon l'exigence des laboratoires producteurs) qui risquent fort de fausser significativement un certain nombre des données. Selon les questions posées et le volume des données traitées, des incohérences, des contradictions et des interprétations erronées sont à prévoir. Les grands volumes de données nécessiteront donc le développement de procédures automatiques de dépistage des incohérences.

Références bibliographiques

- E.-M. GEIGL – *Paléogénétique : faire parler l'ADN ancien*, Biofutur, vol. 349, 2013.
- E.-M. GEIGL, E.A. BENNETT et T. GRANGE – *Tracing the Origin of Our Species Through Paleogenomics*, BIO Web of Conferences, 2015.

14. Génomique, Big Data et évolution humaine

Lluis Quintana-Murci

L'étude de la diversité génétique humaine permet de retracer l'histoire évolutive de notre espèce et de mieux comprendre la variabilité phénotypique* des populations modernes, en particulier la variabilité associée aux maladies. L'avènement des technologies en génomique* à haut débit, en permettant la caractérisation de millions de polymorphismes* (dites « SNPs » pour *single nucleotide polymorphism*) et le séquençage* des génomes complets (comme le *1 000 Genomes Project*), a bouleversé la recherche en génétique des populations et en biologie évolutive*.

Le génome humain est composé d'environ 3,1 milliards de nucléotides* et deux personnes prises au hasard partagent 99,9 % de leur patrimoine génétique, indépendamment de leur origine géographique ou ethnique. Néanmoins, l'étude des différences génétiques restantes nous permet, d'une part, de déchiffrer le passé démographique et migratoire de notre espèce et, d'autre part, de comprendre notre histoire adaptative.

La question de l'origine de notre espèce constitue un des intérêts majeurs de la génétique des populations. Depuis les premiers résultats obtenus à partir d'une poignée de polymorphismes jusqu'au séquençage des génomes complets des multiples populations du globe, les résultats convergent vers la même conclusion : nous avons tous une origine unique et récente en Afrique. Ainsi, la diversité génétique intrinsèque à chaque population diminue à mesure que celle-ci s'éloigne du continent africain et l'on trouve les populations les plus diverses en Afrique et les moins diverses en Amérique du Sud. L'apport de méthodes basées sur des simulations à partir de données génomiques a permis également de dater la sortie d'Afrique il y a environ 40 000 à 80 000 ans avant de s'étendre au reste du monde.

Migrations et mélanges

La sortie du continent africain a entraîné la mise en place d'un réseau complexe de migrations et de mélanges entre populations. Les données génomiques nous ont permis de dater la divergence entre les ancêtres des populations européennes et asiatiques il y a environ 20 000 et 40 000 ans. Bien que les individus européens se caractérisent par une faible différenciation génétique, la structure des populations en Europe reflète avec précision la géographie du continent. En effet, de tout temps, les êtres humains ont choisi leurs conjoints à proximité immédiate de leur habitation et les variations génétiques se sont transmises à l'échelle locale, dans des zones géographiques restreintes. L'étude de la diversité génétique des populations humaines révèle que ce modèle (isolement par la distance) a conduit à un « continuum » de populations regroupant des individus faiblement différenciés. De plus, les origines complexes de certaines populations humaines ont été dévoilées grâce aux données génomiques, comme c'est le cas des populations polynésiennes qui sont issues à 80 % de populations asiatiques et à 20 % de populations océaniennes à la suite d'un mélange initié 1 000 ans avant notre ère. Une large étude génomique indique également que la grande majorité des populations natives des Amériques dérive d'une seule population ancestrale apparentée aux populations actuelles de Sibérie...

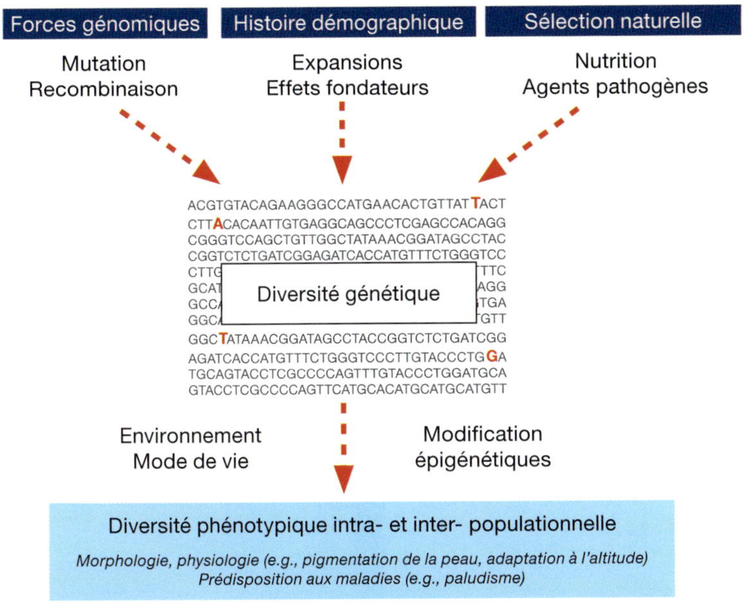

Facteurs influençant la variabilité de nos génomes et impact sur la diversité phénotypique. ■

Adaptation à l'environnement

L'essor des nouvelles technologies en génomique nous a également permis de comprendre la façon dont les populations humaines se sont adaptées à divers facteurs environnementaux – climatiques, nutritionnels, agents pathogènes – depuis leur départ d'Afrique il y a environ 60 000 ans. L'étude de l'impact de la sélection naturelle sur nos génomes a montré que les agents pathogènes et les maladies infectieuses ont été des facteurs sélectifs majeurs tout au long de notre histoire. C'est le cas de mutations dans des gènes tels que DARC, HBB, ou G6PD, qui ont permis aux populations africaines et asiatiques de mieux résister à l'infection par les Plasmodium responsables du paludisme. Des signatures de sélection naturelle ont été également identifiées dans des gènes impliqués dans l'adaptation au climat. C'est le cas de gènes impliqués dans une faible pigmentation de la peau, des cheveux et des yeux en Europe et en Asie, et qui auraient conféré un avantage aux populations des régions faiblement exposées aux UV. Différents gènes ont été également identifiés comme participant à l'adaptation au déficit d'oxygène caractéristique de l'altitude au Tibet ou en Amérique du Sud. Enfin, le régime alimentaire a également joué un rôle important sur la capacité d'adaptation génétique. C'est le cas du gène codant pour la lactase : différentes mutations altérant son expression et permettant la digestion du lactose présent dans le lait d'espèces domestiquées ont été sélectionnées dans différentes populations humaines.

Une réponse épigénétique

L'épigénétique* représente un autre mécanisme de réponse aux changements environnementaux. Les modifications épigénétiques de l'ADN*, telles que la méthylation* de l'ADN, peuvent moduler l'activité des gènes sans en modifier la séquence. Ces changements épigénétiques s'opèrent de manière plus rapide et plus flexible que les mutations génétiques. Une étude récente a caractérisé le niveau de méthylation de l'ADN, à l'échelle du génome entier, de différentes populations d'agriculteurs et de chasseurs-cueilleurs de l'Afrique Centrale. Les résultats indiquent que les changements récents d'habitat, notamment le passage d'un mode de vie forestier à la vie dans des milieux ruraux ou urbains, provoquent de fortes modifications épigénétiques, qui concernent principalement les fonctions du système immunitaire.

Des nombreuses questions sur l'évolution humaine restent encore sans réponse. Des approches intégrant les Big Data en génomique, comme le séquençage des génomes d'un nombre croissant de populations humaines, des études de transcriptomique* (expression des gènes) et d'épigénétique à l'échelle du génome entier, ainsi que le séquençage de plus de spécimens d'hominidés (comme l'Homme de Néandertal), associés à de nouvelles méthodes d'analyse de ces données, nous réservent sans doute des surprises sans précédent sur l'histoire de notre espèce.

Références bibliographiques

• L. CAVALLI-SFORZA et F. CAVALLI-SFORZA – *Qui sommes-nous ? Une histoire de la diversité humaine*, Champs sciences, 2011.
• M. JOBLING, E. HOLLOX, T. KIVISILD et C. TYLER-SMITH – *Human Evolutionary Genetics*, 2nd Edition, Garland Science, 2013.
• F. THOMAS, T. LEFÈVRE et M.RAYMOND – *Biologie évolutive*, De Boeck, 2e Édition, 2016.

15. Microbes et Big Data

Jean-Michel Batto et Joël Doré

Il y a plus de cinquante ans, la découverte de la structure de l'ADN* a permis de décrypter le support de l'information du vivant, et de construire les génomes d'organismes d'intérêt. Connaître le génome d'un microbe permet de construire des hypothèses sur ses propriétés et de trouver des ressemblances, des filiations, des propriétés nouvelles sans avoir besoin de le cultiver en laboratoire. Dans cet écrit, nous prendrons l'exemple de la communauté complexe et diversifiée que constitue le microbiote* intestinal, anciennement dénommé « flore intestinale », et qui regroupe l'ensemble des micro-organismes (bactéries, eucaryotes*, archées* et phages) présents dans le contenu intestinal de l'espèce d'intérêt.

Extraction de l'information génomique

Suivant les environnements microbiens naturels, on estime que 70 % à 99,9 % des espèces microbiennes dominantes ne sont pas cultivables en laboratoire. L'accès à l'information génétique (ADN) permet donc d'accroître leur connaissance et agit comme une sorte de multiplicateur de nos connaissances expérimentales. La génération du Big Data autour de la connaissance des microbes reste néanmoins soumise à validation expérimentale pour ce qui concerne les fonctions qu'exercent les microbes et, dans ce contexte, la culture au laboratoire reste le moyen de validation des connaissances nouvelles.

En l'espace de 20 ans, on est passé de la connaissance des microbes par l'observation expérimentale à celle de sa connaissance à travers des bases de données informatisées. En effet, c'est en 1995 que fut séquencé le premier génome bactérien : celui d'*Haemophilus Influenzae*, une bactérie pathogène*. Ensuite, la quantité d'informations produite autour du monde microbien n'a cessé de croître. Aujourd'hui, ce sont plus de 11 000 souches de bactéries, de virus et de champignons, dont les génomes ont été séquencés intégralement et partagés à travers des bases de données.

Auparavant, l'idée d'exploration du monde microbien se concrétisait par l'isolement et la purification de l'ADN d'intérêt et pendant longtemps on ne pensait pas possible de construire l'information génétique de plusieurs souches bactériennes en même temps. Les limites étaient liées à la puissance des traitements informatiques et à la volumétrie de l'information portée par l'ADN d'un mélange bactérien. C'est à partir d'une quantité d'information 10 fois plus importante que celle requise pour une souche pure que l'on arrive à construire une méthode d'extraction de l'information issue de mélanges complexes. La rationalité économique nous inviterait plutôt à ne pas développer cette approche, car ce facteur 10 a un coût supérieur à celui de l'approche par souche isolée, sauf qu'il est souvent impossible de cultiver les souches de manière isolée.

La caractérisation de microbiotes complexes à partir de l'extraction globale de l'information génétique qu'ils contiennent s'appelle la « métagénomique* quantitative ». Mais cette méthode n'est pas une fin en soi : il ne suffit pas d'avoir un nouvel instrument scientifique pour accéder à de la connaissance. Dans le contexte d'une problématique donnée, la connaissance de l'écosystème* d'intérêt est essentielle. La diversité du vivant s'inscrit dans des relations harmonieuses, compétitives ou régressives. Ces relations sont observables et apportent des explications essentielles pour passer d'une connaissance associative – des bases de données – à une connaissance explicative, causale.

L'étude du microbiote intestinal

L'écosystème microbien a été un objet d'intérêt scientifique dès la compréhension des phénomènes de fermentation, comme ceux qui aboutissent à la fabrication du yaourt ou du vin. C'est donc très logiquement que la métagénomique quantitative a trouvé son application scientifique dans l'étude des microbiotes – écosystèmes

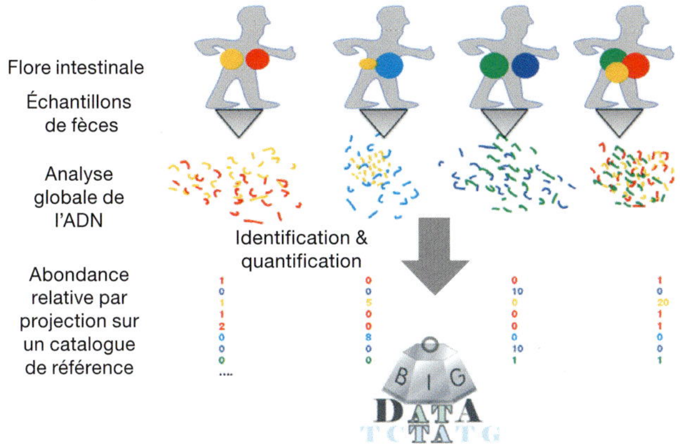

La métagénomique quantitative explore un mélange d'information qui est quantifié par rapport à un catalogue de références observables. ■

de microbes – et tout particulièrement dans l'étude du microbiote intestinal humain, qui répondait à une demande sociétale forte. En effet, la plupart des maladies chroniques de notre siècle sont associées à une altération de la symbiose entre l'être humain et son microbiote intestinal. La connaissance de l'état de la symbiose microbiote-patient apporte donc au médecin une vision plus large pour approcher la maladie.

La métagénomique quantitative appliquée au microbiote intestinal fut d'abord développée par Gill en 2006, puis par Kurokawa en 2007, mais ces approches n'étaient pas capables de reconstruire le génome de nouvelles bactéries à partir d'un mélange complexe. Il fallut attendre 2010 et le projet européen MetaHIT pour avoir une approche volumétrique de type Big Data. Le principe de l'exploration Big Data repose sur l'extraction d'ADN d'un mélange de microbes (figure). On ne sait pas à l'avance, de manière précise, quelles sont les souches qui composent ce mélange. C'est par les observations basées sur la quantification que l'on peut associer et même décrire les gènes puis les souches de microbes à partir de mélanges. Grâce à cette méthode, les chercheurs peuvent maintenant reconstruire des génomes de bactéries encore jamais cultivées.

La métagénomique quantitative

Le Big Data développé dans le cadre de la métagénomique quantitative repose sur 3 principes. Tout d'abord la construction d'un catalogue de signaux, qui recense les signaux observables dans le mélange d'intérêt et qui n'est pas nécessairement exhaustif – il arrive qu'un catalogue ne décrive pas plus de 40 % des signaux d'intérêts. La théorie de Shannon* est utilisée pour appréhender ce catalogue : il existe une relation entre la taille du catalogue et sa puissance d'adressage. Par ailleurs, il est nécessaire que l'ensemble des échantillons qui décrit un objet scientifique soit de même nature – dans notre cas le microbiote intestinal – avec une variabilité qui puisse être expliquée. C'est la question scientifique qui détermine l'ensemble d'échantillons. Dans l'étude du microbiote intestinal humain, on s'intéresse à des cohortes* d'intérêt médical. Enfin, il faut avoir la capacité à produire une matrice de comptage (par exemple, des gènes du catalogue de référence) et à la traiter. Ce traitement est de type Big Data, et en 2010, cette matrice comptait 3,3 millions de lignes et 376 colonnes, ce qui a entraîné un très lourd calcul, rendu possible par l'utilisation de calculateurs hybrides de type GPU*, ce qui fut une première en terme d'apport technologique.

Cette approche Big Data a permis de décrire 10 millions de gènes représentant potentiellement 1500 nouvelles espèces bactériennes. Elle a confirmé l'extrême diversité du microbiote intestinal humain et montré que si nous partageons quelques dizaines d'espèces entre individus, nous possédons cependant une signature individuelle dans notre microbiote, étonnamment stable et même résiliente en cas de stress modéré. L'approche nous a également permis de documenter des altérations de la symbiose humain-microbiote dans la majorité des pathologies chroniques de sociétés modernes, dont l'incidence n'a cessé de croître depuis quelques générations. Toutefois, au-delà de la démarche descriptive, la recherche d'une preuve des nouveaux effets suspectés conduit à un second niveau du Big Data : celui de la métagénomique fonctionnelle. La robotisation et l'apport informatique permettent de démultiplier l'opération de validation de nouvelles fonctions. Ainsi, le démonstrateur pré-industriel MetaGenoPolis combine la description de nouvelles bactéries ou fonctions à la validation robotisée. Ce second étage Big Data devrait être générateur de nouvelles connaissances par l'exploration de ressources biologiques jusque-là inaccessibles et ouvrant à de potentielles applications médicales.

Références bibliographiques

- MetaHIT – http://www.metahit.eu.
- MetaFun – http://mgps.eu/index.php?id=metagenomique_fonctionnelle.
- D. TELLO et M. ALMEIDA – *Simulation multi-GPU d'un logiciel de métagénomique appliqué à la flore intestinale humaine*, www.genci.fr/sites/default/files/INRA_AS_Plus_Tello_Almeida_Metaprof.pdf, 2013.

16. Big data et diversité fonctionnelle : des organismes aux écosystèmes

Éric Garnier et Nicolas Mouquet

La biodiversité représente la variation biologique rencontrée à tous les niveaux d'organisation du monde vivant (gène, espèce, écosystème*...) et peut être appréhendée par différentes dimensions : génétique, taxinomique*, phylogénétique*, fonctionnelle, culturelle... Un consensus se dégage autour de l'idée que la dimension fonctionnelle de la diversité est primordiale à considérer pour comprendre et prédire les réponses des écosystèmes et de leurs composantes aux changements planétaires en cours. Comme dans les autres domaines de l'écologie, l'augmentation importante du volume de données disponibles permet d'aborder les thématiques de ce champ disciplinaire à une échelle sans précédent. Quelle est la nature de ces données et quelle est leur disponibilité ? Comment peut-on les utiliser pour répondre aux questions pressantes posées à l'écologie scientifique ? Quels sont les obstacles qui limitent l'utilisation de ces données aujourd'hui ?

Les données de la diversité fonctionnelle

La diversité fonctionnelle représente la variation du degré d'expression des fonctions biologiques à différents niveaux d'organisation du vivant. Au niveau des organismes, elle est très souvent appréhendée en utilisant le concept de « trait », défini comme toute caractéristique mesurable d'un individu. Les variations des valeurs de traits permettent de quantifier la diversité fonctionnelle entre différents individus d'une population, entre populations d'une même espèce et entre espèces au sein des communautés. De grandes bases de données de traits ont récemment été constituées, dont l'un des exemples les plus spectaculaires est celui de la base de données* des plantes TRY, qui contient plus de 5,5 millions de valeurs de traits concernant environ 100 000 espèces de plantes. Des initiatives similaires sont en cours pour d'autres organismes, tels que les invertébrés du sol, les poissons ou encore les oiseaux.

Au-delà des données d'occurrence d'espèces mises à disposition par le GBIF (*Global Biodiversity Information Facility*), des efforts très importants sont actuellement conduits pour rassembler les données de composition en espèces des communautés chez différents types d'organismes. Pour les plantes, plusieurs initiatives visent à rassembler de façon homogène et facilement consultable les nombreux relevés de végétation effectués dans le courant du XXe siècle (*European Vegetation Survey* en Europe, SALVIAS aux États-Unis, *VegFrance* en France). Pour les animaux, des initiatives telles que le *Suivi Temporel des Oiseaux Communs* (STOC) ou encore le *Butterfly Monitoring Scheme* pour les papillons, permettent de suivre sur le long terme des changements de composition des communautés, en utilisant des méthodologies standardisées de collecte des données.

Exemples d'utilisation des Big Data

L'utilisation de grands jeux de données de traits a permis de dégager des lois fondamentales qui gouvernent les différences fonctionnelles entre les organismes, telles que la détection d'invariants (*e.g.* relation entre masse corporelle et métabolisme chez les animaux) ou de compromis entre fonctions (*e.g.* entre acquisition et conservation des ressources chez les plantes).

La combinaison des données de traits des espèces et de composition taxinomique des communautés permet

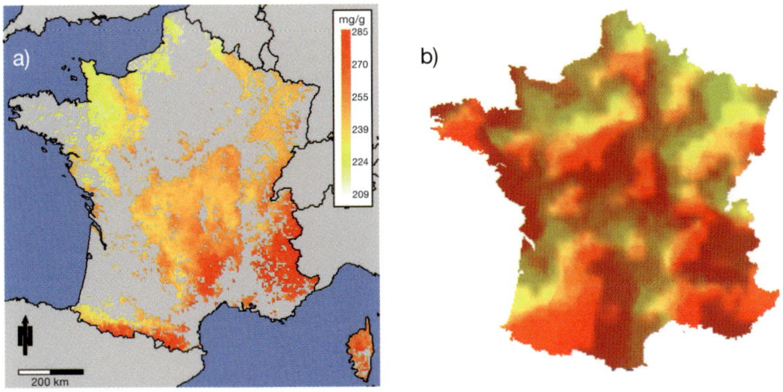

Exemples d'études combinant des valeurs de traits et de composition et/ou de structure des communautés à l'échelle du territoire français métropolitain. a) Distribution spatiale de la valeur moyenne pondérée* au niveau de la communauté de la teneur en matière sèche des feuilles dans les prairies permanentes, obtenue à partir de données issues de 51 486 relevés floristiques et de valeurs de teneur en matière sèche foliaire de 1 510 espèces prairiales disponibles dans la base de données* TRY (Violle *et al.*, 2015). b) Distribution spatiale de la diversité fonctionnelle d'oiseaux, obtenue à partir de 1 037 relevés effectués lors d'un suivi temporel sur la période 2001-2007 (base de données STOC) et des valeurs de 22 traits disponibles sur 229 espèces d'oiseaux communs (Devictor *et al.*, 2010). ■

de décrire la structure fonctionnelle* de ces dernières. Mis en œuvre à de grandes échelles spatiales, on parle de biogéographie fonctionnelle*. Un premier exemple montre la distribution spatiale de la valeur moyenne pondérée* d'un trait foliaire dans les prairies permanentes françaises (figure a), La distribution de ce trait, fortement relié à la dégradabilité du matériel végétal, permet d'estimer une composante essentielle de la qualité du fourrage fourni aux animaux domestiques, ainsi que la vitesse de la première étape de décomposition de la litière, qui influe sur la vitesse de circulation des éléments minéraux dans les écosystèmes. Un second exemple présente la distribution spatiale de la diversité fonctionnelle d'espèces d'oiseaux sur le territoire national métropolitain (figure b). Cette étude montre que les zones à forte diversité fonctionnelle sont sous-représentées dans les aires bénéficiant d'un statut de protection, alors que c'est l'inverse pour ce qui est de la diversité taxinomique : il est donc essentiel de prendre en compte les différentes dimensions de la biodiversité dans une perspective de conservation.

Les obstacles à lever

Deux obstacles importants limitent l'utilisation et l'intégration des données* dans le champ de la diversité fonctionnelle. Le premier relève de la nature intégrative de ce champ, qui demande de combiner des informations relatives à des échelles spatiales et temporelles, des niveaux d'organisation et des disciplines multiples. Le second relève de la pratique des scientifiques dans ce champ disciplinaire : alors qu'il existe bien quelques études coordonnées à grande échelle, la majorité des données est collectée par des acteurs qui travaillent de façon indépendante et sans réelle coordination. Ce type de pratique conduit à la constitution de nombreux jeux de données de tailles relativement petites, dont le contenu et la sémantique sont souvent très spécifiques à la question abordée.

L'absence de coordination entre acteurs couplée au déficit de standards* terminologiques ou ontologiques* limite fortement nos capacités à intégrer et comparer les jeux de données obtenus dans des études différentes. Ces différents jeux de données sont souvent constitués de variables et de concepts qui ont des sens différents selon les disciplines, les échelles et les niveaux d'organisation considérés. Ce problème provient notamment d'un manque de description et de définition précise des concepts, conduisant à diverses formes d'« incertitudes terminologiques ». L'harmonisation des définitions et des concepts représente donc un des objectifs principaux de la discipline émergente de l'écoinformatique*, en vue d'améliorer la communication entre fournisseurs et utilisateurs de données.

L'utilisation de données acquises, aussi efficace et coordonnée soit elle, reste complémentaire d'autres approches traditionnellement utilisées en écologie, et ne remplace pas la nécessité de développer les méthodologies et les concepts fondamentaux qui lui permettront de relever un de ses plus grands défis actuels : prédire les conséquences des changements planétaires sur le présent et le futur de la biodiversité.

Références bibliographiques

• CESAB – *Résultats des groupes de travail et de l'appel à projets de recherche 2010*, http://www.cesab.org/index.php/en/infos/actualites/118.

• E. GARNIER et M.-L. NAVAS – *Diversité fonctionnelle des plantes. Traits des organismes, structure des communautés, propriétés des écosystèmes*, De Boeck, 2013.

• GBIF – *Système Mondial d'Information sur la Biodiversité*, www.gbif.fr/page/ressources/documentation.

• N. MOUQUET *et al.* – *Predictive Ecology in a Changing World*, Journal of Applied Ecology, 52, 2015.

17. L'écologie des systèmes

Damien Eveillard, Anne Siegel et Philippe Vandenkoornhuyse

Définitions

La compréhension des interactions entre organismes au sein d'un écosystème* est un défi majeur en écologie. Ces dernières années, les avancées en génomique environnementale* ont permis de mieux comprendre la place des micro-organismes dans les écosystèmes, mais elles ont également ouvert la voie à un nouveau défi scientifique : l'élucidation au niveau moléculaire des interactions microbiennes au sein d'un même écosystème. L'organisation issue de ces interactions permet d'expliquer les processus fonctionnels, tels que les processus clés du cycle du carbone ou du cycle de l'azote comme ceux impliqués dans la gestion des sols ou la dépollution des eaux usées. Identifier les conséquences des interactions moléculaires sur les propriétés d'un écosystème nécessite de mettre en évidence les propriétés émergentes d'un système complexe, pour lequel l'effet global n'est pas nécessairement la somme des effets de ses composants.

L'identification des propriétés émergentes d'un système biologique cellulaire est, par ailleurs, un domaine de recherche bien établi, appelé « biologie des systèmes » (ou *systems biology*), qui étudie le rôle des gènes dans les propriétés des cellules, comme leur croissance en fonction de différentes conditions, ou des pathologies. La biologie des systèmes utilise pour cela l'abondance des données génétiques, transcriptomiques* et protéomiques* qui rendent compte de l'état d'une cellule pour comprendre les caractéristiques physiologiques émergentes. Les progrès du séquençage* à haut débit permettent désormais de percevoir l'état d'un écosystème à différentes échelles moléculaires. En effet, au lieu de s'attacher à une cellule, ces expériences d'un nouveau genre, appelées « méta-omiques* », analysent des milliers de types cellulaires sous l'angle de leurs génomes* et/ou de leurs ARNs et/ou de leurs protéines. Cette abondance de données prend, par exemple, la forme de 40 millions de gènes impliqués dans le fonctionnement des communautés planctoniques dans les océans, ou de 3,3 millions de gènes dans la flore intestinale des êtres humains. Cette abondance de données permet donc

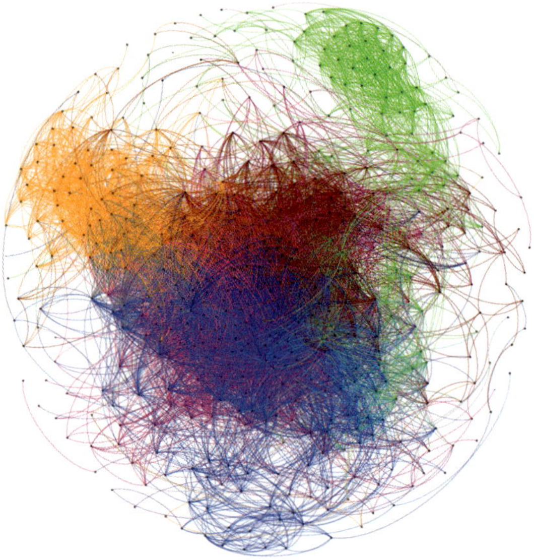

Fig. 1 – **Représentation d'un graphe pondéré* à partir de données omiques*.** Chaque sommet représente une espèce bactérienne (OTU) et chaque arête représente une co-occurrence* significative entre les espèces dans différents environnements. Différentes couleurs représentent différentes communautés bactériennes, telles que identifiées dans différentes conditions environnementales. Ce graphe permet d'identifier la succession de co-occurrences nécessaires pour passer d'une communauté à une autre. © D. Eveillard, Université de Nantes. ■

d'abord de décrire la diversité et la complexité des écosystèmes sous un angle jusqu'alors inédit.

Les questions qui se posaient pour les systèmes cellulaires sont maintenant à portée concernant les systèmes écologiques, ce qui ouvre un nouveau domaine de recherche appelé « écologie des systèmes » (ou *systems ecology*). Cette thématique émergente complète la simple description des données en analysant et modélisant des données d'observation multi-omiques à l'aide de méthodes informatiques dédiées. Le rôle de l'informatique est une fois de plus essentiel, et ce bien au-delà de ce qu'elle peut classiquement fournir (puissance de calcul, capacité de stockage). La connaissance ne peut pas, en effet, émerger seule des données et nécessite la mise en place d'une modélisation souvent dédiée pour extraire des informations avec toutes leurs interdépendances et inférer de nouvelles idées.

Perspectives

La problématique de l'écologie des systèmes ne réside pas dans la quantité de données à analyser, mais plutôt dans la gestion de leur hétérogénéité. Les mesures environnementales sont historiquement quantitatives (issues d'instruments de mesures physiques) et les mesures méta-omiques sont par définition semi-quantitatives (*i.e.* mesures relatives à une condition expérimentale donnée et sans unité). Pour confronter ces deux types de données, des études récentes proposent de formaliser les données méta-omiques sous la forme de graphes pondérés. Dans cette formalisation, chaque espèce d'un écosystème est représentée par le sommet d'un graphe, dans lequel une arête représente une corrélation significative entre les abondances relatives des deux espèces connectées (figure 1). Une étude approfondie du graphe met en évidence les régions les plus interconnectées (*e.g.* une communauté d'espèces), qu'il est possible de confronter ensuite aux paramètres environnementaux. Par exemple, si les régions identifiées dans le graphe s'avèrent être celles pour lesquelles les espèces sont majoritairement corrélées à la température, l'analyse du graphe aura finalement permis d'isoler les communautés qui sont sensibles aux variations de température. Plus généralement, cette approche identifie des associations d'espèces, comme des associations symbiotiques (figure 2) ou mutualistes, et ce, uniquement à partir de données moléculaires issues d'un même échantillon*.

Un autre enjeu de l'écologie des systèmes est de confronter (ou « intégrer ») les données méta-omiques entre elles (ADN*/ARN*/protéines). La gestion des connaissances et l'algorithmique* des séquences biologiques sont ici essentielles pour associer un gène identifié dans l'écosystème à une ou plusieurs espèces, ou associer un gène à une ou plusieurs protéines. Ces méthodes permettent *in fine* de construire un réseau métabolique qui représente l'ensemble des réactions biochimiques en jeux dans la communauté ; les réactions étant rendues possibles par la synthèse d'enzymes par un ou plusieurs organismes. À partir des données multi-omiques, l'écologie des systèmes isole des réseaux métaboliques à l'échelle de l'écosystème, caractérisant les grands processus biologiques portés par les communautés (les cycles biogéochimiques). Ces analyses décortiquent ainsi, à partir d'une grande masse de données moléculaires, les fonctions d'un écosystème, qui sera ensuite simulé pour prédire son comportement ou ses résiliences face aux perturbations. Les enjeux, en biologie environnementale comme d'un point de vue informatique, sont passionnants. À l'aide de ces modèles, il devient possible de questionner les principes fondamentaux qui gouvernent le fonctionnement et l'évolution d'un écosystème de l'échelle biomoléculaire à environnementale.

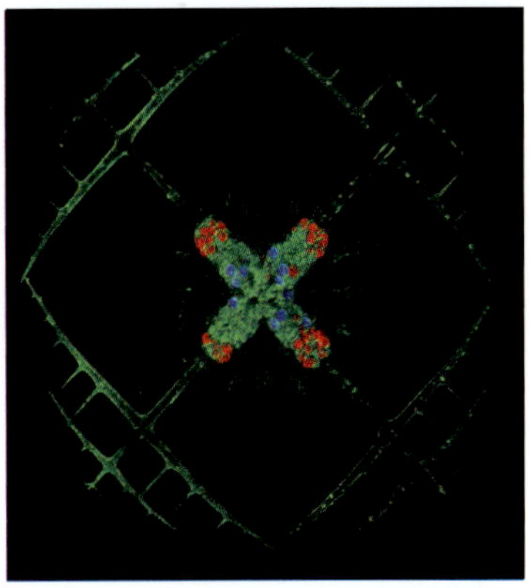

Fig. 2 – **Symbiose entre un Radiolaire du groupe des Acanthaires et une micro-algue symbiotique du genre *Phaeocystis* visible par microscopie à fluorescence.** L'analyse des données métagénomiques est nécessaire pour comprendre les interactions entre une Acanthaire (mise en évidence par des sécrétions minérales extracellulaires appelées « spicules », qui forment une matrice et son ADN coloré artificiellement en bleu) et les micro-algues (visibles par leur fluorescence rouge). © S. Colin, Station Biologique de Roscoff, France. ■

Références bibliographiques

• J.-P. BRALY – *La révolution métagénomique*, Le Journal du CNRS, n° 283, 2015.

• A. LESNE – *Biologie des systèmes*, Medecine/Sciences, n° 25, 2009.

• S. PESANT *et al.* – *Open Science Resources for the Discovery and Analysis of Tara Oceans Data*, Sci Data, 2, 2015.

18. *Tara Oceans* : vers une compréhension multi-échelle de l'écosystème océan

Chris Bowler et Lucie Bittner

La révolution « haut débit » dans la production des données scientifiques a conduit à de nouveaux défis informatiques et pratiques (stockage, gestion, diffusion et partage de ces jeux de données massifs), mais aussi conceptuels : comment intégrer à nos questionnements scientifiques et à nos analyses la masse et la diversité des données ? De plus, la compréhension des mécanismes du vivant peut désormais être envisagée simultanément à de multiples échelles (gènes, génomes, écosystèmes) avec une bonne précision statistique. Mais comment peut-on lier ces observations de diverses natures, afin de dégager les processus globaux sous-jacents ? C'est avec ces défis en tête que l'expédition *Tara Oceans* s'est lancée en 2009, initiant une recherche multidisciplinaire de l'écosystème* océan et de ses communautés planctoniques, de l'infiniment petit à l'infiniment grand.

Une mine de données planctoniques

Les technologies les plus avancées ont été embarquées à bord de la goélette Tara, de 2009 à 2013, afin de récolter la diversité des formes et des génomes, ainsi que les paramètres environnementaux pour 210 points géographiques (figure 1). Les prélèvements et mesures ont été effectués dans la majorité des océans avec divers instruments et capteurs (filets, bouteilles de prélèvement, caméras, sondes) en surface et en profondeur et ce parfois jusqu'à plus de 1 000 m. Un protocole original et standardisé a été mis en œuvre afin de récolter les données biologiques (génomiques et morphologiques) pour l'ensemble des lignées du plancton, échantillonnant ainsi des eucaryotes* unicellulaires, voire pluricellulaires, des bactéries, des archées*, et des éléments génétiques mobiles (*e.g.* virus, girus, transposons*) (figure 2). Une multitude de données océanographiques *in situ* a également été récoltée, telles que la température, la salinité, la concentration en nutriments et en chlorophylle, le pH, ou encore la quantité de particules en suspension ou « coulant » vers les profondeurs. Cette récolte exhaustive a été menée par les *Tara*nautes embarqués, guidés et en communication quotidienne avec les *Tara*nautes à terre des 23 laboratoires directement impliqués dans l'aventure. Les échantillons étaient stockés à bord de la goélette, puis envoyés en moyenne tous les trois mois à l'ensemble des partenaires. La standardisation des protocoles, la logistique solide et la flexibilité des équipes face aux aléas de l'océan ont été des éléments clés de la réussite du projet, permettant la récolte de plus de 40 000 échantillons avec leurs métadonnées contextuelles. Ces échantillons permettent la production de nouvelles données de nature hétérogène mais normalisées (cf. III.9), fournissant

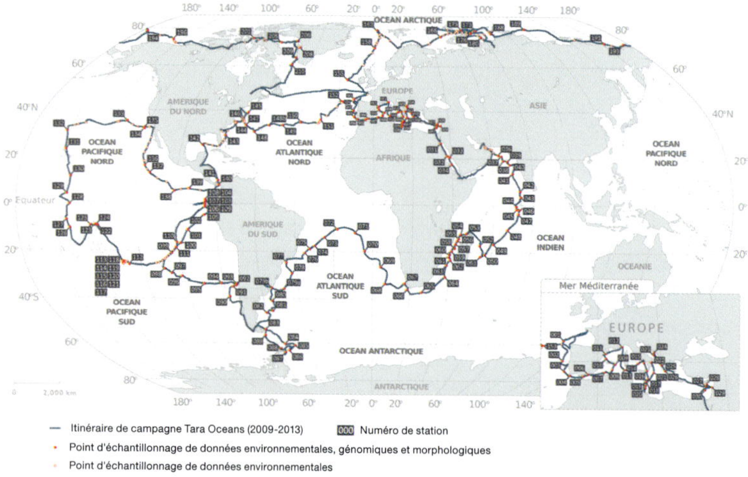

Fig. 1 – Itinéraire d'échantillonnage (tracé bleu) de la goélette Tara (campagnes *Tara Océans* et *Tara Arctic* 2009-2013). Les 210 stations échantillonnées sont indiquées par des points rouges. Source : Pesant *et al.*, 2015. © N. Le Bescot. ■

une masse de connaissances à une échelle véritablement planétaire. Face au défi de cette récolte titanesque et de son exploitation, une équipe interdisciplinaire s'est formée, mobilisant des scientifiques de divers horizons (océanographes, bio-informaticiens, biologistes et physiciens). Ce consortium a pour but de favoriser les analyses intégratives et de maximiser les interactions entre différents champs de recherche et leurs spécialistes, et ce afin de stimuler les avancées qui ne pourraient être accomplies individuellement au sein des laboratoires.

Fig. 2 – Vision (artistique et non-exhaustive) de la diversité des organismes eucaryotes planctoniques récoltés lors de la campagne *Tara Océans*. © G. Bounaud/C. Sardet/Soixanteseize/Tara Expeditions. ■

Vers une révolution de la compréhension du système océan

En 2015, grâce au croisement des données génomiques et environnementales de près de 70 stations, une première partie des échantillons a permis de mettre en évidence la diversité et la structure des communautés planctoniques, ainsi que leurs fonctions associées. L'analyse de 7,2 Térabases d'ADN environnemental a offert un premier catalogue fonctionnel de l'océan comprenant 40 millions de gènes microbiens et viraux (soit quatre fois plus que dans le microbiome* humain). Grâce aux grands nombres d'échantillons et à leur qualité, de nouvelles méthodes peuvent être appliquées, permettant l'exploration de l'ensemble des interactions positives et négatives au sein du plancton, *via* l'utilisation de modèles prédictifs. D'autres méthodes, s'appuyant sur des calculs de co-occurrence, ont révélé quelles communautés d'organismes et de gènes sont impliquées dans l'export de carbone* dans les zones pauvres en nutriments. Ces méthodes génèrent des résultats prédictifs inédits et permettent de détecter des séquences clés, candidates idéales pour l'élaboration de biomarqueurs* pour le suivi de la pompe à carbone biologique*.

Les données méta-omiques* offrent ainsi une nouvelle vision et de nouvelles solutions pour étudier les processus biotiques* et abiotiques*, mais aussi les grands cycles bio-géochimiques dans l'ensemble des océans. Les études du consortium *Tara* illustrent comment l'analyse de la structuration et des dynamiques de l'infini petit, peut être envisagée dans un contexte planétaire (avec les courants océaniques, les gradients de température, les cycles des nutriments), et comment ces motifs peuvent être exploités afin d'inférer les processus globaux à l'œuvre. De l'océanographie moléculaire à de solides modèles prédictifs de l'écosystème océan, il n'y a qu'un pas, et ce, grâce à la masse de données et à la multidisciplinarité initiées par le projet.

Les futures escales

L'analyse des données *Tara Oceans* se poursuivra pendant des années, voire des décennies, et pourra être complétée par des études de la variation temporelle et saisonnière à l'échelle mondiale, notamment grâce à des initiatives de recherche participative, telle que l'*Ocean Sampling Day*. Ces projets ne se limitent pas à l'océan. Plus les données méta-omiques et leurs données contextuelles s'accumuleront, plus il sera possible d'étudier la biodiversité, l'adaptation et l'évolution des entités du vivant sur de multiples échelles, spatiales et temporelles. Étudier la biologie des écosystèmes et de l'ensemble de ses processus à l'échelle de la planète est désormais plus une science que de la fiction.

Références bibliographiques

- L. BOPP *et al.* – *L'océan pompe à carbone*, Plateforme Océan & Climat, www.ocean-climate.org/wp-content/uploads/2015/03/FichesScientifiques-ocean-pompe-carbone.pdf, 2015.
- P. BORK *et al.* – *Tara Oceans Studies Plankton at Planetary Scale*, Science, 2015.
- S. PESANT *et al.* – *Open Science Resources for the Discovery and Analysis of Tara Oceans Data*, Sci Data, 2015.
- http://oceans.taraexpeditions.org/m/science.

19. Objets connectés et embarqués sur les animaux sauvages

Céline Le Bohec et Víctor Planas-Bielsa

L'approche holistique de l'écologie est genèse d'une complexité qui ne demande qu'à s'accroître avec l'émergence d'une technologie qui évolue rapidement, en se complexifiant. En effet, le mariage est forcément explosif, en termes de production de données, entre des capteurs intelligents et connectés de plus en plus petits, performants, autonomes et résistants (figure 1) et la science du vivant, qui cherche à identifier et comprendre les interactions entre les êtres vivants, et l'influence réciproque qui peut s'établir entre ces êtres et leur environnement.

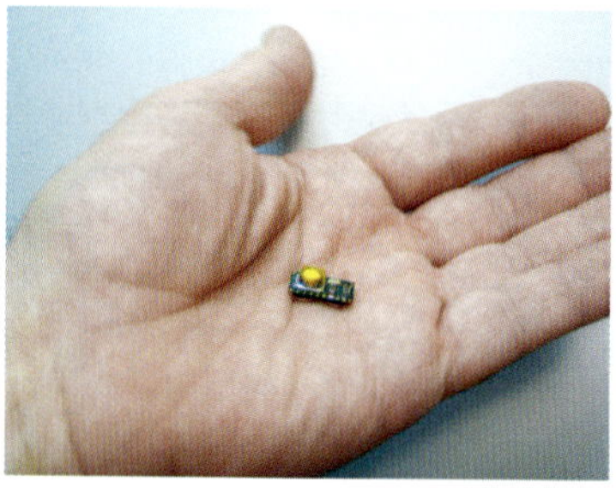

Fig. 1 – **Le LUL (Logger Ultra Léger) est un capteur de température, pression et luminosité de moins de 3 grammes (batteries et enveloppe incluses)** qui peut fonctionner pendant deux années et demie avec une fréquence d'échantillonnage* d'un point toutes les 10 secondes pour chaque paramètre, soit la production de 24 millions de données. © CNRS/IPHC/MIBE. ■

Diversité des systèmes embarqués

La recherche et le développement de techniques de pointe nous permettent d'observer la nature et la faune sauvage en toute discrétion et en toute intimité. Les objets connectés donnent accès à des données inédites, inaccessibles jusqu'à présent, du fait de fortes contraintes logistiques (comme estimer la profondeur des plongées des éléphants de mer de l'océan Austral), de performances trop faibles (précision, autonomie ou capacité de stockage limitées), ou bien encore de biais inhérents aux observations (le comportement des animaux étant perturbé par la présence de l'observateur ou les méthodes de suivi utilisées). Grâce à ces objets, nous pouvons maintenant identifier les chemins migratoires de la tortue luth, déterminer la profondeur des plongées et les lieux de reproduction cachés de la baleine à bosses, mesurer la fréquence cardiaque d'un manchot face à une présence humaine, ou bien encore comprendre les mouvements collectifs des pigeons. En équipant les animaux de capteurs miniaturisés, nous pouvons donc suivre et enregistrer, sans perturbation ou en la minimisant au maximum, leurs signes vitaux (rythme cardiaque, température interne), ainsi que leurs mouvements et leurs interactions avec l'environnement.

Par exemple, l'unité de mesure inertielle* (UMI) enregistre les mouvements et la position en trois dimensions d'un animal à partir d'un point de départ connu. Ce système est une véritable alternative à d'autres systèmes de positionnement global (GPS*), et il peut également être utilisé pour estimer la dépense énergétique d'un animal selon son activité. D'autres enregistreurs sont conçus pour être posés, voire même implantés, chez les animaux et profiter de leurs mouvements pour, non seulement obtenir des informations les concernant, mais aussi sur leur environnement. Par exemple, les mammifères et les oiseaux marins, tels que les éléphants de mer et les manchots, sont utilisés comme des échantillonneurs de milieu marin ou des plateformes océanographiques, au même titre que les bouées dérivantes. Cependant, une des conséquences de cette frénésie de collecte de données est la gestion ultérieure de cette masse de données, c'est-à-dire l'organisation, la visualisation, l'analyse, le stockage ou encore le partage (propriétés intellectuelles, embargo...). Les « données massives » en écologie sont nées, et les perspectives de traitement de ces bases de données numériques sont souvent démesurées et en partie encore insoupçonnées. Prenons l'exemple de données issues de puces électroniques implantées sous la peau des animaux (figure 2) : un système d'identification et de pesée automatique enregistre 24h/24 avec une fréquence d'échantillonnage* de 100 mesures par seconde, ce qui correspond à plusieurs millions des données par année pour comprendre la dynamique d'une population. Si un animal est en sus équipé d'un capteur (pression/température/accélérométrie) qui enregistre des données toutes les secondes lors d'un voyage alimentaire de 15 jours (soit 6,48 millions de données), leur traitement peut prendre de plusieurs jours à plusieurs semaines sachant, de plus, que l'expérience devra être répétée sur un minimum de 15 individus pour obtenir une analyse statistiquement robuste.

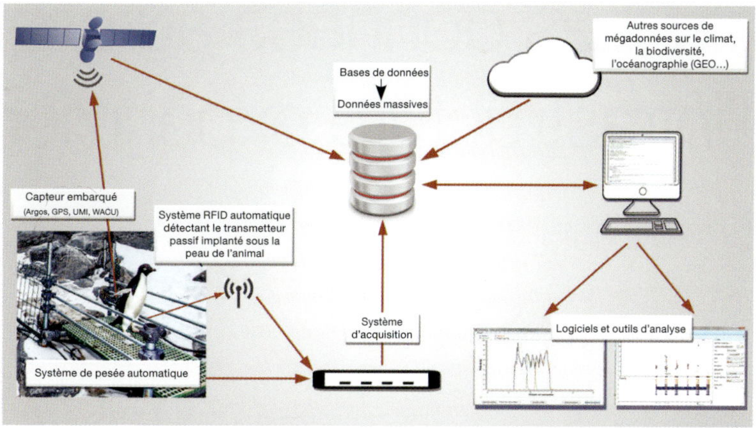

Fig. 2 – **Un manchot Adélie muni d'une petite puce électronique sans batterie franchit l'un des systèmes d'identification RFID et de pesée automatiques développés et installés en Terre Adélie dans le cadre du programme ANTAVIA – IPEV 137.** Grâce à des capteurs connectés, comme une balise Argos et un accéléromètre, il est possible de reconstruire ses mouvements en mer. Des données climatologiques et océanographiques sont aussi téléchargées depuis des portails de type GEO, et elles sont stockées dans le centre de données pour alimenter des algorithmes qui permettent de mesurer l'impact du changement climatique sur le comportement des oiseaux, et aider à modéliser les capacités d'adaptation des populations. © IPEV/CNRS/IPHC. ■

Enjeux et verrous

Aujourd'hui, les biologistes sont confrontés à un problème technologique : la quantité de données, la variété des sources et l'hétérogénéité des types de données font que le paradigme* actuel de stockage de l'information n'est plus convenable. En effet, les données en écologie sont très souvent non structurées et donc très difficiles à intégrer dans des bases de données relationnelles qui exigent que toutes les informations soient pré-formatées. Le challenge est non seulement de mettre en œuvre l'infrastructure pour accueillir et gérer les données massives, mais aussi d'anticiper les trajectoires virtuelles de ces données massives, en construisant des bases de données suffisamment souples pour s'adapter aux futures innovations technologiques (cf. I.4). Dans ce contexte, les approches pluridisciplinaires sont plus que nécessaires pour définir de manière appropriée les besoins et leurs potentialités d'évolution synchrones à celles des systèmes d'acquisition, d'analyse et de stockage. L'interaction entre les sciences biologiques, les mathématiques et statistiques, l'électronique et l'informatique devient alors fondamentale et, par là même, un moteur d'innovations pour les prochaines années. Ensuite, les données massives posent également de nouvelles difficultés dans leur utilisation pour la modélisation en biologie. Plus le nombre de variables mesurées augmente, plus les risques d'échec des méthodes d'analyses traditionnelles s'accentuent du fait de la « malédiction de la dimensionnalité », qui complexifie les algorithmes* et peut rendre leur exécution impossible à réaliser. Pour trouver du sens dans des données avec un grand nombre de dimensions, de nouvelles procédures statistiques sont donc nécessaires (cf. III.9). Cependant, alors que le développement de ces outils est un champ de recherche très actif, les premiers résultats obtenus ne sont pas facilement applicables à la complexité des informations collectées sur le terrain. Souvent la quantité de données et le nombre de dimensions doivent être réduits avant d'effectuer une analyse systématique pour éviter un « sur-ajustement* » (*overfitting* en anglais) ou le « triturage de données* » (*data dredging*), et les biais, erreurs et/ou mauvaises interprétations qui en résultent. Il s'agit là d'un prérequis indispensable à la véracité des modèles produits pour qu'ils aient un pouvoir prédictif élevé.

Références bibliographiques

- H. FOURATI, N. MANAMANNI et Y. HANDRICH – *Fusion de données, estimation de la posture et navigation à l'estime : application au bio-logging*, Éditions universitaires européennes, 2012.
- C. LE BOHEC et Y. LE MAHO – *Suivre l'évolution de la biodiversité polaire : un défi scientifique et technique*, in *Le développement durable à découvert* (coll.), CNRS Éditions, 2013.

20. Les données au cœur de l'infrastructure expérimentale Écotrons

Olivier Ravel et Simon Chollet

L'expérimentation sur les écosystèmes constitue un enjeu scientifique et sociétal important face aux défis du changement climatique, de la crise de la biodiversité, de la sécurité alimentaire ou de l'ingénierie écologique. Cette expérimentation est conduite d'une façon complémentaire *in situ* et en milieu contrôlé, tel que dans les Ecotrons. Ceux-ci sont des dispositifs instrumentés et hautement contrôlés développés par l'Institut Écologie et Environnement du CNRS et mis à la disposition des communautés scientifiques nationales et internationales. Ils font partie de l'infrastructure européenne AnaEE (*Analysis and Experimentation on Ecosystems*). Le principe des Écotrons est de confiner des écosystèmes terrestres ou aquatiques dans des enceintes totalement ou partiellement étanches, aptes à générer une gamme de conditions physiques et chimiques strictement contrôlées, avec un éclairage naturel ou artificiel. Ce confinement permet une mesure précise du fonctionnement des écosystèmes, par exemple des flux de CO_2. Les données et leur gestion sont au cœur du fonctionnement des Écotrons et ont profondément transformé cette approche expérimentale.

Les Écotrons sont organisés en 5 plateformes expérimentales disposant chacune d'un minimum de 12 enceintes expérimentales identiques dans leur fonctionnement ce qui permet de comparer statistiquement les conséquences de traitements expérimentaux sur la structure et le fonctionnement des écosystèmes. Ces enceintes sont de différents volumes, de 30 m^3 (macrocosmes) à quelques dm^3 (microcosmes), et un grand nombre de variables y sont mesurées et régulées (figure 1) par des séries de capteurs et d'analyseurs. Le volume de données des Écotrons est modéré (150-200 Go/an), mais leur disponibilité accrue renouvelle profondément l'approche expérimentale.

Structuration des données

Les données des capteurs environnementaux sont utilisées dans des boucles de contrôle-commande* qui permettent de réguler précisément les conditions climatiques et atmosphériques des enceintes expérimentales (figure 2). Il peut s'agir de simuler les données en temps réel de stations météorologiques ou encore de simuler des climats du passé ou du futur. En routine, les supervisions des plateformes demandent aux différents automates

Plateformes		Variables mesurées	Nombre de capteurs	Volume de données
MONTPELLIER	Macrocosmes 	Lumière, Température (air, sol) Humidité (air, sol), Pression (air, sol) Flux d'air, Précipitations, Concentrations gaz (CO_2, N_2O, CH_4) Concentrations isotopes (^{13}C-CO_2, ^{15}N-N_2O, ^{18}O-CO_2, ^{18}O-H_2O, ^{17}O-H_2O, ^2H-H_2O) Images végétation	30-40 capteurs X 12 macrocosmes + analyseurs et caméras	45 Go/an
	Mésocosmes 		20-30 capteurs X 16 mésocosmes + analyseurs et caméras	45 Go/an
	Microcosmes 		6-8 capteurs X 13 chambres de culture + analyseurs	5 Go/an
ILE-DE-FRANCE	ECOLABs 	Lumière, Température (air, sol) Humidité (air, sol), Précipitations Concentrations gaz (CO_2, O_3, O_2)	40-50 capteurs X 12 enceintes + analyseurs	45 Go/an
	Microcosmes 	Lumière, Température (air, sol) O2 dissous, Concentrations gaz (CO_2, O_2) Concentrations sels nutritifs dissous	3-6 capteurs X 36 microcosmes + analyseurs	20 Go/an

Fig. 1 – Les plateformes des Écotrons et les variables qui sont mesurées dans chacune de leurs enceintes. ■

d'acquérir à fréquence régulière, les données « primaires ». À partir de ces données et de celles issues de la calibration des capteurs (base de données « équipements »), la base de données « secondaires » (données calibrées) est construite. Ces données peuvent être ensuite qualifiées à l'aide d'algorithmes spécifiques à chaque capteur et par inter-comparaison entre capteurs. Nous construisons alors une base de données « qualifiées ». En intégrant ensuite divers algorithmes de traitement et d'analyse, nous alimentons la base de données « prétraitées ». Lors de l'exécution de cette chaîne de traitement, les données sont de plus en plus synthétisées et leur volumétrie se réduit. Les expériences qui se déroulent sur chaque plateforme apportent aussi des données « spécifiques » issues d'instruments particuliers installés pour chaque expérience. Les utilisateurs des Écotrons rapatrient les données issues des analyses faites sur des échantillons prélevés dans les écosystèmes et envoyés à d'autres laboratoires. À chaque étape de la construction des bases de données, une interface est disponible pour l'alimentation ou la récupération des données.

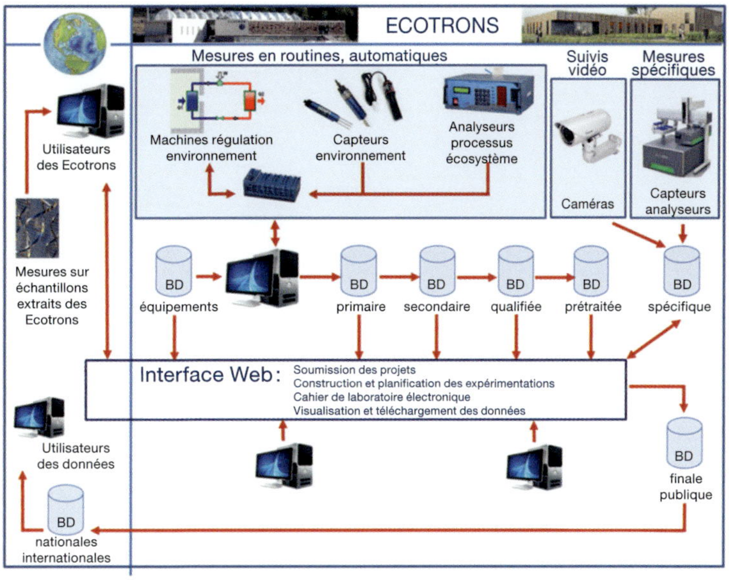

Fig. 2 – **Schéma des flux de données des Écotrons entre les machines, les capteurs, les analyseurs, les caméras, les automates, les bases de données (BD) et les utilisateurs internes ou externes des Écotrons et de leurs données.** ■

Assimilation des données

La modélisation est fréquemment associée à l'expérimentation en amont ou en aval de celle-ci. En écologie, l'assimilation de données* (l'ajustement du modèle à partir des données mesurées) est la plupart du temps réalisée à la fin de l'expérimentation. Dans les Écotrons, une assimilation des données en temps réel sera mise en place tirant partie des mesures en ligne des variables environnementales et de divers processus. La modélisation en temps réel doit permettre de réaliser des prédictions de fonctionnement de l'écosystème* tout au long de l'expérimentation afin d'optimiser la date de prélèvement et d'analyse d'échantillons, ou encore d'ajuster les traitements expérimentaux pour bien atteindre la zone de fonctionnement de l'écosystème pour laquelle les hypothèses ont été faites. Pour une telle modélisation en temps réel, l'amélioration des prédictions du modèle par l'assimilation des données est primordiale.

Interface Web

Les enjeux de la recherche dans des infrastructures nationales comme les Écotrons impliquent leur utilisation par de larges consortia scientifiques. Les chercheurs se retrouvent rarement ensemble dans l'Écotron pour des expérimentations qui peuvent durer jusqu'à deux ou trois années. Il est donc important de faciliter les échanges entre ces chercheurs et avec le personnel de l'Écotron et de fournir les données prétraitées en temps quasi réel. Des interfaces Web ont été développées : avant le projet, elles permettent la définition du protocole, l'allocation des capteurs, et le planning des interventions ; pendant l'expérimentation, elles servent de cahier de laboratoire électronique et de portail de visualisation et de téléchargement des données ; après l'expérimentation, elles permettent de centraliser les bases de données élaborées, puis de mettre celles-ci à disposition en libre accès. Cette interface Web peut aussi donner accès à de la télé-expérimentation*, dont on a testé un prototype (modulation de l'environnement et suivi de la transpiration d'un arbre) à l'intention de scolaires. Ce concept a un potentiel de développement important dans le cadre de cours en ligne (*Massive Open Online Courses*).

Références bibliographiques

• J. H. LAWTON – *The Ecotron Facility at Silwood Park: The Value of 'Big Bottle'Experiments*, Ecology, 77, 1996.

• J.-F. LE GALLIARD, J.-M. GUARINI et F. GAILL (éd.) – *Sensors for Ecology: towards Integrated Knowledge of Ecosystems*, CNRS Éditions, 2012.

- Septième partie -

Santé humaine

Page précédente :

Introduction

Pierre Corvol

La médecine d'aujourd'hui se veut prédictive, de précision, participative et préventive. Cette médecine dite « des quatre P » repose en grande partie sur les Big Data pour acquérir et gérer les multiples données de santé : paramètres cliniques et biologiques, séquences du génome, imagerie médicale (cf. VII.3), capteurs embarqués... auxquels s'ajoutent les informations et les échanges concernant la santé qui circulent sur les réseaux sociaux.

La prédiction du risque en médecine repose sur les études épidémiologiques classiques conduites dans de larges populations et des cohortes* spécifiques. Elles relient les événements morbides et la mortalité aux caractéristiques des individus. Pour la première fois, il devient possible d'étudier de très nombreux paramètres chez de très nombreux individus. Les Big Data apportent une multiplicité d'informations sur les données de santé, leur évolution dans le temps, le contexte socioculturel et les conditions environnementales. Plusieurs études sont actuellement en cours sur des centaines de milliers d'individus dont le génome a été séquencé et les événements médicaux répertoriés (cf. VII.7). Grâce à cette masse de données, il est désormais possible de repérer des facteurs de risque qui n'auraient pas été détectés autrement, du fait de leur faible impact individuel. L'exploitation des données globales administratives de santé (système d'information* de l'Assurance-maladie) apporte aussi des données intéressantes sur la santé de la population française. Elles permettent de suivre les évolutions des pratiques de santé, des prescriptions médicales et des hospitalisations au cours de différentes périodes, dans différents contextes socio-culturels (cf. VII.4). Ces données serviront à améliorer le système de soins et à assurer une meilleure gestion des politiques de santé.

La médecine de précision ouvre, quant à elle, la possibilité à chacun de bénéficier d'un diagnostic et d'un traitement approprié, en fonction de son patrimoine génétique et de ses autres caractéristiques propres. Une médecine à la carte, en quelque sorte. Tel est le cas le plus simple des maladies héréditaires liées à la mutation d'un gène. La médecine de précision concerne aussi le repérage de la sensibilité individuelle à un médicament ou à un agent environnemental. Actuellement, le diagnostic et le traitement des cancers sont en grande partie guidés par l'analyse des mutations de l'ADN* somatique présentes dans la tumeur (cf. VII.5).

Enfin, la médecine participative, grande consommatrice des Big Data, est une nouvelle venue. La surveillance de sa santé, que l'on soit sain ou malade, peut maintenant s'opérer par l'intermédiaire des objets connectés (cf. VII.2). Grâce à Internet, les patients peuvent être reliés au personnel soignant ou établir des réseaux participatifs entre eux.

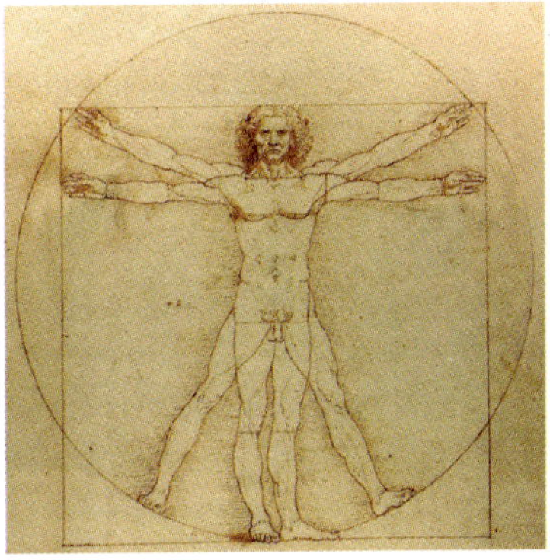

L'Homme de Vitruve, par Léonard de Vinci en 1492. © Luc Viatour/www.Lucnix.be. ■

Le développement sur Internet de réseaux de solidarité de malades s'est développé dès les années 2005 (réseau *PatientsLikeMe*).

Le tout numérique envahit le champ de la santé. Les bénéfices apportés par les Big Data en santé sont gigantesques et les avancées permises sont irréversibles. Ce changement d'échelle a, toutefois, ses revers potentiels. Les risques sont l'accès incontrôlé aux données personnelles, une main mise subreptice de *big brother* sur les comportements de chacun en santé, une exploitation commerciale et intrusive de notre corps. C'est au corps médical de les utiliser au profit d'une médecine toujours humaine, c'est à la société d'assurer la gestion éthique des données personnelles, de garantir leur anonymisation, et de donner au public l'accès à une formation suffisante pour une gestion responsable des données (cf. VII.8).

2. Objets connectés et santé : les défis de la santé de demain

Nathalie Manaud

Le marché des applications et des objets connectés connaît une croissance exponentielle. Il existerait environ 15 milliards d'objets connectés et ce chiffre devrait être multiplié par 7 d'ici 5 ans. En intégrant à la fois des capteurs, de plus en plus miniaturisés et bon marché, et une connectivité, ils offrent des services nouveaux et inédits. Leur utilisation grand public dans le domaine du sport et du bien-être a très vite fait son apparition, *via* des outils de suivi des performances sportives, du poids, du nombre de pas… Aujourd'hui montres, bracelets, balances, vêtements, brosses à dents ou tensiomètres connectés permettent de mesurer différents paramètres biologiques en dehors de tout contexte médical. L'usage de ces objets connectés ébranle la frontière entre le bien-être, la santé et le soin et est susceptible de modifier les comportements et les prises de décision des utilisateurs pour ce qui concerne leur santé.

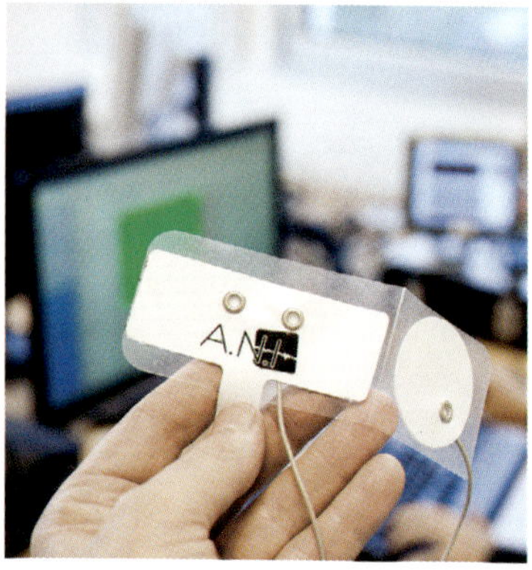

Fig. 1 – **Biocapteur dans le cadre de l'étude clinique « MetroDoloris », évaluation du niveau de la douleur et de l'analgésie, CHRU de Lille.** © Inserm/P. Latron. ■

Les promesses et les défis

Les objets connectés offrent la possibilité d'une plus grande implication des individus dans la gestion de leur propre santé au travers des approches de coaching ou en permettant d'adopter un style de vie plus sain. Appliqués au suivi des maladies chroniques, ils fournissent aux médecins des outils de mesure, en vie réelle et permettent de délivrer des prescriptions ajustées (figure 1). Pour les personnes âgées, ils sont susceptibles d'accroître la qualité de vie et l'indépendance, au travers des approches multiples de suivi des activités et des signes vitaux, d'entraînements physiques et cognitifs… Enfin, ils permettent d'envisager une meilleure communication et coordination entre le patient et les différents professionnels de santé. Néanmoins, pour que ces objets connectés soient intégrés dans la pratique médicale, un certain nombre de défis reste encore à relever. Ils concernent les capteurs, la gestion et l'analyse des données ou encore la qualité et la pertinence de l'information retournée. Ils adressent des questions d'appropriation, d'acceptabilité, de fiabilité, de sécurité, d'efficacité, mais aussi de finalité. Une procédure d'évaluation pragmatique de ces objets connectés en santé sera nécessaire pour garantir la fiabilité des mesures, la sécurité des données transmises ou leurs usages.

Évaluer la qualité des mesures

Aujourd'hui, si ces objets connectés suscitent enthousiasme, le manque d'évaluation rigoureuse de leur qualité intrinsèque constitue un frein pour leur usage en santé. Selon un récent sondage, 50 % des personnes interrogées qui ne possédaient pas d'objets connectés en santé doutent de l'efficacité des mesures. Pour les chercheurs et les professionnels de santé, seule une évaluation rigoureuse en vie réelle dans un environnement contrôlé (hôpital, cabinet médical) permettra d'apprécier la fiabilité des mesures fournies par ces capteurs. Cette fiabilité est essentielle pour les capteurs capables d'effectuer une mesure, mais également d'agir sur l'individu (comme l'injection d'insuline).

Cette évaluation en vie réelle permettra également de s'assurer de façon pragmatique de l'acceptabilité de ces capteurs dans la durée. Les utilisateurs continueront-ils longtemps à porter un bracelet en plastique coloré ou une montre qui leur somme de se lever et de faire quelques pas ? Qu'en sera-t-il de dispositifs spécifiquement dédiés à la santé ? Les développements actuels et la miniaturisation des capteurs visent à les rendre plus discrets et mieux intégrés dans des objets du quotidien. Par ailleurs, dans le cas du diabète de type 1, certains capteurs couplés à un système de monitoring et un dispositif d'injection constituent de véritables pancréas artificiels (figure 2).

Des données pour quels usages

Néanmoins, leur acceptabilité est également à regarder sous l'angle de l'usage. Si 61 % des Français sont prêts à partager les données recueillies grâce aux objets connectés avec le corps médical, une personne interrogée sur deux considère que la santé connectée est une menace pour le secret médical. Au-delà des questions de sauvegarde et de sécurité posées par la collecte des données, il faut s'interroger sur l'usage qui en sera fait et par qui. L'exemple de la non-prise en charge par l'assurance-maladie d'un dispositif connecté dans le traitement de l'apnée du sommeil est en ce sens emblématique de la question de l'usage qui peut être fait des données. Si les industriels entendent documenter l'efficacité de leurs thérapeutiques en mesurant l'observance avec des dispositifs connectés, la sécurité sociale pourrait, quant à elle, corréler son remboursement au service médical réellement rendu. Dans ce duel industriel-financeur, le patient peut se trouver pris en otage et adopter une posture de rejet. Si l'utilisation des objets connectés en santé dépend à la fois du dispositif opérant des mesures (ergonomie, conditions d'utilisation, discrétion...) et des modalités de gestion et de partage des données issues de ces mesures, d'autres critères doivent être pris en compte : la qualité, la fiabilité et l'utilité de l'information restituée.

Quels retours ?

En supposant que le dispositif soit discret, acceptable, qu'il délivre des mesures fiables et que l'usage fait des données soit clair et assumé, il devra encore faire preuve de son utilité effective. Ainsi, par exemple, de nombreux capteurs connectés mesurent aujourd'hui la glycémie. Certains proposent de partager les données avec sa famille et son médecin, d'autres affichent les résultats toutes les 5 minutes sur l'*Apple Watch*. Ces systèmes simples et discrets peuvent toutefois très vite se révéler assez limités et anxiogènes, voire sources d'erreurs. Quant à la transmission des données au praticien, que faire des milliards de données générées chaque jour ?

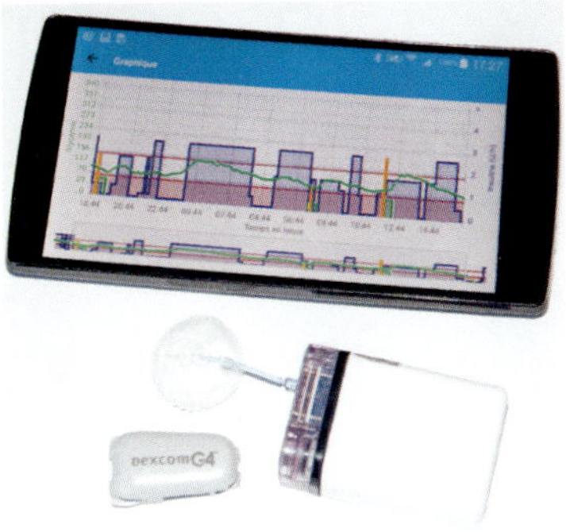

Fig. 2 – **Diabeloop, un système connecté de pancréas artificiel pour le contrôle de la glycémie dans le diabète de type 1.** © Diabeloop/E. Huneker. ■

L'enjeu n'est donc pas seulement sur la miniaturisation ou la collecte des données, mais sur leur interprétation. Le développement d'algorithmes* et de logiciels capables de traiter la quantité d'information transmise et de renvoyer vers le praticien ou le patient une information fiable, pertinente et simple constitue l'étape indispensable à l'usage de ces objets connectés en santé. Les travaux interdisciplinaires récents, impliquant mathématiciens, informaticiens, biologistes et praticiens ouvrent des perspectives nouvelles quant à la compréhension et l'usage de ces objets connectés dans le domaine de la santé. Si les premiers résultats sont probants, alors seulement l'utilisation de ces objets connectés en santé prendra de l'ampleur, bouleversant l'organisation des soins et modifiant nos comportements et nos rapports à la santé.

Références bibliographiques

- Conseil National de l'Ordre des Médecin – *Livre blanc santé connecté*, janvier 2015.
- SONDAGE IFOP – *Les objets connectés au centre d'un nouvel écosystème de santé ?*, décembre 2013.
- SONDAGE ODOXA – *Baromètre santé 360. La santé connectée*, janvier 2015.
- www.stuffi.fr/objets-connectes-luttent-contre-diabete.

3. L'imagerie cérébrale sur la piste du Big Data

Jean-François Mangin

Le monde de l'imagerie cérébrale est entré dans l'ère du « Big Data ». Cette transition s'est imposée par l'explosion de la taille et de la complexité des données, et par l'importance croissante du suivi longitudinal des patients, sur plusieurs années, qui nécessite maintenant une mise à jour des analyses au fur et à mesure de la réception de nouvelles données.

Acquisition des données

La neuroimagerie* génère des données de plus en plus massives. Dans le domaine de la recherche fondamentale, les chercheurs créent aujourd'hui des images microscopiques du cerveau post mortem avec une résolution de l'ordre du micron. En empilant quelques milliers de coupes de quelques dizaines de gigaoctets chacune, pour obtenir une image tridimensionnelle, on atteint rapidement les centaines de téraoctets, qui nécessitent souvent un calculateur haute performance pour être manipulés.

Sans atteindre de tels extrêmes, l'imagerie *in vivo* n'est pas à la traîne. Un examen IRM conventionnel destiné à une lecture radiologique n'est guère plus volumineux qu'une photographie numérique moderne, bien qu'il soit tridimensionnel. Mais les nouvelles modalités qui se sont généralisées dans le monde de la recherche génèrent beaucoup plus de données. L'IRM fonctionnelle, qui permet de mettre en évidence les réseaux fonctionnels que recèle notre cerveau, en imageant les variations de consommation d'oxygène au cours du temps, produit des centaines, voire des milliers d'images tridimensionnelles. L'IRM de diffusion, qui permet de cartographier la connectivité de notre cerveau, en imageant l'anisotropie* des mouvements aléatoire de l'eau au sein des faisceaux de fibres, produit des images tridimensionnelles gigognes : chaque voxel*, l'équivalent tridimensionnel d'un pixel, contient lui-même une image tridimensionnelle de la mobilité de l'eau dans le cube de cerveau correspondant. Et cette tendance n'est pas prête de ralentir. Pour accélérer et améliorer le processus de construction des images IRM, on utilise des antennes parallèles

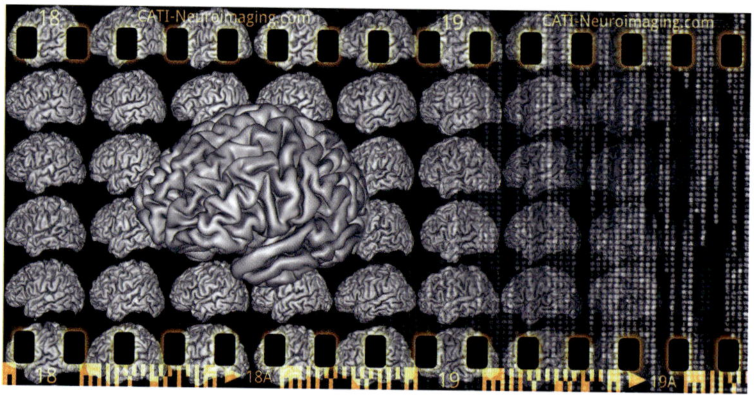

La fouille de données moderne se réalise aujourd'hui sur des bases de plusieurs milliers de cerveaux. © J.-F. Mangin, C. Fischer, D. Rivière et G. Operto. ■

qui peuvent générer jusqu'à une centaine d'images simultanément. Cette technologie est impérative pour l'exploitation du futur IRM qui sera installé dans la plateforme NeuroSpin à Saclay en 2017 (aimant d'une puissance de 11,7 Tesla*) dont l'un des principaux objectifs est de zoomer, et donc d'augmenter la résolution spatiale des images...

À la taille des examens, il faut ajouter le nombre toujours croissant de sujets impliqués dans les études actuelles. Cette inflation est d'ailleurs en partie induite par une nouvelle stratégie de recherche qui consiste à acquérir de front des images cérébrales et une cartographie massive du génome. Dans le cadre d'une étude du vieillissement, la Grande Bretagne vient par exemple d'initier une cohorte* nationale d'imagerie sur 100 000 sujets appelée *UKbiobank*. Le *Human Brain Project*, un projet phare de la communauté européenne, cherche, lui, à agréger les images acquises par une centaine d'hôpitaux et vise des millions de patients. Pour pouvoir préserver le secret médical, ce projet développe des technologies innovantes permettant d'analyser l'ensemble de ces images de concert sans qu'elles ne quittent leur hôpital d'origine.

Les projets d'acquisition portant sur plusieurs milliers d'individus atteignent rapidement plusieurs dizaines de millions d'euros, ce qui induit une évolution primordiale : les agences qui financent ces projets imposent de plus en plus souvent un libre accès aux données pour l'ensemble de la communauté internationale. En outre, plusieurs initiatives visent à harmoniser les procédures d'acquisitions et d'analyse afin de pouvoir combiner les données issues de plusieurs projets.

Variété et vitesse

La variété des données s'articule, elle, autour de deux axes. D'une part la complexité du cerveau, qui implique des myriades de structures anatomiques, de réseaux fonctionnels et génétiques ; d'autre part la multiplicité des technologies d'acquisitions et des constructeurs d'imageurs (figure). C'est surtout la maturité des outils d'analyses d'images développés dans le monde de la recherche ces trente dernières années qui permet aujourd'hui d'envisager la fouille systématique des grandes masses de données évoquées ci-dessus (cf. IV.8). En effet, ces outils permettent d'indexer le contenu des images en y détectant les diverses structures cérébrales. Néanmoins, les bases de données relationnelles classiques ne permettent pas de gérer simplement le côté mouvant et inévitablement conflictuel des visions des différents chercheurs en neurosciences. De nouveaux modèles de représentations sont donc en gestation. La puissance de calcul nécessaire aux outils algorithmiques complexes mis en œuvre pour analyser ces masses de données implique l'utilisation du calcul parallèle, à travers des *clusters** de calcul dédiés, et probablement des architectures de type grille ou *cloud** (cf. III.13).

La dimension vitesse n'est pas aussi prépondérante que dans le domaine du Web, mais elle évolue rapidement, car le suivi longitudinal des patients est souvent beaucoup plus sensible en termes de diagnostic. Les bases de données ne sont donc plus figées et évoluent en permanence avec le suivi des sujets. C'est le cas, par exemple, du projet nord-américain ADNI (*Alzheimer's Disease Neuroimaging Initiative*), qui vise à suivre un millier de sujets atteints de la maladie d'Alzheimer ou en passe de l'être. Cette base de données, qui évolue quotidiennement au fur et à mesure des acquisitions, est utilisée par des centaines de groupes de recherche à travers le monde.

Dans un monde ou les maladies cérébrales, qu'elles soient neurodégénératives ou psychiatriques, impactent lourdement nos sociétés, les technologies du Big Data peuvent permettre de faire émerger des biomarqueurs* permettant d'accompagner les essais thérapeutiques. Au cours des dernières années, de nombreuses publications ont montré que des techniques d'apprentissage par ordinateur permettent de découvrir au sein de ces données des motifs cachés inédits, hors de portée pour l'esprit humain, véritables signatures des pathologies. Ces motifs sont susceptibles de permettre un diagnostic précoce survenant avant les signes cliniques et augmentant les chances de succès pour les thérapies, notamment dans le cas de la maladie d'Alzheimer. Après des échecs répétés des essais thérapeutiques sur les patients avancés dans la maladie, les prochaines tentatives vont viser des sujets ne présentant pas encore de symptômes très clairs, mais dont les images cérébrales vont dans le sens d'une maladie d'Alzheimer.

Références bibliographiques

• A. CLAEYS et J.-S. VIALATTE – *L'impact et les enjeux des nouvelles technologies d'exploration et de thérapie du cerveau*, www.assemblee-nationale.fr/13/pdf/rap-off/i4469-ti.pdf, 2012.

• *Le cerveau exploré*, Clefs du CEA, www.cea.fr/multimedia/Documents/publications/clefs-cea/Clefs62-cerveau-explore.pdf, 2014.

4. Données médicales et Big Data : limites et perspectives

Jean Charlet et Rémy Choquet

Big Data et santé

En santé, la problématique Big Data concerne la réutilisation des données produites dans divers contextes et pour différents usages, puis leur croisement pour améliorer la santé ou le bien-être de tous. Le déploiement en cours d'outils de numérisation de la prise en charge de patients à l'hôpital permet de nourrir des espoirs quant à la réutilisation des données en biologie et en imagerie pour la prise de décision dans le soin, la génération des alertes ou encore la limitation des interactions médicamenteuses. Alors que certaines données générées par des processus automatiques et calibrés (capteurs, biologie moléculaire, imagerie, etc.) semblent être facilement réutilisables dans un cadre local et comparables d'un établissement de santé à l'autre, les données interprétées par le clinicien restent difficilement comparables dans un contexte de recherche ou plus large, notamment quand elles ont été produites dans le cadre d'une prise en charge ou d'un remboursement. Il convient donc de mettre en perspective les espoirs liés à l'utilisation de technologies ou méthodologies issues du Big Data aux problématiques rencontrées dans le monde de la santé, et plus particulièrement des données générées par les hôpitaux pour le soin dans des contextes analytiques. Cependant, à ce jour, la variété et la véracité des données (cf. I.3), sont deux dimensions des Big Data qui posent des problèmes majeurs dans le contexte des données de santé.

Le problème de la variété est lié à la question de la sémantique des données produites par des sources hétérogènes. Il peut se résoudre en développant des référentiels (Systèmes d'Organisation des Connaissances ou *Knowledge Organization System*, ici KOS*) décrivant l'ensemble des modalités et des champs de valeurs des données à coder. Cette tâche d'« intégration de données » est poursuivie dans une majorité de domaines médicaux pour croiser les données génomiques et phénotypiques, afin de mieux comprendre les maladies (cancer, maladies rares...). Par ailleurs, près de 80 % de l'information médicale est non structurée et textuelle ; ce qui explique les nombreuses expérimentations d'annotation sémantique de textes, dans le but de construire des représentations structurées des textes libres.

Le problème de la véracité, quant à lui, provient de la piètre qualité des données entrées par les humains dans les systèmes d'information*, mais aussi parce qu'elles sont entrées dans un contexte et pour des raisons précises qui diffèrent selon les cas. Réutiliser ces données implique de connaître ce contexte et donc d'avoir pu l'enregistrer à la source, grâce à l'association de métadonnées la caractérisant (cf. II.9). Par exemple, les données de santé nationales des hôpitaux ou de la ville disponibles, qui représentent une masse de données importante, sont fondées sur des codages liés à l'analyse des coûts d'activité, mais elles ne décrivent pas précisément les maladies des patients : elles peuvent être biaisées par le contexte de recueil, économique, et ses règles de codage ; ce qui ne doit pas être ignoré au moment de fouiller ces données.

Maîtrise des formats, du sens et de l'interprétation

Pour partager des données entre applications, outre la compatibilité des objectifs, il est nécessaire de respecter des standards techniques d'interopérabilité sémantique normalisés, notamment dans le cadre du Web sémantique (cf. V.5). Cela

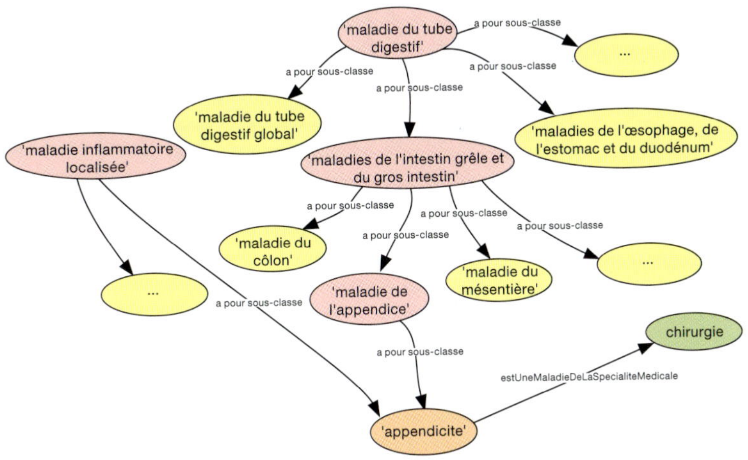

Le modèle de l'appendicite dans l'ontologie* OntolUrgences. Dans ce SOC, les maladies sont classées par rapport à leur localisation anatomique et aux processus physiopathologiques impliqués. ■

suppose le respect d'au moins une double contrainte, l'univocité des identifiants des concepts dans les modèles et l'univocité des identifiants des données. De plus, en médecine, on a besoin de décrire et manipuler des concepts et des relations précises – par exemple, le fait que l'appendicite est une inflammation localisée sur l'appendice – et cela ne peut être réalisé que dans des modèles munis d'une sémantique formelle, c'est-à-dire des ontologies (cf. II.10). Depuis deux décennies, des chercheurs travaillent afin de proposer des standards de partage de données médicales, comme HL7 (*Health Level Seven*) ou la SNOMED CT (*Systematized Nomenclature Of Medical Clinical Terms*), qui recense plus de 350 000 termes cliniques. Dans la même philosophie, afin de mieux documenter la relation entre le génotype et le phénotype* clinique des patients, un ensemble de ressources est disponible : l'ontologie* HPO (*Human Phenotype Ontology*), qui permet de décrire le phénotype clinique ; ORDO (*Orphanet Rare Diseases Ontology*), qui permet de décrire les maladies ; ou bien OMIM (*Online Medelian Inheritance in Man*), qui permet de décrire les gènes et certaines mutations. Plus récemment, l'initiative internationale FAIR (*Findable, Accessible, Interoperable and Reusable*) s'affaire à promouvoir le partage des données de santé.

Des applications prometteuses

Dans le contexte où la majorité des données générées sont en texte libre, le traitement des données textuelles est d'une importance majeure. Des applications d'annotation sémantique sont ainsi nécessaires afin de traiter ces données pour en faire des données structurées*. Elles se fondent sur des outils de traitement automatique de la langue naturelle* et des ontologies. Le projet LERUDI, à la base de l'indexation de la plateforme UNICANCER, a montré la faisabilité de ces approches. L'ontologie au cœur de LERUDI est un KOS, OntolUrgences, qui organise 10 000 concepts modélisant la médecine d'urgence. Il spécifie les localisations des maladies, les processus physiopathologiques, les signes d'appel et les médicaments impliqués dans la médecine d'urgence (figure).

L'annonce récente d'une stratégie nationale en e-santé, incorporant la dimension Big Data, notamment pour la réutilisation de données de soin, ou encore l'annonce du plan France Médecine Génomique 2015 qui vise à intégrer les données génomiques et cliniques pour le soin et la recherche, montrent l'importance du sujet au regard des attentes des pouvoirs publics. Enfin, les promesses de l'Intelligence Artificielle dans le traitement des données et l'aide à la décision n'ont pas été tenues jusque-là mais la situation évolue avec les KOS. Il faudra cependant rester prudent, notamment au regard des risques inhérents à la numérisation des masses de données où la préservation de la confidentialité sera nécessairement difficile. Enfin, les réelles exploitations qui pourraient être faites de ces données, notamment en termes de santé publique, d'alertes sanitaires ou de recherche restent encore limitées sur le plan international.

Références bibliographiques

- Plan France médecine génomique 2015, http://presse.inserm.fr/wp-content/uploads/2016/06/Plan-France-médecine-génomique-2025.pdf.
- LERUDI – http://esante.gouv.fr/actus/services/le-projet-lerudi-fiche-signaletique.
- BNDMR – www.bndmr.fr.
- La donnée au service de la santé, www.upmc.fr/fr/culture/culture_scientifique2/sciences_a_coeur_2016/sciencesacoeur20160317.html.

5. Apport des Big Data à la médecine de précision en cancérologie

Pierre Saintigny, Jean-Philippe Foy et Alain Puisieux

Chaque année, 5,3 millions d'hommes et 4,7 millions de femmes développent une tumeur maligne et 6,2 millions de personnes décèdent d'un cancer à travers le monde. En France, les conséquences sociétales de ce fléau ont conduit à l'élaboration de trois Plans Cancer, dont les objectifs sont de garantir une prise en charge d'excellence pour les patients, de développer la recherche et les actions de prévention et de promouvoir les applications des dernières avancées diagnostiques et thérapeutiques vers la clinique. L'enjeu est le développement d'une médecine de précision, permettant à la fois d'améliorer la survie tout en limitant la toxicité associée aux traitements. La définition des pathologies cancéreuses comme des « pathologies génétiques », c'est-à-dire qui se développent sur la base de l'accumulation progressive d'anomalies affectant l'ADN* des cellules pré-tumorales et tumorales, a conduit, au cours des dix dernières années, au développement de grands programmes internationaux de caractérisation moléculaire des cancers (TCGA et ICGC), avec l'objectif de dresser un catalogue exhaustif des anomalies génétiques impliquées dans les différents types de cancers (cf. VII.7). Cette ambition a fait entrer de plain-pied la biologie des cancers dans le domaine ubiquitaire des Big Data.

Big Data et recherche clinique en cancérologie

Initialement restreints aux programmes de recherche, les progrès technologiques et la diminution des coûts du séquençage* ont permis d'envisager la production de volumes importants de données en milieu clinique, chez des patients en situation de rechute et résistants aux traitements classiques, promesse d'une médecine personnalisée basée sur une analyse des caractéristiques de la tumeur de chaque patient et de la constitution génétique du patient lui-même. Actuellement, la grande majorité des études s'intéresse à un nombre restreint de gènes (1 à 500), mais récemment, des données de séquençage (*Next Generation Sequencing* ou NGS) de l'ensemble des gènes et du produit de la transcription des gènes ont pu être produites dans le cadre d'études cliniques.

La proposition, en juin 2016, du Plan « France Médecine Génomique 2025 » visant à instaurer la généralisation de ces approches (séquençage de l'ensemble des gènes, du génome entier et du produit de la transcription des gènes) dans le cadre d'un « *parcours de soins générique avec un accès commun à tous les patients affectés par les cancers, maladies rares ou communes* » va également résolument dans cette direction et contribue à effacer les limites entre les cadres recherche et clinique dans la production et l'exploitation des NGS. Ce plan vise, par exemple, à la prise en charge à l'horizon 2020 de près de 235 000 séquences de génomes par an, soit une production annuelle de plusieurs dizaines de pétaoctets, plus d'un ordre de grandeur au-dessus de ce qu'ont fourni les vastes programmes de caractérisation moléculaire des différents types de cancers, du type TCGA (*The Cancer Genome Atlas*) ou ICGC (*International Cancer Genome Consortium*). Ceci représente bien évidemment, en plus d'un enjeu de Santé publique, un formidable défi organisationnel.

Pour l'heure, la très grande majorité des études cliniques inclut un nombre plus restreint de patients, généralement en situation métastatique ayant échappé aux traitements standards. On distingue les essais paniers (*basket studies*), qui permettent un screening moléculaire ciblé, c'est-à-dire le criblage d'une altération génomique touchant un gène en particulier. Les études de type

« screening moléculaire haut débit » (*umbrella studies*) consistent en une caractérisation d'un panel de gènes dont les résultats permettent dans 30 à 40 % des cas d'identifier une altération « actionnable », c'est-à-dire définie comme étant la cible d'une molécule ou d'une combinaison de molécules disponibles dans le cadre d'essais cliniques. Enfin, les essais dits « comparatifs » (*proof of concept*) comparent l'intérêt des approches expérimentales basées sur le profilage génomique des tumeurs des patients à des approches classiques (figure).

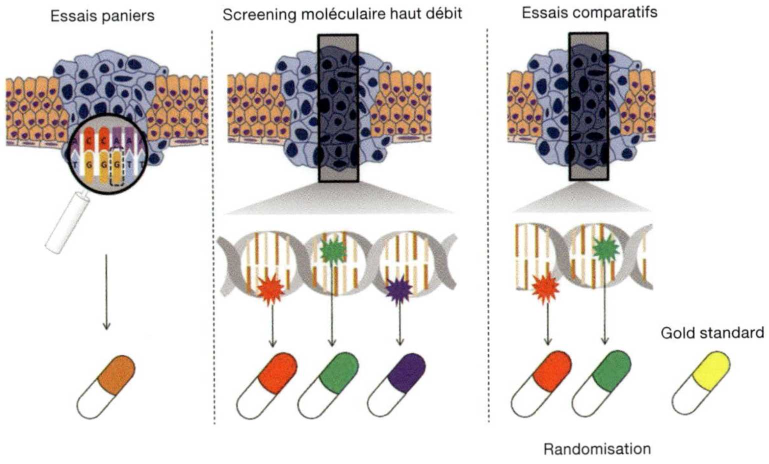

Médecine de précision et recherche clinique en cancérologie. On distingue trois types d'essais cliniques. Dans les essais paniers, les patients sont traités par une nouvelle molécule, quel que soit le type de cancer, uniquement s'ils sont porteurs d'une altération génétique ciblée par cette molécule. Les études de type « screening moléculaire haut débit » permettent, quant à elles, de proposer aux patients un traitement parmi plusieurs molécules ciblant différentes altérations génomiques recherchées chez chaque malade. Enfin, dans les essais comparatifs, le traitement du patient est choisi par tirage au sort (randomisation) entre celui considéré comme la référence actuelle (« gold standard ») et une ou des thérapie(s) innovante(s) ciblant une ou des altération(s) génomique(s) particulière(s). ■

Programmes et perspectives de recherche

Ces programmes ont été à l'origine d'une réorganisation des établissements spécialisés avec, d'une part, la mise en place de réunions multidisciplinaires dites « moléculaires » (*molecular tumor board*) qui s'ajoutent à celles classiquement organisées par organe et incluant des compétences nouvelles (bioinformaticiens, biologistes), et la structuration de plateformes hospitalières de génétique moléculaire. Elle a nécessité d'investir dans des équipements permettant la production des données et une collaboration étroite avec des plateformes de bio-informatique pour le traitement et le stockage des données, autant d'éléments nécessitant une adaptation de l'ensemble des intervenants. Enfin, il ne faut pas oublier que l'espoir généré par ces Big Data en cancérologie n'est permis que par le consentement et la participation active des patients à ces essais de screening moléculaire, rappelant la nécessité d'information et de sensibilisation du grand public sur leurs intérêts et leurs enjeux.

Si les perspectives des analyses moléculaires, et des NGS en particulier, en cancérologie suscitent un intérêt considérable tant en termes de recherche qu'en termes de prise en charge des patients, elles représentent également des défis importants pour la communauté biomédicale. Le premier défi concerne la plasticité et l'hétérogénéité des cellules cancéreuses et leur diversité, sources majeures de complexité, d'échecs thérapeutiques et de rechutes. Il est clair aujourd'hui que si l'analyse moléculaire d'une tumeur constitue une étape essentielle de sa caractérisation biologique, elle ne peut à elle seule permettre de prédire son évolution clinique. Le développement des analyses biologiques fonctionnelles et la génération de modèles mathématiques dynamiques, permettant de décrire l'évolution temporelle de la tumeur et munis de paramètres « personnalisés » par une caractérisation moléculaire propre à chaque patient, constitueront une clé indispensable. Un second défi concerne l'intégration de réunions de concertation multidisciplinaires « moléculaires », dans lesquelles les expertises des bioinformaticiens et biologistes complètent celles des médecins. De façon évidente, ces défis nécessiteront d'enrichir les formations des différents intervenants pour qu'elles deviennent plus transversales.

Références bibliographiques

- J. Y. BLAY *et al.* – *Quinze questions importantes à se poser en oncologie en 2015*, Bulletin du cancer, 102, 2015.
- M. J. RODRIGUES et C. GOMEZ-ROCA – *Role of high-throughput sequencing in oncology*, Bulletin du cancer, 100, 2013.
- INCa – *Plateformes hospitalières de génétique moléculaire des cancers : faits marquants et synthèse d'activité 2013*, Collection Bilans d'activité et d'évaluation, 2014.

6. Big Data et chirurgie

Jocelyne Troccaz et Philippe Cinquin

La chirurgie assistée par ordinateur est née il y a près de trente ans, sur le lit des premières données d'imagerie médicale numérique. Les scanners à rayons X* et les IRM permettaient de cartographier une zone anatomique tridimensionnelle et de planifier un geste. Le robot chirurgical ou le système de navigation étaient les garants de la réalisation effective du geste planifié, dans un contexte de chirurgie minimalement invasive, où la perception directe du chirurgien, visuelle ou tactile, est limitée. Mais comme dans tous les domaines de notre société, l'informatique a pris aussi une place grandissante dans celui de la santé. Pour ce qui nous concerne ici, les informations relatives au patient résident dans une grande part dans les images médicales. Ces informations se trouvent également dans des signaux physiologiques (cardiaques, cérébraux...) ou dans des propriétés biomécaniques des tissus humains. Toutes ces données alliées, le plus souvent, à des connaissances a priori (atlas, modèles statistiques, modèles biomécaniques...) permettent de planifier le geste optimal, de le simuler, de le réaliser conformément au planning et d'en évaluer l'effet clinique (figure 1). À ce stade, la richesse des données réside dans leur combinaison, ou fusion, permettant de percevoir davantage et d'analyser mieux.

Apports de l'informatique au geste chirurgical

Les dispositifs développés pour l'aide à la chirurgie, nommés « navigateurs chirurgicaux » sont de véritables GPS* du chirurgien. Basés sur des technologies variées, les instruments chirurgicaux, les capteurs ou les structures anatomiques elles-mêmes peuvent être localisés en temps réel. Cette localisation permet au clinicien de piloter son geste vers une cible visée. Au-delà de cette aide robotisée ou naviguée, l'informatique associée permet d'enregistrer les traces de la chirurgie réalisée – positions des instruments à chaque instant, images acquises, temps des différentes étapes, éventuelles répétitions de certaines étapes. Ce sont donc de véritables trésors qui peuvent permettre d'analyser *a posteriori* le geste médico-chirurgical, d'en chercher les invariants ou les variantes selon les « écoles », voire de détecter les déterminants de

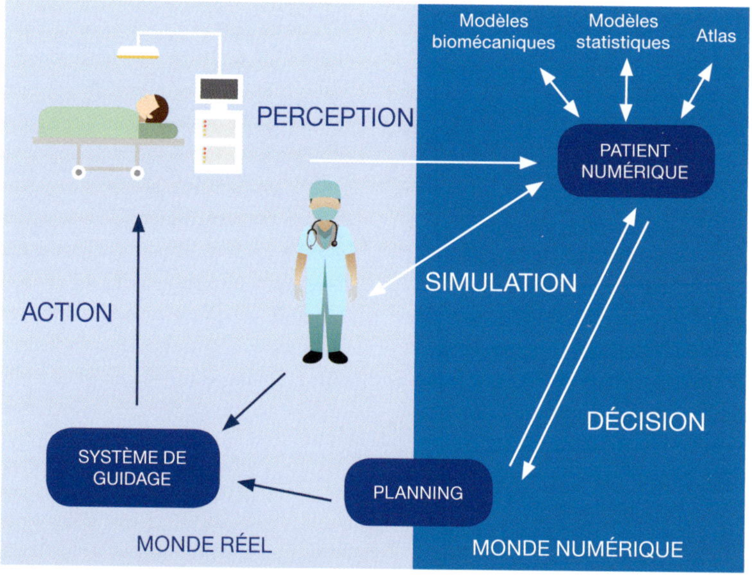

Fig. 1 – **Le Geste Médico-Chirurgical Assisté par Ordinateur (GMCAO): une boucle perception-décision-action.** Sur la base de la fusion de données multimodales et d'informations *a priori*, un modèle numérique du patient peut être établi et servir de base à la planification du geste voire pour sa simulation; la réalisation du geste en conformité avec le planning est guidée par navigation ou robotique. ■

la qualité clinique de l'action réalisée. Peu de travaux exploitent ces traces d'exécution ; les raisons sont en partie liées à la difficulté d'accéder aux formats de données des constructeurs de systèmes de navigations, véritable propriété industrielle. Afin de se départir de cette problématique une équipe de Grenoble a proposé un système d'information* indépendant de l'implémentation pour recueillir les précieuses données sans que l'industriel ait à communiquer sur ses formats internes.

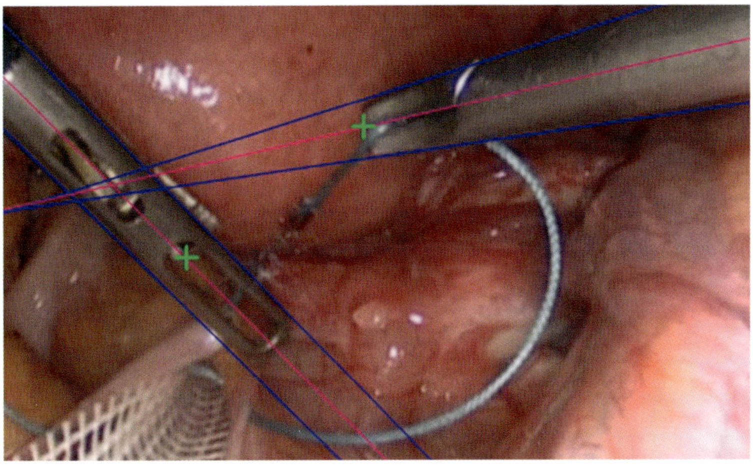

Fig. 2 – **Détection automatique des instruments dans les images endoscopiques pour l'analyse du geste.** Une méthode de traitement des images permet la localisation des outils chirurgicaux en temps réel. Les lignes rouges en représentent l'axe, les lignes bleues en visualisent les bords et les croix vertes l'extrémité. © TIMC-IMAG et CHU de Grenoble. ■

Analyse des traces chirurgicales

D'autres « traces chirurgicales » sont également disponibles et à très fort potentiel de valorisation. La chirurgie endoscopique en est un très bon exemple : chirurgie mini-invasive par excellence, elle consiste à introduire des instruments chirurgicaux par de petits orifices pratiqués à travers la peau, par exemple vers la cavité abdominale ou une articulation. Afin de permettre au clinicien de voir l'espace anatomique sur lequel il travaille et les instruments qu'il manipule, une optique est également introduite dans le corps du patient. De ce fait, la totalité de la chirurgie peut être captée par enregistrement du flux vidéo. De très nombreux travaux s'intéressent donc à l'exploitation automatisée de ces séquences vidéo, afin de comprendre le geste médico-chirurgical. La première difficulté réside dans l'analyse des images. Les réflexions sur les instruments, les fumées, les projections... (figure 2) complexifient la détection de la position des instruments et des organes, ainsi que de leurs éventuelles déformations. Lorsqu'on y parvient, il faut ensuite être capable de comparer ces différents gestes les uns aux autres et d'établir des indices de qualité de la procédure ou de l'expertise de l'opérateur. C'est ici le défi de l'aide à l'apprentissage : quel est le geste expert ? Qu'est-ce qui différentie le débutant du senior ? Quelles sont les erreurs types ? Comment les éviter ? L'analyse automatisée de ces quantités de données, correspondant aux milliers de chirurgies réalisées chaque année, serait porteuse d'une connaissance extrêmement utile pour la formalisation de la qualité du geste et la formation. Également par la compréhension automatique de la scène en temps réel, par l'annotation automatique des images (cf. IV.18) ou par la détection en temps réel de facteurs de risques liés au geste qui se réalise, la sécurité de la chirurgie pourrait s'en trouver renforcée. Ce sont là les défis actuels de la chirurgie guidée par l'image.

D'une façon générale, et en associant à cette discussion les dispositifs médicaux implantables, le recueil systématique de ces données sur des centaines de milliers de patients pourrait certainement améliorer la connaissance médicale, qu'il s'agisse du fonctionnement normal ou pathologique de certains organes ou de la prise en charge diagnostique et thérapeutique des patients. Cependant, il apparaît nécessaire d'établir une réglementation précise et contraignante afin de protéger l'individu et pour garantir la confidentialité des recueils de ces Données à Caractère Personnel (cf. VIII.19).

Références bibliographiques

• A. AGUSTINOS et S. VOROS – *2D/3D Real-Time Tracking of Surgical Instruments Based on Endoscopic Image Processing*, in *Computer-Assisted and Robotic Endoscopy*, Springer International Publishing, 2015.

• A. S. SILVENT, A. MOREAU-GAUDRY et P. CINQUIN – *Towards a Metadata Registry for Evaluating Augmented Medical Interventions*, Studies in Health Technology and Informatics, 2010.

• J. TROCCAZ – *Computer and Robot-Assisted Medical Intervention. in Springer Handbook of Automation*, Springer Berlin Heidelberg, 2009.

7. Apport des données du séquençage à la recherche sur le cancer

Alain Viari et Pierre Saintigny

Bien que le cancer ait été reconnu dès le début du XXe siècle comme une maladie résultant d'un dérèglement du fonctionnement des chromosomes, c'est l'identification, il y a une trentaine d'années, des premiers gènes impliqués dans la transformation maligne qui a permis d'élaborer une théorie unifiée concernant les mécanismes moléculaires mis en jeu dans la genèse et le développement d'une tumeur. La progression tumorale correspond à un processus dynamique, qui tend à sélectionner un ou quelques clones cellulaires présentant des altérations génétiques acquises favorisant leur survie et leur expansion. Ces altérations génétiques acquises dans les cellules tumorales sont appelées « des événements somatiques ». Le développement d'une tumeur repose donc sur un processus complexe initié par un petit nombre d'altérations dites « pilotes », suivi de la dérégulation progressive d'un grand nombre de gènes et l'accumulation d'altérations secondaires qualifiées de « passagers ». La compréhension de ce processus et la caractérisation d'une tumeur nécessitent donc d'identifier les événements somatiques qui sont apparus, en tentant de séparer ceux, minoritaires, qui sont à l'origine du processus de ceux, majoritaires, qui en sont la conséquence. Ainsi, l'identification de gènes clés, altérés de manière récurrente dans les cancers, a permis au cours de ces dernières années de caractériser précisément les tumeurs, d'affiner le diagnostic et de proposer de nouvelles thérapies ciblées, basées sur ces caractérisations (cf. VII.5).

Les données du séquençage

C'est essentiellement aux progrès technologiques dans le domaine du séquençage* de l'ADN* et de l'ARN*, et, plus récemment, aux techniques du *Next Generation Sequencing* (NGS) que nous devons cela (cf. VI.10). Les données produites sont des séquences de génomes complets (*Whole Genome Sequencing* ou WGS). Une particularité propre au domaine du cancer est qu'il faut séquencer le génome de l'échantillon tumoral, ainsi que celui d'un échantillon normal (généralement sanguin) issu du même individu, afin d'identifier les mutations somatiques de la tumeur, par soustraction des variations héritées (dites « constitutionnelles ») et donc présentes dans les deux échantillons (figure). Dans certains cas, pour des raisons de coût, le séquençage est limité aux régions des gènes (2 à 3 % du génome) et on parle alors de *Whole Exome Sequencing* (ou WES). Enfin, la plupart des études complètent ceci par le séquençage de l'ARN tumoral (RNASeq), ainsi que par quelques analyses plus spécifiques (Methylome, MiRNome...). Les informations apportées par ces séquences portent en premier lieu sur l'identification de mutations ponctuelles (*Single Nucleotide Variants*), du nombre de fois ou une région chromosomique apparaît (variation du nombre de copies) ou de grands réarrangements intra et inter-chromosomiques. Il est important de noter qu'en plus des mutations portant sur les gènes, les mutations somatiques non-géniques (accessibles exclusivement en WGS) fournissent également des informations sur les processus ayant conduit à la formation ou au développement des cellules cancéreuses. Ainsi, le contexte nucléotidique d'une mutation porte une « signature » caractéristique du processus carcinogène initial, par exemple par les UV ou le tabac.

Les grands programmes internationaux

Les analyses NGS, en particulier en génome complet, restent encore relativement coûteuses et nécessitent la mise en œuvre d'infrastructures informatiques dédiées. Elles sont donc essentiellement opérées actuellement par de grands consortiums publics. Les deux plus importantes initiatives sont celles du TCGA (*The Cancer Genome Atlas*) et de l'ICGC (*International Cancer Genome Consortium*). Le projet TCGA est nord-américain et porte actuellement sur une trentaine de types de cancers, rassemblant les échantillons de plus de 11 000 patients, pour un volume total de données d'environ 2,5 pétaoctets. L'ICGC est une initiative internationale rassemblant près d'une vingtaine de pays (dont les USA) sur cinquante types ou sous-types de tumeurs cancéreuses et près de 15 000 patients. Dans les deux cas, l'objectif est de caractériser de manière exhaustive et systématique de l'ordre de 500 échantillons par type tumoral, afin d'identifier les événements récurrents. À travers les financements de l'Institut National du Cancer (INCa) et de l'INSERM, la France participe à l'ICGC sur huit pathologies. Il est important de noter que l'accès à toutes ces données est rendu public au travers de portails Web dédiés pour tout ce qui concerne les données somatiques, anonymisées, non identifiantes et de faible volume. En revanche, l'accès

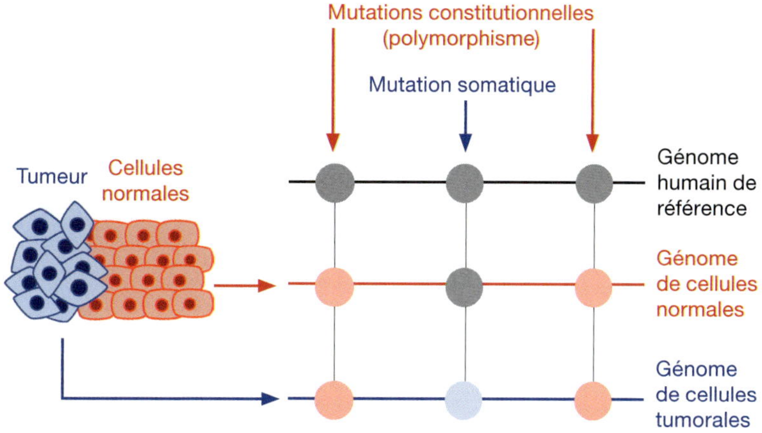

Recherche de mutations somatiques. Les ADN* des cellules tumorales (en bleu) et normales (en rose) du même individu sont séquencés afin de distinguer, par comparaison à un génome humain de référence, les mutations somatiques, c'est-à-dire acquises pendant le processus tumoral (quelques milliers), de celles héritées de ses parents (quelques millions). Parmi les mutations somatiques, on recherche ensuite celles (quelques unités) à l'origine du processus (mutations « pilotes ») en comparant les tumeurs d'une cohorte* d'individus. ■

aux génomes complets fait l'objet d'autorisations spécifiques, délivrées exclusivement à des fins de recherche publique en cancérologie, par les comités d'accès aux données (*Data Access Committee*).

Défis à venir

Si les perspectives des analyses moléculaires en cancérologie, et du NGS en particulier, suscitent un intérêt considérable tant en termes de recherche qu'en termes de prise en charge des patients, elles représentent également des défis importants pour la communauté biomédicale. Un premier défi concerne les importantes ressources de calcul et de stockage, situées bien au-delà de ce dont le biologiste ou le médecin disposent couramment, que réclament ces analyses. La question de la facilité d'accès à ces données, notamment au travers du *cloud**, dans le respect strict des dispositions légales propres à chaque pays, est encore ouverte et constitue un enjeu majeur des prochaines années. Un second défi concerne le caractère éminemment pluridisciplinaire de ces activités, que ce soit au plan recherche ou clinique. L'instauration du dialogue et l'orchestration des échanges entre les différents acteurs : médecins, biologistes, bioinformaticiens, biomathématiciens constitue sans aucun doute une étape déterminante et nécessite de revoir en profondeur nos formations universitaires et médicales, nos pratiques et, au fond, nos modes même de pensée.

Références bibliographiques

• A.CLAEYS et J.-S. VIALATTE – *Les progrès de la génétique : vers une médecine de précision ?*, Les rapports de l'OPECST, 2014.
• B. W. STEWART et P. KLEIHUES – *Le cancer dans le monde*, www.iarc.fr/fr/publications/pdfs-online/wcr/2003/LeCancerdansleMonde.pdf, IARC Press.
• M. R. STRATTON *et al.* – *The Cancer Genome*, Nature 458, 2009.

8. Big Data et santé : questions éthiques

Hervé Chneiweiss

L'utilisation des données massives en santé illustre la tension éthique générée par, d'une part, l'énorme potentiel de la méthode et d'autre part la sensibilité des données. D'un côté, il y a l'intérêt pour la connaissance des origines de maladies, leur diagnostic, leur traitement et leur prévention. De l'autre, il y a la sensibilité des informations relatives à la santé, couvertes de principe par le secret médical, et la vulnérabilité implicite générées par leur accessibilité. Le manque de formation du public au sens de ces données et l'opacité des algorithmes* utilisés pour les obtenir posent problème.

Les masses de données biomédicales

Les Big Data biomédicales peuvent exister sous de nombreuses formes, parmi lesquelles les données de séquençage* génétique d'un individu et de son microbiome*, des échantillons biologiques, les dossiers de santé électroniques incluant l'histoire clinique, des données biologiques et d'imagerie médicale. Ces données peuvent être détenues dans des centres de ressources biologiques ou biobanques (cf. VII.4), ou dans des sources de données distribuées, accessibles de façon standardisée *via* des systèmes de virtualisation appelés « référentiels ». Il faut également inclure les données issues des technologies « de surveillance de la santé personnelle », y compris les dispositifs portables et les objets connectés (cf. VII.2). Pour mener ces recherches dans des conditions éthiques acceptables par les Comités de Protection des Personnes, les institutions de recherche sont confrontées aux coûts des technologies nécessaires à la production et à la gestion de ces données multifactorielles et hétérogènes.

Le premier défi éthique des données massives en santé est la remise en question du consentement éclairé et informé qu'une personne doit donner pour une recherche. En effet, le Big Data est destiné dans son principe même à révéler des connexions imprévues entre les différents ensembles de données. Les utilisations futures des données personnelles* et les conséquences potentielles des résultats sont inconnues au moment où les données sont collectées. La personne doit donc consentir à un processus et non à une étude. Un processus qui remet en question également l'un des principes essentiels de la recherche clinique, à savoir la possibilité pour une personne de demander à tout moment de se retirer de l'étude. Une telle possibilité est, en effet, presque impossible dès qu'une donnée individuelle fait partie d'un vaste ensemble. Cela conduit les biobanques ou les études de cohortes* à proposer un consentement large couvrant la totalité ou certains niveaux des recherches futures. Une autre option est le modèle du « courtier honnête », dans lequel un tiers impartial gère la collecte des données et ses utilisations. Il est en charge de l'anonymisation des données, c'est-à-dire d'éliminer tout élément permettant d'identifier la personne et de créer un identifiant de recherche, ce qui permet alors la mise à jour de l'information clinique et/ou l'évaluation de résultats de la recherche pour le patient si nécessaire. Grâce à ce système, les chercheurs bénéficient de plus d'indépendance et le partage des données est plus cohérent, mais cela a un coût logistique et limite la vitesse à laquelle l'accès aux données peut être géré.

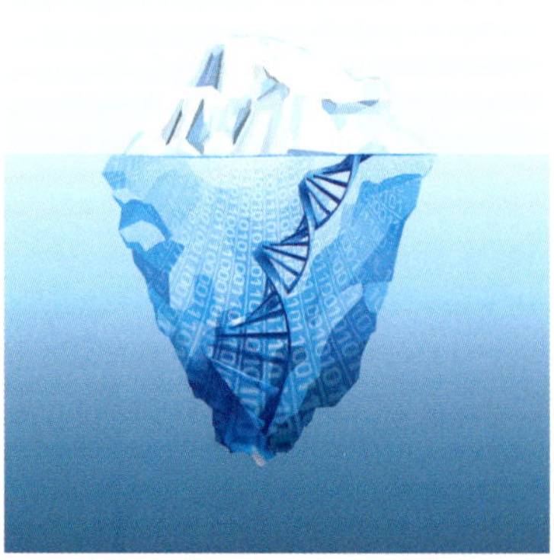

L'état des réflexions dans le domaine des questions éthiques en Santé et Big Data. © Freepik/E. Godet ■

L'anonymisation est une exigence pour protéger la vie privée des personnes acceptant de participer à une recherche, mais le Big Data change la donne, car l'agrégation des données ouvre également la possibilité de la ré-identification par recoupement des informations concernant, par exemple, l'origine ethnique, la localisation d'habitation ou de naissance, l'accès aux dossiers de santé ou aux données génétiques. En outre, si les sujets sont regroupés selon des caractéristiques géographiques, ou socio-économiques, ou ethniques, l'anonymisation individuelle ne garantira pas contre un risque de discrimination et de stigmatisation du groupe.

Propriété des données

Qui possède les données de santé ? Entendue en termes de « contrôle », la possession permet la maîtrise de l'usage. Compte tenu des possibilités de ré-identification, un contrôle permet de restreindre les utilisations indésirables. Le contrôle s'applique également pour s'assurer de la légalité de l'utilisation des données de recherche à des fins commerciales. La possession peut être vue également comme un moyen de bénéficier des données pour son usage personnel, par exemple l'accès aux données génétiques. Le consensus général veut que les données recueillies dans le cadre d'un processus de recherche n'ont pas la « qualité de validité » nécessaire à un besoin clinique et que, par conséquent, un participant d'une étude ne doit pas avoir accès à ses données personnelles. Reste toutefois la question des découvertes fortuites, non recherchées par l'étude initiale, comme une prédisposition forte à un cancer. La solution préconisée est d'anticiper ces résultats et de demander à l'avance aux sujets s'ils veulent être informés ou non en cas de découverte inattendue. Certaines associations professionnelles, telles que l'American College of Clinical Geneticists, ont produit des listes de gènes et de mutations qui permettent une action préventive et soutiennent que les personnes devraient systématiquement être informées en cas de découverte fortuite. D'autres organisations sont contre ces listes, car la découverte se fait hors du contexte de la relation patient/médecin et en l'absence d'un processus de validation technique et médical. Un autre obstacle à l'accès direct aux données pour les participants d'une recherche est que pour avoir un sens pour les personnes concernées celles-ci doivent être en mesure d'exercer leurs droits d'accès avec un effort raisonnable. Cela semble tout à fait impossible compte tenu de toutes les précautions prises pour protéger la confidentialité des données. De plus, les données brutes sont très difficiles à interpréter pour un public profane. Un autre impact est lié à la perte de contexte et l'écart entre un résultat valable pour une cohorte, mais non significatif pour un individu. Enfin, le développement récent d'une relation directe entre les gestionnaires des ensembles de données et les patients, excluant toute forme d'intervention médicale, crée un risque de dépendance excessive. Une telle pratique n'existe pas dans le domaine académique, mais elle se développe rapidement dans la recherche privée, qui a des objectifs commerciaux orientés.

La propriété des données peut également être un obstacle à la recherche, en interdisant, par exemple, l'extraction de données ou une méta-analyse. Les lois nationales de protection des données personnelles sont parfois en contradiction avec la demande de certaines revues de transférer l'ensemble des données brutes. En 2012, une proposition de règlement européen sur la protection des données personnelles a placé la recherche sur les données massives en danger et conduit plusieurs institutions de recherche à se réunir pour s'opposer à plusieurs des articles du règlement proposé. Finalement, le nouveau règlement facilitera la recherche tout en protégeant les participants.

Un dernier enjeu éthique des Big Data tient à leur apparente objectivité à représenter la réalité sociale avec l'autorité scientifique et la rigueur technique. Or, il y a une certaine opacité des algorithmes utilisés et les résultats peuvent être faussés par de multiples biais méthodologiques. Par ailleurs, les scientifiques font face au problème de l'obsolescence de la méthode utilisée pour obtenir les résultats et peuvent avoir besoin, pour une ré-analyse, de repartir des échantillons biologiques collectés initialement. Or, les coûts de conservation ne peuvent être pris en charge par des équipes individuelles et doivent être pris en charge par des institutions de recherche qui doivent dès lors inscrire ces données dans le temps et permettre leur accessibilité sur une longue période (cf. II.18).

Références bibliographiques

- Exemple de charte éthique d'un centre de ressource biologique, www.e-cancer.fr/content/download/128230/.../Charte_ethique_Tumorotheques-1.pdf.
- Réglementation française sur la sécurité des données, http://esante.gouv.fr/asip-sante.
- Approche américaine de l' « assistance à la décision éthique » https://thrive.kaiserpermanente.org/care-near-you/southern-california/south-bay/health-care-services/health-care-ethics-decisions/#.
- http://www.inserm.fr/qu-est-ce-que-l-inserm/l-ethique-a-l-inserm/saisines-et-notes-du-comite-d-ethique.

9. De la santé de l'environnement à la santé humaine

Pascal Simonet et Anne Maître

Impact des polluants sur la biodiversité

L'apparition du concept d'« holobionte* » (animal ou plante associés à leurs micro-organismes) a révolutionné la notion d'organisme, pour la faire évoluer vers celle de « méta-organisme » prenant en compte les différentes communautés microbiennes interagissant avec cet organisme. C'est grâce aux nouvelles approches de métagénomique* (extraction de l'ADN* microbien environnemental) et de séquençage* massif (cf. VI.10) que le décryptage des holobiontes est aujourd'hui possible. Transposées aux écosystèmes naturels (sols, eaux, sédiments), ces technologies permettent d'étudier, par exemple, l'impact de polluants sur la diversité microbienne environnementale et leurs effets potentiels sur la santé humaine.

Même si elle n'est pas exempte de limites et de biais, notamment lors de l'extraction de l'ADN, la métagénomique a ouvert une nouvelle voie d'exploration en microbiologie. Les chercheurs ont ainsi identifié, dans les quinze premières années de ce XXIe siècle, plus de nouveaux phyla, classes, genres, espèces de micro-organismes que ce qui a été découvert depuis que Van Leeuwenhoek a pour la première fois mis en évidence « *ces très nombreux petits animalcules* » au XVIIe siècle. Le niveau de biodiversité microbienne dans les différents écosystèmes de notre planète, et plus particulièrement dans les sols, est de ce fait considérable, largement supérieur à ce qui avait été préalablement estimé. Le travail dans les laboratoires a également profondément changé. La partie expérimentale se limite de plus en plus souvent au seul traitement d'échantillons « environnementaux » pour directement en extraire l'ADN microbien qui sera séquencé par des sociétés spécialisées. L'écologiste microbien est par nécessité devenu bio-informaticien. Il a troqué son microscope pour un ordinateur, afin d'exploiter les gigantesques volumes de données de séquences qui constituent dorénavant sa matière première. Et les exploitations de ces Big Data, tant en ce qui concerne la recherche fondamentale que pour ses applications industrielles, dans les domaines de la santé et de l'environnement, sont nombreuses.

La métagénomique a ainsi permis de montrer que les différents écosystèmes « environnementaux », et notamment les sols, sont les réservoirs naturels des gènes de résistance à des antibiotiques dont l'utilisation intensive a favorisé le transfert aux pathogènes* humains. Si cette adaptation a été si rapide c'est que les germes humains n'ont pas eu à développer leur propre parade, mais ont récupéré chez les saprophytes* du sol toute la panoplie des mécanismes qui s'y développent depuis des millions d'années. Comprendre les potentialités croisées d'adaptation des pathogènes et des saprophytes aux différents environnements au sein desquels ils vont échanger leurs gènes permettra d'édicter les règles sanitaires pour limiter la dissémination de ces gènes et préserver l'efficacité des antibiotiques.

Mais la métagénomique offre également la meilleure perspective pour développer de nouveaux antibiotiques en faisant exprimer les gènes des bactéries non cultivables productrices dans des hôtes domestiqués, ouvrant ainsi l'accès à un réservoir quasi inépuisable de nouveaux médicaments. Tout aussi

Utilisation des Big Data au service de la veille sanitaire

L'un des défis de la santé environnementale réside dans la capacité à évaluer les expositions des populations aux substances adverses et à estimer le plus précocement possible les risques sanitaires associés dans un but de prévention des maladies. Les méthodes classiques de veille sanitaire consistaient en un recueil précis et standardisé des données sur une population définie. L'ère actuelle est au recueil « tous azimuts » des données : allant des données de suivi biologique, de santé, aux données administratives, en passant par les données socio-économiques et professionnelles, voire de localisations géographiques, et ce, sur des larges catégories de populations. La collection de ces données massives a engendré parallèlement le développement des méthodes de fouille de données (cf. IV.8) pour détecter des « événements et signaux faibles ».

Dans le champ de la santé au travail, la surveillance s'est longtemps limitée au décompte des maladies professionnelles indemnisées, nombre bien en deçà du nombre de pathologies imputables au travail, et qui par ailleurs se limite pour plus de 80 % aux seuls troubles musculo-squelettiques. La France est actuellement pionnière dans la réalisation de travaux de recherche et l'implémentation de méthodes de fouille de données avec une finalité de veille en santé au travail. Citons : *i)* la validation, puis l'utilisation, de méthodes empruntées à la pharmacovigilance* pour rechercher de nouvelles associations entre des pathologies et des expositions professionnelles à partir des données cliniques des centres de consultations de pathologies professionnelles français, rassemblées dans la base du réseau RNV3P* ; *ii)* les travaux sur « l'exposome* » visant à prendre en compte la pluralité des expositions professionnelles. De nouveaux projets visent actuellement à élargir encore la capacité de recueil de signaux faibles, en se libérant du filtre de l'adressage des patients et en croisant directement les données sources des différentes bases administratives et médico-administratives de sécurité sociale (travaux conduits avec la Mutuelle Sociale Agricole et l'Anses*). Un enjeu actuel est de développer, en complément des données médicales, le recueil de données d'exposition aux polluants des populations. Alors que de nombreuses données existent sur la pollution des milieux (air, eau, sol), très peu de données existent en France sur l'exposition individuelle des populations aux polluants environnementaux et surtout industriels. Une réflexion est actuellement menée en lien avec les Ministères du Travail et de la Santé et les Agences sanitaires pour développer un recueil et une centralisation des données biologiques d'exposition.

Le chemin est encore long tant au niveau du recueil d'informations de qualité que de leur analyse et les méthodologies sont en constante amélioration, afin de distinguer au mieux les signaux faibles d'un « bruit de fond ». Si de nombreuses données biologiques d'ordre génétique et/ou physiopathologique peuvent également être analysées, l'ensemble de ces travaux nécessite une réflexion éthique afin, notamment, de préserver l'anonymisation des données tout en conduisant une veille sanitaire au service de la population.

illimitées et maintenant abordables sont les réserves d'enzymes bactériennes* exploitables par l'industrie, notamment pour répondre aux problèmes de pollution. Même pour des composés xénobiotiques* très polluants et récalcitrants, comme certains pesticides chlorés, les germes telluriques* ont développé des voies de dégradation efficaces. Ces nouvelles biotechnologies permettent d'accéder à ces bioressources et de les rendre exploitables dans les traitements de bioremédiation* applicables *in situ* sur les sols, les sédiments ou dans les nappes phréatiques.

Il s'agit donc bien d'une ère nouvelle riche en promesses qui s'est ouverte tant pour la compréhension que l'exploitation des microbiotes* de quasiment tous les écosystèmes. Certaines barrières doivent encore être levées, comme celle du volume considérable et sans cesse croissant des données à traiter (séquences, métadonnées).

Références bibliographiques

- M. LESCROART – *Explorer la biodiversité génétique du sol*, Le Journal du CNRS, juin 2009.
- M. LESCROART – *L'inventaire s'accélère*, Journal du CNRS, janvier/février 2010.
- N. LOMBARD, J. BAILLY, R. MARMEISSE et P. SIMONET – *La métagénomique des communautés microbiennes*, Biofutur, juillet/août 2006.
- P. SIMONET, C. PLOMION ET F. MARTIN – *Quand la génomique rencontre l'écologie*, Biofutur, mars 2011.

- Huitième partie -

Individu et société

Page précédente :

1. Introduction

Sandra Laugier

La révolution du Big Data est d'abord sociale. La production massive d'informations par des expériences scientifiques, des capteurs ou des populations munies d'équipements de communication n'est pas seulement une nouvelle méthode de découverte : c'est sans doute parmi les transformations les plus importantes qui aient eu lieu dans les formes de vie humaines. Les sciences sociales ne s'y intéressent que depuis peu de temps et n'ont pas encore pris la mesure des changements en cours, ni surtout des possibilités d'avoir une prise sur eux. C'est pourtant par l'examen de ces mutations sociales que l'on peut acquérir une vision claire des enjeux essentiels du Big Data, et comprendre comment, et à quel point, l'analyse et le traitement des données massives ont des effets concrets sur nos actions, nos décisions, notre vie quotidienne dans leurs aspects les plus divers – le savoir, la maison, l'information, la santé, les transports, le travail, la finance, la politique, la consommation, les relations affectives... – et sur les formes de société que nous construisons.

Même si la peur d'une possible domination de l'humain par les machines subsiste dans nos cultures, humain et machine forment un couple de plus en plus complémentaire et cette relation est aujourd'hui le lieu d'exploration d'une nouvelle écologie, où les objets, intelligents et connectés, deviennent des serviteurs de l'humain. S'il se heurte encore à diverses limites techniques, systémiques et morales, le développement de la domotique* et des environnements intelligents est certainement prometteur dans une société de « services », dès lors qu'il laisse place à l'initiative humaine et interagit avec elle (cf. VIII.11). Cela n'empêche pas l'émergence d'inquiétudes d'un autre ordre, comme celle concernant le contrôle des comportements de consommation ou de mobilité, ou le risque d'intrusion dans la vie privée par la collecte, le stockage et l'usage de données personnelles (cf. VIII.19). Avec le succès de l'économie numérique (cf. VIII.17), la généralisation des appareils mobiles et le boom des réseaux sociaux, l'exposition va en s'amplifiant, tout en se banalisant. De nombreux domaines, scientifiques, économiques (cf. VIII.15), sanitaires (cf. VII.2), médiatiques et culturels (cf. VIII.7) produisent et consomment des volumes de données considérables, qu'il s'agit aussi de stocker et de protéger.

En Europe, la question de la sécurité et de la confidentialité des données se pose d'autant plus que la plupart des fournisseurs de *clouds*, à l'image d'Amazon ou de Google, sont étasuniens (cf. VIII.22). Le Big Data n'est certes pas Big Brother, mais ces données personnelles convoitées pour leur valeur marchande ou stratégique constituent désormais un enjeu de libertés et de justice (cf. VIII.6). Face au Big Data des réseaux privés d'analyse, aux institutions de surveillance, aux graphes des réseaux sociaux et des moteurs de recherche, les chercheurs et, particulièrement les sciences humaines et sociales, ont désormais à produire

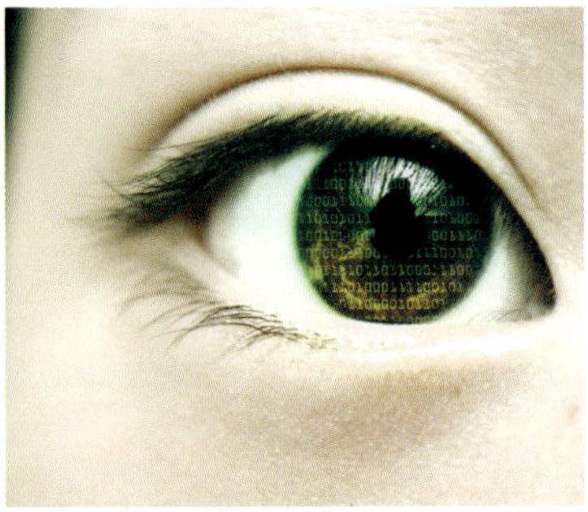

Les Big Data, une autre vision de la société. © F. Takemoto. ■

des méthodes d'analyse (pertinence, qualité, quantité) et de protection des données. Ce qui implique un investissement dans des outils et concepts nouveaux, épistémologiques et méthodologiques, vers des approches quantitatives et pragmatiques.

Ce tournant informationnel du travail scientifique implique aussi les citoyen.ne.s, avec l'ouverture, la transparence et la maîtrise des données, et le développement de modes innovants de collaboration entre producteurs et utilisateurs finaux des données : autant de nouvelles capacités d'action des humains dans la production et la possession des connaissances et technologies qui les concernent. Le Big Data permet en sciences sociales d'envisager autrement les phénomènes et transformations en cours dans la société, les changements et processus réellement à l'œuvre, mais pas toujours perçus, et la complexité des facteurs et indicateurs à prendre en compte dans les décisions et politiques publiques, mais aussi l'intervention de tou.te.s dans ces évolutions.

2. Scruter les sociétés, après l'« homme moyen »

Claire Lemercier

Les Big Data contribuent à l'étude des sociétés en mobilisant des quantités inédites de données, souvent produites, au départ, pour des raisons n'ayant rien à voir avec la recherche ; et en développant de nouveaux algorithmes* d'analyse, adaptés à leur masse et à leur caractère souvent peu structuré (cf. VIII.3). Elles marquent ainsi une nouvelle étape dans la longue histoire des statistiques sociales – une histoire de science, mais aussi d'États, comme le terme « statistique » l'indique, et d'entreprises.

REFLECTIONS
On the
WEEKLY
Bills of Mortality
For the Cities of
LONDON and WESTMINSTER,
and the Places adjacent:
But more eſpecially, ſo far as it relates to
THE
PLAGUE,
AND OTHER
MOST MORTAL DISEASES
that we Engliſh-men are moſt ſubject to,
And ſhould be moſt careful againſt,
in this our Age.
LONDON:
Printed for Samuel Speed, at the Rainbow in
Fleet-ſtreet. 1665.

Fig. 1 – Couverture d'une des premières tables de mortalité, publiée en 1665, attribuée à John Graunt. ■

Les données sur la société : des traces de pratiques

On peut faire commencer cette histoire avec les premières tables de mortalité, qui paraissent dans les années 1660 et qui recensent les décès à Londres selon l'âge (figure 1). En livrant des probabilités conditionnelles de survie, elles introduisent de nouvelles manières de calculer remarquées dans les milieux savants. Un de leurs objectifs est de mieux comprendre les épidémies, notamment la peste ; et l'assurance sur la vie s'empare rapidement de l'outil. Par ailleurs, même si le traitement statistique est inédit, les données, elles, n'ont pas été produites pour la recherche : elles proviennent des registres d'enterrement de l'Église.

Au cours des siècles suivants, des données en plus grande quantité ont été collectées, des méthodes différentes ont été développées pour les traiter, mais les statistiques sociales ont conservé la même démarche, au croisement de la science (mathématiques et physique, puis histoire, archéologie, sciences sociales et informatique), de l'administration et des entreprises. Les chercheurs ont parfois eu les moyens de produire des données (par questionnaire) spécifiquement dans un but de connaissance et les recensements ont inclus certaines de leurs questions à côté de celles des gouvernements. Mais le plus souvent, la recherche sur les sociétés a travaillé sur des traces de pratiques constituées et préservées pour des raisons non scientifiques, par des entreprises ou des administrations qui avaient la possibilité d'inciter, voire d'obliger les individus à fournir telle ou telle information.

Ces traces sont très variées : les squelettes permettent de dire quelque chose de l'épidémiologie du passé, les tickets de caisse de travailler sur la consommation, les statistiques policières disent quelque chose des illégalités, etc. Mais l'accès à ces traces n'est jamais facile et elles présentent de nombreux biais. Ainsi, toute la population n'est pas enterrée dans des cimetières, la consommation porte aussi sur des produits non achetés au supermarché et la police ne connaît et ne documente pas toutes les illégalités. De plus, les questions des chercheurs ne correspondent jamais exactement à ce que les sources permettent de dire : toutes les maladies ne laissent pas des traces qui se conservent, les tickets de caisse ne disent rien de la position sociale de l'acheteur et la police nomme ce qu'elle observe dans son propre vocabulaire.

L'apport des sciences sociales

Le cœur de métier des sciences sociales est de réfléchir sur ces biais. Pour cela, elles ont développé une capacité à « inventer » des sources parfois inattendues pour répondre à des questions scientifiques (c'est-à-dire à identifier des traces qui pourraient avoir été collectées et préservées dans d'autres buts) et à « critiquer » ces sources, c'est-à-dire à réfléchir sur leurs conditions de production, les biais qu'elles impliquent et les conséquences à en tirer pour l'interprétation.

Aux XIXe et XXe siècles, ces savoir-faire ont été développés dans un contexte où les données, même si elles devenaient de plus en plus abondantes, ne pouvaient pas, la plupart du temps, concerner l'ensemble des populations (cf. VIII.7). Cela incitait à laisser de côté les comportements minoritaires au profit des plus fréquents, et à faire émerger un « homme moyen », expression introduite par le statisticien Adolphe Quetelet au XIXe siècle. Les entreprises acceptaient de se concentrer, par exemple, sur la « ménagère de moins de 50 ans ». Les sciences sociales des années 1950 et 1960, notamment dans leurs applications au service des politiques publiques, envisageaient une « société de masse » et des solutions uniformes. Par ailleurs, en 1974, lorsque l'humanité tenta de contacter des extra-terrestres en envoyant dans l'espace un message *via* le radiotélescope d'Arecibo (figure 2), les scientifiques placèrent, à côté d'une représentation des nombres, de quelques constantes physiques et formules chimiques et d'une représentation de l'ADN*, une silhouette d'être humain générique, accompagnée de l'effectif de la population mondiale à la date du message et d'une indication de sa stature moyenne.

Depuis les années 1980, sciences sociales, politiques publiques, marketing ou encore médecine ont revalorisé les exceptions, les configurations plus « micro » (inter-individuelles) et la notion de complexité. D'où leur intérêt, aujourd'hui, pour les grandes masses de données qui semblent tendre à l'exhaustivité. Est-ce pour autant la fin du travail d'invention et de critique des sources ? Le croire serait aussi dangereux pour la recherche que pour les sociétés. Le coût et les bénéfices potentiels liés à l'utilisation de ces informations font que, comme les bases de données plus réduites du passé, elles ne sont pas toujours accessibles aux chercheurs. Surtout, la masse ne fait pas disparaître la question des biais. Ainsi, la population qui tweete à propos de santé ou d'alimentation n'est pas une portion représentative de la société. En effet, dans ces domaines, les écarts entre classes sociales restent abyssaux et il est probable que la partie de la société qui préoccupe le plus les politiques publiques, c'est-à-dire celle qui mange « mal » et meurt jeune, est à peu près absente des données.

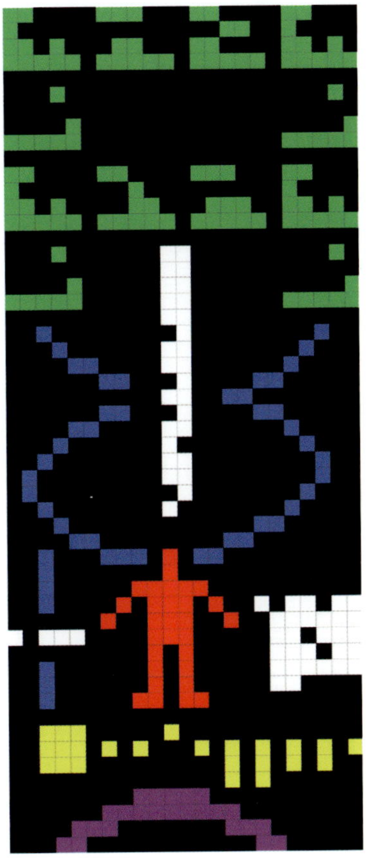

Fig. 2 – Extrait du message radio d'Arecibo, envoyé en direction de l'amas globulaire M13 (à 25 000 années-lumière) en 1974. ■

Évitons le fantasme de la carte à l'échelle 1/1, décrit par Jorge Luis Borges dans une nouvelle de 1946 (et avant lui par Lewis Carroll) : les données ne sont pas la société. Pour approcher malgré tout cette dernière (comme du reste pour comprendre les fantasmes de connaissance parfaite et immédiate que font naître les Big Data), les savoir-faire critiques accumulés par les sciences humaines et sociales restent notre meilleur guide.

Références bibliographiques

- A. DESROSIÈRES – *La Politique des grands nombres. Histoire de la raison statistique*, La Découverte, 1993.
- É. OLLION et J. BOELAERT – *Au-delà des Big Data. Les sciences sociales et la multiplication des données numériques*, Sociologie, 2015.

3. Y a-t-il une « révolution Big Data » en sociologie ?

Étienne Ollion

Trois promesses…

Dans les sciences de la société, les Big Data ont donné lieu à des débats polarisés. Pour ses promoteurs, l'abondance de données était porteuse d'une triple promesse. Empirique d'abord, puisque la multiplication des informations doit permettre de mieux connaître des sujets classiques et d'étudier des phénomènes inaccessibles à l'analyse scientifique jusque-là. Les études de mobilités menées à l'échelle d'une population *via* l'analyse des informations émises par les téléphones portables illustrent bien cette accessibilité nouvelle. Méthodologique ensuite, car l'automatisation de la collecte et de l'enregistrement est porteuse d'une promesse forte quant à l'exhaustivité de l'analyse. Faute de pouvoir étudier intégralement un phénomène, les chercheurs ont souvent recours à un échantillon* (N). Mais s'il est possible d'analyser, avec un coût acceptable, l'ensemble de la population, pourquoi faire un échantillonnage ? En effet, l'exhaustivité ou la quasi-exhaustivité met fin à la lancinante question de la représentativité d'un échantillon. Les nombreux travaux de sociologie des sciences qui s'appuient sur l'étude des citations illustrent bien ce changement : plutôt que de suivre un auteur ou une revue sur une courte période, ils analysent l'ensemble du champ, depuis des décennies. Théorique enfin, puisque l'arrivée des Big Data a été saluée comme les prémisses d'une nouvelle ère. L'analyse de masses d'informations relatives aux pratiques individuelles devait, en effet, permettre de dévoiler de nouvelles lois du comportement humain. Cette nouvelle « physique sociale » devait montrer des régularités invisibles aux yeux des acteurs, mais aussi des sociologues classiques, les uns comme les autres étant trop proches de leur objet pour pouvoir les saisir.

…et leur réalité

Las, les détracteurs de ces méthodes ont eu beau jeu de rappeler que, pour l'instant, les promesses étaient souvent restées à ce stade. Du côté empirique, une véritable avalanche d'informations a bien eu lieu, mais ces dernières sont de qualité variable. Peu fiables, elles sont parfois inintéressantes. Constituées à d'autres fins que la recherche, elles peuvent ne répondre en rien aux interrogations que se posent les chercheurs. Bien souvent, « Big Data » n'est pas synonyme de « Rich Data », ni de « Quality Data ». Le phénomène n'est pas nouveau et ne tient pas à la taille, mais l'abondance de données de gestion d'entreprise ou d'administration l'accentue.

Du côté méthodologique, les situations où l'échantillon est de la même taille que la population (« N = tout ») sont, de fait, plutôt rares et il faut composer avec une représentation partielle des phénomènes à étudier. Or, l'échantillon minutieusement construit vaut souvent plus que la masse de données issue d'une population dont la composition n'est pas connue. Georges Gallup l'a bien démontré en 1936. Contre les prédictions de tous, et en particulier de la célèbre Literary review qui avait interrogé ses lecteurs (plusieurs dizaines de milliers) sur leurs intentions de vote, il avait prédit la réélection de Roosevelt sur la base d'un échantillon bien plus petit (quelques milliers), mais méthodiquement construit. Cette difficulté bien connue explique la tendance actuelle, qui voit les enquêtes menées par Internet être l'objet d'un important et difficile redressement, ou qu'en même temps que les pratiques, les chercheurs collectent des informations sur les acteurs pour mieux connaître leur base.

Enfin, sur le plan théorique, les effets sont pour l'instant peu sensibles. Ni les grandes révolutions théoriques parfois annoncées, ni la « fin de la théorie » parfois prophétisée, n'ont vraiment eu lieu. Il faut à ce stade rester prudent, mais le déplacement n'est pas évident. D'un côté, l'idée que l'abondance de données permettra de découvrir de grandes lois du social est une affirmation récurrente depuis sa première formulation par Quêtelet en 1835, mais aussi souvent invalidée. De l'autre, l'affirmation selon laquelle les données allaient parler d'elles-mêmes est un fantasme tout aussi fréquent, qui oublie le nécessaire travail d'interprétation.

Au-delà des Big Data

Parfois acrimonieux, les débats continuent entre tenants et opposants des Big Data en sociologie. Cette situation risque de perdurer tant sont importants les enjeux que croise cette question. Ils se poursuivront aussi tant que les discussions se feront autour du terme flou de « Big Data ». Sans rentrer dans d'interminables discussions conceptuelles, il est utile de rappeler qu'il regroupe des informations dont les origines, les producteurs, les biais et les potentialités diffèrent largement. Données de gestion, de capteurs, issues d'Internet, archives numérisées ou encore open data..., chaque source pose des questions particulières, qui doivent être évaluées *in situ*.

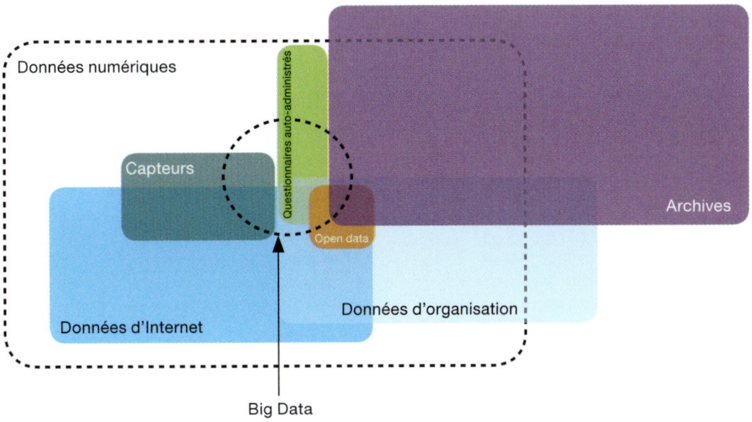

Les données massives ne constituent qu'un aspect limité de la transformation qui voit les données numériques se multiplier. ■

Les controverses récurrentes autour de ce terme empêchent même de voir le vrai déplacement en cours, à savoir la multiplication exponentielle de données numériques disponibles. L'usage de ces données n'est pas nouveau : depuis des décennies, les sociologues en utilisent. Elles ne sont par ailleurs pas toutes massives : certains jeux de données numériques peuvent être de petite taille (figure). Mais leur disponibilité croissante est en train de produire des effets importants sur la recherche en sociologie. C'est vrai du côté des compétences, où la capacité à collecter des données numériques, analyser des bases de données ou les nettoyer est valorisée. Du côté statistique, la multiplication de ces données s'est ainsi produite parallèlement à l'introduction des techniques d'apprentissage statistique (*machine learning,* cf. IV.13). Comme dans d'autres disciplines, ces méthodes suscitent autant d'intérêt que de questions. En particulier, la difficile interprétation des résultats – revers de la flexibilité des méthodes – rend leur usage complexe.

Mais la question la plus pressante se situe probablement du côté de l'obtention des données. Pour nombreuses qu'elles soient, ces dernières ne sont pas toujours accessibles aux chercheurs. Une grande partie d'entre elles sont la propriété des entreprises qui les produisent, réticentes à l'idée de les partager (ou qui ne le font que dans des termes qu'elles définissent). Beaucoup de données utiles tombent, elles, sous le coup des lois de protection de la vie privée, qui en interdisent l'usage (cf. I.9). La question de l'accès et de la conservation des données, qui est indissociablement celle de la protection des enquêtés, est un chantier d'avenir.

Références bibliographiques

• D. CARDON – *À quoi rêvent les algorithmes. Nos vies à l'heure des big data*, Le Seuil, 2015.
• É. OLLION et J. BOELAERT – *Au-delà des big data. Les sciences sociales face à la multiplication des données numériques*, Sociologie, 2015.
• A. PENTLAND – *Social Physics. How good idea spread. The lessons from a new science*, Penguin books, 2015.
• *Sociologies of Class: Great British Class Survey and Critiques*, The Sociological Review, 2015.

4. Les tweets, des capteurs humains

Sihem Amer-Yahia, Marianne Clausel et Paule-Annick Davoine

Avec le développement des réseaux sociaux sur Internet, tels que Facebook et Twitter, les internautes ont la possibilité de communiquer entre eux et de partager des informations. Twitter a la particularité d'être une plateforme de micro-blogage permettant d'envoyer, *via* Internet ou par SMS, des messages courts (limités à 140 caractères). Les utilisateurs peuvent alors converser entre eux, s'informer mutuellement sur les événements qu'ils vivent ou qu'ils suivent, donner leurs sentiments, leurs émotions...

Aujourd'hui Twitter compte plus de 300 millions d'utilisateurs actifs. Chaque jour, plus de 500 millions de tweets sont émis, au gré de l'actualité. Chaque tweet est caractérisé par son contenu textuel, son hashtag*, sa date et son heure d'émission et éventuellement sa localisation géographique. Ils constituent une masse particulièrement volumineuse de données variées, émises de façon spontanée, et accessibles instantanément au-delà des frontières. Ces caractéristiques amènent à considérer les données des tweets comme des Big Data et font de Twitter un nouvel outil d'observation privilégié des comportements sociaux. L'exploration des tweets offre l'opportunité d'identifier des communautés d'intérêt, de suivre la diffusion d'opinions, notamment dans des contextes où des événements apparaissent et suscitent de vifs débats. Les géotweets qui combinent des coordonnées géographiques et propriétés temporelles présentent l'avantage de mettre en évidence des configurations spatiales en lien avec des événements sociaux ou environnementaux particuliers, et de suivre leur évolution dans le temps et dans l'espace. Par exemple, l'analyse des géotweets peut nous aider à identifier les réponses sociales lors de catastrophes naturelles ou à découvrir d'éventuelles relations entre configurations spatiales résultant des caractéristiques liées à la santé. Dans le cadre du projet *Mastodons CrowdHealth*, l'exploration des tweets a pour finalité de tester des hypothèses de relations entre santé et nutrition et de traiter la question suivante : comment peut-on identifier des colocalisations de concentrations de types de comportements alimentaires et de déclarations de certaines affections ?

Traitement des tweets

Analyser les tweets émis par des millions d'individus dans le monde n'est pas une démarche simple, et ce pour plusieurs raisons. Tout d'abord, ces messages sont succincts, ce qui limite leur vocabulaire ; par conséquent, les méthodes d'analyse classique dédiées aux documents sur le Web, ne s'appliquent pas aux tweets. De plus, ils portent sur des sujets très divers et contiennent des informations bruitées et parfois erronées. Ils doivent donc être nettoyés, enrichis et classifiés, afin de ne conserver que les tweets pertinents. Pour classifier les tweets, il ne suffit pas d'utiliser les approches statiques existantes. Par exemple, l'approche bayésienne* LDA (*Latent Dirichlet Allocation*), est souvent utilisée pour la classification de documents sur le Web en fonction des sujets qu'ils traitent. Cette approche permet d'obtenir des classes de sujets très pertinentes lorsque les documents sont nombreux et riches en vocabulaire. Malheureusement, ce n'est pas le cas des tweets, car le domaine est exacerbé par leur volume très important et par leur vélocité, c'est-à-dire la vitesse à laquelle ils sont produits. Le projet *Mastodons CrowdHealth* a permis de créer une plateforme de collecte, classification et visualisation de tweets. Une interface cartographique permet de se positionner sur une zone d'intérêt et dans une période de temps donnée, et de produire un résumé statistique des maux et des types de nutriments des tweeters. Depuis octobre 2014, plus 3 milliards de tweets ont été collectés et plus de 500 millions de ces tweets traitent de la santé. Une méthode statistique, baptisée TMATAM, a été développée pour étendre les approches d'extraction de concepts cachés dans le texte utilisées pour les corpus de documents, afin de permettre le suivi de la santé des individus dans le temps et l'espace (figure).

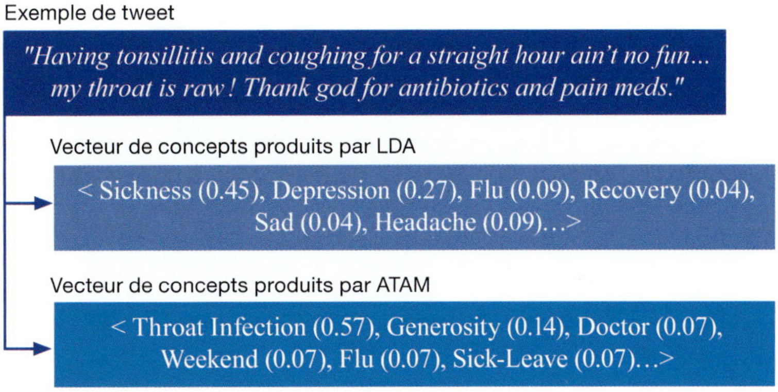

Les différentes classifications d'un exemple de tweet selon plusieurs méthodes. L'exemple montre que la méthode LDA détecte des concepts génériques alors que la méthode ATAM utilisée par TM-ATAM est plus spécifique et plus informative. ■

Un bon indicateur pour mesurer d'autres phénomènes ?

De manière assez surprenante, les tweets peuvent être utilisés pour la veille épidémiologique. En effet, en utilisant la représentation TMATAM pour suivre l'évolution au cours du temps du nombre de tweets dont le contenu est relatif à une maladie donnée (la grippe, par exemple), les chercheurs ont mesuré une corrélation extrêmement forte avec l'évolution réelle de la maladie (nombre de cas déclarés par semaine ou par mois, par exemple). En effet, contrairement à l'analyse des requêtes mots-clés sur les moteurs de recherche, les tweets sont plus personnels.

Les tweets peuvent donc être un objet d'étude en soi. Mais de manière beaucoup plus fructueuse, ils peuvent nous renseigner sur nos comportements et nous aider à mieux comprendre notre environnement. Il est possible d'aller plus loin et de croiser l'information présente dans le corpus de tweets avec deux sources externes différentes, afin de comprendre les facteurs (environnementaux, géographiques...) pouvant mener à certaines affections. Pour cela, il faudrait croiser les observations extraites des tweets avec les données du réseau Sentinelles* (système national de surveillance en santé), qui permettent d'avoir, au jour le jour, une surveillance épidémiologique de maladies infectieuses, telles que la rougeole, la varicelle, la grippe, le zona... L'objectif est ensuite de répondre à deux questions complémentaires liées à l'alimentation des individus : les personnes qui tweetent à propos d'un aliment le consomment-ils ? Les personnes consommant un aliment en parlent-elles ? Dans le cadre d'un partenariat industriel, les scientifiques ont extrait des informations à partir de tickets de caisse de plus de 1 800 magasins d'une chaîne de distribution en France, ce qui devrait permettre de donner des premiers éléments de réponse aux questions posées. Enfin, les tweets peuvent servir d'indicateurs d'alerte de désastres naturels, comme les inondations ou les tremblements de terre. L'enjeu étant d'analyser un corpus multilingue, pour identifier les tweets liés à différentes phases d'un désastre naturel (aux premiers instants, pendant et après l'événement), afin de permettre la prévention et l'action.

Vers une nouvelle source de données

Les données de Twitter sont abondantes, faciles à récupérer, ce qui n'est pas le cas d'autres données, pour lesquelles la phase de collecte peut se révéler longue et coûteuse. Les tweets pourraient donc constituer une source d'information alternative ou complémentaire aux données institutionnelles, mais il reste à trouver comment leur contenu pourrait être corrélé à d'autres indicateurs. Pour cela, il est important d'inscrire le processus d'analyse des tweets dans une démarche interdisciplinaire associant des méthodes d'extraction automatique d'information, d'analyse statistique et des connaissances du domaine d'étude. En particulier, l'implication des sciences sociales dans la démarche méthodologique est essentielle pour construire une analyse de tweets robuste et reproductible.

Références bibliographiques

• M. J. PAUL et M. DREDZE – *You Are What You Tweet: Analyzing Twitter for Public Health*, ICWSM, 2011.

• S. ROY *et al.* – *Tweet4act: Using Incident Specific Profiles for Classifying Crisis Related Messages*, ISCRAM, 2013.

• S. SIDANA *et al.* – *Health Monitoring on Social Media over Time*, SIGIR, 2016.

5. Place des Big Data dans l'histoire et l'archéologie

Bertrand Jouve et Florent Hautefeuille

Les sources

Les sources de l'historien ou de l'archéologue ne sont pas constituées de pétaoctets de données normalisées qui arrivent toutes les secondes, mais de documents souvent lacunaires, dégradés et, pour les périodes anciennes, aux graphies difficiles. Documents écrits (figure 1), tessons de poteries (figure 2) ou pièces de métal ne sont pas produits par l'expérimentation, mais préexistent aux recherches scientifiques. Il est difficile d'évaluer la proportion de ces « objets » qui ont traversé le temps et qui, lorsqu'ils sont découverts, sont fragiles et difficilement déplaçables. Dans leur ensemble, ils existent en volume considérable, mais ne participent pourtant que très peu d'un traitement massif. L'enjeu du numérique, de la dématérialisation des données, est celui d'une meilleure accessibilité à ces sources par le biais de leurs « copies » numérisées. L'historiographie contemporaine doit aussi compter sur les patrimoines numériques d'origine numérique (*born digital*), pour lesquels nous maîtrisons peu les limites en temps et en espace.

Fig. 1 – Contrats notariaux médiévaux (Arch. Dép. Lot, 48 J 31). © F. Hautefeuille. ■

Le travail classique de l'historien

L'historien ou l'archéologue procède souvent à des études monographiques. Pour l'historien, il s'agit de répondre à une problématique en mobilisant un ensemble de sources qui contribuera à définir le périmètre et les enjeux de l'étude. Pour l'archéologue, l'unité de base est le « site archéologique », dont découle une série de méta-documents (rapports de fouilles, résultats d'analyses, photo, relevés...), qui constitue le socle de la réflexion. La mise à disposition des sources ou des corpus structurés est un mouvement qui commence à toucher le domaine de l'histoire, mais qui reste marginal dans celui de l'archéologie française. Les rapports de fouilles archéologiques, par exemple, ne sont pas accessibles en ligne en France, alors qu'ils sont produits en version électronique depuis plus de 20 ans.

En histoire sociale, l'enjeu que représente la capacité à évaluer la représentativité des corpus, ou en démographie historique la forme des données, qui sont plus souvent quantitatives et, donc, plus facilement « normalisables », positionnent ces domaines scientifiques comme les rares champs de l'histoire dans lesquels sont recherchés des passages à l'échelle par la création de grandes bases de données. Mais l'historiographie et l'archéologie classiques restent majoritairement le fait d'études éclatées qui rendent les approches globales difficiles.

Le Big Data et ses enjeux

Une approche globale de ces sources, qui soit à même de restituer la multiplicité et la variété de leurs usages, représente un défi pour l'historien, qui n'échappe pas à la construction d'une science mondialisée. La modification des modes de collecte et d'organisation de l'information, et l'amélioration des outils de traitement permettent d'augmenter significativement le volume et la variété des données interopérables. La capacité à traiter à grande échelle photos, livres ou profils de poteries constitue un enjeu majeur pour la recherche en histoire et archéologie.

L'ère du Big Data doit permettre d'avancer dans la construction d'une histoire globale et connectée : embrasser des aires culturelles jusque-là disjointes, œuvrer sur diverses échelles de réalités passées, dans le temps comme dans l'espace, connecter différents travaux de micro-histoire. Des travaux récents montrent que l'ouverture vers une approche plus globale est dès à présent envisageable. La thèse de Nicolas Perreau, par exemple, qui porte sur plus de 500 000 chartes latines, permet de mesurer, par une sorte de rationalisation des comparaisons, les phénomènes de basculement aux XII – XIIIe siècles des dynamiques économiques d'une Europe du sud vers une Europe du nord. Un autre exemple concerne l'utilisation de la documentation fiscale avec plusieurs centaines de millions de descriptions de parcelles pour les périodes médiévale et moderne (XIIIe – XVIIIe siècles) à l'échelle européenne. La possibilité de rapprocher et d'analyser ces documents permettrait d'éclairer les dynamiques paysagères et démographiques à ces échelles et sur le temps long. Enfin, un dernier exemple concerne la possibilité d'étudier la dynamique de composition des réseaux sociaux anciens par l'analyse de documents notariés, par exemple. La capacité à reconstruire ces réseaux de milliers d'individus autorise de nouvelles approches sur la relation individu – population. En archéologie, la reconstruction numérique 3D permet des interprétations jusqu'ici impossible.

L'infrastructure européenne *Digital Research Infrastructure for the Arts and Humanities* (DARIAH), portée par la France, a pour objectif de faciliter ces passages à l'échelle dans l'ensemble des domaines des SHS. Se positionner à ces échelles permet aussi d'ouvrir la voie à des interactions innovantes avec des domaines scientifiques qui y sont déjà présents, climatologie ou génétique par exemple.

Les verrous, les outils, les équipements

Tout comme les autres sciences, l'histoire ou l'archéologie ont besoin d'outils innovants adaptés aux nouveaux enjeux et aux nouveaux formats de données, ainsi que d'outils spécifiques pour le partage et le traitement de l'interopérabilité* des sources. On conçoit aisément que la question de la place du numérique dans ces sciences, de son effet sur la transformation des pratiques de recherche – les « Humanités Numériques » (*Digital Humanities*) – est centrale. C'est en grande partie le rôle des deux « Très Grandes Infrastructures de Recherche en Sciences Humaines et Sociales » (HUMANUM et PROGEDO), ancrées en région dans les Maisons des Sciences de l'Homme, que de proposer ce type d'outils. Dans cette perspective, les partenariats avec les grands centres de calculs et de données sont travaillés pour être adaptés aux données des SHS. Les initiatives de *crowdsourcing*, que ce soit pour le référencement des sources et la constitution de bases de données ou pour le dépouillement et l'annotation, se multiplient (cf. V.14).

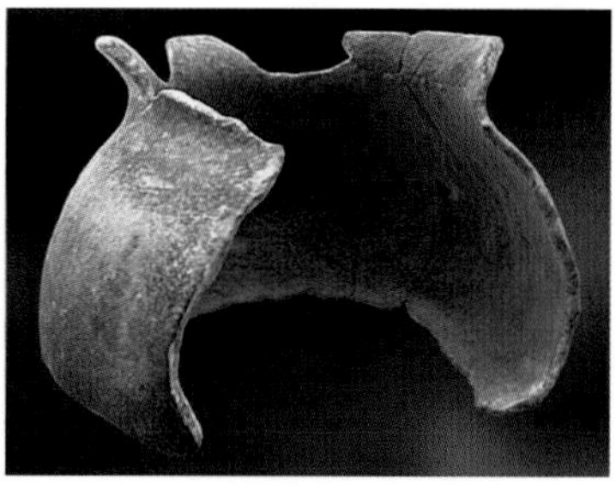

Fig. 2 – **Photogrammétrie d'une céramique du XIVe siècle (Flaugnac, Lot).** © F. Baleux. ■

L'incursion des historiens et archéologues dans les problématiques du Big Data n'en est qu'à ses balbutiements, mais on peut parier que ces nouvelles approches modifieront la question épistémologique de la preuve dans ces disciplines.

Références bibliographiques

- J. A. BARCELO et I. BOGDANOVIC – *Mathematics and Archaeology*, CRC Press, 2015.
- P. MANNING – *Big Data in History*, Palgrave Macmillan, 2013.
- A. SOBOCINSKI – *Des papyrus antiques carbonisés déchiffrés à la lumière des rayons X*, Le Monde, 20 janvier 2015.

6. Enjeux sociaux des Big Data

Paola Tubaro et Antonio A. Casilli

Si les discours d'accompagnement des Big Data épousent souvent le point de vue des producteurs – que ce soit des organismes publics, des entreprises privées ou des plateformes numériques – il importe aussi de s'interroger sur le destinataire de leur action, l'usager, qui joue tour à tour le rôle de citoyen, travailleur, consommateur et même objet d'observation ou « *data point* ». Que des données touchent directement les individus n'est pas un fait nouveau : une intense activité statistique publique, dont les origines remontent aux recensements de l'antiquité, aide déjà à la mise en œuvre de politiques au plus près de la vie de chacun, comme l'aménagement du territoire local ou l'octroi d'aides sociales. Bien évidemment, le revers de la médaille de cette mise en chiffres des populations est un effet de contrôle et de « gouvernement par les nombres », dénoncé notamment par Alain Desrosières (sociologue et statisticien à l'INSEE). Historiquement, les retombées de l'usage de données sur le citoyen ont même pris des allures très sinistres, avec des pratiques de surveillance, de stigmatisation de parties de la population et de censure dans des régimes totalitaires. Ce qui change aujourd'hui avec les Big Data, est non seulement une augmentation substantielle de la masse de données collectées et traitées, grâce aux technologies numériques ; mais aussi, et surtout, l'entrée en force de l'entreprise privée en tant que productrice de données, devançant parfois les autorités publiques.

La promesse inhérente à ces transformations est celle d'une meilleure adéquation de l'offre de biens et services, publics ou privés, aux besoins qui émanent des personnes. Par exemple, des données sur le trafic, actualisées en temps réel et géolocalisées, permettraient une meilleure coordination des déplacements, et entraîneraient des gains de temps pour tous, ainsi qu'une diminution des accidents. En santé, une connaissance plus fine de la diffusion de maladies, notamment contagieuses, perfectionnerait le dépistage précoce et la prévention (cf. I.8). Dans le contexte marchand, les données pourraient alimenter de nouvelles activités professionnelles, comme l'offre de services d'information ou conseil, susceptibles d'affiner la prise de décisions (cf. III.3). Certes, la réalisation concrète de ces promesses reste encore hypothétique dans de nombreux secteurs, mais le potentiel d'amélioration des conditions de vie de chacun est important, et les progrès sont incessants.

Menace sur la vie privée

Pour autant, ces promesses s'accompagnent de coûts, en partie déjà observés, en partie anticipés, dont il convient de tenir compte afin de prévoir des pistes de développement qui respectent la dignité et les libertés fondamentales des individus, et concilient développement technologique et bien-être des personnes. Un premier enjeu est la protection de la vie privée, menacée malgré les lois de protection des données personnelles* déjà en vigueur dans plusieurs pays européens, et les traités qui régissent leur circulation au niveau international (cf. VIII.19). Toute collecte et tout traitement de Big Data dans le contexte socio-économique actuel impliquent une récupération massive d'informations sur les individus, comme leurs déplacements (validations dans les transports en communs, péages d'autoroute), leurs dépenses (logs d'activité des cartes bancaires ou des cartes de fidélité), leur santé (prestations délivrées par le biais d'une carte Vitale), leurs opinions et comportements (blogs, Twitter, Facebook)... La facilité accrue de croiser ces données pour dessiner un portrait fin de chaque individu est porteuse de risques de dérives, de la part d'acteurs publics tout autant que privés. La surveillance étatique sur les citoyens est redevenue d'actualité dans les pays occidentaux avec les scandales qui ont suivi les révélations d'Edward Snowden en 2013. L'intrusion des entreprises n'est pas moins à craindre, pouvant déboucher sur des formes de discrimination par ailleurs interdites, pénalisant éventuellement les individus pour leur genre, âge, origine ethnique, lieu de résidence ou niveau socio-économique.

Exploitation des usagers

Un deuxième enjeu est le travail souvent invisible et non rémunéré qui alimente les bases de données et les algorithmes* qui permettent d'en extraire de l'information, comme la reconnaissance d'images ou le classement de documents. Certaines de ces opérations sont très difficiles à automatiser et les algorithmes doivent être « entraînés » sur la base d'un corpus d'exemples pertinents : ceux-ci sont fournis par les usagers des plateformes numériques ou applications qui, eux, savent trier, qualifier et filtrer des contenus. Des services comme Amazon Mechanical Turk ou Google Crowdsource représentent des exemples de l'implication constante de foules d'êtres humains dans la réalisation de tâches de calibrage de logiciels de traduction, de reconnaissance, d'étiquetage. Un véritable marché du travail du « calcul à base d'humain » sous-tend les Big Data et les algorithmes qui les traitent. C'est ce que l'on appelle le *digital labor** : des microtâches à faible intensité, réparties entre des millions d'usagers et souvent non reconnues comme travail, mais qui aident les intelligences artificielles encore peu évoluées, et dont les grandes entreprises du Web extraient de la valeur. Par exemple le Re-Captcha (cf. V.14), à l'apparence un instrument d'authentification distinguant un usager humain d'un robot, est aussi utilisé pour améliorer la reconnaissance de nombres et de mots, afin d'affiner les méthodes de numérisation de sources documentaires ou d'images, mobilisables à des fins commerciales. Le problème de la répartition de la richesse produite par ces activités se pose, l'« exploitation » actuelle des usagers apparaissant de moins en moins soutenable – surtout face à la montée de recours collectifs en justice et de mouvements organisés revendiquant la reconnaissance de protection sociale pour les « travailleurs du clic » et l'accès et le contrôle des données et de leur valorisation.

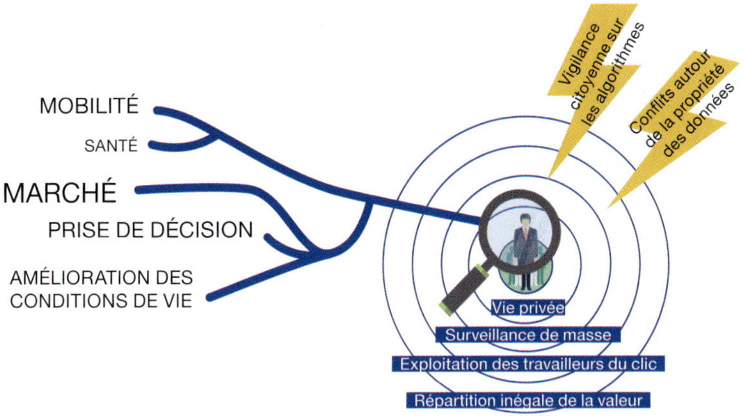

Enjeux des Big Data. ■

Opacité sur le partage des données

Un troisième ensemble de risques concerne la transparence. Contrairement aux données « classiques » de la statistique publique, les Big Data sont souvent la propriété privée des entreprises, des plateformes et des courtiers en données (*data brokers**). Leur partage n'est guère la règle, car même lorsqu'elles sont mises à disposition, les Big Data sont peu lisibles et peu de producteurs sont prêts à payer le coût élevé de leur documentation et curation*. Surtout, le manque de transparence concerne les algorithmes d'extraction et traitement des données, dont le fonctionnement n'est presque jamais explicité, pour des raisons qui relèvent de leur haute complexité technique, ainsi que du secret commercial. Les indicateurs publiés peuvent alors apparaître opaques, et il devient difficile pour l'individu non initié de savoir quelle confiance leur accorder. En l'absence d'un « audit citoyen des algorithmes », l'utilité publique des Big Data est mise en cause.

Pour conclure, il devient nécessaire de réfléchir à une régulation adaptée pour que les Big Data rapportent à l'usager plus qu'elles ne lui coûtent. Sans entraver les avancées techniques et les opportunités économiques en résultant, il faut tenir compte des risques inhérents aux données numériques, en termes de protection des droits et de l'information personnelle des individus.

Références bibliographiques

- V. L. BÉNABOU et J. ROCHFELD – *À qui profite le clic ?*, Odile Jacob, 2014.
- D. CARDON et A. A. CASILLI – *Qu'est-ce que le Digital Labor ?*, INA Édition, 2015.
- A. A. CASILLI – *Quatre thèses sur la surveillance numérique de masse et la négociation de la vie privée*, in *Étude annuelle 2014 du Conseil d'État. Le numérique et les droits fondamentaux*, La Documentation Française, 2014.
- A. DESROSIÈRES – *Gouverner par les nombres : l'argument statistique II*, Presses de l'École des Mines de Paris, 2008.

7. Information, communication et Big Data

Dominique Boullier

Si le Big Data devient un objet de discussions dans l'espace public et concerne tous les citoyens, c'est qu'il n'est plus seulement une question de spécialistes, mais qu'il met à jour toute la quantification présente au cœur de nos activités les plus ordinaires. Pourtant, d'autres époques ont connu des extensions remarquables du domaine de la quantification. Ainsi, l'ère moderne a connu l'apparition des recensements, équipés à partir de 1890 des machines de calcul à tabulation de Hollerith (dont la compagnie deviendra IBM). Toute la puissance de la société, établie par Emile Durkheim (1858-1917) dans sa sociologie, pouvait être soutenue et rendue visible par ce dénombrement, qui permit à la fois de gouverner et de prouver. Tout récemment, l'État indien a autorisé l'identification biométrique de tous les citoyens indiens, en arguant de la nécessité de suivre à la trace la bonne allocation de l'aide publique aux plus pauvres afin d'éviter leurs détournements. Une autre étape, nommée la « seconde génération » de quantification moderne, fut l'introduction des sondages à partir d'échantillons représentatifs : pour les audiences des médias d'abord, puis pour les élections, avec la démonstration de George Gallup en 1936 prédisant la victoire de Roosevelt et, enfin, pour les calculs administratifs, comme les taux de chômage. Le sondage et sa critique font désormais partie de l'espace public et sont omniprésents pour les audiences (le médiamat), pour le marketing et pour la vie politique (cf. VIII.14). Une société entière se pense comme « opinion publique » à travers toutes ces médiations, qui ont mis du temps à s'imposer.

Personnalisation et vie privée

Pourtant, la puissance d'agir du Big Data pose encore plus de questions et surtout s'immisce dans tous les aspects de la vie personnelle. Elle transforme la quantification comme phénomène institutionnel, qui affecte des sujets, en une co-production permanente par les sujets eux-mêmes. Tous ceux qui publient sur Internet, un blog, un commentaire, un post de Facebook, une photo sur Instagram ou un tweet, attendent désormais de mesurer l'audience qu'ils obtiennent et parfois transforment leur mode de publication en fonction de cela. Le « me-media » procède lui en quantifiant son « quart d'heure de célébrité », qu'avait bien anticipé Andy Warhol. Mais cette personnalisation, qui nous a fait entrer dans une autre ère que les recensements ou les sondages, peut s'affiner encore et porter sur la santé, l'activité physique, voire sur les performances dans les sites de rencontre, dont les algorithmes d'appariement (ou *matching*) mettent en relation les compatibilités probables en attribuant des scores. Le « *quantified self* » est l'un des mouvements qui rend le plus manifeste cette profonde affectation par la quantification et cela bien au-delà d'un mouvement qui possède sa philosophie, ses cercles et ses méthodes. Ces dernières reposent souvent sur des applications qui, à côté des grands du sport ou de la santé, ont permis à des start-up prometteuses d'émerger, même en France. Car ce principe de mesure peut s'appliquer absolument à tous les objets connectés, pas seulement pour le sport ou la santé (cf. VII.2), mais aussi au simple clic. Le caractère omniprésent de la quantification soulève ainsi rapidement la question de son caractère intrusif, voire abusif, dès lors que la collecte, la transmission et la commercialisation des données ne sont en rien explicitées, contractualisées et contrôlables par l'utilisateur (cf. VIII.19).

La fuite de données des téléphones portables est bien connue, mais le « *Privacy by Design* » (concept de la protection de la vie privée dès la conception, cf. III.10) est encore loin d'être mis en œuvre, tant que les obligations légales et les incitations économiques ne concurrencent pas la course à la vitesse, à la connectivité et à la donnée que toutes les grandes plates-formes ont engagée. Il faudra sans doute un « Fukushima des données personnelles » pour mesurer la perte du sens de la mesure dans ce domaine et enfin penser politiquement nos architectures techniques de quantification généralisée (figure).

Réactivité et alertes

Un deuxième aspect de la quantification portée par le Big Data concerne la diffusion généralisée d'un climat d'alerte, au sens de l'exigence de réactivité. Ce régime attentionnel tend à prendre la place des autres et affecte la vie personnelle, aussi bien que la vie publique et politique. Cette « politique à haute fréquence » (*High Frequency Politics*) est sans doute aussi vaine et destructrice à terme pour l'espace public que la « finance à haute fréquence » (*High Frequency Trading* l'est pour la vie économique. Les dispositifs qui nous font vibrer au rythme des notifications produisent un effet de synchronisation de l'attention collective, qui se transforme en stress ou en culte du buzz. Le design des plates-formes de réseaux sociaux encourage massivement cette posture, car c'est elle qui permet de susciter une réactivité des clients à des offres et à des messages. Inversement, cela permet aux marques d'écouter toutes ces traces pour réagir à toutes les alertes sur leur réputation à partir de la moindre critique. Cette « écoute sociale » (*social listening*) fait un usage intensif des traces de tous types, mais il favorise la réactivité et non la réflexivité. Ce sont bien les plates-formes (les GAFAM, cf. VIII.22) qui font un commerce intensif de ces données et qui encouragent les marques à des actions toujours plus ciblées, selon les profils et notamment la géolocalisation qui constitue une ressource élémentaire omniprésente dans toutes les métadonnées.

En testant toutes les corrélations possibles à partir de ces simples données, les techniques d'apprentissage (*machine learning*, cf. IV.13) prétendent désormais trouver des réponses à des questions qu'on ne s'est parfois jamais posées. Plus que le Big Data, c'est ce passage des données au modèle (*data-to-model*), à l'induction généralisée et à la production de corrélations prédictives qui fascine et qui inquiète le grand public. Il remet également en cause les sciences sociales, notamment dans leur prétention à expliquer et à modéliser. L'intelligence artificielle des années 1990 modélisait le monde grâce à des ontologies qu'il était toujours aisé de contester à la lumière du « vrai monde ». Mais les modèles d'apprentissage peuvent intégrer tous ces démentis comme autant d'exemples et de cas qui améliorent encore les prédictions. Cette mutation du principe de causalité relativise les « modèles du plan » ou encore ceux de l'information parfaite pour prendre les décisions, et fait émerger un régime d'exploration. Mais cela débouche en fait sur une recherche de corrélations, un appariement (*matching*), qui n'a que faire des causes et qui propose des solutions à tout (à l'insécurité, à la recherche d'emploi...) et même à des questions qu'on ne se posait pas. À la réactivité se joint donc un « solutionnisme », dénoncé par Evgeny Morozov, fait de raccourcis et de résultats à court terme. Car malgré l'appui sur des séries statistiques de plus en plus vastes et de longue durée, le Big Data traité par l'apprentissage produit à partir du passé cette urgence des solutions. Il évite de poser les bonnes questions et d'en débattre, puisque des prédictions sont garanties par le calcul de probabilités malgré ses limites, vite oubliées. Tout cela sonne clairement comme une tentative de se débarrasser de la politique, mais aussi de toute interprétation dans le processus de quantification.

Il n'existe cependant pas de fatalité à tous ces formats possibles du Big Data, il conviendrait « seulement » de reprendre la main sur la technologie.

Vers un Fukushima des données personnelles* ? © E. Godet. ■

Références bibliographiques

• D. BOULLIER – *Sociologie du numérique*, Armand Colin, 2016.
• D. CARDON – *À quoi rêvent les algorithmes ? Nos vies à l'heure du Big Data*, Le Seuil, 2015.
• E. MOROZOV – *Pour tout résoudre, cliquez ici ! L'aberration du solutionnisme technologique*, FYP Éditions, 2014.

8. Journalisme et données : de l'investigation à la robotisation

Florence Le Cam et Olivier Trédan

Les différents « leaks » (fuites de données) de ces dernières années (de Wikileaks aux Panama Papers, en passant par le SwissLeaks et le LuxLeaks) ont placé à l'avant-scène des potentialités journalistiques stimulantes d'analyse de grandes masses de données. Cette pratique, appelée plus largement le « journalisme de données », est fondée sur le recueil, le traitement statistique et journalistique de données chiffrées ou textuelles. Elle repose sur des modes de visualisation qui en permettent la compréhension. Cette démarche est devenue très rapidement collective, notamment dans les grandes enquêtes internationales, et a renforcé un discours qui confère à l'analyse des données le pouvoir d'ouvrir de nouvelles voies pour le journalisme d'investigation, tout en faisant craindre un renforcement du déterminisme technique dans la production d'information.

Une pratique faussement nouvelle

Le lien entre l'analyse de données et le travail journalistique remonte aux pratiques du journalisme financier de la fin du XIXe siècle. Confrontés aux activités des différentes places boursières, les rédacteurs des pages financières des journaux devaient déjà analyser les variations des données et les enjeux qu'elles révélaient. Mais c'est véritablement au cours des années 1960 que la pratique du traitement statistique des données informatisées pénètre plus durablement le milieu médiatique. Cette pratique, développée au départ aux États-Unis, prend le nom de « *Computer Assisted Reporting* » (ou « journalisme assisté par ordinateur »). Fondée sur l'idée que les données sont un moyen de raconter des histoires, la pratique est adoptée sporadiquement par certains journalistes, notamment dans le cadre d'enquêtes journalistiques d'envergure, même si la démarche est à l'époque fastidieuse.

À partir de la seconde moitié des années 2000, plusieurs mouvements facilitent son développement. Tout d'abord, les journalistes se sont progressivement approprié les outils de traitement (comme OpenRefine) et de visualisation des données. Puis, les rédactions des grands médias nationaux commencent à recruter dans des métiers complémentaires : développeurs, designers, voire même hackers. Enfin, un mouvement de lobbying pour l'ouverture des données gouvernementales (*Open Data*) et entrepreneuriales se développe, et permet sinon un accès, du moins l'ouverture de brèches pour que les rédactions puissent utiliser des données. Les expériences journalistiques autour des données oscillent alors entre des pratiques relativement ordinaires, qui ressemblent à des démarches de vulgarisation de données et de visualisation en ligne, et des projets ambitieux d'enquêtes approfondies.

Une reconnaissance par le biais de l'investigation

Dans ce contexte, l'orchestration de différentes fuites de données mises à la disposition des médias occidentaux contribue à forger ses premières lettres de noblesse au journalisme de données. Le scandale Wikileaks est sans contexte à l'origine de la popularité récente du journalisme d'investigation dans les Big Data. Il ne s'agit plus simplement de l'analyse d'une base de données, mais d'un travail collectif, souvent international, qui repose sur la récupération par un lanceur d'alerte* de masse de données n'étant pas censées être publiques. Ces fuites sont souvent gérées, analysées et couvertes par des journalistes d'investigation regroupés au sein du réseau ICIJ (*The International Consortium of Investigative Journalists*). L'affaire des Panama Papers a été, par ailleurs, l'une des enquêtes d'envergure menées ces derniers mois. Pendant un an, des journalistes se sont retrouvés en ligne sur la plateforme de l'ICIJ, afin d'analyser les 11,5 millions de documents officiels issus d'un cabinet d'avocats panaméen. Les résultats de l'enquête ont été publiés le même jour dans plus de 80 pays et ont mis à jour les activités et les noms des personnalités publiques impliquées dans des sociétés offshore.

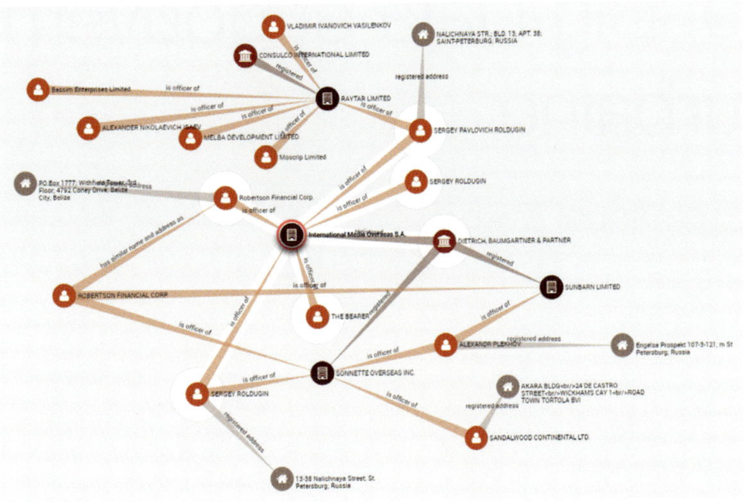

Interface de Linkurious, utilisé pour représenter graphiquement les connexions entre les documents des Panama Papers. ■

La pratique tend ainsi à redorer l'image mythique d'un groupe professionnel attaché à dévoiler les coulisses de la diplomatie, de la finance internationale ou à révéler des « affaires » qui touchent les milieux, notamment politiques. Elle fait aussi rêver les journalistes à une plus grande indépendance vis-à-vis de leurs sources traditionnelles.

Les apports des sciences informatiques au journalisme

Le cas des Panama Papers est exemplaire par son ampleur : le traitement des 2,6 téraoctets des Panama Papers a nécessité le soutien d'informaticiens extérieurs aux rédactions. Ainsi, la start-up Linkurious a mis à disposition des journalistes de l'ICIJ un outil d'exploration des données et de représentation sous formes de graphes de relation entre les différents documents analysés (figure). Cette collaboration met en exergue l'apport des sciences informatiques au travail d'investigation à l'heure des Big Data. Mais il serait réducteur de le cantonner au seul domaine de l'enquête. L'accessibilité des données a encouragé une autre stratégie : le traitement automatique d'un ensemble d'informations structurées, particulièrement financières ou sportives. Cette évolution, qualifiée par le milieu de robotisation du journalisme, implique la production de contenus sans intervention humaine. De grandes agences de presse financière utilisaient déjà des algorithmes pointus pour publier en temps réel des informations relatives au marché boursier. Le journal *Le Monde* a lui aussi testé cette pratique pour compiler et diffuser en ligne les résultats des élections départementales de 2015. Un texte simple et duplicable est créé et ensuite complété au fur et à mesure par des données chiffrées. Mais cette robotisation fait l'objet d'un âpre débat. D'un côté, ses défenseurs (majoritairement les responsables de rédaction) y voient des gains financiers et de productivité. De l'autre côté, ses détracteurs (majoritairement journalistes et associations professionnelles) pointent les risques d'un remplacement de certains praticiens par des outils informatiques et de possibles dérapages éthiques. Le rapport entre Big Data et journalisme est donc ambigu : il ouvre certes de nouvelles possibilités d'enquêtes internationales à fort retentissement, mais également la possibilité d'une réduction des coûts de production, liés à la masse salariale.

Références bibliographiques

• B. BREVINI, A. HINTZ et P. MCCURDY – *Beyond Wikileaks: Implications for the Future of Communications, Journalism and Society*, Palgrave Macmillan, 2013.

• J. DE MAEYER *et al.* – *Waiting for Data Journalism: A Qualitative Assessment of the Anecdotal Take-Up of Data Journalism in French-Speaking Belgium*, Digital Journalism, 3 (3), 2015.

• O. TRÉDAN – *Quand le journalisme se saisit du Web : l'exemple du datajournalism*, in F. LE CAM et D. RUELLAN, *Changements et permanence du journalisme*, L'Harmattan, 2014.

9. Big Data et gouvernance urbaine

Emmanuel Eveno

Big Data et urbanisation

Dans les années 1960, dans un certain nombre de pays développés, une réflexion a émergé sur la place prise par les technologies de l'information et de la communication (TIC). Il existe, depuis cette époque, de nombreux travaux scientifiques, certains à orientations prospectivistes, de même que de nombreux rapports officiels autour des enjeux ou des défis que pose ce type de technologie aux sociétés modernes. Cette littérature a largement contribué à véhiculer l'idée que ces TIC allaient contribuer à la mondialisation et à l'effacement des distances.

Ainsi, l'univers TIC a longtemps été considéré comme un monde dans lequel l'espace s'était dissous. Cette théorie de l'indifférenciation de l'espace a longtemps prévalu, mais il faut bien admettre, au regard de ce qui se trame autour des données numériques, qu'elle est largement erronée. En effet, les espaces dans lesquels sont produites ces données, et qui polarisent leurs circulations, ont une caractéristique de plus en plus évidente : ce sont des espaces urbains.

William Gibson l'avait d'ailleurs bien entrevu dans son roman Neuromancien, avec l'invention d'un mot promis à un très large succès : le cyberespace. Pour le romancier états-unien, le cyberespace a toutes les caractéristiques d'une grande métropole, une sorte d'hybride entre Tokyo et Los Angeles : « *Une complexité impensable (...). Comme les lumières de la ville dans le lointain...* ». La ville est l'espace par excellence de production d'informations de toutes sortes, certaines dont l'utilité et l'intérêt apparaissent d'évidence, d'autres qui participent de « l'infobésité » (une société malade d'un « surpoids » informationnel). Les enjeux contemporains autour des données numériques massives renvoient, en réalité, à un phénomène sans doute trop minoré : l'urbanisation du monde. Car cette production massive n'a réellement de sens qu'en lien avec le développement de l'urbanisation. L'exploitation de plus en plus rationalisée et optimisée des données urbaines massives permet, en effet, d'envisager trouver des solutions aux contraintes imposées par cette croissance urbaine quasi généralisée. Face à la « complexité impensable », elles amènent des solutions que certains gouvernements urbains comme certains industriels s'empressent d'exploiter, en se référant le plus souvent aux enjeux du « développement durable » (économie d'énergie, mesure des pollutions, développement d'une économie collaborative...)

Augmenter la gouvernance urbaine

Pour les acteurs publics urbains, l'intérêt premier de cette ressource est de permettre une amélioration du gouvernement de la ville. En réalité, la production, le contrôle et l'utilisation des données relatives aux populations, qu'il s'agisse d'une population nationale ou d'une population urbaine, a depuis longtemps été un élément fondamental de la pratique de gouvernement. Savoir compter les siens (ses sujets, ses concitoyens, ses habitants...), repérer les mouvements de population, les interpréter, voire espérer les anticiper, est une compétence essentielle de tout gouvernement quelle que soit l'échelle à laquelle il agit.

Il y a, avec le Big Data urbain, une rupture historique tout à fait significative. Si la mise en œuvre de méthodes statistiques et probabilistes a pu être un instrument fondamental de la modernisation des États, la production et l'utilisation, à l'échelle de la ville, de données numériques massives paraît de plus en plus lié à l'affirmation des pouvoirs urbains dans le monde.

Le modèle économique du Big Data consiste à trouver de l'utilité à des quantités d'informations considérables qui, jusqu'à très récemment étaient considérées comme n'ayant aucun intérêt, faisant partie du « bruit » informationnel. Or, le développement d'une puissance de calcul exponentielle couplé à des algorithmes* extrêmement sophistiqués a permis de trouver un nouvel usage à ces informations. Il est désormais possible d'établir des anticipations sur les comportements des habitants, des usagers, des consommateurs ou des citoyens qui parcourent, habitent et animent les villes.

À Santander, en Espagne, 400 capteurs sont enterrés dans les rues, permettant de détecter le nombre de places de parking disponible. © A. Gillenea/AFP. ■

La collecte des données urbaines

À la différence de l'ancienne statistique, le Big Data ne repose pas sur des campagnes d'enquêtes, de recensements ou de sondages, mais sur la production instantanée d'une masse d'informations collectée automatiquement par de nombreuses machines fonctionnant en réseaux. Cette production s'appuie sur deux dispositifs essentiels : le plus évident est constitué par les systèmes d'enregistrement et de comptage qui ont des fonctions très spécialisées, mais qui, indirectement, produisent des données sur les usagers de la ville. Ce sont les capteurs qui sont disséminés dans l'espace public, mais également certains parcmètres, les machines à composter des transporteurs publics, les enregistrements des cartes de fidélité des usagers des cantines publiques, des bibliothèques, des médiathèques, des musées... sans compter les caisses enregistreuses des commerçants et les cartes de fidélités de leurs consommateurs qui renferment des données que les enseignes gardent jalousement. Toutes ces machines produisent des informations en nombre sur les mobilités, sur les pollutions urbaines, sur les pratiques culturelles, les pratiques de consommation, etc. des habitants et des usagers de la ville. Elles sont pour la plupart assez frustres. Les données qu'elles produisent n'acquièrent de valeur que parce qu'elles sont produites en très grande masse et qu'un système est capable de les rassembler et de les rendre lisibles. Le deuxième dispositif qui permet la production et la reproduction de ce nouveau gisement, ce sont les traces numériques urbaines déposées volontairement ou non par les usagers, en particulier sur les réseaux sociaux. Ces données sont généralement moins spécialisées, mais aussi beaucoup plus riches de détails sur tout ce qui touche à la vie privée.

Certaines villes tendent à devenir des laboratoires *in vivo* pour tester le couplage entre capteurs et utilisation des données urbaines et ceci pour une multitude de nouveaux usages possibles. Dans La Tribune, Delphine Cuny écrit en 2014 : « *À Santander, les murs ont des oreilles, les réverbères des yeux, les trottoirs et les poubelles parlent. Les bennes préviennent qu'il est temps de les vider, les pelouses des jardins de Pereda réclament directement un peu d'eau, les places de stationnement avertissent qu'elles sont libres et l'éclairage public s'adapte à la luminosité d'un après-midi d'orage ou d'une nuit de pleine lune* ». Santander (petite ville du nord de l'Espagne) est, de fait, la capitale européenne des capteurs, avec 20 000 dispositifs dénombrés dans son espace public en 2014 quand il en existait environ 40 000 pour l'ensemble des pays de l'Union européenne (figure).

Le gisement des données urbaines, perpétuellement renouvelé et en constante augmentation, ne saurait toutefois être vu seulement comme le moyen d'un « gouvernement urbain » augmenté, c'est aussi un système qui pose de nombreux problèmes en termes de redéfinition des frontières entre liberté et sécurité, espace public et espace privé, éthique et efficacité... et qui est d'ailleurs plus ou moins corrélé au développement de ce qu'on appelle désormais les « *surveillance studies* ».

Références bibliographiques

• A. DESROSIÈRES – *La politique des grands nombres. Histoire de la raison statistique*, La Découverte, 1993.
• S. NORA et A. MINC – *L'informatisation de la société Française. Rapport au Président de la République*, La Documentation Française, 1978.

10. Développement de Smart Grids grâce aux NTIC

Benoît Robyns

Vers la décentralisation des réseaux électriques

L'organisation historique d'un réseau électrique est basée sur une gestion centralisée de celui-ci, au niveau du réseau de transport auquel sont connectées les unités de production traditionnelles de types nucléaire, thermique ou hydraulique. Le réseau de distribution n'accueille alors que des consommateurs et il n'est traversé que par des flux de puissance transitant des niveaux de tension élevés, depuis les points d'interconnexion avec le réseau de transport, vers les points de tension les plus faibles. Au niveau de la distribution, les réglages sont donc limités, et les services système (réglage de tension et de fréquence) sont dès lors assurés au niveau du réseau de transport par les groupes de production qui y sont raccordés.

Le développement de la production décentralisée, non planifiée et non contrôlée de manière centralisée, modifie considérablement la donne, car elle est souvent connectée au réseau de distribution et dispersée sur un territoire. L'impact de l'insertion de cette production devient de plus en plus significatif et induits de nouvelles contraintes. Le caractère aléatoire de certaines sources telles que l'éolien et le photovoltaïque complique évidemment fortement la gestion de ces réseaux.

La libéralisation du marché de l'électricité mise en œuvre au sein de l'Union européenne depuis le début du XXIe siècle nécessite la mise en place de nouvelles approches pour gérer le système électrique et de nouveaux mécanismes de marché qui doivent intégrer les caractéristiques des nouvelles sources décentralisées. En partant du constat que les réseaux électriques ne peuvent pas être reconstruits, trois types d'évolution seront nécessaires. Tout d'abord au niveau des sources : en utilisant les fonctionnalités offertes par l'électronique de puissance permettant de développer de nouvelles stratégies de commande et de supervision en vue de participer aux services système, en y associant du stockage de l'énergie, et en développant des systèmes multisources avec une gestion intégrée et optimisée de l'énergie. Ensuite au niveau des réseaux : en déployant les réseaux électriques intelligents (REI ou Smart Grids), en développant de nouvelles architectures de réseaux telles que les architectures en grappe (Micro Grids) permettraient l'accroissement de l'efficacité, de la sécurité et de la disponibilité des réseaux électriques, et en augmentant les capacités de stockage d'énergie centralisées ou dispersées dans ces réseaux. Et enfin, au niveau des consommateurs, dans les process industriels, les bâtiments tertiaires et résidentiels, les véhicules électriques et hybrides rechargeables, ainsi que les systèmes de transports guidés (trains, métros, trams).

Les actions entre ces différentes composantes du système nécessiteront un certain degré de coordination, ce qui pose la question du degré de décentralisation effectivement souhaitable ou acceptable et de la nécessité d'un système de communication entre ces composantes. Ces problématiques ne sont pas purement technologiques, mais intègrent des aspects économiques et sociologiques, et nécessiteront une évolution du cadre juridique.

Réseaux électriques intelligents

La mise en œuvre et l'utilisation des nouvelles technologies de la communication associées à des moyens de gestion avancés deviennent donc nécessaires. Le niveau d'intelligence du système et des réseaux comprend deux facettes. La première correspond à l'intensification du déploiement sur les réseaux de transports et de distribution d'un réseau de télécommunication, de dispositifs et d'équipements autorisant une hausse du degré de télécontrôle et d'automatisation de

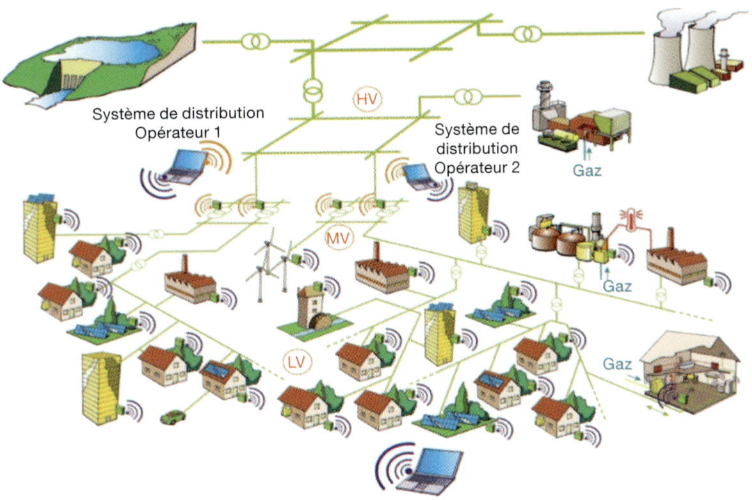

Exemple de futur réseau intelligent intégrant une distribution des potentialités de réglage en différent point, par exemple *via* le réseau Internet. HV = réseau de transport haute tension, MV = réseau de distribution moyenne tension, LV = réseau de distribution basse tension. Projet eu-deep. ■

la conduite des réseaux. La seconde intègre une gestion avancée de la production (centralisée et décentralisée) et de la charge, se traduisant notamment par le développement de nouveaux produits et services par les producteurs et les fournisseurs à destination : du gestionnaire de réseau pour augmenter les degrés de liberté dans le pilotage des réseaux ; et du consommateur final, qui pourrait bénéficier d'offres de services et de systèmes de tarification lui permettant d'adopter des comportements ambitieux au regard de la maîtrise de la demande instantanée d'électricité et de l'intégration des énergies renouvelables (figure).

Des enjeux importants apparaissent donc pour les infrastructures des réseaux de communication et leur fiabilité, les couches logicielles « supérieures » de pilotage de ces infrastructures, la normalisation des processus de communication, et la sécurité et la confidentialité des données. La gestion de très grandes quantités de données traitées de manière rapide et efficace est essentielle pour le bon fonctionnement du système électrique. Il peut s'agir, par exemple, de décider d'un changement de topologie réseau sur incident, ou de l'effacement d'un client si son contrat de fourniture le prévoit, en réaction à un changement de consommation locale constatée par rapport à la prévision. Avec le déploiement des nombreux capteurs et instruments de mesure (les compteurs communicants Linky par exemple, cf. IV.3), le volume d'informations issu du système électrique et utilisé pour le gérer devient de plus en plus important. Il faudra, donc, prévoir une architecture de réseau modulaire, évolutive et extensible.

Bâtiments intelligents et véhicules électriques

En France, les bâtiments absorbent 43 % de l'énergie consommée. Il existe donc un enjeu important visant à accroître leur efficacité énergétique, et qu'ils deviennent producteur et stockeur d'énergie, en intégrant une gestion intelligente de l'énergie en interaction avec le réseau de distribution.

Les véhicules hybrides rechargeables et électriques (VE) constituent des charges particulières, dont la recharge pourrait être optimisée en prenant en compte l'état de charge du réseau, la rapidité nécessaire de la recharge et la disponibilité des sources de production décentralisées renouvelables. Ils seront des charges, si possible intelligentes, mais aussi des systèmes de stockage dont la gestion couplée avec celle des bâtiments intelligents apparaît pertinente pour l'avenir. Le temps et le coût de la communication entre les VE et la supervision sont des challenges pour la mise en œuvre de ce type d'infrastructure. À titre d'exemple, le coût de communication de la supervision de 21 000 VE sur 250 jours d'usage en moyenne, en supposant des ordres potentiels toutes les 10 minutes (300 octets/ordre et 2€/Mo) a été estimé entre 10 et 70 k€ suivant le type d'algorithme mis en œuvre induisant plus ou moins de changement d'ordre.

Références bibliographiques

- A. BOUALLAGA – *Gestion énergétique d'une infrastructure de charge intelligente de véhicules électriques dans un réseau de distribution intégrant des énergies renouvelables*, Université de Lille 1, thèse de doctorat, 2015.
- B. ROBYNS, F. BRUNO, G. DELILLE et C. SAUDEMONT – *Gestion et valorisation du stockage de l'énergie dans les réseaux électriques*, ISTE, 2015.
- B. ROBYNS, A. DAVIGNY, F. BRUNO, A. HENNETON et J. SPROOTEN – *Production d'énergie électrique à partir des sources renouvelables*, Hermès Sciences Publications-Lavoisier, 2012.
- ADEME – *Smart Grids, Le savoir-faire français*, 2015.
- Commission de Régulation de l'Energie – www.smartgrids-cre.fr.

11. Smarthome : de la maison câblée à la maison écologique

James Crowley et Joëlle Coutaz

La domotique, technologie du futur

La domotique* est la technologie de l'automatisation de l'habitat. Depuis près d'un demi-siècle, elle promet des gains révolutionnaires en qualité de vie par l'automatisation du contrôle de l'énergie, du confort, de l'éclairage et de la sécurité. Mais malgré ces promesses, la domotique reste une technologie en devenir.

L'approche classique de la domotique émane directement de la technologie HVAC (*Heating, Ventilation, Air Conditioning*) s'appuyant sur une commande centralisée d'automates câblés, programmés par les spécialistes du bâtiment et verrouillés derrière les portes blindées d'un coffret technique. Dans cette vision du futur, l'habitant est vu comme un facteur de perturbation, qui doit être maîtrisé et régulé.

L'arrivée de l'ordinateur personnel et des réseaux numériques a semblé offrir l'opportunité de déverrouiller le marché de la domotique. Il est alors devenu possible de remplacer les câbles par la communication sans fil et de fournir aux utilisateurs un tableau de contrôle virtuel *via* un navigateur Internet.

Malgré ces nouvelles promesses, rien n'a vraiment changé depuis vingt ans. Les raisons de cet échec sont multiples : la prolifération des standards et protocoles fermés ; l'incompatibilité des systèmes, souvent inventés par les PME avec une durée de vie limitée ; le coût de l'installation des capteurs et actionneurs* dans les bâtiments existants ; une vitesse d'évolution technologique incompatible avec le cycle de vie des bâtiments ; l'incompréhension des technologies par les corps de métiers du bâtiment.

En plus de ces raisons, il reste un obstacle, à la fois plus subtile et profond : le remplacement des temporisateurs analogiques par un contrôle centralisé numérique n'apporte qu'un gain très marginal en qualité de la vie. L'échec de la domotique est un exemple du paradoxe de productivité de Solow : les avantages d'une technologie de rupture requièrent de repenser complètement l'organisation des systèmes.

De la domotique à l'habitat intelligent

Avec l'émergence du *cloud computing** et de l'Internet des Objets* (cf. II.15), une nouvelle vision de la domotique est envisageable : l'habitat intelligent comme « robot à l'envers » (*inside out robot*). L'habitat devient un robot qui fournit des services intelligents, grâce à la collecte massive de données de capteurs communiquées au *cloud* et analysées par des techniques de Big Data.

En robotique, pour être intelligent, un système doit être incarné, autonome, et situé*. L'habitat intelligent est incarné par la commande des équipements de chauffage, d'éclairage, de gestion d'énergie et de confort. Il est autonome s'il est capable d'agir de son propre gré, sans participation ou approbation de tiers. Enfin, pour être situé, il doit agir de manière appropriée. Le Big Data nous offre la perspective de développer des services adaptés aux attentes des habitants.

Malgré ces promesses, il n'est pas clair que les individus soient prêts à accepter le coût imposé par de tels progrès. Confier ses données personnelles*, y compris des informations sur les activités les plus intimes, exige un degré de confiance ou d'insouciance que beaucoup de personnes ne sont pas prêtes à accepter (cf. VIII.19). L'exploitation commerciale des données privées par les fournisseurs de service sera irrésistible, même pour une société fondée sur la devise « *Do no evil* ». En outre, les services intelligents issus du Big Data seront inscrutables, y compris pour les spécialistes. Confier le comportement de son habitat à une intelligence autonome distante et non-contrôlée implique l'abandon de sa propre autonomie. Nous ne sommes pas tous prêts à devenir esclaves de la machine.

Exemples d'objets connectés, constituant la partie tangible de la maison écologique. ■

La maison écologique

Une alternative existe: l'approche écologique. L'écologie est l'étude des interactions entre des communautés et leurs environnements et elle s'appuie sur les échanges de services. Dans une approche écologique, l'habitat est donc un système d'interactions entre agents autonomes échangeant des services. Avec les technologies du numérique, il est possible de convertir les objets ordinaires en serviteurs intelligents en les augmentant de capacités de perception, d'action, d'interaction et de communication. Ces objets peuvent être organisés en sorte de fournir des services appropriés, autorisant l'adaptation des services sur la durée de vie d'un bâtiment, et permettant le passage à l'échelle.

Deux visions en concurrence

Aujourd'hui, deux visions émergent pour le développement de l'habitat intelligent. Dans l'une, les habitants sont des consommateurs passifs cédant leurs données les plus privées en échange de services orchestrés par une intelligence sur le *cloud* et contrôlés par les fournisseurs de service commerciaux. Cette approche est attrayante pour deux raisons: l'habitant est libéré de l'obligation de contrôler et de configurer ses services, et les fournisseurs peuvent exploiter la puissance du Big Data pour créer des services à valeur ajoutée. Le défi pour les fournisseurs est d'offrir des services si attractifs que les utilisateurs sont prêts à abandonner leurs données privées.

L'alternative est que l'habitant conserve le contrôle de ses données et des services, au prix d'investir l'effort nécessaire pour configurer et gérer l'écosystème d'objets intelligents. Une telle approche est possible si les objets intelligents sont faciles à utiliser et à maîtriser. Le *crowdsourcing* est une voix prometteuse pour cette alternative (cf. V.14). Ainsi, des communautés d'utilisateurs seront en mesure de partager et de perfectionner la conception et la programmation de l'écologie des objets et services de l'habitat. Le défi est de développer une technologie d'interaction facilement maîtrisable par les utilisateurs.

De notre point de vue, une troisième approche consiste à faire fonctionner en synergie l'apprentissage automatique et le contrôle humain sans oublier que l'humain doit rester le plus intelligent des deux.

Références bibliographiques

- C. BREAZEAL – *Designing Sociable Robots*, MIT Press, 2002.
- E. BRYNJOLFSSON – *The Productivity Paradox of Information Technology*, Communications of the ACM, 1993.
- J. L. CROWLEY et J. COUTAZ – *An Ecological View of Smart Home Technologies*, in *European Conference on Ambient Intelligence*, Springer, 2015.
- E. P. ODUM, H. T. ODUM et J. ANDREWS – *Fundamentals of Ecology*, Saunders, 1971.
- L. A. SUCHMAN – *Plans and Situated Actions: the Problem of Human-Machine Communication*, Cambridge University Press, 1987.

12. Entreprises et usines du futur

Alain Bernard

L'entreprise du futur est aujourd'hui face à des enjeux qui visent à lui donner les capacités d'« être intelligente » et capable de s'adapter et de se transformer. Le périmètre de l'entreprise est difficile à cerner du fait des structures de collaboration complexes mises en place pour assurer l'ensemble des missions attendues. Ceci entraîne une complexité tant organisationnelle que technique, informationnelle et sociale. La complexité qui pose problème au sein des entreprises concerne de plus en plus, et de manière cruciale, les processus de décision, multiniveaux, avec des incidences sur des horizons différents dans un contexte d'optimisation du cycle de vie des produits et services qu'elles proposent de manière innovante, au meilleur coût, en gérant les risques et en réduisant leur empreinte écologique.

L'usine intelligente

L'industrie du futur n'est pas qu'un concept, elle existe déjà dans ses principes, avec comme enjeu principal le déploiement des technologies et des bonnes pratiques au niveau de l'entreprise étendue et de la chaîne logistique globale. Malgré tout, de très nombreux points doivent être améliorés et de nouveaux paradigmes* sont à introduire, afin d'atteindre les niveaux de performance attendus des « *smart factories* » du futur. Ceci passe d'abord par une meilleure extraction et formalisation de la connaissance. À partir des innombrables données collectées au sein des usines et des retours d'expériences des différents acteurs, il faut parvenir à établir des modèles, afin de faire ressortir de bonnes pratiques à des fins d'assistance au pilotage, à la décision, à la réutilisation, à l'adaptation et à l'évolution des structures et des pratiques. Il est également primordial d'avoir recours et d'œuvrer à la normalisation internationale et aux langages d'abstraction, afin de maîtriser la complexité et l'hétérogénéité des organisations à tous les niveaux. Le maître mot est « l'interopérabilité* » des objets, des systèmes, tant physiques qu'informationnels. Par ailleurs, les usines du futur devront mettre en place des systèmes industriels intelligents, agiles et innovants, automatisés et/ou robotisés de manière efficace, où les objets communiquent et négocient avec le système de production et où l'humain est au cœur des processus de formalisation, de consolidation, de production et de décision. Cela concerne la modélisation et la décision pour la conception, l'ingénierie, le pilotage, la conduite, la maintenance, la planification, la logistique ou le stockage.

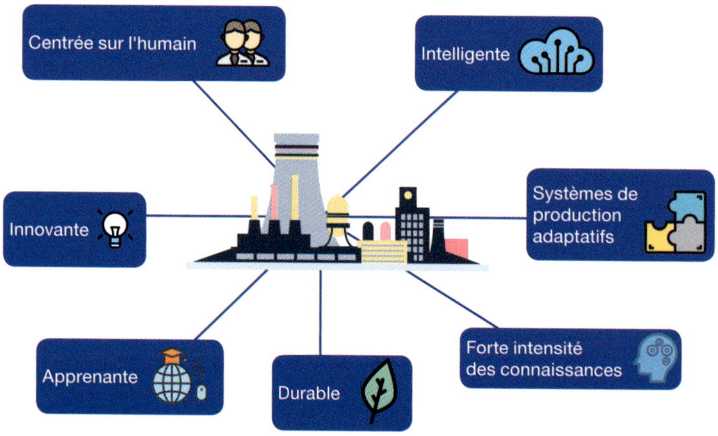

Fig. 1 – Les caractéristiques clés des usines et, plus largement, des entreprises du futur. ■

Par ailleurs, des solutions d'assistance aux opérateurs se développent pour diminuer la pénibilité au travail (chariots robotisés d'assistance et exosquelettes, par exemple). Parfois, des espaces ont été placés au milieu des usines à des fins de présentation de solutions techniques nouvelles, de formation et d'assistance. C'est le concept de « la classe dans l'usine » en dualité avec le modèle pédagogique de « l'usine dans la classe » reliant de manière plus effective la formation initiale et le monde professionnel.

De grands enjeux pour la recherche

La communauté scientifique internationale se mobilise aujourd'hui pour apporter des réponses à ces questions. Cette recherche est à la fois disciplinaire et multi-disciplinaire, du fait de la complexité des problèmes abordés et de la forte interaction entre humains, organisations et technologies. L'usine du futur, et plus largement l'entreprise du futur, sont considérées comme des systèmes cyber-physiques connectés à tous les niveaux (Internet des Objets*, Big Data, cloud*, simulation, capteurs et machines intelligents, robots collaboratifs, fabrication additive et technologies avancées de fabrication...).

L'usine du futur génère de très nombreuses données qui sont captées et redistribuées au sein de la chaîne de valeur, vers ses différentes composantes. Des systèmes numériques (« *digital twins* ») modélisant les systèmes physiques sont à créer afin de pouvoir anticiper les évolutions futures de l'entreprise. Ces systèmes numériques connectés à l'entreprise physique pourront apporter des éléments de réponse pour l'apprentissage des bonnes pratiques et la formalisation des connaissances de manière plus globale. Dans un tel contexte, l'organisation du travail devient plus flexible, il faut bien sûr continuer à répondre aux enjeux de production tout en allégeant le travail cognitif et physique de l'opérateur. De nouvelles approches d'automatisation sont nécessaires afin de compenser les limites ou de mieux tirer parti de l'expérience de chaque acteur humain. Ainsi, chaque collaborateur peut disposer d'un espace de connaissance en partie personnalisé et qui correspond également à une base de savoirs et de bonnes pratiques utilisables dans une situation particulière donnée, ceci prenant également en compte le niveau de qualification des acteurs. L'humain est ainsi connecté, au travers de systèmes d'interaction, de type réalité augmentée, avec des modes d'échanges et de collaboration avec l'équipe de travail et des robots d'assistance (« *cobots* »). Cela répond à un besoin de réactivité et de prise de décision en toute connaissance de cause, dans un contexte évolutif fabriquant des produits-services personnalisés ou customisés en masse.

Fig. 2 – La tablette devient l'outil indispensable de l'opérateur dans les usines du futur. © Jannoon028 / Freepik. ■

Ainsi, l'usine du futur connectée et communicante peut, grâce au Big Data, monitorer ses performances énergétiques, la consommation de ressources et la gestion des déchets, afin de répondre aux attentes de la société en termes de développement durable. Le Big Data ne concerne donc pas seulement la phase de conception ou celle de production, il intervient aussi lors de la gestion du cycle de vie des produits-services et aide à optimiser leur suivi et leur maintien en conditions opérationnelles, tout en permettant d'assurer la traçabilité des événements clés de leur histoire, en collectant le retour d'expérience et la satisfaction des utilisateurs. Le Big Data va ainsi aider à apprendre des tendances d'usages, mais aussi permettre de bénéficier des connaissances clés acquises au profit de futurs produits-services meilleurs et mieux adaptés à leurs usages.

Références bibliographiques

• ANR – Les défis sociétaux en détail, www.agence-nationale-recherche.fr/fileadmin/aap/2016/ANR-Plan-Action-2016-details-defis.pdf, 2016.

• EFFRA – *Factories of the future*, www.effra.eu/attachments/article/129/Factories%20of%20the%20Future%202020%20Roadmap.pdf, 2013.

• FUTURPROD – *Les systèmes de production du futur*, http://cluster-gospi.fr/IMG/pdf/Rapport_final_-_ARP-V8.pdf, 2013.

• SNR – *Stimuler le renouveau industriel*, Rapport de l'atelier n° 3, http://cache.media.enseignementsup-recherche.gouv.fr/file/Strategie_Recherche/22/6/Rapport_atelier_3_314226.pdf.

13. Agriculture et Big Data

Gilles Rabatel

L'agriculture n'est pas une science exacte : il ne suffit pas de planter une graine et de revenir trois mois plus tard pour être certain du résultat. Météo capricieuse, attaques d'insectes, mauvaises herbes, maladies : autant d'éléments qui peuvent modifier le devenir des cultures d'une année sur l'autre. Aussi, depuis toujours, l'agriculteur a dû parcourir son champ ou son potager, observer minutieusement, arracher, arroser ou traiter là où c'était nécessaire. La révolution agricole d'après-guerre a cependant largement compromis cette notion d'agriculteur-observateur : mécanisation, remembrement* et concentration des exploitations ont conduit à des parcelles de plus en plus étendues, où il devenait impossible à l'agriculteur d'observer dans le détail l'évolution de ses cultures. Pour y remédier, une stratégie « d'assurance » s'est mise en place, basée sur l'application uniforme de pesticides et d'engrais pour éliminer à l'avance tout risque potentiel (mauvaises herbes, insectes) et garantir les rendements attendus. Ainsi, le besoin de surveillance des cultures était réduit à son minimum.

La révolution des capteurs

À la fin des années 1990, l'émergence d'une nouvelle offre technologique a réhabilité, sous une autre forme, l'observation des cultures. Elle coïncide, par ailleurs, avec la prise de conscience de l'impact environnemental de pratiques agricoles basées sur l'usage intensif d'intrants chimiques et d'engrais au-delà des besoins réels des plantes. C'est à cette période qu'apparaît le concept d'« agriculture de précision » : la bonne dose, au bon endroit, au bon moment. L'élément déclencheur est l'arrivée du GPS*, qui permet de localiser automatiquement sa position sur une carte. Associé à des capteurs embarqués sur les machines de récolte (mesure du poids des grains, puis, plus tard, de leur qualité par capteurs optiques), il permet pour la première fois aux agriculteurs d'obtenir des cartes de rendement. La parcelle n'est plus dès lors observée comme une surface uniforme, elle présente des zones différenciées. Il devient à nouveau possible d'adapter les opérations culturales aux caractéristiques locales (nature du sol, rétention d'eau liée au relief…), comme cela se faisait autrefois sur des parcelles plus petites.

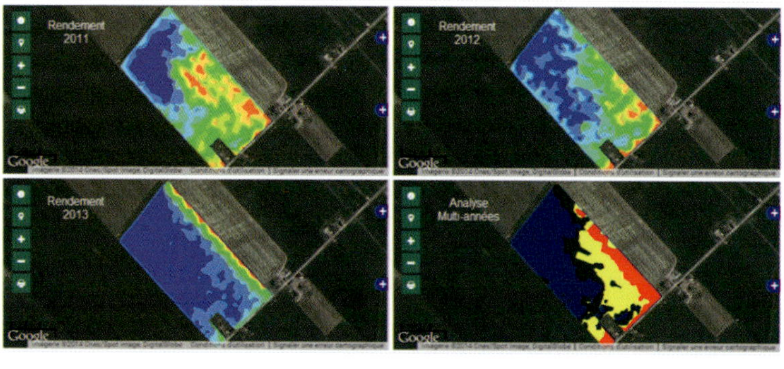

Fig. 1 – Cartographies annuelles de rendement par imagerie satellitaire (du bleu au rouge : rendement croissant). Source La Coop : www.cooperateur.coop. ■

Dans les années 2000 apparaît une nouvelle offre : l'observation satellitaire des parcelles agricoles. Grâce à une résolution spatiale de plus en plus fine, associée à des canaux dans le visible et le proche infrarouge, il devient possible de cartographier la vigueur des cultures avec une précision de quelques mètres (figure 1). Désormais, l'agriculteur peut connaître non seulement les rendements au moment de la récolte, mais aussi l'état de sa culture en cours de saison, et ajuster ainsi localement ses apports en engrais et régulateurs de croissance.

Cette offre technologique est toujours d'actualité, avec un succès croissant. Le service, nommé Farmstar©, opère aujourd'hui sur environ 800 000 hectares chaque année en France. Mais une autre alternative vient maintenant en complément : l'imagerie par drone. De rayon d'action beaucoup plus limité (quelques dizaines d'hectares par vol), les drones présentent en contrepartie des avantages spécifiques : souplesse dans la programmation des vols, possibilité de travailler sous les nuages, et surtout précision spatiale (jusqu'à quelques centimètres). De nombreuses sociétés d'imagerie par drone proposent aujourd'hui leurs services pour l'agriculture. À l'instar du service satellitaire, elles fournissent essentiellement de la cartographie de biomasse des parcelles. Mais des recherches intensives sont menées actuellement sur d'autres types d'applications : détection des maladies ou des mauvaises herbes, évaluation du stress hydrique* des plantes... Toutes reposent sur la mise en œuvre de capteurs imageurs de plus en plus élaborés. Enfin, une autre technologie émergente, contribuant à l'observation toujours plus fine des cultures, est celle des réseaux de capteurs sans fil (RCSF). Issus des progrès les plus récents en microélectronique et communication sans fil, les RCSF se composent d'un ensemble de modules miniaturisés disposés à demeure au sein même des parcelles. Ces modules, constitués d'un microcontrôleur (sorte d'ordinateur miniaturisé) relié à divers capteurs (luminosité, température, humidité...), communiquent entre eux et avec leur station de base par liaison sans fil. Bien adaptés aux cultures pérennes (vignes, vergers), ils permettent aujourd'hui à l'agriculteur, ou à un organisme consultant, de connaître à chaque instant l'état de la parcelle à distance (figure 2).

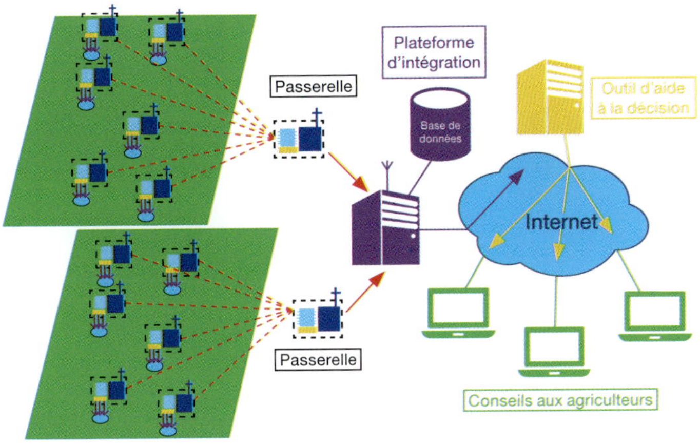

Fig. 2 – Réseau de capteurs sans fil. Source Irstea. ■

Modèles agronomiques et Big Data

Ces nouveaux modes d'observation des cultures évoqués ci-dessus mobilisent des compétences technologiques spécifiques (imagerie satellitaire, drones, RCSF). Mais de surcroît, l'interprétation des données collectées n'est pas immédiate : prévoir les risques d'apparition d'une maladie à partir de mesures locales quantitatives et d'un historique météorologique, par exemple, nécessite la mise en œuvre de modèles agronomiques complexes, maîtrisés par des spécialistes. Dès lors, l'exploitant agricole souhaitant bénéficier de ces technologies doit faire appel à des sociétés de service assurant à la fois la collecte des données et le conseil. Cette évolution va favoriser, dans les prochaines années, la collecte et la capitalisation par ces sociétés de service d'un nombre incalculable de données : variétés cultivées, historique de leur développement, événements météorologiques associés, types de sol, traitements appliqués... Ces « Big Data » de l'agriculture constitueront alors une source de connaissances inépuisable pour l'élaboration de modèles agronomiques de plus en plus efficients. Mais au-delà de l'aspect technique, ils seront pour le monde agricole un nouveau défi sociétal. Confidentialité et propriété des données, valeur commerciale des parcelles liée à leurs performances, maîtrise des décisions : autant de questionnements qu'il va falloir résoudre.

Références bibliographiques

- D. LEFÈVRE – *70 ans d'agriculture*, France Agricole, 2015.
- H. PILLAUD – *Agronumericus, Internet est dans le pré*, France Agricole, 2015.
- *Agriculture de Précision*, ARVALIS, 2015.

14. L'apport des Big Data dans les décisions publiques

Roberto Frega et Alexis Tsoukiàs

Pour discuter de l'apport des Big Data dans les politiques publiques, il faut distinguer le point de vue technique du terme « Big Data » de son utilisation grand public. Le premier cas fait référence à la disponibilité des données tellement massives que l'utilisation des outils informatiques génériques se révèle totalement inadéquate (comme le traitement des images dans les séquences vidéo, les bases de données biologiques ou en astrophysique). Le deuxième cas, lui, renvoie au développement informatique, qui permet aujourd'hui d'exploiter de manière efficace de bases de données (pas nécessairement massives) pour des raisons analytiques (apprendre, prévoir, simuler) et dans un cadre de processus de décision complexes. Pour résumer, les décideurs et le public découvrent aujourd'hui la possibilité d'analyser une masse de données auparavant considérées comme inaccessibles. Certains chercheurs se penchent donc sur l'étude de l'utilisation des démarches analytiques dans la conception, la mise en œuvre et l'évaluation des politiques publiques.

Un cas typique est la construction d'indicateurs de synthèse de l'information disponible (développement humain, qualité de l'air, performance des universités et des chercheurs...), qui justifient des politiques. Une analyse critique de ces indicateurs permet de constater qu'une bonne partie ne respecte pas les règles de base de la théorie du mesurage (comme l'indice de Shanghai pour classer les universités, qui ne respecte pas l'invariance aux transformations d'échelle). Une autre partie ne prend pas en compte le fait qu'un indicateur est signifiant en relation à un objectif et jamais en général (l'indicateur de la qualité de l'air est signifiant pour déclencher des alertes, mais non pour comparer des politiques de réduction de la pollution). Enfin, la conception des indicateurs prend rarement en compte le cycle de vie de l'indicateur lui-même : quand le phénomène observé est totalement adapté à l'indicateur que l'on observe, l'indicateur devient obsolète et inutile.

Les études concernant les décisions publiques font appel à une démarche *ad hoc* différente de celles utilisées dans les études plus classiques d'aide à la décision. En effet, une décision peut être vue comme une allocation irréversible de ressources à des actions et, sauf pour les réactions impulsives, il faut être capable d'expliquer, de justifier et de faire accepter la décision. Une décision est acceptée d'abord si le décideur est légitime dans son action de décideur, ensuite si la décision a une justification légitime et, enfin, si le processus qui amène à la prise de décision est considéré comme légitime. Dans un contexte public les sources de légitimité sont rarement bien identifiées et elles font souvent elles-mêmes parties du problème

Le trafic routier de Rio de Janeiro, lors de la coupe de monde de Football et des Jeux Olympique de 2016, piloté par les algorithmes prédictifs d'IBM. Source : http://www.rio.rj.gov.br. ■

pour lequel une décision est requise. La nature participative des processus de décision publique et le caractère public des ressources affectées rendent donc plus questionnable la légitimité d'une décision publique ; problème que l'on rencontre moins dans les démarches classiques d'aide à la décision.

Utilisation des données dans les décisions publiques

Les Big Data sont au cœur des décisions publiques, dans de nombreux domaines, comme la gestion de la sécurité urbaine avec le recours à la surveillance par caméra (information en streaming 24h/24), la gestion du trafic avec l'utilisation des signaux des téléphones portables pour identifier les points de congestion, la gestion des procédures de santé avec l'analyse des parcours des patients dans les hôpitaux et la gestion des services sanitaires avec l'analyse des points critiques. Les Big Data permettent tout d'abord d'obtenir une analyse plus fine de la demande de services existants (transport, santé, énergie...), afin de concevoir des politiques et des services qualitativement meilleurs et de faire des économies d'échelle importantes. Le recours aux Big Data permet également d'imaginer des services aujourd'hui inexistants ou considérés comme impossibles : services à la personne à la demande (et personnalisés), mise en place de réseaux d'entraide entre les citoyens, création de microservices gérés en autonomie... Enfin, les Big Data pourraient servir à la conception de politiques totalement innovantes, comme l'instauration d'un système de promotion des comportements vertueux (instaurer des primes) de manière à dépasser la dichotomie « comportement légal/illégal » (typique des lois aujourd'hui) pour aller vers une trichotomie « comportement vertueux/légal/illégal ». C'est le cas des politiques de gestion du trafic urbain, où la simple interdiction de la circulation ne représente pas toujours une solution et peut mener à des situations contre-intuitives. La mise en place d'une politique de soutien (primes) de comportements vertueux (covoiturage, utilisation de solutions partagées) peut être beaucoup plus efficace, mais nécessite un support analytique important.

Impact des Big Data sur les politiques publiques

Les Big Data mettent à disposition du décideur des données importantes, dont l'impact dépend de techniques de traitement complexes, en général développées pour d'autres types d'usage, dans lesquels la question de la légitimité de la décision ne rentre pas en compte de la même manière. La qualité d'une décision publique dépend de la prise en compte, non seulement des données techniques, mais également des valeurs collectives : manières de définir un seuil de danger, un bien public, un objectif de santé... Or, les techniques d'extraction et de traitement des Big Data ne peuvent prendre en compte ces valeurs, si bien que l'appui de données massives peut, dans certaines circonstances, conduire à masquer l'élément proprement politique de la décision, à savoir le fait qu'une décision, indépendamment de la qualité des justifications « objectives » qui l'appuient, peut favoriser un certain groupe plutôt qu'un autre. L'utilisation de données et de techniques sophistiquées est souvent nécessaire, car elle permet de mieux éclairer, comprendre, expliquer ou justifier une décision, mais elle n'est jamais suffisante.

Par ailleurs, ce n'est ne pas la présence et/ou la disponibilité des données qui rendent un processus plus démocratique, ou plus transparent, ou plus participatif, mais la volonté politique des parties prenantes à partager l'information, leurs objectifs et leurs valeurs. Le partage des données peut même devenir problématique en l'absence de moyens partagés d'interprétation, de compréhension et de communication.

Les Big Data constituent donc une formidable opportunité pour améliorer la conception, la mise en œuvre et l'évaluation des politiques publiques, mais elles ne sont pas suffisantes. Comme toute technologie, elle doit être adaptée aux exigences du débat public et des politiques publiques et, de ce point de vue, elle nécessite une méthodologie appropriée, qui reste à mettre au point.

Références bibliographiques

• J.-C. BILLAUT, D. BOUYSSOU et P. VINCKE – *Faut-il croire le classement de Shanghai ? Une approche fondée sur l'aide multicritère à la décision*, Revue de la Régulation, 2010.

• G. DE MARCHI, G. LUCERTINI et A. TSOUKIÀS – *From Evidence Based Policy Making to Policy Analytics*, Annals of Operations Research, 2016.

• A. TSOUKIÀS, G. MONTIBELLER, G. LUCERTINI et V. BELTON – *Policy Analytics: an Agenda for Research and Practice*, EURO Journal on Decision Processes, 2013.

15. L'uberisation de l'économie

Pascal Petit

L'uberisation fait référence à l'organisation, par l'intermédiaire d'une plateforme numérique, d'une utilisation partagée d'une voiture, d'une maison ou de tout autre équipement, allant par extension jusqu'à l'utilisation partagée des services d'une personne qualifiée, comme un expert-comptable ou tout autre professionnel. En quoi est-ce une révolution dans le mode d'organisation de nos économies ? Tout dépend précisément des modes d'organisation retenus qui peuvent s'inspirer de valeurs de solidarité nouvelle... ou reproduire les comportements capitalistes les plus âpres au gain, comme le montre l'exemple d'Uber, une plate-forme numérique, créée en 2009 à San Francisco pour mettre en relation des clients disposant d'un téléphone mobile géolocalisable avec des véhicules de transport avec chauffeurs (VTC). La croissance de ce service a été exceptionnellement forte : en 5 ans, il avait réussi à s'implanter dans 342 villes et 60 pays et sa valorisation boursière estimée en 2015 dépassait 50 milliards de dollars, le plaçant en tête des « licornes », ces start-up « technologiques » à croissance extrêmement rapide (figure). Une partie de cette réussite financière est le fruit d'une optimisation fiscale efficace, grâce à une holding, Uber international CV, créée aux Pays-Bas en 2013. Les États finiront sans doute par réduire les méfaits de cette concurrence fiscale non maîtrisée, mais la source première du succès d'Uber est un réel renouveau du service.

Le modèle Uber

Les jeunes fondateurs de la firme ont profité, en particulier à Paris, du décalage existant entre la piètre qualité des prestations des taxis et la flexibilité permise par la grande diffusion des téléphones mobiles. Trouver un taxi facilement, savoir exactement quand il va arriver, connaître d'emblée le prix de la course, le tout associé à quelques bonnes manières et à une capacité à différencier les services, constituent effectivement une petite révolution. Cela nécessite la capacité de gérer efficacement sur une plateforme numérique une masse de données, non seulement sur le trafic routier et l'état des voies, mais aussi sur les chauffeurs VTC, voire sur les utilisateurs du service, tout en intégrant un système de paiement. Tout ce traitement de données en masse (géolocalisation, suivi des utilisateurs et des chauffeurs,) requiert une expertise et Uber a su être le premier sur ce créneau, ce qui lui donne une rente de situation, à moins que des modifications de la réglementation de ces prestations ne viennent remettre en cause cet avantage.

Cette dynamique d'innovation aurait dû naturellement augmenter la demande de VTC et, donc, l'emploi de chauffeurs. Mais les choses ne se sont pas enchaînées aussi simplement, au moins pour deux raisons : l'une liée au caractère informel de la relation entre Uber et les chauffeurs, l'autre à l'absence d'articulation avec les politiques publiques de déplacements urbains. C'est surtout la première raison qui, pour l'instant, est cause de conflits, souvent violents, et vaut à Uber un nombre record de procès (près de 160 millions de dollars d'amendes en cinq ans) et d'interdictions, en particulier pour le service « Uberpop », qui permet à des particuliers sans statut de devenir chauffeurs.

La nature de la relation entre Uber et ses chauffeurs est imprécise. Sont-ils de réels travailleurs indépendants (avec le statut que chaque État a prévu pour cela, non sans ambiguïté parfois, comme en France, entre statuts d'auto-entrepreneur et d'artisan) ou de facto de quasi salariés ? Certains procès visent à faire reconnaître le statut de salarié à des chauffeurs très assujettis à Uber. En effet, la société augmente le nombre de chauffeurs afin de favoriser la réactivité du service, sans égard pour la rentabilité du travail des chauffeurs, conduits à allonger la durée de leur travail. Autre critique faite à Uber : la société note et supprime des chauffeurs (auxquels elle ne donne aucune formation), selon l'appréciation arbitraire des usagers.

Les sources de tensions sont nombreuses et l'insécurité sociale peut être associée à une réduction de la sécurité routière, ainsi qu'à un développement désordonné des transports urbains. Les partisans d'Uber défendent le fait qu'un accès plus facile aux VTC limite l'utilisation des voitures particulières. Cependant, cet impact est mal documenté. La maraude (recherche de clients en circulant) est interdite aux VTC, mais leur maraude électronique n'est efficace que si les VTC restent à proximité des lieux à forte demande (dont les gares). De plus, une forte baisse des tarifs, outre son impact économique pour les chauffeurs, devrait réduire l'utilisation des transports en commun. Statut et devenir des VTC doivent donc être pris en compte dans les plans de circulation des grandes métropoles, nécessité impérieuse au vu des problèmes de congestion et de pollution... même si Uber propose un service « Ubergreen » de voitures électriques. Uber continue donc de s'adapter aux situations locales et de différencier ses services, constituant ce que les Anglo-saxons appellent une « *Gig-economy* ».

Vers une « uberisation » réussie ?

Le développement de plateformes numériques comme Uber est-il le signe de l'émergence d'une nouvelle économie dite « collaborative », où les prestations s'ajusteraient aux besoins spécifiques de chacun, tout en réduisant les coûts en « partageant » les équipements ? Une telle évolution ne devrait donc pas être source de problèmes sociaux ou environnementaux, mais, au contraire, elle devrait permettre de créer de nouveaux liens de solidarité et de fournir des services spécifiques, parfois sans profit financier. Cependant, l'absence de considération pour les questions de formation et de rentabilité des chauffeurs, comme pour les besoins spécifiques des citadins (selon leur âge ou état de santé) élimine toute idée de collaboration ou de cogestion dans la plupart des formes d'uberisation que génèrent spontanément les logiques capitalistes. Est-ce à dire que ces évolutions sont sans lendemain ? Loin de là si l'on considère que nous assistons à une phase première de la mise en place de ces plateformes et que leur régulation encore balbutiante (qui cherche plus à contenir les biais des plateformes qu'à proposer des alternatives avec de nouveaux acteurs et d'autres motivations) est à même de pouvoir transformer profondément et positivement notre organisation sociale. Une activité comme celle d'Uber, qui touche à la sécurité routière, à la sécurité des personnes et aux schémas de circulation urbaine doit et peut être régulée par les pouvoirs publics en associant les citoyens à cette gestion. Il est vrai que promouvoir des gestions alternatives des plateformes, allant vers la création de véritables « services collectifs » gérés par des organisations associatives veillant au respect de principes de solidarité et de développement soutenable, ouvre la voie à des formes d'organisation sociale non capitaliste. L'économie collaborative pour ceux qui y voient un modèle alternatif de développement, comme Michel Bauwens (2014), implique de telles évolutions. Le grand défi contemporain est de savoir organiser des transitions vers ces formes réellement collaboratives. Suite aux procès continuels, aux restrictions et aux confrontations avec des concurrents nationaux, comme récemment en Chine, la firme Uber connaît la vulnérabilité de son « modèle » et la nécessité d'évoluer, comme en témoigne sa volonté de développer rapidement des services de voitures sans chauffeur. La réappropriation sociale des plateformes numériques est en cours d'apprentissage, les coûts d'entrée organisationnels sont faibles, les choix politiques des prestations les plus utiles aux communautés concernées doivent mûrir plus rapidement. S'en remettre au marché est source d'incohérences coûteuses. Uber en donne la preuve.

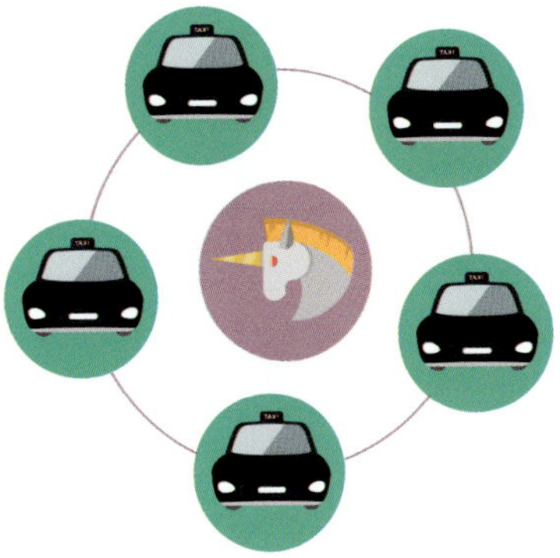

Une « licorne » est une start-up de moins de dix ans, dont la valeur estimée en bourse dépasse le milliard de dollars (G$). Les 5 premières en 2015 : Uber (51 G$), Xiami (46 G$), Airbnb (25,5 G$), Palantir Technologies (20 G$), Snapchat (16 G$). ■

Références bibliographiques

- M. BAUWENS – *Sauver le monde : vers une économie post-capitaliste avec le peer to peer*, Les liens qui libèrent, 2014.
- CNNum – *Rapport du Conseil National du Numérique sur la neutralité des plateformes*, http://cnnumerique.fr/wp-content/uploads/2014/06/CNNum_Rapport_Neutralite_des_plateformes.pdf, 2014.
- I. HENRI – *Plateformes et dynamiques concurrentielles*, Note Renaissance Numérique, http://www.renaissancenumerique.org/images/stories/Publications/note_decryptage_plateforme_rn.pdf, 2015.

16. Le Big Data redessine le secteur de l'assurance

Olivier Lopez

La tarification en assurance repose sur une prédiction de la charge future subie par l'assureur. Pour mener à bien ce travail d'anticipation, les données dont disposent les actuaires* sont essentielles. D'autant plus que la diversité des comportements, la relative rareté des sinistres et les évolutions de l'environnement rendent le risque complexe à étudier. L'irruption du Big Data change la matière première à partir de laquelle les actuaires construisent les tarifs. C'est également vrai à l'étape du provisionnement, c'est-à-dire de l'évaluation des engagements pris, afin de pouvoir les honorer. Le secteur s'attend donc à une tarification plus précise (figure 1), basée sur une information plus riche (données biométriques, analyse de la conduite *via* GPS*, données Internet...), mais aussi plus individualisée. La différentiation tarifaire est déjà pratiquée : un emprunteur paiera une prime qui dépend de son âge, de ses revenus (figure 2)... La population est segmentée en classes de risque associées à des tarifs différents. Pour une personne représentant un « bon risque » (qui a une probabilité plus faible d'avoir un sinistre de montant important), le tarif baisse par rapport à ce qu'il paierait sans segmentation. Par contre, le tarif est défavorable à un « mauvais risque ». Grâce à l'apprentissage statistique, il serait possible de mieux comprendre le risque de chaque individu et donc de pousser la segmentation tarifaire à l'extrême, chaque assuré ayant un profil différent. Mais plusieurs freins s'y opposent.

La mutualisation

Actuellement, les actuaires construisent des classes tarifaires avec un nombre suffisant d'individus pour assurer la mutualisation. Celle-ci peut se comprendre *via* la Loi des Grands Nombres* (LGN) et le Théorème Central Limite* (TCL). Par exemple, quand je m'assure contre l'incendie de mon logement, l'événement a une probabilité faible de se produire, mais en cas de survenance, le coût sera élevé. L'assurance protège contre cette incertitude, en la diluant dans un grand volume de risques similaires. La LGN dit que la charge, pour l'assureur, est quasiment certaine (ce sera la somme de ce que coûte en moyenne chaque assuré). Le TCL dit, quant à lui, que l'écart par rapport à ce scénario central sera d'un ordre sinon négligeable, au moins significativement inférieur à ce montant moyen (de l'ordre de la racine carrée du montant prévu). Dans ce raisonnement simplifié, le nombre d'assurés doit être important pour mutualiser. Or, l'atomisation des classes de risque peut empêcher cette mutualisation. D'autant que la connaissance du risque n'est que

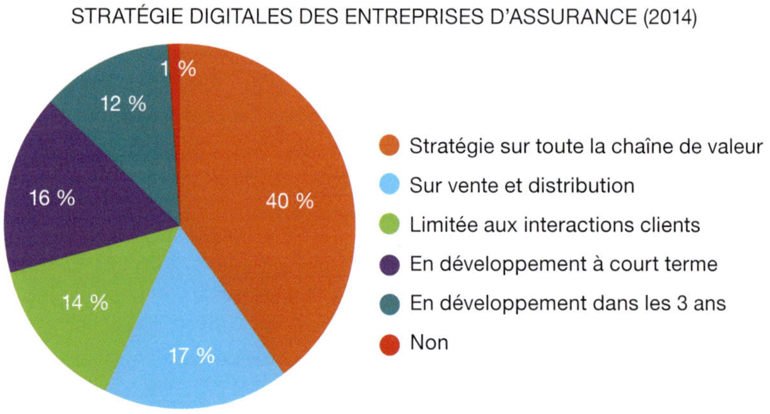

Fig. 1 – **Adaptation du secteur de l'assurance à la transformation numérique.** Le graphique témoigne d'une adaptation du secteur aux transformations numériques, avec notamment 40 % en 2014 qui développent une stratégie nourrie de Big Data pour construire et suivre les produits. Source : l'Argus de l'Assurance. ■

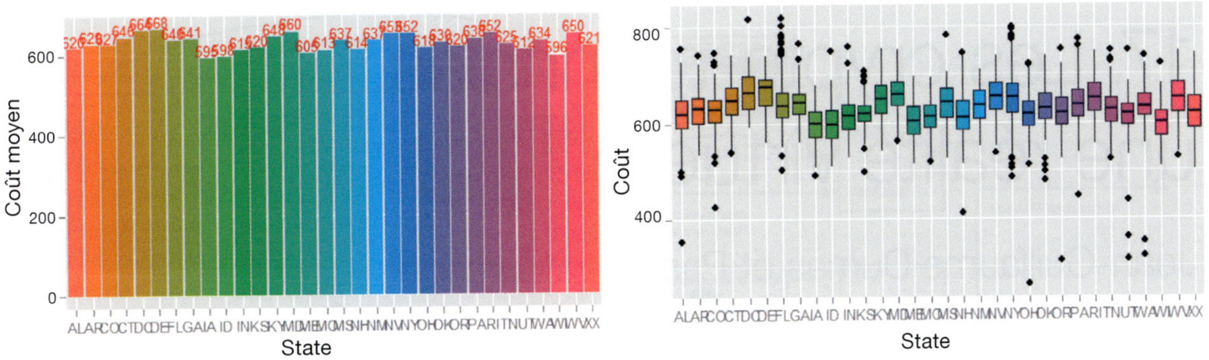

Fig. 2 – **Analyse de variables en assurance non-vie.** Chaque colonne (graphique de gauche) représente l'influence marginale de chacune des variables explicatives sur le coût, le graphique de droite analysant la dispersion des valeurs prises par chacune de ces variables. ■

statistique. Plus le tarif s'individualise, plus les erreurs d'estimations sont significatives : plus on zoome sur un tableau pour observer la finesse des détails, plus on voit les coups de pinceaux. De même, l'utilité de la segmentation s'inverse au-delà d'un certain point.

L'environnement concurrentiel

Économiquement, l'individualisation du tarif est intenable en univers concurrentiel. Si les assurés sont mobiles, l'assureur qui ne différentie pas captera ces risques dits « mauvais ». Or un risque mauvais peut être rentable, parfois plus qu'un bon risque. Le résultat d'un assureur, c'est la différence entre les primes reçues et les dommages à régler. S'il n'a que des bons risques, il aura peu de sinistres à payer. En revanche, le montant de primes sera faible également, puisqu'il reflète la charge moyenne supportée par un bon risque. Il faut donc battre en brèche l'idée que le Big Data conduira nécessairement à l'exclusion de pans de la population du champ de l'assurance, du fait de primes trop élevées. L'exclusion existe aujourd'hui, mais n'a aucune raison a priori de s'aggraver, car elle n'est pas de l'intérêt de l'assureur, certains ayant fait de la gestion spécifique des mauvais risques leur modèle économique.

Plutôt que l'obsession compulsive d'un tarif reflétant exactement le risque de chaque individu, le secteur se recentre sur la « valeur client ». Ce concept définit la qualité d'un assuré moins à partir de son risque que de sa rentabilité globale. Si le Big Data change les méthodes de tarifications et les équilibres économiques, il ne change pas les grands principes assurantiels. En revanche, l'utilisation pertinente des données laisse espérer une réduction de la marge d'incertitude, car le tarif inclut un matelas de sécurité pour faire face aux scénarios extrêmes. Marge qui ne pénalise pas que l'assuré : elle va alimenter une provision qui pèse sur la rentabilité de l'assureur.

L'activité d'assurance ne se résume pas à la définition d'un tarif. C'est aussi la gestion des engagements pris. Un exemple significatif concerne les provisions liées à des sinistres à temps de développement long, *i.e.* dont le montant n'est connu que plusieurs années après survenance (du fait de réévaluations, recours...). L'enjeu est, pour l'assureur, de prévoir ce montant qu'il devra honorer. Dans des garanties comme la responsabilité civile médicale, l'incertitude de cette prédiction est énorme, expliquant en partie des tarifs parfois élevés. Dans ce domaine, l'amélioration des capacités prédictives peut doper la rentabilité, tout en faisant baisser les tarifs.

Au-delà des changements techniques, c'est un changement de position des assureurs qui s'opère. Pour tirer tous les subsides attendus du Big Data, il faut accéder aux données personnelles*. Face aux craintes de revente de ces données, voire de leur utilisation contre l'intérêt de l'assuré, les assureurs se positionnent comme acteurs de la prévention et plus seulement de la réparation des sinistres. Car c'est par une relation de confiance entre assuré et assureur que le nouveau modèle peut s'épanouir. La révolution culturelle à l'œuvre n'est donc pas une simple rénovation des méthodes actuarielles existantes. C'est une transformation en profondeur du secteur. Dans sa façon d'envisager le risque (tournée vers la valeur-client), de le gérer (en affinant son évaluation) et de le prévenir (en accompagnant l'assuré).

Références bibliographiques

• O. HOULLE – *Le Big Data modifie le visage de l'assurance*, Banque et Stratégie, n° 336, mai 2015.

• F. PUYBAREAU – *Big Data : Les actuaires en première ligne*, L'Actuariel, n° 17, juin 2015.

18. Monétisation et marchandisation des données personnelles

Fabrice Rochelandet

L'exploitation marchande des données personnelles (DP) a donné lieu à une importante littérature en économie et en marketing. La collecte et la transformation de ces ressources informationnelles par les entreprises y sont présentées comme une source de bien-être pour les consommateurs, d'innovations et d'opportunités commerciales inédites, mais également de menaces sur la vie privée et d'externalités négatives pécuniaires.

Une collecte pour le bien de tous ?

Les entreprises collectent des données sur leurs clients pour les identifier, communiquer ou interagir avec eux de façon plus ou moins ciblée, différencier leurs prix ou la qualité de leurs offres en fonction de leurs profils, animer une communauté en ligne, faciliter l'appariement entre les utilisateurs de leurs services, vendre ces données… Les moyens de collecte et de production de ces informations sont eux-mêmes très diversifiés. Les individus peuvent ainsi divulguer volontairement leurs données par déclaration ou en acceptant que leurs données soient enregistrées. L'exposition de soi ex post s'avère également une source majeure d'informations sur Internet *via* la collecte massive de données enregistrées par des traceurs et leur traitement par des algorithmes* permettant de déduire des informations à valeur ajoutée à partir de données brutes très disparates.

Dans la plupart des cas, la collecte des données d'usage bénéficie essentiellement à leurs exploitants (cf. IV.17). Cependant, l'exploitation des DP peut être mutuellement avantageuse pour leurs exploitants et les individus auprès de qui elles sont collectées. Leur granularité permet un ciblage précis de la publicité, plus bénéfique a priori pour les consommateurs que des messages indifférenciés. Dans le cas des réseaux sociaux numériques et des services d'infomédiation, comme les moteurs de recherche, ces données permettent aux opérateurs de plateformes numériques et aux entreprises y greffant leurs activités (services, applications, contenus) d'offrir des services spécifiques, de les personnaliser, mais également de dégager des revenus issus de la publicité finançant la production de biens informationnels et de service en ligne bien souvent délivrés gratuitement. Quant aux individus, ils bénéficient de cette gratuité, mais, surtout, ils retirent une valeur d'usage de contenus et de services élaborés directement ou indirectement grâce à l'exploitation de leurs DP. Les modèles de plateformes numériques se distinguent selon la nature des effets de réseau croisés et surtout les modes d'appropriation de la valeur. Les consoles de jeux ou les systèmes de cartes bancaires reposent sur une appropriation directe de la valeur (prix des jeux, frais bancaires) n'affectant en soi pas la qualité du service. En revanche, dans les modèles d'appropriation indirecte, des acteurs tiers apparaissent, comme les annonceurs, et peuvent être source d'externalités négatives pour les utilisateurs finaux en fonction de leur publiphobie et, pour les modèles basés sur la publicité ciblée, du coût psychologique inhérent à la sensation d'être observés.

Les plateformes numériques varient également selon leur dépendance aux données. Ainsi, les services proposés par Facebook dépendent directement des données de ses utilisateurs, tandis que des acteurs comme Apple en bénéficient indirectement. La plupart des applications sur son magasin en ligne permettent de collecter des petits morceaux de données, lesquels sont centralisés et agrégés par des intermédiaires, comme Flurry. Ce dernier revend des profils à des annonceurs qui peuvent cibler des messages publicitaires aux utilisateurs d'applications gratuites. Les revenus qui en découlent sont en partie partagés avec les fournisseurs d'applications. Apple profite de ce système indirectement, car il incite les développeurs à proposer des applications sur sa plateforme et lui permet donc de différencier davantage ses terminaux (tablettes, smartphones).

Les contreparties

Cependant, cette économie « gratuite » ne l'est pas pour tout le monde. D'un côté, les producteurs de ces plateformes numériques, services, contenus et applications doivent financer la production et la mise en ligne de leurs prestations, de même que les financeurs de ces services (les annonceurs notamment) doivent payer pour atteindre la cible de leur campagne et les investisseurs sur les marchés du capital-risque (start-up non cotées) ou les marchés financiers (Google, Facebook...). De l'autre, les utilisateurs finals de ces services risquent de subir des coûts sous la forme de discrimination tarifaire, d'atteinte à la quiétude et à la vie privée, de perte de temps à trier les messages non sollicités... Plus généralement, une collecte et une utilisation trop intense des DP peuvent réduire la valeur des plateformes en affectant le bien-être des utilisateurs finals des contenus, d'applications et de services sur ces plateformes. Par exemple, des études ont montré que les campagnes publicitaires à la fois trop invasives et ciblées ont une efficacité réduite. Une des conditions de viabilité des modèles de plateformes est donc d'éviter la perte de confiance et les réactions négatives des individus, qui peuvent les amener à rejeter les publicités *via* des applications dédiées. Les expérimentations à grande échelle menées par des opérateurs comme Facebook ont suscité des réactions comparables. Or, redonner les moyens de contrôle de la divulgation de leurs données peut augmenter la confiance des internautes et accroître l'efficacité des modèles d'affaires numériques. Cela peut consister à associer un mécanisme de contrôle des DP pour diminuer l'impact négatif de la personnalisation de la publicité due à l'usage de données collectées sur la plateforme.

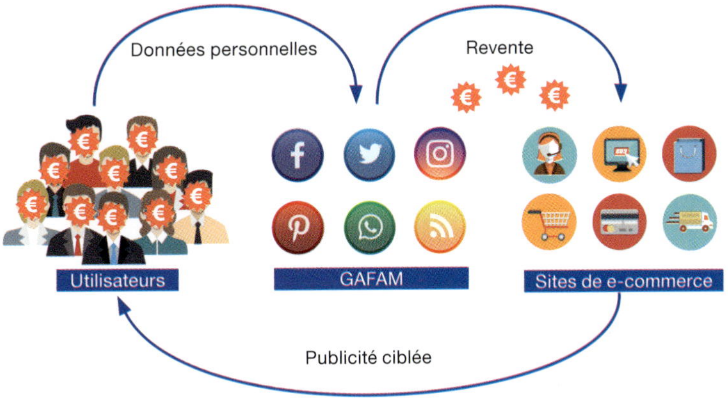

Le *business model* de la revente de données.

Pour autant, en raison de la nature même de leurs modèles, les opérateurs de plateformes et les prestataires de services en ligne ne sont pas incités à implémenter des solutions « *pro-privacy* » réellement efficaces. Les sites les plus intrusifs sont dans les faits les plus performants. Les firmes ont donc tout intérêt à développer des services et des applications poussant les individus à s'exposer et à divulguer des informations personnelles, parfois très intimes. Une alternative pourrait être l'abandon du modèle gratuit pour le « tout-payant », mais encore une fois, quelles incitations pour des acteurs intrusifs comme Facebook ou Google, pour qui l'offre payante enraillerait les effets-réseaux et pourrait exposer à une concurrence plus importante. Enfin, l'implémentation d'outils de contrôle en direction des utilisateurs finals, voire l'obligation légale de concevoir des modèles d'affaires respectueux de la vie privée (*Privacy by design*, cf. III.10), pourraient créer une illusion de contrôle forte, dès lors que les utilisateurs finals ne maîtrisent au fond que les conditions de divulgation et non les usages et partages effectifs qui sont faits de leurs données par la suite. Dans cette perspective, ne vaudrait-il pas mieux concevoir des outils « *pro-privacy* » en phase avec le développement des services et des modèles d'affaires numériques et davantage orientés vers l'apprentissage des risques par les individus utilisateurs de ces nouveaux services ?

Références bibliographiques

- G. CECERE, F. LE GUEL et F. ROCHELANDET – *Les modèles d'affaires numériques sont-ils trop indiscrets ? Une analyse empirique*, Réseaux, n° 189, 2015.
- A. RALLET et F. ROCHELANDET – *La régulation des données personnelles face au Web relationnel : une voie sans issue ?*, Réseaux, n° 167, 2011.
- F. ROCHELANDET – *Économie des données personnelles et de la vie privée*, La Découverte, 2010.
- P. PUCHERAL, A. RALLET, F. ROCHELANDET et C. ZOLINSKI – *La Privacy by design : une fausse bonne solution aux problèmes de protection des données personnelles soulevés par l'Open data et les objets connectés ?*, Légicom, n° 56, 2016.

19. Anonymisation des données et protection de la vie privée

Françoise Dupont

La divulgation d'informations personnelles – concernant la santé, les habitudes de vie, l'orientation sexuelle, les opinions politiques... – peut porter préjudice aux individus concernés et engendrer des répercussions néfastes dans l'entourage ou des discriminations dans la vie professionnelle et personnelle (pour des prêts, des assurances, des recherches de logement...). C'est pourquoi, la Charte des droits fondamentaux de l'Union européenne mentionne le droit à la protection des données à caractère personnel comme un droit fondamental autonome. Celui-ci a acquis une force juridique avec l'entrée en vigueur du traité de Lisbonne en décembre 2009.

Histoire de la protection des données

La protection des données personnelles* est, de longue date, un enjeu pour tous les professionnels amenés à en gérer dans le cadre de leur activité, dans les secteurs de la santé, de la finance, des télécommunications, de la recherche... Avec la vague d'informatisation des années 1970 qui a vu naître les premiers fichiers, des techniques de plus en plus sophistiquées se sont développées pour en sécuriser le stockage. Les contraintes légales fortes sur le stockage de données personnelles* et leur traitement (loi dite « informatique et liberté » de 1978 pour la France, directive de 1995 au niveau européen) ont conduit les détenteurs de données à caractère personnel à ne conserver que pendant une durée limitée les informations strictement nécessaires à une finalité déclarée, ce qui permet de limiter les risques de fuites d'information. Pour des réutilisations différentes de leur finalité initiale, notamment pour des fins de statistiques ou de recherche, l'anonymisation des données était alors recommandée. Ainsi, les statisticiens officiels se sont préoccupés de la protection de fichiers issus de leurs enquêtes par sondage et des recensements. Les informaticiens se sont, de leur côté, intéressés à l'anonymisation au titre de la sécurité. D'après le texte de la loi de 1978, pour vérifier que les données sont anonymes et que personne n'est ré-identifiable « *il convient de considérer l'ensemble des moyens en vue de permettre son identification dont dispose ou auxquels peut avoir accès le responsable du traitement ou toute autre personne* ».

Assez rapidement, il est apparu que retirer les éléments de l'identité de l'individu et les remplacer par un identifiant non signifiant, dont les règles de construction sont tenues confidentielles (pseudo-anonymisation) constitue une condition nécessaire mais pas suffisante pour assurer le caractère anonyme des données. Dans les années 2000, Latanya Sweeney a montré que les individus ayant des profils de données uniques dans un fichier de données médicales portant sur toute la population pouvaient être re-identifiés en s'aidant d'informations annexes (comme un fichier électoral). Le champ de recherche sur les techniques d'anonymisation des données s'est développé à partir des années 2000 dans la sphère informatique. D'autres exemples célèbres de rupture d'anonymat (AOL en 2006, Netflix en 2009) ont montré par la suite la difficulté de l'exercice.

Techniques d'anonymisation

Les techniques d'anonymisation de fichiers de données individuelles sont basées sur l'analyse des informations du fichier, qui peuvent servir de clé d'appariement avec d'autres informations disponibles par ailleurs et qui permettront, en les rapprochant, de remonter aux individus. La tâche est difficile, car les informations détenues par quelqu'un (ou une entité) qui souhaite réidentifier une personne sont très variables selon son profil (entreprise commerciale, hacker, journaliste, personne de l'entourage...). Une chose est certaine, les informations datées et les indications de lieux contenues dans un fichier sont particulièrement identifiantes et doivent être au centre de la démarche de protection. Toutes les méthodes reposent sur un appauvrissement des informations du fichier, pour cacher les individus reconnaissables par un profil de données unique ou rare, parmi d'autres individus. Pour cela, il est possible : de ne pas donner les valeurs des variables pour certains individus ; de donner des valeurs moins précises aux variables (date en mois ou année et non en jour, âge en grandes tranches) ; d'ajouter un aléa sur les valeurs des variables ; de ne donner qu'un extrait échantillonné (selon une méthode non reproductible par les utilisateurs) ; de modifier les profils individuels en intervertissant les valeurs de certains individus pour une partie des variables ; de modéliser les données, d'estimer le modèle et de régénérer les données à partir du modèle ; de plonger les données vraies dans des données fausses plausibles simulées à partir d'une modélisation ; de construire un fichier agrégé sur des groupes d'individus ; et, bien sûr, d'utiliser simultanément plusieurs de ces différentes techniques. Cependant, toutes présentent des inconvénients au niveau de l'utilisation des données anonymisées : difficulté d'utilisation pratique, résultats déformés en cas d'exclusion des valeurs manquantes ; perte de précision des résultats ; perte d'une partie des corrélations ; restriction de la validité de l'analyse au cadre du modèle utilisé pour générer les données. Il est donc irréaliste d'imaginer une méthode d'anonymisation des données sans avoir auparavant une idée des utilisations possibles, au moins des axes d'analyse à privilégier.

Depuis une dizaine d'années, les informations annexes potentiellement disponibles sur un individu par des acteurs économiques ou le grand public se sont accrues de manière inédite en volume et en précision (indications de lieu et de temps). Certaines informations sont explicitement rendues publiques par les individus eux-mêmes (discussions, photos postées sur les réseaux sociaux...) ou déclarées à des plateformes de services (recherches et achats effectués sur Internet, applications sur smartphones, objets connectés...), avec des conditions de réutilisations le plus souvent obscures pour les utilisateurs. Un plus grand nombre de données révélant des informations très précises sur le mode de vie, les dates et les lieux sont enregistrés, au même moment, à l'insu des utilisateurs, dans les métadonnées qui permettent la gestion technique (cf. II.9). Tous ces enregistrements constituent, par leur existence, mais surtout par leur circulation entre différents acteurs, une fragilisation de la vie privée. Certains acteurs économiques peuvent ainsi être en possession d'informations annexes très précises, qui permettent de reconstituer par croisement (entre ces données et avec des données internes de gestion) des comportements des individus en matière de santé, de déplacements, d'habitudes de consommation, d'opinions politiques, de pratiques religieuses...

La richesse des traces que nous laissons est telle que nos comportements y sont suffisamment spécifiques pour que les individus puissent être retrouvés presqu'à coup sûr. Ainsi, par exemple, quatre points suffisent avec les données de téléphonie pour retrouver 95 % des individus.

Enjeux et perspectives

Les techniques d'anonymisation font l'objet de recherches très actives. Néanmoins, la protection sans faille, dans la durée, de tous les individus d'un fichier de données individuelles contre tous les attaquants potentiels (en possession d'une quantité toujours plus grande d'informations annexes) par ces techniques relève de la quadrature du cercle. La protection de la vie privée ne peut donc pas s'appuyer uniquement sur les techniques d'anonymisation. Elle doit passer également par une collecte parcimonieuse des données et une démarche préventive de protection dès la conception, par défaut, des produits et des services offerts aux utilisateurs (*privacy by design*, cf. III.10) comme le recommande le nouveau règlement européen. Elle suppose également une meilleure connaissance et un meilleur contrôle des individus sur les données qu'ils génèrent.

La réutilisation des bases de données à des fins de recherches ou d'études doit s'appuyer sur des restrictions d'autorisation d'accès, offrir des interrogations de la base de donnée qui donnent des résultats anonymisés sans accès direct aux données initiales. Si l'on souhaite en extraire des informations diffusables à tous (*open data*), il est impossible d'échapper à un appauvrissement important des données.

À l'ère du Big Data, les citoyens sont-ils conscients de l'utilisation de leurs données personnelles* ? ■

Références bibliographiques

• T. ALLARD, B. NGUYEN et P. PUCHERAL – *Comment préserver l'anonymat*, Pour la Science, n° 433, 2013.

• A. ROUVROY – *Des données et des hommes : droits et libertés fondamentaux dans un monde de données massives*, Conseil de l'Europe, janvier 2016.

20. Les données personnelles : questions juridiques et géopolitiques

Céline Castets-Renard

La collecte massive des données dans le cadre des traitements du Big Data donne aussi lieu à leur transfert et leur échange. S'il s'agit de données à caractère personnel, c'est-à-dire permettant de rendre identifiables les personnes physiques, des règles de protection s'appliquent. Le cadre juridique est cependant complexe et dépend notamment de la qualité des acteurs (privés ou publics) ou de la finalité des traitements envisagés.

Transfert des données à des fins commerciales

Prenons d'abord l'hypothèse d'un transfert de données personnelles* à des fins commerciales. Ce transfert peut se faire au sein de l'Union européenne (UE) ou en dehors. Dans le premier cas, c'est la directive 95/46/CE fondée sur l'article 114 du Traité de fonctionnement de l'Union européenne (TFUE), soit le parachèvement du marché intérieur, qui s'applique. Dès lors, le principe économique sous-jacent est la libre circulation des données. En clair, aucune formalité supplémentaire ne sera requise pour transférer ou échanger les données personnelles d'un État membre de l'Union à un autre. Le responsable de traitement pourra, par exemple, être situé en Allemagne et recevoir des données de personnes résidant en France et qui y auront été collectées par une filiale ou un sous-traitant sans requérir des conditions de fond ou de forme particulières. Seules les obligations applicables à tous responsables de traitement devront être respectées, en particulier les principes de loyauté, nécessité, finalité et proportionnalité des traitements (art. 6 § 1), les droits des personnes concernées (art. 11 à 17) et la déclaration de traitement auprès de l'autorité nationale de contrôle (art. 18). En revanche, en cas de transfert de données hors UE vers des pays tiers (flux transfrontaliers*), l'article 25 de la directive 95/46/CE pose une exigence de « niveau de protection adéquat » du pays destinataire. Le caractère adéquat s'apprécie concrètement par la Commission européenne au regard de toutes les circonstances relatives à un transfert ou à une catégorie de transfert de données : la nature des données, la finalité et la durée du ou des traitements envisagés, les pays d'origine et de destination finale, les règles de droit, générales ou sectorielles, en vigueur dans le pays tiers en cause, ainsi que les règles professionnelles et les mesures de sécurité qui y sont respectées. Si le pays est considéré comme présentant un niveau de protection adéquat, les données des résidents européens collectées en Europe peuvent y être envoyées (Andorre, Argentine, Canada, Îles Féroé, Guernesey, Israël, Île de Man, Jersey, Nouvelle Zélande, Suisse et Uruguay). Sinon, outre les cas exceptionnels permettant d'outrepasser cette insuffisance (par exemple, en cas d'intérêt vital de la personne concernée), un État membre peut autoriser un transfert, lorsque le responsable du traitement offre des garanties suffisantes pouvant résulter de clauses contractuelles types proposées par la Commission ou encore de l'adoption de règles d'entreprises (*binding corporate rules* ou BCR). La directive 95/46/CE est en cours de réforme par un règlement général qui confirme ces normes.

Cependant, les échanges de données personnelles avec les États-Unis à des fins commerciales ne sont pas autorisés par principe, en dehors du recours aux clauses contractuelles et BCR. Pour palier le défaut de niveau de protection adéquat, un accord particulier a été signé entre les États-Unis (Département du commerce) et la Commission européenne sous la dénomination de « Safe Harbor » ou « sphère de sécurité », par lequel les entreprises états-uniennes se conformant aux principes généraux qu'il pose sont considérées comme satisfaisant aux exigences de l'UE (Décision 2000/520/EC du 20 juillet 2000). Cependant, cette décision a été remise en cause par la Cour de Justice de l'Union Européenne, qui a invalidé le Safe Harbor dans un arrêt rendu le 6 octobre 2015 (C-362/14). Suite à l'affaire Snowden, la Cour a estimé que cet accord ne donnait pas de garanties suffisantes aux résidants européens dont les données sont transférées, notamment en raison, d'une part, de la possibilité laissée aux agences étatiques de surveillance (en particulier la NSA) d'y accéder et, d'autre part, du défaut de recours judiciaire des citoyens européens. Compte tenu de l'importance des acteurs américains dans l'économie numérique en Europe, la réaction fut immédiate et aboutit en février 2016 à un autre accord, le « Privacy Shield », censé être plus respectueux des standards de protection européens. Si l'accord politique entre les États-Unis et la Commission européenne a été trouvé, reste encore à l'adopter juridiquement par le Parlement européen et le Conseil (figure).

Transfert des données à des fins répressives

Au sein de l'UE, l'échange des données à caractère personnel à des fins de prévention et de détection des infractions pénales, d'enquêtes et de poursuites ou d'exécution de sanctions pénales entre autorités judiciaires et policières est régi par une décision-cadre 2008/977/JAI du Conseil. L'objectif est d'améliorer la coopération entre les services répressifs nationaux par un échange et par un traitement plus rapide des données, afin de prévenir et de combattre la criminalité transnationale, surtout le terrorisme.

Notons par ailleurs que les données peuvent aussi circuler entre États et acteurs privés. Ainsi, la directive PNR (*Passenger Name Record*) en cours d'adoption autorisera les États membres de l'UE à contraindre les compagnies aériennes à leur transmettre les données de leurs passagers pour les vols en provenance ou à destination de l'UE, afin de les aider à lutter contre le terrorisme et les formes graves de criminalité.

L'adoption du « Privacy Shield » a apporté quelques garanties supplémentaires aux citoyens européens, mais, selon l'avis du G29, les engagements mériteraient d'être précisés, en particulier celui de ne plus faire de collecte généralisée des données à des fins de surveillance. ■

En dehors de l'UE, un tel dispositif existe d'ores et déjà pour l'échange de données des passagers européens avec les États-Unis, l'Australie et le Canada, sur le fondement d'accords visant les vols en provenance ou à destination de ces pays. Enfin, des accords entre États pour l'échange de données à des fins répressives et de surveillance existent, mais sont le plus souvent secrets. Le contrôle démocratique fait alors défaut.

Références bibliographiques

- C. CASTETS-RENARD – *Droit de l'Internet : droit français et européen*, Montchrestien, 2012.
- C. CASTETS-RENARD (dir.) – *Quelle protection des données personnelles en Europe ?*, Larcier, 2015.
- G. DESGEANS-PASANAU – *La protection des données personnelles*, LexisNexis, 2015.
- J. EYNARD – *La protection des données personnelles*, Michalon, 2013.

21. Place du choix individuel et droit à la déconnexion

Jessica Eynard

« *Notre corps est notre jardin, et notre volonté en est le jardinier* » (Othello). Notre corps et tout ce qu'il recèle seraient, selon Shakespeare, « notre jardin », sous-entendu notre sphère privée, cachée des regards extérieurs et soumis à notre volonté seule. La question se pose aujourd'hui de savoir si cette vision du rôle joué par la volonté ne serait pas dépassée à l'heure des Big Data et de la connexion généralisée de toute chose à l'Internet.

L'individu hyperconnecté. ■

Un déluge de données

L'apparition des Big Data a été rendue possible par de multiples facteurs, parmi lesquels on peut citer l'augmentation des capacités de stockage, l'accélération des capacités de calculs ou encore le décuplement des données captables. Parmi ces dernières, se trouvent des informations laissées volontairement par les individus, mais également des données qu'ils sèment inévitablement çà et là au gré de leurs pérégrinations, les « traces ». Il peut s'agir de simples clics de souris sur des liens commerciaux ou d'une localisation GSM *via* un téléphone portable (figure).

Considérées seules, ces traces ne reflètent rien et pourraient être qualifiées d'insignifiantes. Pour cette raison, la qualification de « données personnelles » a pu leur être refusée. Pourtant, corrélées à d'autres par des algorithmes*, elles peuvent dévoiler des personnalités ou des propensions. En ce sens, elles rentrent dans la catégorie des données « indirectement personnelles », car elles ne permettent d'identifier les individus qu'elles concernent qu'associées à d'autres traces.

Place de la volonté individuelle

Qu'elles soient livrées volontairement ou non, les données sont l'objet de droits. Certains droits sont conférés à leur porteur, d'autres à la personne qui les collecte, autrement appelée « le responsable de traitement ». Ainsi, la personne concernée est titulaire du droit à être informée sur les traitements de données qui lui sont personnelles. Elle doit pouvoir accéder à ces traitements et demander communication, sous forme intelligible, des données qui la concernent. En cas d'erreur ou d'obsolescence des données, elle peut exiger qu'il soit procédé à une rectification. Elle peut même s'opposer au traitement, dès lors qu'elle peut faire valoir un motif légitime ou une raison tenant à sa situation particulière. Ce motif légitime, notion subjective s'il en est, est laissé à l'appréciation du responsable de traitement. Si un conflit s'élève, la personne concernée a toujours la possibilité de saisir la justice. Les rares fois où le juge a eu à se prononcer permettent de déduire qu'existe un motif légitime lorsque l'opposition porte sur un traitement de données sensibles* ou que la finalité du traitement consiste en de la prospection commerciale. Toutes les autres fois, le responsable de traitement peut, en principe, collecter et traiter des données personnelles. Les individus n'ont donc aucun pouvoir de rétention sur la plupart des données qui les concernent. À défaut de pouvoir les retenir, il faut se demander s'ils peuvent exiger la suppression des données déjà collectées ?

Droit à l'oubli

Jusqu'à récemment, les textes nationaux ne faisaient pas directement référence à un droit de suppression ou d'effacement qui reviendrait à la personne concernée. Ce droit se déduisait en réalité de l'obligation faite au responsable de traitement de ne conserver les données que pendant un temps limité. Au terme de cette durée, les données doivent, en effet, être supprimées ou anonymisées, de façon à ce qu'aucun lien ne puisse être fait avec la personne concernée par les données. C'est sur le fondement de cette règle qu'avait émergé l'idée d'un « droit à l'oubli » au profit des personnes concernées. La « loi pour une République numérique » du 7 octobre 2016 inscrit la possibilité d'un effacement des données dans les textes français. Premièrement, il est désormais possible à tout un chacun de définir de son vivant des directives à suivre quant à la conservation, l'effacement ou la communication des données personnelles qui le concernent après son décès. Ce faisant, la loi tente de répondre au problème né du maintien de comptes personnels après le décès des individus mais, pour que cette difficulté trouve sa solution dans le droit conféré, encore faut-il que les personnes se saisissent de ce droit. L'avenir seul le dira… Deuxièmement, la nouvelle loi oblige le responsable de traitement à effacer, à la demande de l'intéressé, les données collectées dans le cadre de l'offre de services de la société de l'information lorsque la personne concernée était mineure au moment de la collecte. Sont, par exemple, visés le recueil de données opéré par les réseaux sociaux ou encore les sites commerciaux qui offrent un service de mise en relation ou de vente par le biais du réseau Internet. Malgré les exceptions qui affaiblissent le droit attribué, l'effort de protection des mineurs doit être salué.

Au niveau européen, les signes de l'existence de tels droits (effacement, suppression, oubli) sont plus marqués. L'article 17 du règlement européen qui entrera en vigueur le 25 mai 2018 est ainsi intitulé « Droit à l'effacement » (« droit à l'oubli »). Il prévoit que la personne concernée puisse obtenir l'effacement des données la concernant dans plusieurs cas, comme le dépassement de la durée nécessaire à la finalité ou les cas de traitements illicites. Le droit à l'effacement peut aussi être accordé quand la personne concernée retire son consentement sur le fondement duquel la collecte de données avait été rendue possible ou dans le cas d'une collecte de données relatives à des enfants dans le cadre de l'offre de services de la société de l'information. Parallèlement à ces droits, la Cour de Justice de l'Union européenne a fait émerger le « droit au déréférencement », qui permet à toute personne intéressée de demander à un moteur de recherche de supprimer le lien vers un site laissant apparaître des données la concernant. Avant d'accéder à cette demande, le moteur de recherche procède à une analyse et ce n'est que si la demande de déréférencement apparaît comme légitime que le lien vers le site est supprimé. En ce sens, l'information ne disparaît pas de la toile ; seul le lien est supprimé et la donnée personnelle* se maintient sur le site d'origine.

En définitive, il semble impossible aujourd'hui de ne pas laisser de traces, sauf à se retirer dans un recoin du monde, à l'abri des nouvelles technologies. L'utilisation d'une carte bleue, d'une carte de transport comme le Pass Navigo, d'un ordinateur connecté à Internet, d'un téléphone… aboutit inévitablement à la transmission d'informations sur l'utilisateur. Or, non seulement ce dernier ne peut en principe pas retenir ces informations, mais surtout, il ne peut en demander l'effacement, la suppression ou le déréférencement que dans des cas limités. Il devient dès lors compliqué de lui reconnaître un droit effectif à la déconnexion, qui lui permettrait de disparaître et d'échapper à toute captation. L'individu du XXIe siècle fait de chair et de sang tend par là même à devenir un être humain numérique, composé de chiffres.

Références bibliographiques

- M. ALBERGANTI – *Sous l'œil des puces, La RFID et la démocratie*, Actes Sud, 2007.
- G. BABINET – *Big Data, penser l'homme et le monde autrement*, Le Passeur, 2015.
- D. CARDON – *À quoi rêvent les algorithmes. Nos vies à l'heure des Big Data*, Le Seuil, 2015.
- CNIL, Guide « Droit d'accès », 2015.
- M. DELMAS-MARTY – *Libertés et sûreté dans un monde dangereux*, Le Seuil, 2010.

22. Aux origines des GAFAM

Pascal Griset

Le terme « GAFAM » regroupe les cinq « grandes puissances » de l'économie en ligne dans un acronyme : Google, Apple, Facebook, Amazon et Microsoft. Certains préfèrent adopter le terme de GAFA, excluant Microsoft, jugée trop éloignée par son positionnement du cœur de l'écosystème d'Internet. Les « GAFAM » cumulent en 2016 une capitalisation très largement supérieure à celle de l'ensemble des entreprises du CAC 40. Ce développement rapide marque les acteurs du monde de l'information et de la communication, mais également les sphères de l'économie dite « réelle ». Maîtrise de masses de données de plus en plus vastes et diversifiées et d'outils de plus en plus sophistiqués, ces entreprises, adossées au marché américain, mais projetées dès leur première phase d'activité au niveau mondial, paraissent engagées dans un essor inexorable. Cette hégémonie est de surcroît associée à une réputation plutôt positive dans les opinions. Construite par une politique de communication qui privilégie l'ultra nouveauté et l'idée d'une rupture avec un monde « ancien », leur image permet d'esquiver dans une large mesure les critiques suscitées par leur mainmise illégitime sur les données personnelles* (cf. VIII.19).

Un modèle économique ancien

Neuf à certains égards, leur modèle économique s'inscrit néanmoins dans le prolongement de pratiques plus anciennes. L'apport massif de capitaux frais puis, dans une seconde phase, le réinvestissement des profits dans une recherche ambitieuse, sont des techniques employées dès la fin du XIXe siècle dans les jeunes entreprises chimiques allemandes, comme BASF et Bayer, des années 1870-1880. Cette stratégie privilégie le mouvement, fondé sur l'innovation, et associe la commercialisation de nouveaux produits issus de la recherche interne à l'achat d'entreprises concurrentes pour contrôler plus sûrement encore le marché. Elle mobilise une puissance financière considérable, qui, au-delà du talent des uns ou des autres, est le socle incontournable de ces succès. Pour l'Allemagne au tournant du XXe siècle, comme pour les États-Unis du XXIe siècle, le système financier qui porte ces initiatives est adapté aux besoins spécifiques d'entreprises très réactives, capables d'inscrire dans la longue durée des projets potentiellement profitables. Techniquement différentes, les banques allemandes d'alors, proches de leurs clients et directement associées à la stratégie des firmes, et le capital-risque américain des dernières décennies, ont pour point commun d'être parfaitement adaptés à la naissance et au développement dans la durée d'entreprises de haute technologie.

Le rapport des GAFAM à l'information intègre également des stratégies anciennes. La commercialisation des données personnelles est issue de la vente par correspondance, et les fichiers se sont donc vendus ou échangés très précocement. Un autre procédé, au cœur de la réussite des GAFAM, trouve ses origines au siècle dernier : le financement de services dits « gratuits » par la publicité. Ainsi, dès les années 1920, les premières entreprises de radiodiffusion aux États-Unis recouraient à cette stratégie publicitaire.

Le contrôle de l'information

La dimension géopolitique des GAFAM s'inscrit également dans le prolongement d'une stratégie de contrôle des systèmes d'information et de communication, déployée depuis un siècle par les États-Unis. Apparue dès les années 1910, elle se fonde dans un premier temps sur le contrôle direct des dispositifs de télécommunications (câbles sous-marins et liaisons hertziennes). Elle s'affirme plus fortement encore avec l'affirmation du leadership mondial des États-Unis en matière d'information et de communication après la Première Guerre mondiale. Cette ambition croise celle des entreprises américaines et favorise l'émergence d'une première génération d'entreprises multinationales : Western Union, Radio Corporation of America (RCA), International Telephone & Telegraph (ITT), International Business Machines (IBM). En 1944, la doctrine du « *Free Flow of Information* » votée par le Congrès à l'initiative de l'Association américaine des éditeurs de presse articule cette stratégie à la création du GATT (Accord général sur les tarifs douaniers et le commerce) et à la libéralisation du commerce international. L'expansion d'entreprises mondiales comme ITT ou IBM, mais également l'omniprésence sur tous les continents des networks américains grâce à leurs filiales internationales, ou bien encore la création d'Intelsat, qui assure aux entreprises américaines une suprématie absolue dans le domaine des télécommunications par satellites, offrent à l'influence américaine dans le monde des vecteurs extrêmement efficaces, tout en contribuant à la prospérité de son économie. Dans les années 1980, une nouvelle phrase s'ouvre avec la numérisation des réseaux, l'ouverture du commerce international et l'adoption par l'ensemble des économies des principes de « déréglementation ». Une nouvelle génération d'entreprises émerge ainsi à partir des années 1970 : Apple, Microsoft et Intel s'inscrivent dans une dynamique rapidement mondiale, suivie par une nouvelle vague liée au développement des réseaux numériques (Yahoo, Google, Facebook, CISCO, Amazon...). Le réseau Internet, innovation européenne, est rapidement placé sous influence américaine, avec la création par le MIT du W3C* (organisme de standardisation des technologies d'Internet) et l'organisation du nommage par l'ICANN (société pour l'attribution des noms de domaine).

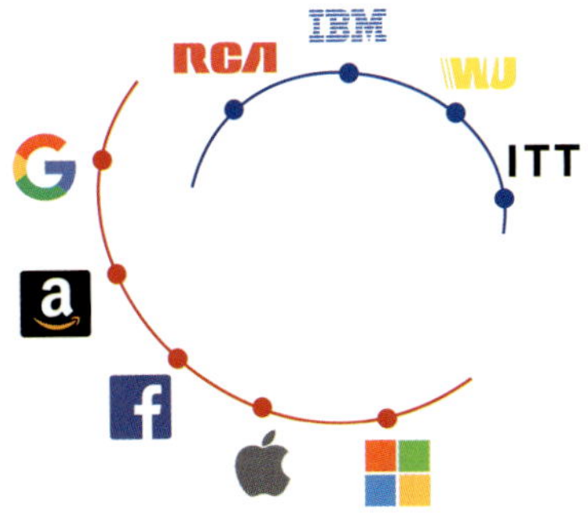

Les GAFAM (Google, Amazon, Facebook, Apple et Microsoft) sont des acteurs incontournables du secteur économique, dans la lignée des premières multinationales américaines. ■

La position dominante

Ces continuités ne doivent cependant pas oblitérer des spécificités qui distinguent les GAFAM de la génération précédente. La principale est liée à l'articulation entre protocoles ouverts, réseaux mondialisés et libéralisation des flux financiers et des échanges commerciaux. Là ou leurs prédécesseurs devaient composer avec des marchés relativement protégés, avec des monopoles nationaux dans le domaine des télécommunications et avec le contrôle des changes, les GAFAM se déploient dans un espace très largement ouvert, qui leur permet de profiter de toutes les opportunités sans se soucier excessivement des intérêts nationaux. Sur une base nord-américaine, leur action s'est principalement étendue en Amérique latine et en Europe, là où elles échappent, dans une très large mesure, au contrôle des États. La « déterritorialisation » des TIC prend une singulière réalité en matière fiscale. Entre Irlande, Hollande, Bermudes, Îles Vierges... les flux de facturations sont organisés pour permettre à ces entreprises d'optimiser leur taux d'imposition. C'est donc grâce au brio de leurs chercheurs, de leurs designers et de leurs marketeurs, et en raison de la faiblesse de l'Europe, que la domination des GAFAM est devenue totalement disproportionnée. Faiblesse politique, qui ne permet pas à l'Europe d'équilibrer l'influence des États-Unis et faiblesse économique qui provoque le rachat par les géants américains des plus prometteuses des start-up européennes. Cette situation marque les prémisses d'une « nouvelle vague » numérique, composée de Netflix, Airbnb, Tesla et Uber, déjà désignée sous l'acronyme NATU...

Références bibliographiques

- P. FRIDENSON et P. GRISET (dir.) – *Entreprises de haute technologie, État et souveraineté en France depuis 1945*, Éditions du Comité pour l'histoire économique et financière de la France, 2013.
- P. GRISET et V. SCHAFER – *Hosting the World Wide Web Consortium for Europe: from CERN to Inria*, History and Technology, Taylor & Francis, 2011.
- P. GRISET – *L'émergence d'Internet. Entre imaginaire universel et réalités américaines*, Le Débat, Gallimard, 2010.

- Neuvième partie -

Conclusions et perspectives

Page précédente :

1. Introduction

Yvon Maday

La multiplication, la précision accrue et la baisse des coûts de production des capteurs, ainsi que, dans un autre registre, la digitalisation à outrance de la plupart de nos faits et gestes, de nos prises d'information et de nos échanges ont engendré la prolifération des données et ouvert de nouvelles voies pour leur collecte, dans des registres de plus en plus larges de l'activité humaine, physique et naturelle. Le volume des données ainsi générées et acquises est sans commune mesure avec ce que les expérimentateurs ou analystes avaient l'habitude de traiter. Et si les progrès sont notables dans de nombreuses disciplines, des chercheurs invitent également à conserver un regard critique sur les évolutions en cours (cf. IX.4).

La montée en puissance récente est impressionnante, les perspectives ouvertes ne le sont pas moins. Elles devront s'appuyer sur des avancées technologiques (cf. IX.5), voire même emprunter des voies inédites, et encore hypothétiques, comme celles de l'information quantique (cf. IX.6). Mais elles convoquent plus largement l'ensemble de la recherche, tant sur le plan des méthodes, des outils, des architectures, de la sécurité (cf. IX.2), que sur celui d'une réflexion à mener sur la place des humains dans une société toujours plus numérisée. Car, si la science mène la danse, la société doit garder le contrôle de cette révolution et la raisonner (cf. IX.7).

Ainsi, la première génération d'outils à l'origine de la révolution Big Data, comme l'apprentissage profond, l'acquisition comprimée, ou les réductions de modèles, ne représente que les premières directions vers un futur qui devrait permettre de confronter, intégrer et mixer des masses toujours plus grandes de données de nature encore plus différentes. Ceci entraîne une autre révolution, celle des approches et des concepts, où l'intuition scientifique pourra puiser dans de nouveaux registres et dans laquelle la science devrait permettre d'encore mieux comprendre le réel et proposer un savoir prédictif, reproductible et réfutable. Il importe également que les données scientifiques soient partagées, ce qui pose alors de nouvelles questions économiques, éthiques ou juridiques (cf. IX.8). Certaines disciplines, comme l'astronomie, ont ouvert la voie dans ce sens (cf. IX.9).

Notons que le vertige devant ce phénomène Big Data résulte également de la rapidité avec laquelle cette révolution s'impose, allant de paire avec les progrès réalisés en robotique. Ainsi, l'efficacité des robots est en amélioration constante (cf. IX.3) et certaines avancées, comme le développement de leur « sensibilité » à la notion de « récompenses », deviennent saisissantes.

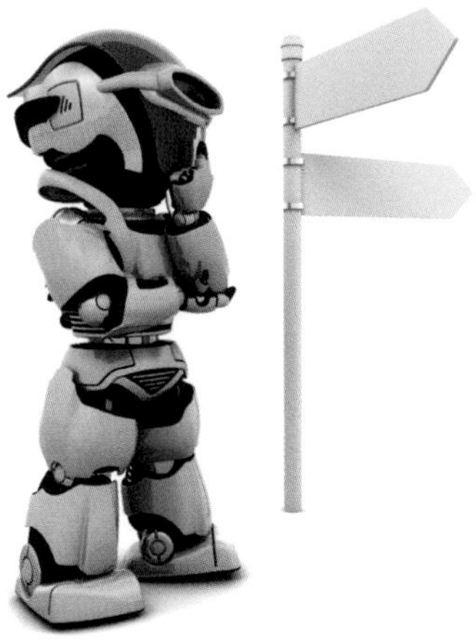

Sommes-nous engagés vers une société du tout numérique et robotique ? © Kjpargeter - Freepik.com ■

Il est donc nécessaire d'intégrer et d'orchestrer ces nouveaux outils au niveau de l'éducation (cf. IX.10), de l'accès à la culture et de la formation de tous, y compris ceux ayant un accès restreint au numérique. En effet, l'enseignement des bonnes pratiques et la protection de la vie privée et des personnes ne doivent pas concerner que les plus jeunes. Les récentes révélations concernant des fuites de documents aux plus hauts niveaux ou le harcèlement numérique d'individus insuffisamment protégés démontrent les insuffisances d'un système numérique pouvant aliéner, voire même détruire des vies, des entreprises, ou des nations.

2. Quel avenir pour la recherche en Big Data ?

Mokrane Bouzeghoub, Olivier Cappé et Balázs Kégl

Les nouvelles capacités d'acquisition et de traitement des données à grande échelle constituent des leviers puissants, aussi bien pour l'avancement des connaissances scientifiques que pour la transformation de la société, à travers l'innovation économique et le développement de nouveaux outils à la disposition des citoyens. L'ampleur des progrès accomplis dans les deux dernières décennies et les transformations en cours ouvrent des questionnements sur les prochaines étapes de la recherche scientifique autour de ces sujets. En préalable, la question se pose même de savoir si la recherche a encore prise sur un sujet qui semble à ce point être passé dans le domaine public et qui apparaît, par ailleurs, comme étant largement pris en main par des acteurs économiques, dont l'avance technologique serait désormais trop grande pour être remise en question. Cette contribution se propose d'apporter un éclairage sur plusieurs enjeux clés, non résolus à ce jour, qui nécessitent des approches scientifiques renouvelées.

À l'horizon 2020, les perspectives de recherche seront à la mesure de l'ampleur des investissements annoncés. © E. Godet. ■

Nouvelles méthodes, nouveaux outils, nouvelles architectures

Avant d'être le signe d'une incontestable puissance technologique, les investissements importants en recherche et développement réalisés actuellement par les acteurs économiques du domaine témoignent de la conviction que des progrès majeurs, ayant trait aux fondements de la gestion et du traitement des données, sont attendus au cours de la décennie à venir. Le caractère massif des données implique que les aspects liés, respectivement, aux méthodes (modèles, algorithmes*), aux outils (logiciels, dispositifs d'acquisition et de visualisation) et aux architectures (de calcul ou de stockage) sont interdépendants. Par exemple, le développement de nouvelles méthodes d'apprentissage automatique intensives a déjà suscité un besoin renouvelé en architectures de calcul adaptées (cf. III.13). De même, si le Big Data doit se décliner à l'avenir en ayant recours à des capacités d'acquisition, de stockage et de calcul plus distribuées, mobilisant, par exemple, des objets connectés, il sera nécessaire de développer des méthodes d'apprentissage et de gestion des données plus résilientes, ainsi que des architectures moins consommatrices en énergie. D'autre part, l'accumulation sans fin de l'ensemble des données produites n'est pas soutenable sur le long terme. De nouveaux modèles de traitement utilisant, par exemple, des données échantillonnées ou représentées de façon schématique, ainsi que de nouvelles méthodes d'accès sélectif aux données doivent être conçus. Les outils doivent également progresser vers une plus grande automatisation et une meilleure reproductibilité. Des interventions humaines restent largement indispensables à ce jour, tant pour nettoyer les données, les enrichir, les valider et les sélectionner que pour paramétrer les algorithmes d'analyse des données. Le développement d'outils, ouverts et partagés, destinés à garantir la traçabilité globale de la chaîne de traitement est un objectif important, particulièrement pour les applications dans le domaine scientifique.

Donner du sens

La spécificité des méthodes utilisées pour l'analyse de données massives est qu'elles ne reposent pas sur des modèles explicatifs, mais sur des structures de mémorisation (index des documents en recherche d'information, réseau neuronal ou ensemble de classifieurs pour la reconnaissance de forme*) construits à partir des données elles-mêmes. La capacité prédictive remarquable de ce type d'approches est attestée *via* des validations empiriques de nature statistique, c'est-à-dire, portant sur un grand nombre d'exemples. Cependant, le risque de distorsion de la réalité ou d'interprétation abusive au niveau de prédictions individuelles est un obstacle sérieux pour avancer, par exemple, vers des utilisations dans des domaines sensibles, comme la santé. Le thème de la transparence des algorithmes, au sens de la mise à disposition, par exemple, de leur code source, est bien sûr un enjeu important – notamment dans le domaine public –, mais qui reste de portée limitée, puisque disposer du code ne permet pas d'interpréter des décisions, qui reposent, pour l'essentiel, sur les données elles-mêmes. Il est nécessaire de définir de nouvelles approches permettant de certifier les données, de quantifier la fiabilité des résultats, en détectant les situations aberrantes, ainsi qu'en identifiant plus précisément les relations de cause à effet. Dans certains domaines d'applications, le développement de représentations visuelles des données, ainsi que de procédures permettant aux experts humains d'auditer les processus de traitement correspond aussi à des enjeux importants. Enfin, il est probable que le développement de véritables « intelligences artificielles » ne pourra se contenter de méthodes, qui, la plupart du temps, reconnaissent des événements déjà observés au sein de données mémorisées. Les questions liées à l'extraction de connaissances, à leur structuration et à leur utilisation sous forme de raisonnements automatisés gardent une grande pertinence dans une perspective de long terme.

Sécuriser

L'utilisation accrue de données au sein de systèmes de plus en plus automatisés rend nécessaire une réflexion sur la sécurité et la sûreté globales des processus Big Data. Un premier axe de recherche concerne les questions du stockage et de la transmission des données, qui doit devenir plus résiliente (aux erreurs, aux pannes) et plus robuste vis-à-vis des interventions, parfois mal intentionnées. Cette éventualité est d'autant plus préoccupante que les techniques automatiques d'analyse sont fragilisées par les altérations de données, qui pourraient être exploitées pour biaiser intentionnellement le résultat des traitements. Par ailleurs, lorsque les données utilisées revêtent un caractère personnel ou de confidentialité, une réflexion approfondie est indispensable pour définir des modes et des architectures d'accès, de stockage ou d'audit des données, qui respectent les réglementations en vigueur et la vie privée des usagers, sans pour autant entraver les bénéfices attendus de l'exploitation des données. Enfin, la généralisation de systèmes décisionnels automatisés utilisant ou produisant des données pose la question de leur stabilité globale lorsqu'ils se retrouvent connectés les uns aux autres.

Une recherche à l'écoute de la société

Comme évoqué en introduction, la recherche en Big Data ne peut plus être confinée aux laboratoires spécialisés, étant donné la place prise par ce thème dans la transformation numérique de la société. Cet état de fait rend d'autant plus nécessaire la réaffirmation des valeurs, notamment de transparence et d'objectivité, qui distinguent l'approche scientifique. Le rôle des chercheurs est également de se saisir des multiples questionnements suscités par les transformations en cours dans la société. Comment définir le caractère personnel des données ? Qui est propriétaire des données ou des résultats qu'elles ont contribué à produire ? Comment la production des données doit-elle être valorisée ? Autant de questions ouvertes, dont le traitement juridique, éthique ou économique concerne en premier lieu les sciences humaines et sociales, mais qui requièrent également des développements méthodologiques et expérimentaux concernant l'ensemble des champs disciplinaires de la recherche en Big Data.

Référence bibliographique

- STRATÉGIE NATIONALE DE LA RECHERCHE – *Rapports de propositions*, http://cache.media.enseignementsup-recherche.gouv.fr/file/Strategie_Recherche/69/3/rapport_SNR_397693.pdf.

3. Robotique, Intelligence Artificielle et Big Data

Raja Chatila

Peut-être plus que d'autres domaines, la robotique et l'Intelligence Artificielle (IA) ont été impactées par la disponibilité de grandes quantités de données. Cette disponibilité n'a pas été perçue immédiatement comme transformatrice du domaine, et la fouille de données (*data mining**, cf. IV.8) est longtemps restée le principal champ de recherche qui exploitait de grandes quantités de données pour en extraire des connaissances utiles, avec des outils statistiques et des techniques d'apprentissage supervisé (cf. IV.13), dont, par exemple, des classifieurs* comme les *support vector machine*. Or, l'apprentissage est central à la robotique et à l'IA, et il a été profondément renouvelé par l'exploitation de masses de données.

Qualité et représentativité des masses de données

Le Big Data a provoqué un changement de paradigme* et a permis l'émergence de « l'apprentissage profond » sur divers types de données, en particulier sur les images, ce qui est très important pour la robotique, avec des classifieurs non-linéaires en couches et des techniques d'apprentissage supervisé et non supervisé permettant d'extraire des représentations hiérarchiques. Ces méthodes basées sur des réseaux de neurones convolutionnels* ne sont pas nouvelles dans leur principe – même si de nombreux travaux ont vu le jour récemment pour les améliorer –, mais c'est la possibilité d'exploiter des quantités de données importantes pour leur apprentissage qui les rend aujourd'hui d'une efficacité inégalée. Cependant, se pose le problème de la qualité et de la représentativité des données (cf. II.11) utilisées pour l'apprentissage, car ces classifieurs ne bâtissent leurs interprétations et ne généralisent qu'à partir des données traitées. Celles-ci doivent être fiables, c'est-à-dire représenter correctement la réalité et la diversité des scènes ou des actions à apprendre pour permettre au robot muni de capacités d'apprentissage d'interpréter son environnement de manière plus complète et d'agir de manière appropriée.

Considérons deux exemples : AlphaGo et Tay. Le jeu de Go présente de l'ordre de 10^{761} parties possibles. Qu'un ordinateur soit capable de battre le champion du monde de Go n'était envisageable que dans une dizaine d'années. Le succès d'AlphaGo contre le champion du monde Lee Sedol en mars 2016 n'a été permis que grâce à l'utilisation de techniques probabilistes et neuronales de *deep learning* (cf. IV.14) à partir de grandes quantités d'échantillons de parties entre humains (30 millions de positions), mais aussi par des méthodes d'apprentissage par renforcement* permettant de sélectionner les meilleurs coups de parties jouées par le système contre lui-même. Cette dernière technique est largement utilisée en robotique pour optimiser un comportement donné en récompensant itérativement les meilleurs choix. Le problème de la représentativité des données est bien illustré par la mésaventure de Microsoft avec l'agent virtuel conversationnel Tay, qui était conçu pour apprendre ses expressions à partir d'échanges sur Twitter. Tay s'est mis à utiliser des phrases racistes (sans rien y comprendre évidemment) au bout de 24 heures, car il a été massivement exposé à ce langage par ses interlocuteurs. Quantité ne signifie donc pas nécessairement représentativité, bien que celle-ci soit difficile à qualifier *a priori*.

Exploitation en robotique

Un autre exemple d'exploitation de grandes masses de données, cette fois-ci en robotique, est celui de l'apprentissage des actions du robot, ici la marche (figure). Les données

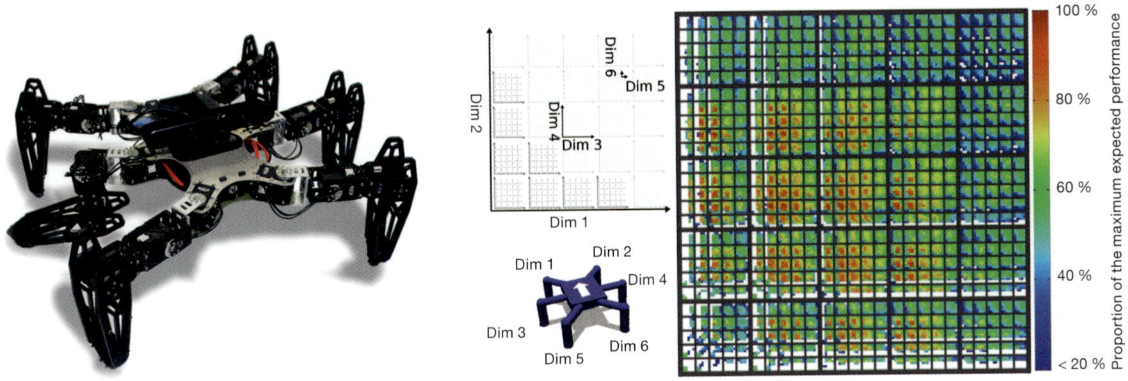

La grille représente par un code de couleurs dans un espace multidimensionnel les performances des démarches apprises par le robot hexapode. Cet espace est rapidement exploré après une panne pour sélectionner un comportement adapté. ■

sont obtenues ici par la simulation : en générant aléatoirement un grand nombre de démarches grâce à des algorithmes évolutionnistes (inspirés de la théorie de l'évolution*), le robot trouve des dizaines de milliers de manières de déplacer ses pattes pour marcher et sélectionne les plus efficaces. L'existence de ces données sur les démarches possibles dans sa mémoire permet ensuite au robot de s'adapter rapidement à des circonstances imprévues comme une patte endommagée par optimisation* probabiliste.

À l'inverse de l'apprentissage supervisé, dans lequel le « bon » modèle est fourni au système *a priori*, la robotique utilise largement l'apprentissage par renforcement, dans lequel un choix, une action, reçoit une récompense (positive ou négative) selon l'effet obtenu. On cherche alors à optimiser une fonction représentant la récompense cumulée en explorant des séquences d'actions, et ceci tend à fournir une séquence (ou politique) optimale. Dans cette démarche le Big Data est moins influent. Certes il peut être important d'explorer un espace de grande taille, mais la convergence peut être ici plus rapide en fonction des valeurs des récompenses. C'est le compromis dit « exploration-exploitation ». AlphaGo a utilisé cette technique après avoir effectué ses classifications pour améliorer son jeu.

Avec l'arrivée des véhicules autonomes, se pose la question d'inculquer au logiciel de pilotage de la voiture un comportement correct sur la route. Bien sûr, le logiciel de conduite est conçu pour éviter les obstacles (autres véhicules, cyclistes, piétons...) perçus par les capteurs et permettre un mouvement fluide du véhicule. Mais les situations de conduite sont très diverses. Là aussi l'apprentissage à partir de données recueillies pendant la (bonne) conduite humaine permettra de réaliser un comportement plus adapté. S'y ajoute la problématique des décisions respectant les valeurs humaines dans des cas de dilemmes : faut-il écraser l'enfant traversant soudainement devant la voiture ou braquer brutalement à gauche et heurter un cycliste, ou brutalement à droite et heurter un mur, mettant en danger la vie des passagers ? Il est difficile d'adopter *a priori* telle ou telle théorie éthique. Pourra-t-on la faire apprendre ? L'apprentissage par renforcement inverse est une technique qui permet de déterminer une politique à partir de l'observation de nombreux exemples. Ainsi, on peut élaborer le comportement d'un robot à partir de données sur des comportements humains observés dans de nombreux cas similaires, éventuellement dans des simulateurs, et adopter ainsi un comportement plus « humain » et, donc, plus acceptable.

Le Big Data n'est pas, en soi, la panacée. En robotique, l'objectif est de concevoir un système capable d'interagir physiquement avec son environnement. L'apprentissage joue un rôle essentiel dans le développement des capacités d'interaction et bénéficie de la multiplicité des expériences. Cependant, tout comme chez les humains, obtenir du sens à partir des données ne dépend pas que de leur taille.

Références bibliographiques

• Y. LECUN – *L'apprentissage profond : une révolution en intelligence artificielle*, leçon inaugurale au Collège de France, www.college-de-france.fr/site/yann-lecun/inaugural-lecture-2016-02-04-18h00.htm, 4 février 2016.

• J.-B. MOURET, S. DONCIEUX et N. BREDÈCHE – *La robotique évolutionniste*, Pour la Science, n° 88, avril-juin 2015.

4. Le pari de l'industrialisation des neurosciences

Yves Frégnac

Des avancées technologiques récentes révolutionnent notre compréhension de la structure du cerveau et de sa dynamique fonctionnelle, et ce de plusieurs façons : *i)* au niveau de la production de données, par des enregistrements exhaustifs de l'activité nerveuse cérébrale, l'imagerie simultanée de populations de cellules identifiées fonctionnellement et la manipulation de circuits neuronaux codés génétiquement, *ii)* au niveau méthodologique, en imposant de nouvelles normes dans l'acquisition des données et les métadonnées liées à l'expérimentation, *iii)* au niveau théorique, par des approches probabilistes et des modèles de *deep learning* (cf. IV.14). La révolution des Big Data s'accompagne d'un changement sociétal radical dans la conduite scientifique. La réalisation d'atlas limités à quelques espèces de référence, la standardisation des paradigmes* et la définition de formats rigides de représentation facilitent indéniablement les comparaisons entre études et leur reproductibilité. Mais des limitations existent, en misant sur des observables d'observation dont le lien avec l'activité neuronale reste indirect (comme en imagerie cérébrale) ou en confondant (dans l'interprétation des données) des liens de causalité avec des corrélations cachées et/ou partagées dépendantes du contexte. Si l'industrialisation des méthodes et pratiques scientifiques a fait ses preuves dans des projets en biologie moléculaire aussi ambitieux que le séquençage* du génome humain (cf. VI.11), des validations supplémentaires sont requises dans le domaine récent des neurosciences intégratives et de la neuropsychologie cognitive.

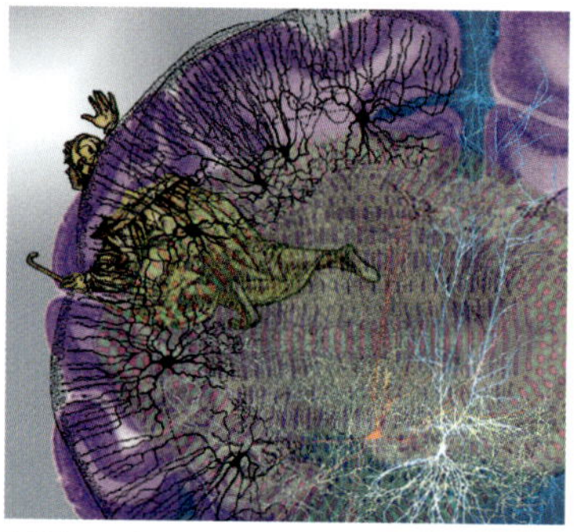

Allégorie du « *Mind and Body Problem* ». Les approches actuelles en Big Data supposent que les données acquises sur le connectome* du cerveau et sa structure multi-échelle permettront de simuler l'émergence de la cognition humaine. Elles s'inscrivent par là dans le débat philosophique sur les relations entre l'Esprit et le Corps (dualisme et monisme). Collage de E. Fetz (avec la permission de l'auteur). ■

Cet article met en perspective les risques associés à une recherche pilotée principalement par l'acquisition massive de données. En sciences de l'information, les données ne forment que la première marche de l'échelle du savoir (données-information-connaissance-savoir) et leur exploitation nécessite des critères d'ontologie* et de sélection rigoureux, afin d'évaluer leur pertinence et de définir des stratégies de réduction de leur complexité. Cependant, jusqu'à présent, la plupart des initiatives internationales prennent la forme d'inventaires souvent « statiques », sous forme d'atlas « localisationnistes ». Leur but est limité et l'absence d'un modèle théorique d'unification et d'intégration, déterminant les points critiques de la feuille de route dans la collecte des données, ajoute à la complexité de la tâche. L'interdisciplinarité devient alors une nécessité, en impliquant les théoriciens bien avant la prise des données, à l'instar de ce qui se passe avec succès en physique des particules.

Limites du réductionnisme

Le cerveau humain est probablement l'un des systèmes naturels les plus complexes. Sans planification stratégique autre que l'exploitation d'espèces génétiquement modifiables, la tendance dominante est l'utilisation croissante de la souris en tant que modèle expérimental de mammifère partageant un grand nombre de gènes avec l'être humain. L'exploitation des données montre qu'un parallèle forcé entre les deux espèces peut résulter en des homologies inappropriées pour l'étude des fonctions cognitives supérieures.

Une alternative plus sage serait de s'appuyer, au contraire, sur l'ensemble du spectre de la physiologie comparée en tenant compte des comportements spécifiques de chaque espèce et de leur répertoire cognitif propre, avant de mettre souris et humain dans le même moule exploratoire. Cette confusion, très présente dans les initiatives Big Data dominantes actuelles, révèle une singulière perte de perspective sur l'essence des systèmes vivants : leur diversité, leur adaptabilité et leur dépendance à l'histoire de l'évolution.

En particulier, l'étude exhaustive des ganglions paucineuronaux* chez les invertébrés a montré l'impossibilité de séparer les composantes intrinsèques (expression génomique des canaux ioniques) des caractéristiques extrinsèques (liées à l'impact fonctionnel des synapses). D'une manière surprenante, en libérant des neuromodulateurs diffusibles, certains neurones jouent le rôle de « chef d'orchestre » et modifient les propriétés intrinsèques des neurones « suiveurs » (qui voient leurs propriétés intrinsèques reconfigurées dynamiquement). Ces observations montrent la limitation de l'approche réductionniste : une reconstruction de type « jeu de lego », basée sur la seule connaissance du connectome* de l'organisme et les propriétés biophysique des composants élémentaires pris en isolation *in vitro*, serait vouée à l'échec.

Enjeux scientifiques et stratégiques

Les remarques précédentes devraient inviter nos institutions à faire un examen critique quant à l'impact de l'industrialisation des neurosciences, et du financement massif des grands projets sur la recherche fondamentale en sciences du cerveau. Les projets à grande échelle dans les domaines de la biologie, de la santé et de la médecine sont souvent présentés au public comme de nature fondamentale, et le coût élevé de leur financement (de l'ordre du milliard d'euros) est justifié par la genèse d'infrastructures de pointe centralisant les ressources de données ouvertes à la communauté. Cependant, la métaphore d'« observatoires du cerveau » défendue dans le cadre des tentatives d'industrialisation des neurosciences (projets *Blue Brain*, *Human Brain Project* ou Allen Institute) n'a qu'une analogie lointaine avec les plateformes exploratoires en physique, comme le CERN* (cf. VI.3), testant les hypothèses critiques d'une théorie unifiée. Dans le domaine émergent technologique dérivé des sciences du cerveau, le développement à grande échelle de projets centrés sur des ersatz de cerveaux virtuels ou in silico met la connaissance du cerveau en arrière-plan. Le risque est d'engloutir massivement les fonds disponibles dans le domaine fondamental, en réduisant le financement d'initiatives en neurosciences intégratives, cognitives et computationnelles de tailles plus modestes, mais plus innovantes. La multiplication très récente de forums techno-sciences internationaux de haut standing donne l'impression que l'avenir de l'acquisition et de l'exploitation des données liées au cerveau sera partagé entre quelques grandes initiatives continentales (États-Unis, Europe, Chine et Japon) et quelques partenaires industriels (Allen Institute, IBM-EPFL et Google) et militaires (DARPA). La multiplication de conflit d'intérêts, les tentatives égotistes d'auto-appropriation des bases de données sur le cerveau et l'ambition éventuelle de créer un nouveau marché économique et financier du type *Google Brain* nous rappellent l'urgence de définir des normes de macro-gestion transparente acceptées au niveau international, tout en garantissant un accès libre aux ressources de données et aux technologies.

Le risque majeur associé à une dominance des Big Data en l'absence d'une théorie du cerveau est d'ouvrir une boîte de Pandore sur des mondes de complexité croissante conduisant à une impasse conceptuelle, rendant caduques les avancées sociétales espérées (comme la « médecine virtuelle »). Une politique non maîtrisée pourrait notablement affecter le financement des points de rupture essentiels aux grandes avancées scientifiques. Nous concluons avec Bruno Olshausen que « *personne n'a proposé encore de modèles de la fonction cérébrale, qui intègrent la véritable complexité biophysique multi-échelle du système à l'étude et exploitent cette complexité pour rendre compte des capacités émergentes de traitement de l'information d'une manière signifiante ou utile : le problème n'est pas simplement que nous manquons des données appropriées, mais que nous sommes incapables de formuler le cadre conceptuel pour envisager la vraie nature du problème à traiter* ». Gardons à l'esprit que l'ingrédient essentiel qui transforme une base de données inutile en une ressource inestimable est le dessein paradigmatique utilisé pour recueillir et analyser les données sous-jacentes, et, *in fine*, le processus de pensée, la créativité et l'ingéniosité des chercheurs qui ont généré le plan expérimental.

Références bibliographiques

- L. FERRY – *La révolution transhumaniste*, Plon, 2016.
- Y. FRÉGNAC et G. LAURENT – *Where is the Brain in the Human Brain Project*, www.brain.mpg.de/fregnac-laurent-2014, Nature, 2014.
- M. MARCUS et J. FREEMAN – *The Future of the Brain: Essays by the World's Leading Neuroscientists*, Princeton Press, 2014.

5. Les avancées technologiques des mémoires électroniques

Christophe Muller et Marc Bocquet

La mémoire électronique est largement présente dans notre quotidien, au point d'être devenue un véritable produit de commodité. La technologie sous-jacente est cependant complexe et requiert une grande maîtrise des procédés de fabrication de la microélectronique sur silicium (figure 1). Les mémoires électroniques se subdivisent selon leur aptitude à conserver ou non l'information en l'absence d'alimentation électrique (cf. II.17). La mémoire DRAM est la solution faible coût pour le stockage haute densité, mais sa volatilité intrinsèque requiert un rafraîchissement périodique consommant beaucoup d'énergie. Quant à la mémoire SRAM, également volatile mais ne nécessitant pas de rafraîchissement, elle est utilisée pour les applications embarquées et la mémoire cache* des microprocesseurs. Enfin, même si elle est moins rapide que les DRAM et SRAM, la mémoire Flash bénéficie d'une non-volatilité qui la rend incontournable dans les applications nomades, pour le stockage de données ou l'exécution de code.

Fig. 1 – **Photographie d'une plaquette de silicium** sur laquelle des mémoires non-volatiles ont été fabriquées à l'aide des procédés technologiques de la microélectronique (dépôt de matière, lithographie, gravure...). © C. Muller. ■

Les mémoires du futur

Malgré l'omniprésence des mémoires DRAM, SRAM et Flash, la miniaturisation croissante et les applications de plus en plus spécifiques laissent une place grandissante pour des technologies alternatives aux performances disruptives. Ces technologies exploitent, pour la plupart, une propriété physique particulière d'un matériau. On constate ainsi l'émergence de nouvelles mémoires, dans lesquelles la donnée binaire est associée à deux états de résistance distincts. Pour être compétitifs, ces concepts doivent être à faible coût, compatibles avec les procédés technologiques et satisfaire aux contraintes de réduction de taille. Au regard de leurs caractéristiques, ces dispositifs sont susceptibles de couvrir différents segments de marché.

La mémoire magnéto-résistive (MRAM) est directement issue du développement de l'électronique de spin* mise à profit dans les disques HDD. Elle est susceptible de trouver sa place dans les applications nécessitant simultanément la non-volatilité des Flash, les temps d'accès courts des SRAM et l'endurance illimitée des DRAM. Le marché principal est celui du remplacement des « battery-backed SRAM », mémoires SRAM dont la non-volatilité est assurée par une batterie. Pour les années à venir, l'architecture STT (*Spin Torque Transfer*), reposant sur l'injection d'un courant polarisé en spin* (« filtrage » du spin des électrons) semble prometteuse en combinant faible consommation, temps d'accès courts et meilleure aptitude à supporter la réduction de taille.

Ayant bénéficié des développements de Philips sur les disques optiques CD-RW réinscriptibles, la mémoire à changement de phase PCRAM (*Phase Change* RAM) est déjà très mature. Basée sur la transition de phase réversible d'un matériau entre un état amorphe* et un état cristallin*, cette mémoire est apte à supporter une réduction drastique de ses dimensions et offre une forte densité de stockage et des temps d'accès courts. Malgré ses faiblesses (forte consommation, rétention limitée), la mémoire PCRAM apparaît comme une solution de remplacement viable de la mémoire Flash NOR. À l'été 2015, Intel et Micron ont d'ailleurs annoncé la nouvelle mémoire 3D Xpoint™, basée sur la technologie PCRAM, 1 000 fois plus rapide, 1 000 fois plus endurante et 10 fois plus dense que les mémoires Flash NAND des actuels disques SSD.

Comparativement aux technologies précédentes, la mémoire RRAM (*Resistive* RAM) n'en est encore qu'au stade « infantile », le principal verrou restant l'intégration de matériaux dont les mécanismes physiques de changement de résistance font encore débat (formation/dissolution de filaments conducteurs nanométriques). L'attractivité de la mémoire RRAM réside dans son fort potentiel pour le stockage à très haute densité, l'élément mémoire pouvant être intégré dans des structures tridimensionnelles empilables. Ainsi, une fois sa maturité atteinte, la mémoire RRAM pourra certainement adresser le marché du stockage de masse et concurrencer la mémoire Flash NAND.

Défis à relever

De manière générale, les performances et la fiabilité de ces mémoires nécessitent de relever plusieurs défis : *i)* contrôler l'élaboration des matériaux et appréhender leurs limites physiques lorsqu'on réduit leurs dimensions ; *ii)* comprendre la physique du changement d'état logique pour proposer de nouvelles solutions technologiques ; *iii)* concevoir des nouvelles architectures de circuits adaptées aux performances exceptionnelles de ces technologies.

En marge des mémoires Stand alone ou embarquées, la distribution de la mémoire au sein de l'électronique logique ouvre également la voie à un nouveau mode de calcul probabiliste inspiré du vivant (*Human Brain Project*, cf. IX.4). Cette approche repose, en particulier, sur le concept de « memristor* » (contraction de memory et resistor), quatrième élément électrique avec la résistance R, la capacité C et l'inductance L. Le memristor permet une évolution vers de nouvelles architectures hybrides reconfigurables. Pour illustration, la compréhension de la physique du fonctionnement des mémoires STT-MRAM permet d'envisager leur utilisation comme « synapses artificielles » dans un système neuromorphique capable d'apprendre comment stocker et restituer l'information (figure 2). Il s'agit là d'un changement de paradigme* au regard de l'architecture classique de Von Neumann (cf. II.17). Au même titre, l'informatique quantique pourrait également, d'ici quelques dizaines d'années, révolutionner la manière de concevoir un ordinateur (cf. IX.6). Alors que toutes les architectures actuelles reposent sur l'exploitation d'un bit déterministe, dont la valeur est fixée à 0 ou 1, le Qubit*, de par ses propriétés quantiques, est capable de prendre les deux configurations simultanément, de manière probabiliste. Cela impose, de fait, une évolution de la mémoire elle-même avec des solutions technologiques reposant sur un processus de mémorisation à l'échelle d'atomes individuels. Dans l'hypothèse (encore à démontrer) où l'on réussirait à réaliser un tel système, fonctionnant avec suffisamment de qubits combinés de façon cohérente, certains calculs complexes verraient alors leur temps d'exécution diminuer de façon spectaculaire.

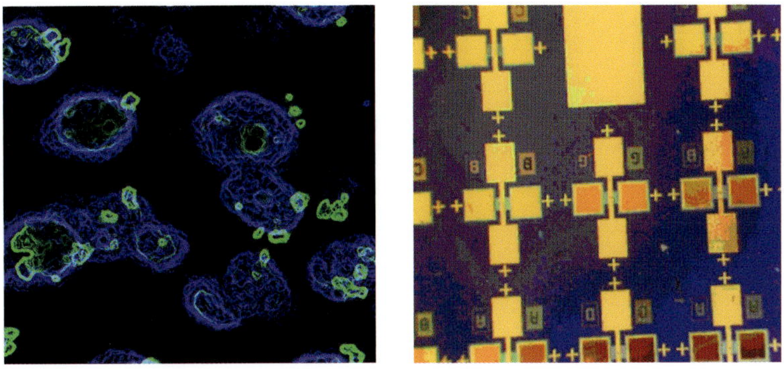

Fig. 2 – **À gauche : développement de synapses (en vert) sur les neurones du cortex orbitofrontal (en bleu) d'un rat, au cours de la mémorisation durable d'informations olfactives. À droite :** les jonctions magnéto-résistives des mémoires MRAM pourraient être utilisées comme « synapses artificielles » d'un système neuromorphique dont le fonctionnement serait inspiré du cerveau humain. © B. Bontempi/IMN/CNRS Photothèque (à gauche)/© THALES/CNRS Photothèque (à droite). ■

Des concepts de mémoires « révolutionnaires » sont donc en perpétuel développement pour satisfaire aux besoins croissants du marché et l'amélioration des performances laisse entrevoir un changement de paradigme et ouvre la voie vers des nouvelles architectures neuro-inspirées et vers des ordinateurs quantiques.

Références bibliographiques

• C. FREY – *Mémoires à semi-conducteurs*, Techniques de l'Ingénieur, vol. 490, 2006.

• C. MULLER, D. DELERUYELLE et O. GINEZ – *Emerging Memory Concepts: Materials, Modeling and Design*, in *Design Technology for Heterogeneous Embedded Systems*, Springer, 2012.

6. L'information quantique : de la physique à l'ingénierie

Alain Aspect et Philippe Grangier

Les révolutions quantiques

La mécanique quantique a été une révolution scientifique majeure du XXe siècle. Basée sur le concept contre-intuitif de « dualité onde-particule », la première révolution quantique a d'abord permis de comprendre la structure de la matière. Elle a ensuite conduit au transistor* et à la micro-électronique, au laser et aux télécommunications optiques, aux horloges atomiques et au GPS*, c'est-à-dire aux bases technologiques de la société de l'information et de la communication. À partir des années 1960 une nouvelle révolution quantique a émergé, basée sur un concept encore plus étonnant : « l'intrication* ». De plus, à la différence de la première révolution quantique qui reposait sur l'application statistique des concepts quantiques à un très grand nombre d'objets élémentaires (électrons, atomes ou photons), la seconde révolution concerne le comportement individuel d'un petit nombre d'objets quantiques. Elle est liée au développement de techniques expérimentales extraordinaires qui ont permis de capturer, d'observer et de contrôler des électrons, des ions ou des atomes uniques, d'émettre des photons un par un, ou paire intriquée après paire intriquée. Des comportements étonnants, discutés auparavant dans des « expériences de pensée* », sont devenus l'objet d'investigations expérimentales et théoriques. Cette seconde révolution quantique est maintenant sollicitée pour ouvrir la porte à l'information quantique.

L'information et l'ordinateur quantiques

Selon la célèbre maxime de Rolf Landauer, l'information est de nature physique. Un support quantique de l'information doit donc permettre la transmission et le traitement quantique de cette information, avec des règles du jeu différentes de celles connues classiquement. Les chercheurs ont accès à de nouvelles méthodes de cryptographie, dont la sécurité s'appuie sur les bases même de la physique, ou à de nouvelles méthodes de calculs, qui peuvent être exponentiellement plus efficaces.

La cryptographie quantique est une technologie bien maîtrisée, avec de premiers systèmes commerciaux. Il est maintenant possible de distribuer des « clés secrètes », avec des débits atteignant 1 Mbit/s pour des distances de l'ordre de 50 km. Avec des relais réputés sûrs séparés par quelques dizaines de km, les réseaux cryptés peuvent atteindre des distances arbitraires. Des liaisons sécurisées sans sites intermédiaires sont

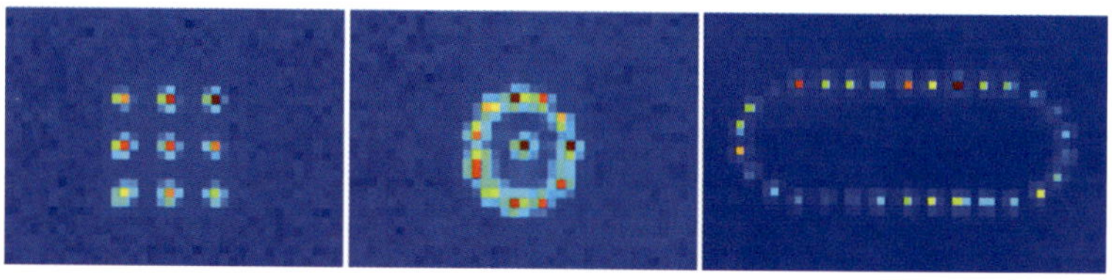

Fig. 1 – **Qubits* « naturels » : Images d'atomes individuels de rubidium, piégés dans des matrices de pinces optiques qui permettent de réaliser des géométries très variées : carré de 9 atomes, cercle de 12 atomes, ovale de 30 atomes…** Avec des atomes distants de 3 µm environ, les chercheurs réalisent des prototypes de simulateurs quantiques en induisant entre eux des interactions à longue portée. Source : Laboratoire Charles Fabry, Palaiseau. ■

à l'étude, utilisant des satellites, ou une méthode appelée « téléportation quantique* ».

L'ordinateur quantique est l'objet de recherches intenses dans le champ académique, avec une implication forte et croissante de grandes compagnies industrielles. Le concept d'ordinateur quantique, mettant en jeu de nouvelles règles de calcul basées sur les superpositions d'état et l'intrication, est effectivement révolutionnaire. Des théoriciens de l'information, de l'algorithmique*, et de la théorie de la complexité*, se sont emparés des nouvelles règles pour imaginer de nouveaux algorithmes* et de nouvelles architectures de calcul, basées sur des « portes quantiques* » sans équivalent classique. La rencontre entre la théorie de l'information et la mécanique quantique renouvelle les outils théoriques utilisés de part et d'autre et suggère aussi de nouvelles approches des fondements de la théorie quantique. Par ailleurs, la mise en œuvre pratique progresse remarquablement, mais plus lentement. De nombreux systèmes quantiques sont étudiés en tant que supports de l'unité quantique d'information, le « qubit* ». Un qubit peut être soit dans l'état zéro soit dans l'état un, comme un bit classique, mais aussi dans une superposition quantique cohérente de ces deux états. Il faut de plus pouvoir intriquer ces bits quantiques, c'est-à-dire pouvoir créer des superpositions quantiques de registres contenant plusieurs qubits. Les premiers qubits ont été naturels (figure 1) : photons polarisés*, atomes et ions piégés*, spins* nucléaires d'atomes piégés, inclus dans des molécules, implantés dans des semi-conducteurs, des nanotubes de carbone, du diamant... Mais se développent aussi des qubits artificiels* (figure 2), comme les systèmes supraconducteurs à quantum* de

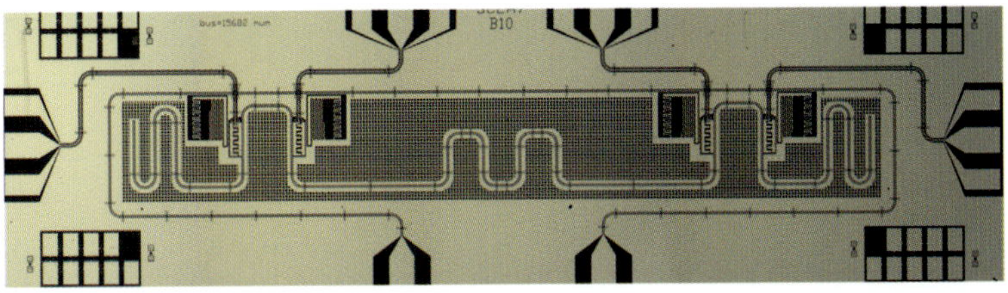

Fig. 2 – **Qubits* « artificiels » : Prototype de processeur quantique supraconducteur* à 4 qubits en aluminium, le reste du circuit étant en niobium.** Chaque qubit est réglable en fréquence, est équipé d'un résonateur permettant de lire son état quantique et est couplé à un résonateur central utilisé pour les portes logiques à deux qubits. Source : Groupe Quantronique, CEA-Saclay. ■

flux ou de charge. Un enjeu majeur est de manipuler tous ces systèmes sans détruire leur cohérence quantique. Le problème devient crucial lorsqu'il s'agit d'assembler un grand nombre de qubits, et il faut insister sur l'importance des codes correcteurs quantiques pour restaurer la cohérence. La mise en œuvre expérimentale de ces codes correcteurs progresse à grands pas, et le nombre de qubits disponibles dans les systèmes les plus avancés (jusqu'à une vingtaine) devrait permettre une démonstration de principe dans un futur proche. L'assemblage cohérent de qubits à grande échelle demeure néanmoins un défi majeur. Même si un assemblage de qubits supraconducteurs est commercialisé par la compagnie canadienne DWave, une réelle « accélération quantique* » dans un calcul n'a pas encore été démontrée de manière indiscutable.

Au stade actuel, les premiers résultats utiles du calcul quantique devraient provenir des simulateurs quantiques, proposés par Feynman dans son article fondateur de 1982. Il s'agit de laisser la nature calculer pour nous, en réalisant des expériences sur des systèmes parfaitement contrôlés, par exemple des atomes ultra-froids* placés dans des potentiels lumineux*. Suivant la structure périodique ou désordonnée de ces potentiels, les atomes simulent la physique des électrons dans un cristal, ou dans un matériau amorphe.

L'ordinateur quantique associe donc des concepts révolutionnaires au développement de technologies qui s'efforcent de devenir une ingénierie quantique. Il n'existe pas encore d'ordinateur quantique plus rapide que tout calculateur classique, mais cette possibilité attire l'intérêt de nombreux mathématiciens, physiciens, informaticiens, biologistes... et aussi des grandes compagnies de l'informatique et d'Internet. En parallèle, les nouvelles technologies quantiques résultant de ces études sont déjà utilisées pour atteindre, voire contourner, les limites standards en métrologie des temps ou des fréquences, des longueurs ou des angles, de la gravitation, des champs magnétiques... La liste ne sera limitée que par l'imagination des physiciens et des ingénieurs.

Références bibliographiques

• A. ASPECT – *Une nouvelle révolution quantique*, in É. BRÉZIN et S. BALIBAR (dir.), *Demain la Physique*, Odile Jacob, 2009.

• À propos du calcul quantique, deux vidéos : www.youtube.com/watch?v=6ZzPN6kFroo ; www.youtube.com/watch?v=DZ2DclLZAbM.

7. Sous les données, la société et les humains

Hervé Le Crosnier

L'irruption des Big Data pose deux questions majeures, dont les conséquences sont à la fois immenses et sous-estimées. La disponibilité de grandes masses de données et leur usage intensif dans toutes les disciplines introduisent-ils un changement profond de l'épistémologie des sciences ? Les connaissances issues de l'analyse de ces données et leur usage dans des décisions critiques ont-ils un impact sur la liberté et la protection du citoyen ? Sans prétendre résoudre ces questions, nous devons les documenter pour irriguer la société et lui donner des moyens d'appréhender un saut qui n'est pas uniquement quantitatif.

Construction d'un nouveau paradigme ou d'une science de la promesse ?

En 2009, dans l'ouvrage *The fourth paradigm*, des chercheurs de Microsoft ont postulé qu'un nouveau paradigme* scientifique basé sur l'usage intensif des données et du calcul allait remplacer ceux de la théorie puis de la modélisation et de la simulation numériques. « *Changez les instruments, et vous changerez toute la théorie sociale qui va avec* », disait Bruno Latour. Les puissantes machines de calcul, les capteurs multiples et les réseaux permettant l'échange de données forment un nouvel espace industrialo-scientifique, qui a intérêt à capter les ressources affectées à la science en se présentant comme outil de rupture dans le cœur même du raisonnement scientifique. On ne chercherait plus des données pour valider ou informer des théories, mais on partirait de la disposition de grandes masses de données pour « les faire parler ». Ce renouveau scientiste et positiviste ne doit cependant pas faire oublier que chaque donnée emporte avec elle des préconceptions, des silences et des absences, des conditions de création que le traitement postérieur ne saurait effacer. C'est particulièrement vrai dans les sciences humaines et sociales (SHS). En ces domaines, les individus ne sont pas des acteurs indépendants, mais appartiennent au contraire à des sociétés, ont des conditions de vie particulières et ont des désirs et des objectifs qui résistent aux régularités que l'on peut calculer.

Un premier ensemble de données massives est constitué par les millions d'articles scientifiques. Pour chaque article, données et raisonnements ont été produits avec un objectif spécifique. L'espoir du « *text and data mining* » (cf. IV.8) est de faire émerger de nouvelles pistes à partir de l'analyse transverse du vocabulaire et des correspondances entre articles différents par leurs objectifs et les disciplines concernées. Cet espoir est très fort en médecine, mais également en sciences de la Terre. Ainsi, la réutilisation de données collectées pour la recherche, mais également pour d'autres usages (militaires, par exemple), a pu permettre de remplacer des années de travail de terrain pour améliorer les connaissances des chercheurs sur la tectonique des plaques. Dans le domaine biomédical, les données génétiques apparaissent comme le trésor permettant d'imaginer une « médecine personnalisée », qui échapperait aux contraintes scientifiques et légales de la mise sur le marché des médicaments (cf. VII.4). L'usage de données dans les SHS est plus complexe. Il convient alors de tenir compte des humains, mais également de s'interroger sur la présélection qui découle de l'usage de certains capteurs et méthode d'enregistrement des données. Les récents échecs des instituts de sondage à prédire les résultats de diverses élections ont certainement à voir avec la manière de recueillir des signaux, notamment *via* les appareils numériques (téléphones, trackeurs, analyse des médias sociaux...). Dans ces domaines, le recueil des données est dépendant de préconceptions, et soumis aux effets mêmes d'histoire, de ségrégation sociale ou de comportement que les données voudraient démontrer.

La capacité à prévoir à partir de l'analyse de données relève de l'existence de régularités sociales. Ceci a une efficacité dans des domaines limités comme la consommation. Mais tant au niveau biologique qu'à celui des mouvements sociaux, les ruptures épistémologiques brutales sont le moteur des sociétés comme des organismes vivants. Toutefois la pression populaire pour la « prédiction » est forte, et de telles entreprises ont toutes les chances de proliférer, encourageant la « science des promesses » dans de nombreux domaines.

Une société assujettie aux données

On considère souvent que la publicité est le ressort financier ultime d'Internet, mais sans jamais en voir le revers : l'existence d'une industrie de l'influence qui, par des méthodes typiquement issues des formes d'optimisation industrielle, réduit le libre arbitre et rend obsolètes les tentatives de composer des groupes sociaux défendant des intérêts collectifs. De nombreuses questions se posent. Qui produit et qui analyse les données hétérogènes qui nourrissent la sphère des Big Data ? Quels sont les objectifs poursuivis ? Comment prévoir les comportements à venir des individus à partir de la captation de leurs traces et de la comparaison avec les comportements enregistrés d'utilisateurs similaires ? Un objectif de classification sociale qui soulève des questions éthiques et engage une réflexion sur les responsabilités des pouvoirs publics dans la protection des citoyens contre les manipulations.

La première question sociale soulevée par les Big Data concerne les données personnelles. Comme nous offrons aux statisticiens de grands lots de données, nous devons considérer toute anonymisation comme imparfaite et susceptible d'être levée (cf. VIII.19). En effet, nous laissons dans la sphère des données des traces intimes qui nous rendent uniques. Longtemps basée sur l'exploitation de fichiers de suivi (les « *cookies* »), la collecte des données d'usage dans la sphère numérique est devenue plus massive et permanente. Chaque ordinateur ou terminal mobile possède sa propre signature, constituée d'un panel d'informations, telles que les logiciels utilisés, les polices de caractères disponibles, la géolocalisation… qui suffisent à repérer son propriétaire de façon univoque. Le positivisme décrit cela sous l'angle des services personnalisés et de l'amélioration de l'expérience utilisateur, mais cette course à la donnée conduit à demander toujours plus d'informations personnelles, souvent bien au-delà des besoins liés au service rendu.

La collecte de données est devenue une industrie globale, constituée de maillons interconnectés. Une industrie largement intrusive et agissant sans le consentement des producteurs de données, qui se retrouvent également les cibles de l'influence ainsi industrialisée. Chaque service ou application trouve son intérêt à globaliser la collecte des données, souvent en faisant appel aux mêmes tiers acteurs de la publicité ciblée, qui se présentent comme des prestataires spécialistes des Big Data. Cette industrialisation de la captation de données change profondément la chaîne marchande, et le client/consommateur n'est plus vu comme une personne à choyer, mais comme un profil à influencer.

Pour démontrer leur capacité d'influence, les chercheurs de Facebook ont modifié le flux de données de 700 000 personnes pour mesurer le changement produit sur la psychologie de celles-ci. Ce type de recherche à la déontologie douteuse est en phase avec les pratiques quotidiennes des aspirateurs à données que sont les grands opérateurs d'Internet. Le développement des techniques informatiques permet de créer des « profils » cumulant un vaste ensemble de caractéristiques, avec une précision toujours plus grande. Certains y voient une avancée permettant une meilleure sélection des informations censées intéresser un usager particulier (cf. IV.17). Mais concrètement, cela vise surtout à améliorer le ciblage publicitaire. Or les conséquences sociales et politiques de cette transformation de chacun en « cible » restent largement occultées.

L'approche par les Big data, nourrie par la multiplication des sources de données, la précision et l'individualisation du suivi, et portée par la capacité algorithmique à comparer les individus, n'est pas encore prise en compte dans les délibérations politiques et les décisions de régulation. Les pouvoirs publics, soumis aux charmes des industries technologiques, aujourd'hui économiquement et idéologiquement dominantes, sont en ce domaine en retard sur leur mission première de protection des citoyens.

Références bibliographiques

- D. CARDON – *À quoi rêvent les algorithmes : nos vies à l'heure des Big Data*, Le Seuil, 2015.
- T. HEY (dir.) – *The Fourth Paradigm: Data-intensive Scientific Discovery*, Microsoft Research, 2009.

8. L'ouverture des données scientifiques : un enjeu fondamental

Michel Bidoit, Mokrane Bouzeghoub, Claude Kirchner et Antoine Petit

Les données ont acquis une importance cruciale pour la recherche scientifique, au point où, dans certains cas, elles ont un impact épistémologique sur la méthode scientifique elle-même. Avec les métadonnées qui les accompagnent (cf. II.9), elles peuvent servir à alimenter des applications, à valider la reproductibilité de certaines expériences, à élaborer de nouvelles connaissances par analyse croisée de plusieurs ensembles de données, à détecter des signaux rares ou improbables, ou à pérenniser un savoir en le documentant de façon aussi exhaustive que possible. La publication scientifique, considérée elle-même comme une donnée, n'est plus toujours suffisante pour transmettre la connaissance, elle doit être accompagnée des éléments et des conditions de son élaboration : les données. Par exemple, l'évolution des techniques de traitement et d'analyse d'images, appliquées à des corpus anciens, a permis de dévoiler des informations jusque-là ignorées. Les données issues de la recherche constituent également un potentiel générateur d'innovations au bénéfice de la société ou de l'économie. Dans certains cas, les données deviennent brevetables et soumises à des conditions de diffusion limitées ou monnayées. L'ambition d'ouverture des données scientifiques se heurte alors à des intérêts économiques, des verrous sociétaux ou des questions juridiques. Ainsi, l'ouverture des données de la recherche s'accompagne de questionnements multiples sur la nature des données à ouvrir, le statut et le contrôle de ces données, les coûts de partage et de pérennisation, la reconnaissance des chercheurs-producteurs de ces données, les effets de bord éventuels de leur partage (sécurité, vie privée, détournement des usages...).

Types de données à ouvrir

Certaines des données relevant du bien public sont spécifiques aux chercheurs : les résultats d'expérimentations ou de simulation, les programmes informatiques, les protocoles expérimentaux... D'autres données ne sont pas spécifiques à la recherche, mais peuvent permettre d'élaborer des connaissances scientifiques cruciales, comme les données de santé ou les données du cadastre. Il faut noter que certaines données de la recherche sont générées automatiquement par un processus spécifique (simulation ou calcul) ; à ce titre, ce ne sont pas les données proprement dites qui doivent être ouvertes, mais l'algorithme* qui les a générées. Toutes ces productions, directes ou indirectes, doivent être ouvertes dès lors que leur production a été financée par des moyens publics. Il serait paradoxal que leur accès soit contrôlé ou monnayé au bénéfice de tiers privés. Dans certaines disciplines, comme les sciences de l'univers, l'ouverture est de mise. Dans d'autres, comme les sciences du vivant, un débat s'installe sur le brevetage de certaines molécules ou de certaines données génomiques. Au niveau européen, la recommandation est en faveur du partage de toutes les données issues de la recherche financée par les moyens publics. Mais dans la pratique, le financement de projets de recherche est multiple, la différentiation public-privé peut alors être un sujet de controverse.

Degré et contraintes d'ouverture

L'ouverture totale et sans restriction des données de la recherche, tant pour la communauté académique que pour le monde économique et industriel, n'est pas toujours possible et n'est pas forcément souhaitable, même si leur production est financée par les deniers publics. En effet, les données de la recherche peuvent avoir un caractère sensible, être incomplètes ou incohérentes. D'un point de vue juridique, elles peuvent être complémentaires à un procédé de fabrication breveté ou faire l'objet d'un brevetage direct, et constituer ainsi un capital qui ne saurait être partagé sans retour sur investissement, même si ce dernier est un investissement public. Par ailleurs, l'ouverture de certaines données brutes n'est pas forcément pertinente, car elles deviennent incompréhensibles ou inexploitables en dehors du cadre qui les a produites. Ce sont souvent des données intermédiaires et porteuses de sens qui sont visées. Se pose alors la question de savoir ce qu'est une donnée libre de droit et comment rétribuer un droit. D'un point de vue sociétal, les données peuvent receler des informations à caractère privé, confidentielles ou susceptibles de cibler une communauté. Leur usage doit être soumis au moins à des contraintes d'anonymisation ou de péremption, sinon à des restrictions quant à leur manipulation par des algorithmes. Se pose alors le problème de contrôle de ces algorithmes, tant au niveau de leurs calculs que de leurs effets de bord. L'ouverture des données scientifiques doit aussi encourager l'innovation. Ainsi, la publication des données doit toujours être assujettie à des licences appropriées, comme celles proposées par *Creative Commons*.

Par ailleurs, certaines données (comme celles concernant la cybersécurité ou le nucléaire) doivent rester accessibles uniquement à un public approprié. Cette ouverture doit s'accompagner de la mise en place de moyens permettant de s'assurer *a priori* que le croisement des données entre elles, ou avec d'autres corpus, ne permettra pas, soit d'aller à l'encontre du respect de la vie privée, soit d'induire la dissémination d'informations confidentielles. Ces moyens légaux – matériels et logiciels – doivent se concevoir à l'échelle internationale, et être fondés sur des principes déontologiques clairement définis et des réflexions éthiques.

Les moyens de l'ouverture

Si le principe général de l'ouverture de certaines données scientifiques est acquis, il n'en doit pas moins être accompagné d'une réflexion de fond sur son coût et être environné de moyens techniques appropriés. L'ouverture des données ne peut se faire sans un accompagnement fort par les chercheurs qui doivent les documenter, les enrichir avec des métadonnées et les indexer selon des critères explicites. Cet effort doit mener à la publication des données et être pleinement reconnu dans les contributions, les promotions et les carrières des scientifiques. Mais l'effort est également collectif, à prendre en charge au niveau mondial. Des infrastructures de stockage pérennes, des recommandations sur les formats de données, la mise en place de portails d'accès et de services logiciels, le contrôle de procédures d'anonymisation et de contrôle de l'accès ne peuvent être que du ressort d'une régulation internationale. La tendance nouvelle de certains éditeurs à conditionner l'acceptation des publications à l'accompagnement de celles-ci par les données est une autre alternative, mais qui fait reposer les coûts sur les scientifiques et procède à une captation du savoir qui peut contrevenir à l'esprit de partage et d'ouverture des données libres de droits. L'élaboration de corpus de données est une activité qui doit être reconnue en tant que telle. Celui qui les a mises en évidence dans le cadre de son travail de scientifique doit pouvoir s'en prévaloir, tout comme il se doit de les communiquer dans un cadre éthique approprié.

L'ouverture des données permettra de nouvelles avancées au bénéfice global de la recherche scientifique et de l'économie. Elle est également la garantie de pouvoir reproduire les expériences et les résultats, une condition nécessaire à l'intégrité scientifique permettant de vérifier la capacité à attribuer données et résultats à leur découvreur ou leur inventeur. Elle est aussi le substrat du « télescope numérique » de la connaissance, que constitue la fouille de textes et de données (cf. IV.9). L'ouverture des données scientifiques constitue une démarche qui n'est pas nouvelle en soi, mais dont la mise en œuvre dans le contexte numérique amplifie la portée et offre un cadre concret à une exploitation interdisciplinaire constituant un élément essentiel de l'open science. La réflexion sur les moyens de rendre effectivement possible cette ouverture s'impose dans un contexte européen et international qui demande une attitude proactive et volontariste si nous souhaitons que la recherche française reste au meilleur niveau mondial.

Références bibliographiques

- COMMISSION EUROPÉENNE – *Guidelines on FAIR Data Management in Horizon 2020*, 26 juillet 2016.
- COMETS – *Les enjeux éthiques du partage des données scientifiques*, www.cnrs.fr/comets/IMG/pdf/2015-05_avis-comets-partage-donnees-scientifiques-2.pdf, 7 mai 2015.

9. Outils de collaboration internationale et de mise en réseau des données

Françoise Genova

Le partage des données scientifiques, l'exemple de l'astronomie

Historiquement, l'astronomie a été, et reste, à l'avant-garde du partage des données scientifiques. La définition précoce, dès 1979, d'un format de données, le FITS, a servi de base en permettant à tous les astronomes de travailler avec les données de tous les télescopes. Ce format est maintenu sous l'égide de l'Union Astronomique Internationale. À cette époque, la mission spatiale International Ultraviolet Explorer, opérationnelle de 1978 à 1996, a joué un rôle précurseur. Avant même la fin de la mission, son archive était largement utilisée par la communauté, puisqu'en 1995 les données avaient été en moyenne téléchargées 5 fois. Le Centre de Données astronomiques de Strasbourg (CDS), fondé en 1972, a été un autre pionnier, en développant dès l'origine des services à forte valeur ajoutée pilotés par les besoins scientifiques, ouverts à la communauté astronomique internationale.

Le partage et la réutilisation des données sont au cœur de la recherche en astronomie : la combinaison d'observations obtenues par des instruments différents permet de comprendre les phénomènes physiques à l'œuvre. Ces études constituent une part importante et croissante des publications, avec une composante « multi-messagers » qui ne se limite plus au rayonnement électromagnétique, comme l'a illustré de manière spectaculaire la découverte récente d'une source d'ondes gravitationnelles par l'instrument VIRGO. De plus, les sources sont très souvent variables, et les données doivent être accumulées sur la durée. Celles-ci comprennent bien sûr les observations des télescopes sol et spatiaux, en

Visualisation de données astronomiques observées par plusieurs télescopes sol et spatiaux trouvées *via* l'Observatoire Virtuel* dans Aladin, un outil développé par le CDS. Les images représentent les galaxies en interaction « Messier 82 », observées en longueurs d'ondes visibles par le relevé sol SDSS, et la composition d'images observées en longueurs d'ondes visibles et infrarouges et en rayons X* par les satellites HST, Spitzer et Chandra. Les champs de vue de plusieurs instruments et les données de la base de données SIMBAD du CDS sont superposés aux images. Crédits : Aladin Sky Atlas/SDSS, Chandra, HST. ■

général conservées et mises à disposition dans les archives des observatoires, ainsi que les très grands relevés du ciel, qui donnent des informations homogènes sur un nombre élevé d'objets. Les astronomes utilisent également dans leur pratique quotidienne les bases de données à valeur ajoutée, telles celles du CDS, les données bibliographiques, qui incluent la base *Astrophysics Data System* (ADS) maintenue par la NASA et les articles publiés dans les journaux académiques, et de plus en plus des données de modélisation.

La mise en réseau des données a commencé dès le démarrage d'Internet (en 1993) par la mise en ligne, sous forme de services Web pointant les uns sur les autres, des bases de données à valeur ajoutée, d'ADS et des publications, ainsi que des archives d'observatoire. Les collaborations entre les acteurs ont permis, par exemple, d'utiliser un identifiant commun pour se référer à une publication (les DOIs sont arrivés plus tard dans le paysage des publications électroniques). Le CDS a également commencé en 1993 à mettre en ligne les données tabulaires publiées dans les articles des journaux académiques, en collaboration avec tous les grands journaux de la discipline. D'autres types de liens se sont construits très tôt. Les services Web des archives des observatoires utilisent, par exemple, les informations d'une des bases de données du CDS pour « traduire » à la demande un nom d'objet en sa position dans le ciel, qui est le paramètre d'accès aux archives.

L'étape suivante dans l'intégration des données* astronomiques dans une infrastructure de données mondiale est le développement de l'Observatoire Virtuel (OV) astronomique*, un ensemble de standards qui permettent d'assurer l'interopérabilité* des données et des outils d'accès aux données. L'utilisateur peut construire une requête qui est adressée à toutes les archives et aux autres services de données participants, et obtenir, par exemple, toutes les observations d'un objet, ainsi que les tables publiées dans les journaux académiques dans lequel l'objet est cité. Il peut visualiser les images, les superposer et les combiner (figure), pointer un objet sur l'image et visualiser un spectre de la lumière émise. Les standards sont définis et maintenus sous l'égide de l'*International Virtual Observatory Alliance* (IVOA), qui regroupe les « initiatives OV » de 19 pays de tous les continents, plus l'Europe et l'Agence Spatiale Européenne. La France est membre de l'IVOA et pilote la coordination des activités OV européennes. L'OV est opérationnel, et travaille en particulier à préparer l'arrivée des données des futurs très grands projets d'astronomie. Plus de 100 « autorités » différentes déclarent des ressources en ligne dans l'Observatoire Virtuel.

Créer les conditions de partage des données

Le partage des données scientifiques est un sujet important, qui est abordé jusqu'au niveau politique dans de nombreux pays (cf. IX.8). Sa mise en œuvre nécessite de nombreuses « briques de base » qui doivent être discutées au niveau international. La Commission Européenne, la *National Science Foundation* (NSF) des États-Unis et le gouvernement australien ont créé en mars 2013 la *Research Data Alliance* (RDA) pour discuter de tous les sujets qui relèvent du partage des données scientifiques et proposer des solutions. En mai 2016, la RDA compte plus de 4000 membres de 110 pays. Les sujets traités, proposés par les membres de la RDA, sont portés par des groupes de travail, qui ont 18 mois pour produire des recommandations, et des groupes d'intérêt, centrés sur le partage et la discussion, qui peuvent aussi produire des résultats utiles. Les thèmes sont très divers ; certains sont très techniques, sur l'infrastructure de base du partage des données, d'autres plus sociologiques ou organisationnels. Certains travaux portent, par exemple, sur le référencement et la citation des données, les centres de données et la gestion de celles-ci. Un certain nombre de disciplines ont aussi choisi la RDA pour abriter leurs discussions sur les aspects disciplinaires du partage des données. C'est le cas des chercheurs du domaine de l'agriculture, entre autres de l'INRA, qui ont défini le cadre du partage des données de l'*International Wheat Initiative* dans un groupe de travail. La RDA est un forum international unique où les personnes intéressées par le partage des données scientifiques se rencontrent et échangent autour des bonnes pratiques, des méthodes, des techniques et des technologies.

Références bibliographiques

- F. GENOVA *et al.* – *Euro-Vo Coordination of Virtual Observatory Activities on Europe*, Astronomy and Computing, vol. 11, www.sciencedirect.com/science/article/pii/S2213133715000190, 2015.
- Site du CDS – http://cds.unistra.fr.
- Site de l'IVOA – http://ivoa.net.
- Site de la RDA – http://rd-alliance.org.

10. Les données dans l'enseignement de l'informatique à l'école

Gilles Dowek et Jean-Marc Petit

L'enseignement de l'informatique en France dans le système scolaire a connu des fortunes diverses depuis presque quarante ans, avec une forme de constance qui a résisté aux années : le refus d'en faire une discipline à part entière comme les mathématiques, la physique ou l'histoire-géographie. Pourtant, depuis le début de cette décennie, des lueurs d'espoir sont venues éclairer l'horizon avec, notamment, l'émergence de la spécialité ISN (Informatique et Science du Numérique) en Terminale S en 2012 et la refonte des programmes du primaire au lycée par le Conseil Supérieur des Programmes de l'Éducation nationale, qui sont entrés en application à la rentrée 2016. L'informatique sera ainsi abordée au primaire et au collège à partir de la classe de Cinquième dans la scolarité obligatoire des élèves. Notons aussi que d'autres initiatives sur le temps périscolaire ont été soutenues par la puissance publique afin de faire entrer la France dans l'ère du « numérique », comme le projet Class'Code.

Cet article porte spécifiquement un regard sur la façon dont les notions associées aux données sont introduites dans le nouveau curriculum primaire-collège-lycée. Les évolutions récentes des programmes évoqués ci-dessus devraient permettre aux élèves de mieux en comprendre les tenants et les aboutissants et d'en comprendre les impacts éthiques et sociétaux.

Du matériel à la donnée : 40 ans d'histoire

Les évolutions technologiques et scientifiques ont changé radicalement notre perception de la chaîne des valeurs. Tout d'abord, le matériel informatique, central au début de l'informatique, a été détrôné au profit du logiciel, avec une activité florissante de création de valeurs. Plus récemment, le logiciel semble avoir atteint une forme de limite au profit de la donnée. On parle moins des logiciels qui utilisent les données que des données elles-mêmes : les logiciels n'ont plus forcément de valeur propre et stratégique, alors que les données apparaissent d'une stabilité et d'une robustesse unique pour de nombreuses activités.

Les données ont impacté les langages de programmation eux-mêmes, avec le développement des langages orientés objets dans les années 1990. Une des motivations était que les approches de décomposition fonctionnelle n'étaient plus adaptées pour appréhender certains problèmes : un petit changement de fonctionnalité pouvait entraîner une modification de l'ensemble du code développé, le passage à l'échelle en termes de nombre de lignes de code était difficile. Enfin, force a été de constater que les données étaient plus stables dans le temps que les programmes. La programmation orientée objet a ainsi consisté à considérer la conception des applications à partir des données, auxquelles se greffaient les programmes. Cette évolution a mis en avant l'intérêt de structurer les programmes informatiques autour des données.

Enseignement lié aux données

De nos jours, les données sont partout et ont envahi notre environnement nécessairement numérique, parfois de façon consciente, mais souvent de manière totalement inconsciente. En dépit de leur omniprésence, le risque est qu'elles ne soient pas explicitées en tant qu'objet d'étude à part entière.

Dès le primaire, il s'agit donc de faire comprendre ce qu'est une donnée numérique, c'est-à-dire un objet quelconque (nombre, texte, image, son, vidéo…) exprimé sous forme d'une suite de 0 et 1, qui peut être stockée, transmise et dupliquée à un coût très faible. Au-delà de la représentation et de la structuration des données, les élèves doivent être informés de leur production et de leurs usages. Ces données sont souvent captées à notre insu dans

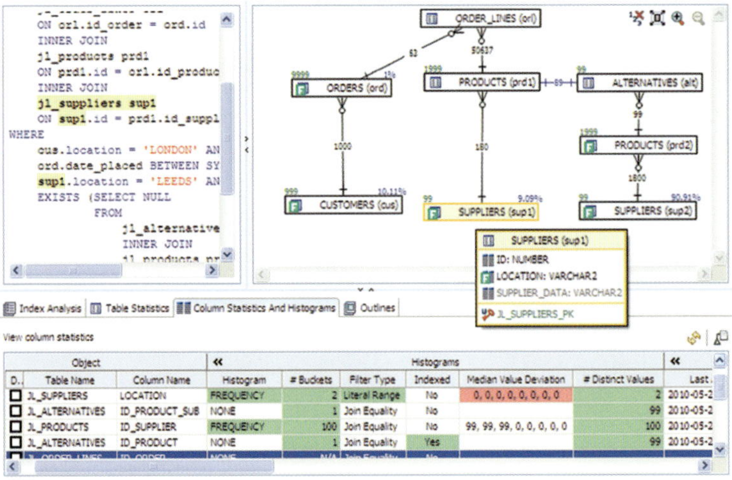

Exemple de différentes représentations des données. © K. Hailey. ■

notre vie de tous les jours : du SMS à la navigation sur Internet, en passant par l'utilisation d'un véhicule ou d'un vélo. Elles laissent une trace indélébile. Cette asymétrie entre l'accumulation des données – facile, efficace, indolore, sans condition – et leur suppression – difficile, coûteuse, sous condition, voire impossible – peut s'expliquer dès le plus jeune âge. Une photographie prise avec un appareil photo argentique pouvait se supprimer facilement, ce n'est définitivement plus le cas aujourd'hui avec les photographies numériques.

Au collège, à travers l'activité de programmation, les données prennent une nouvelle forme : ce sont les entrées et les sorties des programmes conçus en classe. Elles deviennent du coup bien visibles, affichables et manipulables directement par les élèves. Cela leur permet de prendre conscience de leur présence indispensable pour toute activité de programmation. Les données donnent aussi naissance à des objets complexes lorsqu'elles sont reliées entre elles : elles deviennent des listes, des graphes, des fichiers, des bases de données, des entités liées les unes aux autres par des liens sémantiques. L'étude de cette composition d'objets renvoie à ce qu'on appelle « les structures de données » et « la modélisation des données à divers niveaux d'abstraction » : physique, pour la représentation sur disque ; logique, pour la manipulation par les programmes ; et conceptuel, pour la compréhension et l'interprétation humaine. À chaque niveau, des propriétés spécifiques doivent être exhibées et étudiées (cohérence, redondance, complétudes, malformation des représentations, sémantique des représentations). Sans rentrer dans les théories logiques ou mathématiques sous-jacentes, il est possible de sensibiliser les élèves à ces problèmes, à travers des exemples et des contre-exemples, et de les confronter à la pile de représentations qui sépare la perception de l'utilisateur et la représentation de la machine (figure).

Enfin, au lycée, les données se retrouvent au cœur des différents programmes avec ISN ou ICN. Elles prennent une autre forme à travers le concept d'information, une des quatre notions clés de la discipline informatique (avec l'algorithme*, le langage et la machine). La notion de structuration des données apparaît à travers celle de système de fichiers et du Web ; et des langages spécifiques sont introduits pour stocker et manipuler ces données, comme SQL (cf. III.6).

Conclusion

Au niveau pédagogique, il est important que la donnée soit ancrée dans une réalité tangible, afin que les élèves en comprennent la simplicité et toute la puissance qu'elle peut engendrer. Les évolutions récentes des programmes en faveur de l'enseignement de l'informatique vont dans le sens de l'histoire : l'informatique et, plus singulièrement, l'information ne peuvent être absentes du socle scientifique et technique du XXIe siècle. L'impact de l'informatique sur les autres disciplines (des sciences aux humanités) relève d'un véritable bouleversement, il est donc urgent de former notre jeunesse pour lui permettre de déchiffrer le monde numérique. Pas une formation à la va-vite pour apprendre à utiliser telle ou telle technologie en deux ou trois jours, mais une formation sur la durée (du primaire au lycée) pour éduquer et former des citoyen.ne.s éclairé.e.s. L'enjeu n'est pas de mieux former celles et ceux qui se destinent aux études en informatique mais bien de permettre à toutes et à tous un accès raisonné au monde numérique.

Références bibliographiques

• J. BAUDE – *Le plan « Informatique pour tous »*, Bulletin 1024, n° 5, www.societe-informatique-de-france.fr/wp-content/uploads/2015/04/1024-5-baude.pdf, 2015.

• S. GRUMBACH et P. VALDURIEZ – *Les données en question*, Interstice, https ://interstices.info/jcms/p_84069/les-donnees-en-question, 2016.

• *L'enseignement de l'informatique en France. Il est urgent de ne plus attendre*, Rapport de l'académie des sciences, www.academie-sciences.fr/pdf/rapport/rads_0513.pdf, 2013.

- Dixième partie -

Compléments

Page précédente :

Glossaire

Les mots du glossaire sont signalés par un astérisque dans le texte

AAC (*Advanced Audio Coding*). Algorithme de compression de données audio.

ABC TRANSPORTEUR. Famille de protéines transmembranaires qui assurent le transport de substances entre la cellule et son environnement.

ABIOTIQUES (processus, facteurs, paramètres). Ensemble des facteurs physico-chimiques influant sur les organismes d'un écosystème*.

ACCÉLÉRATION QUANTIQUE (*quantum speed-up*). Possibilité pour un ordinateur quantique d'exécuter certains algorithmes (bien choisis) plus rapidement que n'importe quel calculateur classique.

ACCEPTANCE. Capacité de couverture géométrique d'un détecteur. L'acceptance de 100 % sous-entend une couverture parfaite de 4π.

ACTIONNEUR. Appareil ou dispositif physique permettant d'agir sur un système en vue de modifier son état ou son comportement.

ACTUAIRE. Spécialiste des méthodes quantitatives (calcul des probabilités, statistique) utilisées en assurance et finance.

ADN. Molécule support de l'information génétique héréditaire, présente dans toutes les cellules du vivant.

ALGÈBRE LINÉAIRE. Branche des mathématiques étudiant les propriétés des fonctions linéaires entre espaces vectoriels. Elle comprend en particulier l'étude des matrices.

ALGORITHME. Séquence logique d'actions réalisée par un programmeur et exécutée par un ordinateur.

ALGORITHMIQUE. Branche de l'informatique visant à l'étude des algorithmes, et notamment leur construction, leur analyse et l'étude de leur complexité.

ANALYSE EN LIGNE (OLAP). Ensemble d'opérations permettant la navigation interactive dans un cube de données*.

ANALYSE DES RÉSEAUX SOCIAUX. Étude des structures et des interactions sociales d'un groupe d'individus. Popularisé par le développement des réseaux sociaux sur le Web, dont l'analyse sert souvent à la recommandation.

ANALYSE SÉMANTIQUE LATENTE. Analyse basée sur une matrice creuse associant les termes aux documents qui les contiennent. Cette matrice est décomposée en valeurs singulières pour construire une représentation compacte qui va servir à la recherche ou la comparaison de documents.

ANISOTROPIE. Se dit d'une propriété ou d'une forme qui dépend de la direction de l'espace.

ANSES. Agence nationale de sécurité sanitaire de l'alimentation, de l'environnement et du travail.

API (*Advanced Programming Interface*). Interface de programmation qui permet à des programmes de communiquer entre eux.

APPRENTISSAGE PAR RENFORCEMENT. Branche de l'apprentissage automatique, où le système doit apprendre à optimiser ses choix par le biais d'interactions successives avec son environnement.

ARBRE DU VIVANT. Classification de tous les organismes connus sur un patron en forme d'arbre.

ARBRE SYNTAXIQUE. Description des mots et groupes de mots constituant la syntaxe d'une phrase. Un arbre syntaxique permet par exemple, d'identifier le sujet et le complément d'objet d'un verbe.

ARCHÉES. Organismes unicellulaires sans noyau ni organite, qui forment un des trois domaines du vivant, avec les bactéries et les eucaryotes*.

ARCHIVAGE DU WEB. Processus de collecte, sélection, enrichissement, stockage, préservation et mise à disposition des informations du Web actuel, afin qu'elles restent accessibles aux utilisateurs dans l'avenir.

ARGO. Système d'observation global des océans qui consiste en plusieurs milliers de sondes autonomes qui dérivent avec les courants à 1 000 m de profondeur et fournissent tous les 10 jours un profile de température et de salinité entre 0 et 2000 m. Les données sont disponibles gratuitement en moins de 24 heures sur internet.

ARN. Molécule produite à partir de la molécule d'ADN* dans les cellules de tous les organismes vivants et qui sert à fabriquer les protéines.

ARRÊT PRÉCOCE (*early stopping*). Technique qui consiste à arrêter un algorithme d'optimisation numérique avant qu'il n'atteigne son optimum. Cette technique est utilisée en apprentissage automatique, notamment pour l'entraînement des réseaux de neurones, pour empêcher le sur-apprentissage*.

ASCII (*American Standard Code for Information Interchange*). Norme de codage numérique des caractères, très largement utilisée en informatique.

ASSIMILATION DE DONNÉES. Ensemble des techniques qui permettent de combiner un modèle et des observations (ou données). Le modèle représente des phénomènes physiques, chimiques, biologiques etc. à l'aide d'équations mathématiques. Les données, représentent une source d'information expérimentale ou observationnelle sur le système modélisé. Le but de combiner modèle et données est d'améliorer le premier et de mieux comprendre les secondes.

ATOMES ET IONS PIÉGÉS. Atomes ou ions individuels, que l'on peut contrôler dans des pièges électromagnétiques (ions) ou lumineux (atomes).

ATOMES ULTRA-FROIDS. Atomes dont l'énergie cinétique a été diminuée par diverses méthodes (refroidissement laser, refroidissement évaporatif), jusqu'à atteindre des températures cinétiques dans la gamme du µK (millionième de degré Kelvin).

ATTRIBUTS. Propriétés qui décrivent une entité donnée. Dans une base de données* relationnelle, un attribut correspond à une colonne d'une table.

BAIE DE STOCKAGE. Dispositif de stockage de données constitué essentiellement d'un ensemble de disques.

BAIE HYBRIDE. Baie de stockage* de l'information utilisant au moins deux types de supports matériels différents, dont l'un d'eux est généralement de la mémoire Flash (SSD), avec un bon compromis entre performance, flexibilité et coût.

BANDES DE FRÉQUENCE ISM (Industrielles, Scientifiques et Médicales). Bandes de fréquence qui peuvent être utilisées librement et sans licence dans un espace réduit pour des applications industrielles, scientifiques, médicales, domestiques ou similaires, et non pour des applications de télécommunications ou de radiorepérage.

BANDITS MANCHOTS (problème de, modèle de). Modèle probabiliste, inspiré des machines à sous, défini pour maximiser un gain. Utilisé en apprentissage automatique pour faire, par exemple, des recommandations publicitaires en tenant compte des actions passées de l'utilisateur, y compris son refus d'une publicité.

BASE DE DONNÉES. Ensemble de données structurées* et préservées sur un support résistant aux pannes, et gérées par un système spécialisé (le Système de Gestion de Données, SGBD*).

BASE DE DONNÉES RELATIONNELLES. Un type de base de données* où l'information est structurée en tableaux, et où il y a des relations entre les tableaux. Le langage le plus utilisé pour construire et accéder à l'information est le SQL* (*Structured Query Language*).

BAYÉSIENNE (statistique). Approche statistique fondée sur l'inférence bayésienne, qui permet d'interpréter les probabilités comme un degré de croyance plutôt que comme la fréquence limite d'un phénomène.

BIOGÉOGRAPHIE FONCTIONNELLE. Champ de recherche qui analyse les motifs (*patterns*), les causes et les conséquences de la distribution géographique de la diversité des formes et des fonctions (*i. e.* la diversité des traits).

BIOLOGIE COMPARATIVE. Étude comparée de traits ou de processus biologiques donnés chez plusieurs organismes, avec pour objectif de mettre en lumière les points communs et les différences dans une perspective évolutive c'est-à-dire historique.

BIOLOGIE ÉVOLUTIVE. Domaine de la biologie qui vise à comprendre l'évolution des espèces.

BIOMARQUEUR. Paramètre ou marqueur biologique mesurable (*e.g.* séquence d'ADN*, protéine, métabolite, présence d'une espèce) utilisé comme indicateur d'un processus.

BIOREMÉDIATION. Processus de dépollution des sites naturels (sols, eaux, sédiments) impliquant des organismes vivants (plantes, micro-organismes).

BIOTIQUES (processus, facteurs, paramètres). Ensemble des interactions du vivant influant sur les organismes d'un écosystème*.

BITCOIN. Monnaie dématérialisée, utilisée sur le Web et associée à un modèle transactionnel appelé « blockchain* ». Créée en 2008 par un certain Satoshi Nakamoto, non encore identifié.

BLOCKCHAIN. Modèle transactionnel associé à une monnaie virtuelle (comme le Bitcoin*), basé sur un registre d'opérations décentralisé, où seules les écritures sont autorisées (à l'exclusion de toute modification ou suppression). L'ensemble des transactions financières réalisées par un utilisateur constitue une chaîne, d'où le nom anglais. Ce modèle très robuste et sécurisé fait l'objet d'une attention particulière de la part notamment des réseaux bancaires.

BOOSTING (renforcement). Une technique d'apprentissage automatique, proposée dans les années 1990 par Yoav Freud et Robert Shapire, qui permet d'améliorer les performances d'un algorithme initial en combinant des modèles entraînés successivement sur un ensemble d'entraînement* modifié judicieusement à chaque itération.

BOUCLES ÉLECTROMAGNÉTIQUES. Système de capteurs composé d'une ou plusieurs boucles de cuivre générant un champ magnétique, qui est modifié au passage des véhicules.

BOSON DE HIGGS. Particule prévue par le Modèle Standard de la physique des particules dans les années 1960, dont la découverte a été annoncée par le CERN* en juillet 2012.

BURSTY TRAFFIC (trafic en rafale ou en salve). Une rafale ou une salve est une transmission continue de données. Sur Internet, un trafic en rafale peut causer un engorgement aussi appelé congestion du réseau.

CAPTEURS VIDÉO. Caméras vidéo qui détectent le passage d'individus ou d'objets mobiles par la présence de groupes de pixels, grâce à des techniques de traitement d'images.

CENTRALITÉ (SOCIALE). Mesure de l'importance d'un individu au sein du réseau social* en termes de nombre de relations (degré) ou de la force de ces relations (force et vecteur propre).

CERN. Centre européen pour la recherche en physique des particules, fondé en 1952 avec le soutien de l'UNESCO.

CHIFFREMENT HOMOMORPHE. Une méthode de chiffrement est dite « complètement homomorphe » si elle permet de réaliser un nombre arbitraire d'additions et de multiplications sur des données chiffrées, en délivrant un résultat chiffré déchiffrable uniquement par le possesseur de la clé originale.

CLASSIFIEUR LINÉAIRE. En apprentissage machine statistique, un classifieur est un algorithme permettant d'affecter une entrée à une classe à partir d'une combinaison linéaire (ou non-linéaire) des valeurs de ses caractéristiques. Le système est d'abord entraîné sur des échantillons (apprentissage supervisé) pour établir les poids des paramètres de la combinaison.

CLOUD (nuage). Virtualisation d'un ensemble de ressources de stockage ou de calculs, accessibles *via* un réseau (souvent Internet) et affectées selon les besoins des applications.

CLOUD COMPUTING (informatique en nuage). Ensemble de services de calcul offerts *via* un réseau, exploitant les capacités de calcul de toutes les machines connectées à ce réseau (y compris les stations de travail et les machines personnelles). Aujourd'hui, le *cloud* computing* renvoi à un mode de programmation utilisant un réseau comme une seule machine.

CLUSTER (grappe). Architecture informatique capable d'effectuer des calculs très importants en répartissant ces calculs sur plusieurs ordinateurs. Ces ordinateurs sont homogènes au niveau de leur configuration.

CODE-BARRES GÉNÉTIQUE. Séquence d'ADN* caractéristique d'une espèce, autrement dit identique chez tous les individus de cette espèce et surtout distincte de celle d'espèces proches, et permettant ainsi son identification.

COHORTE. Ensemble d'individus regroupés en fonction de leur exposition à un risque ou à une pathologie. L'étude peut être prospective, les sujets exposés étant suivis pendant une période déterminée et comparés à des sujets non exposés ; ou rétrospective pour évaluer les risques auxquels les sujets ont été exposés antérieurement au développement ou non d'une pathologie.

COLLOCATION. Association habituelle d'un mot à un autre au sein d'une phrase, un rapprochement de termes qui, sans être fixe, n'est pas pour autant fortuit

COMMUTATEUR. Équipement réseau permettant la connexion de plusieurs segments du réseau et le relais de données provenant d'un segment vers un ou plusieurs autres segments.

COMPOSÉS XÉNOBIOTIQUES. Substances chimiques exclusivement créées par l'homme ou résultant de ses activités.

COMPRESSED SENSING (acquisition comprimée). Domaine concernant la reconstruction d'images et de signaux à partir de peu de mesures choisies au hasard.

CONDENSATEUR. Composant électrique passif constitué de deux armatures conductrices en regard, séparées par un isolant (encore appelé diélectrique). Sa capacité à stocker des charges sur ses armatures est exprimée en Farad (F).

CONNECTOME. Graphe complet des connexions neuronales dans un cerveau.

CONTRÔLE-COMMANDE. Système qui a la capacité de piloter un processus physique et de fournir une interface humain-machine.

CO-OCCURRENCE. La fouille de textes repose sur des décomptes d'occurrences des mots dans les textes, ainsi que sur leurs co-occurrences, qui correspondent à l'apparition simultanée de deux mots dans un texte. Par exemple, le mot « Barak » apparaît souvent en co-occurrence avec le mot « États-Unis ».

COUPLAGE D'ENREGISTREMENTS (déduplication). Détection et identification d'entités (personnes, événements...) présents dans un ou dans plusieurs contenus (texte, image, table...).

COURANT SOUS LE SEUIL. Faible courant qui traverse un transistor* dans son état de non-conduction théorique. Il est de faible valeur, mais comme les circuits comportent des millions de transistors le courant total peut être important et non tolérable.

COURANT POLARISÉ EN SPIN. Courant électrique mettant en jeu des électrons dont les spins* pointent tous dans la même direction (même état de spin).

CROWDSOURCING (production participative). Méthode d'acquisition de données ou de résolution de problèmes, fondée sur un recours au plus grand nombre de participants externes (en utilisant, par exemple, les réseaux sociaux) et basée sur une plateforme Internet.

CUBE DE DONNÉES (ou HYPERCUBE). Représentation de données décisionnelles dans un espace multidimensionnel dont les dimensions décrivent les faits observés.

CURATION DE DONNÉES. L'ensemble des activités finalisées à l'archivage, la conservation, la documentation et la mise à disposition des données.

DATA BROKERS (courtiers en données). Intermédiaires (entreprises ou applications en ligne) qui collectent et regroupent les données privées pour les revendre à des sociétés de marketing et ciblage publicitaire.

DATAMART (comptoir ou magasin de données). Sous-ensemble d'un entrepôt ou lac de données* spécifique aux besoins d'un ensemble d'applications.

DATA MINING (extraction de données). Ensemble de techniques d'exploration de données et d'extraction de connaissances à partir de grands ensembles de données. Elles sont basées sur l'analyse statistique, l'intelligence artificielle et les techniques de bases de données. Le but visé est de rechercher des règles d'associations, des motifs fréquents ou des modèles permettant la compréhension d'un domaine ou la prise de décision.

DATA SCIENTIST (scientifique de données). Spécialiste en science des données, ayant des expertises à l'intersection de l'informatique (manipulation, vérification, visualisation des données, programmation distribuée), du *machine learning* (analyse des données, modèles prédictifs) et du métier (compréhension de l'utilisation des données pour satisfaire les enjeux et objectifs métiers des utilisateurs).

DÉNISOVIEN. Représentant fossile du genre Homo ayant vécu en Asie au Paléolithique moyen, entre environ 800 000 et 40 000 ans avant le présent et identifié pour l'instant uniquement grâce à la paléogénétique.

DENSITÉ (d'une mémoire). Quantité d'informations binaires (bits « 0 » ou « 1 ») stockées par unité de surface. La densité est généralement exprimée en bits/cm^2.

DÉSAMBIGUÏSATION. Détermination du sens d'un mot dans une phrase lorsque ce mot peut avoir plusieurs sens possibles.

DESCRIPTEUR. Terme utilisé en vision artificielle pour désigner une représentation des caractéristiques visuelles d'une image entière (descripteur global), ou d'une partie de cette image, par exemple le voisinage d'un pixel (descripteur local). Le descripteur peut capturer des informations photométriques ou géométriques.

DIAGÉNÉTIQUE. Relatif aux processus physico-chimiques et biochimiques par lesquels l'ADN* est transformé au cours du vieillissement post-mortem.

DIAGRAMME NŒUDS-LIENS (*visualisation d'information*). Représentation graphique de réseaux et de graphes, où les nœuds sont représentés par des points et les liens par des arcs reliant les nœuds.

DIFFRACTION. Associée à l'interaction entre des ondes et des obstacles matériels qui les diffusent. Elle est utilisée, en particulier, pour déterminer les positions atomiques dans les cristaux.

DIGITAL LABOR (travail numérique). Tâches réalisées par les usagers des plateformes numériques, qui sont assimilables au travail dans la mesure où elles produisent de la valeur économique, mais qui ne font pas nécessairement l'objet d'un contrat ou d'une rémunération.

DILEMME EXPLORATION-EXPLOITATION (en apprentissage par renforcement*). Équilibre à trouver dans une stratégie entre utilisation du savoir précédemment acquis et expérimentation de nouvelles options.

DOMOTIQUE. Ensemble des technologies utilisées dans les bâtiments permettant le contrôle des différents systèmes de la maison ou de l'entreprise (chauffage, volets roulants, porte de garage, portail d'entrée, prises électriques...).

DONNÉES STRUCTURÉES ET NON-STRUCTURÉES. Les données structurées recouvrent les tableaux, les listes, les graphes... Elles sont gérées par des systèmes de fichiers ou de bases de données structurées, comme les systèmes relationnels* et SQL*. Les données non-structurées recouvrent des données comme les textes, les images..., dont le traitement nécessite des opérations préalables pour en isoler les mots ou les caractéristiques visuelles, les ramenant ainsi à des représentations semi-structurées.

DONNÉE PERSONNELLE. Toute information se rapportant à une personne physique identifiée ou identifiable, directement ou indirectement.

DONNÉES SENSIBLES. Données qui révèlent l'origine raciale ou ethnique, les opinions politiques, les convictions religieuses ou philosophiques ou l'appartenance syndicale, ainsi que les données génétiques, les données biométriques aux fins d'identifier une personne physique de manière unique, les données concernant la santé ou les données concernant la vie sexuelle ou l'orientation sexuelle d'une personne physique.

ÉCHANTILLON. Sous-ensemble d'individus extrait de la population cible.

ÉCOINFORMATIQUE. Champ de recherche et de développement situé aux interfaces de l'écologie, de l'informatique et des sciences de l'information.

ÉCOSYSTÈME. Complexe dynamique composé de plantes, d'animaux, de micro-organismes et de leur environnement physico-chimique agissant en interaction en tant qu'unité fonctionnelle. Terme utilisé aussi de façon générique pour décrire tout autre système artificiel complexe.

ENSEMBLE D'ENTRAÎNEMENT (*training set*). Un ensemble de données fourni à un algorithme d'apprentissage automatique afin qu'il apprenne un modèle.

ENTITATIVITÉ. Capacité des individus à devenir interchangeables entre eux au sein d'un même groupe.

ENTREPÔT DE DONNÉES. Base de données à vocation décisionnelle, alimentée automatiquement par une chaîne de traitements allant de l'extraction de données à partir de sources distribuées, de leur transformation et de leur intégration. Généralement à vocation décisionnelle, il doit supporter efficacement l'analyse en ligne*(requêtes OLAP).

ENZYME BACTÉRIENNE. Protéine d'origine bactérienne induisant une réaction biochimique.

ÉPIGÉNÉTIQUE. Domaine qui vise à comprendre toutes les

modifications de l'activité des gènes qui ne sont pas codées par la séquence d'ADN*.

ERREUR D'ÉCHANTILLONNAGE. Erreur d'estimation* due au fait que l'on n'observe pas la population cible dans son intégralité mais uniquement un extrait de cette population.

ESTIMATION. Résultat d'un calcul statistique réalisé à partir d'un échantillon* pour approximer la valeur inconnue du paramètre dans une population cible.

ÉTAT AMORPHE. État de la matière solide, où les positions atomiques ne présentent pas d'ordre à grande distance, contrairement au cristal.

ÉTAT CRISTALLIN. État de la matière solide, dans lequel les atomes sont ordonnés périodiquement sur de longues distances.

ÉTIQUETAGE MORPHOSYNTAXIQUE. Appelé aussi étiquetage grammatical, processus consistant à associer aux mots d'un texte les informations grammaticales telles la partie du discours (substantif, verbe, adjectif, etc.), le genre, le nombre, etc.

ÉTUDE DIACHRONIQUE. Étude (par exemple d'un corpus ou d'un phénomène social) sur une longue période, en s'intéressant en particulier aux variations apparaissant à travers le temps.

EUCARYOGENÈSE. Processus évolutif à l'origine de l'apparition de la cellule eucaryote. Les modalités précises de ce processus sont encore très mal connues.

EUCARYOTES. Organismes unicellulaires ou pluricellulaires ayant un noyau et des organites délimités par des membranes (*e.g.* réticulum endoplasmique, appareil de Golgi, mitochondrie, plaste).

EXPÉRIENCE DE PENSÉE. Façon de raisonner, utilisée notamment par Einstein, basée sur une situation inaccessible aux technologies de l'époque, mais compatible avec les lois fondamentales de la physique.

EXPORT DE CARBONE. Carbone organique, qui après avoir été fixé à la surface des océans par les processus liés à la pompe à carbone, coule vers les profondeurs sous forme de particules marines.

EXPOSOME. D'une façon générale, il s'agit d'un concept visant à prendre en compte la totalité des expositions à des facteurs environnementaux que rencontre un individu dès sa naissance, dans le but d'étudier les relations entre ces derniers et sa santé.

ETL (*Extraction, Transformation and Load*). Intégration de données hétérogènes issues de diverses sources variées dans un entrepôt de données*.

EYE TRACKER (oculomètre). Appareil permettant de capter et de mesurer les mouvements des yeux.

FACTORISATION DE MATRICES. Décomposition, éventuellement approchée, d'une matrice comme produit de matrices ayant des propriétés particulières.

FAUX NÉGATIF. Résultat dans un choix à deux possibilités (positif et négatif), déclaré négatif, là où il est en réalité positif.

FAUX POSITIF. Résultat dans un choix à deux possibilités (positif et négatif), déclaré positif, là où il est en réalité négatif.

FEATURE (variable ou caractéristique ou attribut). Une observation peut être vue comme un vecteur de *features*, obtenus à partir de multiples sources.

FEATURE ENGINEERING (production de variables). Processus qui vise à produire de nouvelles variables (ou *features**), à partir des données initiales. Ces variables dérivées viennent enrichir la description des individus caractérisés par ces données.

FITNESS (valeur sélective). Décrit la capacité d'un individu d'un certain génotype à se reproduire.

FLUX TRANSFRONTALIERS DE DONNÉES. Les flux transfrontaliers de données à caractère personnel concernent les transferts ou échanges de données depuis le territoire d'un des États membres de l'Union européenne vers un État tiers situé en dehors de l'Union.

FORÊT ALÉATOIRE (*random forest*). Algorithme d'apprentissage automatique, qui consiste à combiner de nombreux arbres de décisions entraînés sur des sous-ensembles aléatoires d'un ensemble d'apprentissage donné.

FRÉQUENCE D'ÉCHANTILLONNAGE. Nombre de mesures ou échantillons obtenus par unité de temps.

GANGLIONS PAUCINEURONAUX. Les invertébrés n'ont pas de cerveau, mais des ganglions répartis à différents endroits dans leur corps. Les réseaux formés sont « paucineuronaux », car le nombre de cellules nerveuses impliquées est réduit à quelques dizaines ou centaines.

GÉNOME. Peut être défini soit comme l'ensemble du matériel génétique (ADN*) d'un organisme, soit comme l'ensemble de l'information génétique que véhicule ce matériel.

GÉNOMIQUE. Science des génomes*. Cette discipline relève de la biologie et regroupe plusieurs analyses, de l'établissement de cartes du génome à l'identification de nouveaux gènes, en passant par le séquençage* des molécules d'ADN*.

GÉNOMIQUE ENVIRONNEMENTALE. Regroupe l'ensemble des connaissances acquises sur les organismes *in situ* et écosystèmes présents et passés.

GEPHI. Logiciel de visualisation de graphes de toute nature, très complet, utilisé souvent dans l'analyse de réseaux sociaux.

GERME TELLURIQUE. Micro-organisme (bactérie, archée, champignon) se développant dans le sol.

GIEC. Groupe d'experts intergouvernemental sur l'évolution du climat (en anglais IPCC pour *Intergovernmental Panel on Climate Change*). Il a été créé en 1988, en vue de fournir des évaluations détaillées de l'état des connaissances scientifiques, techniques et socio-économiques sur les changements climatiques, leurs causes, leurs répercussions potentielles et les stratégies de parade.

GLISSEMENT GRAVITAIRE. Mise en mouvement et écoulement de masses rocheuses sous l'effet de la gravité.

GPS (*Global Positioning System*). Système de géolocalisation reposant sur l'exploitation des signaux radio émis par des satellites pour déterminer la position d'un récepteur dur la surface de la Terre.

GPU (*Graphics Processing Unit*). Processeurs dédiés aux traitements graphiques. Ils sont performants pour certains types de calculs massifs associés au Big Data.

GRAPHE PONDÉRÉ. Un graphe est un ensemble de sommets connectés par un ensemble d'arêtes. Chaque arête connecte au moins deux sommets. Un graphe pondéré est un graphe auquel on associe un poids à chaque sommet.

HASHTAG. Utilisé sur Internet et les réseaux sociaux pour étiqueter un contenu avec un mot-clé. Un hashtag est formé du signe « # » (« *hash* » en anglais), suivi d'un ou plusieurs mots accolés (le « *tag* », c'est-à-dire l'étiquette).

HISTOGRAMME DE GRADIENT ORIENTÉ (HOG). Représentation de la distribution du gradient dans l'image pour y détecter des objets.

HISTOLOGIE. Étude des tissus, niveau d'organisation biologique correspondant aux collectifs de cellules dont l'agencement concourt à la réalisation d'une ou plusieurs fonctions au sein d'un organisme pluricellulaire.

HOLOBIONTE. Association d'espèces différentes intimement liées, comme par exemple tout organisme supérieur avec son cortège de communautés microbiennes dans le tube digestif, sur la peau, les muqueuses etc.

HPC (*High Performance computing*). Utilisation de calculateurs parallèles puissants pour exécuter des algorithmes complexes nécessitant un temps de calcul très élevé.

HTC (*High Throughput Computing*). Utilisation intensive de ressources informatiques en vue d'accomplir une ou plusieurs tâches.

IEEE 802.15.4. Standard de communication qui définit essentiellement la couche physique des réseaux sans fils faible consommation, faible débit et faible portée.

IMAGERIE PAR RÉSONANCE MAGNÉTIQUE (IRM). Technique d'imagerie médicale permettant d'obtenir des vues en deux ou en trois dimensions de l'intérieur du corps de façon non invasive avec une résolution de l'ordre du millimètre.

IMPÉDANCE ÉLECTRIQUE. Pour un régime sinusoïdal établi, c'est le rapport de l'amplitude complexe de tension aux bornes d'un dipôle passif à l'amplitude complexe du courant qui le parcourt.

INDICE OPTIQUE. Grandeur sans dimension qui caractérise les propriétés optiques d'un milieu transparent et homogène.

INFÉRENCE STATISTIQUE. Le fait de déduire à partir d'information connue sur un échantillon* une information au niveau de la population cible.

INFORMATIQUE UBIQUITAIRE. Ensemble de services informatiques embarqués, mobiles, omniprésents (par exemple les smartphones), accessibles *via* Internet.

INTÉGRATION DES DONNÉES. Chaîne de traitements donnant une vue consolidée d'un ensemble de sources de données distribuées et hétérogènes.

INTERFÉROMÉTRIE SISMIQUE. Méthodes qui exploitent les interférences intervenant entre plusieurs ondes sismiques cohérentes entre elles. Ces informations cohérentes, souvent enfouies dans un bruit non cohérent, peuvent être reconstruites par corrélations croisées de paires de sismogrammes* issus de mêmes sources sismiques.

INTERNET DES OBJETS (IdO). Extension de l'Internet à des choses et à des lieux du monde physique : chaque objet est connecté à l'Internet.

INTEROPÉRABILITÉ. Capacité de produits à fonctionner ensemble grâce à des normes partagées.

INTRICATION. Superpositions quantiques d'états impliquant plusieurs particules : on a alors des états « globaux », dans lesquels il n'est plus possible d'attribuer un état à chaque particule.

JSON (*JavaScript Object Notation*). Langage de représentation des données sous forme d'arbre. Ce langage populaire est souvent vu comme une alternative à XML*.

KOS (*Knowledge Organization System*). Les Systèmes d'organisation des Connaissances issus du monde des bibliothèques réfèrent à tout système de représentation des connaissances structuré comme les listes de vedettes-matières ou les langages documentaires.

LAC DE DONNÉES (*datalake*). Support de stockage universel pour des traitements complexes sur des grands volumes de données hétérogènes.

LANCEUR D'ALERTE. Personne qui estime avoir découvert des éléments qu'elle considère comme étant une menace pour le bien commun et qui cherche à les rendre publics en les portant à la connaissance de tiers, en passant notamment par les médias

LANGAGE DE REQUÊTE DÉCLARATIF. Langage permettant de décrire un ensemble d'informations à chercher dans les données. Ce type langage met l'accent sur la description du résultat attendu, laissant au système le soin de trouver comment aller chercher efficacement l'information dans les données.

LANGAGE DE REQUÊTE PROCÉDURAL. Langage permettant de décrire la suite d'opérations à effectuer sur des données pour en tirer une certaine information. Ces langages sont le plus souvent utilisés comme des représentations intermédiaires lors de l'optimisation de requêtes.

LANGUE NATURELLE. Les langues naturelles sont parlées et écrites par des humains ; elles s'opposent aux langages formels ou langages artificiels qui sont utilisés pour la programmation des ordinateurs.

LASSO. Méthode de régression linéaire utile lorsque le nombre de variables est supérieur à la taille de l'échantillon*.

LEMMATISATION. Opération consistant à regrouper les diverses formes d'un mot sous une forme canonique appelée « lemme » : infinitif pour un verbe, singulier pour un nom, masculin singulier pour un adjectif.

LITTÉRATIE NUMÉRIQUE. Compétences et compréhension du monde numérique. À comparer avec alphabétisation.

LOI DE DENNARD. Loi empirique, proposée par Robert H. Dennard en 1974, qui constate que lorsque la taille des transistors* diminue leur consommation électrique diminue proportionnellement. Cette loi ne s'applique plus depuis 2005.

LOI DE MOORE. Un des fondateurs du fabricant de microprocesseur Intel, Gordon Moore, constata en 1965 que le nombre de transistors* par circuit de même taille allait doubler, à prix constants, tous les dix-huit mois. Comme la puissance de calcul est en fonction du nombre de transistors, cela traduit aussi l'augmentation de la puissance des processeurs.

LOI DES GRANDS NOMBRES (LGN). Théorème de probabilités qui assure, sous certaines conditions, que la moyenne d'une suite de variables aléatoires est à peu près égale à une constante (l'espérance de la variable) si cette moyenne est calculée sur un grand nombre d'individus.

MACHINE À VECTEURS DE SUPPORT (SVM). Les SVM sont des méthodes linéaires d'apprentissage supervisé, utilisées dans des tâches de classification (« cette image montre-t-elle un chien ou un chat ? »).

MACHINE VIRTUELLE (Virtual Machine ou VM). Ensemble de ressources matérielles et logicielles telles que la mémoire, le processeur, le disque dur, voire le système d'exploitation et les pilotes simulés par un logiciel sur un ordinateur.

MAGNÉTORÉSISTANCE GÉANTE. Résistance au passage d'électrons, possédant un spin*, au sein d'un empilement comprenant deux couches magnétiques séparées soit par une couche non magnétique, soit par un isolant d'épaisseur très fine (de l'ordre du nanomètre).

MARC (*MAchine-Readable Cataloging*). Format d'échange de données bibliographiques permettant d'informatiser les catalogues de bibliothèques. Il est peu à peu converti en XML* et en RDF*.

MARQUEUR PHYLOGÉNÉTIQUE. Séquence génétique dont on étudie l'histoire évolutive pour connaître l'histoire des organismes qui la portent.

MÉCANOGRAPHIE. Ensemble de techniques mécaniques ou électromécaniques rendant possible le calcul et le traitement de l'information, durant la première moitié du XXe siècle.

MÉDIATION DE REQUÊTES. Traduction et évaluation de requêtes formulées sur un schéma global virtuel, décomposées et exécutées sur des sources de données réelles distribuées et hétérogène. Fait partie de l'ensemble des techniques d'intégration de données.

MÉMOIRE CACHE. Mémoire rapide servant de tampon entre la mémoire vive (permettant de stocker temporairement des données lors de l'exécution d'un programme) et le microprocesseur.

MEMRISTOR. Contraction de « *memory* » et « *resistor* », le memristor est un composant électrique passif.

MÉTA-ANALYSES. Analyses statistiques menées sur l'ensemble des résultats publiés sur un sujet donné.

METABARCODE. Utilisation d'un marqueur pour assigner un rang taxonomique à une séquence environnementale.

MÉTABOLOMIQUE. Science qui étudie les métabolites (acides aminés, vitamines, hormones...) présents au sein d'une cellule, d'un organe, d'un organisme ou d'un échantillon* donné.

MÉTAGÉNOMIQUE. Méthode d'étude de l'ensemble des génomes* des micro-organismes colonisant des environnements complexes (sols, environnements marins, humains, etc.) par exploitation de l'ADN* directement extrait (sans mise en culture préalable).

MÉTA-OMIQUES. Ensemble des données omiques* obtenues à partir d'échantillons environnementaux.

MÉTHYLATION. Processus épigénétique* dans lequel certains nucléotides* sont modifiés par l'addition d'un groupement méthyle.

MICROBIOME. Ensemble des espèces microbiennes durablement adaptées à la surface et à l'intérieur d'un organisme vivant et par extension l'ensemble des génomes* des bactéries colonisant l'organisme d'un animal, y compris l'être humain.

MICROBIOTE. Ensemble des micro-organismes se développant au sein d'un écosystème* donné.

MIETTES DE DONNÉES. Sous-produit numérique de nos activités quotidiennes.

MIGRATION SISMIQUE. Procédé d'imagerie sismique consistant à localiser et reconstruire en profondeur des événements détectés dans les sismogrammes*, comme par exemple les réflexions d'ondes sismiques sur des interfaces en profondeur.

MINIMISATION DU RISQUE EMPIRIQUE (*empirical risk minimization*). Principe utilisé en apprentissage automatique qui consiste à optimiser les paramètres d'un modèle afin qu'il fasse de bonnes prédictions sur un ensemble d'apprentissage fourni à l'algorithme.

MOTS-OUTILS. Mots dont le rôle est principalement grammatical et qui inversement n'apportent que peu d'information sur le contenu d'un texte : les déterminants, les prépositions, les conjonctions, etc.

MoU (*Memorandum of Understanding*). Protocole d'accord basé sur le principe de « *best effort* », mais qui exige une uniformisation des techniques, des logiciels et un partage des ressources basé sur le poids du pays participant à la collaboration.

MOYENNE PONDÉRÉE. Moyenne avec des coefficients variables, comme au bac. Dans les réseaux de neurones, on ajuste les coefficients pour s'approcher du résultat voulu.

MPEG, MP3, MP4. Le MPEG (*Moving Pictures Experts Group*) est un groupe de normalisation de la représentation de séquences audio et vidéo (compression, décompression et traitement). MP3 et MP4 sont des formats de compression particuliers respectivement pour l'audio et l'audio-video.

NÉANDERTHALIEN. Représentant fossile du genre *Homo* ayant vécu en Europe et en Asie occidentale et centrale au Paléolithique moyen, entre environ 300 000 et 28 000 ans avant le présent.

NEUROIMAGERIE. Imagerie du cerveau.

NEURONE GRAND-MÈRE. D'après l'hypothèse du « neurone grand-mère », le cerveau contient des neurones qui réagissent spécifiquement à un objet précis, par exemple, un neurone qui s'active systématiquement lorsque l'on croise sa grand-mère.

NEUTRON. Le neutron est une particule neutre, de durée de vie de 15 minutes. Il est utilisé pour la diffraction* et la spectroscopie des matériaux.

NOSQL (système). Le terme NoSQL, compris au départ comme désignant toute approche non-relationnelle, est maintenant généralement considéré dans l'acception « *not only SQL* ». Il sert à désigner des systèmes qui choisissent d'être particulièrement efficaces pour un type d'application, alors que les systèmes relationnels* ambitionnent de fournir des solutions universelles.

NUCLÉOTIDE. Unité de construction des acides nucléiques (ADN*, ARN*), composée d'une base azotée, d'une molécule de sucre à cinq carbones (pentose) et d'un à trois groupements phosphate.

N-UPLET. Élément d'un produit cartésien de n ensembles, où n est un entier positif. Dans une base de données* relationnelle, un n-uplet correspond à une ligne dans une table.

OBSERVATOIRE VIRTUEL ASTRONOMIQUE. Ensemble de standards d'interopérabilité* et d'outils interopérables qui permettent de découvrir les données astronomiques en ligne dans un répertoire, d'y accéder, de les télécharger et de les utiliser, sans passer par les interfaces propres à chaque centre de données.

OCTET. Regroupement de 8 bits codant une information. Avec un codage binaire, il permet de représenter 256 valeurs différentes.

OMIQUES (OU *OMICS*). Ensemble des données obtenues à partir la génomique*, transcriptomique*, protéomique*, métabolomique*, etc. et obtenues à partir de technologies à haut débit.

ONTOLOGIE. Ensemble structuré de termes et de concepts permettant d'exprimer les connaissances relatives à un domaine.

OGG. Format conteneur de données audio compressées

OPTIMISATION MATHÉMATIQUE. Branche des mathématiques, de l'informatique et de la recherche opérationnelle visant à développer des méthodes, éventuellement numériques, pour calculer les maxima et les minima des fonctions.

ORCHESTRATEUR DE NAVIGATEUR. Logiciel permettant de commander par un programme l'interface d'un navigateur tel que Mozilla Firefox ou Google Chrome, afin de reproduire une navigation sur un site Web de manière similaire à ce que ferait un internaute.

ORDONNANCEUR. Partie d'un robot Web* responsable de la sélection de l'ordre dans lequel les URL* doivent être téléchargées.

PAIR-À-PAIR. Modèle informatique basé sur une architecture distribuée, répartissant les tâches entre les pairs sans passer par un serveur central.

PALÉOCLIMATS. Climats anciens, du dernier millénaire jusqu'au début de la formation de la Terre.

PAQUET. Entité de données transmise sur Internet. Un message (comme une image ou une vidéo) envoyé d'une machine à une autre sur Internet est découpé en « paquets » transmis séparément.

PARADIGME. Représentation, modèle, vision du monde.

PATHOGÈNE. Organisme vivant responsable d'une maladie infectieuse.

PCR (*Polymerase Chain Reaction*). Réaction de polymérisation en chaîne.

PHARMACOVIGILANCE. Surveillance des médicaments et prévention du risque d'effet indésirable résultant de leur utilisation, que ce risque soit potentiel ou avéré.

PHÉNOTYPE. Ensemble des caractéristiques observables d'un organisme, aux différents niveaux d'organisation (moléculaire, cellulaire, physiologique, morphologique voire écologique).

PHYLOGÉNIE. Discipline scientifique dont l'objectif est de déterminer l'histoire évolutive des organismes et d'établir les liens de parenté entre ceux-ci.

PIÉZOÉLECTRICITÉ. Propriété de certains corps à se polariser électriquement sous l'action d'une contrainte mécanique (effet direct) et à se déformer sous l'action d'un champ électrique (effet inverse).

PIMS (*Personal Information Management System*). Gestionnaire d'information personnelle contrôlé par l'utilisateur.

PHOTONS POLARISÉS. Quantum d'énergie du champ électromagnétique, qui peut se propager sur de grandes distances en portant l'information sur sa polarisation.

POLARITÉ (d'un texte). Opinion (positive, négative, neutre) globalement véhiculée par le document.

POMPE À CARBONE BIOLOGIQUE. Ensemble des processus biologiques transformant le CO_2 atmosphérique en carbone organique *via* la photosynthèse.

POLYMORPHISMES. Variations entre individus dans la séquence de l'ADN*.

PORTES QUANTIQUES. Portes logiques quantiques, c'est-à-dire d'opérations logiques effectuées entre qubits*.

POTENTIELS LUMINEUX. Un faisceau lumineux modulé en intensité, par exemple à cause d'effets d'interférences, peut exercer un effet mécanique sur des atomes. Il apparaît ainsi comme un potentiel, avec des minima et maxima, susceptible de piéger les atomes dans des « puits » d'énergie potentielle.

PRÉDICTEUR. Modèle permettant de faire des prédictions. Mathématiquement, c'est une fonction qui transforme une donnée en entrée (par exemple, une image) en une sortie (par exemple, « 1 » si elle contient un chat ou « 0 » sinon).

PROBLÈME INVERSE. Problème dans lequel on tente de déterminer les causes d'un phénomène à partir des observations de ses effets. Par exemple, en sismologie, la localisation de la source à l'origine d'un tremblement de terre à partir des temps d'arrivée des ondes sismiques mesurés à la surface de la terre est un problème inverse.

PROFIL LEXICAL. Ensemble des fréquences des mots du vocabulaire d'indexation dans le texte (ou dans un ensemble de textes).

PROTÉOBACTÉRIE. Classe très vaste de bactéries, dont un des ancêtres a été domestiqué par la cellule eucaryote pour donner l'actuelle mitochondrie.

PROTÉOMIQUE. Science qui étudie les protéomes, autrement dit l'ensemble des protéines d'une cellule, d'un tissu, d'un organe ou d'un organisme à un moment donné et dans des conditions spécifiées. La métaprotéomique étudie le métaprotéome constitué des protéines de population ou communauté d'organismes vivants.

PROTISTES. Organismes eucaryotes* unicellulaires, c'est-à-dire autres que les animaux, champignons et plantes.

PUCES RFID (*Radio Frequency IDentification*). Dispositifs passifs, constitués d'une antenne associée à une puce électronique, afin de recevoir et de répondre aux requêtes radio émises depuis un émetteur-récepteur.

QR CODE (*barcode*). Code-barres configuré individuellement et collé sur le dos de l'animal à suivre, ce qui permet également d'associer une identité unique à chaque individu.

QUANTUM DE FLUX OU DE CHARGE. Dans un supraconducteur* les valeurs du courant, de la charge, ou du flux magnétique peuvent prendre des valeurs discrètes, ou quantifiées. Ces grandeurs physiques sont alors susceptibles de « porter » des qubits* (voir ce mot).

QUBIT. Unité d'information quantique, qui possède deux états mutuellement exclusifs 0 et 1 comme un bit classique, mais qui a aussi accès à toutes les superpositions quantiques de ces états 0 et 1.

QUBITS ARTIFICIELS. À la différence des qubits* basés sur des ions ou atomes, ce sont des circuits supraconducteurs, impliquant le plus souvent des jonctions Josephson, et une quantification du flux ou de la charge.

RACINISATION. Comme la lemmatisation*, la racinisation normalise des formes lexicales en regroupant les mots d'une même famille : 'apprendre', 'apprentissage', 'apprenti'seront ainsi remplacés par le même représentant de la famille : 'apprend'.

RADICALISATION. Ensemble de mécanismes psychosociaux amenant un individu à adopter des positions extrêmes au niveau de sa pensée qui le poussent éventuellement à recourir à des formes variées de violences afin d'atteindre ses objectifs.

RAYONS X. Les rayons X sont des ondes électromagnétiques, comme la lumière, mais de longueur d'onde beaucoup plus petite et, donc, d'énergie plus importante.

RDF (*Resource Description Framework*). Standard du World Wide Web Consortium (W3C*). Langage de représentation des données sous forme de graphe ou de triplets (sujet, pré- dicat, objet), où le sujet représente la ressource à décrire, le prédicat représente une propriété, et l'objet représente la valeur associée. Très utilisé pour représenter des données et des métadonnées sur le Web.

RECONNAISSANCE DE FORME. Identification par algorithme d'apprentissage de formes significatives dans une image.

RÈGLE DE CORRESPONDANCE. Description formelle des relations syntaxiques et sémantiques entre deux schémas de données.

RÉGULATION ALGORITHMIQUE. Prise de décision automatisée sur la base du traitement de données personnelles* agrégées

REMEMBREMENT. Réunion de différentes parcelles en un seul tenant, afin d'effectuer une redistribution rationnelle pour l'agriculture (remembrement rural) ou l'aménagement urbain.

RÉSEAU DE NEURONES PROFONDS. L'apprentissage profond met en jeu des réseaux de neurones organisés en couches successives, alternant des phases de traitement linéaire et non-linéaire.

RÉSEAUX DE NEURONES CONVOLUTIONNELS. Réseaux multicouches, chaque couche étant connectée à une partie des neurones de la couche précédente (champs réceptifs).

RÉSEAU DE SIMILARITÉ DE SÉQUENCES. Représentation de la diversité génétique par un réseau, où les séquences sont des nœuds, reliés par une arête si les séquences correspondantes montrent une similarité suffisante.

RÉSEAU SENTINELLES. Réseau de 1 323 médecins généralistes libéraux bénévoles et volontaires répartis sur le territoire métropolitain français. Il permet le recueil, l'analyse, la prévision et la redistribution en temps réel de données épidémiologiques issues de l'activité des médecins généralistes libéraux.

RÉSEAU SOCIAL. Ou sociogramme, ensemble d'entités sociales (individus, entreprises...) interagissant entre elles sur un sujet ou un thème donné. Popularisé sur Internet par Facebook, LinkedIn, Twitter, etc.

RÉSILIENCE. La résilience d'un réseau informatique est sa capacité à continuer de fonctionner en cas de pane de l'un de ses composants.

RÉSONANCE MAGNÉTIQUE NUCLÉAIRE. Technique spectroscopique qui permet de caractériser les matériaux en regardant leur comportement dans un champ magnétique (moment magnétique du noyau des atomes). Cette technique est à la base de l'IRM.

RNV3P. Réseau National de Vigilance et de Prévention des Pathologies Professionnelles.

ROBOT WEB (ou *crawler*). Logiciel parcourant le Web de manière autonome afin de collecter méthodiquement des pages Web.

SCALABILITÉ. Capacité à s'adapter à un changement d'échelle, de grandeur.

SCANNER À RAYONS X. Modalité d'imagerie reposant sur l'atténuation des rayons X* par le corps humain selon leur densité. L'acquisition de plusieurs vues radiologiques permet grâce à des méthodes de reconstruction 3D d'accéder à des données tridimensionnelles décrivant l'anatomie du patient dans la zone imagée.

SAPROPHYTE. Micro-organisme se développant sur la matière organique issue d'organismes morts.

SATOSHI. Pseudonyme du créateur de Bitcoin*. Le Satoshi est aussi l'unité la plus petite de Bitcoins. Par exemple 1 Satoshi vaut 0,00000001 Bitcoins.

SÉMIOLOGIE GRAPHIQUE. Ensemble des règles qui définissent un système de signes la traduction graphique d'un ensemble informations.

SERVICE DE DONNÉES. Ensemble de fonctions de gestion de données (accès, stockage, indexation, transformation...) offertes dans le Web *via* des interfaces standardisées.

SÉQUENÇAGE. Détermination de l'ordre linéaire des 4 bases azotées (adénine, guanine, thymine et cytosine) de la molécule d'ADN* dont la séquence spécifique va définir, entre autres, les gènes.

SÉQUENCE NUCLÉOTIDIQUE. Succession de nucléotides* contenant l'une des 4 bases nucléiques, adénine (A), cytosine (C), guanine (G) et thymine (T) dans l'ADN*, la thymine étant remplacé par de l'uracile (U) dans l'ARN*.

SERIOUS GAME (jeu sérieux). Application informatique combinant des aspects « sérieux », comme l'éducation, la sensibilisation ou l'information, avec des ressorts ludiques et des techniques avancées issus du jeu vidéo.

SGBD (Système de Gestion de Base de Données). Système assurant la description, le stockage, l'indexation, la cohérence, la protection et la manipulation de données *via* des langages déclaratifs (par exemple, SQL*). Le système peut supporter un modèle relationnel, un modèle objet ou un modèle semi-structuré basé par exemple sur XML*.

SIGNATURE. Mécanisme cryptographique permettant de prouver qu'un document a bien été généré par la personne connaissant une clef privée. Toute personne peut vérifier la validité de cette signature en utilisant la clef publique associée au possesseur de la clef privée.

SILOS. Organisation de l'information en systèmes isolés qui rendent les échanges de données difficiles.

SINGLE CELL GENOMICS. Extraction de l'ADN* d'une cellule unique.

SISMOGRAMME. Enregistrement du mouvement du sol mesuré à la surface de la terre et provoqué par des ondes sismiques se propageant dans la croûte terrestre.

SITUÉ. Qui agit avec pertinence, en fonction des circonstances. Le terme « action située » (*situated action*) a été introduit par la sociologue Lucy Suchman en 1987 pour souligner que tout cours d'actions humaines dépend pour l'essentiel de la situation dans laquelle il se déroule.

SMALL DATA (ensemble restreint de données). Ensemble de données numériques qui se rattachent à un individu.

SOCPROG. Outil complet d'analyse des réseaux sociaux*, élaboré spécialement pour l'analyse de données issues du comportement animal.

SPIN. Le spin, grandeur magnétique quantique, est vu classiquement comme la rotation de l'électron sur lui-même. Il existe deux états de spin, haut (« *up* ») et bas (« *down* ») correspondant aux deux sens de rotation.

SPINTRONIQUE. Pour encoder et traiter l'information, l'électronique de spin*, ou spintronique, exploite non seulement la charge des électrons, comme l'électronique habituelle, mais aussi le spin*.

SQL (*Structured Query Language*). Langage des systèmes de gestion de bases de données fondés sur le modèle relationnel.

STATIONNARITÉ. La stationnarité est une propriété liée à l'évolution dans le temps. Si la structure reste la même, le processus est dit alors stationnaire, sinon il est non-stationnaire.

STRESS HYDRIQUE. Stress subi par une plante lorsque la disponibilité en eau est inférieure à ses besoins.

STRUCTURE FONCTIONNELLE D'UNE COMMUNAUTÉ. Distribution des valeurs de traits dans une communauté donnée ; elle peut être appréhendée par les différents moments associés.

SUBSTRAT. Support matériel susceptible d'accueillir un empilement de couches de matériaux différents et destiné à la réalisation de fonctions spécifiques (optiques, électroniques, etc.).

SUBSURFACE. Partie du globe terrestre proche de la surface de la terre.

SUPERCALCULATEUR. Ordinateur parallèle dont les capacités de calculs sont très élevées, à la pointe de ce que produire la technologie (en 2016 de l'ordre de plusieurs Pétaflop = 10^{15} opérations en virgule flottante* par seconde). Un classement des supercalculateurs est proposé sur le site www.top500.org.

SUPRACONDUCTEUR. À température très basse la résistance électrique de certains matériaux peut s'annuler ; on dit alors qu'ils deviennent supraconducteurs.

SUR-APPRENTISSAGE ou SUR-AJUSTEMENT (*overfitting*). En apprentissage automatique, c'est le fait de trop optimiser un modèle sur un ensemble d'apprentissage, ce qui peut conduire à des prédictions imparfaites sur de nouvelles données. D'un point de vue statistique, cela reviendrait à considérer le bruit comme du signal et à l'intégrer dans le modèle, faisant ainsi perdre à ce dernier son pouvoir de prédiction sur de nouvelles données.

SYMBIONTE. Organisme participant à une symbiose.

SYNCHROTRON. Accélérateur de particules qui produit de la lumière intense et cohérente.

SYSTÈME D'INFORMATION. Ensemble des sources de données et de services de traitements associés, décrivant au plus près la représentation qu'on se fait de l'information et de l'activité de cette organisation.

SYSTÈME RELATIONNEL. Système de Gestion de Base de Données dans lequel la structuration des données s'appuie sur un modèle formel (le modèle relationnel) basé sur des tableaux (relations) et une algèbre définie sur ces tableaux. Désigne aussi les SGBD* relationnels ou les langages relationnels (SQL* par exemple).

SYSTÈME TRANSACTIONNEL. Composant logiciel assurant le déroulement correct d'une séquence d'opérations.

TAXINOMIE. Discipline scientifique dont l'objectif est de regrouper les individus en espèces, d'organiser les espèces en groupes plus larges, de nommer ces groupes, mais aussi d'étudier les principes et les règles de la classification.

TÉLÉ-EXPÉRIMENTATION. Système qui donne accès à l'utilisation de dispositifs expérimentaux *via* Internet.

TÉLÉPORTATION QUANTIQUE. Lorsqu'on dispose de deux particules intriquées 1 et 2 séparées spatialement, il est possible de « téléporter » l'état d'une troisième particule, en détruisant cet état (ainsi que celui de la particule 1), mais en le récréant sur la particule 2.

TESLA. Unité propre à la mesure de l'intensité d'un champ magnétique.

TEXTES PARALLÈLES. En fouille de texte multilingue, deux textes sont dits parallèles si l'un est une traduction de l'autre. L'alignement des textes parallèles établit des correspondances plus fines : au niveau des phrases, ou des mots.

THÉORÈME CENTRAL LIMITE (TCL). Théorème de probabilités qui quantifie l'écart entre une moyenne de variables aléatoires et sa limite obtenue par la LGN.

THÉORIE DE L'APPROXIMATION. Théorie selon laquelle une fonction peut être approchée par des fonctions plus simples (comme des fonctions trigonométriques) en quantifiant l'erreur.

THÉORIE DE LA COMPLEXITÉ. Branche des mathématiques dont l'objectif est de catégoriser la difficulté des algorithmes de calcul ou de traitement des données.

THÉORIE DE LA DÉCISION. Branche des mathématiques, très liée à la théorie des jeux et à la statistique, recherchant et étudiant les stratégies optimales pour un agent plongé dans un environnement incertain et cherchant à minimiser un risque.

THÉORIE DE L'ÉVOLUTION. Théorie élaborée par Charles Darwin expliquant l'évolution des espèces par sélection naturelle. Elle a inspiré certains algorithmes de l'Intelligence Artificielle et de la Robotique, qui procèdent par sélection successive de solutions en utilisant des méthodes stochastiques.

THÉORIE DE SHANNON. Aussi connue sous le nom de « Théorie de l'Information » (1948), elle permet, en particulier, de quantifier le continu en information d'un ensemble de messages.

THÉORIE DES MATRICES ALÉATOIRES. Branche de la théorie des probabilités qui s'intéresse aux propriétés des matrices dont les coefficients sont des variables aléatoires.

THÉORIE DES SONDAGES. Ensemble de méthodes statistiques dont l'objectif est d'estimer avec la plus grande précision possible les caractéristiques d'une population cible à partir d'un échantillon* tiré aléatoirement.

THERMOCOUPLE. Capteur de température constitué de deux métaux différents reliés l'un à l'autre par une extrémité. Lorsque la température de la jonction des métaux varie, il se produit une variation de tension entre les extrémités libres des métaux, qui peut être convertie en température.

THERMOÉLECTRICITÉ. Permet la transformation d'énergie calorique (ou thermique) en énergie électrique, ou l'inverse. Ses applications concernent soit le micro-refroidissement (effet Peltier), soit la production d'électricité à partir d'une source de chaleur (effet Seebeck).

TOMOGRAPHIE SISMIQUE. Procédé d'imagerie sismique consistant à reconstruire les variations spatiales des vitesses de propagation des ondes sismiques en profondeur à partir de sismogrammes* enregistrés à la surface.

TRANSCRIPTOMIQUE. Étude de l'ensemble des ARN* messagers produits lors du processus de transcription d'un génome*. La métatranscriptomique étudie le métatranscriptome constitué des ARN présents dans une population ou communauté d'organismes vivants.

TRANSFORMATION NON-LINÉAIRE. Opération qui n'est pas une simple proportionnalité.

TRANSISTOR. Composant élémentaire actif à la base du fonctionnement de la plupart des dispositifs électroniques actuels. Un transistor peut être vu comme un « robinet » régulant la circulation d'un courant électrique.

TRANSPOSONS. Éléments d'ADN* qui peuvent se déplacer d'un endroit à un autre sur un même brin d'ADN ou sur un autre brin. On les trouve dans tous types de génomes* et d'organismes (eucaryotes* unicellulaires ou pluricellulaires, bactéries, etc.).

TREEMAP (arbre planaire). Représentation graphique d'un arbre sous forme d'une carte où chaque région, généralement rectangulaire, représente un nœud de l'arbre et est imbriquée dans la région représentant le nœud parent.

TRIPLET RDF. De la forme (sujet, prédicat, objet), où le sujet représente une ressource à décrire, le prédicat représente une propriété, et l'objet représente la valeur associée. Il permet d'associer une métadonnée à une ressource dans le langage de métadonnées standard RDF*.

TRITURAGE DE DONNÉES (*data dredging*). Recherche systématique de corrélations entre variables sans avoir établi une hypothèse à l'avance. Sans une méthode scientifique rigoureuse, il est impossible de distinguer les coïncidences des vraies associations statistiquement significatives.

TUBES PNEUMATIQUES. Capteurs constitués de tubes pneumatiques en caoutchouc noir qui transmettent les variations de pression d'air, provoquées par le passage des véhicules.

UCINET. Outil d'analyses des réseaux sociaux, issu du domaine des sciences sociales. Il a la particularité de proposer un grand nombre d'analyses issues des réseaux sociaux et de travailler par le biais d'analyses à permutations.

UNITÉ DE MESURE INERTIELLE (UMI). Système de navigation autonome qui enregistre les mouvements, la position en 3D et l'angle de rotation d'un objet ou d'un animal permettant ainsi de reconstituer la trajectoire à partir d'un point de départ connu.

UNITÉ TERMINOLOGIQUE. Mot ou séquence de mots techniques utilisé dans un domaine spécifique (*e.g.* « guerre tiède » dans le domaine des relations internationales).

URI (*Uniform Resource Identifier*). Courte chaîne de caractères identifiant une ressource sur un réseau (par exemple, une ressource Web) physique ou abstraite, et dont la syntaxe respecte une norme d'Internet mise en place pour le Web.

URL (*Uniform Resource Locator*). Identifiant unique d'une ressource sur le Web, également appelée « adresse Web », par exemple www.example.com/chemin/vers/information.

VARIABILITÉ OCÉANIQUE. Ensemble des changements cohérents dans le temps et l'espace des propriétés océaniques, comme la température ou les courants.

VARIABILITÉ PHÉNOTYPIQUE. Variabilité des caractères morphologiques et physiologiques d'un individu.

VIRGULE FLOTTANTE. Représentation dans les ordinateurs des nombres réels sous la forme d'une mantisse et d'un exposant.

VOXEL. Le voxel (contraction de « *volumetric pixel* ») est un pixel en 3D. Il consiste à stocker une information colorimétrique avec ses coordonnées spatiales, voire temporelles, de positionnement ainsi que, facultativement, une taille relative à l'unité utilisée ou d'autres informations telles qu'une matière.

W3C. Le World Wide Web Consortium regroupe une communauté internationale qui développe des standards ouverts pour assurer le développement à long terme du Web. Le W3C agit dans le respect de codes éthiques et de standards de mise en œuvre professionnels. Le W3C est en particulier responsable du développement des standards autour du Web sémantique.

WARC (*Web ARChive format*). Format standard, normalisé par l'ISO, pour la représentation d'archives Web.

WEB 2.0. Le Web 2.0 désigne la seconde phase du développement du Web, notamment marquée par la transition de pages statiques à des contenus dynamiques largement alimentées par les utilisateurs *via* les réseaux sociaux.

WEB SOCIAL. Version de l'Internet caractérisée par plus d'interactivité entre les utilisateurs *via* des plateformes adaptées à une forme numérique de socialisation. Les réseaux sociaux ou les blogs sont des exemples de Web social.

WIKI. Application Web développée à partir de 1995 par Ward Cunningham pour faciliter écriture et la publication collaborative en ligne.

WLCG (*Worldwide LHC Computing and Grid*). Grille de calcul mondiale.

XML (*eXtensible Markup Language*). Modèle de données très utilisé pour le stockage des documents avec leur structure, ainsi que pour l'échange de données sur le Web. En particulier, les documents HTML modernes sont souvent stockés et transmis en XML.

ZIGBEE. Protocole de communication basse consommation, moyenne distance (quelques dizaines de mètres), basée sur le standard IEEE 802.15.4*.

Contributeurs

Les laboratoires et structures sont présentées en page 359.
Les organismes et établissements sont présentés en page 363.

Serge ABITEBOUL. Informaticien, Directeur de Recherche à l'Inria, Professeur affilié à l'ENS Cachan, LSV, Cachan, p. 38.
serge.abiteboul@inria.fr

Jacky AKOKA. Systèmes d'Information, Professeur, Titulaire de Chaire au Cnam, CEDRIC, Paris, p. 128.
jacky.akoka@lecnam.net

Alexandre ALLAUZEN. Informaticien, Maître de Conférences, LIMSI, Université Paris Sud, Orsay, p. 148.
allauzen@limsi.fr

Bernd AMANN. Informaticien, Professeur à l'Université Pierre et Marie Curie, LIP6, Paris, p. 104.
bernd.amann@upmc.fr

Sihem AMER-YAHIA. Informaticienne, Directrice de Recherche au CNRS, LIG, Grenoble, p. 192, p. 272.
sihem.amer-yahia@cnrs.fr

Gabriel ANTONIU. Informaticien, Spécialiste en gestion de données à grande échelle, Directeur de Recherche à l'Inria, Rennes, p. 114.
gabriel.antoniu@inria.fr.

Alain ASPECT. Professeur à l'Institut d'Optique et à l'École Polytechnique, Directeur de Recherche émérite au CNRS, LCF, Palaiseau, p. 322.
alain.aspect@institutoptique.fr

David AUBER. Visualisation d'Information, Maître de Conférences HDR, LaBRI, Université de Bordeaux 1, Talence, p. 152.
david.auber@labri.fr

Francis BACH. Informaticien, Directeur de Recherche à l'Inria, DI-ENS Paris, p. 150.
francis.bach@inria.fr

Giuseppe BALDACCI. Biologiste, Professeur à l'Université Paris Diderot, Directeur de l'IJM, Paris, p. 205.
giuseppe.baldacci@ijm.fr

Arnaud BANOS. Géographe, Directeur de Recherche au CNRS, Géographie-cités, Paris, p. 162.
arnaud.banos@parisgeo.cnrs.fr

Éric BAPTESTE. Evolution microbienne, Directeur de Recherche au CNRS, IBPS, Université Pierre et Marie Curie, Paris, p. 226.
eric.bapteste@upmc.fr

Jean-Michel BATTO. Ingénieur spécialisé en génie logiciel, Responsable Informatique de Micalis, Jouy-en-Josas, p. 232.
jean-michel.batto@inra.fr

Michel BEAUDOUIN-LAFON. Interaction Homme-Machine, Professeur d'informatique, LRI, Université Paris Sud, Orsay, p. 152.
mbl@lri.fr

Patrice BELLOT. Informaticien, Professeur à Aix-Marseille Université, LSIS, Marseille, p. 180.
patrice.bellot@univ-amu.fr

Alain BERNARD. Génie Industriel, Professeur, École centrale de Nantes, LS2N, Nantes, p. 288.
alain.bernard@ec-nantes.fr

Françoise BERTHOUD. Ingénieure de Recherche en Informatique, LPMMC, EcoInfo, Grenoble, p. 84.
francoise.berthoud@grenoble.cnrs.fr

Laure BERTI-EQUILLE. Informaticienne, Directrice de Recherche à l'IRD, ESPACE DEV, Montpellier, en disponibilité au Qatar Computing Research Institute, HBKU, Qatar, p. 64.
lberti@qf.org.qa

Philippe BESSE. Mathématicien, Professeur à l'Université de Toulouse, INSA, IMT, Toulouse, p. 123.
philippe.besse@insa-toulouse.fr

Gérard BIAU. Statisticien, Professeur à l'Université Pierre et

Marie Curie, LSTA, Paris, p. 134.
gerard.biau@upmc.fr

Michel BIDOIT. Directeur de Recherche au CNRS, Directeur de l'INS2I-CNRS, Paris, p. 326.
michel.bidoit@cnrs-dir.fr

Nicole BIDOIT-TOLLU. Informaticienne, Professeur à l'Université Paris-Sud, LRI, Orsay, p. 24.
nicole.bidoit@lri.fr

Lucie BITTNER. Évolutionniste, Maître de Conférences à l'Université Pierre et Marie Curie, IBPS, Paris, p. 238.
lucie.bittner@upmc.fr

Mathias BLANC. Sociologie et Études des cultures visuelles, IRHiS, Coordinateur scientifique ANR VISUALL, Lille, p. 158.
mathias.blanc@univ-lille3.fr

Marc BOCQUET. Micro-électronicien, Maître de Conférences à Aix-Marseille Université, IM2NP, Marseille, p. 76, p. 320.
marc.bocquet@univ-amu.fr

François BODIN. Informaticien, Professeur à l'Université de Rennes 1, Irisa, Rennes, p. 112.
bodin@irisa.fr

Iovka BONEVA. Informaticienne, Maître de Conférences, CRISTAL, Université de Lille, Lille, p. 89.
iovka.boneva@univ-lille1.fr

Angela BONIFATI. Informaticienne, Professeur à l'Université de Lyon 1, LIRIS, Lyon, p. 98.
angela.bonifati@univ-lyon1.fr

Omar BOUCELMA. Informaticien, Professeur à Aix-Marseille Université, LSIS, Marseille, p. 60.
omar.boucelma@univ-amu.fr

Mohand BOUGHANEM. Informaticien, Professeur à l'Université Paul Sabatier, IRIT Toulouse, p. 172.
mohand.boughanem@irit.fr

Dominique BOULLIER. Professeur au CDH, EPFL, Directeur du Social Media Lab, Lausanne, p. 278.
dominique.boullier@epfl.ch

Mokrane BOUZEGHOUB. Informaticien, Professeur à l'Université de Versailles Saint-Quentin, Directeur adjoint scientifique de l'INS2I-CNRS, Paris, p. 16, p. 21, p. 314, p. 326.
mokrane.bouzeghoub@cnrs-dir.fr

Chris BOWLER. Biologiste des Génomes, Directeur de Recherche au CNRS, Institut de Biologie de l'ENS, Paris, p. 238.
cbowler@biologie.ens.fr

Anne BOYER. Informaticienne, Professeur à l'Université de Lorraine, Présidente de la Fondation UNIT, LORIA, Nancy, p. 196.
anne.boyer@univ-lorraine.fr

Pascal BULÉON. Géographe, Directeur de Recherche au CNRS, Président de la TGIR PROGEDO, Directeur de la MRSH, Caen, p. 36.
pascal.buleon@wanadoo.fr

Jean-Michel CAMADRO. Biochimiste, Directeur de Recherche au CNRS, Chef d'équipe à l'Institut Jacques Monod, Paris, p. 224.
jean-michel.camadro@ijm.fr

Olivier CAPPÉ. Informaticien, Directeur de Recherche au CNRS, Responsable du Département STIC, Université Paris-Saclay, Saclay, p. 56, p. 314.
olivier.cappe@universite-paris-saclay.fr

Alain CAPPY. Électronicien, Professeur à l'Université de Lille, IRCICA, Villeneuve d'Ascq, p. 82.
alain.cappy@ircica.univ-lille1.fr

Antonio A. CASILLI. Sociologue, Maître de conférences à Télécom-ParisTech, I3, Paris, p. 276.
casilli@telecom-paristech.fr

Céline CASTETS-RENARD. Professeure à l'Université Toulouse 1, Membre Junior de l'IUF, Directrice adjointe de l'IRDEIC, Toulouse, p. 304.
celine.castets@ut-capitole.fr

Jean CHARLET. Chercheur en Ingénierie des Connaissances, Chargé de mission à l'AP-HP, LIMICS, Paris, p. 252.
jean.charlet@upmc.fr

Hugues CHATÉ. Physicien au CEA, SPEC, Saclay, p. 46.
hugues.chate@cea.fr

Raja CHATILA. Robotique et Intelligence Artificielle, Directeur de Recherche au CNRS, ISIR, Paris, p. 316.
raja.chatila@isir.upmc.fr

David CHAVALARIAS. Sciences Sociales Computationnelles et Humanités Numériques, Directeur de Recherche au CNRS, EHESS-CAMS, Paris, p. 188.
david.chavalarias@ehess.fr

Hervé CHNEIWEISS. Neurologue et Neurobiologiste, Directeur de Recherche au CNRS, Directeur du LNPS-IBPS, Président

du Comité d'éthique de l'Inserm, Paris, p. 260.
herve.chneiweiss@inserm.fr

Simon CHOLLET. Informatique et Instrumentation, Ingénieur de Recherche au CNRS, CEREEP-Ecotron Ile-de-France, Saint-Pierre-les-Nemours, p. 242.
simon.chollet@ens.fr

Rémy CHOQUET. Chercheur associé en Sciences des Données de Santé, LIMICS, Directeur opérationnel BNDMR, AP-HP, Paris, p. 252.
remy.choquet@aphp.fr

Philippe CINQUIN. Mathématicien, Médecin, Spécialiste de l'Informatique Médicale, PU-PH, Université Grenoble Alpes & CHU Grenoble Alpes, TIMC-IMAG, Grenoble, p. 256.
philippe.cinquin@imag.fr

Marianne CLAUSEL. Maître de Conférences à l'Université Grenoble Alpes, LJK, Grenoble, p. 272.
marianne.clausel@imag.fr

Vincent CLAVEAU. Informaticien, Chargé de Recherche au CNRS, IRISA, Rennes, p. 56.
vincent.claveau@irisa.fr

Laurent CLAVIER. Télécommunications, Professeur à Télécom Lille, Université de Lille, IEMN, Lille, p. 72.
laurent.clavier@telecom-lille.fr

Philippe CODOGNET. Professeur d'Informatique à l'Université Pierre et Marie Curie, LIP6, Directeur du Bureau du CNRS pour l'Asie du Nord, Maison Franco-Japonaise, Tokyo, p. 52.
philippe.codognet@cnrs.fr

Sarah COHEN-BOULAKIA. Informaticienne, Maître de Conférences à l'Université Paris-Sud, LRI, Orsay, p. 100.
cohen@lri.fr

Jean-Philippe COINTET. Sociologie Computationnelle, Chercheur au LISIS, Champs-sur-Marne, p. 182.
jean-philippe.cointet@polytechnique.edu

Christine COLLET. Professeur à L'Institut Polytechnique de Grenoble, LIG, Directrice du GdR MaDICS, Grenoble, p. 40.
christine.collet@grenoble-inp.fr

Christophe COLLET. Professeur à l'Université de Strasbourg, Télécom Physique Strasbourg, iCube, Strasbourg, p. 110.
c.collet@unistra.fr

Philippe COMBETTE. Professeur à l'Université de Montpellier, IES, Directeur du Département Capteurs Composants et Systèmes, Montpellier, p. 66.
philippe.combette@ies.univ-montp2.fr

Hadrien COMMENGES. Géographe, Maître de Conférences, Université Paris 1 Panthéon-Sorbonne, Paris, p. 162.
hadrien.commenges@univ-paris1.fr

Emmanuel COQUERY. Informaticien, Maître de Conférences à l'Université de Lyon 1, LIRIS, Lyon, p. 98.
emmanuel.coquery@univ-lyon1.fr

Pierre CORVOL. Médecin, Professeur émérite au Collège de France, Membre de l'Académie des Sciences, Paris, p. 247.
pierre.corvol@college-de-france.fr

Joëlle COUTAZ. Interaction Homme-Machine, Intelligence Ambiante, Professeur émérite, LIG, Université Grenoble Alpes, Grenoble, p. 286.
joelle.coutaz@imag.fr

James L. CROWLEY. Robotique, Vision, Interaction Multimodal, Intelligence Ambiante, Professeur, Inria, INP, Grenoble, p. 286.
james.crowley@inria.fr

Walid DABBOUS. Réseaux de Communication, Directeur de Recherche à l'Inria, Sophia Antipolis, p. 74.
walid.dabbous@inria.fr

Béatrice DAILLE. Informaticienne, Traitement Automatique des Langues, Professeur à l'Université de Nantes, LS2N, Nantes, p. 118.
beatrice.daille@univ-nantes.fr

Philippe DANDIN. Ingénieur à Météo-France, CNRM, Toulouse, p. 30.
philippe.dandin@meteo.fr

Jérôme DARMONT. Informaticien, Professeur à l'Université Lumière Lyon 2, Directeur de l'ERIC, Lyon, p. 132.
jerome.darmont@univ-lyon2.fr

Laurent DAUDET. Spécialiste de Traitement du Signal pour la Physique des Ondes, Professeur à l'Université Paris Diderot, Institut Langevin, Directeur Technique de LightOn, Paris, p. 68.
laurent.daudet@espci.fr

Paule-Annick DAVOINE. Maître de Conférences, HDR,

Grenoble-INP, LIG, p. 272.
paule-annick.davoine@imag.fr

Michel DAYDÉ.
Informaticien, Professeur à l'INP Toulouse, Délégué Scientifique au CNRS, IRIT, Toulouse, p. 80.
michel.dayde@irit.fr

Bruno DEFUDE.
Informaticien, Professeur à Telecom Sud Paris, SAMOVAR, Évry, p. 94.
bruno.defude@telecom-sudparis.eu

Jean-Paul DELAHAYE.
Mathématicien et Informaticien, Professeur Émérite à l'Université de Lille, CRISTAL, Lille, p. 116.
jean-paul.delahaye@univ-lille1.fr.

Sébastien DENVIL. Ingénieur de Recherche au CNRS, IPSL, Paris, p. 216.
sebastien.denvil@ipsl.jussieu.fr

Cristinel DIACONU.
Physicien des Hautes Énergies, Directeur de Recherche au CNRS, CPPM, Marseille, p. 78.
diaconu@cppm.in2p3.fr

Joël DORÉ. Microbiologiste, Directeur de Recherche à l'INRA, Micalis et Metagenopolis, Jouy-en-Josas, p. 232.
joel.dore@inra.fr

Anne DOUCET.
Informaticienne, Professeur à l'Université Pierre et Marie Curie, LIP6, Paris, p. 24.
anne.doucet@lip6.fr

Gilles DOWEK. Directeur de Recherche à l'Inria, Professeur à l'ENS Cachan, Président du Conseil Scientifique de la SiF, Cachan, p. 330.
gilles.dowek@inria.fr

Jean-Louis DUFRESNE.
Physicien du Climat, Directeur de Recherche au CNRS, LMD, IPSL, École Polytechnique, Université Pierre et Marie Curie, Paris, p. 216.
jean-louis.dufresne@lmd.jussieu.fr

Mélanie DULONG DE ROSNAY. Droit et Sciences de la communication, Chargée de Recherche au CNRS, ISCC, Paris, p. 90.
melanie.dulong@cnrs.fr

Jean-Guillaume DUMAS.
Sécurité Informatique, Professeur de l'Université Grenoble Alpes, LJK, Grenoble, p. 298.
jean-guillaume.dumas@imag.fr

Françoise DUPONT.
Statisticienne, Insee, Paris, p. 302.
francoise.dupont@insee.fr

Marc DURANTON.
Architecte de Circuits d'Ordinateurs, Expert International au CEA, DACLE. Saclay, p. 26.
marc.duranton@cea.fr

Damien EVEILLARD.
Bioinformaticien et Biologiste des Systèmes, Maître de Conférences à l'Université de Nantes, Nantes, p. 236.
damien.eveillard@univ-nantes.fr

Emmanuel EVENO.
Géographe, Professeur à l'Université de Toulouse 2, Directeur du LISST-Cieu, Toulouse, p. 282.
eveno@univ-tlse2.fr

Jessica EYNARD. Protection et Circulation des Données Personnelles, Maître de conférences à l'Université de Toulouse 1, Institut de Droit Privé, Toulouse, p. 306.
jessica_eynard@yahoo.fr

Hervé FANET. Capteurs et Électronique, Conseiller Scientifique au CEA, Leti, Grenoble, p. 26.
herve.fanet@cea.fr

Denis FAURE.
Microbiologiste, Directeur de Recherche au CNRS, I2BC, Gif-sur-Yvette, p. 222.
denis.faure@i2bc.paris-saclay.fr

Françoise FOGELMAN-SOULIÉ. Informaticienne, School of Computer Software, Tianjin University, China, p. 142.
soulie@tju.edu.cn

Alain FOUCARAN.
Professeur à l'Université de Montpellier, Directeur de l'IES, Montpellier, p. 66.
alain.foucaran@ies.univ-montp2.fr

Jean-Philippe FOY. Chercheur et Oncologue, Centre Léon Bérard, Centre de Recherche en Cancérologie de Lyon, Lyon, p. 254.
jeanphilippe.foy@lyon.unicancer.fr

Roberto FREGA. Philosophe, Chargé de Recherche au CNRS, Institut Marcel Mauss, Paris, p. 292.
fregarob@gmail.com

Yves FRÉGNAC.
Neuroscience, Information et Complexité, Directeur de Recherche au CNRS, Professeur en Sciences Cognitives à l'École Polytechnique, Gif-sur-Yvette, p. 318.
fregnac@unic.cnrs-gif.fr

Christine FROIDEVAUX.
Informaticienne, Professeure à l'Université de Paris Sud, LRI, Orsay, p. 94.
christine.froidevaux@lri.fr

Patrick GALLINARI.
Informaticien, Professeur à l'Université Pierre et Marie Curie, LIP6, Paris, p. 182.
patrick.gallinari@lip6.fr

Jean-Gabriel GANASCIA. Informaticien, Spécialiste en Intelligence Artificielle, Professeur à l'Université Pierre et Marie Curie, LIP6, Paris, p. 192.
jean-gabriel.ganascia@lip6.fr

Pierre GANÇARSKI. Professeur à l'Université de Strasbourg, iCUBE, Strabourg, p. 40.
pierre.gancarski@unistra.fr

Fabien GANDON. Informaticien, Directeur de Recherche à l'Inria, Responsable Scientifique de l'équipe Wimmics, Représentant de l'Inria au W3C, Sophia Antipolis, p. 176.
fabien.gandon@inria.fr

Emmanuel GANGLER. Cosmologiste Observationnel, Directeur de Recherche au CNRS, LPC, Clermont-Ferrand, p. 206.
gangler@clermont.in2p3.fr

Claire GARDENT. Linguiste Informaticienne, Directrice de Recherche au CNRS, LORIA, Nancy, p. 130.
claire.gardent@loria.fr

Aurélien GARIVIER. Modélisation aléatoire et Apprentissage Statistique, Professeur des Universités à l'Université Paul Sabatier, IMT, Toulouse, p. 154.
aurelien.garivier@math.univ-toulouse.fr

Éric GARNIER. Écologue fonctionnel, Directeur de Recherche au CNRS, Chargé de Mission Écoinformatique, Centre de Synthèse et d'Analyse sur la Biodiversité, Aix-en-Provence, p. 234.
eric.garnier@cefe.cnrs.fr

Josselin GARNIER. Mathématicien, Professeur à l'École Polytechnique, Palaiseau, p. 214.
josselin.garnier@polytechnique.edu

Éric GAUSSIER. Professeur d'Informatique à l'Université Grenoble Alpes, Directeur du LIG, Grenoble, p. 174.
eric.gaussier@imag.fr

Alexandre GEFEN. Chargé de Recherche au CNRS, CELLF, Paris, p. 54.
alexandre.gefen@paris-sorbonne.fr

Eva-Maria GEIGL. Paléogénéticienne, Directrice de Recherche au CNRS, Institut Jacques Monod, Paris, p. 228.
eva-maria.geigl@ijm.fr

Françoise GENOVA. Astronome, Directrice de Recherche au CNRS, Co-Présidente du Technical Advisory Board de la Research Data Alliance, OAS, Strasbourg, p. 328.
francoise.genova@astro.unistra.fr

François GOASDOUÉ. Informaticien, Professeur à l'Université Rennes 1, ENSSAT-IRISA, Lannion, p. 96.
fg@irisa.fr

Paola GOATIN. Mathématicienne, Directrice de Recherche à l'Inria, Sophia Antipolis, p. 124.
paola.goatin@inria.fr

Camelia GOGA. Statisticienne, Maître de Conférences, IMB, Université de Bourgogne, Dijon, p. 140.
camelia.goga@u-bourgogne.fr

Thierry GRANGE. Biologiste Moléculaire, Directeur de Recherche au CNRS, Institut Jacques Monod, Paris, p. 228.
thierry.grange@ijm.fr

Philippe GRANGIER. Directeur de Recherche au CNRS, Professeur à l'École Polytechnique, LCF, Institut d'Optique, Palaiseau, p. 322.
philippe.grangier@institutoptique.fr

Daniela GRIGORI. Informaticienne, Professeur à l'Université Paris Dauphine, LAMSADE, Paris, p. 104.
daniela.grigori@dauphine.fr

Gilles GRIMAUD. Informaticien, Professeur à l'Université Lille 1, IRCICA, Lille, p. 70.
gilles.grimaud@univ-lille1.fr

Pascal GRISET. Historien, Professeur à l'Université Paris-Sorbonne, Directeur de l'ISCC, Paris, p. 308.
pascal.griset@cnrs.fr

David GROSS-AMBLARD. Informatique, Professeur à l'Université Rennes 1, Irisa, Rennes, p. 194.
david.gross-amblard@irisa.fr

Mohand-Saïd HACID. Informaticien, Spécialiste en Gestion et Sécurité des Données, Professeur à l'Université Claude Bernard Lyon 1, Directeur du LIRIS, Villeurbanne, p. 114.
mohand-said.hacid@liris.cnrs.fr

Florent HAUTEFEUILLE. Archéologue, Maître de Conférences HDR à l'Université de Toulouse, TRACES, Toulouse, p. 274.
florent.hautefeuille@univ-tlse2.fr

Catherine JEANDEL. Océanographe, Géochimiste, Directrice de Recherche au CNRS, LEGOS, Toulouse, p. 210.
catherine.jeandel@legos.obs-mip.fr

Dominique JOLY. Biologie évolutive, Directrice de Recherche au CNRS, EGCE, Directrice

Adjointe Scientifique CNRS-INEE, Paris, p. 222.
dominique.joly@cnrs-dir.fr

Pierre JOLY. Écologue, Professeur à l'Université Claude Bernard Lyon1, Villeurbanne, p. 50.
pierre.joly@univ-lyon1.fr

Bertrand JOUVE. Mathématicien, Directeur de Recherche au CNRS, FRAMESPA, IMT, Toulouse, p. 274.
jouve@univ-tlse2.fr

Romain JULLIARD. Écologue, Professeur au Muséum National d'Histoire Naturelle, CESCO, Paris, p. 194.
julliard@mnhn.fr

Balázs KÉGL. Informaticien, Directeur de Recherche au CNRS, Intelligence Artificielle, LAL, Orsay, p. 264, p. 314.
kegl@lal.in2p3.fr

Claude KIRCHNER. Conseiller du PDG de l'Inria, Bordeaux, p. 326.
claude.kirchner@inria.fr

Pascal LAFOURCADE. Sécurité Informatique, Chaire de Confiance Numérique de l'Université d'Auvergne, LIMOS, Clermont-Ferrand, p. 298.
pascal.lafourcade@udamail.fr

Matthieu LATAPY. Informaticien, Directeur de Recherche au CNRS, LIP6, Paris, p. 188.
matthieu.latapy@lip6.fr

Sandra LAUGIER. Professeure de Philosophie à l'Université Paris 1 Panthéon Sorbonne, Paris, p. 267.
sandra.laugier@cnrs-dir.fr

Pierre LEBER. Biologiste Moléculaire, Directeur de l'IG, Évry, p. 220.
pleber@genoscope.cns.fr

Céline LE BOHEC. Écologue, Chargée de Recherche au CNRS, IPHC, LIA 647, Strasbourg, p. 240.
celine.lebohec@iphc.cnrs.fr

Florence LE CAM. Sciences de l'Information et de la Communication, Chaire de Journalisme à l'Université libre de Bruxelles, ReSIC et CRAPE-Arènes, Bruxelles, p. 280.
flecam@ulb.ac.be

Hervé LE CROSNIER. Informatique et Sciences de l'Information et de la Communication, Enseignant Chercheur à l'Université de Caen Normandie, Caen, p. 324.
herve.lecrosnier@unicaen.fr

Laurent LEFÈVRE. Chargé de Recherche à l'Inria, EcoInfo, LIP, Lyon, p. 84.
laurent.lefevre@ens-lyon.fr

Gaëlle LELANDAIS. Bioinformaticienne, Maître de Conférences à l'Université Paris Diderot, Institut Jacques Monod, Paris, p. 224.
gaelle.lelandais@u-psud.fr

Claire LEMERCIER. Historienne, Directrice de Recherche au CNRS, CSO, Paris, p. 268.
claire.lemercier@sciencespo.fr

Franck LETHIMONNIER. Directeur de l'ITMO-TS, Alliance Aviesan, CEA, Inserm, p. 34.
franck.lethimonnier@cea.fr

Claire LEVALLOIS-BARTH. Maître de Conférences en Droit, Coordinatrice de la Chaire Valeurs et Politiques des Informations Personnelles de l'Institut Mines-Télécom, I3, Paris, p. 58.
claire.levallois@mines-telecom.fr

Gregory LEWKOWICZ. Philosophe du Droit, Professeur à l'Université libre de Bruxelles, Centre Perelman, Bruxelles, p. 92.
glewkowi@ulb.ac.be

Giuseppe LONGO. Informatique, Logique et Épistémologie, Directeur de Recherche au CNRS, Centre Cavaillès, Membre Associé de l'IEA Nantes, Paris, p. 144.
giuseppe.longo@ens.fr

Olivier LOPEZ. Statisticien. Professeur à l'Université Pierre et Marie Curie, LSTA. Directeur de l'ISUP, Paris, p. 296.
olivier.lopez@upmc.fr

Philippe LOPEZ. Evolution et Bioinformatique, Maître de Conférences à l'Université Pierre et Marie Curie, IBPS, Paris, p. 226.
philippe.lopez@upmc.fr

Jean-Michel LOUBES. Mathématicien, Professeur des Universités, Toulouse, p. 124.
loubes@math.univ-toulouse.fr

Yvon MADAY. Professeur en Mathématiques Appliquées à l'Université Pierre et Marie Curie et à l'IUF, LJLL, Paris, p. 313.
maday@ann.jussieu.fr

Anne MAÎTRE. Professeur des Universités, Praticien Hospitalier au CHU Grenoble Alpes, TIMC, Grenoble, p. 262.
anne.maitre@univ-grenoble-alpes.fr

Fairouz MALEK. Physicienne des Particules, Directrice de Recherche au CNRS, LPSC, Grenoble, p. 208.
fairouz.malek@in2p3.fr

Nathalie MANAUD. Biologiste, Adjointe au Directeur de l'ITMO-TR d'Aviesan, CEA, Paris, p. 248.
nathalie.manaud@cea.fr

Jean-François MANGIN. Neuroimagerie, Directeur de Recherche au CEA, Neurospin, I2BM, Saclay, p. 250.
jfmangin@cea.fr

Ioana MANOLESCU-GOUJOT. Gestion des Données et des Connaissances, Directrice de Recherche à l'Inria, LIX, École Polytechnique, Palaiseau, p. 102.
ioana.manolescu@inria.fr

Michaël MANUEL. Biologiste Spécialiste de l'Évolution, Professeur à l'Université Pierre et Marie Curie, IBPS, Paris, p. 48.
michael.manuel@upmc.fr

Patrick MARCEL. Informaticien, Maître de Conférences HDR, Université François Rabelais, Tours, p. 132.
patrick.marcel@univ-tours.fr

Amélie MARIAN. Docteur en Informatique, Associate Professor, Rutgers University, New Jersey, p. 186.
amelie@cs.rutgers.edu

Yousri MARZOUKI. Psychologie Cognitive et Modélisation Statistique Appliquée aux Sciences Comportementales, Maître de Conférences à Aix-Marseille Université, Laboratoire de Psychologie Cognitive, Marseille, p. 190.
yousri.marzouki@univ-amu.fr

Pascal MASSART. Mathématicien, Professeur à l'Université Paris-Sud, LMO, Orsay, p. 134.
pascal.massart@math.u-psud.fr

Marion MASSOL. Ingénieur de Recherche en Informatique, Responsable du Département Archivage Pérenne, CINES, Montpellier, p. 78.
massol@cines.fr

Guillaume MAZE. Océanographe Physicien, Chargé de Recherche à l'IFREMER, LOPS, Brest, p. 212.
gmaze@ifremer.fr

Nathalie MITTON. Réseaux, Directrice de Recherche à l'Inria, CRISTAL, Lille, p. 72.
nathalie.mitton@inria.fr

Alexandre MONNIN. Chercheur à l'Inria, Sophia Antipolis, p. 198.
alexandre.monnin@inria.fr

Rosemary MORROW. Physicienne, Directrice de Recherche au CNAP, LEGOS, Toulouse, p. 212.
rosemary.morrow@legos.obs-mip.fr

Rémy MOSSERI. Physicien, Directeur de Recherche au CNRS, LPTMC, Paris, p. 16, p. 21, p. 46, p. 205.
remy.mosseri@upmc.fr

Nicolas MOUQUET. Écologue, Directeur de Recherche au CNRS, MARBEC, Montpellier, p. 234.
nicolas.mouquet@cnrs.fr

Christophe MULLER. Physicien, Directeur de Recherche au CNRS, Professeur Détaché d'Aix-Marseille Université, Marseille, p. 76, p. 320.
christophe.muller.1@univ-amu.fr

Amedeo NAPOLI. Informaticien, Directeur de Recherche au CNRS, LORIA, Nancy, p. 136.
amedeo.napoli@loria.fr

Adeline NAZARENKO. Informaticienne, Traitement Automatique des Langues, Professeur à l'Université Paris 13, LIPN, Villetaneuse, p. 118.
adeline.nazarenko@lipn.univ-paris13.fr

Claire NÉDELLEC. Informaticienne, Directrice de Recherche à l'INRA, MaIAGE, Jouy-en-Josas, p. 169.
claire.nedellec@inra.fr

Jean-Marc OGIER. Informaticien, Professeur, Président de l'Université de La Rochelle, La Rochelle, p. 192.
jean-marc.ogier@univ-lr.fr

Étienne OLLION. Sociologie Politique, Chargé de Recherche au CNRS, SAGE, Strasbourg, p. 270.
ollion@unistra.fr

Yann OLLIVIER. Mathématicien, Chargé de Recherche au CNRS, LRI, Gif-sur-Yvette, p. 148.
yann.ollivier@lri.fr

Gabriella PASI. Informaticienne, Professeur à l'Università degli Studi di Milano Bicocca, Milano, Italie, p. 180.
pasi@disco.unimib.it

Antoine PETIT. Professeur en Informatique, Président-Directeur Général d'Inria, Paris, p. 326.
antoine.petit@inria.fr

Jean-Marc PETIT. Professeur à l'Insa Lyon, Président de la SiF, LIRIS, Lyon, p. 330.
jean-marc.petit@insa-lyon.fr

Pascal PETIT. Économiste, Directeur de Recherche émérite au

CNRS, CEPN, Paris, p. 294.
pascal.petit@univ-paris13.fr

Jean-Marie PIERREL. Informatique Linguistique, Professeur à l'Université de Lorraine, ATILF, Nancy, p. 170.
jean-marie.pierrel@atilf.fr

Víctor PLANAS-BIELSA. Mathématicien, Chargé de Recherche au CSM, LIA 647, Monaco, p. 240.
victor.planas@centrescientifique.mc

Jean-Michel POGGI. Statisticien, Professeur à l'Université Paris Descartes, LMO, Paris, p. 126.
jean-michel.poggi@parisdescartes.fr

Jean PONCE. Informaticien, Professeur à l'ENS, Inria, Paris, p. 156.
jean.ponce@ens.fr

Philippe PUCHERAL. Professeur en Informatique à l'Université de Versailles Saint-Quentin, DAVID, Inria, Versailles, p. 106.
philippe.pucheral@inria.fr

Alain PUISIEUX. Pharmacien Biologiste, Chercheur en Cancérologie, Centre Léon Bérard, CRCL, Lyon, p. 254.
alain.puisieux@lyon.unicancer.fr

Denise PUMAIN. Géographe, Professeur à l'Université Paris 1 Panthéon-Sorbonne, Géographie-Cités, Paris, p. 32, p. 162.
pumain@parisgeo.cnrs.fr

Lluis QUINTANA-MURCI. Généticien des Populations, Directeur de Recherche au CNRS, Unité de Génétique Évolutive Humaine, Institut Pasteur, Paris, p. 230.
quintana@pasteur.fr

Gilles RABATEL. Imagerie et Traitement du signal en Environnement Agricole, Directeur de Recherche, IRSTEA, Montpellier, p. 290.
gilles.rabatel@irstea.fr

Alain RALLET. Professeur en Économie à l'Université Paris-Sud, RITM, Sceaux, p. 106.
alain.rallet@u-psud.fr

Olivier RAVEL. Informatique et Instrumentation, Ingénieur de Recherche au CNRS, Écotron Européen de Montpellier, Montferrier -sur-Lez, p. 242.
olivier.ravel@cnrs.fr

David RESTREPO AMARILES. Juriste, Professeur à HEC, Paris, p. 92.
restrepo-amariles@hec.fr

Philippe RIGAUX. Informaticien, Professeur des Universités, Cnam, CEDRIC, Paris, p. 108.
philippe.rigaux@cnam.fr

Benoît ROBYNS. Docteur en Génie Électrique, École des Hautes Études d'Ingénieur, L2EP, Lille, p. 284.
benoit.robyns@hei.fr

Fabrice ROCHELANDET. Économiste, Professeur en Sciences de la Communication à l'Université Sorbonne Nouvelle, IRCAV, Paris, p. 300.
fabrice.rochelandet@univ-paris3.fr

Nathalie ROLLAND. Électronicienne, Professeur à l'Université de Lille 1, IRCICA, Lille, p. 70.
nathalie.rolland@iemn.univ-lille1.fr

Marie-Christine ROUSSET. Professeur à l'Université Grenoble Alpes, Membre senior de l'IUF, LIG, Grenoble, p. 62.
marie-christine.rousset@imag.fr

Anne RUIZ-GAZEN. Statisticienne, Professeur des Universités, Toulouse School of Economics, Université Toulouse Capitole, Toulouse, p. 140.
anne.ruiz-gazen@tse-fr.eu

Arnaud SAHUGUET. Docteur en Informatique, Directeur de l'Incubateur The Foundry à Cornell Tech, New York, p. 186.
arnaud.sahuguet@gmail.com

Pierre SAINTIGNY. Chercheur et Oncologue, Centre Léon Bérard, Centre de Recherche en Cancérologie de Lyon, Lyon, p. 254, p. 258.
pierre.saintigny@lyon.unicancer.fr

Claude SCARPELLI. Informaticien, IG, Genoscope, Évry, p. 220.
claude@genoscope.cns.fr

Valérie SCHAFER. Historienne de l'Informatique et des Réseaux, ISCC, Paris, p. 22.
valerie.schafer@cnrs.fr

Cordelia SCHMID. Informaticienne, Directrice de Recherche à l'Inria, LJK, Grenoble, p. 156.
cordelia.schmid@inria.fr

Pierre SENELLART. Informaticien, Professeur à l'ENS, Paris, p. 200.
pierre@senellart.com

Anne SIEGEL. Bioinformaticienne et Biologiste des Systèmes, Directrice de Recherche au CNRS, IRISA, Rennes, p. 236.
anne.siegel@irisa.fr

Charles SIMON. Physicien de la Matière Condensée, ILL,

Grenoble, p. 218.
simon@ill.fr

Pascal SIMONET. Écologiste Microbien, Directeur de Recherche au CNRS, École Centrale de Lyon, Laboratoire Ampère, Ecully, p. 262.
pascal.simonet@ec-lyon.fr

Fabian SUCHANEK. Informaticien, Maître de Conférences à Télécom ParisTech, Paris, p. 178.
suchanek@telecom-paristech.fr

Cédric SUEUR. Éthologue, Maître de Conférences, IPHC, Strasbourg, p. 184.
cedric.sueur@iphc.cnrs.fr

Julia STOYANOVICH. Informaticienne, Assistant Professeur à Drexel University, Philadelphie, États-Unis, p. 38.
stoyanovich@drexel.edu

Alexandre TERMIER. Informaticien, Professeur à l'Université de Rennes 1, IRISA, Rennes, p. 136.
alexandre.termier@irisa.fr

Virginie THION. Informaticienne, Maître de Conférences à l'Université de Rennes 1, ENSSAT-IRISA, Lannion, p. 96.
virginie.thion@irisa.fr

Bertrand THIRION. Informaticien, Directeur de Recherche à l'Inria, Équipe PARIETAL, Saclay, p. 160.
bertrand.thirion@inria.fr

Farouk TOUMANI. Professeur en Informatique à l'Université Blaise Pascal, Directeur du LIMOS, CNRS, Clermont-Ferrand, p. 206.
ftoumani@isima.fr

Hélène TOUZET. Informaticienne, Directrice de Recherche au CRNS, CRISTAL, Lille, p. 89.
helene.touzet@univ-lille1.fr

Olivier TRÉDAN. Sciences de l'Information et de la Communication, Maître de Conférences à l'IUT de Lannion, CRAPE-Arènes, Lannion, p. 280.
olivier.tredan@univ-rennes1.fr

Jocelyne TROCCAZ. Spécialiste de Robotique et Imagerie Médicale, Directrice de Recherche au CNRS, TIMC-IMAG, Grenoble, p. 256.
jocelyne.troccaz@imag.fr

Alexis TSOUKIÀS. Informaticien, Directeur de Recherche au CNRS, LAMSADE, Paris, p. 292.
tsoukias@lamsade.dauphine.fr

Paola TUBARO. Sociologue et Économiste, Chargée de Recherche au CNRS, LRI, Orsay, p. 276.
paola.tubaro@lri.fr

Patrick VALDURIEZ. Informaticien, Directeur de Recherche à l'Inria, LIRMM, Montpellier, p. 100.
patrick.valduriez@inria.fr

Philippe VANDENKOORNHUYSE. Écologue, Professeur à l'Université de Rennes, Rennes, p. 236.
philippe.vandenkoornhuyse@univ-rennes1.fr

Marc VANHUELE. Expert en Analyse Quantitative du Comportement du Client, Professeur en Marketing, HEC, Paris, p. 28.
vanhuele@hec.fr

Henri VERDIER. Directeur Interministériel du Numérique et du Système d'Information et de Communication de l'État, Paris, p. 45.
henri.verdier@modernisation.gouv.fr

Jean-Philippe VERT. Mathématicien et Bio-informaticien, Directeur de Recherche à Mines ParisTech, Professeur à l'ENS, Paris, p. 146.
jean-philippe.vert@mines-paristech.fr

Denis VEYNANTE. Chercheur en Combustion, Directeur de Recherche au CNRS, Président du Comité Directeur de la Mission Calcul et Données au CNRS, EM2C, Châtenay-Malabry, p. 80.
denis.veynante@em2c.ecp.fr

Alain VIARI. Bioinformaticien, Directeur de Recherche à l'Inria, Grenoble, p. 258.
alain.viari@inria.fr

Régine VIGNES. Biologiste Informaticienne, Professeure à l'Université Pierre et Marie Curie, Paris, p. 50.
regine.vignes_lebbe@upmc.fr

Jean-Pierre VILOTTE. Sismologue, Professeur à l'IPGP, Délégué Scientifique à l'INSU, Paris, p. 214.
vilotte@ipgp.fr

Jean WEISSENBACH. Biologie et Génétique moléculaires, Directeur de Recherche Retraité au CNRS, Membre de l'Académie des Sciences, Genoscope, Évry, p. 220.
jsbach@genoscope.cns.fr

François YVON. Informaticien, Directeur de Recherche au CNRS, LIMSI, Orsay, p. 138.
francois.yvon@limsi.fr

Célia ZOLYNSKI. Professeur Agrégée en Droit Privé à l'Université de Versailles Saint-Quentin, Guyancourt, p. 106.
celia.zolynski@uvsq.fr

Laboratoires et structures

AMPERE LAB. Génie Électrique, Électromagnétisme, Automatique, Microbiologie environnementale et Applications. CNRS/Centrale Lyon/Université de Lyon/Université Claude Bernard Lyon 1/Insa.
www.ampere-lyon.fr

ATILF. Laboratoire Analyse et Traitement Informatique de la Langue Française. CNRS/Université de Lorraine.
www.atilf.fr

CAMS. Centre d'Analyse et de Mathématique Sociales. EHESS/CNRS.
http://cams.ehess.fr

CDS. Centre de Données Astronomiques de Strasbourg. CNRS/Université de Strasbourg.
http://cdsweb.u-strasbg.fr

CEDRIC. Centre d'Études et de Recherche en Informatique et Communications. CNAM.
https://cedric.cnam.fr

CEFE. Centre d'Écologie Fonctionnelle et Évolutive. CNRS/Université de Montpellier/Université Paul-Valéry/EPHE.
www.cefe.cnrs.fr

CELLF. Centre d'Étude de la Langue et des Littératures Françaises. CNRS/Université Paris-Sorbonne.
www.cellf.paris-sorbonne.fr

Centre Léon Bérard. Centre de lutte contre le cancer de Lyon et de Rhône-Alpes.
www.centreleonberard.fr

CEPM. Centre d'Économie de l'Université Paris-Nord. Université Paris 13.
www.univ-paris13.fr

CEREEP Ecotron. Centre de Recherche en Écologie Expérimentale et Prédictive & Ecotron Ile-de-France. CNRS/ENS.
www.foljuif.ens.fr

CESCO. Centre d'Écologie et des Sciences de la Conservation. MNHN/CNRS/Université Pierre et Marie Curie.
http://cesco.mnhn.fr

CINES. Centre Informatique National de l'Enseignement Supérieur.
www.cines.fr

CIRPHLES. Centre International de Recherches en Philosophie, Lettres, Savoirs. ENS/CNRS.
http://cirphles.ens.fr

CMAP. Centre de Mathématiques Appliquées, CNRS/École Polytechnique, Palaiseau.
www.cmap.polytechnique.fr

CNRM. Centre National de Recherches Météorologiques. CNRS/Météo-France.
www.umr-cnrm.fr

CPPM. Centre de Physique des Particules de Marseille. CNRS-IN2P3/Aix-Marseille Université.
www.cppm.in2p3.fr

CRAPE. Centre de recherches sur l'action politique en Europe. CNRS/Université de Rennes 1/Sciences Po Rennes/EHESP.
www.crape.fr

CRCL. Centre de Recherche en Cancérologie de Lyon. Université Claude Bernard Lyon 1/Inserm/CNRS/Centre Léon Bérard.
www.crcl.fr

CRISTAL. Centre de Recherche en Informatique, Signal, et Automatique de Lille. CNRS/Université Lille 1/Centrale Lille.
www.cristal.univ-lille.fr

CSM. Centre Scientifique de Monaco.
www.centrescientifique.mc

CSO. Centre de Sociologie des Organisations. Sciences Po/CNRS.
www.cso.edu

DAVID. Données et Algorithmes pour une Ville Intelligente et Durable, Université de Versailles St Quentin en Yvelines.
www.david.uvsq.fr

ECOTRON. Ecotron Européen de Montpellier. CNRS-INEE.
www.ecotron.cnrs.fr

EGCE. Evolution Génomes Comportement Écologie. Université Paris-Sud/CNRS/IRD.
http://www.egce.cnrs-gif.fr

EM2C. Énergétique Moléculaire et Macroscopique, Combustion. CNRS/Centrale Supélec.
www.em2c.ecp.fr

ERIC. Entrepôts, Représentation et Ingénierie des Connaissances, Université Lumière Lyon 2/Université Claude Bernard Lyon 1, Lyon.
eric.ish-lyon.cnrs.fr

FRAMESPA. France, Amériques, Espagne. Sociétés, Pouvoirs, Acteurs. Université de Toulouse Jean Jaurès/ CNRS.
http://framespa.univ-tlse2.fr

Genoscope. Centre national de séquençage, Institut de Génomique/ CEA.
www.genoscope.cns.fr

Géographie-cités. CNRS/Université Paris 1 Panthéon-Sorbonne/Université Paris 7 Denis Diderot.
www.parisgeo.cnrs.fr

I2BC. Institut de Biologie Intégrative de la Cellule. CEA/CNRS/Université Paris-Sud.
www.i2bc.paris-saclay.fr

I2BM. Institut d'Imagerie Biomédicale. CEA.
http://i2bm.cea.fr

I3. Institut Interdisciplinaire de l'Innovation. CNRS/École Polytechnique/Mines ParisTech/Telecom ParisTech.
www.i-3.fr

IBENS. Institut de Biologie de l'École Normale Supérieure. ENS/ CNRS/Inserm.
www.ibens.ens.fr

IBPS. Institut de Biologie Paris Seine. CNRS/Université Pierre et Marie Curie/Inserm.
www.ibps.upmc.fr

iCUBE. Laboratoire des Sciences de l'Ingénieur, de l'Informatique et de l'Imagerie. CNRS/Université de Strasbourg/ENGEES/Insa Strasbourg.
https://icube.unistra.fr

IEA nantes. Institut des Études Avancées de Nantes.
www.iea-nantes.fr

IEMN. Institut d'électronique de microélectronique et de nanotechnologie. CNRS/ISEN Lille/Université de Valenciennes et du Hainaut-Cambrésis/ Université de Lille 1/Centrale Lille.
www.iemn.fr

IES. Institut d'Électronique de Montpellier. CNRS/Université de Montpellier 2.
www.ies.univ-montp2.fr

IG. Institut de Génomique, CEA.
http://ig.cea.fr

IJM. Institut Jacques Monod. CNRS/Université Paris Diderot.
www.ijm.fr

ILL. Institut Laue-Langevin de Recherche en Science et Technologie Neutroniques.
www.ill.eu

IM2NP. Institut Matériaux Microélectronique Nanosciences de Provence. CNRS/Aix-Marseille Université/ Université de Toulon.
www.im2np.fr

IMB. Institut de Mathématiques de Bourgogne. CNRS/Université de Bourgogne.
https://math.u-bourgogne.fr

IMM. Institut Marcel Mauss. CNRS/EHESS
http://imm.ehess.fr

IMT. Institut de Mathématiques de Toulouse.
www.math.univ-toulouse.fr

IN2P3. Institut National de Physique Nucléaire et de Physique des Particules du CNRS.
www.in2p3.fr

Institut Langevin. Institut Langevin « Ondes et Images ». CNRS/ PSL/ESPCI Paris/Inserm/Université Pierre et Marie Curie/Université Paris Diderot.
www.institut-langevin.espci.fr

IPGP. Institut de Physique du Globe de Paris, CNRS.
www.ipgp.fr

IPHC. Institut Pluridisciplinaire Hubert Curien, CNRS/Université de Strasbourg.
www.iphc.cnrs.fr

IPSL. Institut Pierre-Simon Laplace. CNRS/Université Pierre et Marie Curie/Université Versailles Saint-Quentin en Yvelines/CNES/ CEA/IRD/ENS/École Polytechnique/ Université Paris Diderot/Université Paris-Est Créteil.
www.ipsl.fr

IRCAV. Institut de Recherche sur le Cinéma et l'Audiovisuel. Université Sorbonne Nouvelle.
www.univ-paris3.fr/ea-185-institut-de-recherche-sur-le-cinema-et-l-audiovisuel-ircav--3445.kjsp

IRCICA. Institut de Recherche sur les Composants logiciels et matériels pour l'Information et la Communication Avancée. CNRS/Université de Lille.
www.ircica.univ-lille1.fr

IRDEIC. Institut de Recherche en Droit Européen, International et Comparé. Université Toulouse 1 Capitole.
http://irdeic.ut-capitole.fr

IRHIS. Institut de Recherches Historiques du Septentrion. Université de Lille/CNRS.
http://irhis.recherche.univ-lille3.fr

IRISA. Institut de Recherche en Informatique et Systèmes aléatoires. CNRS/ENS Rennes/Inria/INSA

de Rennes/Institut Mines-Telecom/ Université de Bretagne Sud/Université de Rennes 1.
www.irisa.fr

IRIT. Institut de Recherche en Informatique de Toulouse. CNRS/ INPT/Université Paul Sabatier Toulouse 3/Université Capitole Toulouse 1/ Université Toulouse Jean Jaurès.
www.irit.fr

ISCC. Institut des Sciences de la Communication, CNRS/Paris-Sorbonne/UPMC, Paris.
www.iscc.cnrs.fr

ISIR. Institut des Systèmes Intelligents et de Robotique. CNRS/Université Pierre et Marie Curie.
www.isir.upmc.fr

ISUP. Institut de Statistique de l'UPMC. Université Pierre et Marie Curie.
www.isup.upmc.fr

ITMO TS. Institut Multi-Organismes Technologies pour la Santé. Aviesan.
https://its.aviesan.fr

L2EP. Laboratoire d'Électrotechnique et d'Électronique de Puissance de Lille. Université de Lille/Arts et Métiers ParisTech/Centrale Lille/HEI.
http://l2ep.univ-lille1.fr

L3I. Laboratoire Informatique, Image et Interactions. Université de La Rochelle.
http://l3i.univ-larochelle.fr

LABRI. Laboratoire Bordelais de Recherche en Informatique. CNRS/ Université de Bordeaux/INP Bordeaux.
www.labri.fr

LAL. Laboratoire de l'Accélérateur Linéaire. CNRS IN2P3/Université Paris-Sud.
www.lal.in2p3.fr

LAMSADE. Laboratoire d'Analyse et Modélisation de Systèmes pour l'Aide à la Décision. CNRS/Université Paris Dauphine.
www.lamsade.dauphine.fr

LCF. Laboratoire Charles Fabry. CNRS/Institut d'Optique Graduate School.
www.lcf.institutoptique.fr

LEGOS. Laboratoire d'Études en Géophysique et Océanographie Spatiales. CNRS/IRD/Université Paul Sabatier.
www.legos.obs-mip.fr

LETI. Laboratoire d'Électronique et de Technologie de l'Information. CEA.
www.leti.fr

LI. Laboratoire d'Informatique de l'Université de Tours, Université François Rabelais, Tours.
li.univ-tours.fr

LIA 647. Laboratoire International Associé BioSensib, CNRS/UdS/CSM.
http://www.centrescientifique.mc/fr/ LeaCnrs.aspx

LIG. Laboratoire d'Informatique de Grenoble. CNRS/Grenoble INP/ Inria/Université Grenoble Alpes.
www.liglab.fr

LIMICS. Laboratoire d'Informatique Médicale et d'Ingénierie des Connaissances en eSanté. INSERM/ Université Pierre et Marie Curie/Université Paris 13.
www.limics.fr

LIMOS. Laboratoire d'Information, de Modélisation et d'Optimisation des Systèmes. CNRS/Université Blaise Pascal Clermont-Ferrand 2/Université d'Auvergne Clermont-Ferrand 1/ EMSE.
http://bpm2011.isima.fr

LIMSI. Laboratoire d'Informatique pour la Mécanique et les Sciences de l'Ingénieur. CNRS-INS2I/Université Paris-Sud.
www.limsi.fr

LIP. Laboratoire de l'Informatique du Parallélisme. CNRS/ENS Lyon/ Inria/Université Claude Bernard Lyon 1.
www.ens-lyon.fr/LIP

LIP6. Laboratoire d'Informatique de Paris 6. CNRS/Université Pierre et Marie Curie.
www.lip6.fr

LIPN. Laboratoire d'Informatique de Paris-Nord. CNRS/Université Paris 13.
http://lipn.univ-paris13.fr

LIRIS. Laboratoire d'InfoRmatique en Image et Systèmes d'information. CNRS/Insa Lyon/Université Claude Bernard Lyon 1/Université Lumière Lyon 2/Centrale Lyon.
https://liris.cnrs.fr

LIRMM. Laboratoire d'Informatique, de Robotique et de Microélectronique de Montpellier. CNRS/ Université Montpellier.
www.lirmm.fr

LISST. Laboratoire Interdisciplinaire, Solidarités, Sociétés, Territoires. CNRS/Université Toulouse Jean Jaurès/EHESS/ENSFEA.
http://lisst.univ-tlse2.fr

LIX. Laboratoire d'Informatique de l'École Polytechnique. École Polytechnique/CNRS.
www.lix.polytechnique.fr

LJK. Laboratoire Jean Kuntzmann de Mathématiques Appliquées et d'Informatique. CNRS/INP Grenoble/ Inria/Université Grenoble Alpes.
www-ljk.imag.fr

LJLL. Laboratoire Jacques-Louis Lions. CNRS/Université Pierre et Marie Curie/Université Paris Diderot.
www.ljll.math.upmc.fr

LMD. Laboratoire de Météorologie Dynamique. CNRS/ENS/École Polytechnique/Université Pierre et Marie Curie.
www.lmd.jussieu.fr

LMO. Laboratoire de Mathématiques d'Orsay. CNRS/Université Paris/Sud.
www.universite-paris-saclay.fr/fr/recherche/laboratoire/laboratoire-de-mathematiques-dorsay-lmo

LNPS. Laboratoire Neuroscience Paris Seine-IBPS. CNRS/Inserm/Université Pierre et Marie Curie.
www.ibps.upmc.fr/fr/Recherche/umr-8246

LOPS. Laboratoire d'Océanographie Physique et Spatiale. Ifremer/CNRS/IRD/Université de Bretagne Occidentale.
www.umr-lops.fr

LORIA. Laboratoire Lorrain de Recherche en Informatique et ses Applications. CNRS/Université de Lorraine/Inria.
www.loria.fr

LPC. Laboratoire de Psychologie Cognitive. CNRS/Aix-Marseille Université.
http://lpc.univ-amu.fr

LPMMC. Laboratoire de Physique et Modélisation des Milieux Condensés. CNRS/Université Grenoble Alpes.
http://lpmmc.grenoble.cnrs.fr

LPSC. Laboratoire de Physique Subatomique & Cosmologie. CNRS IN2P3/Université Grenoble Alpes.
http://lpsc.in2p3.fr

LPTMC. Laboratoire de Physique Théorique de la Matière Condensée, CNRS/Université Pierre et Marie Curie.
www.lptmc.jussieu.fr

LRI. Laboratoire de Recherche en Informatique. CNRS/Université Paris-Sud.
www.lri.fr

LS2N. Laboratoire des Sciences du Numérique de Nantes. CNRS/Université de Nantes/Mines Nantes/Centrale Nantes.
http://ls2n.fr

LSIS. Laboratoire des Sciences de l'Information et des Systèmes.CNRS/Université d'Aix-Marseille/Université de Toulon/ENSAM.
www.lsis.org

LSTA. Laboratoire de Statistique Théorique etAppliquée. Université Pierre et Marie Curie.
www.lsta.lab.upmc.fr

LSV. Laboratoire Spécification et Vérification. CNRS/ENS Cachan/Université Paris-Saclay.
www.lsv.ens-cachan.fr

MAIAGE. Unité de Recherche Mathématiques et Informatique Appliquées du Génome à l'Environnement. Inra.
http://maiage.jouy.inra.fr

MARBEC. MARine Biodiversity, Exploitation and Conservation. IRD/Ifremer/Université de Montpellier/CNRS.
www.umr-marbec.fr

MRSH. Maison de la Recherche en Sciences Humaines. CNRS/Université de Caen.
www.unicaen.fr/recherche/mrsh

OAS. Observatoire Astronomique de Strasbourg. CNRS-INSU/Université de Strasbourg.
https://astro.unistra.fr

Philodroit. Centre Perelman de Philosophie du Droit. Université Libre de Bruxelles.
www.philodroit.be

RESIC. Centre de Recherche en Information et Communication. Université Libre de Bruxelles.
http://resic.ulb.ac.be

RITM. Laboratoire Réseaux Innovation, Territoire, Mondialisation. Université Paris-Sud.
www.ritm.u-psud.fr

SAGE. Sociétés, Acteurs, Gouvernement en Europe. CNRS/Université de Strasbourg.
https://sage.unistra.fr

SAMOVAR. Services répartis, Architectures, MOdélisation, Validation, Administration des Réseaux. CNRS/Institut Mines-Telecom/Telecom Sud-Paris.
http://samovar.telecom-sudparis.eu

Social Media Lab. Laboratoire des Médias Sociaux. École Polytechnique Fédérale de Lausanne.
http://socialmedialab.epfl.ch

SPEC. Service de Physique de l'État Condensé. CEA-Saclay.
www-drecam.cea.fr/spec

TIMC – IMAG. Techniques de l'Ingénierie Médicale et de la Complexité – Informatique, Mathématiques et Applications, Grenoble. CNRS/Université Joseph Fourier Grenoble.
www-timc.imag.fr

TRACES. Travaux et Recherches Archéologiques sur les Cultures, les Espaces et les Sociétés. Université Toulouse Jean Jaurès.
http://traces.univ-tlse2.fr

Organismes et établissements

Académie des Sciences.
www.academie-sciences.fr

Aix-Marseille Université.
www.univ-amu.fr

Alliance Aviesan. Alliance Nationale pour les Sciences de la Vie et de la Santé.
www.aviesan.fr

AP-HP. Assistance Publique-Hôpitaux de Paris.
www.aphp.fr

CEA. Commissariat à l'Énergie Atomique et aux énergies renouvelables.
www.cea.fr

CNAM. Conservatoire National des Arts et Métiers.
www.cnam.fr

CNAP. Centre National des Arts Plastiques.
www.cnap.fr

CNRS. Centre National de la Recherche Scientifique.
www.cnrs.fr

CNRS-IN2P3. Institut National de Physique Nucléaire et de Physique des Particules du CNRS.
www.in2p3.fr

CNRS-INEE. Institut Écologie et Environnement du CNRS.
www.cnrs.fr/inee

CNRS-INS2I. Institut des Sciences de l'Information et de leurs Interactions du CNRS.
www.cnrs.fr/ins2i

CNRS-INSU. Institut National des Sciences de l'Univers. CNRS.
www.insu.cnrs.fr

Collège de France.
www.college-de-france.fr

Cornell Tech. New York, États-Unis.
https://tech.cornell.edu

Drexel University. Philadelphie, États-Unis.
http://drexel.edu

École Centrale de Lyon.
www.ec-lyon.fr

École centrale de Nantes.
www.ec-nantes.fr

École Polytechnique.
www.polytechnique.edu

École Polytechnique Fédérale de Lausanne.
www.epfl.ch

ENS Cachan. École Normale Supérieure de Cachan.
www.ens-cachan.fr

ENS Paris. École Normale Supérieure de Paris.
www.ens.fr

ENS Lyon. École Normale Supérieure de Lyon. Université de Lyon.
www.ens-lyon.fr

Grenoble INP. Institut Polytechnique de Grenoble.
www.grenoble-inp.fr

HEC. École des hautes études commerciales de Paris.
www.hec.fr

HEI. École des Hautes Études d'Ingénieur de Lille.
www.hei.fr

IFREMER. Institut Français de Recherche pour l'Exploitation de la Mer.
www.ifremer.fr

INRA. Institut National de la Recherche Agronomique.
www.inra.fr

Inria. Institut National de Recherche en Informatique et en Automatique.
www.inria.fr

INSA. Institut National des Sciences Appliquées de Toulouse.
www.insa-toulouse.fr

INSEE. Institut Nationale de la Statistique et des Études Économiques.
www.insee.fr

INSERM. Institut National de la Santé et de la Recherche Médicale.
www.inserm.fr

IRSTEA. Institut National de Recherche en Sciences et Technologies pour l'Environnement et l'Agriculture.
www.irstea.fr

IUF. Institut Universitaire de France.
www.iufrance.fr

Météo-france.
www.meteo.fr

MINES ParisTech. École Nationale Supérieure des Mines de Paris.
www.mines-paristech.fr

MNHN. Muséum National d'Histoire Naturelle.
www.mnhn.fr

Rutgers University. New Jersey, États-Unis.
www.rutgers.edu

SIF. Société Informatique de France.
www.societe-informatique-de-france.fr

Télécom Lille.
www.telecom-lille.fr

Télécom ParisTech.
www.telecom-paristech.fr

Telecom Sud Paris.
www.telecom-sudparis.eu

Tianjin University.
www.tju.edu.cn

Université Blaise Pascal Clermont-Ferrand.
www.univ-bpclermont.fr

Université Caen Normandie.
www.unicaen.fr

Université Claude Bernard Lyon 1.
www.univ-lyon1.fr

Université d'Auvergne.
www.u-clermont1.fr

Università degli Studi di Milano Bicocca.
www.unimib.it

Université de Bourgogne.
www.u-bourgogne.fr

Université de Bordeaux 1.
www.u-bordeaux.fr

Université de La Rochelle.
www.univ-larochelle.fr

Université de Lille.
www.univ-lille.fr

Université de Lorraine.
www.univ-lorraine.fr

Université de Montpellier.
www.umontpellier.fr

Université de Strasbourg.
www.unistra.fr

Université de Versailles Saint-Quentin-en-Yvelines.
www.uvsq.fr

Université François Rabelais Tours.
www.univ-tours.fr

Université Grenoble-Alpes.
www.univ-grenoble-alpes.fr

Université Libre de Bruxelles.
www.ulb.ac.be

Université Lumière Lyon 2.
www.univ-lyon2.fr

Université Paris 1 Panthéon-Sorbonne.
www.univ-paris1.fr

Université Paris 13 Villetaneuse.
www.univ-paris13.fr

Université Paris Dauphine.
www.dauphine.fr

Université Paris Descartes.
www.univ-paris5.fr

Université Paris Diderot.
www.univ-paris-diderot.fr

Université Paris Sorbonne Nouvelle.
www.univ-paris3.fr

Université Paris-Sorbonne.
www.paris-sorbonne.fr

Université Paris-Sud.
www.u-psud.fr

Université Pierre et Marie Curie.
www.upmc.fr

Université Rennes 1.
www.univ-rennes1.fr

Université Toulouse 1 Capitole.
www.ut-capitole.fr

Université Toulouse 2 Jean Jaurès.
www.univ-tlse2.fr

Université Toulouse 3 Paul Sabatier.
www.univ-tlse3.fr

Dans la même collection

Catherine Esnouf, Jean Fioramonti, Bruno Laurioux (dirs), *L'alimentation à découvert*, 2015.

Agathe Euzen, Catherine Jeandel, Remy Mosseri (dirs), *L'eau à découvert*, 2015.

Agathe Euzen, Laurence Eymard, Françoise Gaill (dirs), *Le développement durable à découvert,* 2013.

Rémy Mosseri, Catherine Jeandel (dirs), *L'énergie à découvert*, 2013.

Henri-Paul Francfort, Sophie A. de Beaune (dirs), *L'archéologie à découvert*, 2012 ;

Catherine Jeandel, Rémy Mosseri (dirs), *Le climat à découvert*, 2011

Jean Audouze (dir.), *Le ciel à découvert*, 2010.

Achevé d'imprimer en février 2017 sur les presses de Loire Offset Titoulet à Saint-Étienne (France)
N° d'impression : 2017010178
Dépôt légal : février 2017